戰

3

춘추전국이야기

· 약소국의 생존 전략
· 오월쟁패, 춘추 질서의 해체

공원국 지음

위즈덤하우스

제1부 주요 등장인물

진 도공晉悼公(기원전 586~기원전 558)

진나라의 다수 경대부들의 요청에 의해 본국으로 돌아와 14세의 어린 나이로 즉위했다. 이후 인재를 등용하고 대대적인 내정 개혁을 추진함으로써 진나라 부흥의 기반을 닦았고, 주변 국가들에 진 문공 시기와 같은 패업의 영광을 부활시켰다. 초나라와 미병 회맹을 맺고 춘추 중후기에 비교적 안정적인 국제 질서를 확립했다.

조무趙武(?~기원전 541)

조문자 또는 조맹으로도 불린다. 조삭의 아들로 "조씨네 고아" 이야기로 민간에 널리 알려졌다. 진 경공 때 도안가가 조씨 집안을 주멸할 때, 조씨의 가신 정영과 공손저구의 도움을 받아 목숨을 구하고 어머니 장희를 따라 공궁公宮에서 양육되었다가 훗날 조씨의 후사後嗣가 되었다. 진 도공 10년에 집정이 되었고, 12년 초나라의 굴건과 함께 미병 회맹을 주도했다.

난영欒盈(?~기원전 550)

진 도공을 세운 난서의 손자로 도공 시절 가장 세력이 큰 진나라 대씨족이었다. 어머니의 모함으로 아버지 범선자에게 쫓겨 초나라를 거쳐 제나라로 갔다. 제 장공의 도움으로 몰래 진나라에 들어와 난을 일으켰지만 실패했다. 자신의 근거지인 곡옥으로 달아나 저항했으나 결국 패배하고 난씨 일족은 몰락했다.

제 장공齊莊公(?~기원전 548)

제 영공의 아들. 영공이 병으로 죽기 직전 최저의 지지로 즉위했다. 진나라 난영이 제나라로 오자 안영의 반대에도 난영을 후대했다. 이후 난영을 진나라에 잠입시켜 진나라에 내분을 일으키고 진나라를 공격했지만 결국 실패했다. 제나라 실권자인 최저의 아내와 사통하다 그에게 살해당했다.

안영晏嬰(?~기원전 500)

제나라 장공~경공 시기의 현신. 최저와 경봉이 난을 일으켜 제 장공을 시해할 때 "군주가 사직을 위해 죽거나 도망가면 나라의 신하된 자는 마땅히 그를 따라야 하지만 사사로운 일로 죽거나 도망갈 경우 신하는 종묘사직의 보존과 백성의 안녕을 군주의 안위보다 우선시해야 한다"고 하며 망명하지 않았다. 이후 최저와 경봉이 몰락하자 경공의 재상이자 고문이 되어 제나라의 내정 부흥을 이끌었다.

굴건屈建(자목子木, ?~기원전 545)

초 공왕 사후 영윤令尹이 되어 국정을 담담했다. 기원전 546년, 송나라의 상술이 미병에 대한 논의를 제안하면서 제후들이 송나라에서 회맹했을 때 초나라를 대표해 진나라 조무와 함께 회맹을 주도했다. 회맹할 때 진나라와 초나라가 삽혈하는 순서를 다투었는데, 진나라의 양보로 초나라가 먼저 삽혈함으로써 춘추시대 최대의 외교 성과인 평화협정을 이끌어냈다.

초 영왕楚靈王(기원전 540~기원전 529 재위)

초 공왕의 둘째 아들. 조카 겹오를 살해하고 왕위에 올랐다. 성취욕, 명예욕, 과시욕을 내세워 초나라의 패권을 확립하고자 고군분투했다. 즉위 후 초나라 주도로 제후의 병사를 규합해 오나라를 공격했으며, 경봉을 살해했다. 기원전 529년, 공자 기질(이후 평왕)이 진陳나라와 채蔡나라의 군사들을 규합하여 난을 일으키자 자결했다.

오거伍擧(?~?)

오자서의 조부. 영왕의 겹오를 시해하고 군위를 찬탈하는 데 공을 세웠으며, 즉위 후에도 영왕을 보필하면서 많은 군사적 업적을 쌓았다. 그의 활약으로 미미한 가문이었던 오씨伍氏가 초나라에서 득세하기 시작했으나, 간신 비무극의 참소로 오씨 가문은 멸문지화滅門之禍를 당하게 된다. 오거의 손자 오자서伍子胥만이 천신만고 끝에 오나라로 도망쳐 결국 초나라를 멸망에 이르게 한다.

자산子産(?~기원전 522)

정나라 목공의 후손이며, 정나라 재상. 공손교라고도 불린다. 기원전 543년 내란을 진압하고 집정이 되었다. 냉철한 현실인식과 논리로 북쪽의 진나라와 남쪽의 초나라 등 강대국 사이에 끼어 어려웠던 정나라를 비교적 안정적으로 이끌었다. 기원전 536년에는 중국 최초의 성문법인 형정刑鼎을 주조해 법치의 선구가 되었다. 제나라의 안영, 진나라의 숙향叔向 등과 함께 춘추 중후기의 현인 정치가로 손꼽힌다.

제2부 주요 등장인물

:: 초나라 ::

평왕平王(?~기원전 516, 재위 기원전 528~516)

공자 기질弃疾. 전임 왕 공자 비比를 살해하고 초나라 왕에 즉위했다. 간신 비무극의 무고로 오자서의 아버지 오사와 형 오상을 죽였다. 이후 오자서는 오나라로 망명하며 복수를 다짐하고, 이로써 춘추 말기의 활극이 초래되었다. 초 평왕 사후인 기원전 506년, 백거 전투로 오나라가 초나라의 수도 영을 점령했을 때, 오자서가 그의 능을 도굴하여 그 시체를 채찍으로 300번 때렸다고도 전해진다.

비무극費無極(?~기원전 515)

《사기》에는 비무기費無忌로 쓰여 있다. 초 평왕의 측근으로, 춘추 말기 남방을 복수의 장으로 만든 장본인이다. 그는 권력을 가질 야심으로 태자 건과 태자의 스승이던 오사를 모함했고, 결국 오씨 일족을 주살하여 춘추 말기 남방을 피로 물들인 복수혈전의 씨앗을 뿌렸다. 평왕의 최측근이 되어 자신의 정적들을 숙청한 비무극은 한마디로 초나라의 화근 덩어리였다. 어린 소왕이 즉위(기원전 516년)한 후에도 계속된 그의 횡포 때문에 백성들의 원망이 극에 달했다. 다음 해 영윤 낭와(자상)에 의해 죽임을 당한다.

초 자서子西(?~기원전 479)

춘추 말기 초나라 영윤. 초 평왕의 서자. 기원전 516년 평왕이 죽은 뒤 영윤 낭와가 그를 초나라 왕으로 삼으려 하자 이를 거절하고 어린 태자인 소왕을 옹립했다. 초 소왕 10년, 오나라 왕 합려가 수도 영을 공격하자 소왕은 피난을 가지만, 자서는 남아 소왕의 옷을 입고 흩어진 군을 모아 초나라가 아직 망하지 않았음을 보여주었다. 소왕 사후 소왕의 아들 혜왕(웅장)을 옹립하여 이후 초나라 부활의 기반을 닦았다.

:: 오나라 ::

합려闔閭(?~기원전 496, 재위 기원전 514~496)

오나라 제6대 왕. 오왕 수몽의 장자로, 왕이 되기 전에는 공자 광으로 불렸다. 왕위 계승에 불만을 품고 있었으나 야심을 숨기고 대 초나라 전선에서 활약한다. 오자서가 공자 광의 야망을 헤아려 추천한 자객 전설제(전제)가 물고기 안에 감추고 있던 비수(어장검)로 오나라 왕 요를 찔러 죽이자 오나라 왕으로 등극한다. 초나라에 대한 복수심에 불타는 오자서 등의 도움을 받아 오나라를 강국으로 성장시키며 승승장구하다 월나라 왕 구천에게 패한다. 아들 부차에게 "너는 구천이 네 아비를 죽인 것을 잊을 수 있겠느냐?"라는 유언을 남겨 복수를 맹세하게 했다.

오자서伍子胥(?~기원전 484)

자서는 자이고, 이름은 원員이다. 초나라 태자 건의 스승이었던 오사의 둘째 아들로 태어났다. 간신 비무극의 무고로 아버지와 형이 살해되자 복수를 기약하며 오나라로 도주해 오왕 합려를 보좌하여 오나라를 강국으로 키웠다. 이후 합려의 아들 부차가 월나라를 공격하여 대승을 거두었을 때 오자서는 월나라와의 강화를 줄기차게 반대했다. 하지만 부차는 오자서의 말을 듣지 않았고, 결국 정치적 동지이자 라이벌인 백비의 모함에 걸려 자결로 생을 마감한다. 사마천은《사기》〈오자서열전〉에서 소의小義를 버리고 큰 치욕을 갚아 명성이 후세에 전해졌으며, 모든 고초를 참으며 공명을 이룬 강인한 대장부라고 평가했다.

백비伯嚭(?~?)

오나라 대신. 원래 초나라 대부였으나, 비무극이 초나라 영윤 낭와와 결탁하여 동성인 극완을 공격해 자살케 하자 씨족을 거느리고 오나라로 망명했다. 그 후 자신을 천거한 오자서와 함께 왕의 총애를 받으며 오나라의 정치를 담당했다. 자신의 공을 내세우는 것을 좋아하는 백비는 월왕 구천을 죽이지 않도록 오왕 부차를 설득해 오자서와 대립했고, 결국 부차로 하여금 오자서를 죽이게 한다. 그는 국가의 안위를 돌보지 않고 개인의 이익을 탐하여 적국과 내통하고 결국 오나라를 쇠망으로 이끌었다고 평가받는다.

손무孫武(기원전 544~?)

원래 제나라 사람이지만, 오자서의 소개로 오왕 합려를 섬기며 오나라의 육군을 훈련시켰다고 한다. 합려가 초나라 수도를 점령하는 데 큰 역할을 했다고 전해지지만, 그 이후의 행적에 대해서는 알려진 바가 없다.

부차夫差(?~기원전 473, 재위 기원전 496~473)

오나라의 마지막 왕이자 합려의 아들로 '와신상담'의 한쪽 주연이다. 월왕 구천에게 패하여 죽은 아버지의 원수를 갚기 위해 섶나무 위에서 자며[臥薪] 복수심을 불태운다. 기원전 494년 구천에게 복수할 기회가 왔으나 그를 죽여야 한다는 오자서의 간언을 받아들이지 않고 살려줘, 결국 완전한 복수의 기회를 놓친다. 패자가 될 욕심으로 북진정책에만 신경을 쓰는 사이, 설욕에 여념이 없던 구천의 공격을 받자 화의를 요구, 거절당하자 오자서의 간언을 듣지 않은 것을 후회하며 자결했다.

:: 월나라 ::

구천句踐(?~기원전 465, 재위 기원전 496~465)

'와신상담'의 다른 한쪽 주연으로, 왕위를 이어받자마자 오왕 합려와 싸워 그를 죽였다. '와신臥薪'하며 복수의 칼을 갈던 부차의 공격으로 회계산에서 패배하자, 백비에게 뇌물을 써 죽음을 면하고 범려와 함께 오나라로 끌려가 부차의 신하가 되었다. 2년여의 인질생활 끝에 오나라에서 귀국한 구천은 회계산의 치욕을 씻기 위해 쓸개를 핥으며[嘗膽] 부국강병에 힘썼다. 이것이 부차와 구천의 '와신상담' 고사이다. 그리고 범려와 문종의 보좌를 받으며 꾸준히 힘을 길러 끝내 부차를 자살하게 하고 오나라를 멸망시켜 춘추시대의 마지막 패자가 되었다.

범려范蠡(?~?)

초나라 출신으로 후에 월나라로 건너가 구천을 섬겼다. 기원전 494년 구천이 부차에게 패했을 때 구천을 따라 오나라에서 노부로 종사하다가 뛰어난 지략을 발휘해 월나라로 귀국한다. 당시 오왕 부차에게 미인을 보내 주색에 빠지게 했던 절세미인

서시와 범려의 사랑 이야기는 유명한 일화로 남아 있다. 이후 범려는 구천을 도와 월나라를 부흥시켜 20여 년 뒤 오나라를 멸망시킨다. 그러나 그는 구천이 어려울 땐 함께할 수 있어도 그렇지 않을 땐 함께할 수 없는 군주라고 판단해 가족을 데리고 월나라를 떠난다. 그는 중국 역사에서 공성신퇴功成身退의 대표적인 사례로 꼽힌다. 범려는 월나라를 떠나면서 그의 친구인 문종에게 토사구팽兎死狗烹이라는 글귀를 남겼다고 전한다.

문종文種(?~기원전 472)

초나라 수도 영 출신으로, 범려와 함께 월나라로 건너가 구천을 섬겼다. 월왕 구천이 범려와 함께 오나라의 인질로 갈 때 월나라에 남아 월나라 부흥의 기틀을 마련한다. 훗날 범려와 함께 오왕 부차를 패배시키는 데 혁혁한 공을 세운다. 하지만 구천의 됨됨이를 알고 홀연히 떠난 범려와는 달리 구천의 곁에 남아 있다가 모함을 받아 결국 구천이 내린 검으로 자살했다.

차 례

제2부 오월쟁패, 춘추 질서의 해체

제1부

약소국의 생존 전략

들어가며

이제 춘추의 세계도 중반을 넘어 종반으로 치닫고 있다. 지금껏 춘추 시대를 제패한 패자들을 중심으로 이야기를 이끌어왔다. 춘추의 패권 싸움에서, 동방의 제齊 환공을 시작으로 북방의 진晉 문공 그리고 남방의 초楚 장왕이 선두의 자리를 이어받았다. 그러나 지금껏 싸움의 무대는 흔히 말하는 '중원'이었다. 중원을 중심에 두고 동서의 축과 남북의 축이 서로 교차하면서 패권을 향한 강대국 간의 경쟁이 치열하게 전개되었다.

하지만 춘추의 세계는 강대국 사이의 패권 쟁탈의 이야기로만 이루어진 것은 아니었다. 진晉, 초楚 등의 강대국들이 중원을 놓고 경합할 때 그 중간에 끼인 많은 작은 나라들은 '장기판의 말'로 전락했다. 패권 경쟁이 치열해질수록 이들 중간에 끼인 나라들을 끌어들이기 위한 강대국들의 외교적 협박과 군사적 시위는 빈번해졌다.

특히 춘추 중기부터 북방의 진晉과 남방의 초가 패권을 다투자 중원의 한가운데를 차지한 정鄭나라는 뿔은 진나라에 잡히고 꼬리는 초나라에 잡힌 암소 같은 처지가 되었다. 진-초 양국은 정나라를 신복시키기 위해 외교적 위협은 물론 군사행동도 서슴지 않았다. 그래서 이 시기 정나라의 정치를 담당한 정경正卿들의 가장 중요한 정치행위는 바로 진과 초 중 어디에 붙는 것이 유리할지 판단하고 결정하는 것이었다. 그러다가 진-초 양쪽에서 군대라도 내면 그때는 눈치를 보느라 맘대로 항복조차 못 하고 갈팡질팡하는 애처로운 시기를 겪었다.

이런 상황은 정나라만 겪는 것이 아니었다. 아주 규모가 작은 나라는 제쳐두고 비교적 큰 나라인 노, 진陳, 채, 송, 위 할 것 없이 이런 난감한 처지였다. 그러나 변화의 바람이 불기 시작했다. 서서히 남북의 2강 체제에 균열이 생기기 시작한 것이다. 체제가 변화할 때 변화의 소용돌이는 더욱 거세다. 어떤 나라들은 소용돌이 속에서도 제 나름의 안정을 구가했고, 어떤 나라들은 물살에 휘말려 들어갔다. 왜 비슷한 조건에서 어떤 나라들은 견뎌내고 어떤 나라들은 쓰러졌을까?

1. 고슴도치 정치인, 자산

이 책, 특히 1부는 작은 나라들의 생존에 관한 이야기다. 그 중심에는 고슴도치 같은 정치인 한 사람이 있다. 그는 약소국 정鄭나라의 공실 가문에서 태어났다. 춘추전국시대, 그 시절에 작은 나라의 귀족으로 살아간다는 것은 이마에 주홍글씨를 새기고 맞지 않는 비단옷을 걸치고 다니는 것이나 마찬가지였다. 나라 안에서는 비단옷을 입고 거들먹거리다가, 밖에 나가서는 이마에 '작은 나라에서 태어나 죄송합니다' 라고 쓰고는 머리를 조아렸다. 그러나 이 고슴도치 정치인은 달랐다. 비단 옷자락으로 주홍글씨를 쓱싹쓱싹 지우더니 옷을 벗어 던졌다. 그러고는 비단옷 대신 가시가 가득 박힌 고슴도치 가죽을 뒤집어썼다.

이 사람이 바로 자산子産으로 알려진 정나라의 정치가 공손교公孫僑다. 그는 범과 호랑이 앞에서 토끼처럼 겁먹지 않았다. 그는 고슴도치처럼 침착했다. 그는 강아지처럼 달라붙지 않았고, 고양이처럼 식탐하지 않았다. 그리고 여우처럼 밉살스럽게 행동하지 않았다.

굳이 가시를 세우지 않아도 범도 곰도 감히 고슴도치와 맞서려 하지 않는다. 가시에 찔려가며 어렵사리 잡더라도 가죽을 벗길 도리가 없기 때문이다. 욕심을 덜 부리니 덫에 걸리지도 않고, 거친 가시 옷을 걸쳤기에 털가죽 좋은 여우처럼 고민할 필요도 없다. 하지만 고슴도치의 삶은 고달프다. 애완동물이 아니기에 항상 산속에서 작은 벌레들을 찾아 먹으면서 스스로 삶을 꾸려야 한다. 그러나 자유에 그 정도 대가도 따르지 않는다고 생각한다면 그는 고슴도치가 아니다.

우리도 한때 뛰어난 고슴도치였다. 많은 비난을 받아왔지만 우리는 아직도 자기 정체성을 고스란히 지키며 살고 있다. 때로는 토끼, 강아지, 고양이가 되었고, 아주 가끔씩 여우 흉내를 냈지만 우리는 대체로 고슴도치였다.

그리스의 시인 아르킬로코스의 말처럼 "여우는 잡다한 것을 많이 알고 있지만, 고슴도치는 중요한 것 하나를 알고 있다." 시인이 그렇게 노래하고 나서 얼마 되지 않은 시절, 기원전 6세기 중원에 고슴도치 정치인 한 사람이 나타났다.

2. 위험한 위치, 약한 나라, 그 속의 인간•

흔히 재물은 많을수록 좋고, 힘은 셀수록 좋다고 한다. 그러니 《시》에도 신하들은 왕에게 "하늘께서 보우하시어 님을 점지하시니, 님의 자리 튼튼하기도 해라[天保定爾 亦孔之固]"라고 아부한다. 맹자는 "재물이 있어야 뱃심도 있다[有恒産者有恒心]"고 한다.

그러나 힘도 없고 가진 것도 없는 이들의 운명은 누가 책임지는가? 《시》에 나오는 것처럼 "불쌍하다 우리 원정군, 인간 대접도 못 받는구나[哀我征夫 獨爲匪民]" 하고 한탄할 수밖에 없는 것인가? 힘없는 이들의

• 이 소제목은 마치 신新현실주의 국제정치학의 거두 케네스 왈츠의 《인간, 국가, 전쟁*Man, the State and War*》의 제목을 일부러 거꾸로 배열한 것처럼 보인다. 그러나 사실은 필자의 무의식 속에 이 단어들이 이미 깊숙이 자리를 잡고 있어서 거의 자동적으로 나온 것이다. 다행인 것은 배열순서가 거꾸로인 점이다. 왈츠가 '인간'을 첫머리에 둔 것은 국제체제의 '수용자'로서 인간의 역할이 미미함을 강조하기 위해서인데 반하여 필자는 '인간'을 맨 마지막에 둠으로써 국제체제의 '변형자'로서 인간의 역할을 강조했다.
정나라처럼 주변부 국가인 우리에게는 아직 '이론理論(theory)'이라는 것이 없다. 대부분의 이론은 중심부, 곧 가장 강한 나라에서 나온다. 물론 중심부의 관심사를 다루는 국제정치international politics라는 분야에서 '우리 것'이란 더욱 찾아보기 어렵다. 고백하건대 필자도 이론이 없다. 다만 아류에 지나지 않을 뿐이다. 그러면서도 턱없이 먼 고대를 이야기하면서 감히 국제정치 이론을 끌어들이는 필자의 무모함에 대해 일부 독자들은 실소를 금치 못할 것이다. 정치이론의 대가들이 보기에 필자는 매우 예의 없는 사람이 분명하다. 그러나 단지 남들이 '대가'라고 말한다는 이유로 그들에게 예의를 차릴 만큼 필자가 독자들에게 무례하지는 않다는 것만 고백한다.

한탄이 없었다면 역사책은 무미건조한 문서더미에 불과할 것이다. 그러나 때로는 그런 한탄이 처절하기만 하다.

> 하늘이 우리 정나라에 화를 내리시어, 두 큰 나라(초와 진晉) 사이에 던져놓았습니다. 큰 나라들은 덕을 베풀 생각은 아니하고 전쟁을 벌여 굴복시키려고만 하니, (죽은 조상의) 귀신들도 제사를 받지 못하고, 살아 있는 백성들은 농사지어 먹지도 못하게 되었습니다. 지아비 지어미는 쓰리고 고달파 파리하게 곯아도 어디 하소연할 데도 없습니다.
>
> -《좌전》'양공 9년'

정나라 집정執政 자사子駟가 진晉나라와 초나라 사이에서 갈팡질팡하다가, 급기야 진나라가 쳐들어오자 맹서 장소에 나와 하소연하며 한 말이다. 도대체 왜 하늘은 강한 진-초 두 나라 사이에 정나라를 두었던가? 작은 나라에서 태어난 사람은 굶어 죽어도 하소연할 데도 없다. 그러니 진심을 가진 정치가라면 이런 한탄이 나올 수밖에 없었다.

기원전 600년에서 기원전 550년 사이 중원의 약소국 정나라는 손꼽아 세기도 어려울 정도로 외침을 겪었다. 정나라는 춘추시기 패권을 다투는 모든 큰 전쟁의 발단이 되었고, 또 그런 전쟁에 동원되었다. 당시의 세계대전들, 곧 초 장왕을 패자로 만든 필邲의 싸움, 진晉나라의 패권을 확인한 언릉鄢陵의 싸움은 모두 정나라를 차지하기 위한 진-초 양국의 싸움이었다. 그래서 아침에는 초나라에 항복하고 저녁에는 진나라를 찾아가는 것이 일상사가 되었다. 큰 싸움만이 문제가 아니었다. 큰 나라들은 주변의 위성국들을 부추겨 마음에 들지 않을 때마다 공격해왔다. 예컨대 진晉나라는 송나라를 부추겨 정나라를 쳤고, 초나라는 진陳나라를 부추겨 쳐들어왔다. 심지어는 멀리 관중에 자리 잡은 진秦나라 군대도 무시로 국경을 넘나들었다. 이는 모두 정나라가 전략적으로 버릴 수 없는 위치, 곧 열강의 입장에서는 버리기 어려운 위치이며 자국의 입장에서는 지키기 어려운 위치에 있었기 때문에 벌어진 일이었다.

그러나 전쟁만이 문제가 아니었다. 큰 나라들에 공식적으로 바치는 공물, 큰 나라들의 대소사에 바치는 사적인 공물들은 나라를 휘청거리게 만들었다. 그 양이 얼마나 많았는지 "영빈관의 담을 허물어서 공물을 쌓다", "수레 100대분에 사람 1000명씩, 이렇게 몇 번 왔다 갔다 하면 나라가 거덜나겠다"는 기록들이 버젓이 등장한다.

이때 큰 나라의 요구를 다 들어주다가는 나라가 거덜난다고 주장한 사람이 바로 이 책의 주인공 중 하나인 자산이다. 자산은 이런 당돌한 정책을 쓰면서도 정나라를 국제사회에서 공격의 표적이 되지 않고 대우받는 나라로 만들었다. 특별한 비결이 있었을까? 특히 한국인이라면 누구나 그런 비결을 배우고 싶을 것이다. 당연히 자산에게 이렇게 반문할 수 있다.

"요구를 들어주지 않다가 보복을 당하면 어떻게 합니까? 나라가 거덜나는 것이 아니라 박살이 나지 않을까요?"

"큰 나라들이 차지하고 있는 세상을 바꾸지도 못하면서 괜히 목소리를 내다가는 반대파들의 입김에 쓰러지지 않을 방법이 있소? 공연히 한 목숨 버리는 짓 아니오?"

당시 대다수의 정치인들도 자산에게 똑같이 물었다. 자산은 그렇지 않다고 대답했다. 그렇다면 보통의 정치가와 자산의 차이는 무엇일까? 필자는 당시 국제정치의 현실을 냉정하게 분석하고 그 이면에 내재된 '이론理論'이 있는가 없는가가 그들의 차이라고 본다. 이론이란 간단히 말해 해석의 틀로, 전략적 행동의 기준을 제시한다.

보통 사람들에게 춘추전국시대 나라들의 이름을 기억하는 일도 벅차다. 보통 춘추전국시대를 전체적으로 조망할 해석의 틀이 없으면 이름만 기억하다 시간이 간다. 그래서 이 책부터는 춘추전국시대의 국제관계를 설명할 수 있는 국제정치 이론을 간단히 살펴볼 것이다. 이러한 이론을 밑바탕에 깔면 향후 춘추전국시대의 복잡한 듯 보이는 국제정치가 더욱 명확하게 보일 것이다.

3. 우화로 보는 춘추시대의 국제정치 이론•

이 책 1부의 체제는 약간 독특하다. 이 책에는 현대의 대표적인 국제정치 이론들이 들어 있다. 그러나 독자들은 그 이론들을 굳이 기억할 필요가 없다. 이 이론들은 매우 단순한 비유를 통해 설명할 것이다. 춘추시대라는 매우 적절한 시대 속에서, 현대적인 언어를 쓰지는 않지만

• 이론에 관심이 있는 독자들은 주를 참조하고, 그렇지 않은 독자들은 읽지 않아도 무방하다.

현대적인 이론들의 핵심을 꿰뚫고 있었던 한 약소국 정치가의 대응을 통해 이론들을 즐기면 된다.

춘추시대의 국제정치를 개괄적으로 이해하기 위해 먼저 춘추시대의 국제관계를 규정하는 이론적인 틀과 그 개별 주체들의 행동양식을 설명하는 이론적 전제를 간단한 비유를 통해 살펴볼 것이다.

쉽게 이해하기 위해 춘추시대라는 역사 무대를 커다란 동물우리로 보고 그 우리가 또 여러 개의 작은 우리로 나뉘어 있다고 가정해보자. 그리고 그 작은 우리들이 각각 춘추시기의 한 국가라고 생각해보자. 그런 다음 이들 국가 간의 관계, 곧 국제정치 관계를 해석하는 이론들을 동물의 우화를 통해 살펴보자.

원래 주나라 봉건제라는 울타리는 우리 안에 있는 구성원들이 각각의 우리 안에서 서로 침범하지 않고 살도록 만들어졌다. 하지만 춘추시대의 시작은 이 우리를 둘러싼 울타리가 점점 약해지고 무너지기 시작한 시기다. 그렇다면 우리 안에서는 무슨 일이 벌어질까? 오늘날 국제정치를 이해하는 이론 세 가지를 동물원의 우화를 통해 살펴보자.

현재 가장 영향력 있는 현실주의realism 이론•에 의하면 울타리 안에 있는 각 철망 속에는 모두 호랑이가 한 마리씩 들어 있다. 어느 날 철망의 문이 열리고 호랑이들이 밖으로 나온다. 어떤 일들이 벌어질까? 처

• 현실주의 이론을 대표하는 책들이 발간된 시간에 따라 내용에 차이가 있지만 우리가 만든 우화의 기본 모형에는 큰 영향을 주지 않는다. 관심이 있는 독자들은 다음 책들을 참조하라. 모겐소Hans Morgenthau, 《Politics Among Nations: The Struggle for Power and Peace》; 왈츠Kenneth Waltz, 《Theory of International Politics》; 미어샤이머John Mearsheimer, 《The Tragedy of Great Power Politics》. 특히 이 책에서 주목하는 사람은 왈츠다.

참한 살육이 벌어질까? 그렇지는 않다고 한다.

이 살벌한 호랑이들이 공존하는 '무정부 상태anarchy'는 의외로 안정감이 있다고 한다. 우선 덩치가 작은 놈들은 알아서 뒤쪽으로 물러난다. 그중에 덩치가 큰 놈들이 나와서 한판 싸움을 벌인다. 몇 번 싸움이 벌어지면 가장 강한 놈 둘쯤이 남는다. 그런데 정작 이 두 놈은 기 싸움을 벌일 뿐 죽기 살기로 싸우지 않는다. 왜 그럴까? 죽기 살기로 싸우다 상처를 입으면 넘버 3만 좋은 일을 시키니까. 설령 넘버 1이 가려졌다고 하더라도 그가 울타리 안의 호랑이들을 다 잡아먹을 수는 없다. 작은 녀석들도 살기 위해 무리를 지어 힘을 합칠 것이다.

그래서 결국 두세 놈 정도의 강자가 세력 균형balance of power을 이루거나, 한 놈의 절대강자가 있지만 울타리 전체를 좌지우지하지 못하는 비교적 안정된 상황이 만들어진다. 육식동물들의 행태를 살펴보면 현실주의 이론도 상당히 그럴듯하다. 특히 진晉-초楚 양강, 혹은 진晉-초楚-진秦 3강 구도 속에서 힘의 균형이 만들어지는 춘추시기의 역사는 이 이론을 지지한다.

두 번째로 강력한 자유주의liberalism 이론•은 각각의 철망 안에는 호랑이뿐 아니라 다양한 종류의 짐승들이 있다고 가정한다. 양, 여우등 온

• 자유주의란 통일된 이론이라고 보기도 어려울 정도로 다양한 사람들이 모여 만들었다. 그래서 우리의 우화 속에도 철망 속에 든 짐승들이 많다. 그러나 그들은 대개 두 명의 위대한 사상가의 영향 아래 있다. 한 명은 독일의 철학자 칸트Immanuel Kant로 그는 이성에 기반한 세계적인 공조에 의해 전쟁을 막을 수 있다고 생각했다. 그는 세계 정부, 영구 평화 등 자유주의 국제정치 이론들이 추구하는 궁극적인 개념들을 완성해냈다. 또 한 명은 시장경제 이론의 대부격인 애덤 스미스Adam Smith로 《국부론》에 나온 분업과 협업에 의한 생산력 발전 이론은 세계적인 협력에 대한 기대를 낳았다.

• **동물원의 비유로 보는 국제정치 이론**

① 현실주의 이론

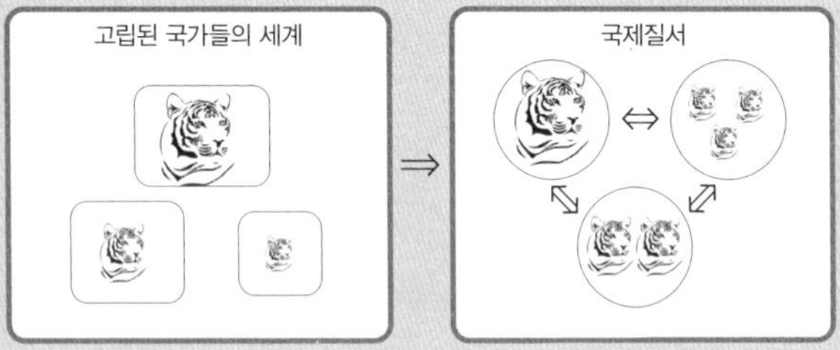

세력균형, 위계

② 자유주의 이론

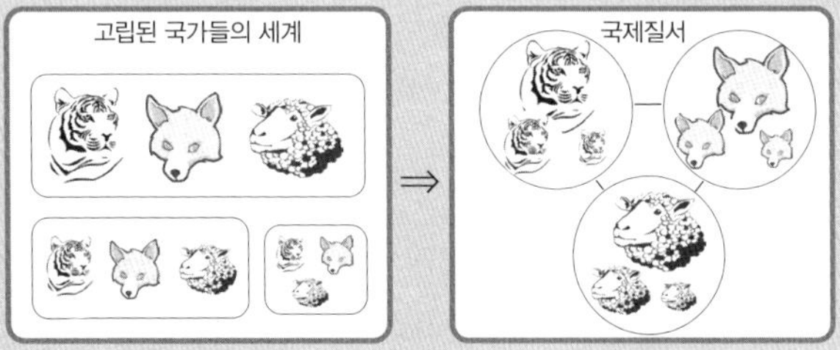

확장된 국가, 협조

③ 마르크스주의 이론

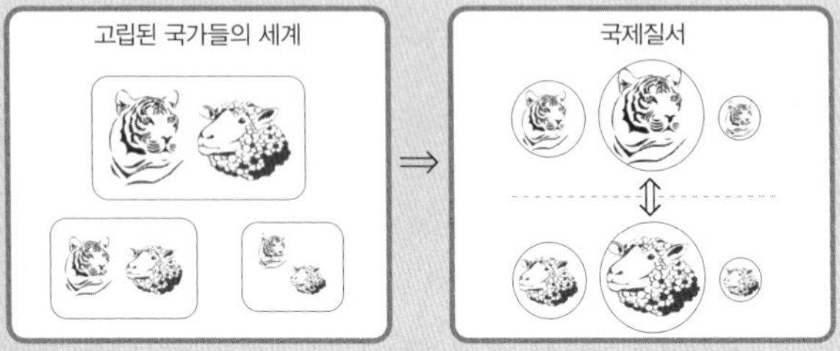

확장된 착취, 대결

갖 짐승들이 같이 살고 있는 철망이 열렸다. 어떤 일이 벌어질까? 우선 양들은 겨울의 추위를 피하기 위해 서로 무리를 짓는다. 무리 짓기는 양들의 습성이다. 어떤 양이 1번 철망에서 나왔는지 2번 철망에서 나왔는지는 그리 중요하지 않다. 여우는 굴을 파고 서로 망을 봐준다. 심지어 호랑이도 만족한다. 먹이의 종류가 늘어났으니까.

그러면 질서는 누가 잡나? 더 커진 세계에서 자유를 얻은 짐승들은 자연스럽게 질서를 잡을 줄 안다. 소가 긴 풀을 뜯으면 양들은 짧을 풀을 뜯고, 돼지가 계곡에서 살면 양은 산으로 올라간다. 육식동물과 초식동물들이 섞여 있는 자연계를 생각하면 이 이론도 꽤 그럴듯하다. 국가의 경계를 넘어 귀족사회가 유지되고, 혹은 격렬한 싸움 와중에도 속을 들여다보면 엄연히 여러 종류의 협력이 존재하던 춘추시대를 보면 이 이론도 일리가 있는 듯하다.

세 번째 이론은 변혁 이론으로, 마르크스주의Marxism 이론•이 대표격이다. 이 이론은 철망 안에 양과 호랑이 두 종류의 짐승들이 섞여 있다고 가정한다. 자연계는 초식동물과 육식동물로 나뉘어 있는데, 육식동물은 초식동물을 잡아먹어야 산다. 반면 초식동물은 자기 살로 육식동물을 키우지만 육식동물에게 자발적으로 먹히려는 녀석들은 없다. 철망이 열리면 어떤 일이 벌어질까?

각 철망에서 나온 호랑이들은 서로 싸운다. 그런데 그들의 싸움에는

• 마르크스주의 국제정치 이론의 가장 영향력 있는 주자는 정작 마르크스가 아니라 레닌이다. 이른바 레닌의 《제국주의론》은 강력한 이론들이 가지는 내적 정합성, 현실 설명력을 갖추었을 뿐 아니라 행동 지침까지 제공했다.

목적이 있다. 더 많은 양들을 잡아먹으려는 것이다. 호랑이들은 양들을 잡아먹으려고 싸우고, 이 싸움은 끝이 없다. 교활하게도 호랑이들은 서로 담합해서 나눠먹기도 한다. 그러나 세상이 양과 호랑이로 나뉘어 있는 한 싸움이 영원히 종식될 수는 없다. 이론적으로 싸움이 끝나려면 양들로만 이루어진 세상이 와야 한다. 양들만의 세상을 이룬다는 것은 호랑이가 지배하는 세상을 변혁하겠다는 것이다. 그래서 이 이론을 변혁 이론이라고도 부른다.

이상의 세 가지 이론 모두 개연성이 있고, 각 이론들의 우열을 가리기는 무척 어렵다. 철망 안에 호랑이가 들어 있는지, 여러 종류의 초식동물들이 들어 있는지, 호랑이와 양들이 섞여서 들어 있는지는 어떻게 판단하는가?

4. 자산이 일러주는 강소국의 이론과 전략

이론은 개개의 현실을 다 설명할 수 없다. 이론은 개략적인 분석 틀만 제공한다. 그래서 현실의 문제를 다루어야 하는 행동가들은 딜레마에 빠진다. 이론을 폐기하고 현실에 천착해야 하는가, 아니면 이론에 더욱 천착하여 '혜안'을 얻어야 하는가?

앞으로 관찰할 춘추전국시대의 작은 나라의 집정執政 입장에서 국제 정치를 생각해보자. 현실과 이론의 괴리 때문에 이론을 버리면 어떤 일이 벌어질까? 이론을 버리면 정책이 임시방편으로 흐른다. 임시 방편의 결과는 거의 예외 없이 외침과 굴복이다.

그러나 이론이 시시각각 변하는 현실을 반영할 수 없다면 어떻게 이론을 현실에 적용할 것인가? 예리한 행동가는 이론에 앞서 전략적 목표를 명확히 한다. 약소국 정나라의 전략적인 목표는 무엇일까? 물론 국가의 생존이 기본 전제다. 강대국의 침략은 국가의 생존을 위협한다. 그래서 제1목표는 침략을 받지 않는 것이다. 제2목표는 강대국의 착취를 최대한 줄이는 것이다. 공물은 최대한 적게 내고, 최대한 적게 동원되어야 한다. 동시에 공물과 동원의 대가로 무엇을 얻을지 고민해야 한다. 그리고 최종 목표는 바로 기존 구조에 파열을 내는 것이다. 강대국은 되지 못하더라도 최소한 강소국強小國이 되자는 것이다. 바로 고슴도치와 같은 나라다.

유연한 정치가들은 전략적인 목표에 따라 이론을 활용한다. 전쟁에서 요행을 바라지 않는 진중한 사령관은 세상을 호랑이들의 각축장이라고 생각해야 한다. 싸움에서 쓰는 규칙은 호랑이들의 규칙이다. 한때 송나라 양공이 전장에서 적에게 동정을 베풀다 몰락한 적이 있다.• 무한경쟁의 장소인 전쟁터에서는 현실주의 이론을 적용해야 한다.

그러나 싸우기 전에 호랑이들의 규칙을 쓰면 어떻게 될까? 호랑이는 고사하고 황소도 못 되는 실력으로 무조건 싸우려고 한다면 어떻게 될까? 그러면 스스로 명을 단축시킬 뿐이다. 한 나라는 똑같은 의견을

• 송宋 양공襄公은 초나라와 벌인 홍수泓水의 전투에서 물을 건너는 적을 치자는 사마 자어子魚의 간언을 무시하고, 적이 진을 제대로 치지 못했을 때 공격하는 것은 예가 아니라는 엉뚱한 주장을 해서 송나라 군을 궤멸의 늪으로 몰아넣었다.

지닌 사람들의 집단이 아니다. 나라 안에는 싸움으로 얻는 것보다 잃을 것이 많은 사람들이 있기 때문이다. 어떤 이는 도덕적인 관점에서, 어떤 이는 경제적인 관점에서, 어떤 이는 순수하게 생물학적으로 목숨을 부지하기 위해 전쟁을 반대했다. 내가 힘이 없다면, 나는 전쟁을 반대하는 사람들과 연대할 수 있다. 전쟁을 반대하는 세력의 도덕성을, 그들의 이익을, 그리고 그들의 생존욕구를 지지하면서 연대할 수 있다. 그러기 위해 공통의 이익, 상호 의존 등을 강조할 수밖에 없다. 이것이 자유주의 이론이다. 평화를 유지해야 하는 집정이라면 이 이론을 무시할 수 없다.

그러나 내가 호랑이가 아니라 양이라면 언젠가 호랑이는 나를 노릴 것이다. '양들의 천국'을 만들면 호랑이의 위협을 벗어날 수 있지 않을까? 호랑이에게 뿔을 들이대서 호랑이를 우리 밖으로 몰아낼 수 없을까? 그러나 양들은 천국으로 가기 위해 연합하기보다는 다른 양보다 풀을 더 먹기 위해 경쟁하는 경향이 있다. 그래서 양들의 천국을 만들기 위해서는 먼저 양들이 어느 정도는 배가 불러서 자기들끼리 싸우지 않을 정도가 되어야 한다. 그래서 집정은 풍요와 안정을 중시한다. 하지만 살이 오르면 호랑이의 식단에 오를 것이다. 그러지 않으려고 집정은 양들의 뿔을 간다.

앞으로 살펴볼 자산은 이론가가 아니라 정치가다. 그러나 그는 앞에서 제시한 세 가지 이론의 핵심 전제를 모두 파악하고 있었다. 이론들은 그의 손 안에서 춤을 춘다. 내우와 외환이 겹쳐서 들이닥쳐도 준비된 정치가는 능수능란하게 문제들을 해결해간다. 예전의 언 발에 오줌

누는 식의 임기응변, 상황 파악 못 하는 무모한 도전, 그리고 뿌리 깊은 패배감 등은 자산의 등장으로 줄어들기 시작한다. 비록 정나라의 국력으로 이어지는 전국시대戰國時代의 파도를 넘기에는 역부족이었지만, 자산의 쉴 틈 없는 내부 개혁, 국제정치를 다루는 능란함, 그리고 전쟁을 줄이기 위한 노력 등은 후대의 수많은 개혁가, 사상가들에게 영향을 주었다. 특히 사상을 달리하던 사람들도 그를 본받기를 주저하지 않았는데 그 이유는 자산이 자신이 처한 환경에서 다양한 이론들을 자유자재로 주물렀기 때문이다. 유가의 비조 공자는 자산을 '진실한 사랑을 아는 사람'이라고 칭찬했고, 유가를 비판했던 한비자는 자산의 엄격함을 보고 법가의 모범으로 흠모했다.

춘추의 등장자들을 동물에 비유하면, 구렁이는 동쪽으로 나오기 위해서 인내하고 있는 진秦이다. 호랑이는 태행산에 웅크리고 있는 춘추의 패자 진晉이다. 곰은 왕족의 씨를 웅熊이라고 부르는 초다. 황소는 힘은 세지만 육식동물이 되기에는 부족한 제齊다. 주 문왕과 주공의 후광에 기대어 용케도 열강들 사이에서 균형을 잡고 있는 주周와 노魯는 여우이며, 나머지 대다수 나라들은 점점 격렬해지는 싸움의 틈바구니에서 떨고 있는 양이다. 그리고 마지막으로 등장하는 고슴도치가 바로 자산의 정鄭나라다.

우리가 살펴볼 이야기에서는 자산이 주인공으로 등장하지만 진晉의 조무趙武와 숙향叔向, 제의 안영晏嬰, 초의 오거伍擧, 노의 숙손표叔孫豹, 송의 상술向戌과 자한子罕등도 모두 자신의 이론을 갖춘 인물들이다. 이제 우리는 당시 국제무대를 주름잡던 각국 명신들의 세계로 들어간다. 이들의 공통점과 차이점, 극한 상황에서 이들이 내리는 판단들을 검토하면서, 오랫동안 고슴도치가 되지 못하고 어정쩡한 처지에 있었던 우리 자신을 돌아볼 수 있을 것이다.

제1장

중원,
인재들의 고향

1. 정나라 가는 길

오늘날 중원中原을 이해하려면 일단 정주鄭州로 가야 한다. 지금도 동서남북으로 이어지는 철길의 교차로에 있는 정주는 항상 사방으로 떠나는 사람들로 붐빈다. 미안한 말이지만 정주에 가면 현대화된 건물 뒤켠마다 여전히 중원의 고단한 과거들이 뒤죽박죽 쌓여 있어서 보는 사람들을 불편하게 만든다. 정신없이 밀려오는 사람의 파도, 어지러운 광고판, 차들과 마구 뒤섞인 오토바이 때문에 방금 역에 내린 사람은 으레 머리가 멍멍해진다.

6년 전 정주역에서 열차를 갈아타기 위해 내린 적이 있다. 사람들이 역 광장을 가득 채우고 짐에 기대어 휴식을 취하고 있다. 날씨라도 쌀쌀하면 열차역 광장에서 쉬기 어려워 근처의 싸구려 여관에서 여러 사람이 휴식을 취한다. 광동성에서 온 친구 한 명과 싸구려 여관에 들어가 차를 기다렸다. 그때 여관 아주머니가 뜬금없이 몰래 귀띔을 해주었다.

"모르는 사람 조심해."

허나 몰래 한 말이 고개를 돌리던 광동 친구에게 들어가고 말았다. 그러자 그 친구가 하는 말이 이렇다.

"도둑 눈에는 도둑만 보인다더니. 하남성河南省 인간들이란."

'하남성 인간들이란?' 그 광동 친구의 말이 아직도 귀에 선하다.

그곳에서 상성商城 유적을 돌아보면 상나라 초기의 권력에 압도되어 모골이 송연해진다. 두꺼운 판축의 흔적이 아직도 선명하고, 성벽 위에 차도를 내도 될 정도로 폭이 넓다. 상나라 사람들은 아마도 자신들이 세계의 중심에 산다고 생각했을 것이다. 그러나 그 성을 내려오면 다시 고단한 현실과 부딪친다. 비 오는 날, 거리의 어린 거지들은 수입이 영 시원치 않다. 영광스러운 과거는 너무 오래전에 사라지고, 이미 고단해진 지 오랜 중원의 실상을 보는 듯하다.

그 정주에서 남쪽으로 조금만 내려가면 신정新鄭, 곧 춘추시대 정나라의 수도가 나온다. 질척거리는 진창길을 따라 정주를 빠져나오는 데 보통 한 시간은 걸린다. 그리고 경운기들을 피해 신정으로 들어가는 데 또 한 시간이 걸린다. 그러나 일단 신정에 이르면 문득 작은 도시의 아늑함이 느껴진다. 천천히 작은 시가지를 돌아 정한고성鄭韓故城 터에 오르면 대낮에 뻐꾸기 소리가 요란하다. 빽빽한 가시 관목이 성으로 올라가려는 마음을 아예 접게 한다. 가시덤불을 보니 그 속에 뭔가가 묻혀 있으리라는 예감이 든다. '중원이 그렇게 만만한 곳일 수 있겠나?'

항상 사방으로 떠나는 사람들로 붐비는 정주역(맨 위)과 춘추시대 정나라의 수도인 신정(위).

2. 선망과 고난의 땅, 중원

중원中原. 가운데 있는 평원이란 뜻이다. 거기에 사는 사람들은 스스로를 중국인이라 불렀다. 가운데 있는 나라의 사람이라는 뜻이다. 지구는 둥근데 중심이 어디에 있단 말인가? 고대인들은 지구가 둥근 줄 몰랐다. 그래서 대부분 자기가 살고 있는 지역을 중심으로 생각했다. 그러나 중원인을 자처하던 황하 중류 사람들이 주변의 여러 종족들과의 투쟁에서 두각을 드러내면서, 대체로 서쪽으로 낙수洛水와 황하가 만나는 곳에서부터 동쪽으로 상나라의 발원지라는 상구商丘까지, 남쪽으로 삼국의 영웅 조조가 기반으로 활동했던 허창許昌에서 북쪽으로 상나라가 최후를 맞은 조가朝歌까지를 중원이라고 생각하는 경향이 생겼다.

하지만 중원의 영화도 영원하지는 못했다. 동서남북에서 발생한 여러 문명들도 중원문명에 못지않은 활력이 있었고, 이들은 곧 중원이라는 각축장에서 서로 만났다. 춘추시기 내내 서쪽의 진秦, 북쪽의 진晉, 남쪽의 초, 동쪽의 제는 모두 중원으로 나가고 싶어 했다. 오랜 시간 동안 황하가 날라 온 황토, 까마득한 시기부터 인간의 손때를 타서 길들여진 땅, 동서남북 어디로도 통하는 열린 땅. 그런 땅에서 태어나지는 않았어도 그런 땅을 차지하고 싶은 마음이야 누가 없었으랴.

주周나라 이래 중원을 지배한 사람들은 대부분 중원을 기반으로 일어난 사람들이 아니었다. 주나라, 진秦나라는 관중에서 시작했고, 한漢나라는 초 땅의 불평분자들이 모여서 진晉나라가 닦아놓은 터전을 손에 넣었다. 조조의 위魏나라는 산동의 반란군들이 주력이었고, 선비족

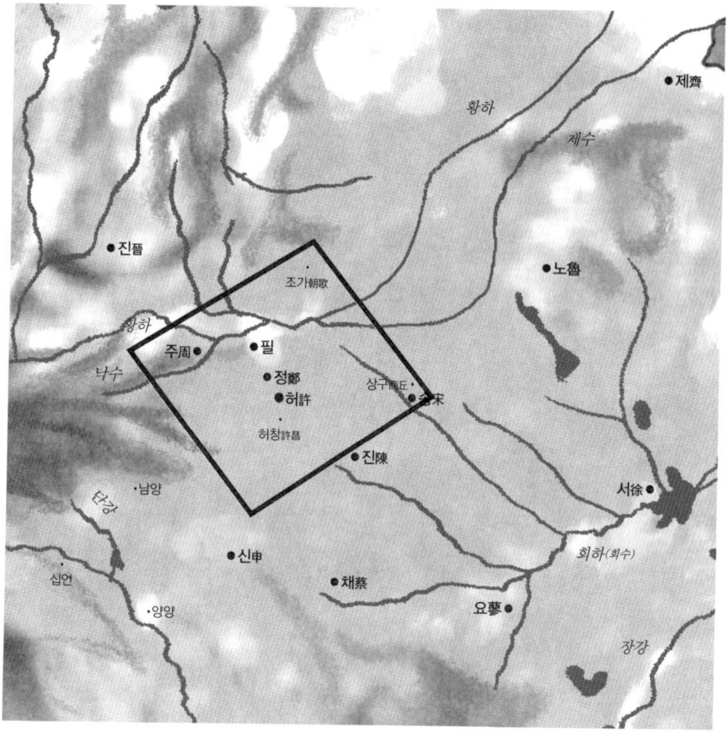

중원의 개념도. 서쪽으로 낙수洛水와 황하가 만나는 곳에서부터 동쪽으로 상나라의 발원지라는 상구商丘까지, 남쪽으로 삼국의 영웅 조조가 기반으로 활용했던 허창許昌에서 북쪽으로 상나라가 최후를 맞은 조가朝歌까지를 중원으로 본다.

의 북위北魏는 태행산 너머 북쪽에서 발원했으며, 수나라와 당나라도 태생은 북쪽이었다. 원나라는 몽골의 초원에서, 명나라는 남쪽의 장강 유역 유민들이 주력이었고, 청나라는 동북의 여진족이 만들었다. 자잘한 나라들을 빼면 주나라 이후 실제로 중원에서 일어나 중국을 차지한 나라는 조광윤趙匡胤의 송宋나라밖에 없다. 그러나 이들 왕조가 중원에서 일어나지 않았다고 하더라도 중원은 항상 중간 기착지, 혹은 최종 목적지가 되었다.

한때는 힘이 빠진 이들이 중원으로 들어가던 시절이 있었다. 주나라가 힘이 빠지자 중원의 서쪽 낙양으로 달아나면서 춘추전국시대가 시작되었다. 한나라도 힘이 빠지자 낙양으로 천도했다. 그러나 중원은 힘이 없으면 오래 유지하기 힘든 곳이었다. 반면 힘이 있으면 이야기는 달라졌다. 조조는 처음부터 중원을 목표로 삼았다. 특히 그는 정나라의 옛 터전에 관심이 있었다. 중앙에 있으면 지키기 어렵다. 그러나 자신감으로 충만한 이들은 지키는 것보다 뻗어 나가는 데 관심이 있다. 조조 이후 북방을 통일한 선비족의 북위도 중원을 최종 목표지로 삼았다. 그래서 그들은 수도를 낙양으로 옮겼다. 그리고 북방 이민족 국가인 북주北周의 실권자인 양견楊堅이 세운 수隋는 관중을 차지하자 바로 동쪽으로 눈을 돌렸다. 활발하게 개간되던 남동쪽의 물산을 거둬들일 수 있는 낙양이 눈에 들어온 것이다. 역시 북방에서 출발해 관중을 차지한 당唐도 낙양을 제2의 수도로 삼았다. 그러니 당나라 멸망 후 5대10국의 혼란기를 수습한 송이 중원에서 자리를 잡은 것도 무리는 아니었다. 하지만 중원시대는 원나라의 등장으로 사실상 마감된다. 부를 끌어 모으는 데 중원보다 더 좋은 강남江南이 기다리고 있었기 때문이다.

타지에서 몸을 일으켰으나 중원에서 몸을 누이고 싶다는 것은 고대 야심가들의 꿈이었고, 그 꿈을 가장 적나라하게 실현한 사람이 바로 조조다. 문제는 동서남북에서 일어난 야심가들이 모두 중원을 목표로 삼았다는 사실이다. 그래서 중원의 역사는 항상 전쟁의 주무대가 되었다.

춘추전국시대의 중원 중의 중원이라면 오늘날의 정주에서 허창 사이에 있던 정나라다. 정나라 환공과 무공이 서주-동주 교체기의 혼란을 피해 동쪽에 새로 개척한 땅은 사통팔달의 요지였다. 그래서 춘추 초기에 정나라는 여러 제후국 중에 돋보이는 나라가 될 수 있었다.

그러나 영광은 짧았다. 동서남북에서 모두 강자들이 등장했고, 지지부진한 주나라 왕실과 너무 깊게 얽혀 있던 정나라는 새롭게 부상하는 신흥 강국들 사이에 끼어서 이리저리 치이는 신세가 되었다. 다만 춘추시기 패자들은 모두 정나라를 차지할 수 있었지만 주나라 왕실과 가장 가까운 이 나라를 없애는 것에는 적지 않은 부담을 느꼈다. 또 힘이 없어도 자존심만은 주나라 왕실 못지않은 이 나라를 단순히 우격다짐으로 굴복시키기도 어려웠다. 설사 굴복시킨다 해도 사통팔달한 그 땅은 막상 지키기도 난감했다. 그래서 이 불행한 약자를 자기편으로 끌어들이기 위해 이리 굴리고 저리 굴리면서 호시탐탐 노렸다.

얼마나 많은 싸움이 중원에서 벌어졌는가? 멀리 갈 것 없이 춘추시대 패권 질서를 만든 싸움들에 정나라가 개입되지 않은 적이 없다. 효산郩山의 싸움은 정나라를 차지하려는 진秦의 욕심 때문에 벌어졌고, 필과 언릉의 싸움은 정나라를 차지하기 위한 진晉과 초의 맞대결이었다. 전국시대의 전쟁은 기본적으로 동진하려는 진秦과 이를 막으려는 3진三晉(한韓, 위魏, 조趙) 세력의 대결이었다. 그러나 3진의 두 세력인 위-한 연합군이 중원의 서쪽 관문인 이궐伊闕(지금의 낙양 남부)에서 진秦에 대패함으로써 전세는 기울고 말았다. 중원의 서쪽 관문이 뚫리자

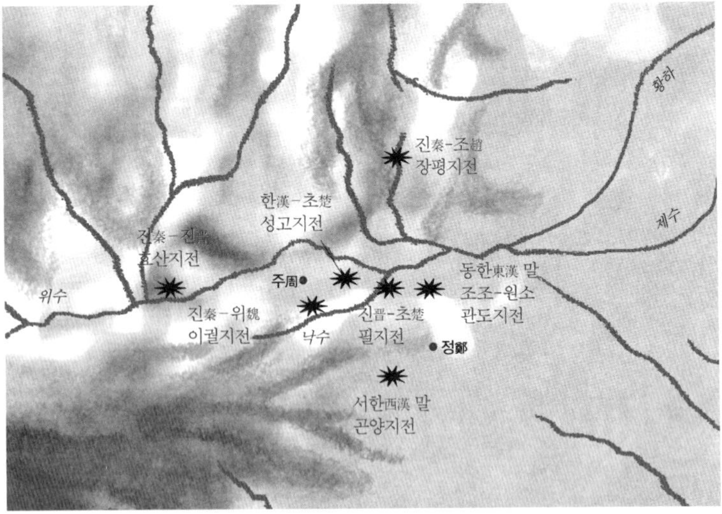

중원을 차지하기 위해 벌어진 춘추전국시대 주요 전투들.

중원의 심장 숭산.

정나라의 옛 땅을 차지하고 있던 한韓나라는 바로 뒤로 밀렸고, 조趙나라에 도움을 청했다. 조나라는 중원을 지키기 위해 상당上黨에 진을 치고 진秦과 일전을 벌였으니, 이 싸움이 장평長平의 싸움이다. 장평의 싸움은 태행산 골짜기에서 벌어졌지만, 싸움의 원인은 중원을 잃지 않으려는 한韓나라의 마지막 염원과 중원으로 나가는 걸림돌을 제거하고 통일제국을 꿈꾸는 진秦나라의 야심이 충돌했기 때문이다.

통일제국이라는 개념이 생기자 중원을 얻으면 천하를 얻게 된다는 불문율도 생겼다. 이렇게 진秦이 중원을 얻었으나 그들은 지키는 데 무능했다. 그래서 항우와 유방이라는 두 지략가가 진을 분할하고 다시 중원에서 만났다. 그들이 대망의 결전을 벌인 곳이 성고成皐(지금의 형양滎陽)다. 그리고 광무제光武帝 유수劉秀의 유명한 곤양昆陽의 싸움, 후한 말 조조를 최고 실력자로 만든 유명한 관도官渡의 싸움도 모두 중원에서 벌어졌다. 중국 어느 땅이 싸움터가 아닌 적이 별로 없지만 춘추전국시대 정나라가 차지하고 있던 지역의 주변에서 일어난 전쟁과 비견할 곳은 어디에도 없었다.

3. 고난의 땅이 배출한 인재들

정나라의 터전에 중심을 둔 오늘날 하남성은 여전히 가난한 곳이다. 중원의 고난은 아직도 계속되고 있다. 그러나 여전히 중원에는 사람들이 들끓는다. 하남성의 인구가 곧 1억을 돌파할 것이라고 하는데, 전

세계에서 하남성보다 인구가 많은 국가는 10여 개에 지나지 않는다. 중원은 옛날부터 거대한 인구 유출지였다. 지금도 외지로 나가서 일하는 농민공 중 가장 많은 수가 하남성, 곧 중원 출신이다. 전국시대 진秦나라 통일의 주역으로 흔히 입에 오르는 재상인 상앙商鞅, 장의張儀, 이사李斯는 모두 중원 출신이다. 또한 법가와 유세가遊說家(혹은 종횡가縱橫家)의 일파를 이룬 한비자韓非子와 소진蘇秦도 모두 중원 사람이다.

진秦이 전국 말기 최강자로 부상한 원인으로 흔히 상앙 등 법가 사상가들에 의한 개혁, 장의와 범저范雎 등 객경客卿 유세가들의 활약을 꼽는다. 물론 궁극적으로는 군사력이 승패를 좌우했지만, 법을 통한 자강自强 운동, 객경들을 이용한 활발한 외교전이 큰 도움이 되었음은 부인할 수 없다. 그런데 이런 역할을 맡은 사람들이 바로 중원 출신의 인재들이다. 그들은 약한 나라에서 태어나 약자의 설움을 겪을 만큼 겪었기 때문에 국제외교와 내정개혁의 중요성을 일찍이 깨달았다. 그들은 자신들이 체득한 중원의 정치기술을 서쪽의 진秦나라에서 실현했다. 이방인에게 너그러운 서방의 문화는 이들이 뜻을 펼치기에 안성맞춤이었다.

그런데 이들 후배들에게 이론적인 길을 닦아준 사람이 바로 정나라의 자산이다. 용과 호랑이가 자웅을 겨루는 듯한 소진과 장의의 논쟁, 한비의 촌철살인의 비유와 법철학, 한 수 멀리 보는 이사의 능란한 정치력은 그들의 선배 자산에게 큰 빚을 졌다.

자산이라는 인물이 정치가로서 풍부한 족적을 남길 수 있었던 이유는 정나라의 지정학적 위치 때문이다. 열강들의 끊임없는 외침과 공납의 압박 속에서 살아남기 위해서는 약자의 생존 기술을 터득해야 했다. 약자의 생존 기술은 두 가지로 요약된다. 약자는 강자들보다 국제관계에 훨씬 민감해야 한다. 그래서 강자들을 다루는 솜씨, 곧 언변이 필요했다. 예컨대 자산은 정나라에 가혹한 행위를 한 진陳나라를 당시의 패자인 진晉의 허락을 받지 않고 공벌한 후 훌륭한 언변으로 진나라의 질책을 무마했다.

외무를 처리하는 자산의 언변에 대해 공자는 이렇게 평했다.

> 옛 책에도 기록되어 있느니라. "말로써 뜻을 완전히 드러내고, 문채(교양 있는 표현)로써 말을 완전하게 하는 것이다." 말을 하지 않으면 누가 그가 가진 뜻을 알겠느냐? 말에 문채가 없으면 말을 해도 멀리 전해지지 않는다. 진晉나라가 패자로 있었는데, 정나라가 허락도 없이 진陳나라로 쳐들어갔다. 자산의 문채 나는 언변이 없었으면 정나라의 행동은 공업이 될 수 없었을 것이다. 그러니 말에 신중하지 않을 수 있으랴(志有之 言以足志 文以足言 不言 誰知其志 言之無文 行而不遠 晉爲伯 鄭入陳 非文辭 不爲功 愼辭哉)?
>
> -《좌전》'양공 25년'

하지만 공자는 다른 곳에서는 위와는 일견 모순되는 말을 한다. 누군가 제자 옹이 인덕은 있으나 말재주가 없다고 하자 이렇게 대답한다.

> 말을 잘해서 어디에 쓴단 말이오? 말솜씨로 남을 막고, 자주 미움이

나 받을 뿐인데 어디에 쓰겠소〔焉用佞 禦人以口給 屢憎於人〕?

–《논어》〈공야〉

공자가 말하는 문채 나는 말이란 뜻[志]을 충분히 갖춘 사람이 그 뜻을 드러내기 위해 쓰는 방편이고, 말솜씨[佞]란 뜻도 없으면서 말싸움에서 이기기 위해 쓰는 말단의 수단이다. 뜻이 있다면 그 뜻을 조리 있는 말로 드러내야 한다는 말이다. 장의, 소진 등은 바로 자산의 언변을 이어받았다.

두 번째로 약자는 강해지기 위해 기존의 강자들보다 더 엄격한 수단을 써야 한다. 그 엄격한 수단이란 법을 뜻한다. 자산은 강대국들의 압박 속에서도 개혁을 지속적으로 수행했다. 그래서 춘추시대에 최초로 성문법을 만들어 국인國人들 모두에게 적용시키는 법가로서의 면모를 보였다. 그의 법 집행은 춘추시대의 기준으로 보면 매우 엄격한 면이 있었다. 자산은 후임자에게 이렇게 유언한다. 그 유언은《한비자》에도 등장한다.

대저 불은 형상이 무섭기에 불에 데는 사람은 적소. 그러나 물은 약해 보이기에 빠져 죽는 사람이 많소. 그러니 그대는 반드시 엄격한 태도를 보이고, 약한 모습을 보이어 사람들이 다치게 하지 마시오.

한마디로 엄격한 법이 오히려 사람들에게 도움이 된다는 말이다. 상앙, 한비자, 이사 등은 모두 자산의 법철학을 이어받았다.

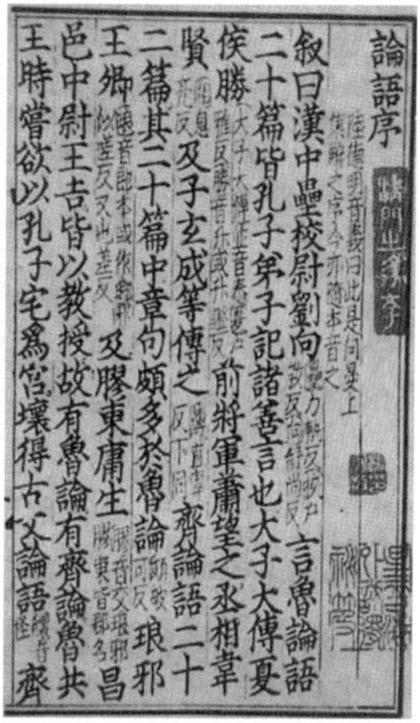

論語序
敘曰漢中壘校尉劉向言魯論語
二十篇皆孔子弟子記諸善言也大子大傅夏
侯勝前將軍蕭望之丞相韋
賢及子玄成等傳之齊論語二十
二篇其二十篇中章句頗多於魯論琅邪
王卿及膠東庸生昌
邑中尉王吉皆以教授故有魯論有齊論魯共
王時嘗欲以孔子宅爲宮壞得古文論語齊

공자(왼쪽)**와 송각본 《논어》**(오른쪽). 공자는 자산을 사표師表로 삼았으며, 그를 흠모하는 마음이 《논어》 곳곳에 나타나 있다.

그러나 소진, 장의, 상앙, 한비, 이사 등과 자산 사이에는 결정적인 차이점이 하나 있다. 바로 그들의 죽음이다. 소진은 제나라에서 귀족들의 미움을 사서 암살당했고, 장의는 자신이 몸담은 진秦나라 조정의 미움을 받아 위나라로 밀려나서 죽었다. 상앙은 자기가 만든 혹독한 법에 걸려 죽었고, 한비는 친구 이사의 모함으로 죽었으며, 이사는 자신이 신격화한 황제에 의해 처참하게 죽었다.

깊고도 조리 있는 말[文]과 얕지만 그럴듯한 말[佞]은 보기에는 백지 한 장 차이도 없고, 엄격하되 곧은 법과 가혹하되 굽은 법도 겉으로 보기에는 별 차이가 없다. 자산은 후임자의 우려와 존경 속에서 떠났지만, 그의 후배들은 모두 명성을 얻었으나 비참한 말로를 맞았다. 자산이 천명을 다한 이유는 그가 춘추 귀족의 몸가짐, 곧 원시 유가들의 인생관을 잘 가꾸었기 때문이다. 소진, 장의처럼 거짓과 참을 뒤섞고, 상앙처럼 법을 핑계로 편법을 추구하고, 한비처럼 사람을 도구로 여기며, 이사처럼 아래로 가혹하고 위로 영합했다면 자산도 끝이 좋지 않았을 것이다.

법가와 유세가 모두 목적을 달성하기 위해 누군가를 때리고 위협하는 사람들이다. 아프기는 마찬가지라도 사랑해서 때리는지 미워서 때리는지 어린아이라도 본능적으로 안다. 비록 자신이 속한 계급의 이익을 위해서라 할지라도 자산은 매를 휘두르되 마지못해 하는 마음을 품었으나, 그 후배들은 매를 휘두르며 표독한 마음을 품었다. 자산은 엄격했으나 은혜로웠다. 공자는 자산의 은혜로움을 여러 번 강조했다.

> 공자께서 자산에 대해 말씀하셨다. "그는 네 가지 군자의 도道를 갖추었다. 자신의 행동은 공손했고, 위를 섬길 때는 공경했으며, 백성들을 기를 때는 은혜로웠으며, 백성들을 부릴 때는 의로웠다〔子謂子産 有君子之道四焉 其行己也恭 其事上也敬 其養民也惠 其使民也義〕."
>
> –《논어》〈공야〉

> 누가 자산에 대해 물었다. 공자께서 말씀하시길, "은혜로운 사람이다" 하셨다〔或問子産 子曰 惠人也〕.
>
> –《논어》〈헌문〉

자산은 공자의 사표였는데, 오늘날에도 충분히 남의 위에 있는 사람들의 사표가 될 수 있다. 이제 자산이라는 춘추시대의 한 정치가를 중심으로 춘추 말기의 격동기로 들어간다.

제2장

2강 체제의 마지막 불꽃

• • •

기원전 5세기 중반 자산이 등장하기 이전, 진-초의 2강 체제는 꺼져가는 촛불처럼 마지막 불꽃을 태우고 있었다. 그렇다고 2강 체제가 갑작스럽게 무너질 정도로 허약하지도 않았고, 딱히 2강을 대체할 뚜렷한 세력이 나오지도 않았다. 그래서 2강 체제의 해체를 예견한 각국은 눈에 보이는 한 최대한 실리를 챙기려 했고, 2강 스스로도 마찬가지였다. 그래서 겉으로는 2강 체제가 더 강해지는 것처럼 보일 때도 있었다. 한마디로 과도기라 할 수 있었는데, 그 과도기에 강대국들 사이에 끼인 나라, 특히 정나라는 갖은 고초를 겪게 된다.

1. '나폴레옹 보나파르트' 진晉 도공의 등장

진晉은 언릉의 싸움에서 승리한 후 다시 패권을 확인했다. 하지만 겉으로 위엄을 보였지만 속은 허했다. 승리 후 여공厲公은 비대해진 극郤씨를 몰아냈지만, 결국 난欒씨의 반격을 받고 죽었다. 비록 아직까지는 패권국이지만 안으로는 지배층 내부의 갈등이 여전히 존재했기에, 이 갈등을 어떻게 수습하느냐가 향후 진나라가 패권을 계속 유지할 수 있는 관건이었다. 이때 늙어가는 호랑이 진을 일신한 군주가 나타났으니 그가 바로 도공悼公이다.

기원전 573년 정월 진나라 경대부들은 새로 즉위할 군주를 맞이하기 위해 청원淸原으로 나갔다. 주나라에 가 있던 공손 주周가 난서欒書를 비롯한 세족들에 의해 죽은 여공을 대신하기 위해 돌아왔다. 그는 경대부들을 보고 첫 인사말을 떼었다.

고孤는 원래 이 자리에 이르고 싶지 않았습니다. 그럼에도 여기까지 오게 된 것 또한 하늘의 뜻이 아니겠습니까? 사람들이 군주를 세우고자 하는 뜻은 그로 하여금 명령을 내리게 하고자 함일 것입니다. 군주를 세워놓고 따르지 않는다면 군주가 무슨 소용이 있겠습니까? 경대부들께서 나를 쓰시든지 쓰지 않으시든지 모두 오늘 결정할 일입니다. 공경히 군주를 받듦은 신명이 복을 내리시는 일입니다.

-《좌전》'성공 18년'•

고가 임금답지 못하다면 폐하십시오. 누구를 원망하겠습니까? 허나 임금 노릇을 제대로 하는데도 함부로 대한다면 이는 경대부들의 잘못입니다. 군주를 받들어 큰 뜻을 이루고자 하든지, 포학하게 대하여 백성들을 흩어지게 하고, 그들이 따르는 상도常道를 뒤집는 것도 오늘에 달렸습니다. 오늘 진퇴가부를 결정해주시기 바랍니다.

-《국어》〈진어〉

오래전부터 외국에 나가 있었던지라 국내에 기반도 부족하고, 또 군주가 시해되는 험악한 일을 당한 직후에 타의로 군주 자리에 나가는

• 앞으로 대부분의 참고서적은 출처를 밝히겠지만 《좌전》은 생략한다. 이 시기의 압도적인 사료가 《좌전》에서 나오고, 여타 보조 사료도 《좌전》을 그대로 옮긴 것들이 대부분이기 때문에 독자들을 위해 편의상 꼭 필요한 경우가 아니면 《좌전》이 원전일 때 출처를 표기하지 않는다.

사람치고는 꽤 당당했다. 이 당돌한 제의에 경대부들은 머리를 조아렸다. 아마도 난서가 식은땀을 가장 많이 흘렸을 것이다.

"군주께서 저희 군신들을 진무하시고 허물을 그토록 덮어주시니, 어찌 감히 군주의 명을 받들어 주륙되는 것을 두려워하겠습니까?"

그러고 나서 군신들은 맹서문을 지어 만든 후 도읍으로 들어갔다. 한 나라의 군주와 신하 사이에 구태여 맹서문이 필요한 것 자체가 불안정의 반증이었다. 이로써 진나라에 일종의 군주-경대부 간의 계약체제가 들어선 것이다. 그러나 경대부들은 약간 겸손한 티를 내는 새 군주의 실력을 미처 파악하지 못했다. 새로 등극한 도공은 그 나름대로 진 문공이 이룩한 패업을 계승할 비전을 가지고 있었다.

기원전 6세기 전반기 진晉나라는 급격히 늙어갔다. 그러나 여전히 국제사회에서 진나라에 대항할 맞수는 없었다. 진이 필에서 장왕에게 패하는 모습을 보고 일부 큰 나라들이 도전장을 내밀었지만 결과는 신통치 않았다. 나이가 들어도 호랑이는 호랑이였다.

그러나 문제는 내부 사정이었다. 거대 가문들의 세력 판도는 끊임없이 재편되었고, 여기에 군주도 끼어들어 판을 자신에게 유리하도록 만들어가려 했다. 그런 차에 서로 죽고 죽이는 일들이 심심찮게 벌어졌다.

여기서 잠시 진나라 세족들의 흥망사를 간단히 살펴보자. 먼저 진문공 등극의 일등 공신인 호언狐偃의 가문은 그 아들 호역고狐射姑가 난리에 연루되면서 2대에 이미 미약한 가문이 되었다. 진 문공의 군사전략을 책임진 꾀주머니이자 효산의 싸움을 승리로 이끈 선진先軫의 후예들은 대대로 군사 분야에서 막강한 영향력을 가지고 있었다. 그러나 필의 싸움에서 선곡先穀이 무리하게 황하를 건너다 대패하면서 신망이 떨어지고, 선곡이 외국의 군대를 끌어들였다는 죄명으로 죽자 선씨 집안도 몰락했다. 그다음으로 극예郤芮의 후손으로 대대로 용맹을 떨쳤으며 언릉에서 초나라를 대파하는 데 수훈을 세운 극씨 집안도 난欒씨 가문의 견제로 반란의 모함을 받아 멸문당했다. 극씨 집안은 가산이 진나라 공실의 반에 달한다고 할 정도로 큰 씨족이었다.

이리하여 집단 지배체제의 극심한 파워게임 속에서 살아남은 대족은 난씨, 위魏씨, 순荀씨(중행中行씨, 지知씨도 모두 순씨의 지파임), 사士씨(범范씨), 한韓씨 그리고 조趙씨 정도였다. 필의 싸움으로 진나라 최대씨족인 조씨 가문은 큰 타격을 입었고, 연이어 조돈의 아들들이 살해되는 화를 입었다. 조씨는 살아남았지만 조돈 시절의 영화는 기대하기 어려웠다.

2. 진 도공의 개혁

백성들의 지지를 확보하다

이제 진나라 내부의 권력관계는 어떻게 재편될 것인가? 그리고 진나라 내부의 문제가 국제사회에는 어떤 영향을 미치게 될 것인가? 도공은 미약한 군주권을 일으켜 세우는 방법을 알고 있었다. 최대 씨족인 난씨의 비위를 거스르지 않으면서 그들을 통제하고, 여러 씨족 중 한 씨족이 지나치게 커져 군주권을 위협하지 못하게 하는 것이 당면한 과제였다.

그러나 피살당한 여공과 같은 주먹구구식 방법으로는 군주권을 확립하기는커녕 혼란만 키울 수 있었다. 대체로 이런 불안한 세력균형 상태에서 군주가 국가의 통치자로서 독립하기 위해서는 적정한 정도의 정공법, 타이밍, 그리고 전략적 선택이 필요했다. 아마도 당시 도공의 마음속에는 나폴레옹 보나파르트가 한 명 들어 있었던 듯하다. 누구도 완벽한 주도권을 잡지 못하는 상황에서 그도 나폴레옹과 같은 기민한 정치적 능력을 보여주었다.•

진 도공의 정공법은 두 단계로 나누어 볼 수 있다. 그는 귀족이 아니라 백성들의 지지를 회복하는 일의 중요성을 알았다. 그래서 그가 백성들을 대상으로 쓴 정책은 광범위한 구휼책과 사면책, 그리고 부세 경감이었다. 듣기에는 비슷한 듯하지만 각각의 정책은 모두 목표가 달랐다. 동시에 새로운 정책이 기존의 귀족들에게 반발할 구실을 주어서는 안 되었다. 그의 정책은 사료에 이렇게 기록되어 있다.

• 나폴레옹은 프랑스 혁명 와중에 처음에는 혁명적인 인물로 등장했다. 그러나 군대로 봉기를 진압하면서 부르주아의 총재정부總裁政府의 수호자가 되었고, 결국은 군사독재자로까지 성장했다. 이렇게 극심한 세력관계의 변동 후, 세력관계가 제대로 재편되지 않았을 때 기민하게 기회를 포착하여 세력관계를 주도하는 행동을 '나폴레옹주의'라고 부른다.

백사의 기준을 정하고, 백관들의 위치를 잡아주고, 명문가의 적손들을 육성하고, 현량한 사람을 천거하며, 오래된 가문을 일으키고, 옛 형사 사건의 심리를 중단하고, 죄수들을 사면하고, 치죄를 관대히 하고, 덕을 쌓은 이를 천거하고, 홀아비와 과부에게 시혜를 베풀고, 폐출되어 묻힌 인재들을 기용하고, 노인과 어린이를 봉양하고, 고아와 병든 이들을 구휼했다. 70세가 넘은이들을 공이 직접 찾아보고 그들을 왕부王父로 존중하여 불렀다(定百事 立百官 育門子 選賢良 興舊族 出滯賞 畢故刑 赦囚系 宥間罪 薦積德 逮鰥寡 振廢淹養老幼 恤孤疾 年過七十 公親見之 稱曰王父).

-《국어》

《좌전》에는 추가로 몇 가지가 더 나열되어 있다.

예전에 진 빚을 탕감해주고, 빈곤한 이들을 구제하고, (경대부들의) 음란하고 사특한 행동을 금하고, (백성에게 내리는) 조세와 부역을 가볍게 하고, (공실의) 물건 씀씀이를 검소하게 하고, 사람들을 동원할 때는 농번기를 피해서 농사 시기를 놓치지 않도록 했다.

언릉의 싸움이 벌어지기 전에 명신 사섭士燮이 강조한 말이 있다.• 그

• 언릉의 싸움 후 사섭은 "지금 진나라의 사구는 중간 죄인의 신체를 해하는 작은 도끼는 너무 써서 날이 무뎌지고 있지만, 큰 죄인의 목을 치는 큰 도끼는 아예 쓰지 않고 있다"고 통탄했다. 사법권이 고위 귀족에게는 미치지 못하고, 힘없는 이들만 희생양으로 삼고 있다는 지적이었다.

는 당시 진나라의 큰 가문들이 법 위에 있어서 작은 가문들을 억누르고 자잘한 죄를 지은 사람들만 형을 당한다고 했다. 그러니 현재 형을 받은 사람들의 다수는 거대 씨족들과의 싸움에서 진 사람들이고 채무를 진 사람은 물론 그들과의 토지 쟁탈전에서 패배한 사람들이다. 그러니 결국 이들은 하급 사인士人들이다. 진 도공은 일단 하급 사인들을 끌어들이는 정책을 썼다. 그러고는 일반 백성들에게 구휼책을 써서 밑바닥 민심이 군주에게 향하도록 했다.

신진을 등용하다

백성들의 마음을 얻은 후 도공은 능력과 원칙을 기치로 한 인재등용을 선포했다. 물론 여기에는 군주권을 강화하려는 정략적 노림이 숨어 있었다. 그는 먼저 세력이 약해진 조씨와 위씨 가문에서 인재를 등용하여 극씨의 공백을 메우게 하고 실세인 난씨가 거족으로 성장하는 것을 견제했다. 그리고 대규모로 신진을 발탁했다.

먼저 조씨 가문의 조무趙武를 경으로 승진시켰다. 조무는 신중한 사람으로 쿠데타를 일으킬 인물이 아니었다. 다음은 위주魏犨 이래로 큰 세력을 형성하지 못한 위씨 가문의 인재들을 등용했다. 그는 여기呂錡(위기魏錡. 여는 위씨 가문의 봉지다)의 아들 여상呂相을 하군의 대장으로 등용하면서 이런 구실을 댔다.

"필의 싸움에서 여기가 초나라 공자 곡신穀臣을 잡고 연윤連尹 양로襄

老를 죽였다. 그래서 곡신과 양로의 시체를 이용해 지앵知罃을 되찾았다. 언릉의 싸움에서 그는 초 공왕의 눈을 맞추어 대승을 거두었다. 그러나 그의 자손 중에 높은 자리에 있는 이가 없다. 그의 자손을 세워야 한다."

그러고는 대표적인 주화파이며 대대로 내란에 가담한 적이 없는 사씨 가문의 인재를 등용하며 이런 구실을 댔다.

"사방士魴은 범무자范武子(사회)의 아들이요 범문자范文子(사섭)의 형제다. 범무자는 널리 법령을 선포하여 우리 진나라를 안정시켰고, 범문자는 혼신의 힘을 다하여 제후들을 안정시켜 지금까지도 그의 덕택을 보고 있다. 이 두 사람의 공을 잊을 수가 없다."

그리하여 사방을 신군의 대장으로 임명했다. 위주의 손자이자 위과魏果의 아들인 위힐魏頡에게 사방을 보좌하는 역할을 맡겼다. 이어 사씨 가문의 사정자士貞子의 학문을 높이 사서 태부의 직책을 맡겼다. 또 세족이 아니면서도 눈치를 보지 않는 기해祁奚를 중군위中軍尉로 임명했다.

그리고 이번 인사의 핵심이라고 할 수 있는 위강魏絳(위장자魏莊子)을 등용했다. 위강은 위주의 아들로 도공 시기 외정과 군무의 핵심 정책들은 거의 그의 머리에서 나왔다. 특히 위강은 조무를 지지했기 때문에 조무가 이 시기 진나라의 집정으로 성장하는 데 결정적인 역할을 했다.

이렇듯 하군과 신군의 주장主將을 위씨와 사씨로 채우고 또 중군의 참모장 역시 위씨로 채웠다. 그리고 나머지 중요 직책에는 거대 씨족 출신이 아닌 인재들을 등용했다. 각각 상군 위尉와 상군 사마로 발탁된

탁알구鐸遏寇, 적언籍偃 등이 그 예다.

이번 인사에서 중군, 하군, 상군, 신군의 핵심 요직들을 기존의 권력 투쟁에서 뒤로 밀려난 가문 출신이거나 애초에 거족 출신이 아닌 사람들로 채웠다는 것을 누가 보아도 알 수 있다. 위尉는 군대의 기무(헌병대장)이며, 사마는 참모장이다. 도공은 중군과 상군의 참모장과 헌병대장을 모두 자신의 사람들로 채우고, 하군과 신군의 수장들도 자신의 사람들로 채웠다.

군대의 수장들에게 따로 수레를 모는 사람을 붙여주지 않고 새로 위尉라는 직위를 만들어 군주가 직접 파견하자, 각 군의 대장을 맡고 있는 경卿들의 독립성은 줄어들 수밖에 없었다. 이렇게 도공은 경들의 위상을 끌어내렸다.

도공의 과감함에 기존의 거족들은 적잖이 겁을 먹었을 것이다. 하지만 이번 인사는 뚜렷한 원칙이 있었기 때문에 기존 거족들로서도 함부로 간여하기 어려웠다. 그리고 전광석화처럼 빠르게 전면적으로 이루어졌기 때문에 세족들이 저항할 시간이 없었다. 그는 나폴레옹과 같은 기민함으로 과감하게 세족들 간의 세력균형의 틈을 노려 주도권을 확보했다. 거대 씨족들은 손을 쓸 틈이 없었다.

3. 후방을 안정시켜 전방을 압박하라

진나라는 전통적으로 후방(융적)과 전방(진秦, 초)의 균형을 잘 잡는 군주가 나올 때 정국이 안정되었다. 진나라 패권이 약해질 때 그들이 다시 들고 나온 것이 후방을 다지는 것이었다. 도공도 후방을 안정시켜 패권 약화를 막고자 했고, 그 소임을 위강이 담당했다.

위강은 강직했다. 도공은 즉위한 지 3년째 되던 해 제후들을 계택鷄澤으로 소집했다. 그런데 곡량曲梁에서 도공의 동생 양간楊干이 군중에서 군기를 문란케 하는 행동을 했다. 그러자 위강은 바로 양간의 노복을 대신 죽였다. 도공은 대로해서 양설적羊舌赤에게 말했다.

"제후들을 모으는 것은 우리나라의 영광이다. 그런데 과인의 동생을 벌하다니 이보다 더 치욕스러운 일이 있는가? 반드시 위강을 죽이라. 놓치지 마라."

그러자 양설적이 대답했다.

"위강은 일편단심이옵니다. 군주를 섬길 때는 어려운 일을 피하지않고, 죄가 있다면 형이 두려워 달아날 사람이 아닙니다. 와서 곧 사죄의 말씀을 올릴 것입니다. 어찌 구태여 명령을 내리는 욕을 보시려 하십니까?"

말이 끝나자마자 위강이 도착해 보고서를 올리고, 곧 칼 위에 엎어져 자진하려 했다. 그러자 사방과 장로長老가 급히 저지했다. 올린 글에는 이렇게 쓰여 있었다.

> 일전에 군주께서 즉위하실 때, 부릴 사람이 없어 신을 중군의 사마로 삼으셨습니다. 신은 '군대는 오직 명령에 복종함이 무武(기강이 있음)이며, 군사軍事에는 죽을지언정 침범당하지 않는 것이 경敬(명령을 공경

함)이다'라고 들었사옵니다. 군주께서 제후들을 모으신 마당에 어찌 제가 명령을 공경히 받들지 않을 수 있겠습니까? 군주의 군대가 기강을 잃고, 군주의 일을 보는 이가 공경을 잃는다면 그 죄는 실로 클 것이옵니다. 신은 명령을 어기어 죽을까 두려워 군주의 동생분인 양간까지 죄를 묻게 되었으니, 제가 이제 달아날 곳은 없습니다. 제대로 훈계하지 못하고 도끼를 쓰는 지경에 다다르게 했으니 신의 죄는 실로 크옵니다. 감히 벌을 받지 않고 군주를 노하게 하오리까. 죽은 후에 시체를 사구司寇에게 넘겨주옵소서.

그리고 자진하려 하자 도공은 놀라서 버선발로 달려가 말렸다.

"과인이 한 말은 동생을 사랑해서 한 것이고, 그대가 처벌한 것은 군례를 따른 것이었소. 과인이 동생이 있으나 제대로 가르치지 못하고 대명을 어기게 했으니 이는 과인의 죄요. 그대는 자살하여 나의 허물을 더 크게 하지 말아주오. 이렇게 간곡히 부탁하오."

도공은 위강이 큰 인물임을 알았다. 그예 잔치를 베풀고 그를 신군의 부장으로 삼았다. 이른바 오늘날 말하는 쾌속승진이었다. 과연 이 사나이를 중용한 것은 바로 효과를 보았다. 위강은 패자가 되려면 어떻게 해야 하는지 잘 알고 있었다.

이듬해(기원전 569) 융족인 무종국無終國의 군주 가보嘉父가 사람을 보내 호랑이와 표범 가죽을 바치며 여러 융족과 화의를 맺자고 청했다. 주나라 왕실에서 오랜 시간을 지낸 도공은 주나라 왕실 사람들이 흔히 하는 말을 그대로 반복했다.

"융적들은 친애하는 마음이 없고 그저 탐욕만 있으니, 화친하는 것보다 정벌하는 것이 좋소."

정말 융적들은 탐욕만 있을까? 위강은 현실주의자다. 그는 도공의 단순한 생각을 꼬집었다.

"제후들이 새로이 복종하고 있고, 진陳도 다시 찾아와 화친을 구하며, 장차 우리의 동태를 살피고 있습니다. 우리가 덕이 있으면 우리에게 붙을 것이고, 그렇지 못하면 두 마음을 품을 것입니다. 융을 치는 데 군사들을 지치게 하면 초가 진陳을 쳐도 구할 수 없을 것입니다. 이리하면 새로 붙는 진을 버리는 일입니다. 융적은 금수와 같은데 융적을 치자고 화하華夏를 잃으면 되겠습니까?"

도공이 다시 묻는다.

"그렇다면 융적과 화친하는 것이 더 낫단 말이오?"

위강이 답했다.

"융적과 화친하는 데는 다섯 가지 이익이 있습니다. 먼저 그들은 가축에게 먹이는 풀을 따라 이동하기에 토지를 가벼이 여기고 재화를 중하게 여깁니다. 그러니 그들의 토지를 살 수 있습니다. 이것이 첫 번째 이득입니다. 변경의 우환이 사라져서 백성들이 토지를 경작하여 수확을 늘릴 수 있으니 이것이 두 번째 이득입니다. 융적이 우리 진을 섬기면 사방의 이웃나라들이 떨고, 제후들이 위세에 눌려 우리를 따를 것이니 이것이 세 번째 이득입니다. 덕으로 융적을 안심시키면 힘들여 군사를 쓸 필요가 없어 병기를 손상시킬 일이 없을 것이니 이것이 네 번째 이득입니다. 옛날 함부로 사냥을 해서 나라를 잃은 후예后羿의 실패•를 거울삼아 덕을 베푼다면 먼 나라는 찾아오고 가까운 나라는 편안해질 것이니 이것이 다섯 번째 이득입니다. 군주께서는 헤아리소서."

도공은 기뻐하며 위강을 보내 여러 융족과 동맹을 맺게 했다. 융적 여러 민족들과의 동맹으로 진나라의 위상은 다시 올라갔다. 알다시피 융과 적狄 민족은 오래전부터 진나라의 용병으로 고용되었다. 용맹한 북방의 민족들이 진나라 편에 붙었다는 사실만으로도 주변 국가들에게는 큰 위협이었다.

4. 초나라의 반격: 진陳을 응징하다

진나라 도공은 일련의 개혁정책으로 정치를 일신하고 그 여세를 몰아 북방의 융적을 평정한 후 다시 패자로서의 지위를 회복했다. 동시에 초나라와 동맹관계에 있던 정나라에 대한 공세를 시작했다. 이렇듯 진이 패자로서의 위세를 회복하자 이전에 초에 신복했던 나라들은 초에 등을 돌리고 진으로 향했다. 하지만 패자 진나라의 행동은 훨씬 신중해졌다. 전쟁이 초래하는 대내외적인 위험을 두 번의 싸움을 통해 깨달았기 때문이다. 초나라는 언릉의 패배 이후 진에 함부로 대응하지 못했지만, 여전히 중원에 위치한 정, 진陳 등 약소국에 대해서는 위협

• 후예가 백성들의 농사를 돌보지 않고 사냥을 자주 하여 민력을 고갈시키다가 망한 일을 말한다. 사냥은 군사작전과 비슷하니 군사작전을 자주 하지 말라는 뜻이다.

적이었다.

그때 진陳은 초가 앞으로 진晉을 상대하지 못할 것이라는 생각에 모험을 감행했다. 그들의 선택은 오랫동안 섬겼던 초를 버리고 진晉에 붙는 것이었다. 그러나 그들은 바로 응징당한다. 앞으로 진陳의 패착이 약소국들의 정책 결정자들에게 줄 교훈도 적지 않다.

자신子辛이 초나라 영윤이 되자 그는 욕심을 부려 주변의 작은 나라들을 치려고 했다. 불안한 진陳나라는 초를 버리고 진晉나라 편으로 붙고 맹서했다. 진陳이나 정이나 이 시절에 우왕좌왕하기는 마찬가지였다. 이들은 초가 언릉의 싸움에 이어 오나라에도 패하자 힘이 약해졌다고 판단하고 진晉으로 돌아선 것이다.

진陳나라가 배반하자 초는 즉각 촉각을 곤두세웠다. 먼저 진陳나라 바로 밑 번양繁陽에 군대를 주둔시켜 시위를 했다. 진陳나라는 국운을 걸고 이런 절체절명의 선택을 했다. 그런데 막상 보호자로 생각한 진晉나라의 생각은 좀 달랐다. 당시 진나라의 중군대장이며 집정인 한궐韓厥은 이 상황이 못내 걱정되었다. 그는 조정에서 걱정을 털어놓았다.

"주나라 문왕께서 은나라(상나라)를 배반한 여러 나라를 이끌고도 여전히 주紂를 섬긴 것은 오직 때가 아직 무르익지 않았음을 알았기 때문입니다. 지금 우리가 이를 거스르고 배반한 진陳나라를 이끌고 초를 치기는 어렵습니다."

진陳으로서는 '김칫국부터 마신다'는 비유가 딱 맞아떨어지는 상황이다. 비록 초나라가 장왕 대의 위세를 잃었다고 할지라도 가까운 진陳나라 하나 손쓰지 못할 처지는 아니었다. 다행히 초나라가 막 진陳나라를 침공하여 응징하려 할 때 진陳나라는 군주의 초상을 당했다. 그러자 초나라 군대는 상을 당한 나라는 치지 않는다는 예법을 지켜서 물러났다. 이를 보고 약삭빠른 노나라의 장무중臧武仲도 한탄했다.

"진陳나라는 초나라를 섬기지 않으면 반드시 나라가 망할 것이다. 큰 나라가 예를 행하는데도 복종하지 않는다면 비록 큰 나라라도 허물을 물어야 할진대, 작은 나라야 말할 것이 있겠는가?"

초나라는 잠시 배신자를 내버려두었다. 오나라의 움직임이 심상치 않았기 때문이다. 오나라는 초나라를 견제하기 위해 기원전 568년 진晉나라에 사자를 보내 정식으로 제후들의 회합에 참석하라고 통보하고 노나라, 위衛나라와 사전 회합을 했다. 우방들은 떨어져 나가고 숙적 오나라는 진晉나라와 연합하여 변경을 괴롭히자 조바심이 난 초 공왕은 우방을 다시 끌어들이기 위해 영윤 자신을 희생양으로 삼아 처형했다. 그는 이렇게 변명했다.

"진陳나라가 떨어져 나간 것은 영윤 자신이 너무 욕심을 부렸기 때문이다."

그래서 자낭子囊이 영윤이 되었다. 자낭은 언릉의 싸움을 반대한 대표적인 주화파였으나 작전 시에는 판단이 매우 빨랐다. 그가 좋은 주군을 만났다면 선대의 전설적인 영윤 손숙오孫叔敖에 범접했을 인물이다. 그는 또 장왕의 아들이자 공왕의 형제로 국내에서 위신이 있었다. 자낭이 등용되자 진晉의 사개士匄(범개, 범선자范宣子)는 이렇게 염려했다.

"우리는 진陳나라를 잃게 될 것이다. 초인들이 진나라가 배반한 일 때문에 자신 대신 자낭을 영윤으로 세웠다. 그는 반드시 방식을 바꾸어 재빨리 진을 칠 것이고, 진은 초와 거리가 가까우니 공격을 받아 명운이 아침저녁에 달려 있는 마당에 항복하지 않을 수 있겠는가? 진을 우리 편으로 데리고 있는 것은 불가능하다. 차라리 없는 것이 낫다."

이렇게 진晉나라를 이끌고 있는 수뇌들은 상황이 급해지면 진陳을 포기할 생각이었다. 과연 가을걷이가 끝나자 자낭은 군사들을 이끌고 질풍처럼 진陳나라로 쳐들어갔다. 첫해 제후연합군은 진나라를 방어했다. 그러나 그 이듬해 가을걷이가 끝나자 자낭은 다시 군대를 이끌고 진나라로 들어갔다. 이 백전노장은 농사짓는 시기를 놓치지 않으면서도 끈질기게 전쟁을 수행했다. 진나라가 떨어져 나가면 남쪽의 채나라마저 위험할 것이고, 가뜩이나 오나라에 시달리면서 위상이 떨어진 차에 바로 코앞에서 일어난 배신행위를 용서할 수는 없었다.

자낭은 집요했다. 이번에 자낭은 진陳나라의 도읍을 포위했다. 그러자 제후국들은 진나라를 구하기 위해 정나라 땅 위鄬에서 회합을 가졌다. 이 회합에는 패주인 진晉나라 도공은 물론 송, 위, 조의 군주 등이 참여했다. 진晉과 거리를 두던 제나라는 이 회합에 참여하지 않았다.

진陳나라 애공哀公도 제후들에게 매달릴 요량으로 회합에 참가했다. 그는 회합에 참가해서도 좌불안석이었다. 도성은 포위되어 사직이 무너지는 것이 오늘내일인데 보아하니 패자 진晉나라의 사령관들은 여차하면 싸움을 포기할 심산으로 보였기 때문이다.

그때 본국에 남아 있는 사람들이 얕은꾀를 냈다. 그들은 초나라와 화해할 구실을 만들기 위해 음모를 꾸몄다. 진陳나라 경호慶虎는 초나라 사람에게 "공자 황黃을 보낼 테니 억류하십시오" 하고는 동시에 회합장에 사람을 보내 급한 소식을 알리게 했다.

"초나라가 공자 황을 잡아갔습니다. 군주께서 돌아오지 않으시면 군신들이 사직과 종묘가 무너지는 것을 참지 못하고 다른 마음을 품을까 걱정되옵니다."

한마디로 공자도 없고 군주도 없으니 국인들이 다른 군주를 세울까 걱정된다는 말이었다. 이 말을 듣고 애공은 회합장에서 몰래 빠져나와 본국으로 달아났다. 그리고 바로 초나라에 화친을 구걸했다. 포위되면 몇 달도 견디지 못하는 도성을 가지고 지근거리에 있는 큰 나라를 자극한 결과였다. 이렇게 작은 나라들은 중심을 잡지 못하고 진-초 두 나라 사이에서 위험한 줄타기를 했다. 그중 진陳나라는 최악이었다.

제3장

자산 등장 이전의 내우외환

• • •

이제 주인공의 나라로 갈 차례다. 흔히 힘이 바로 평화라고 말하고 모두 힘을 가지려 한다. 힘이 있어야 상대방의 무력 앞에서 상대적인 자율성을 갖는다. 힘이 있어야 게임의 규칙에 대해 더 큰 발언권을 갖는다.•

그렇다고 오직 힘만이 평화를 보장할까? 애초에 힘이 없는 나라들은 결국 모두 망하고 말까? 이제 자산이 등장하는 배경이 된 약소국 정나라의 난맥상을 짚어보자.

• 왈츠, 앞의 책 9장 〈국제관계의 관리〉 참조.

1. 새털 같은 군주의 유언

언릉의 싸움에서 진晉이 승리한 후 무게 추는 다시 진으로 기울었다. 싸움이 일어난 지 두 해 뒤 기원전 571년 진나라는 제후군을 이끌고 초나라의 우방인 정나라를 쳤다. 그러자 초나라는 송나라를 쳐서 제후군의 시선을 돌려 정나라를 구원하려 했고, 정나라도 송나라를 쳐서 제후군의 군세를 돌리려 했다. 북방의 여러 제후군과 정-초 동맹의 대립이 이어지고 있는 상황에서 정나라 성공成公이 유명을 달리했다. 그가 병이 들었을 때 자사子駟가 일단 진나라에 붙어서 싸움을 피하자고 간청했다. 죽음에 임한 성공은 이렇게 당부했다.

"초나라 군주(공왕)는 우리나라 일로 스스로 눈에 화살을 맞았소. 다른 사람 때문이 아니고, 바로 과인 때문이었소. 만약 그를 배반한다면 그들의 도움과 우리의 맹서를 다 저버리는 것이니 누가 우리와 가까이하려 하겠소. 나를 그런 사람이 되지 않게 하는 것은 오직 그대들뿐이오."

약해진 초나라를 붙들고 있자니 전쟁이 기다리고, 진나라에 붙자니 군주의 유언이 걸렸다. 성공이 죽으면서 자한子罕, 자사, 자국子國 등 목공의 아들들이 집정과 사마를 맡아서 권력을 행사했다. 이때 여러 대부들은 싸움을 피할 요량으로 진나라 편에 붙자고 요청했다. 그러나 집정 자사는 거절했다.

"나라의 명령이 아직 고쳐지지 않았소."

그러나 뾰족한 방법이 있는 것도 아니었다. 진나라가 주축이 된 제후연합군은 호뢰虎牢에 성을 쌓아 정나라를 위협했다. 정나라를 치자는 의견을 낸 곳은 노나라였다. 호뢰에 성을 쌓은 것은 비유하자면 짐승을 동굴로 밀어 넣고 밖에서 창을 들고 기다리는 것과 같았다. 호뢰는 중원의 동서를 연결하는 교통의 요지에 있다. 지금도 낙양-개봉을 잇는 고속고로가 지나가며, 전국시대에는 육국六國이 호뢰의 요새에 의지해서 진秦과 일전을 벌였다. 호뢰가 막히면 주나라로 가는 교통로가 끊어지고, 북쪽의 진나라는 마음 놓고 황하를 건너 단 며칠 사이에 정나라 수도 신정을 공격할 수 있었다.

군주의 유언은 유언이고 호뢰에 성을 쌓기 시작하자 정나라 집정자들은 공황상태에 빠졌다. 어찌할 방도가 없자, 그들은 그 길로 달려가 항복을 청했다. 죽은 군주의 명령이 하루아침에 무너지는 상황이었고, 집정의 호언장담도 공수표가 되었다.

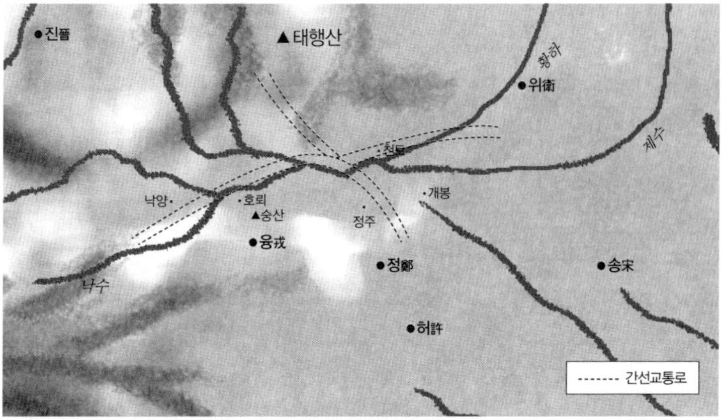

정나라의 전략적·상업적 요충지인 호뢰. 호뢰는 숭산과 황하 사이의 좁은 길목에 위치한 전략상의 요지다. 낙양이 전략적인 요지가 된 것은 이 길목이 험했기 때문이다. 한漢대에는 성고成皐라 불렀는데, 역대로 이 요지를 둔 쟁탈전이 벌어졌다. 유방과 항우의 한초 쟁패, 동한 말 동탁과 지방 제후들의 대결은 모두 이곳에서 벌어진 일이다. 정나라는 서쪽이나 북쪽으로 가려면 모두 이곳을 지나야 했다.

이렇게 정나라가 진晉나라의 군사 위협에 굴복할 때 동맹국인 초나라는 오나라와 싸우느라 정신이 없었다. 정나라가 떨어져 나간 지 몇 달 후에도 초나라 영윤 자중子重은 오나라와의 전선에 투입되어 있었다. 그는 초반의 싸움에서 몇 차례 승리한 후 전차부대 300명과 보병부대 3000명으로 오나라 영토를 공격하게 하고 자신은 국도로 먼저 돌아와 축배를 들었다. 그런데 3일 후 이 정예부대가 매복에 걸려 겨우 수백 명만 돌아오는 참담한 패배를 당했다는 보고를 받았다. 그는 치욕스러움에 화병이 나서 죽고 말았다. 자중을 전쟁터에서 떠돌다 죽게 만들겠다는 신공申公 무신巫臣의 저주는 이렇게 실현되었다. 그러니 이때 초나라는 정나라를 지원할 엄두를 못 냈다.*

정나라가 선대 군주의 유언을 지킨다고 호언했다가 얼마 버티지 못하고, 진陳나라가 호기롭게 배신을 선언했다가 혼쭐이 났다. 이렇게 된 것은 모두 힘이 없었기 때문이다.

2. 여우의 생존법

힘이 없으면 전쟁을 피할 방법이 영원히 없는 것일까? 정나라와 대비되는 독특한 생존법을 가진 노나라를 살펴보자. 노나라의 생존법도 여타 약소국들에게는 거울이었다.

정나라나 진陳나라가 이처럼 갈팡질팡할 때 호랑이(진晉)와 황소(제齊) 사이에 끼어 있는 여우 한 마리(노魯)는 독특한 방식으로 생존했다. 춘추시대 국제정치에서 여우와 가장 비슷한 행보를 보이는 두 나라는 바로 종주국인 주周와 종주국의 문화를 보전하고 있다고 자부하는 노였다. 이들은 수시로 '예禮'라는 비장의 카드를 들고 나왔다. 노나라의 정치가인 공자가 주공周公을 등에 업고 예를 주창하여 열국을 주유하는 것도 노나라의 오랜 전통에서 나온 것이라 할 수 있다. 격변하는 국제정치의 소용돌이 속에서 노나라는 귀에 걸면 귀걸이 코에 걸면 코걸이인 예를 가지고 용케도 살아나갔다.

• 신공 무신이 진나라로 망명하자, 초나라 권문인 자중과 자반이 무신의 일족을 다 죽이고 가산을 나누어 가졌다. 그러자 무신은 "나는 반드시 너희들이 전쟁터로 내달리다가 길에서 죽게 만들리라"고 자중과 자반을 저주했다. 무신은 아들을 보내 오나라를 무장시켰고, 오나라는 두고두고 초나라의 화근이 된다.

정나라를 핍박하시지요

공자가 "교언영색巧言令色하는 사람 중에 착한 이가 별로 없다"고 한 까닭은 아마도 노나라의 정치인 가운데 그런 사람들이 득실거렸기 때문은 아닐까? 실로 노나라 정치인들의 말은 천금을 녹일 정도로 능수능란했다. 정나라를 압박하기 위한 척戚의 회합장으로 돌아가 보자. 그때 노나라의 중손멸仲孫蔑이 진나라 집정 지앵(순앵)에게 "호뢰에 성을 쌓아 정나라를 핍박하시지요"라고 운을 떼자, 지앵은 심히 기뻐하며 말했다.

"좋은 의견이십니다. 지난번 증鄫에서 회합을 가졌을 때 그대는 제나라 최자崔子(최저崔倔)가 불평하는 말을 들으셨을 것입니다. 그런데 이번 회합에도 참가하지 않았습니다. 등滕, 설薛, 소주小邾 나라가 오지 않은 것도 모두 제나라 때문입니다. 저희 군주가 걱정하시는 것은 정나라만이 아니라 제나라입니다. 저 앵은 장차 군주의 명을 받들어 제나라에게 성을 쌓으러 오라고 할 생각입니다. 제가 청해서 허락을 받으면 이는 그대의 공입니다. 만약 허락을 받지 못한다면 앞으로 제나라를 도모할 생각입니다. 그대께서 이렇게 성을 쌓자고 청하심은 제후 모두의 복이니 어찌 저희 군주만 그 덕을 보겠습니까?"

회합장에서 이런 말이 오간 것을 들은 제나라는 어쩔 수 없이 성을 쌓을 때 인부들을 파견했다. 호랑이의 위세를 빌린 여우를 어찌할 도리가 없었다.

어찌 거듭 절하지 않을 수 있겠습니까

진과 초가 정나라를 두고 신경전을 벌이던 그때 진나라에 사신으로 간 노나라 숙손표叔孫豹는 노나라 사신 특유의 말솜씨를 다시 한번 뽐냈다. 두 나라는 지금 이해관계가 맞아 한창 사이가 좋았다. 진 도공이 연회를 베풀어 악사들이 노래를 불렀다. 그때 연회장에서 악사는《시》의 〈구하九夏〉• 노래 중 둘째부터 넷째까지 세 편을 부르고, 〈대아大雅〉 '문왕文王' 이하 세 곡, 〈소아小雅〉 '녹명鹿鳴' 이하 세 곡을 불렀다. 그런데 숙손표는 〈구하〉와 〈대아〉의 노래를 부를 때는 감사의 절을 하지 않더니 '녹명' 등을 들을 때는 한 곡마다 사례의 절을 올렸다.

한궐韓厥은 숙손표가 〈구하〉와 〈대아〉 등의 노래에는 꿈쩍도 하지 않고 더 작은 노래에 사례하는 것이 의아했다. 노나라는 당시에도 예의의 나라로 알려져 있었기에 한궐은 나라의 어른으로서 접대 업무를 맡은 사람을 보내 넌지시 물어보았다.

"어른께서는 군주의 명을 받들어 어렵사리 폐읍을 방문해주셨습니다. 그런데 어른께서 큰 음악에는 사례하지 않으시고 오히려 작은 음악에 절로 답하셨습니다. 감히 그것이 어떤 예법인지 물어도 되겠습니까?"

그러자 숙손표가 대답했다.

• 이 노래는 《주례》 〈춘관春官〉 '종사鍾師'에 이름들이 나온다. 정현의 주에 의하면 하夏는 '크다'는 뜻으로, 〈구하〉라면 매우 큰 음악이다. 주검이 출입할 때 '사하肆夏', 희생이 출입할 때 '소하韶夏', 사방에서 온 손님들을 맞을 때 '납하納夏'를 쓴다.

"〈구하〉의 세 곡(삼하三夏)은 천자께서 제후들의 우두머리[元侯]에게 베푸시는 음악이니, 신이 감히 들을 수 없었습니다. '문왕'은 두 나라의 군주들이 만났을 때 연주하는 것이니 신이 감히 들을 수 있는 것이 아닙니다. 그러나 '녹명'은 군주께서 저희 군주를 좋아하신다는 내용이니, 어찌 절을 올리지 않을 수 있겠습니까? '사모四牡'는 군주께서 사신의 노고를 위로하는 것이온데, 제가 어찌 다시 절을 올리지 않을 수 있겠습니까? '황황자화皇皇者華'는 군주께서 사신을 가르치는 내용으로, '반드시 두루두루 물어보리라'는 내용이 들어 있습니다. 신이 듣기로 선한 사람을 찾아 물어보는 것을 '자諮'라고 하며, 친한 사람(친척)에게 물어보는 것을 '순詢'이라 하오며, 예를 물어보는 것을 '도度'라 하오며, 일에 대해 물어보는 것을 '추諏'라 하오며, 어려움에 대해 묻는 것을 '모謨'라 한다고 합니다. 신이 다섯 가지 선함을 듣고 어찌 거듭 절하지 않을 수 있겠습니까?"

이 세련된 외교의 고수는 면밀하게 계산된 행동을 하고 있다. 고도의 예의를 논하지만 실상은 패자인 진나라를 높이고 또 그 나라의 정경을 높이고 있다. 우선 자신은 큰 노래를 들을 수 없는 입장이라는 겸양을 보이는 동시에 진나라의 어른인 한궐이 예의를 묻는 행동을 극히 높였다. 그가 절한 시의 내용을 보자.

녹명, 곧 '사슴이 운다'라는 시의 마지막 소절은 이렇다.

> 유유! 우는 사슴, 들판에서 풀을 뜯네
>
> 나에게 좋은 손님 오셨으니, 슬瑟을 뜯고 금琴을 뜯자

슬을 뜯고 금을 뜯으니, 화락한 분위기 깊어지네
맛난 술 여기 있으니 마음껏 즐기소서

사모四牡, 곧 '수레를 끄는 네 마리 말'이라는 시는 이렇게 시작한다.

네 마리 말 쉬지 않고 수레를 끄네
주나라 가는 길은 험하고도 더디구나
어찌 돌아가고 싶지 않으랴만
왕의 심부름 아직 다 못 마쳤으니
내 마음은 쓰리고 슬프네

그리고 황황자화, 곧 '아름다운 꽃'이라는 시는 이렇게 끝난다.

내 말은 오총이, 여섯 고삐가 하나 같네
달리고 또 달리며 널리 묻고 또 물어야지

노나라의 심정이란 그런 것임을 사자는 일일이 절을 하며 표시하고 있다. '좋은 손님 대해주듯이 술을 나누어주시고, 이리저리 뛰어다니는 작은 나라 사신을 헤아려주시고, 또 독단하지 마시고 우리의 의견도 구해주소서' 하고 절을 하고 또 하는 사신의 태도는 자못 감동을 자아냈을 것이다. 또 마지막으로 진나라의 어른이 이렇게 예를 물어주어서 자신의 뜻을 밝힐 수 있게 된 것에 대한 고마움도 잊지 않았다. 설사

교언영색이라 하더라도 이 정도면 수준급이다.

바칠 것을 준비하지 못하면 죄가 되는지라

숙손표가 진나라를 다녀간 그해 겨울 노나라 양공은 진나라 도공을 예방했다. 진 도공이 그를 위해 연회를 베푸는 자리에서 양공은 증鄫나라를 속국으로 삼게 해달라고 요청했다. 그러나 도공이 거절했다. 이에 중손멸이 다시 유세에 나섰다. 이번에는 이익으로 말을 열었다.

"저희 나라는 원수의 나라들과 서로 붙어 있어서 그저 견실히 군주를 섬기기만을 원하기에 귀국의 명령을 어긴 적이 없습니다. 하지만 증나라는 진나라 사마에게 공물(군사나 요역도 포함)을 바치지 않는데, 귀국의 집사는 저희 나라에 아침저녁으로 와서 바칠 것을 명하고 있사옵니다. 저희는 나라는 작고, 또 바칠 것을 준비하지 못하면 죄가 되는지라 증나라를 속국으로 삼아 좀 도움을 얻을까 합니다."

그러자 도공은 곧바로 허락했다. 맹서문에 의하면 제후들끼리 함부로 국경을 넘지 못하도록 규제하는 것이 패자인 진나라의 임무였다. 그러나 자신들이 노나라에서 받아낼 공물이 위협받는 것은 참지 못했다. 그래서 일종의 계단식 착취를 허용했다. 진나라는 겉으로는 패자의 도덕을 말하지만 실제로는 이런 이익관계에 민감했다.

언제든지 명을 받들 것입니다

정나라가 초나라와 화친한 일로 진나라는 제후들을 모아 쳐들어가기 위해 지앵(범선자)을 노나라에 사신으로 보냈다. 이때 노나라 양공이 연회를 베풀자 지앵은《시》의 '표유매摽有梅'를 노래했다. 이 시는 자신을 매실에 비유한 한 처녀가 신랑감을 기다리는 내용이다. 너무 늦으면 남이 다 따가니 시기를 놓치지 말라는 솔직한 시다. 지앵이 이 노래를 부른 것은 물론 군사를 늦게 내지 말라는 부탁이었다. 그 중간 소절만 읊어보자.

매실을 따네요
이제 세 개만 남았어요
나를 구할 장부시여
지금을 놓치지 마세요

그러자 당시 노나라의 정치를 담당하고 있던 계손숙季孫宿(계무자)은 지앵의 의중을 파악하고는 이렇게 대답했다.

"누가 감히 늦을 수 있겠습니까? 지금 비유하자면 (진나라) 군주께 저희 군주는 마치 냄새와 맛과 같이 분리될 수 없습니다. 흔쾌히 명을 받들 것입니다. 언제든지 명을 받들 것입니다."

그렇게 말하고는《시》의 '각궁角弓'을 노래 불러 화답했다. 그 시는 형제친척을 멀리하지 말라는 내용이다. 물론 같은 희姬성 나라인 진이 노나라를 잘 보살펴달라는 애원이었다. 이렇게 여우는 자기만의 생존 방식을 가지고 있었다.

그러나 정나라는 이런 재주가 없었다. 노나라처럼 확실하게 진나라에 아부해서 생존을 도모하기에는 초나라에 진 빚이 크고, 지리적으로도 진나라와 너무 가까웠다. 또한 저 정도의 외교적 언사를 일관되게 구사할 사람도 없었다. 그러니 우왕좌왕하며 연속해서 전란을 맞았다.

3. 정 목공의 일곱 후예들이 정권을 잡다

진-초 양국 사이에서 정나라의 줄타기는 아직 끝나지 않았고 그것이 언제까지 계속될지 아무도 몰랐다. 진-초의 압박 속에서 생존의 해법을 찾아낼 주인공이 아직 등장하지 않았다. 정치를 맡은 이들은 그저 상황에 따라 임기응변하며 운명을 요행에 맡기는 것이 그들이 선택한 유일한 생존법이었다. 그때 정나라의 정치를 맡은 이들은 대개 자산의 숙부뻘 되는 사람들로, 모두 목공穆公의 후예다. 자산은 정나라 목공의 손자다. 그래서 흔히 공손교公孫僑라 부른다. 공족이기 때문에 성은 희, 씨는 아버지를 따라 국國이다.

대체로 북방의 진晉나라는 군주 이외의 공족들은 정치에 직접 참여하지 못하게 하여 군주권을 위협하지 못하게 했다. 그것은 형제들 간의 험난한 권력승계 투쟁에서 배운 교훈이었다. 그러나 정나라는 주나

• 목공의 후대와 칠목

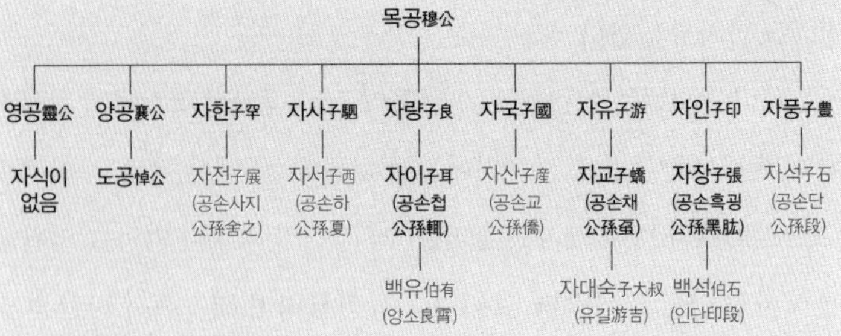

* 두예의 《좌전》 주와 당唐 육덕명陸德明의 해설, 《신당서》 등에 의거해서 구성했다. 푸른색으로 표시한 사람이 칠목이다.

라의 체제와 비슷하게 공족들이 활발하게 정치에 참여했다. 주나라 봉건제의 기본 원리는 왕족으로 울타리를 만들어 왕실을 보호하는 것이다. 정나라는 공족으로 공실을 보호하려 했다. 그래서 정나라의 정치가 중에 유독 공자라는 칭호가 든 이들이 많다.

자산의 전대에 정치를 맡은 자사子駟는 목공의 아들이고, 자산의 아버지 자국子國은 자사의 형제다. 또 자산 바로 전에 정치를 맡은 자전子展과 그의 아들 자피子皮도 모두 목공의 후손이다. 정나라는 대대로 공족들이 정치를 담당했고, 특히 자산의 아버지 대에는 목공의 후대가 강성했다.

특히 자산을 포함하여 정나라 정치를 맡게 되는 자전子展(공손사지公孫舍之), 자서子西(공손하公孫夏), 백유伯有(양소良霄), 자대숙子大叔(유길游吉), 백석伯石(인단印段), 자석子石(공손단公孫段) 등은 칠목七穆(목공의 일곱 후손)이라 하여 세도가를 이루었다. 그러니 자산은 정나라 최고의 귀족 가문 출신이고, 그의 아버지와 숙부들은 정나라의 정치를 좌우했다. 그래서 자산은 아버지와 숙부들이 진과 초를 두고 저울질하며 우왕좌왕하는 것을 보면서 점차 정치적 안목을 키울 수 있었다.

자산의 숙부 자사는 리공釐公(《좌전》에 희공僖公으로 기록되어 있다)을 보좌해 진나라를 예방한 적이 있다. 자사는 목공의 아들이고, 목공 이후에 군주가 다섯 번 바뀌었는데, 리공에게 자사는 할아버지가 된다. 그런데 리공은 자사를 매우 무례하게 대했다. 자사는 손자 항렬인 군주를 보좌하다 패자의 나라(진晉)에 가서 체면을 잃자 참지 못했다. 그래서 진나라에 요청하여 리공을 폐위시키려 했다. 그러나 동기인 자한子罕이 말렸다. 그런데 제후들의 회합장에서 자사가 또 리공을 보좌했는데 이번에도 무례한 대접을 받았다. 자사는 분을 참지 못하고 자객을 보내 리공을 죽였다. 기원전 566년의 일이다. 그러고는 리공이 급사했다고 제후들에게 알린 뒤 간공簡公을 옹립했다.

여러 공자들이 자사가 군주를 시해한 일로 자사를 치려 했다. 하지만 자사가 먼저 손을 써서 자호子狐, 자희子熙 등 여러 공자들을 무함해서 죽였다. 이렇게 간공은 처음부터 목공의 후예인 자사의 지지로 공위에 올랐기 때문에 그 시절에 목공의 후대들이 정계를 주름잡는 것은 당연했다. 그러나 출발점이 쿠데타였고 군주와 공자들을 죽였기 때문에 갈등은 언제든지 분출할 수 있었다.

4. 내외정의 혼동: 채나라를 치다

초나라 영윤 자낭이 진陳나라를 친 그 이듬해(기원전 565) 정나라는 채나라를 쳤다. 채나라를 친 이유는 사서에 분명히 기록되어 있지 않다. 다만 분명한 것은 채나라를 침으로써 초나라와 완전히 결별했음을 천명했다는 점이다. 당시 채나라는 사실상 초나라의 한 현과 같은 역할을 하고 있었다.

정나라는 왜 채나라를 공격했을까? 이유는 내부에 있었을 것으로 추측된다. 바로 전해 정나라 집정 자사는 리공이 무례하다는 이유로 죽이고 새 군주 간공을 세웠다. 당시 간공의 나이는 겨우 다섯이었다. 자사의 전횡에 불만을 품은 공자들이 일을 도모하려 하자 자사가 먼저 선수를 쳐 이들에게 죄를 뒤집어씌워 살해했다. 그러고는 채나라로 쳐들어갔다.

그러니 왜 채나라를 쳤는지 짐작이 된다. 일단 갓 화친을 맺은 진晉나라가 군주를 죽인 책임을 물을까 두려워 초나라의 우방을 쳐서 진나라에 아부하고, 동시에 국내의 난리로 인한 국인國人들의 불안 심리를 전쟁을 통해 무마하려 했을 것이다. 급기야 자사의 형제들이면서 정나라의 실권을 장악한 자국子國과 자이子耳가 군대를 이끌고 채나라로 들어갔다.

이 싸움에서 정나라는 운 좋게 채나라 사마 공자 섭燮을 사로잡았다. 상대방의 참모장을 잡은 일은 대단한 전과였다. 국인들이 모두 이를 기뻐했다. 그러나 자국의 아들 한 명만은 홀로 걱정에 빠져 있었다. 그는 아버지에게 말했다.

"작은 나라가 문덕을 닦지 않고 오히려 무공을 이루었으니 화가 이보다 더 클 수가 없습니다. 초나라 사람들이 잘잘못을 따져 달려들면 항복하지 않을 도리가 있습니까? 항복을 하면 진나라 군대가 반드시 들이닥칠 것입니다. 진과 초가 우리나라를 정벌하기 시작하면 앞으로 4~5년은 편안할 수 없을 것입니다."

아들이 입바른 소리를 하자 자국은 노해서 꾸짖었다.

"네가 뭘 안다고 하는 소리냐! 나라에는 군주의 큰 명령이 있고, 정무를 처리하는 정경이 있다. 어린아이가 함부로 말을 내뱉으면 장차 죽음을 면치 못할 것이다."

이렇게 말하면서도 자국은 내심 부끄러웠을 것이다. 이제 갓 걸음마를 뗀 아이를 군주로 세워놓고 무슨 명령을 운운하는가? 바로 그의 가문이 경대부 자리를 독차지하고 전쟁을 일으킨 것이 아닌가?

이때 입바른 소리를 한 이가 바로 자산이다. 자산은 숙부들과 아버지가 국제문제와 국내문제를 처리하는 데서 눈앞의 현실만 바라보는 것이 안타까웠다. 그 해 제후들의 회합에서 정나라는 채나라를 쳐서 얻은 전리품을 진나라 군주에게 올렸다. 하지만 그 전리품에 어떤 대가를 지불해야 하는지는 곧 드러났다.

약한 나라를 다스리는 현실주의자들이 강조하는 제1 원칙은 '분쟁의 실마리를 제공하지 않는다'는 것이다. 큰 나라와 작은 나라의 힘의 차이가 압도적으로 명백할 때 작은 나라들은 절대 문제의 중심에 서지 않아야 한다. 큰 나라들의 세력관계에 변동이 있을 때 작은 나라들이 잘못된 판단을 하여 실패하면 그 대가는 온전히 작은 나라들이 짊어지는 것이 상례다.

5. 승리의 대가: 다시 초에 항복하다

자산의 우려대로 그해 겨울 초나라 영윤 자낭은 오나라 전선을 안정시킨 후 정나라로 북상하여 채나라를 친 이유를 물었다. 바로 한 해 전 초나라는 진陳나라의 배반을 응징했다. 이번에는 정나라 차례였다. 정나라는 당장 공황상태에 빠졌다. 경험 많은 자낭은 군사를 쉽사리 움직이지 않는다. 그러나 일단 움직이면 목적을 달성한다. 가을걷이를 끝내고 온 이 군대는 소기의 목적을 달성해야만 돌아갈 것이다. 정나라 조정을 장악하고 있는 목공의 후예들 사이에서도 의견이 갈라졌다.

싸움의 당사자인 자사, 자국, 자이는 초나라에 항복하자고 했고, 자공子孔, 자교子蟜, 자전子展은 진나라의 원군을 기다려야 한다고 했다. 급해진 자사가 말했다.

"주周나라 시에 이런 말이 있소이다. '황하의 물이 맑아지기를 기다릴 요량이면, 인간의 수명이란 얼마나 되어야 한단 말인가?' 지금 백성들이 바야흐로 위급하게 되었는데 초나라를 따라 우리 백성들을 편안하게 해주고, 진나라 군대가 도착하면 다시 그들을 따릅시다. 공손히 폐백을 바치고 오는 이를 기다리는 것은 작은 나라의 도리요. 희생과 옥백을 준비하고 두 국경에서 강자들이 오기를 기다리면서 우리 백성들을 비호합시다. 적이 우리를 해치지 않고 우리 백성들이 피폐해지지 않으면 될 일 아닙니까?"

그러나 자전은 얼굴을 붉혔다.

"작은 나라가 큰 나라를 섬길 때는 신의信義로 하는 것입니다. 작은 나라가 신의가 없으면 나날이 병란이 일어나고 망할 날도 얼마 남지 않을 것입니다. 다섯 번 회합을 가져 다진 신의를 지금 배반한다면 비록 초나라가 우리를 구하더라도 무슨 소용이 있겠습니까? 초나라는 친하게 대해보다가 화친의 맹약을 맺지 못하면 우리나라를 초나라의 읍으로 만들려 할 것이니 그들에게 항복할 수 없습니다.• 차라리 진의 원군이 도착하기를 기다리는 것이 낫습니다. 지금 진나라 군주는 영명하며 4군은 완결하고 군대를 이끄는 8경은 서로 화목하니 결코 우리를 버리지 않을 것입니다. 초나라 군사는 먼 길을 와서 지쳤고 양식도 이제 다해가니 반드시 얼마 안 있어 돌아갈 텐데 걱정할 것이 무어 있습니까? 우리가 수비를 완전하게 하여 초나라 군대를 지치게 하고 신의를 가지고 진나라의 원군을 기다립시다."

그러나 자사는 자전을 탓했다.

"《시》에 '대책을 내는 이들이 너무도 많아 도대체 누구의 의견을 들

• 인용문은 《좌전》 '양공 8년'에 나오는 말로 원문은 '親我無成 鄙我是欲'이다. 이 말에는 주어가 없기 때문에 대대로 해석이 엇갈린다. 《좌전》에서 '成' 자는 '화친이나 항복 맹서를 한다'는 뜻이다. '鄙' 자는 '비읍으로 삼다'는 뜻으로 땅을 점령한다는 뜻이다. 그러나 문장이 지나치게 소략하므로 뜻을 이해하기가 무척 어렵다. '초나라가 우리와 친하고자 하다가 맹서를 얻지 못하면 이제는 완전히 점령하려 할 것이다'라고 해석할 수도 있고, '우리와 친하려 하지만 화친을 하려는 것이 아니고 사실은 점령하는 것이 목적이다'라고 해석할 수도 있다.

어야 할지 모르겠고, 어지러운 말들이 조정을 가득 채웠으나 누가 감히 그 허물(책임)을 뒤집어쓸 것인가?' 하였소. 내가 책임을 지리다."

이렇게 말하고는 초나라 군사에 항복했다. 자사는 그러면서 그 나름대로 진나라에 변명할 구실을 만들었다. 그는 왕자 백변伯駢•을 진나라에 사자로 보내 정나라 군주의 명의로 이렇게 전했다.

> 귀국의 군주께서 저희 나라에 명령을 내리시길 '전차와 무기를 수리하고 전열을 가다듬어 함부로 남의 나라를 침략하는 나라들을 응징하라' 하셨습니다. 채나라 사람들이 그 명을 따르지 않기에 저희 나라 사람들이 무사안일을 바라지 않고 나라의 온 병력을 동원하여 채나라를 쳐서 사마 섭을 사로잡았습니다. 지금 초나라 사람들이 우리를 치러 와서 나무라기를 '그대들은 어찌하여 군대를 이끌고 채나라를 쳤는가' 하면서, 우리 교외의 보루를 불태우고 우리 도성의 외성까지 쳐들어오니 우리 백성들은 남녀노소를 가릴 것 없이 모두 어찌할 줄 몰라 서로 붙들고 발만 동동 구르는 처지입니다. 지금 나라는 찢어지고 기울어지고 넘어질 지경이지만 어디다 하소연할 데도 없고, 백성들은 부형이 죽지 않으면 자제가 죽는 참상을 겪고 있습니다. 그 장정들의 고통을 어떻게 어루만져주어야 할지 모르겠습니다. 백성들이 곤궁에 빠져 어쩔 수 없이 초나라와 맹서를 맺으려 하니 이 못난이와

• 백변은 원래 초나라 왕자였으나 정나라로 가 대부가 되었다. 그는 초나라 왕족이기 때문에 위세가 있어서 주로 정나라의 외무를 처리했다.

> 경대부들은 막을 길이 없었나이다. 허나 패주인 귀국에 보고하지 않을 수가 없어서 이렇게 알려드립니다.

그러나 진나라 집정인 지앵(순앵)은 자사의 머리 꼭대기에 올라앉아 있었다. 바로 답신을 보내 입장을 표명했다.

> 군주께서는 초나라의 명이 있었다고 하십니다. 허나 어찌 사자 한 사람 보내어 저희 군주께 미리 알리는 일조차 하지 못하시고 그토록 빨리 초나라와 맹서하셨는지요? 군주께서 그렇게 하실 요량이면 누가 군주를 막을 수 있겠습니까? 저희 군주께서는 이제 제후들을 이끌고 가서 귀국의 성 아래서 군주를 뵈올 것입니다. 군주께서도 대책을 세우소서.

이렇게 되면 자사의 계책은 이미 다 들통났다. 곧 제후들의 군대가 들이닥칠 판이었다. 결국 자산의 말처럼 채나라와의 전쟁에서 승리한 일이 새로운 사태의 불씨가 되었다. 그렇다면 정나라 집정 자사의 선택에는 어떤 문제가 있었을까?

6. 정나라, 한 해에 두 번 항복하다

싸움은 시시각각으로 다가오는데 뾰족이 대응할 방법이 없었다. 이제 제후들의 연합군이 북쪽에서 밀려올 것이고 현재 우방이 된 초나라의 원군은 남쪽에서 다가올 것이다. 누가 이기고 지든 싸움은 정나라 땅에서 일어날 것이고 피해는 피할 수 없는 상황이었다.

다행히 그해 가을 진晉나라의 사정은 좋지 않았다. 대규모 흉년이 들어 군사작전을 펼치기가 쉽지 않았다. 또 이 기회를 틈타 서방의 진秦이 초나라의 군사까지 빌려 변경을 괴롭혔다. 정나라로서는 이런 진晉나라의 곤란한 상황에 희망을 걸 수밖에 없었다.

겨울이 오자 제후들의 군대가 정나라의 도성을 포위했다. 노나라, 제나라, 송나라 군대가 진나라 지앵을 따라 정나라 동문으로 들이치고, 위衛나라, 조曹나라, 주邾나라 군대는 순언荀偃을 따라 서문을 압박했고, 등나라, 설薛나라 군대는 난염欒黶을 따라 북문으로 다가가고, 기杞나라, 예郳나라 군대는 조무를 따라 길가의 밤나무를 베었다. 진나라 군주는 제후들에게 장비를 점검한 뒤 식량을 충분히 지니고 도성을 포위하라고 지시했다. 특히 장기전을 위해 양식을 점검하는 모습에 정나라 사람들은 두려움에 떨었다. 흉년이 도와주기를 기대했지만 그마저 여의치 않아 보였기 때문이다.

이제 정나라 조정에서는 또 예전의 풍경이 연출되었다. 항복할 것인가, 싸울 것인가? 하지만 진나라 군 수뇌부의 고민도 마찬가지였다. 본국이 흉년이 들었는데도 어렵사리 낸 군사였다. 이리저리 신의 없이 항복하는 정나라를 받아들이고 돌아갈 것인가, 아니면 군사작전으로 본때를 보여주고 초나라 원군과도 자웅을 겨룰 것인가?

다행히 큰 싸움은 일어나지 않았다. 그해의 흉년과 진나라 중군대장 지앵의 판단이 정나라를 구했다. 진나라 군영에서는 토론이 벌어졌다.

순언 : 성을 포위하고 초나라 원군을 기다려서 저들과 결전을 벌입시다. 그러지 않으면 화의는 의미가 없습니다.

지앵 : 아닙니다. 저들의 맹서 요구를 받아주고 군사를 초나라로 돌립시다. 초나라는 정나라를 구원하기 위해 먼 길을 달려올 텐데 그러면 저들은 극히 피로하게 됩니다. 그때 우리는 군대를 셋으로 나누어 제후들의 일부 정예병을 거느리고 역공하면 우리는 피로하지 않은데 저들은 지쳤으니 이길 수 있을 것입니다. 군이 싸움을 즐기고 군사들의 시신을 들판에 늘어놓아야 기뻐하는 일로 초와 다툴 수는 없습니다. 크게 힘쓸 일은 아직 끝나지 않았습니다. 군자들은 열심히 마음으로 수고하고, 소인들은 몸으로 수고하는 것이 선왕이 만든 제도입니다.

지앵은 사령관답게 여러 가지를 고려했다. 정나라를 완전히 초토화시킨다면 제후들의 마음이 이반할 것이고, 그렇게 하지 않으면 다시 초나라에 항복할 터였다. 문제는 배후에 있는 초나라인데 정나라를 공격하느라 힘을 빼고 또 초군과 싸우는 것은 쉽지 않았다. 또 제후들의 연합군은 강한 초군과 직접 대면하기를 꺼렸다. 그렇다면 물러나서 군사를 쉬게 하다가 초군이 도달하면 역공하자는 것이 그의 계산이었다. 결국 연합군은 정나라의 항복 요청을 받아들였다. 정나라로서는 불행 중 다행이었다.

그때 정나라 측에서는 어린 군주를 따라 자사를 비롯한 육경과 그들 아래의 대부들과 문중의 자손들이 모두 나왔다. 진나라 사약士弱이 먼저 맹서문을 지어 읽었다.

"오늘 이 맹서 이후로 정나라가 우리 진의 명령을 듣고도 이행하지 않거나 혹은 다른 뜻을 가진 자가 있다면 이 맹서에 따라 벌을 받게 될 것입니다."

그러자 정나라 집정 자사가 나가 맹서문을 읽었다.

"하늘이 우리 정나라에 화를 내리시어, 두 큰 나라(초나라와 진나라) 사이에 던져놓았습니다. 큰 나라들은 덕을 베풀 생각은 아니하고 전쟁을 벌여 굴복시키려고만 하니, (죽은 조상의) 귀신들도 제사를 받지 못하고, 살아 있는 백성들은 농사지어 먹지도 못하게 되었습니다. 지아비 지어미는 쓰리고 고달파 파리하게 곯아도 어디 하소연할 데도 없습니다. 오늘 이후로 우리 정나라는 예의와 강함을 함께 갖추어 우리 백성들을 보호할 수 있는 자인데도 따르지 않고 감히 다른 마음을 갖는 이들이 있다면 역시 이 맹서대로 처벌을 받을 것입니다."

이 맹서문에 의하면 정나라는 강하면서도 예의가 있는 나라를 따를 뿐 꼭 진나라를 따를 필요는 없었다. 그러자 순언이 발언했다.

"그 맹서문을 고치시오."

정나라 자전(공손사지公孫舍之)이 대답했다.

"밝고 큰 신 앞에서 맹서했는데 이를 고칠 수 있다면, 큰 나라 역시 배반할 수 있는 것이 아닙니까?"

그러자 지앵이 순언을 타일렀다.

"우리가 실로 덕이 없으면서 남에게 강요해서 맹서를 한다면 이를 예라고 할 수 없지 않겠습니까? 예가 없으면 어떻게 맹주가 될 수 있겠습니까? 잠시 맹서를 맺고 군사를 물렸다가 덕을 쌓고 군사들을 쉬게 한 후 다시 온다면 결국 반드시 정나라를 얻을 수 있을 것입니다. 꼭 오늘 얻어야 할 필요가 있습니까? 덕이 없으면 우리 백성들도 우리를 버릴 터인데 하물며 정나라는 말할 나위가 있겠습니까? 우리가 만약 편안히 쉬면서 화평하면 멀리 있는 이들도 찾아올 것이니 굳이 정나라를 걱정할 필요가 있겠습니까?"

이리하여 연합군은 맹서를 하고 퇴각했다. 그러나 제후군은 정나라가 고분고분하지 않자 다시 한번 들어와 시위를 하고 군사를 돌렸다. 그러자 정나라 자공子孔이 말했다.

"지금 저들을 치면 이길 수 있습니다. 군사들은 오랫동안 밖에 있어서 피로하고 그저 돌아갈 마음뿐입니다. 그러니 지금 치면 크게 이길 수 있습니다."

철없는 소리였다. 이긴 후에는 어떻게 하겠다는 것인가? 자전은 한마디로 반대했다.

"안 됩니다."

지앵이 군사를 돌린 것은 힘이 없어서가 아니라 사실은 국내의 기근 때문이었다. 나라에 기근이 든 마당에 초나라 군사까지 상대하다 만약 지게 되면 국내 정국은 더욱 불안해질 것이 뻔했다. 그런데 정나라가 이 기회를 틈타 올해 그들을 쳐서 이긴다 해도 내년에 진나라 상황이 나아지면 훨씬 더 크게 침공받을 것이 뻔했다. 그럼에도 나라의 실권을 잡고 있는 칠목七穆의 한 사람인 자공이 아직도 이렇게 소견 없는 소리를 하고 있었다. 총체적인 난맥이었다.

이렇게 진나라 군대가 물러나자 역시 초나라 군대가 들이쳤다. 이번에는 초 공왕이 직접 참전했다. 처음에 제후군의 수장 지앵이 말한 대로 군대를 돌려 싸우고자 했다면 또다시 대규모 전쟁을 피할 수 없었을 것이다. 그러나 진나라가 국내 문제로 철수하여 싸움은 일어나지 않았다.

그러자 자사는 다시 초나라와 화친하고자 했다. 제후들의 군대가 다시 내려오지 못할 거라 예상한 것이다. 이번에는 자공과 자교가 걱정했다.

"큰 나라와 맹서를 하면서 입에 바른 피가 아직도 마르지 않았는데 배반해도 될까요?"

그러자 자사와 자전이 대답했다.

"우리가 맹서하기로는 오직 강한 자를 따른다고 했소. 지금 초나라 군대가 도달했는데 진나라가 우리를 구하지 못하니 초나라가 더 강한 것이오. 맹서의 말을 어찌 배반하겠소? 그리고 강요에 의한 맹서는 진실하지 않은 것이니 거기에는 신이 내려오지 않소. 신은 오직 신의가 있는 장소에만 내려오오. 신의란 말의 신표이며 착함의 주인이오. 그러니 신이 거기에 강림하는 것이오. 밝은 신은 강요로 맺은 맹서를 지지하지 않으니 그런 맹서야 배반해도 되오."

이렇게 말하고는 초나라 군사가 도착하자 그들과 화해했다. 그런데 그때 초 장왕의 부인이 사망했다. 그래서 공왕은 정나라를 완전히 평정하지 못하고 급히 돌아갔다. 그해 겨울 정나라는 억세게 운이 좋았다. 진나라는 본국의 기근으로 돌아갔고 초나라는 군주 어머니의 초상으로 돌아갔다. 다만 그런 운이 다시 올 가능성이 매우 희박하다는 것이 문제였다.

제4장

국제관계의 재편과 내우외환의 심화

• • •

정나라가 오랫동안 진晉-초楚 양국 사이에서 고난을 겪었지만 최근에 정도가 더 심해진 것은 국제관계의 재편과 상관이 있었다. 진은 강국이지만 예전만 못했고, 초도 강국이지만 역시 힘이 달렸다. 힘의 균형이 흔들리는 징후들이 곳곳에서 터져 나왔다. 특히 진-초 경쟁의 와중에 각각 진과 초를 도우며 발언의 수위를 높여가는 오와 진秦이 관건이었다. 진晉은 힘이 달릴수록 오를 이용하여 초를 약화시키려 했고, 초는 진秦과 연합작전을 펼침으로써 독립작전의 위험을 줄이려 했다. 기존의 2강 체제가 동요할수록 직접대결 대신 간접대결이 빈번해졌다. 승부의 향방을 알 수 없으니 작은 나라는 더 불안할 수밖에 없었다.

특히 진晉나라가 오나라와 통하는 길을 트기 위해 핍양偪陽을 공략함으로써 진-초의 대결 양상은 더욱 확대되고, 이에 따라 정나라도 국제정치의 거센 물결에 또다시 휩싸인다. 설상가상 정나라의 정치를 담당하던 목공의 후예들이 내란으로 살해되는 비극이 발생한다. 그중에는 자산의 아버지도 포함되었다. 그러나 구세대의 죽음 속에서 새 세대의 꽃이 막 피어날 조짐을 보였다.

한편 정나라를 둘러싼 진-초의 압박을 받으며 돌아가며 항복하는 데 지친 정나라는 진晉나라에 확실하게 항복하기 위해 송나라를 이용한 '기발한' 고육책을 내 성공한다. 하지만 그 계책이 진정 정나라를 평화로 이끌 수 있을까?

1. 진나라의 동방정책: 오나라로 통하는 길을 터라

기원전 564년 겨울 북방의 제후국들은 끝내 정나라를 어떻게 하지 못했다. 진晉나라는 흉작의 여파를 갈무리하기에 바빴다. 진나라의 신흥 브레인인 위강은 시혜정책을 강조하고 창고를 방출하도록 요청했다. 경대부들은 저장하고 있던 식량을 모두 내었고 공실은 제사의 희생을 줄였다. 고대에 이런 기근이 한번 발생하면 한동안 대규모 군사행동을 할 수가 없었다. 군사행동은 비축한 양식이 관건이었기 때문이다. 진나라 집정 지앵은 항상 지금은 싸울 때가 아니라고 생각했다.

정나라에서 철수한 이듬해 봄, 진나라 도공은 오나라 군주 수몽壽夢과 송나라 땅 사柤에서 회합했다. 그 회합에는 송, 위, 조, 거莒, 주邾, 등, 설, 기杞, 소주小邾의 군주들이 다 모였고, 제나라 세자 광光도 참석했다.

사서에는 간단히 언급되었지만 이 회합은 춘추 말기의 세력 균형을 뒤흔들 수 있는 큰 사건이었다. 초와 진秦은 이 회합을 예의 주시하고 있었다.

여기서 진晉나라의 경들은 핍양偪陽을 쳐서 오나라로 직통하는 길을 뚫고자 했다. 회하(회수)에서 사수泗水를 따라 북쪽으로 올라가는 길목에 있는 중요한 성읍으로 팽성彭城, 핍양 등이 있는데 팽성은 송나라 관할이었고 핍양은 그때 아직 독립국이었다. 이 핍양에 후대에 경항京杭 대운하가 지나게 되는데 이 사실 하나로도 이 지역이 남북을 잇는 교통의 요지임을 금방 알 수 있다. 또 오나라는 훗날 장강과 회하를 연결하는 운하를 뚫고 다시 회하를 따라 북방을 유린했다. 그러니 초와 오 양자에게 이 땅은 매우 중요한 곳이었다. 몇 년 전에 초 공왕이 팽성을 친 것과 이번에 도공이 핍양을 친 것은 그 맥락이 비슷했다.

순언과 사개는 핍양을 쳐서 송나라 관할로 삼고 오나라로 오가는 길을 완비하려 했다. 그러나 늙은 집정 지앵은 시큰둥했다. 지앵은 본국이 궁한 시절에 군대를 내는 일에 항상 반대했다. 핍양을 치면 초나라는 반드시 군사를 움직일 것이다. 지앵은 오와의 동맹을 통해 서서히 와해되는 2강 체제를 억지로 유지하는 것보다 나라의 내실을 기하는 것이 중요하다고 생각했다.

"핍양의 도성은 작지만 견고하오. 이긴다 해도 무공이랄 것이 없고, 만일 진다면 웃음거리만 되오이다."

그러나 순언과 사개가 끝까지 주장을 굽히지 않자 지앵도 어쩔 수 없었다. 드디어 여러 제후국이 함께 출정하여 도성을 포위했다. 그러

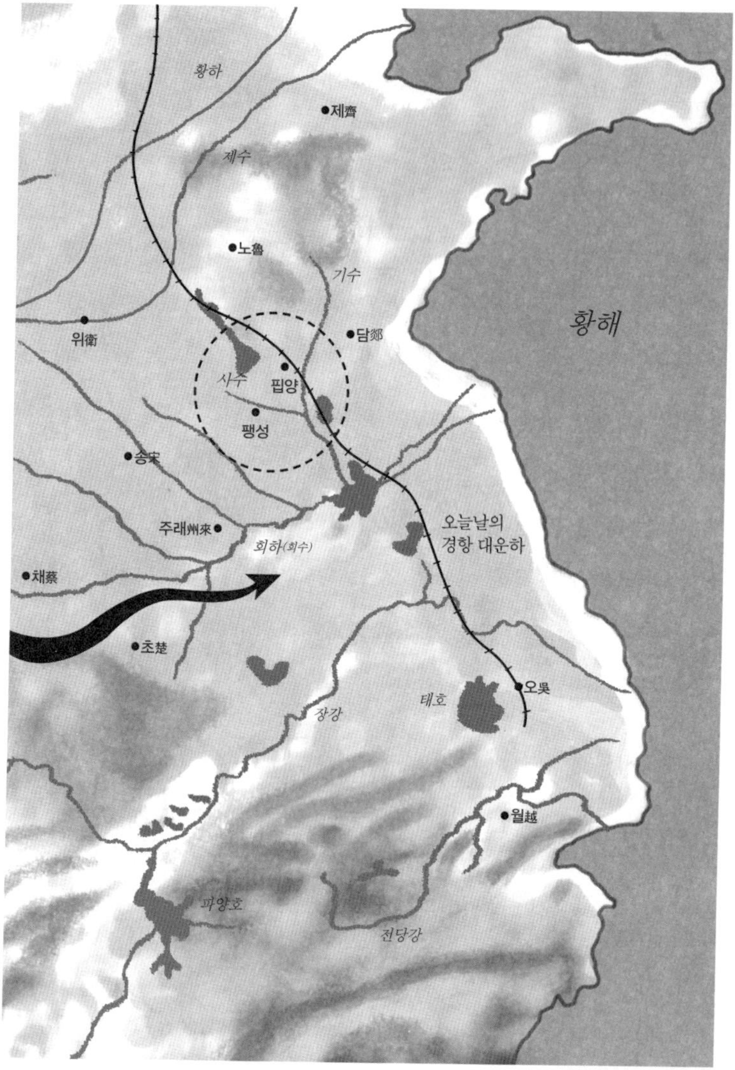

팽성과 핍양. 핍양 옆으로 오늘날의 경항 대운하가 지나간다. 핍양과 팽성은 오나라의 물길과 중원의 육로가 만나는 요충에 위치하고 있다. 중원과 통교하기 위해서 오나라는 장강과 회하의 물줄기를 이용할 수밖에 없었는데, 채蔡와 주래州來를 거점으로 둔 초의 동진정책으로 회하 하류는 끊임없이 위협받고 있었다. 진晉은 가장 믿음직한 우방인 송宋이 팽성과 핍양을 관리해서 오나라로 통하는 길을 보장해주길 바랐다. 큰 나라들이 통하는 길에 있는 작은 나라들은 명분론에 관계없이 '실리'에 의거한 작전의 표적이 되었다.

나 과연 핍양성을 함락하기는 쉽지 않았다. 제후들의 군대가 핍양성을 포위하고는 소득도 없이 여러 날을 보내자 순언과 사개는 회군하고 싶었다. 그래서 지앵에게 말했다.

"장차 장맛비가 내릴 텐데 퇴로가 막힐까 걱정됩니다. 군사를 돌리시지요."

그러자 지앵은 불같이 화를 내며 책상을 집어 던졌다.

"그대들이 싸우자고 작당하고는 나에게 고했다. 나는 군명을 어지럽힐 것이 두려워 그대들의 의견을 거스르지 않았다. 그대들은 군주에게 조르고 제후들을 부추겨, 장수들과 늙은이들을 끌고 여기에 왔다. 기필코 무공을 이룰 생각은 하지 않고 나에게 죄를 떠넘길 요량으로 돌아가서 '이 회군 때문에 이기지 못했다'라고 말할 것이다. 나는 이미 늙었다. 더 이상 어떤 책임을 지란 말인가? 7일 이내에 함락시키지 못하면 반드시 그대들이 책임을 져야 할 것이다."

살벌한 명령이었다. 장마가 오기 전에 이기지 못하면 정말 사수의 진흙탕을 건너지 못하고 고립될지도 모른다. 순언과 사개는 정면 대결을 피할 수가 없었다. 연합군은 날아오는 화살을 무릅쓰고 정면으로 공격을 감행하여 결국 핍양을 멸망시켰다. 그리고는 핍양을 송나라가 차지하여 관리하게 했다.

핍양이라는 걸림돌이 제거되자 오나라는 이제 중원과 교류하면서 물 만난 물고기처럼 초나라의 영향권을 잠식해 들어간다. 이제 공은 정나라와 초나라 쪽으로 넘어갔다. 어떤 선택이 기다릴까?

2. 대리전쟁에 끌려들다

예상대로 초나라는 송나라를 침공했다. 그러자 북방연합국들 가운데 송과 인접한 위衛가 구원군을 보내 송나라를 지원할 채비를 했다. 초나라는 진나라의 우방인 위나라를 치라고 정나라에 명했다. 진과 초의 싸움을 작은 나라들이 대신하는 형국이었다. 다시 정나라 정치가들 사이에 말이 오갔다. 먼저 자전은 초나라 편이 되어 위나라 군대를 공격하자고 했다.

"반드시 위나라를 쳐야 합니다. 그러지 않으면 우리가 초나라 편임을 증명하지 못합니다. 진나라에 죄를 짓고, 이제 또 초나라에 죄를 짓는다면 장차 나라가 어떻게 되겠습니까?"

자가가 말한다.

"(위나라를 치면 전쟁 비용으로) 나라는 피폐해질 것이오."

그러자 자전이 받았다.

"두 큰 나라에 동시에 죄를 지으면, 우리나라는 필경 망하고 말 것입니다. 피폐해지는 것이 망하는 것보다는 낫지 않겠습니까?"

그러자 대부들이 모두 찬성했다. 결국 정나라 황이皇耳가 군대를 이끌고 위나라를 쳤다. 그러나 정나라 황이는 위나라 군대와 싸우다 사로잡히고 말았다.

이어 초 영윤 자낭은 정나라 군사와 합세하여 노나라의 서쪽 변경을 쳤고, 소蕭나라, 송나라를 차례로 침공했다. 이 일을 두고 노나라 중손멸이 평했다.

정나라는 (내부에서) 재난을 맞을 것이다. 군사를 출동시킴이 실로 지나치다. 주周나라라 하더라도 그런 잦은 출정을 감당할 수 없을진대 정나라가 무슨 수로 감당하겠는가? 만약 재난이 있다면 정치를 맡은 세 사람일 것이다.

그 세 사람이라면 바로 집정 자사, 자산의 아버지 사마 자국, 사공 자이子耳다.

3. 내란을 극복하고 자산이 등장하다

과연 이 싸움 후 정나라에서는 내란이 일어났다. 발단은 토지 소유와 관련된 갈등 때문이었다. 그러나 국제정치를 다루는 지도부의 실력 부족이 국인들의 불만을 가중시킨 것이 원인이었다.

자사는 집권 후 토지 소유권을 명확히 하기 위해 토지 구획을 다시 정리했다. 당시는 전통적인 정전제井田制가 점차 붕괴되던 때라 이런 조치가 필요했다. 그때 사司씨, 도堵씨, 후侯씨, 자사子師씨 네 씨족이 토지를 일부 잃었다. 그래서 이들은 예전에 자사가 군주를 바꾸면서 살해한 공자들의 씨족과 결탁하여 틈을 노리고 있었다. 게다가 잦은 전쟁에 국인들도 불만이 많았다. 이제 모든 조건이 무르익었다. 수박이 익으면 작은 칼집에도 터지듯이 이런 상황에 원한관계가 끼어들어 사태는 폭력으로 이어졌다.

자사는 위지尉止라는 이와 다툰 적이 있다. 그래서 그를 해코지할 기회를 보고 있었다. 당시 정나라는 초나라에 붙었다는 이유로 제후국들에게 공격받고 있었다. 그때 자사는 앙심을 품고 위지에게 줄 전차 수를 줄이고, 또 위지가 잡은 포로를 가지고도 다퉜다. 그는 위지에게 "그대의 전차는 예의에 맞지 않는구나(예의에 맞지 않게 크거나 화려하다는 뜻)"라고 꼬투리를 잡아 그가 잡은 포로를 군주에게 바치지 못하게 했다. 전사에게 전공을 뺏기는 일은 참을 수 없는 수치다. 위지도 이 일로 자사를 칠 마음을 품었다.

드디어 위지가 자사에게 화를 당한 공자들의 씨족, 전지 구획 때 손해를 입은 사람들을 모아서 난리를 일으켰다. 그들은 정나라의 정권을 장악하고 있던 목공의 아들들을 모두 죽일 계획을 꾸몄다. 집정 자사, 사마 자국, 사공 자이, 사도 자공을 일시에 제거할 요량이었다. 자공은 이 일을 미리 알고 화를 면했지만 자사, 자국, 자이는 모두 아침에 정무를 보기 위해 서궁西宮에 모여 있다가 몰살당했다.

그러자 죽은 세 사람의 아들들이 난리를 일으킨 일당을 치기 위해 움직였다. 자사의 아들 자서子西는 몸을 보호할 장비도 갖추지 않고 바로 서궁에서 아버지의 시신을 거두고 난리를 일으킨 이들을 쫓았다. 적이 북궁北宮으로 들어가자 비로소 집으로 돌아와 집안사람들에게 병기와 갑옷을 나누어주었는데, 이 와중에 달아난 가복들이 많았고 기물들을 많이 잃었다.

반면 자국의 아들 자산은 난리가 일어났다는 소식을 듣자 먼저 대문을 걸어 잠그고, 집안사람들을 조직하고, 창고를 걸어 잠그고, 가신들을 완전 무장시켜서 대열을 만든 후에 전차 17대를 끌고 나섰다. 그는 아버지의 시신을 거두고는 북궁의 적을 공격했다. 이때 자이의 아들 자교子蟜가 합세하여 자산을 도왔다.

요행히 칠목의 주요 인물들은 제거했으나, 그 아들들은 하나같이 만만치 않았다. 결국 반란을 일으킨 일당은 모두 반격을 받아 죽거나 외국으로 도망갔고, 다시 정권은 목공의 후예들에게 돌아왔다. 만약 반란이 성공했다면 정나라 집정은 바뀌었을 것이다. 그러나 자산의 냉철한 대응으로 위기를 극복하고, 오히려 반대파들을 완전히 제거하는 효과까지 얻었다.

자산은 이렇게 아버지를 잃는 난리를 겪으면서 정계로 나왔다. 그는 초나라와 진나라 사이에서 우왕좌왕하는 숙부들을 보며 국제적인 안목을 키웠고, 지배 집단 내부의 난리를 통해 화목의 중요성을 깨달아갔다.

내란을 일으킨 사람들이 신속한 반격으로 일망타진되자 역시 목공의 아들이자 가문의 어른인 자공子孔이 정치 전면에 나섰다.• 그는 자사를 대신하여 정치의 실권을 쥐고 나라 안의 여러 대부들과 맹서하려 했는데, 맹서문이 경대부 이하 관속들은 모두 직위를 고수하고 집정의

• 《사기》 〈정세가〉에는 자공子孔이 일을 기획하여 위지 등을 시켜 자사 등을 죽였으며, 또 스스로 제후가 되려 했다고[自立] 되어 있다. 그러나 《좌전》에는 난이 일어났을 때 자공이 죽지 않은 것은 그가 난리를 미리 알았기 때문이라고 되어 있다. 《사기》의 기록은 문맥이 맞지 않는다. 만약 자공이 난의 주동자라면 난을 일으킨 사람들은 모두 죽거나 망명했는데 오히려 자공은 남아서 집정이 될 수 있을까? 또한 자국의 아들 자산이 아버지를 죽인 자공에게 정치적인 충고를 할 필요가 있을까? 다만 일가의 형제들이 줄줄이 죽는 마당에 살아남아 자리를 이었으니 난을 일으킨 사람들과 암묵적으로 동조했다는 혐의는 벗기 힘들게 되었다.

명령을 받아들이라는 내용이었다. 한마디로 자신이 정치를 오로지하겠다는 뜻을 드러낸 것이다. 여타 대부들이 이 명령을 따르지 않자, 자공은 이들을 주살하려 했다. 그러자 자산이 제지하고는 충고했다. 자산은 갓 아버지를 잃은 상황이었다.

"청컨대 맹서문을 불사르시지요."

"그럴 수는 없네. 맹서를 함은 나라를 안정시키고자 하는 것이네. 그런데 대중이 분노했다고 그 맹서문을 불사른다면 이는 대중이 정치를 하는 것일세. 그러면 나라가 또 어지러워지지 않겠는가?"

"대중의 분노는 거스르기 어려우며, 전권專權을 가지려는 욕망은 이루기가 어렵습니다. 이 두 가지 어려운 일을 하려 하면서 국가를 안정시키려 하면 위태합니다. 맹서문을 태우고 대중을 안정시키는 것이 낫습니다. 그러면 어른께서도 원하시는 것(집정)를 성취하고 대중도 안정을 얻을 것이니, 이 또한 가한 일 아니겠습니까? 전권을 이루려는 욕망은 이룰 수 없고, 대중을 거스르면 난리가 납니다. 어른께서는 반드시 대중의 의견을 따르소서."

이리하여 전권을 잡으려는 자공의 시도는 무산되었다. 여기서 주목할 부분이 정치에 대한 자산의 생각이다. 자공은 정나라가 어지러운 이유를 대중의 의견이 너무 분분했기 때문이라 생각했을 것이다. 사실 정나라에 내란이 일어난 것도 자사가 집정하면서 국인들의 불만이 누적되었으나 이를 효과적으로 통제하지 못했기 때문이다. 보통 사람이라면 이런 불만을 잠재우고 나라를 효율적으로 통치하려면 좀 더 강력한 전제자가 나와 어린 군주를 보좌하는 것이 좋다고 생각했을 법하다. 그러나 자산의 생각은 반대였다. 이미 불만이 쌓여 있는 대중에게 너무 엄격한 잣대를 들이대서는 안 된다.

《순자》〈치사致士〉는 자산의 정치 행보를 관찰한 후 쓴 것으로 보인다.

> 처음 일을 맡아서 백성들을 대할 때는 도의와 응변으로써 하고, 너그럽게 많이 용서해주고, 공경으로써 그들을 앞에 세우니, 이것이 정치의 시작이다. 그런 후에 중화와 찰단(살피고 판단함)으로 그들을 보좌함이 정치의 중간 단계다. 그런 후에 들일 사람을 들이고 물리칠 사람은 물리치며, 죽일 사람을 죽이고 상 줄 사람은 상을 주는데 이것이 정치의 마지막 단계다〔臨事接民 而以義變應 寬裕而多容 恭敬以先之 政之始也 然後中和察斷以輔之 政之隆也 然後進退誅賞之 政之終也〕.

순자는 여기서 순서를 바꾸어서는 안 된다고 강조한다. 처음에 사람을 죽이고 강하게 나가면 원한만 쌓아 오히려 자기가 거꾸러질 것이라는 이야기다. 처음 자산의 출발점은 대중을 인정하는 것이었다. 자산의 마음속에는 어떤 계획이 들어 있었을까? 새로 집정이 된 자공은 앞으로 진-초 사이에서 정나라를 어떻게 이끌어갈까?

4. '기발한' 미봉책으로 '마음 놓고' 항복한 정나라

정나라가 초나라를 도와 송나라, 위나라, 노나라를 들쑤셔 놓았으니 이제 진晉나라가 보복하러 내려오는 것은 당연한 수순이었다. 그렇다면 대책은? 내려오면 또 항복하고 맹서하는 것 외에 뾰족한 수는 없었다. 다만 다행인 것은 진과 초의 입장에서도 정나라를 자기편으로 끌어들이기 위해 위협할 수는 있었지만 아직 멸망시킬 명분은 없었다는 점이다. 만약 어떤 일방이 그런 의도를 내보이면 정나라는 당장 등을 돌리고 상대편에 붙어 결사적으로 저항할 것이기 때문이다. 정나라는 아직 가시의 용도는 모르지만 고슴도치는 고슴도치였다.

제후군은 다시 호뢰에 성을 쌓고 정나라를 압박했다. 그러자 정나라는 역시 급한 불을 끄느라 진나라와 화해했다. 그리고 뒤늦게 초나라의 구원군이 도착했다. 자낭은 정나라가 위급하더라도 가을걷이가 끝난 후에 움직였으므로 구원군으로서는 이미 늦었다. 그러자 제후군들은 정나라 남쪽으로 내려와 초군을 맞았다. 여기까지는 이전과 마찬가지다.

그러나 제후군이 정나라 남쪽 양릉陽陵에 도착했을 때도 초나라 군대는 물러나지 않았다. 더 진격한다면 충돌할 터였다. 진나라 집정 지앵은 이번에도 충돌에 반대했다. 그는 퇴각하고 싶어서 구실을 댔다.

"지금 우리가 초나라 군대를 피해 달아나면 저들은 반드시 교만해질 것이오. 적이 교만해진 연후에 더불어 한판 싸워볼 수 있소."

그러나 난서의 아들로 당시 진나라 최대 가문의 적손인 난염은 남진을 주장했다.

"초나라 군대를 만나 달아난다면 이는 우리 진의 수치입니다. 제후들을 모아놓고 수치만 더한다면, 이는 죽느니만 못합니다. 저는 혼자서라도 진격하겠습니다."

이리하여 군대는 어쩔 수 없이 남진했고 영수潁水를 사이에 두고 초군과 대치했다.

그때 정나라 조정은 난처한 상황에 처했다. 만약 진나라 군대가 남진해서 초나라 군대를 밀어낸다면 잠시 안정을 찾을 수는 있을 것이다. 그러나 초군이 이긴다면 또 한 번 항복해야 하는 사태가 벌어질 것이다. 그리고 싸우지 않고 진나라 군이 물러난다면 역시 초군은 북상하여 정나라의 배반을 문책할 것이다. 복잡한 계산이 오갔고 자교가 상황을 정리했다.

"제후들 중에는 이미 떠나려고 하는 이들이 있으니 필경 싸우지 않을 것입니다. 진나라를 따른다고 해도 퇴군할 것이고 따르지 않아도 결국 퇴군할 것입니다. 저들이 퇴각하면 초군은 반드시 우리를 포위할 것입니다. 그래도 제후군은 퇴각할 것입니다. 그러니 초나라에 항복하는 것이 낫습니다."

다른 이들도 그럴듯하게 여기고 사자를 영수 건너편으로 보내 초나라와 화해했다. 이 소식을 들은 진나라 난염은 정나라를 치자고 나섰다. 그러나 지앵의 생각은 달랐다. 초나라와 정면으로 충돌하지 못할 바에 정나라를 두드리는 것은 제후들 사이에서 명망만 잃는 일이라 생각했다.

"안 되오. 우리는 실로 초나라 군대를 제어하지도 못하고, 정나라를 지켜주지도 못했소. 정나라가 무슨 죄요? 그러니 분루를 삼키고 돌아가는 것만 못하오. 지금 정나라를 치면 초군이 반드시 들이칠 것이오.

싸워서 이기지 못하면 제후들에게 웃음거리가 될 것이오. 반드시 이긴다는 보장도 없으니 돌아가느니만 못하오."

결국 싸움은 벌어지지 않았고 진나라 군이 시위만 하고 돌아가자 초나라 군도 돌아갔다. 이렇게 꽤 준수한 결과가 나온 것은 자교의 계책이 맞아떨어졌다기보다는 진과 초가 모두 싸움을 꺼렸기 때문이다.

비록 미봉책에 불과했지만 이번 선택은 적중했다. 그러나 그다음이 문제였다. 초나라와 척을 지면 한 번 항복하면 그만이지만, 진나라와 척을 지면 여차하면 나라가 망할 수도 있었다. 핍양이 멸망당한 것이 바로 어제 일이 아닌가. 그래서 정나라는 진나라에 확실히 붙기 위해 매우 탄탄한 고육지책을 마련했다. 이른바 양강兩强을 일부러 끌어들여 확실하게 항복한다는 전략이었다. 한쪽에는 읍소하고 한쪽에는 뇌물을 주어서 더 이상 괴롭히지 못하게 한다는 일종의 제살깎기 작전이었다. 그들이 구상한 작전은 3단계로 나뉜다.

1단계 : 송나라를 친다.

2단계 : 진나라 구원군이 오면 후하게 뇌물을 주고 바로 항복한다.

3단계 : 초나라에는 구원해주지 않아 항복했다고 한다.

결국 진나라 편에 붙는 구실을 만들기 위해 이웃 나라를 이용하자는 작전이었다. 이제 그들이 구상한 작전을 살펴보자. 정나라 대부들이 진나라와 초나라 사이에 낀 현실을 개탄했다.

"진나라를 따르지 않으면 장차 나라가 망하고 말 것입니다. 초는 진보다 약하지만 진은 우리를 구원하는 데 전력을 다하지 않습니다. 진이 재빨리 움직여주기만 하면 초는 대결을 피할 텐데요. 어떻게 하면 진나라 군대가 우리를 위해 목숨을 바치게 할까요? 초가 감히 진과 맞서려 하지 않은 연후에야 진과 제대로 동맹을 맺을 수 있을 것입니다."

그러자 자전이 꾀를 냈다.

"우리가 송나라를 괴롭히면 제후들이 반드시 들이칠 것입니다. 그때 우리가 그들과 맹서를 하면 초군이 오겠지요. 우리가 다시 초에 항복하고 맹서를 한다면 진은 심하게 노할 것입니다. 진군은 질풍같이 달려올 수 있지만 초군은 그렇게 빨리 오지 못할 것이니, 그때 진과 확실히 강화합시다."

한마디로 일단 진나라를 진노하게 한 후 맞이하고, 그다음에 초나라 군대가 출동하면 다시 그들에게 항복하여 진나라의 화를 돋우고, 그들이 화가 나서 들이치면 발뺌할 수 없도록 확실히 화친을 맺는다는 작전이었다. 더욱이 초나라 군대가 대결을 회피한다면 진나라에 붙었다고 해서 욕먹을 일은 없다는 생각이었다.

계획대로 정나라는 송나라 국경에서 소란을 일으켰다. 그러자 송나라 상술向戌이 군대를 이끌고 들어와 정나라 땅을 노략질했고, 정나라는 제후국들을 유인하기 위해 즉각 보복했다. 과연 봄에 제후들이 송나라를 침공한 일을 질책하여 정나라로 쳐들어왔다. 계획대로 정나라는 항복을 제의했다. 이번에 지앵은 다소 무서운 맹서문을 만들었다.

"이 맹서를 어긴다면 신명이 씨를 멸하고 나라를 뒤엎을 것이다."

한 번 더 맹서문을 어기면 이제 나라를 없애겠다는 선언이었다.

초 영윤 자낭도 가만히 있지 않았다. 그는 진秦나라에 지원군을 요청하여 정나라를 침공했다. 그러자 정나라는 이번에도 진晉과의 맹서는 없던 일로 하고 태연히 초楚-진秦 연합군을 맞이하고는 함께 송나라를 쳤다. 진나라와의 맹서문을 고의로 어긴 것이다. 그러자 다시 제후들이 군사를 이끌고 정나라로 들어왔다. 성을 포위하고 나라를 없애겠다는 엄포였다. 이제 정나라의 원래 계획이 드러났다. 그들은 초나라에 사신을 보내어 진晉나라에 항복하려 한다고 고했다.

"과인은 사직을 보전해야 하므로 군주와 한 약속을 돌볼 겨를이 없습니다. 군주께서는 구슬과 비단을 뇌물로 진군을 퇴각시킬 수 있으시겠습니까? 아니면 무력을 떨치시어 저들을 위협하여 몰아내주십시오. 이것이 제가 바라는 바입니다."

초나라로서는 어쩔 수가 없었다. 상대의 군세가 감당할 수 없을 만큼 컸기에 쉽사리 군사를 움직일 수 없었다. 또한 정나라를 구원하지도 못하는 형편에 맹서를 지키라고 요구하기도 어려웠다. 그래서 애꿎게 이 소식을 전하러 온 사자만 감금하고는 감히 출정하지 못했다.

이제 정나라는 초나라의 눈치를 보지 않고 '마음 놓고' 항복할 수 있었다. 그때 정나라는 특별히 폭이 넓은 수레 15대, 진 칠 때 쓰는 돈거軘車 15대, 무장병을 모두 태운 보통 전차 100대, 일급 악사 여러 명에 여자 악공 16명을 진나라 군주에게 바쳤다. 실로 엄청난 규모의 뇌물이었다. 이렇듯 항복하는 일도 어려웠다.

그래도 이 혼란의 와중에 우직하게 동맹 역할을 수행한 쪽은 서방의 진秦이었다. 진秦은 진晉이 정나라를 굴복시킨 데 대한 보복으로 두 개의 병단을 보내 진晉의 서쪽 변경을 강타해서 대승을 거두었다. 동시에 초楚-진秦 연합군은 송나라를 공격해 이 일에 대해 보복했다. 하지만 정나라를 직접 건드리지는 않았다.

이렇듯 정나라가 '기발한' 미봉책을 통해 얻고자 한 것은 독립이 아니라 동정同情이었다. 그리고 진과의 맹서를 통해 국가의 안정을 이루고자 했다. 과연 안정이 올 것인가? 다시 순자의 일갈을 들어보자.

> 나라를 유지하는 데는 쉬운 방법과 어려운 방법이 있다. 강폭한 나라를 섬기는 것은 어려운 일이나, 강폭한 나라가 나를 섬기게 하기는 쉽다. 강폭한 나라를 재화와 보물로 섬긴다면 재화와 보물이 다 닳아도 친교를 맺을 수 없을 것이다. 맹서로써 섬기려 한다면 하루도 안 되어 맹서를 배반할 것이다. 나라를 떼어 바치는 것으로 섬기려 한다면, 땅은 한정이 있어도 욕심은 끝이 없을 것이다〔事之以貨寶 則貨寶單 而交不結 約信盟誓 則約定而畔無日 割國之錙銖以賂之 則割定而欲無厭 事之彌煩 其侵人愈甚 必至於資單國舉然後已〕.

그럼 강폭한 나라 사이에서 살아남기 위해서는 어떻게 해야 하는가? 순자는 자산의 행동을 관찰하고 이렇게 썼다. 이제 자산에게 그 해답을 들을 차례다.

제5장

2강 체제 종결의 징후들

• • •

자산이 등장했을 때 국제사회의 변화는 속도를 더하고 있었다. 바로 2강 체제 종결의 징후들이다. 춘추 중반기 진-초 2강 체제가 처한 문제는 체제를 유지하기 위한 관리비용이 지속적으로 증가한다는 것이었다. 진-초 양국은 체제를 유지하려고 끊임없이 외국의 내정에 간섭했지만 실질적으로 얻는 것은 적었다. 또한 상대를 견제하기 위해 거대 규모의 군대를 계속 유지하기도 힘들었다. 그 틈에 진秦과 오吳는 2강 체제를 위협하는 세력으로 등장했고, 비록 강대국의 반열에서 멀어지고 있었지만 제齊는 여전히 2강 체제 밖에서 틈을 노리고 있었다.

또 여타 나라들도 약육강식의 시절이 닥칠 것이라고 예상했기 때문에 2강의 명령에 호락호락 응하지 않았다. 2강은 체제를 유지하려 여러모로 노력하지만, 대세를 돌리기에는 역부족이었다. 국도 밖에는 아직도 이용할 수 있는 토지와 인력이 널려 있었고, 작은 나라라도 노력하면 강해질 수 있었다. 2강에서 3강, 4강으로 충분히 이행할 여지가 있었다.

경쟁 속에서 힘의 부족을 느낄수록 2강은 국제질서의 유지에서 자국의 이익으로 관심을 돌렸다. 바야흐로 대의명분을 기치로 한 패자들의 시대는 저물고 있었다. 특히 정치의 정점에 있던 집정들은 '이제 굳이 패자를 칭할 필요가 있을까? 내실을 다지면서 땅을 키우고 앞으로 다가올 약육강식 시대에 대비하는 것이 좋지 않을까?' 하는 의문을 품었다. 거부할 수 없는 흐름에 의해 이 불안정한 2강 체제는 서서히 위력을 잃어갔다. 그러나 한편에서는 과거의 체제를 유지하기 위한 노력들도 끊이지 않았다. 그 노력들의 성공과 실패를 보면서 향후 정나라에서 벌어질 일들을 예측해보자.

1. 해체의 징후 1: 작전 규모를 줄이는 양강

초 장왕 사후 북방연합군과의 대결에서 계속 열세를 보이던 초나라는 급기야 독자적인 작전을 포기하기에 이른다. 동쪽과 북쪽을 동시에 상대하기에는 벅찼기 때문이다. 그래서 초는 동쪽으로 나오기를 고대하는 진秦을 꼭 끼고서 작전을 시행했다. 초 영윤 자낭은 이런 식으로 군사작전 비용을 절약하고자 했다.

기원전 562년 정나라가 북방연합군에게 압박받고 있을 때 진秦의 서장庶長 포鮑와 무武가 황하를 건너 진晉나라의 서쪽 국경을 번갈아 타격했다. 그 이듬해에도 영윤 자낭은 진秦나라 서장 무지無地를 끌어들여 송나라를 쳐서 정나라를 잃은 일에 복수했다. 진秦나라 군대는 동쪽으로 나올 때 효산의 험로를 지나면 진晉에 후방을 타격당할 위험이 있기 때문에 오늘날의 서안西安에서 진령秦嶺의 골짜기를 따라 초의 완宛(남양)을 지나 진격했을 것으로 추측된다. 초는 진秦의 군대에 길을 빌려주고 공동작전을 벌였다. 이어서 초 공왕은 진秦나라 경공의 누이를 아내로 맞아 기존의 동맹관계를 혼인동맹으로 끌어올렸다.

한편 진晉나라는 지앵과 사방士魴이 죽자 군대의 수장을 재편할 필요가 생겼다. 그래서 새 중군대장은 순언荀偃, 부장은 사개士匄가 맡았다. 조무는 상군대장이 되었고, 부장은 한기가 맡았다. 하군대장은 난염이 맡고, 위강이 부장을 맡았다. 그런데 신군을 이끌 장수들이 마땅하지 않아 도공은 신군의 각 부대를 기존의 3군에 종속시켰다. 종래 두 개의 3군을 유지하여 독자적으로 양쪽에서 작전을 펼칠 수 있던 때에 비하면 작전 반경이 크게 준 것이다. 진나라도 이제 2강 체제의 관리비용을 감당하기 어렵다는 사실을 실감하고 있었다.

2. 해체의 징후 2: 초 공왕의 죽음과 안정파의 등장

이렇게 2강 체제가 변형되고 있을 무렵 2강 체제를 이끌고 가던 쌍두마차인 초 공왕과 진 도공이 모두 세상을 떴다. 이들의 죽음도 체제의 해체를 부채질했다.

기원전 560년 초 공왕은 자신이 죽으면 못나고 어리석은 왕이라는 시호를 붙이라는 유언을 남기고 죽었다. 그는 집요하게 북방을 공략했던 왕이다. 공왕이 죽자 오나라는 바로 틈을 노려 쳐들어왔다. 그러나 초나라의 경험 많은 장수들은 동요하지 않았다. 양유기養由基와 공자 자경子庚이 오나라 군대를 요격하기 위해 출격했다. 양유기는 상대의 의도를 역이용할 생각이었다. 그는 꾀를 냈다.

"오나라는 우리가 국상을 당한 일을 틈타 들어왔으니, 우리가 군대를 내지 못할 것이라 여겨 분명히 우리를 쉽게 보고 경계하지 않을 것입니다. 공자께서는 세 겹으로 매복을 하시고 저를 기다리십시오. 제가 저들을 유인하겠습니다."

이렇게 말하고 거짓으로 후퇴하여 오군을 끌어들였고, 용포庸浦(지금의 안휘성 동부 장강 북쪽 기슭)에서 오나라 군대를 대파하고 오나라 공자 당黨을 사로잡았다. 당시 중원이나 초에서는 국상을 당한 나라를 공격하지 않는 것이 예법이었다. 그러나 오는 오히려 초의 국상을 이용했다. 이렇듯 초와 오의 싸움은 중원의 싸움과는 양상이 사뭇 달랐다.

새로 등극한 초 강왕康王은 선왕의 죽음을 틈타 침공한 오나라에 보복하게 위해 영윤 자낭을 시켜 오군을 공격하게 했다. 그러나 오군도 처음 뒤로 물러났다가 돌아가는 초군을 급습해서 공자 의곡宜穀을 잡아갔다. 마치 진晉-진秦의 싸움처럼 오-초의 싸움도 언제 끝날지 모르는 혼전이었다.

싸움에서 돌아온 자낭은 바로 병을 얻었다. 한평생 전장에서 보낸 인생이었다. 그는 죽기 직전에 앞으로의 정국에 대한 통찰이 담긴 유언을 자경에게 남겼다.

"반드시 영郢에 성을 쌓으시오."

이제껏 초는 항상 밖을 향하고 있었다. 그러나 자낭은 앞으로 초도 수비전을 벌여야 할 것이라고 예측했다. 오와의 싸움이 격해지면 수도인 영도 안전하지 않다는 말이었다. 주변의 작은 나라들은 지금까지 초나라가 강력한 군사력을 믿고 수도에 성벽을 구축하지 않다가 갑자기 수도 방위를 논하는 것을 보고 초나라가 더 이상 패권을 추구하지 못할 것임을 간파했다. 자낭이 죽자 초는 대대적인 인사 개편을 단행했다.

공왕의 아들이자 자낭과 함께 정치를 담당한 자경은 영윤이 되었고, 외교에 소질을 보인 공자 피융罷戎은 우윤이 되어 자경을 보좌했고, 신중한 위자빙蔿子馮은 대사마大司馬가 되고, 굴탕의 아들이자 법에 정통한 굴도屈到는 막오莫敖가 되어 함께 군대를 통솔했다. 굴탕屈蕩은 연윤連尹이 되어 지방의 요지를 다스렸고, 공자 추서追舒는 잠윤箴尹이 되어 간쟁을 담당했다. 또 나라의 원로인 양유기는 궁구윤宮廐尹이 되었는데 아마도 자문역을 담당했을 것이다.

《좌전》은 군자(아마도 공자)의 말을 빌려 당시 자낭의 죽음과 뒤를 이은 초나라의 인사를 칭찬했다.

> 자낭은 충성스러웠다. 군주가 죽자 좋은 시호를 주고자 했고, 자신이 죽을 때는 사직을 생각했다. 초나라의 인사는 훌륭했다. 관직에 들어맞는 사람들을 잘 등용했다.

그러나 이는 극도로 안정을 중시한 보수적인 인사였다. 이미 검증되었거나, 연륜이 쌓였거나, 신중한 사람들만 등용했다. 나라를 안정시키기에 좋은 인사였지만 새로운 인물을 등용하여 국세를 키우고자 하는 의지는 보이지 않았다.

3. 해체의 징후 3: 원정군의 와해와 도공의 죽음

진 도공 재위 말기인 기원전 559년, 진晉나라 패권의 약화를 적나라하게 보여주는 일대 사건이 벌어졌다. 3년 전 역櫟에서 진秦에 대패한 것을 보복하기 위해 연합국이 모두 참가해서 떠난 군대가 내분으로 도중에 돌아온 것이다. 이 사건으로 패자로서의 진晉의 위신은 완전히 땅에 떨어졌다.

제, 송, 위, 정, 조를 비롯하여 진晉을 패자로 인정하는 나라들이 모두 군대를 내어 진秦을 정벌하기 위한 군대를 편성했다. 진나라의 6경과 3군이 모두 출전한 대규모 원정이었다. 대규모 병단이 동쪽에서 몰려오자 진秦은 예전에 하던 대로 일단 경수涇水를 건너 퇴각했다. 연합군이 경수에 다다르자 배가 없었다. 그래서 진晉의 숙향叔向은 돌아가서 배를 준비시켰다.

그러나 동방의 여러 국가들은 대부분 진秦과 직접적인 원한 관계가 없어 좀처럼 움직이려 하지 않았다. 다만 최근에 다시 진晉나라에 항복한 정나라는 반드시 성의를 보여야 했다. 정나라 자교가 나섰다. 그는 먼저 위나라 북궁의자北宮懿子에게 유세했다.

"남과 함께 행동하면서 성의를 보이지 않으면 크게 미움을 받을 것입니다. 그러면 장차 사직을 어떻게 보존하겠습니까?"

북궁의자는 자교의 말에 동의했고, 이 둘이 연합군 진영의 각 나라 군영을 돌아다니며 강을 건너자고 재촉했다. 우여곡절 끝에 제후군이 경수를 건넜다. 그러나 이 와중에 많은 사람들이 상했다. 《좌전》에는 진秦 사람들이 경수 상류에 독을 뿌렸다[秦人毒涇上流]고 쓰여 있으나 이는 아마도 군중에 나도는 낭설이고, 때가 여름이라 전염병이 퍼졌을 것으로 보인다.

강을 건넌 군대가 계속 진군하여 역림棫林까지 진출했으나 항복하겠다는 요청이 오지 않았다. 역림이 현재 어디인지 정확히는 모르지만, 경수를 건넜다면 진秦의 수도 옹성雍城과는 멀지 않은 곳이었을 것이다. 상대는 옹성에 의지하여 일전을 불사하겠다는 강경한 태도를 보였다. 연합군 원수 순언은 결단을 내려야 했지만 처지가 난감했다. 상대는 강한 나라고, 또 지키는 입장이었다. 원정군은 비록 숫자는 많았지만 공성전을 하기에는 부족하고, 군기가 정립되지 않았다. 특히 제나라와 송나라는 노골적으로 한발 빼고 여차하면 물러날 태도였다. 진퇴가 모두 어려운 입장이었다. 그러나 여기서 군대를 돌린다면 패주의 위신이 땅에 떨어진다. 순언은 결국 진격을 명령했다.

"내일 새벽닭이 울면 전차에 말을 매고, 우물을 묻고 부뚜막을 모두 헐어라. 오직 내 말이 향하는 쪽만 보아라."

그러나 하군을 이끌던 난염의 생각은 달랐다. 그는 애초에 이번 출정의 원인인 과거 역櫟에서의 패배가 사방이 진秦군의 숫자가 적다고 얕보아 철저히 대비하지 않았기 때문이라고 생각했다. 그래서 거족 난씨 가문의 수장으로서 자신이 책임질 일이 없는 싸움에 모험을 걸고 싶지 않았다. 그는 중군부장인 사개가 아버지 사방의 실수를 만회하기 위해 무리하게 진격하려 한다고 의심했다. 그는 과감하게 발을 뺐다.

"우리 진나라에 아직 이런 명령은 없었다. 나는 말을 동쪽으로 돌리겠다."

원수 순언이 독단하고 있다는 불만을 표출하는 동시에, 전쟁에 참여하지 않겠다고 명백히 밝힌 것이다. 연합군을 이끌고 와서 3군의 수장이 분열하는 양상이 벌어졌으니 싸움은 생각할 수도 없었다. 여러 군중은 하군부장 위강의 입을 바라보았다. 위강은 군주의 총애를 받는 이였기 때문에 위강이 움직이는 것을 봐서 결정하겠다는 태도였다. 어려운 순간에 위강은 군대의 가장 일반적인 원칙, 곧 직속상관의 명을 따른다는 입장을 취했다.

"중행백中行伯(순언)께서는 각군은 주수主帥의 명을 따르라고 했소이다. 나의 주수는 난백(난염)이오. 나는 그분을 따르리다."

이리하여 하군은 모두 동쪽으로 말머리를 돌렸다. 어찌할 도리가 없어서 순언은 명령을 꺾었다.

"내가 실로 명령을 잘못 내렸다. 후회한들 어쩔 도리가 있겠는가? 싸우면 그저 사로잡힐 사람만 늘어날 것이다."

그러고는 완전 퇴각을 명했다.

비록 난염이 위세가 있다고 하더라도 연합군을 이끌고 온 마당에 공공연히 항명한 것은 난씨 가문을 위협하는 모험이었다. 이때 난염의 동생 침鍼이 나섰다.

"이번 원정은 역에서 당한 패배를 갚자는 것이었다. 그런데 또 공을 이루지 못한다면 이는 우리 진나라의 치욕이다. 나는 우리 전차 행렬의 두 번째 위치를 차지하고 있는 자로서, 어찌 이 일이 치욕이 아닐 수 있겠는가?"

이렇게 말하고는 사개의 아들 사앙士鞅과 함께 적중으로 달려들었다. 그런데 공교롭게도 난침은 전사하고 사앙은 살아 돌아왔다. 난염으로서는 동생의 죽음이 가슴 아프지만, 군중의 마음을 달래려면 동생이 죽어 형의 명예를 세운 일을 받아들여야 하는 상황이었다. 그러나 그는 그러지 못했다. 그는 대뜸 사개에게 항의했다.

"원래 내 동생은 가려고 하지 않았는데 그대의 아들이 불러서 간 것이오. 그런데 내 동생은 죽고, 그대 아들은 돌아왔소. 그러니 그대의 아들이 내 동생을 죽인 것이오. 그를 쫓아내지 않으면 내가 그대의 아들을 죽일 것이오."

이리하여 사앙은 진秦나라로 달아났다. 난염의 거만함이 도를 지나치고 있었다. 진晉나라 대족 난씨 가문에 암운이 드리우는 순간이었다. 그리고 진나라의 내분을 적나라하게 목격한 여러 제후국들은 앞으로 진晉이 진秦을 어떻게 하지 못할 것임을 확실히 알았다. 이렇게 2강 체제를 유지하려는 진晉의 노력은 오히려 2강 체제의 해체를 가속화하는 역할만 했다.

군대가 회군하자 진 도공은 신군을 아예 폐지했다. 명분은 군대를 거느릴 마땅한 장수가 없다는 것이었지만, 사실은 앞으로 실리 없는 패자로서의 역할을 줄여갈 것이라는 정책 변화의 신호였다. 이로써 6

군으로 동서에서 동시에 작전을 수행하던 패자 진晉도 여러 열강 중 하나로 서서히 강등되었다.

마침 그때 진나라 도공이 죽었다. 초나라 공왕이 죽은 지 두 해가 지난 후였다. 말년에 도공은 점점 초로 기울면서 북방연합에서 이탈할 기회만 노리던 제나라를 제압하는 등 굵직굵직한 일들을 성공적으로 처리했다. 그러나 그의 재능도 2강 체제의 해체를 막기에는 역부족이었다. 서방의 진秦에 보복하기 위해 결성한 연합군이 원정 도중에 유야무야되었고, 진나라 위용의 상징이던 군대의 규모를 크게 줄일 수밖에 없었다. 그나마 정국을 관리하던 그마저 죽자, 북방연합의 강력한 구심점 하나가 없어졌다. 이제 춘추의 세계는 어떻게 소용돌이칠까?

제6장

제나라의
무모한 도전과 좌절

• • •

2강 체제는 해체되고 있었지만 동방의 대국 제나라는 그 과실을 얻지 못했다. 북방에서 진晉이 주도하던 국제관계에 변화가 감지되자, 초와 연합하여 진晉을 견제하고 독자적인 세력으로 발돋움하려는 제나라의 노력은 탄력을 받았다. 그러나 경공頃公에 이어 영공靈公까지, 제나라 군주들은 모두 지나치게 무모하거나 그렇지 않으면 겁이 많아 뚜렷한 성과를 얻지 못했다.

특히 영공은 용렬했다. 그는 진의 힘이 약해지는 틈을 타서 국제사회에 자신의 힘을 한번 과시하고 싶었다. 그러나 그는 진나라가 제후연합군을 이끌고 공격하자 평음에서 일전을 벌이다 패배하고 만다. 안마당의 여우(노나라)는 매번 용케도 손아귀를 벗어났고, 늙은 호랑이(진晉)와 정면승부하기에는 아직 버거웠다.

바로 그때 진나라 세족 간의 갈등으로 난씨 가문의 적자 난영이 제나라로 망명했다. 이제 제나라에도 기회가 생긴 것일까?

이 장에서는 제나라의 무모한 도전과 내란을 살펴보고, 또 한 명의 주인공인 안영의 행적을 살펴보자.

1. 겁쟁이의 일전불사

진晉 도공의 재위 마지막 해인 기원전 558년 여름에 제나라가 노나라의 성成을 포위했고, 가을에는 주邾나라가 노나라 남쪽을 침공했다. 노나라를 노린 명백한 양동작전이었다. 그런데 겨울에 도공이 죽음으로써 진晉은 개입하지 못했다. 그러나 이듬해 도공에 이어 평공平公이 즉위하자 진은 본격적으로 개입하기 시작했다.

평공은 봄에 황하를 따라 내려와 격량湨梁에서 기존의 연합세력을 거의 모두 회합에 불러 맹서했다. 그때 제나라는 군주가 참석하지 않고 고후高厚가 대신 참석했다. 이 자리에서 평공은 패자의 명령 없이 다른 나라를 침공해서 얻은 땅들을 원래대로 돌려놓으라고 명했다. 또한 제나라의 영향권에 있는 주邾나라와 거나라 군주를 불러 제와 초를 오가는 사자들을 통과시켰다고 질책했다.

그리고 온溫에서 연회를 베풀어 각 나라의 대부들에게 춤을 권하면서 반드시 내용이 서로 비슷한 것을 노래하라고 했다. 물론 진의 패권을 인정하는 노래를 부르라고 했을 것이다. 그 자리에서 고후는 의미가 다른 노래를 불렀다. 그러자 진나라 집정 순언이 노하여 말했다.

"제후들 중에 다른 마음을 가진 이들이 있는 것 같사옵니다."

그러고는 여러 제후들에게 맹서를 맺으라고 했다. 그러나 고후는 맹서를 거부하고 달아나 귀국해버렸다. 진의 패권을 인정할 수 없다는 명백한 의사표현이었다. 그러자 진나라의 후원이 필요한 노나라를 위시한 소국들이 들고 일어나 맹서했다.

"함께 다른 마음을 가진 이를 친다."

그해 가을 제나라는 노나라 변경을 건드리면서 상황을 관찰했다. 그러자 노나라는 사자를 진나라로 보내 여러 경들에게 군대를 내어달라고 간청했다.

"제나라가 아침저녁으로 분풀이를 하니 견딜 수가 없습니다. 사직이 걸린 일이니 제발 빨리 조치를 취해주시기 바랍니다. 진나라의 사정이 안정되기를 기다리다가는 아마 노나라는 없어질 것입니다."

그러나 진나라 사정에 당장 군대를 내기는 어려웠다. 진나라가 움직이지 못한다는 것을 알자 위, 조, 송 등이 영토를 정하는 문제를 두고 어지럽게 서로 치고받는 상황이 전개되었다. 동시에 제와 주邾가 노의 영토를 노리는 일도 계속되었다.

드디어 기원전 555년(진 평공 3년) 제가 다시 노의 변경을 치자 진은 격량에서의 맹서를 근거로 당시 참가했던 모든 나라를 소집했다. 그러고는 비로소 출병했다.

제나라의 대응은 여러 면에서 이전의 진秦과 대비되었다. 몇 해 전 진秦은 도성으로 물러나 방어하면서 일전을 불사하겠다는 태도를 보였다. 그러자 진晉나라 군 수뇌부가 분열되어 결국 연합군을 물리칠 수 있었다. 원래 제후연합군에 참여한 나라들은 동상이몽이고, 진晉은 이미 독자적으로 작전을 수행하기에는 후방이 불안했다. 진晉이 출격하면 제와 동맹관계를 맺은 초가 반드시 정나라를 칠 것이고 그러면 정나라군은 불안하여 싸울 마음이 없어질 것이다. 또 서방의 진秦이 이 기회를 노려 황하를 건널 것이 분명하기 때문에 진晉이 동쪽에서 장기전을 펼치기가 어려웠다. 이런 조건들을 염두에 두고 험지에서 방어하면 충분히 연합군을 퇴각시킬 수 있었을 것이다. 그러나 제나라는 그 반대로 움직였다.

한편 연합군 사령관 순언은 이번이 자신의 마지막 싸움이 될 것이라고 예견했다. 점차 기력이 다해갔다. 하지만 그는 패자인 진나라를 이끄는 기둥다운 강단이 있었다. 황하를 건너면서 황하의 신에게 맹세를 올렸다. 또 한 명의 춘추 귀족이 종말을 준비하는 순간이《좌전》에 담담히 기록되어 있다. 맹서는 결국 그의 유언이 되었다.

> 제나라는 그 땅의 험함을 믿고 백성의 많음에 의지하여, 여러 나라와의 우호관계를 버리고 맹서를 배반하여 다른 나라 백성들을 괴롭히고 있습니다. 이에 천한 신하인 표彪(진 평공)는 여러 제후들을 이끌고

> 제나라를 토벌하고자 하온데, 그의 신하인 저 언이 따르고 있사옵니다. 만약 싸움에 이겨 공을 이루어 신께 부끄러움이 없게 된다면, 저 언은 감히 다시 이 강을 건너지 않을 것이옵니다. 오직 당신 신의 뜻대로 하옵소서.

연합군 수장은 이번에 이기지 못하면 황하를 건너지 않겠다고 다짐하고, 반드시 이기고 체제를 수호하겠다는 의지를 드러냈다.

그 반대편 제나라 군주의 마음가짐은 어떠했을까? 제 양공은 평음平陰에서 적을 맞기로 결정했다. 연합군은 제수齊水를 건너 제수 남안을 따라 북상할 것이다. 그렇다면 평음에서 적을 맞겠다는 것은 태산을 등지고 정면승부를 하겠다는 의도였다. 연합군 전체를 상대로 이런 호기를 보인 점은 일전에 연합군을 맞아 경수를 건너 멀리 퇴각한 진秦군보다 더 호기로웠다. 제나라 군영 내에서는 평음의 성벽에서 직접 싸우는 것보다 뒤로 물러나 태산에서 흘러내린 물줄기와 제수가 만나 길이 좁아지는 곳을 이용해 싸우자는 제안이 나왔다. 그러나 영공은 평음에서 정면대결하기를 원했다.

그때 평음성 성벽 밖에 방어용 참호를 만들었는데 무려 너비가 1리에 달했다고 한다. 드디어 싸움이 벌어졌다. 이 싸움에서 제나라 장졸들이 많이 죽었으나, 공성전은 항상 공격하는 쪽이 불리하다. 그러나 연합군 진영의 사개는 상대의 약점을 꿰뚫고 있었다. 상대는 실전 경험이 적은 겁쟁이다. 그는 친분이 있는 제나라 석문자析文子에게 이런 말을 흘렸다.

"그대에게 알려드리지요. 감히 사정을 숨길 수 있겠습니까? 노나라, 거나라 사람들이 모두 전차 1000대를 가지고 자기 나라 땅에서 제나라로 쳐들어간다고 하기에 허락했습니다. 만약 그들이 들이치면 필경 국도를 잃게 될 것입니다. 어서 방비를 하소서."

석문자는 이 말을 영공에게 그대로 전했다. 이 말이 사실인지 아닌지는 모르겠으나 겁 많은 영공을 위협하기에는 충분했다. 노나라 군이 태산 남쪽에서 들이치고 거나라 군이 태산을 돌아 동쪽에서 들이치고 연합군이 서쪽에서 밀고 온다면 나라를 잃지 않을까? 당시 아버지가 죽어 대부의 지위를 계승한 안영晏嬰은 이 소식을 듣고 탄식했다.

"우리 군주는 원래부터 용기가 없는 분인데, 이제 이런 이야기까지 들었으니 오래 버틸 수 없을 것이다."

두려워진 영공은 무산巫山에 올라 적정을 살폈다. 험한 곳, 요충지마다 연합군의 깃발이 나부꼈다. 이것 역시 군세를 과장하기 위한 진나라 지휘부의 속임수였다. 과연 영공은 몰래 전쟁터를 벗어나 귀국했고, 제나라 장병들도 야음을 틈타 모두 퇴각했다. 영공의 일전불사는 그야말로 허장성세였다.

평음이 무너지자 연합군은 거칠 것 없이 수도 임치臨淄로 들이쳤다. 연합군은 성을 포위하고 이리저리 치달으며 나무를 베고 불을 지르며 유린했다. 그러나 거대 임치성을 여러 나라에서 모은 군대로 함락시키는 것은 불가능했다. 그럼에도 겁에 질린 영공이 도읍을 버리고 달아나려고 하니 태자가 달려가 말고삐를 쥐고는 탄원했다.

"저들이 들이침이 빠르고도 날래니, 이는 싸움을 대충대충 하고 퇴각하려는 것입니다. 군주께서는 무엇을 두려워하십니까? 사직의 주인은 경솔히 움직일 수 없으니, 경솔히 하면 대중을 잃게 됩니다."

그래도 영공은 정신적 공황에 빠져 무턱대고 달아나려 했다. 그러자 태자는 검을 뽑아 말의 배끈을 끊어버렸다. 그제야 영공은 정신을 차렸다. 과연 연합군은 제나라 영토를 대충 짓밟고 돌아갔다. 영공과 태자의 태도는 임진왜란 당시 선조와 광해군이 보인 행동과 판박이다.

이리하여 제나라의 도전은 좌절되었다. 제나라는 진나라와 화친했다. 화친 맹서의 내용은 '큰 나라가 작은 나라를 침탈하지 않는다'는 것이었다. 그리고 얼마 후 영공은 병으로 죽었다.

제나라의 실권자인 최저는 패배의 희생양으로 고후를 찾아서 죽였다. 그러니 비겁한 군주 밑에서 용맹을 뽐내는 것은 바로 죄를 짓는 것이다. 고후는 군주의 의중대로 행했을 뿐이지만 억울하게 죽음을 당했다. 그리고 순언은 회군하는 중에 명예롭게 죽었다. 이렇게 목숨은 한 가지였지만 어떻게 죽느냐에 따라 가치가 달라졌다.

제나라의 이반은 실패했다. 그러나 패인은 진나라의 무력 때문이 아니라 제나라의 해이해진 기강 때문이었다. 제나라는 물론 실패를 인정하지 않았다. 언제든 기회만 오면 진나라의 패권에 대항할 의도가 꺾인 것은 아니었다. 그리고 기회는 다시 찾아왔다.

2. 난영이 제나라로 망명하다

진나라의 패권이 서서히 도전받고 있던 그때, 진나라 대씨족들도 계속해서 몇 개의 가문으로 줄어들고 있었다. 한 가문이 비대해지면 순식간에 여타 가문들이 연합해서 견제했다. 그리고 구실을 잡으면 군주와 결탁하여 그 가문을 타도하고 가산을 나누어 가졌다. 귀족사회의 허울 아래에는 이런 비정한 암투가 숨어 있었다. 극씨, 선씨 등이 이렇게 패망했다. 거대 씨족 난씨 가문에도 암운이 드리우고 있었다.

우선 진秦나라를 공벌하기 위한 원정에서 하군대장 난염이 보여준 행동은 국제사회에서 화제가 되었다. 연합군 원수 순언의 명령에 불복했을 뿐 아니라 사사로이 사앙을 쫓아냄으로써 내외의 신망을 동시에 잃었다. 노련한 진秦 경공景公도 이런 상황을 감지했다. 《좌전》에 경공과 망명한 사앙의 은밀한 대화가 기록되어 있다.

경공 : 진晉나라 대부들 중 누가 먼저 망하겠소?

사앙 : 난씨가 아니겠습니까?

경공 : 난염이 너무 거만하기 때문이오?

사앙 : 그렇습니다. 난염의 거만과 횡포는 이미 심하옵니다. 그러나 그 자신은 버틸 수 있을 것이고, 아들 영盈에 이르면 망할 것이옵니다.

난염의 아버지 난서가 여공을 죽이고 도공을 세웠기 때문에 난씨 가문은 도공 시절 위세가 가장 높았다. 또한 난서는 권력을 잡고 있었으나 청렴했고, 그의 무공武功을 극복할 적수도 없었다. 허나 달이 차면 기울듯이 귀족사회에서 가문의 영광이란 영원할 수가 없다. 중국사에서 대가문들의 운명, 특히 반정공신 가문들의 운명은 정해진 패턴이 있다. 반정이 성공한 후 새 군주의 총애를 받아 가문은 급성장한다. 그러나 정권이 교체되면 군주는 이 가문을 견제한다. 그때 가문을 이은 2대는 선대와 같은 정치적인 능력과 카리스마가 없다. 그래서 이때 망하거나, 그 아들 대에 패망하고 만다. 사앙도 비슷한 이야기를 하고 있다. '난염은 버틸 것이지만 그 후대는 버티지 못할 것이다.'

《좌전》과《국어》의 기록을 중심으로 난씨 가문의 몰락 과정을 살펴보자.

난염은 사개의 딸을 맞아 아들을 낳았는데 그가 난영이다. 그러니 사개는 난영의 외할아버지고, 또 사개의 아들 사앙은 난영의 외숙부가 된다. 난씨 가문에 화란이 일어날 당시 사앙은 진秦나라에서 석방되어 이미 본국으로 돌아와 있었다. 사앙은 난염이 자신을 축출한 일 때문에 그의 아들 난영을 꺼렸다. 한때 세도를 부리던 난염이 죽자 사개가 뒤를 이어 국정을 장악했다. 그런데 난염의 아내이자 사개의 딸인 난기欒祁는 주빈主賓이라는 이와 사통하고 있었다. 난기는 똑똑한 아들 난영이 자신을 벌할까 전전긍긍했다. 급기야 치정에 눈 먼 비정한 여인은 아들에게 먼저 손을 쓰기로 작정했다. 그녀는 아버지 사개를 찾아 이렇게 무고했다.

"영이 장차 난리를 일으키려 합니다. 그 애는 우리 사씨가 자기 아비가 죽은 후에 정치를 제멋대로 한다고 생각하고는 말하길, '우리 아버지께서 사앙을 내쫓으셨지만, 곧 더 화내시지 않고 그를 총애함으로써 내쫓았던 일을 보상해주었고, 또 그에게 아들인 나와 같은 직위를 주어 정치를 맡겼다. 사씨는 우리 아버지께서 돌아가신 후에 더 부유해졌고, 우리 아버지가 돌아가셨다고 하여 정치를 자기들이 멋대로 하니, 나는 그저 죽을 도리밖에 없다. 나는 그를 따를 수가 없다'라고 했습니다. 저 애가 품고 있는 생각이 이러니 아버지께 해를 끼칠까 두려워 감히 말씀드리지 않을 수 없습니다."

난영은 호걸이었다. 그는 집안을 부흥시킬 야망이 있었고, 재물을 베푸는 것을 좋아해서 사인士人들 중 그를 따르는 사람들이 매우 많았다. 그래서 사개는 더욱 그를 경계했다. 사앙이 나서서 이 일을 증언하고, 사개가 딸의 증언을 가지고 일을 꾸며 난영을 지방으로 축출했다. 그예 난영은 결국 초나라로 망명했다.

그때 난영을 따르던 무수히 많은 사람들이 연루되어 죽었고, 숙향叔向과 같이 정숙한 사람마저 잡혔다 풀려났다. 그러니 당시에 거의 내란 수준의 숙청이 벌어졌다고 볼 수 있다. 진 평공은 이 상황이 내란으로 이어질까 두려워했다. 그러나 사개를 따라 난씨 세력의 축출과 숙청을 주도하던 이들은 아예 난씨의 뿌리를 뽑으려 했다.《국어》에 당시의 살벌한 대화들이 자세히 묘사되어 있다. 평공은 대부 양필陽畢과 난영의 일을 상의했다. 그는 나라의 내분이 걱정되었다. 양필은 대답했다.

"난씨가 진나라의 정치를 제멋대로 한 지가 이미 오래고, (난영의 할아버지) 난서欒書는 실로 종실을 뒤엎고 여공을 시해하고 자신의 집안을 배불린 자입니다. 난씨 일족을 멸하면 백성들은 군주의 위의를 느낄 것이옵니다."

평공은 여전히 불편했다.

"난서는 과인의 선군을 세운 이고, 난영은 죄를 지은 적이 없소. 그리니 어찌 그렇게 하겠소?"

양필은 다시 강권했다.

"대저 나라를 바로잡으려는 이는 권력에 사사로운 총애를 마음에 두어서는 안 되며, 권력을 씀에 사사로이 숨겨주는 바가 있어서도 안 됩니다[夫正國者 不可以暱於權 行權不可以隱於私]. 사사로이 어떤 이를 총애하면 백성들을 인도할 수 없고, 사사로이 숨겨주면 정령이 먹혀들지 않습니다. 정령이 먹혀들지 않는데 어찌 백성들을 이끌 수 있겠습니까? 백성을 이끌 수 없다면, 군주는 이미 없는 것이나 마찬가지입니다. 그러니 사사로운 총애나 숨겨줌은 해를 끼칠 뿐만 아니라 군주의 신상에도 근심이 됩니다. 군주께서는 손을 쓰소서."

겉으로 우아해 보이는 귀족사회는 권력과 이익 앞에서 이렇게 비정했다. 난서는 여공을 죽이고 권력을 잡았으나 그가 죽었을 때는 제기祭器도 없을 정도로 청렴했다고 한다. 그럼에도 그가 죽고 가문이 표적이 되자 정적들은 이토록 집요하게 달려들었다.

결국 발 디딜 곳이 없어진 난영은 달아날 수밖에 없었다. 그리고 난영을 지지하는 이들로 용력이 뛰어난 지기知起, 중행희中行喜, 주작州綽, 형괴刑蒯 등도 제나라로 망명했다. 이들은 모두 하루 이틀에 길러진 인재들이 아니었으니 진으로서는 크나큰 손실이었다. 망명한 이들은 모두 제나라의 인재가 되었다.

난씨의 붕당이 컸고, 또 난영이 인망을 얻고 있었기 때문에 진나라 조정은 인재들이 대거 외국으로 나가는 것을 걱정했다. 그래서 난영을 따라 도주하는 자들은 죽이겠다고 엄포를 놓았다. 그러나 난씨 가문의 신하인 신유申兪라는 이는 기어이 달아나다 잡혀 왔다. 평공이 직접 그를 신문했다.

"국가가 대령大令을 내렸는데, 무슨 까닭으로 어겼는가?"

그는 당당하게 말했다.

"제가 어찌 명을 어길 수 있겠나이까? 저는 명을 따랐습니다. 집정(사개)이 말하길 난씨를 따르지 말고 군君을 따르라 했습니다. 이는 군주를 따르라는 명령입니다. 신이 듣기에 '3대가 한 가문을 섬기면 군주[君]로 섬긴다 하고, 2대 이하는 주군[主]으로 섬긴다'고 하더이다. 군주를 섬길 때는 죽음으로 하고, 주군을 섬길 때는 최선을 다한다는 것이 군주의 명령입니다. 저의 할아버지 이래 저희 가문은 진나라에서 크게 기댈 곳이 없어 대대로 난씨를 섬겼으니 지금이 3대이옵니다. 그러니 저는 주인을 군주로 섬기지 않을 수 없나이다. 지금 집정이 군주를 따르지 않는 자는 사형에 처할 것이라고 하니, 신이 감히 죽음을 불사하고 군주를 배반하여 사구司寇(대법관)를 수고롭게 할 수 있사오리까?"

일개 가신이나 가히 지사志士라 할 만한 기개였다. 평공이 예물도 써보고 말로 회유도 해보았으나, 신유는 끝내 난영을 따르기를 원했다. 평공은 차마 그를 죽이지 못하고 보내주었다.

여러 사적에 나온 정황으로 보아 수많은 용사와 지사를 거느린 난영은 호걸임이 분명했다. 그러나 비정한 권력투쟁의 화살은 그를 피해 가지 않았다. 권력투쟁이라는 거대한 격랑 속에서 춘추의 영웅들이 발디딜 땅은 점점 줄어들었다.

이후 진나라는 난영의 앞길을 막고자 국제회합까지 소집했으니, 당시 그의 영향력이 얼마나 컸는지 짐작이 간다. 이렇게 진나라의 거대 씨족이 최후를 맞았다. 그리고 달아난 난영은 초나라를 거쳐 다시 제나라로 망명한 후 재기를 꿈꾼다.

3. 안영이 난영의 입국을 반대하다

난영의 망명이 불러온 한바탕의 국제적인 활극에 이 책의 또 다른 주인공 안영이 끼어든다. 사마천은《사기》〈관안열전〉에서 제나라의 명대신으로 관중과 안영을 대비해놓았다.

"만약 안자(안영)가 지금 있다면 나는 그의 마부가 되어 채찍이라도 잡을지니, 그토록 나는 그를 흠모한다."

과연 안영이 어떤 사람이기에 사마천은 흠모하는 마음을 감추지 않았을까?

안영은 제나라의 중간급 대부 집안에서 태어났다.《사기》에 그는 '내萊나라 이유夷維 사람이다[萊之夷維人也]'라고 적혀 있으니 아마도 그의 선조는 내나라 사람인 듯하다. 그러나 안영 대에 안씨는 이미 제나라에 확고히 안착했다.《좌전》에 그의 아버지 안약晏弱(안환자晏桓子)의 행적이 간간이 보인다. 특히 기원전 589년 진-제 간의 미계靡笄의 싸움 직전 진나라가 소집한 회합에 고고高固 등과 같이 파견된 것으로 보아 당시 안씨 가문은 상당히 명망 있는 가문이었을 것이다. 기록에 의하면 그는 주로 외교를 담당한 것으로 보인다.

기원전 556년, 아버지가 세상을 떠나자 안영은 자연스레 아버지의 자리를 잇게 되었다. 그가 정치 일선으로 처음 나섰을 때 제나라의 국세는 점점 약해지고 있었다. 대외적으로는 당시의 패자를 자임하는 진나라에 간간이 도전장을 들이밀었으나 번번이 실패했다. 특히 호시탐탐 노리던 노나라가 항상 진나라를 끌어들여 대항하자 제나라도 어쩌지 못했다. 대내적으로는 공실이 서서히 쇠퇴하고 명문거족들은 자신들의 세력을 넓히기 위해 서로 싸웠고 이 와중에 군주가 피살되는 경우도 있었다. 이미 태공의 영화는 멀리 사라지고 진晉이나 초에 비교하기에는 초라한 행색이었다.

안영은 영공靈公, 장공莊公, 경공景公 삼대를 섬긴 명신이지만 제나라의 쇠퇴를 막지는 못했고, 말년에는 남방에서 강력해진 오나라의 시달림을 받는 나라의 뒤치다꺼리를 해야 했다. 마치 언덕으로 가는 늙은 황소의 고삐를 잡고 방향을 돌려보려고 했지만 역부족인 목동과 같은 신세였다. 안영은 자산과 마찬가지로 매우 재치 있는 언변가였으며, 검약한 도덕주의자였다. 동시에 국제정세의 흐름을 본능적으로 감지하고 있었다. 강남의 귤이 회수를 건너면 탱자가 된다[南橘北枳]는 등, 안영의 촌철살인의 언행은《안자춘추》에 정리되어 있다. 그는 언덕으로 가는 황소의 고삐를 뒤로 당기는 목동과 같은 인물이었다.

안영 상(왼쪽)**과 그의 묘**(아래). 안영은 영공靈公, 장공莊公, 경공景公의 삼대를 섬긴 명신이지만 제나라의 쇠퇴를 막지는 못했다. 그는 자산과 마찬가지로 매우 재치 있는 언변가로, 강남의 귤이 회수를 건너면 탱자가 된다[南橘北枳]는 촌철살인의 언어를 남겼다.

겁 많은 제 영공이 죽자 장공莊公이 즉위했다. 그의 이름은 광光이다. 시호에서 이미 짐작할 수 있듯이 그는 용력 있는 사람이었다. 그러나 그의 즉위 과정은 순탄치 못했다. 원래 그는 장자로서 태자의 직함을 가지고 국제회의에 참석하는 등 내외로 지위를 인정받고 있었다. 그런데 영공이 총애하는 첩에게서 난 아이를 아껴 태자를 바꾸고 말았다.

최저는 영공이 병이 위중하여 움직이지 못하게 되자 광을 불러 다시 태자로 옹립했다. 광은 태자로 복귀하자 분을 삭이지 못하고 당시의 태자 아牙를 감금하고 태자의 어머니를 죽여 시신을 사람들에게 구경시켰다. 이렇게 그는 성정이 과격했다. 장공은 평음의 실패를 잊지 않았다. 그때 마침 난영이 제나라로 망명해 왔다. 제나라의 안목 있는 사람들은 모두 난영을 받아들이고 싶지 않았다. 안영은 불길한 마음에 이렇게 간했다.

"상임商任의 회합에서 진나라에 복종하여 명을 들었는데, 이제 와서 난씨를 받아들인들 장차 그를 어디에 쓰겠습니까? 작은 나라가 큰 나라를 섬김은 신의로 하는 것인데, 신의를 버리면 버텨나갈 수 없사옵니다. 군주께서는 헤아려주소서."

그러나 장공은 안영의 건의를 듣지 않았다. 그는 그 나름대로 진나라를 칠 야망이 있었다.

4. 황소의 생쥐 행보: 제 장공이 진晉나라를 치다

《안자춘추》•에는 장공이 무사들을 각별히 총애하고 여타 중신들의 의견을 듣지 않았다고 쓰여 있다. 때는 아마도 장공이 무력을 쓰기로 마음먹고 있었을 무렵인 듯하다. 장공과 안영의 대화가 이어진다.

"당대에 위무를 드날리고, 천하를 복종시키는 것은 시운時運이 닿아야 하는 것이겠소?"

"행동으로 달성하는 것입니다."

"무슨 행동으로 하오?"

"국내의 백성들을 사랑할 수 있는 이라야 능히 국경 밖의 불선不善한 자를 복종시킬 수 있습니다. 선비와 백성들의 목숨과 노동력을 가벼이 여기는 이는 황포한 나라의 사역邪逆한 행동을 금할 수가 없습니다."

장공은 용력을 지나치게 숭상했다. 진나라의 세력이 약해지는 것을 노려 계속 전사들을 양성했다. 안영은 이 점을 경계한 것이다. 패업이란 군사력으로만 이루어지지 않는다. 항상 대내외적인 명분이 뒷받침되어야 한다. 그런데 장공이 용력 있는 사람만을 가까이하고 명분을

• 《안자춘추》는 분명히 《좌전》 《국어》 《묵자》, 심지어 《장자》 등의 내용을 반복한 것이 많고, 전국시대에 유행하던 설화를 옮겨온 듯한 이야기들도 있다. 그래서 이 책은 그동안 본격적인 사서로 취급되지는 못했다. 현존하는 《안자춘추》는 사마천 이후의 사람이 쓴 위작으로 의심받았다. 그러나 산동성 은작산銀雀山 한묘漢墓의 죽간 더미에서 《안자춘추》가 발견됨으로써 이 책이 최소한 서한 이전에 성립된 것이 증명되었다. 대체로 전국시대 어떤 시기, 안영에 관한 제나라의 사료들에다 당시에 유행하던 제자백가류의 자료들을 합해 누군가가 편집한 것으로 추정된다. 그러나 다른 자료들에는 드러나지 않는 구체적인 지명이나 인명도 등장하고, 역사적인 정황과 일치하는 기술이 주를 이루며, 내용이 전체적으로 일관성을 유지하고 있어, 소설처럼 어떤 작가가 마음대로 가필한 저작이 아님은 확실하다.

팽개치고 상대의 분란을 이용하여 움직이려 한다면, 아마도 국제사회에서 외톨이가 될 것이 분명했다. 안영이 이를 알고 간했으나 장공은 듣지 않았다. 그는 난영의 망명을 평음의 치욕을 씻을 기회로 보았다.

기원전 550년 봄, 장공은 진나라 공녀를 오나라에 시집보내는 수행 사신 일행에 난영을 몰래 끼워 넣었다. 난영이 진나라 내부에서 호응하고 자신은 외부에서 들이쳐서 진나라에 보복할 계획이었다.

다행히 난영은 무사히 곡옥曲沃으로 침투했다. 곡옥에서 진나라의 도읍 강絳까지는 지척이니 그는 곡옥을 기반으로 삼아 도읍으로 진입하여 가문을 부활시킬 계획이었다. 아마 그는 군주를 공격할 마음까지는 품지 않고, 원수인 사씨에게 복수하려 한 듯하다. 그는 밤에 먼저 서오胥午를 찾아갔다. 난영은 국내에서 인심을 얻었기 때문에 그를 잊지 않은 사람들이 많았다. 그러나 거사를 하기에는 상황이 녹록지 않았다. 서오는 타일렀다.

"거사는 안 됩니다. 하늘이 폐하고자 하는데 누구라서 부흥시킬 수 있단 말입니까? 님은 필경 죽음을 당할 것입니다. 제 한 목숨이 아까운 것이 아니라, 일이 성사되지 않을 것을 알기에 하는 말입니다."

난영은 간절했다.

"맞습니다. 허나 그대께서 움직여주신다면 제가 그대로 인해 죽음을 당한다 해도 아무 여한이 없습니다. 제가 실로 하늘의 버림을 받는다 하더라도, 그대는 아무 허물이 없는 것입니다."

결국 서오는 그의 간청에 못 이겨 승산이 희박한 이 싸움에 발을 들여놓았다. 그러고는 곡옥의 인물들을 불러 모아 술을 대접하며 말했다.

"오늘 난씨 집안의 도련님을 맞아들이면 어떻겠소?"

좌중에서 말이 터져 나왔다.

"주군을 얻어 그를 위해 죽을 수 있다면 그것이 차라리 사는 것보다 낫습니다."

이렇게 모두 탄식하는데, 그중에는 울음을 터뜨리는 이도 있었다.• 계속 잔을 돌리면서 다시 그 이야기를 꺼내니, 좌중이 한결같이 대답했다.

"주군을 얻어 모신다면, 어찌 두 마음을 품을 수 있겠습니까?"

이때 숨어 있던 난영이 홀연 등장했다. 그러고는 일일이 절을 올렸다. 거사의 사전 작업은 이렇게 진행되었다.

4월에 난영은 곡옥의 갑사들을 거느리고 위서魏舒의 도움을 받아 도읍으로 들어갔다. 위서는 위씨 가문의 적손이자, 아버지 위강魏絳 시절의 업적으로 조정에서도 상당한 지위를 차지하고 있었다. 난영이 위강 아래에서 하군부장을 역임했기 때문에 위씨와 친했다.

그러나 나머지 가문들은 모두 난씨와 척을 지고 있었다. 일전에 조동趙同과 조괄趙括이 무고로 죽을 때 난씨가 이를 적극 증언하여 조씨 가문을 절단 낸 일이 있었기 때문에 조씨는 난씨와 사이가 나빴다. 그리고 한씨는 조씨와 대대로 사이가 좋았다. 그래서 이 두 씨족은 난영에게 호응하지 않았다. 중행씨(순언의 가문)는 진秦나라를 칠 때 난염이

• 《좌전》에 서오가 술자리를 열어 사람들에게 의견을 구할 때, 사람들이 '모두 탄식했다[皆歎]', '모두 대답했다[皆曰]' 등의 수식어를 써서 당시 술자리의 분위기를 전하고 있다. 이로 보아 난씨는 선대부터 곡옥에 상당한 기반을 두었으며, 난영도 크게 인망을 얻었음을 알 수 있다. 당시 곡옥은 진나라 제2의 수도였다.

명령에 불복종한 일로 난씨와 사이가 좋지 않았고, 사씨와 친했다. 그래서 위씨와 예전에 난영 아래에서 하군의 군무를 담당하던 대부들만 난영에게 호응했다. 그러나 곡옥의 세력을 기반으로 위씨와 하군의 대부들이 호응하면 그 위세는 가히 위협적이었다.

난영이 도읍 안으로 들어왔다는 소식을 접한 사개는 크게 두려워했다. 그때 모사 악왕부樂王鮒가 재빨리 끼어들었다. 그는 내란이 발생했을 때 어떻게 행동해야 하는지 속속들이 파악하고 있었다. 일단 군주를 보호한다는 구실을 붙이고, 가운데서 어정쩡한 태도를 보이는 이들을 포섭하는 것이 관건이었다. 그가 꾀를 냈다.

"군주를 모시고 공궁으로 들어가 지키면, 반드시 해를 입지 않을 것입니다. 어른께서는 나라의 집정이시나 난영은 밖에서 들어온 이에 불과합니다. 어른이 집정의 지위에 있으니 유리한 점이 많습니다. 권력과 이점을 모두 갖추고, 또 백성들을 움직일 병권을 가지고 있는데 무얼 두려워하십니까? 난씨가 자기편으로 얻은 이는 그저 위씨뿐이고, 그 위씨도 힘으로 우리 편에 붙일 수 있습니다. 대저 난을 극복하는 요체는 권력입니다. 어른께서는 지체하지 마시옵소서."

백전의 노장 사개는 그 말을 듣고 바로 상황을 파악했다. 그는 평공을 데리고 공궁으로 들어갔고, 아들 사앙은 위서의 집으로 달렸다. 위서는 마침 난영을 맞으러 나가려던 차여서 이미 전차의 대오를 갖추고 있었다. 그때 사앙이 달려와 황급히 외쳤다.

"난씨가 도적을 데리고 도읍으로 들어오니, 앙의 아비와 경대부들이 군주를 모시고 있습니다. 저를 보내서 맞아 오라 하시니 저를 태워주소서."

이렇게 말하고는 느닷없이 위서의 허리띠를 움켜쥐고 전차로 올라타고는 칼을 뽑아 들고 전차를 공궁으로 몰라고 위협했다. 졸지에 위서는 인질이 되었다. 사앙이 위서를 데리고 오자 사개는 두 손을 맞잡으며 재빨리 협상을 제안했다.

"곡옥을 드리리다."

이리하여 위서는 사씨 편으로 넘어갔다. 동시에 비표斐豹라는 자객을 보내 난씨 가문의 가신으로 힘이 장사인 역사 독융督戎을 암살했다.

군주도 적의 수중에 있고, 동맹은 떨어져 나가고, 수족까지 잃은 난영은 방법이 없었다. 그는 절망적으로 공궁을 공격했지만 함락시키지 못하고, 결국 곡옥으로 달아나 성을 지켰다. 도읍의 군대가 바로 따라와 곡옥성을 포위했다.•

진나라에서 난영의 거사가 지지부진하고 있을 때 함께 일을 획책한 제나라 장공은 군대를 편성하여 진나라를 직접 공격할 채비를 했다. 그러자 안영은 즉각 이번 일의 무모함을 지적했다.

"군주께서는 자신의 용력을 믿고 맹주의 나라를 치려 하는데, 진다면 오히려 나라의 복이고 덕도 없으면서 이긴다면 오히려 군주 자신이 낭패를 볼 것입니다."

앞의 진술은《좌전》을 기본으로 한 것이고,《안자춘추》에는 좀 더 직

• 《사기》에는 처음에 난영 측의 기세가 높아 평공이 자결할 생각을 했다고 하나, 당시의 정황으로 보아 무리인 듯하다.

접적으로 충간했다고 기록되어 있다.

"군주께서는 충분히 얻고서도 욕심이 과하시고[得合而欲多], 욕심을 키우면서도 뜻이 교만해집니다. 지나치게 욕심을 부리는 이는 위태하고, 욕심은 많고 뜻이 교만하면 곤궁해집니다. 군주께서는 지금 힘을 쓰는 무사들을 써서 맹주의 나라를 치려 하시니, 만약 진다면 오히려 나라의 복이고 덕도 없으면서 이긴다면 오히려 군주께서 낭패를 볼 것이옵니다."

그러나 장공은 이 말을 불쾌하게 여기고 기어이 군대를 냈다. 군대를 이끄는 사람 중에 낭거소狼蘧疏, 하지어구夏之御寇, 촉용지월燭庸之越 등의 이름이 보이는데 중원의 작명법과 달라 이민족 전사들의 이름을 음차한 것으로 추측된다. 《안자춘추》에도 장공이 용력 있는 신하들을 대거 기용하고 기존의 명신들을 배척했다고 비난하는 내용이 나와 있어 이들이 제나라의 전통적인 거족 출신이 아님은 명백하다.

안영이 보기에 진나라의 내란이 이미 평정될 기미가 보이는 상황에서 이런 장거리 원정은 무리였다. 그러나 정국을 보는 안목은 있으나 진실성이 부족한 집정 최저는 한번 만류하는 시늉을 하고는 이내 될 대로 되라는 식으로 물러났다.

장공의 군대는 질풍처럼 서진하여 조가朝歌를 치고 일부는 바로 태행산을 넘어 형정熒庭(지금의 산서성 익성翼城)까지 진출해서 보루를 쌓았다. 곡옥의 난영과 좌우에서 진나라 수도를 협공하겠다는 의지를 명백히 한 것이다. 그러고는 진나라 병사들의 시체를 모아 경관을 만들어 평음의 치욕을 되갚았다. 그러나 거기까지가 전부였다. 난영은 곡옥에 간혀 있었고, 성은 함락 일보 직전이었다. 그러자 장공은 바로 동쪽으로 말머리를 돌려 퇴각했다. 진나라의 조승趙勝은 태행산 동쪽의 군대들을 규합하여 퇴각하는 제나라 군대를 추격하여 안리晏氂를 잡았다.

이렇게 실리도 없이 일회성 보복만 한 제나라 군대는 바로 귀국하지 않고 대신 거나라를 침공했다. 거나라가 평음의 싸움 때 진나라 편에서 제나라를 공격하고 위협한 데 보복한 것이다. 그러나 이미 준비가 된 성을 공격하기는 쉽지 않았다. 이 싸움에서 또 뛰어난 전사 화주華周를 잃고 겨우 화의 제안을 받고는 귀국했다.

당시 제나라에는 노나라의 명신 장무중臧武仲(장손흘臧孫紇)이 국내 귀족들 간의 알력에 밀려 망명 와 있었다. 장공은 귀국한 후 장무중에게 채읍을 주려 했다. 장공이 그 자리에서 자신의 공을 떠벌렸다. 그러자 장무중은 이렇게 대답했다.

"공이 많기는 많사옵니다. 허나 군주는 꼭 쥐와 같습니다. 대저 쥐라는 짐승은 낮에는 엎드려 있다가 밤에 움직이는 놈이지만, 침실이나 묘당에 구멍을 뚫지 못하는 것은 사람이 두렵기 때문입니다. 지금 군주께서는 진나라에 난리가 났다는 소문을 듣고는 군대를 내었다가 이제 난리가 가라앉자 태도를 바꾸어 섬기려 하고 있습니다. 쥐가 아니면 무엇과 비슷하오리까?"

통렬하고 뼈아픈 풍자였다. 장공은 마음이 상해 장무중에게 채읍을 내주지 않았다. 일국의 군주가 망명객에게 쥐 취급을 받았는데 국제사회에서 어떤 평판을 받았겠는가? 커다란 제나라를 다스리는 군주가 사술詐術을 쓰다 들켰으니, 마치 황소가 쥐 행세를 하는 꼴이었다.

5. 사상가 안영: '내가 왜 따라 죽는가?'

안영이 중국사에서 주목받는 것은 그의 사상이 맹자로 이어지고, 또 장차 유교적인 인본주의의 기틀을 놓기 때문이다. 단적으로 통치자는 군주가 아니라 국가(사직)라는 사상이다. 결국 국가의 구성원은 백성이므로, 사대부는 최종적으로 백성에게 책임을 진다는 것이 그의 민본사상의 핵심이다.

안영이 정치무대에서 서서히 두각을 드러내고 있을 때의 제나라는 태공의 명성과 환공의 위엄은 이미 사라지고, 강자의 대열에서 점점 벗어나고 있었다. 그리고 그 탈락의 징조를 현실로 만든 이정표가 바로 최저의 장공 살해사건이다.

장공은 최저의 도움으로 군주가 되었으니 최저는 일등공신이었다. 하지만 최저는 진나라에서 비슷한 역할을 한 난서欒書와 같은 충정이 없었다. 그는 일전에 장공이 진나라 내란을 틈타 군대를 내었을 때도 한번 형식적으로 간하기만 하고 그쳤다. 안영은 그 이야기를 듣고 비평했다.

"최자(최저)는 곧 죽을 것이다. 군주가 잘못되었다고 하면서 자신은 그보다 더 심하다. 그러니 편안히 죽을 수 없으리라. 의義가 군주보다 낫더라도 오히려 자중해야 하는데, 하물며 악이 군주보다 더 크다면야!"

최저와 장공, 두 불한당의 활극과 그들의 최후를 보면 장구한 역사에도 때로는 도덕교과서 같은 즉각적인 인과응보의 철리가 적용되는 듯하다.

제나라 당공棠公의 아내 강姜씨는 미인인데, 당공이 죽어 과부가 되었다. 최저는 조문을 갔다가 이 여자에게 반했다. 그래서 이 여자를 얻고자 하니 주위에서는 관례와 점괘 등을 들어 대체로 반대했다. 그러나 최저는 이 여자를 맞아들였다. 《사기》〈제태공세가〉에 의하면 최저는 제 혜공惠公의 총애를 받아 등장한다. 혜공이 기원전 599년에 죽었고 당시 최저의 나이가 스물이라고 하면 무려 50년이 지난 그때는 나이가 일흔이다. 말하자면 임종을 바라보는 늙은이가 미모의 과부를 권력과 돈으로 취한 것이다.

그런데 염치없기로는 최저와 쌍벽을 이루는 장공도 이 여인이 마음에 들었다. 최저보다는 젊은 이 군주는 최저의 집으로 찾아가 여인과 정을 통하면서, 어떤 때는 최저의 관冠을 가져다가 다른 이에게 주기까지 했다. 그리고 보다 못한 시종이 뜯어말리자 "최저가 못 되더라도 관도 못 쓴단 말인가[不爲崔子 其無冠乎]?"라고 비꼬았다. 이러니 최저도 앙심을 품고 장공을 죽이려 했다.• 고후를 죽여 평음 싸움의 핑곗거리로 만든 것처럼 그는 장공을 죽여 진나라에 사과할 핑계를 만들 심사였다.

마침 거나라 군주가 예방하는 날, 최저는 병을 핑계로 나가지 않았다. 정치를 담당하는 이가 나오지 않으니 장공이 그를 문병했다. 그는 이날 최저가 무슨 생각을 하고 있는지는 전혀 모르고, 문병을 마치자

• 《사기》에는 장공이 진나라를 칠 때 최저가 진나라와 모의하여 장공을 죽일 계획을 세웠으나 기회를 잡지 못했다고 쓰여 있으나 지나치게 음모론적인 시각이다. 이 책은 대체로 《좌전》을 따른다.

마자 습관처럼 강씨를 쫓아갔다. 그러나 강씨는 방안으로 달아났다가 최저를 따라 밖으로 빠져나가고, 포학한 장공을 모시면서 종종 학대당하던 시종 가거賈擧는 장공을 따르는 다른 시종들이 들어가지 못하게 안에서 빗장을 걸었다. 그러자 최저의 갑사들이 장공에게 달려들었다. 장공은 쫓겨서 누대로 올라가 살려달라고 사정했다. 그러나 갑사들은 듣지 않았다. 그래서 맹서를 하겠다고 사정했다. 그래도 듣지 않았다. 마지막으로 종묘에 가서 자살하게 해달라고 했다. 그것도 거절당했다. 그들은 이렇게 말했다.

"군주의 신하 최저는 병이 중해서 명을 받들 수가 없나이다. 이곳은 군주의 공궁에 가까운 까닭에 저희 가신들이 지키고 있던 차에 음란한 자가 들어왔나이다. 우리는 다른 이의 명령은 모릅니다."

다급해진 장공이 담장을 넘는데 화살이 날아와 허벅지에 꽂혔다. 장공이 넘지 못하고 떨어지자, 바로 갑사들이 달려들어 장공을 죽였다.

이때 주작州綽 등 뛰어난 용사들이 죽음을 당했다. 주작은 난영을 따라 망명한 사람인데 난영에게 충성을 다했듯이 새 군주에게도 충성을 다하다 죽었다. 최저는 장공에게 충성을 보이는 자들을 가차 없이 죽였다. 축타보祝佗父는 고당高唐에서 제사를 올리고 제복을 입은 채 최저의 집에 가다가 바로 죽음을 당했다. 신괴申蒯는 자신의 집사에게 "그대는 피해서 죽음을 면하라. 나는 죽어야겠다" 하고는 사지로 갔다. 그런데 집사도 "제가 죽음을 피한다면 이는 어른의 의로움에 반하는 것입니다" 하며 따라가 함께 죽었다. 이런 진흙탕 싸움에서 오히려 용기와 의기가 있는 이들은 죽고, 무능하고 눈치나 보는 소인배들은 살아남았다. 안영은 어떻게 되었을까?

안영은 군주가 죽었다는 소식을 듣고 최저의 집 대문 밖에 섰다. 그때 최저의 사람이 물었다.

"죽으시렵니까?"

"나 혼자만의 군주란 말인가? 내가 왜 죽는가?"

"나라를 떠나시렵니까?"

"내 죄란 말인가? 내가 왜 망명하는가?"

"그럼 집으로 돌아가시렵니까?"

"군주께서 돌아가셨는데, 어찌 돌아간단 말인가? 군주 된 이가 백성들의 위에 있는 까닭은 무엇인가? 사직을 주관하기 때문일세[君民者豈以陵民社稷是主]. 군주의 신하 된 자가 봉록을 받는 까닭은 무엇인가? 사직을 봉양하기 때문일세[臣君者豈爲其口實社稷是養]. 그러니 군주가 사직을 위해 죽으면 따라 죽고, 사직을 위해 망명하면 따라 망명하는 것이고, 만약 자기 자신의 욕심을 따르다 죽고 망명하면 사적으로 가까이하는 사람이 아니면 누가 감히 그를 따를 것인가? 군주를 모시던 사람이 그를 시해했으니, 내가 어찌 따라 죽고 망명하며 집으로 돌아갈 수 있겠는가?"

그렇게 말하고는 최저의 집 문으로 들어섰다.• 그러자 최저가 두 번이나 추궁했다.

• 여기까지의 대화는 《좌전》과 《안자춘추》가 완전히 일치한다. 그러나 《안자춘추》에는 다음 최저와 안영의 대화가 더 이어진다.

"그대는 왜 따라 죽지 않는가? 그대는 왜 따라 죽지 않는가?"

안영이 대답했다.

"내가 없을 때 사달이 시작되었고 내가 모를 때 끝났는데 내가 왜 죽는단 말이오? 또 내가 듣기로, '망명가는 것을 올바른 품행으로 여기는 자는 군주를 존속시킬 수 없고, 죽는 것을 의로움으로 여기는 자는 공을 세울 수 없다'고 하더이다. 그러니 나 영이 군주의 계집종이란 말이오? 어찌 따라 죽는단 말이오!"

그러고는 당시의 예법에 따라 군주의 시신을 자신의 무릎에 올린 뒤, 곡을 하고 세 번 뛰어오른 후 문을 나섰다. 그러자 최저의 좌우가 말했다.

"저자는 반드시 죽여야 합니다."

최저가 대답했다.

"백성이 우러르는 이다. 차라리 놓아주고 백성의 마음을 얻자[民之望也 舍之得民]."

지금 안영은 춘추의 일반적인 윤리에 칼을 들이대고 있다. 그는 군주가 주인공인 무대에 이의를 제기한 것이다. 사대부는 사직, 곧 국가와 계약관계에 있다. 안영은 권력을 공적인 것으로 보았다.

앞으로는 군주만이 아니라 국가의 집정이나 대부들이 대거 역사의 주인공으로 등장한다. 무언가 세상이 바뀌고 있었을까? 안영의 언행은 사상적인 변화를 감지하게 한다.

《맹자》〈양혜왕〉에 이런 대화가 기록되어 있다. 제나라 선왕宣王이 묻고 맹자가 대답한다.

선왕 : 상나라 탕湯이 하나라 걸桀을 쫓아내고, 주나라 무왕武王이 상나라 주紂를 벌伐했다고 하는데, 맞습니까?

맹자 : 경전에 있는 말입니다.

선왕 : 신하가 그 군주를 죽여도 됩니까?

맹자 : 인자仁者를 죽인 이를 도적[賊]이라고 하고, 의자義者를 죽인 이를 잔폭한 자[殘]라고 합니다. 도적 같고 잔혹한 사람을 일러 일개 필부[一夫]라고 합니다. 저는 (무왕이) 필부 주를 주살했다는 말은 들어봤지만, 그의 군주를 시해했다는 말은 들어보지 못했습니다[聞誅一夫紂矣 未聞弑君也].

'쫓아내고 쳐서 죽였다[放伐]'는 말은 맹자의 말 중에서 널리 알려진 것 중 하나로 민본주의 사상의 표상으로 받들어져왔다. 맹자의 말인즉, 인과 의를 저버린 이는 군주 자격이 없다. 그러나 이 말의 의미는 좀 더 분석해보아야 한다. 맹자는 왜 그런 말을 했을까?

제나라 선왕은 전국시대 중기의 비교적 뛰어난 군주다. 그는 선대에 이어 직하학궁稷下學宮에서 수많은 학자들을 길러낸 문화군주다.

그가 맹자에게 물어본 이유는 사실을 몰라서가 아니라, 옛날의 사적이 고루하지 않느냐고 반문한 것이다. 예컨대 전국시대 중기에 주나라 왕실이 여전히 존속했으나, 제나라 군주는 왕을 칭했다. 공자의 정명正名사상에 의하면 그 자체가 모순이었다. 그러나 그것이 현실이었다. 제 선왕은 '군주권이 이렇게 커지고 고착화되었는데 아직도 군주를 쫓아내고 죽이는 이론이 필요한가?'를 물은 것이다. 그러자 맹자는 즉각 사

士 계급의 입장에서 대답한다. 도덕 이론을 만들고 실천하는 이는 선비이기 때문에, 그런 도덕의 담지자(인자仁者와 의자義者, 곧 사대부)를 해치는 이는 왕 자격이 없다는 것이다.

역사가 생긴 이래로 우두머리들은 계속 바뀌어왔다. 군이 '방벌'의 이론이 없더라도 지속적인 역성혁명은 역사적인 사실이다. 중요한 점은 우두머리, 곧 군주는 계속 바뀌었지만 군주를 정점으로 하는 국가의 권력은 계속 커졌다는 것이다. 우리의 상식과는 달리 고대의 전제주의 사회보다 현대의 민주주의 사회의 국가 권력이 훨씬 크다. 걸주桀紂가 아무리 폭군이라도 오늘날 북유럽의 가장 발달한 민주주의 국가들처럼 수입 중 50퍼센트를 세금으로 걷지 못했다. 기원전에는 어떤 국가도 오늘날 국가들처럼 조직적인 세계대전을 수행하지 못했다.

그러나 역사적으로 국가 권력이 지속적으로 커지는 경향은 군주들에게 착각을 심어주었다. 국가 권력이 커지는 것을 군주 개인의 권력이 커지는 것으로 여기는 것이다. 그들은 군주권이 커지자 '누가 감히 나를 넘어뜨리겠느냐'라고 착각해 행동한다. 그러나 역사적인 사실에서 알 수 있듯이 강한 군주도 쓰러지며, 오히려 더 잘 쓰러진다. 계속 강해지는 것은 군주 개인이 아니라 국가 자체였다.

군주권의 성장과 더불어 군주의 권한을 제한하려는 노력들도 성장했다. 그 과정을 역동적으로 수행한 사람들이 바로 사士 계급이다. 그들은 군주의 수족이 되어 군주권을 옹호하지만 이와 동시에 도덕의 수호자를 자처하며 군주권을 제한하려 했다. 처음에 그들은 전쟁을 수행하는 무사집단으로서 군주의 검이 되어 영토를 넓히는 데 앞장섰다.

그러나 그들은 점점 더 문사文士집단으로 변모했다. 농민들이 고대의 특권층인 무사의 역할을 대신해갔기 때문이다. 군주권을 옹호하고 또 한편에서 제한하는 그들 지위의 특수성 때문에 이들은 피지배자와 지배자의 면모를 동시에 가진, 그들 나름의 계급이익을 옹호했다. 그리고 그들과 군주는 대체로 한 덩어리가 되어 국가라는 권력체를 강화시켰다.

바로 맹자의 말이 그런 것이다. "군주는 홀로 설 수 없다." 맹자의 말은 흔히 말하는 보편적인 인본주의가 아니라 계급적인 표현이다. 군주의 권력은 점점 더 개인이 아니라 국가, 바로 고대에 '사직'이라고 부른 공적인 체제로 대체된다.

이제 군주권을 제한하고자 하는 사 계급 최고급 논설 하나를 더 읽으면, 제나라의 대부 안영이 군주의 죽음을 두고 한 행동의 의미가 더 드러날 것이다.

《좌전》'양공 14년'에는 진 도공과 궁정악사 사광師曠의 대화가 기록되어 있다. 당시에는 성격에 결함이 있던 위나라 군주 헌공獻公이 제나라로 쫓겨나 있었다. 어느 날 도공은 음악을 듣다가 사광에게 물었다.

"위나라 사람들이 그 군주를 내쫓은 것은 너무 심하지 않은가?"

사광이 대답했다.

"오히려 그 군주가 너무 심하였던 것은 아닐까요? 훌륭한 군주는 착한 행동에는 상을 주고, 음란한 행동은 벌을 주며, 백성[民]을 기르기를 자기 자식처럼 하여 하늘처럼 덮어주고 땅처럼 용납해줍니다. 그러니 백성이 그 군주를 섬기면서 마치 어버이처럼 사랑하고, 해와 달처럼 우러르고, 신명처럼 공경하며, 천둥번개처럼 두려워할 텐데 어찌 쫓아내겠습니까?

대저 군주란 신을 모시는 주인공이니 백성들이 우러러보는 이입니다. 그러나 만일 백성의 삶을 곤궁하게 하고, 신명에 제사를 모시는 일조차 제대로 하지 못하게 된다면, 백성들은 절망하고 사직은 주인이 없어질 텐데, 그런 군주를 어디에 쓰오리까? 그런 군주를 제거하지 않고 다른 도리가 있겠습니까[將安用之 弗去何爲]?

하늘이 백성을 낳고서 그들에게 군주를 세워준 까닭은 이들을 잘 이끌어 천성을 잃지 않게 하라는 것이옵니다. 군주에게는 그를 돕는 이들을 두니, 스승으로 하여금 그를 보좌하게 하여 도를 넘지 못하게 하는 것이옵니다. 그런 까닭에 천자에게는 공公이 있고, 제후에게는 경卿이 있으며, 경에게는 측실側室이 있고, 대부에게는 이종二宗이 있으며, 사士에게는 붕우가 있고, 서인·공상·노복·짐승 키우는 이 등도 모두 친근히 여기는 이가 있어, 서로 보충하고 돕는 것이옵니다. 그리하여 선하면 상을 주고, 잘못하면 바로잡고, 우환이 있으면 건져주고, 실패하면 고쳐줍니다.

왕 이하 모든 이들은 각자 부형자제가 있어 서로 행동이 바른지 보살펴줍니다. 사관은 책을 만들고, 맹인은 시를 읊고, 악사는 노래로 풍간[箴諫]하여 바로잡고 타이르며, 사士는 여론을 전하고, 서인은 잘못된 일을 비방해대고, 상인들은 장터에 판을 벌이고, 백공百工은 재주를 헌상하나이다. 그러니 〈하서夏書〉에 이르길, '길에서 정령을 알리는 관원의 목탁소리가 울리면, 관의 수장들은 서로 잘못을 고쳐주고 공인은 재주를 가지고 풍간한다'고 하였습니다. 정월맹춘에 바로 이런 일을 했으니, 잘못에 대해 간쟁하는 것은 실로 일상적인 일이었습니다.

하늘이 백성을 사랑함은 실로 지극합니다. 그런데 어찌 단 한 사람이 백성들 위에 군림하여 멋대로 행동하게 하여 그 하늘과 땅의 천성을 버리게 할 것이옵니까[天之愛民甚矣 豈其使一人肆於民上 以從其淫 而棄天地之性]? 절대로 그렇지 않습니다."

맹자의 방벌사상은 사광과 안영에게서 나왔다. 앞으로 펼쳐질 전국시대의 군주는 국가라는 공권력의 대리인으로 등장한다. 그리고 국가의 의미는 확장되어 국인들뿐 아니라 모든 백성이 국가 안으로 포섭되었다. 역설적으로 국가라는 공권력을 등에 업은 군주의 동원능력은 오히려 배가되었다.

안영, 사광, 맹자가 사상사의 변화의 표지로 등장했으나, 우리가 지금 만나는 자산이야말로 국가와 군주의 관계를 갈파한 사람이다. 이제 자산이 무대로 등장한다.

제7장

팔색조 자산
정치를 시작하다

• • •

이전에 정나라는 자전의 묘책으로 초나라에 양해를 얻어 진나라에 안전하게 항복할 수 있었다. 그래서 진의 서방원정군에도 솔선해서 참여했고, 제나라를 칠 때도 적극적으로 나섰다. 그렇다고 정나라의 고난이 끝난 것은 아니었다. 평화에는 대가가 필요했으니, 진나라에 바쳐야 할 공물의 부담은 더욱 무거워졌다.

이때 드디어 자산이 본격적으로 정나라의 정치무대에 등장한다. 패권의 시대가 저물고 있었지만 국제질서에 파공破孔을 내는 일은 쉽지 않았다. 제나라의 영공이나 장공은 세상이 변하는 것을 짐작하고 진나라에 도전했다가 결국 국제적인 웃음거리만 되었다. 변화의 기미는 알았지만 변화의 방향을 제대로 찾지 못했기 때문이다.

반면 자산이 정치 일선에 등장한 후 정나라 정치는 이전과는 다른 색깔을 띠기 시작한다. 자산은 중심을 잃지 않으면서도 상황에 따라 유연하게 대응했다. 그가 국내외의 세력관계를 세밀히 파악하고, 동시에 국제정세 변화의 방향을 읽고 있었기 때문에 가능한 일이었다. 물론 그 행동들의 바닥에는 단단한 이론들이 있었다. 이 장에서는 정치가 자산의 행적을 따라가면서 그의 국제정치 전략을 하나하나 살펴보자.

1. 경의 지위에 오르다

정나라 집정 자공子孔이 자산의 숙부 항렬이며 독단적인 사람이라는 것은 앞에서 이야기했다. 그는 여러 사람과 의견을 조율할 수 있는 사람이 아니었다. 노나라의 요청을 받은 연합군이 제나라를 치러 출격하여 나라의 주요 대부들과 일부 병력이 전장에 있을 때, 자공은 초나라를 끌어들여 자신의 정적들을 제거하고자 초 영윤 자경에게 사신을 보냈다.

'내부에서 호응할 테니 초군을 출정시켜주십시오.'

자경은 자낭에게서 정치의 금도를 익힌 터라 대체로 정도正道를 아는 사람이었다. 또한 정나라 내에서 큰 지지를 얻지 못하는 자공의 음모가 성공할지도 미지수였다. 자경은 일언지하에 거부했다. 그러나 선

자산. 이론가인 동시에 행동가인 자산은 작은 나라의 정경으로서 명분과 실리를 적절히 취함으로써 정나라가 열강들의 끊임없는 외침과 공납의 압박 속에서 살아남을 수 있도록 했다.

대 군주들에 비해 자신이 미미하다는 자격지심을 가지고 있던 초 강왕康王은 이런 호기를 놓치고 싶지 않았다. 자경은 한탄하며 어쩔 수 없이 출격했다.

그러나 도읍을 지키던 정나라 대부 자교, 백유, 자장 등은 이미 자공의 음모를 간파하고 국도를 강고하게 지키는 동시에 공궁을 물샐 틈 없이 호위했다. 이러니 자공은 밖으로 군대를 끌고 나가 초군을 맞아들이기도 어렵고, 공궁의 군주를 위협하기도 어려웠다. 이리하여 초나라 군대는 정나라 외곽만 두드린 후 철군했다.

자공이 이런 사람이니 그의 정치는 응당 가혹했다. 여러 대부들이 제나라를 치러 갔다 돌아와 자공의 죄를 추궁했다. 자전子展과 자서子西가 중심이 되어 국인들을 이끌고 자공을 공격했다. 자공도 자신이 후견하던 자량子良과 자혁子革과 연합하여 반격했다. 그러나 민심이 이미 떠난지라 자공은 잡혀서 죽었다. 그리고 자량과 자혁은 초나라로 망명했다. 그리하여 자전과 자서가 정치를 담당하게 되었고, 자산은 경卿으로 승진했다. 자산은 동성 숙부들 간의 어지러운 권력투쟁 와중에 드디어 정치 일선으로 등장했다.

2. 도리를 들고 국제무대에 뛰어들다

기원전 551년 여름, 자산이 드디어 국제무대에서 발언을 한다. 진나라 거족 난씨의 적자 난영이 망명하여 진나라 내부 정국은 더욱 불투명해졌고, 제나라는 진나라 내부의 분란을 이용해 다시 독자적인 세력으로 일어서려는 때였다.

그때 진나라는 사람을 보내 정나라 군주가 직접 진나라를 예방하도록 요청했다. 이전에도 그런 요청들이 있었으며, 그때마다 정나라는 곤욕을 치렀다. 때로는 직접 찾아가기도 했고, 때로는 전쟁도 불사할 테니 무리한 요구를 하지 말라고 거부했다. 그러나 강대한 진나라를 상대로 모두 뾰족한 수를 내지는 못했다. 자산은 당시 소정少正, 곧 집정 다음의 2인자였다. 이 문서에는 외교문서 특유의 모호함과 겸손함이 들어 있는 반면, 현상을 직시하라는 은근한 권유가 녹아 있다. 그는 이렇게 대답했다. 상투적인 전반부는 생략하고 후반부의 내용들을 살펴보자.

귀국은 소어蕭魚의 싸움을 일으키고, 우리나라에 말했습니다.

"그대 나라는 우리 진나라에 있어 초목에 비하자면 냄새와 맛의 관계와 같은 것인데, 어찌하여 감히 다른 생각을 한단 말이오?"

마침 초나라도 이에 이의를 달지 않았기에 저희 군주는 땅에서 나는 산물을 모두 준비하고, 거기에 종묘에 쓰는 기물들을 더하여 맹서를 받아들였습니다. 그예 군신들을 거느리고 귀국의 집사에게 나아가 연말에 회합에 참석하였고, 돌아와서는 초나라를 바라보고 두 마음을 품은 자후子侯와 석우石盂를 토벌했습니다.

격량의 회합이 있은 다음 해 자교는 이미 늙어서 공손하公孫夏가 저희 군주를 따라 귀국의 군주를 조현하고, 상주嘗酎(봄에 새 술을 바치는 예식)의 예에 참여하고 제육을 드셨습니다. 그 두 해 뒤에는, 귀 군주께서 동쪽을 정벌하신다는 말씀을 듣고 4월 여름에 또 찾아뵙고 거사 일정을 들었습니다. 직접 찾아뵙지 못하는 해에는 꼭 사신을 보내 찾아뵈었고, 귀국이 하는 역사役事(전쟁)는 참가하지 않은 적이 없습니다. 허나 큰 나라의 정령이 정해진 궤도가 없어 작은 우리나라는 피폐하고 병들게 되었으며, 때마침 재해가 겹쳐 들어와 하루라도 근심이 없는 날이 없었습니다. 어찌 우리가 감히 직무를 잊을 수 있었겠습니까? 큰 나라가 작은 나라를 안정시켜준다면 우리 작은 나라야 조석으로 찾아뵈올 텐데, 어찌 구태여 명을 욕되게 하겠습니까? 허나 작은 나라의 환난을 불쌍히 여기지 않으시고 그저 입으로만 달랜다면, 우리 작은 나라라도 감히 귀국 군주의 명을 받들지 않고 돌아서 원수가 되는 일이 없을 수 있겠습니까? 저희 나라는 이를 두려워하고 있을 뿐,

어찌 군주의 명을 감히 잊었겠습니까? 집사께 부탁드리오니 집사께서는 실로 신중히 도모하소서.

위 문서는 기존 정나라의 이판사판식 외교문서와는 확연한 차이가 있음을 느낄 수 있다. 할 말은 다 하지만 언사에는 배수의 진을 친다는 막무가내의 느낌이 나지 않는다. 자산은 국제사회에서 외교를 통해 실리를 얻고자 하면 예를 다해야 함을 알고 있었다. 그는 국제질서에 변동이 생겨 그 틈을 비집고 들어갈 때는 반드시 도리를 가지고 들어갔다. 그래야 안전하기 때문이다. 도리가 아닌 방법으로 틈을 노린 제나라의 행보와 비교해보면 그 차이를 확연하게 느낄 수 있을 것이다.

3. 자유주의자의 전략

사개가 진나라 정경이 되자 제후들에게 요구하는 납폐물이 점점 늘었다. 가까운 정나라가 느끼는 부담은 상당했다. 이런 상황에서 정나라 정치를 담당하고 있던 자산은 어떤 대책을 내놓았을까?

흔히 뭉뚱그려 국가라고 하지만 국가 안에는 수많은 세력들이 있다. 자산은 국가를 하나의 단위로 보지 않고 여러 단위로 분석한다.

난영의 반란을 극복하는 과정에서 보았듯이 진나라 집정 사개(범선자)는 아버지 사섭(범문자)이나 할아버지 사회(범무자)처럼 고결한 전형적인 춘추의 귀족은 아니었다. 산전수전을 다 겪은 이 정치가는 물욕이 과했다. 다만 그는 절제의 의미는 알았다. 《국어》에도 그의 욕심에 관한 일화가 등장한다. 일화를 옮겨본다.

사개는 화대부和大夫와 땅을 두고 다퉜다. 경대부들의 채읍이 늘어나면서 토지 경계를 둘러싼 갈등은 자연스러운 현상이었다. 그런데 명색이 정경인 그에게 화대부가 대들자 화가 난 그는 무력으로 해결할까 고심했다. 그러나 사적으로 군대를 동원하면 적을 만들기 십상이었기에 여러 사람에게 의견을 물었다. 진나라 여러 대부들은 대체로 사적으로 군대를 동원하는 것에 반대했다. 이것이 진나라의 강점이었다. 특히 기오祁午와 자석訾祏은 사개를 준엄하게 비판했다. 기오에게 물으니 그는 이렇게 타일렀다.

"진은 제후들의 맹주이고, 어른은 나라의 정경이십니다. 만약 제후들을 안정시켜 그들로 하여금 우리 진나라의 명을 받들게 한다면, 나라 안에 누구도 감히 어른을 따르지 않을 이가 없을 텐데, 하필 화대부 따위와 다투겠습니까? 화대부의 일일랑 덮어두시고 큰 것으로 작은 것을 평정하소서."

자석은 이렇게 나무랐다.

"어른께서는 선대 세 분(사위士蔿, 사회士會, 사섭士燮)의 공업에 기대어 지금의 녹위祿位를 누리고 계십니다. 이제 선대 세 분의 공업으로 나라 안이 무사해졌는데, 화합하려 하지 않고 더 많이 누리려 하시니 앞으로 어떻게 나라를 다스리시겠습니까?"

그런 말을 듣고 사개는 욕심을 거두었다. 대체로 그는 바탕이 청렴하지는 않았지만 정경으로서의 분수는 아는 사람이었다. 그리고 그의 곁에는 기오, 자석과 같은 인물들이 있었다.

봄에 정나라 군주가 진나라를 예방했는데, 이때 엄청난 양의 재물이 함께 갔음은 물론이다. 군주가 행차하는 차에 자산은 사개에게 다음과 같은 장문의 편지를 한 장 딸려 보냈다. 진나라 정치에 대한 안목, 당시의 국제정세에 대한 인식, 또 춘추 귀족의 몸가짐에 대한 의견 등이 고루 드러나는 명문을《좌전》에서 그대로 가져와 살펴보자.

> 어른(사개)께서 진나라의 정치를 맡은 후로 사방의 제후들은 어른의 아름다운 덕에 대해서는 듣지 못하고 어른께서 납폐를 무겁게 한다는 소식만 들었기에, 저 교僑(자산)는 의아해하고 있습니다. 교가 듣건대 나라의 정치를 관장하는 군자는 재물 없음을 근심하지 않고, 좋은 이름이 나지 않는 것을 걱정한다 합니다.
>
> 대저 제후들이 보내는 재물들을 진나라 공실이 취한다면 제후들은 진나라 공실을 이반할 것이요, 어른께서 뇌물로 받게 된다면 진나라가 어른을 이반할 것입니다. 제후들이 이반하면 진나라가 붕괴할 것이요 진나라가 이반하면 어른의 집안이 붕괴할 텐데, 어찌 재물에 욕심을 내시는지요? 장차 재물이란 걸 어디에 쓰겠습니까? 대저 아름다운 이름은 덕을 나르는 수레이며, 덕이란 국가의 기초입니다. 기초가 있으면 무너지지 않을지니 힘써 덕을 닦지 않을 수 있겠습니까? 덕이 있으면 화락和樂할 것이요, 화락하면 능히 오래갈 것입니다.《시詩》에, "화락한 군자여, 국가의 기둥일세(樂只君子 邦家之基)"라 노래한 것은 대저 아름다운 덕을 찬미한 것입니다. "상제께서 그대에게

임하여, 그대를 저버리지 않으시리라〔上帝臨女 無貳爾心〕" 한 것은 아름다운 이름을 찬미한 것입니다.

너그러운 생각으로 덕을 밝히시면, 아름다운 이름이 덕을 싣고 멀리 퍼집니다. 이리하면 먼 곳에 있는 이는 찾아오고 가까이 있는 이는 편안히 여길지니, 남들이 어른을 평하기를 '어른께서 실로 나를 살려주셨다' 할지언정 '그 사람이 나를 긁어먹고 살아간다'고 하겠습니까? 코끼리는 상아가 있어 잡혀서 쓰러집니다〔象有齒以焚其身〕. 재물이란 대저 이런 것입니다.

사개는 이 편지를 보고 느끼는 것이 있어 바로 제후들이 바치는 재물을 줄였다. 진나라 정경이 제후들에게서 재물을 많이 거두어들이면서 스스로 일부를 취하지 않았을 리가 없다. 자산은 그것을 지적했고, 사개는 상아를 가진 코끼리처럼 쓰러지지 않기 위해 재물을 포기했다. 춘추 귀족들의 우아한 행동들의 이면에는 이런 냉정한 현실 논리가 숨어 있었다. 자산은 국가와 국가를 구성하는 세력들을 구분하여 국제정치를 다루는 전형적인 자유주의자들의 전략으로 사개를 설득했다.

4. 현실주의자의 전략

정나라 간공이 진晉나라를 찾아간 것은 진陳나라를 치는 데 허락을 받기 위해서였다. 정나라는 초나라에 기대어 정나라에 가혹했던 진陳을 응징할 계획을 세우고, 사전 작업으로 진晉나라를 찾았다. 진나라를 예방한 간공은 정경 사개에게 머리 숙여 절했다. 그 지나친 겸손에 사개는 당황했다. 그러자 앞서 자산의 편지를 사개에게 전달한 자서子西가 얼른 말을 꺼냈다.

"진陳나라가 큰 나라(초나라)를 믿고는 우리나라를 능멸하고 학대하고 있습니다. 우리 군주께서 이런 까닭으로 감히 죄를 무릅쓰고 저들을 치려고 하시니, 어찌 머리를 조아리지 않을 수 있겠습니까?"

이렇게 한바탕 유세를 해놓았지만 패권국이 여타 작은 나라들의 군사행동을 쉽사리 허락할 리는 없었다. 이듬해(기원전 548) 여름 자산은 전차 700대를 이끌고 진陳나라로 들이쳤다. 진晉나라의 허락도 받지 않은 상황이었다. 정나라 군대는 사정을 봐주지 않고 공격해 날이 어두워질 때 성문의 방어막을 뚫고 결국은 성안으로 들어갔다. 서로 필적하는 나라를 이렇게 몰아세울 수 있었던 것은 자산이 진陳나라 내부가 곪아 있음을 간파했기 때문이다.

진陳을 친 것은 일전에 진陳이 초나라의 사주를 받고 정나라를 공격하면서 우물을 묻고 나무를 베는 등 가혹한 행동을 했기 때문이다. 정은 진陳보다 오히려 더 큰 나라인데 진陳이 초나라의 사주를 받아 출동해서 초나라 군대보다 더 날뛰는 꼴을 용서할 수 없었던 것이다.

자산은 성을 함락시킨 후 궁전까지는 진격하지 못하게 했다. 그러고는 스스로 약탈에 대비해 궁전을 지켰다. 그는 진나라를 멸망시키겠다는 의지가 없음을 밝혔다. 진나라 애공哀公은 상복을 입고 나와 항복의 예를 올렸다. 그러자 자산은 재배하고 군대를 돌려 돌아갔다. 얼마 전까지만 해도 국제사회에서 무시당하던 정나라로서는 일대 변신이었다. 자산은 이번의 진陳 정벌을 통해 정나라를 함부로 건드릴 경우 반드시 반격하겠다는 메시지를 국제사회에 분명하게 던졌다.

그러나 앞으로 어떻게 패권국인 진晉에 변명할 것인가? 바로 이럴 때 외교가 필요하다. 자산은 진陳 정벌로 얻은 전리품을 가지고 곧장 진晉을 찾아갔다. 그러고는 '전투복을 벗지 않고' 전리품을 바치는 예식을 거행했다. 물론 진晉 측은 정나라가 작전이 끝난 후 예의를 다하는 것에 흡족하고 또 공짜로 들어온 재물이 반가웠다. 그러나 패권국의 위치에서 당연히 물어야 할 질책도 나왔다. 진나라 조정의 한 인사가 힐책했다.

"진陳나라가 어떤 죄를 지었소?"

합당한 대답을 하지 못하면 당장 궁지에 몰릴 상황이었다. 자산은 천연스레 대꾸했다.

"옛날에 우알보虞閼父•가 주나라의 도기陶器를 관장하는 도정陶正이 되어 우리 주나라 선왕宣王을 섬겼습니다. 우리 선왕께서는 그가 만든 도기가 쓸모가 있고, 또 그가 신명한 선조(순舜: 순의 성은 규嬀, 씨는 우虞다)

• 《좌전》에 나오는 위의 대화는 진陳나라의 기원에 대한 중요한 설명이다. 진나라도 춘추시대에 여러 가지 중요한 역할을 하기 때문에 간단히 살펴본다. 《사기》 〈진기세가〉에는 우알보라는 이름이 없다. 다만 주 무왕이 은나라를 멸한 후 순임금의 후손을 찾아 진陳의 제후로 봉했는데 그가 바로 호공胡公 규만嬀滿이라고 한다. 후대의 자료들은 대체로 규만이 우알보의 아들이라고 추측한다. 다른 사료들을 증명할 길은 없지만, 다만 진의 선조가 도기를 굽는 기술로 벼슬을 했다는 것은 분명하다. 도기 중에도 가장 고도의 기술을 요하는 것이 청동기의 주조 틀이다. 도기든 청동기든 불을 이용하여 만드는 것이다. 아마도 이들은 불을 이용하는 데 선진적이었던 부족의 고급 기술자들일 것이다.

의 후예임을 가상히 여겨 큰딸을 호공胡公에게 시집보내고 옛날의 세 임금의 후예(하나라, 상나라, 순임금의 후예)들의 대를 잇게 했습니다. 그러니 진陳은 본시 우리 주나라에서 나와 오늘날까지 주나라에 의지하고 있습니다.

진陳 환공의 난이 있었을 때* 채나라 사람들이 자기 나라에서 시집간 부인이 낳은 아들을 세우려 했으나 우리 선군 장공莊公께서는 오보五父를 받들어 세웠고, 채나라 사람들이 오보를 죽이자 또다시 채인들과 협력하여 여공厲公을 세웠습니다. 그 후로 저희 나라의 장공莊公, 선공宣公까지 모두 우리나라가 세웠습니다. 하징서夏徵舒의 난리** 때도 진 성공成公이 이리저리 떠돌다가 우리의 도움으로 귀국한 일은 귀국의 군주께서도 아시는 바입니다.

지금 진陳은 주나라의 큰 덕을 잊고 우리나라의 큰 은혜를 멸시하여 인친姻親인 우리를 버리고 오히려 초나라의 군사가 많음을 믿고 우리나라를 능욕하였으니, 도저히 이를 흔쾌히 받아들일 수 없었습니다. 그래서 저는 지난해 군사를 일으키겠다고 고했지만 아직 대답을 듣지 못하였는데, 진陳이 또 우리 동문을 공격해왔습니다. 저들이 지나는 곳

• 기원전 709년 진 환공이 중병에 걸렸을 때, 그의 배다른 형제 타他가 태자를 죽이고 자신이 태자가 된 후 일어난 일련의 혼돈을 말한다. 이때 정나라 장공이 개입하여 끝내 여공厲公을 세움으로써 분란을 종식시켰다.

•• 기원전 599년 하징서가 자신의 어머니와 간통하는 음란한 진陳 영공靈公을 죽이자, 태자는 진晉나라로 달아났다. 이 사건은 국제 문제로 번져 초나라 장왕이 개입해 하징서를 죽였으며, 태자는 진晉나라와 정나라의 지원을 받아 귀국하게 되었다. 춘추시대에는 일단 출국하면 국내의 기반을 잃게 되므로, 태자가 망명했다가 귀국할 때는 외국의 도움을 받아야만 안전하게 자리를 이을 수 있는 것이 일반적이었다.

의 우물이란 우물은 다 메워졌고, 나무란 나무는 다 베어졌습니다. 보잘것없는 우리나라는 저들과 다투어 이기지 못하고 우리 천자의 큰딸(대아大姬, 곧 주 왕실이 진나라 공실에 시집보낸 큰딸)을 욕보일까 크게 두려워하던 차에, 하늘이 우리의 정성을 알아주시고 이끌어주시어, 진陳은 자신들의 죄를 알고 우리에게 화해의 손을 내밀었습니다. 그리하여 감히 이렇게 얻은 것을 올립니다."

그러자 이런 반문이 되돌아왔다.

"어찌하여 작은 나라를 침략했소이까?"

자산이 대답한다.

"주나라 선왕의 명령에, '죄가 있는 자는 각자 알아서 치죄하라'고 하셨습니다. 또 옛날에 천자 나라의 땅은 사방 천 리이고 열국列國은 사방 백 리이고, 그 아래는 점점 더 작아졌습니다. 그러나 지금 큰 나라는 사방 수천 리나 되는데, 작은 나라를 침탈하지 않았으면 어떻게 그렇게 커졌겠습니까?"

다시 이런 반문이 이어졌다.

"왜 전투복을 입고 있소이까?"

자산이 대답한다.

"우리 선대 무공과 장공은 주나라 평왕平王과 환왕桓王의 경사였습니다. 성복의 싸움 때 귀국의 문공(진 문공)께서 '각자 옛날 직책으로 돌아가라' 하시고, 우리나라 문공(정 문공)에게 명하여 '전투복을 입고 왕을 도우라' 하시며 초나라에서 뺏은 것을 바치게 하셨습니다. 감히 왕명을 거역하지 못했기에 이렇게 전투복을 입고 있습니다."

예교에 관한 한 진나라에서 조예가 가장 깊은 사약士弱이 이 자리에 있다가 자산의 대답을 듣고는 더 이상 힐난할 수 없다고 느껴서 정경 조무趙武에게 고했다. 조무가 답했다.

"저이의 말이 모두 순리에 맞소이다. 순리에 맞는 것을 범하면 상서롭지 않소이다."

이렇게 진나라의 정경 이하 대부들이 모두 자산의 말에 승복했다. 공자는 이렇게 평가했다.

> 옛 책에도 기록되어 있느니라.
>
> "말로써 뜻을 완전히 드러내고, 문채(교양 있는 표현)로써 말을 완전하게 하는 것이다."
>
> 말을 하지 않으면 누가 그가 가진 뜻을 알겠느냐? 말에 문채가 없으면 말을 해도 멀리 전해지지 않는다. 진晉나라가 패자로 있는데, 정나라가 허락도 없이 진陳나라로 쳐들어갔다. 자산의 문채 나는 언변이 없었으면 정나라의 행동은 공업이 될 수 없었을 것이다. 그러니 말에 신중하지 않을 수 있으랴?

자산의 말을 분석해보면 요점은 '진陳나라가 초나라 편에 붙어서 행동했기 때문에 정벌했다'는 것이다. 자산은 진晉나라의 이익을 분명히 밝힌다. 그러나 뜻이 그렇다 하더라도 말은 그렇게 적나라하게 해서는 안 된다. 진나라는 명색이 패권국이다. 패권국에 걸맞은 명분을 만들어주어야 한다. 그래서 자산은 패권국인 진나라의 체면을 세워주기 위해 적수인 초나라를 직접 언급하지 않고, 주나라 왕실의 옹호자를 자임하는 진나라의 위치를 고려하여 정나라도 주나라 종실의 명예를 위해 싸웠다고 말했다.

자산은 계속 우리 주나라라고 말하면서 진나라와 정나라를 구분하지 않고 있다. 오늘날 힘이 약해진 영국이 미국을 형제라고 칭하는 것과 마찬가지다. 비록 미국이라는 아우가 컸다고 해도 결국은 한 핏줄이라는 이야기다. 우아하고 정연한 말 속에는 냉혹한 현실주의가 들어 있다. 자산이 묻는다.

"진나라도 남의 땅을 빼어서 커진 것이 아니냐? 하물며 우리가 귀국의 적국 초나라의 동맹을 친다고 나쁠 것이 뭐 있느냐."

지금 자산은 가차 없는 현실주의자의 모습을 보이고 있다. 살벌하게 진陳을 응징하고는 좋은 말로 강국에 고한다. 약한 나라가 빌미를 제공하면 응징하고, 강한 나라에는 군복을 입고 전리품을 올리는 양동작전을 구사한다. 창칼이 관련된 업무에 들어가면 자산은 현실주의자가 된다.

자산은 귀국해서는 어떤 태도를 가졌을까? 군공을 포상하는 자리에서 자전이 1등급을 받았다. 그다음이 자산이다. 간공은 자산에게 다섯 읍을 내렸다. 그러나 자산은 사양했다.

"포상을 할 때는 위에서 아래로 가면서 단계마다 두 읍을 덜어내는 것이 예법입니다. 저는 자리가 네 번째고, 또 이번 일은 자전의 공입니다. 저는 감히 상을 받을 수 없습니다."

이렇게 말하고는 채읍을 사양했다. 간공이 기어이 관철시키려고 하여 결국 세 읍만 받았다. 자산은 자신에 관한 한 엄격하고 도덕적인 춘추의 귀족이었다. 스스로 원칙을 가지고 있었기에 사개에게 '코끼리는 상아가 있어서 거꾸러진다'고 말할 수 있었고 자신도 몸소 실천했다. 그는 심지어 정당한 재물이라도 넘치게 받지 않으려 했다. 물론 재물보다 자신의 몸을 아꼈기 때문이지만, 국제 귀족사회인 춘추무대에서 발언권을 가지려면 오직 명분과 그에 걸맞은 행동을 해야만 자신의 발언에 무게를 실을 수 있었다. 이런 행동들을 통해 자산은 국내와 국외에서 자신의 발언권을 점점 더 확고하게 만들어갔다. 이 일을 보고 사람들은 자산이 앞으로 정나라의 정경이 될 것이라고 예상했다.

5. 외교적 수사의 교과서

훌륭한 선생님을 모셔 왔으니 고대 외교 언사의 기본에 대해 하나 더 배워보자.

현재의 구도는 초와 진秦이 힘을 합해 진晉과 오의 연합과 겨루고 있다. 초와 신흥 오는 회하 중류 지대를 두고 한치도 양보 없는 싸움을 이어갔다. 이 두 나라는 이미 중원의 관습 따위는 아랑곳하지 않고 싸웠다. 매복, 속임수, 수전, 육전을 가리지 않고 진행된 싸움은 그야말로 진흙탕이었다. 다행히 초는 위자빙蔿子馮, 굴건屈建 등 검증된 인재들이 연이어 정치를 맡으면서부터 오와의 싸움을 수세에서 서서히 공세로 전환하는 중이었다.

기원전 548년 여름 초나라의 속국이던 서구舒鳩가 오나라의 압박을 이기지 못하고 돌아섰다. 장왕과 손숙오 이래 지속적으로 공을 들인 대별산大別山 북쪽의 여러 서족舒族 나라 중 하나가 돌아선 것이다. 영윤 굴건이 우군을 이끌고 자강子彊이 좌군을 이끌고 서구로 진격하니 오나라가 바로 개입했다. 그러나 오군은 매복에 걸려 대패했고, 굴건은 내친김에 서구를 멸망시켰다.

그해 겨울 오나라 군주 제번諸樊이 직접 군대를 거느리고 초나라를 정벌하기 위해 떠났다. 그러자면 초의 속국인 소巢나라를 지나야 했다. 소는 오늘날의 소호巢湖 일대에서 여러 서舒나라들과 인접하고 있었기에 이 지역은 초-오 쟁탈전의 주요 무대였다. 오군이 들이치자 소의 우신牛臣이 계책을 냈다.

"오왕은 용맹하지만 경솔하니 성문을 열어놓으면 몸소 쳐들어올 것입니다. 그때 제가 기회를 잡아 그를 쏘면 반드시 맞힐 수 있습니다. 오나라 군주를 죽이면 변경은 잠시 편안해질 것입니다."

아니나 다를까 성문이 열리자 제번이 직접 들어왔다. 우신은 담장 뒤에 숨어 있다가 오왕을 향해 화살을 날려 그대로 명중시켰다. 화살 한 대에 오왕 제번은 절명했다.

성문을 열어 유인한 후 담 뒤에 숨어서 상대편 군주를 쏘는 것은 지금까지의 전쟁에서 보기 드문 장면으로 거의 암살에 가까웠다. 오는 초의 국상을 틈타 들어오고, 초의 동맹국 소는 속임수로 오왕을 유인해 죽였다. 이제 전쟁의 방식도 점차 변해갔다.

이듬해 여름 초 강왕은 진秦나라 군대까지 끌어들여 오나라 정벌에 나섰다. 그러나 연합군이 손숙오가 개척한 우루雩婁에 도착했을 때 오나라는 이미 방어선을 구축하고 있었다. 멀리서 온 군대로 튼튼한 방어막을 뚫을 수도 없고 다른 나라를 끌어들이고 빈손으로 돌아가게 할 수도 없어서, 초나라는 방향을 바꾸어 정나라의 성균城麇을 침략했다. 당시 성균을 수비하던 황힐皇頡과 인근보印堇父가 초군과 접전했으나 패하고 포로가 되었다.

초나라 사람들은 멀리서 온 진秦군을 위로하려고 포로를 진나라 측에 넘겨서 그들의 군공으로 만들어주었다. 그러자 정나라의 인씨 씨족이 재물을 내어 포로를 돌려받고자 했다. 외교문서를 관장하던 자대숙子大叔이 재물을 들고 인근보를 돌려받을 채비를 했다. 이를 본 자산이 조언했다.

"그렇게 해서는 돌려받지 못할 것이오. 초나라의 군공을 양보받고, 또 정나라의 뇌물까지 받는다면 나라라고 볼 수는 없지요. 진秦나라는 이 제안을 받아들이지 않을 것이오. '군주께서 정나라를 위해 힘써주신 것에 절을 올립니다. 군주의 은혜가 없었다면 초나라 군대는 아직도 정나라 성 아래에 있을 것입니다.' 이렇게 말하면 될 것이오."

자대숙은 자산의 조언을 받아들이지 않고 진나라 군영을 찾아가 뇌물로 청탁했지만 들어주지 않았다. 그래서 다시 자산이 제시한 방법을 따랐더니 과연 진나라는 인질을 돌려주었다.

이것이 자산의 방법이다. 형식은 최고의 겸손을 유지하면서 상대를 높이고 상대방이 틈을 보일 때 가차 없이 파고든다. 국가 간의 관계에서 이익이 가장 큰 고려사항이라고 하더라도 장사치의 방법으로는 협상을 이끌 수 없다. 상대의 격을 높여야 문을 연다. 특히 작은 나라가 큰 나라를 대할 때는 큰 나라의 체면을 가장 우선시해야 한다. 무턱대고 뇌물을 쓰면 명분도 잃고 실리도 잃는다. 설령 뇌물을 써서 한 번 성공한다 하더라도 갈수록 뇌물의 양을 늘려야 할 것이다. 가히 외교적 언사의 ABC라고 할 수 있는 명장면이다.

자산은 상황에 따라 수많은 얼굴을 연출한다. 이렇게 그는 겸손함과 당돌함, 열정과 냉정을 적절히 구사하면서 정나라의 입지를 계속 넓혀 갔다.

6. 전략의 이면: 정세분석

자산의 행동은 상황에 따라 변화가 많다. 그러나 변화 속에 일정한 원칙이 있음을 알 수 있다. 그는 국제관계의 흐름은 물론이고 이해관계 주도자들의 의지를 예리하게 파악했다. 진陳나라를 침공한 것도 초나라의 내부 사정을 읽고 있었기에 가능했다. 초나라가 대군을 내었다면 작은 정나라는 감당하지 못했을 것이다. 자산은 초나라가 쉽사리 군사를 내지 못할 것이라고 생각했다. 자산의 정세분석 능력을 살펴보자.

기원전 547년 허許나라 영공靈公은 초나라에 가서 정나라를 쳐달라고 애걸했다. 정주 바로 아래에 위치한 허나라는 정나라와 끊임없이 갈등했다. 특히 정나라가 진晉나라와 힘을 합해 남쪽으로 내려올 때가 가장 곤혹스러웠다. 허 영공은 언릉의 싸움이 있기 바로 전 정나라의 핍박을 견디지 못해 남쪽으로 천도했고, 지금은 초나라의 보호를 받고 있었기에 정나라에 대한 원한이 사무쳤다. 그는 끈질기게 요청했다.

"정나라를 쳐주십시오. 군대를 내주지 않으시면 저는 돌아갈 수 없습니다."

그러다가 얼마 안 있어 실제로 초나라에서 죽고 말았다. 초 강왕으로서는 곤혹스러운 입장이었다. 쉽사리 군대를 내기도 어렵고, 우호국의 군주가 거병을 요청하다가 객사했는데 이를 모른 체할 수도 없었다. 결국 강왕은 군대를 내기로 했다.

'이렇게 된 마당에 정나라를 치지 않으면 어떻게 제후들을 규합할 것인가?'

겨울에 초군이 정나라로 출정했다. 정나라 사람들이 초군을 맞아 싸우려 하자 자산이 나섰다.

"진晉과 초가 장차 화평하려 하고, 제후들도 바야흐로 이를 따라 싸움을 그치려 하고 있습니다. 이런 까닭에 초왕은 눈을 질끈 감고 한번 들이친 것에 불과하니, 저들이 마음대로 하게 한 후 돌려보내는 것이 낫습니다. 이리하면 쉽사리 화친할 수 있을 것입니다. 대저 소인들(주전파)의 성정이란 만용을 부리면서 피칠을 하고 화란을 틈타 이익을 얻어[小人之性 釁於勇而嗇於禍] 제 욕심을 채우고 이름을 얻으려는 것이지 나라를 걱정하는 것이 아닙니다. 그런데 어찌 그런 자들의 말을 따르겠습니까?"

자전은 자산의 말이 옳다 생각하여 초나라를 맞아 싸우지 않고 성안에서 지키고 기다렸다. 초나라 군대는 이리저리 대충 옮겨 다니며 날뛰

다가 성 밖에 있는 사람 9명을 잡아서 돌아갔다. 싸움도 없이 겨우 9명을 잡고는 바로 철군한 것은 어차피 허나라 영공을 위한 싸움이니 이만하면 됐다고 생각했기 때문이다. 초나라는 실제로 정나라를 칠 마음의 준비가 되어 있지 않았다. 오랫동안 체류하면서 기어이 정나라를 이기려 하면, 그동안 오나라에 대응하기 위해 공을 들이고 있던 진晉나라와의 화해 분위기가 깨어질 판이었다.

자산은 앞으로 진행될 국제정세를 정확하게 파악하고 상대의 의중을 읽었다. 그는 이해 진陳을 칠 때도 초가 개입하지 않을 것이라 예상했다. 허나라 영공의 요청으로 들어온 군대의 목적도 간파했다. 이렇게 상대가 무엇을 얻고자 하는지 알아야 진짜 현실주의자가 될 수 있다.

17세기 초반 조선이 만주족에게 괴롭힘을 당할 때 최명길은 적극적으로 화친을 주장했다. 그의 논지는 대체로 이러했다.

'임진왜란 때 명이 조선을 도운 것은 고마우나 이제 잊어야 한다. 지금 만주인들이 노리는 것은 명이기 때문에 악착스럽게 조선에 몰두하지 못할 것이다. 화친으로 그들을 돌려보내고 실력을 쌓자.'

적에게 몰려서 성안으로 들어갔을 때에도 그는 주장했다.

"저들은 대충 짓밟고 돌아갈 것입니다."

그러나 그는 조정에서 자산과 같은 지지를 얻지 못했다. 외유내강이 아니라 내허외강內虛外剛의 조선 사회에서는 받아들여지기 힘든 한 현실주의자의 혜안이었다.

제8장

미병 회맹

: 정치의 승리

• • •

춘추시기 외교 사상 가장 극적인 장면을 꼽으라면 필자는 단연코 기원전 546년 진晉-초楚의 휴전협정을 꼽을 것이다.

창칼이 부딪치는 전장이 사람들의 이목을 더 끄는 것은 당연하다. 국제사회에서 전쟁을 통해 갈등이 분출되는 것을 막을 장치는 없다. 그렇기 때문에 개개인이 전쟁을 싫어한다고 해도 전쟁은 계속 일어난다. 그래서 인류는 아직도 국제사회의 무정부성을 극복하지 못했다.

비록 많은 한계를 가진 불완전한 협상이지만 2500년 전 중국에서는 이미 전쟁을 정치로 대치한 적이 있다. 수많은 동상이몽, 얽히고설킨 난마 같은 이해관계들을 극복하고 휴전협정을 이끌어내고, 또 이를 수십 년 동안 유지한 일을 필자는 '정치의 승리'라고 부르고자 한다.

이 휴전협정의 성공 배경에는 '병기는 상서롭지 못한 것이고, 전쟁은 백성을 해치는 것이다'라는 이데올로기적인 이상이 있었고, 또 한편으로는 큰 나라들이 일단 휴전협정으로 담합하고 그 사이에 낀 작은 나라들을 가차 없이 병합하여 국제적 과점寡占체제를 만들려는 강대국들의 노림수가 있었다. 이상과 현실은 씨줄과 날줄처럼 상호작용하며 미병, 곧 '전쟁을 멈춘다'

는 협정을 이끌어냈다. 이 과정에서 각 협상을 유지하기 위한 쌍방 최고 통수권자의 양보, 협상을 진전시키려는 여러 나라 외교관들의 대담한 활약, 춘추의 근간을 이룬 귀족들의 우아한 행동들이 조화를 이루어 하나의 드라마를 만들어냈다. 정나라의 자산도 이 미병이라는 새로운 국제질서 속에서 자신의 역량을 펼쳐나간다. 현존하는 가장 오래된 사료인 《좌전》과 《국어》는 공히 그 장면에 많은 지면을 할애했다. 역대로 중국에서 정치의 정수를 배우고자 하는 이들은 모두 이 대목을 되풀이해서 읽었다.

앞 장들에서 휴전의 사전조건에 대해서는 자주 언급했다. 진秦과 오吳라는 호전적인 국가들의 지속적인 성장은 기존의 양강인 진晉과 초楚를 자각시켰다. 양강을 이끌고 있는 재상들은 그들끼리의 싸움이 신흥강국들만 이롭게 하는 경향이 있음을 직감했다. 그들은 오직 실력에 의해 결판이 나는 전국시대의 도래를 감지하고 국가의 이익을 위해 더는 불필요한 전쟁에 국력을 낭비하는 데 회의를 느끼고 있었다. 당시 진-초의 재상들은 공히 내부를 다지고, 목적이 확실할 때만 국제문제에 개입하는 것이 쌍방에게 이롭다는 생각을 공유하고 있었다. 이제 대휴전의 조건들과 휴전이 성사되는 과정을 하나하나 살펴보자.

1. 굳히기형 재상들의 집권

초 – 신중한 굴건이 영윤이 되다

공왕 사후 초나라 인사의 제1 원칙은 안정이었다. 선대 영윤 위자빙은 극히 신중한 사람이었다. 위자빙이 죽자 굴건屈建이 영윤이 되고 굴탕屈蕩•이 막오莫敖(대장군)가 되었다. 또 위자빙의 아들 위엄蔿掩이 사마司馬가 되었다. 이 굴건이라는 사람이 영걸이다. 그는 영윤이 된 직후 서

• 굴탕은 장왕의 용맹한 거우 굴탕屈蕩과 동명이인이다. 굴탕의 손자뻘이며, 굴건과는 같은 항렬의 동생으로 보인다.

구나라 정벌, 오왕 제번 격살, 구토 회복 등 굵직굵직한 일들을 무리 없이 처리했다. 할아버지 굴탕屈蕩의 용맹과 아버지 굴도屈到의 행정력을 두루 물려받은 인물이다.《국어》에 이 사람의 인품에 관한 짤막한 기사가 실려 있다.

> 굴건의 아버지 굴도는 마름 열매(芰)를 좋아했다. 그는 병이 들자 집안의 나이 든 가신을 불러 부탁했다.
>
> "내가 죽거든 꼭 제사에 마름 열매를 올리시게."
>
> 그가 죽고 제사를 지낼 때 가신은 마름 열매를 올렸다. 이를 보고 굴건이 좌우에 명해 치우라고 했다. 그러자 가신이 말했다.
>
> "부군께서 부탁하신 것이옵니다."
>
> 굴건이 대답했다.
>
> "그렇지 않소. 아버님께서 우리 초나라의 정치를 맡으신 이래, 그분께서 만든 법형法刑이 아직 백성들의 마음속에 있고, 글자로 기록되어 문서고에 보관되어 있소이다. 그러니 아버님으로 말하자면 위로는 선대 왕과 비견할 수 있고, 아래로는 후세에 가르침을 남기신 분이외다. 그러기에 우리 초나라는 말할 것도 없고 여러 제후들도 그분을 찬양하지 않은 이가 없었소. 그분이 만든 제사에 관한 법전을 보면, '나라의 군주의 제상에는 소, 대부의 제상에는 양, 사는 돼지와 개, 서인庶人은 어적魚炙을 올리고, 죽기竹器나 목기木器, 포와 젓갈은 상하를 가리지 않고 올릴 수 있다'고 되어 있습니다. 이는 제사에 진귀하고 기이한 것을 올리지 않고, 여러 가지 음식으로 제상을 사치스럽게

차리지 않는다는 의미오이다. 아버님은 사사로운 욕심으로 국가의 법전을 범할 분이 아니오."

이렇게 말하고는 끝내 마름 열매를 쓰지 않았다.

이렇게 굴건은 법과 솔선수범으로 한 나라를 이끈 영윤이었다. 동시에 그는 융화를 이끌어내는 재주가 있었다. 그가 영윤이 되어 서구나라를 점령하자 초 강왕康王은 굴건을 포상하고자 했다. 그러나 그가 대답했다.

"그것은 선대 대부 위자(위자빙)의 공이옵니다."

그러고는 위자빙의 아들 위엄에게 상을 넘겼다. 자신과 함께 초나라를 이끌어갈 사마司馬 위엄을 끌어안는 동시에 위엄의 아버지의 이름까지 명예롭게 했으니 예를 통해서 사람을 얻은, 말하자면 일석이조의 효과를 얻은 셈이었다. 초나라의 영윤은 신중하면서도 실속이 있었다.

그 아래 있는 사마 위엄은 꼼꼼했다. 굴건은 영윤이 되자 바로 초나라의 살림살이를 점검했다. 위엄은 명을 받아 조세 수입과 갑병甲兵의 수를 점검했다. 그는 전지를 문서에 기록하고, 산림을 측량하고, 소택지의 수와 면적을 헤아리고, 높은 산과 구릉을 판별하고, 소금물이 침투한 땅을 표시하고, 변방 경계지의 큰 물줄기의 수를 세고, 저수지의 규모를 판별하고, 제방 안의 평지를 구획하고, 물가의 땅을 방목지로 만들고, 비옥하고 평평한 땅에는 정전井田제를 시행하고, 수확량을 따져 세율을 조정하고, 수레(전차)의 차출 할당량을 정하고, 말의 수를 장부에 기입하고, 전차병과 보병 그리고 그들이 쓸 갑주와 방패의 수를 기록했다.• 이 기록은 기원전 세계에서는 가장 선진적이고 구체적인 국토 측량과 재정 감사에 관한 자료라고 생각한다. 이렇게 초나라는 신중한 영윤과 꼼꼼한 사마가 정치를 맡게 되었다.

진晉 – '조씨네 고아'가 집정이 되다

이제 진晉나라로 넘어가보자. 진나라의 새 정경 조무趙武는 어떤 사람인가? 비유적으로 표현하면 그는 늙어가는 호랑이 진의 조타수였다.

조무가 등장하기 직전 진나라의 상황은 대체로 다음과 같았다. 필의 싸움에서 초나라에 대패했지만 진나라는 외형적으로는 곧 패자의 본 모습을 회복했다. 언릉에서 초나라를 대파하고 연이어 초나라의 연합 세력들을 와해시켰으며, 미계靡笄에서 진나라 패권에 도전하는 제나라를 혼쭐냈다. 그러나 이 태행산 호랑이도 서서히 나이를 먹어갔다. 집단 지배체제는 삐걱거렸고, 비대해진 군대는 오히려 독이 되었다. 진

• 《좌전》 '양공 25년'에 나오는 기록의 원문은 다음과 같다.
書土田 度山林 鳩藪澤 辨京陵 表淳鹵 數疆潦 規偃豬町原防 牧隰皐 井衍沃 量入脩賦 賦車 籍馬 賦車兵徒卒 甲楯之數.
비록 짧은 문장이지만 대단히 방대한 내용을 묘사하고 있어서 역대로 다양한 해석이 붙 었다. 문구의 정확한 의미는 이견이 있지만 초나라의 전장과 부세제도에 관해 다음 세 가 지 정보를 얻을 수 있다.
초는 산림과 소택지는 물론이고 제방과 하천을 체계적으로 관리했다. 특히 물을 댈 수 있는 논을 중시했음을 알 수 있다. 또 지형과 비옥도에 따라 상당히 탄력적으로 조세를 징수하고, 국가가 전투물자와 전투병을 통합적으로 관리하고 있음을 알 수 있다. 설령 국가가 모두 관리하지 못했다 하더라도 적극적으로 관리를 시도했음은 확실하다. 아마도 날로 규모가 커지는 국제적인 전쟁에 대비하려면 기존의 씨족 중심의 편제로는 한계가 있다고 생각했을 것이다.

•조씨 가문 세계

종주	역할
조성자趙成子 최衰	진 문공을 패자로 만듦.
조선자趙宣子 돈盾 (친형제: 조동, 조괄, 조영제, 조천)	진 영공의 패덕을 막고 진의 초강국화에 기여함.
조장자趙莊子 삭朔	필의 싸움에 참가. 젊어서 죽음.
조문자趙文子 무武	진의 공실을 다시 일으켜 세움.
조경자趙景子 성成	요절.
조간자趙簡子 앙鞅	진양에서 조씨 왕조의 기초를 쌓음.
조양자趙襄子 무휼無恤	공후를 칭하지 않았으나, 사실상 조나라를 세워 독립함.

문공 이래 커져만 가던 국세도 이제는 한풀 꺾여서 비록 강하지만 절대강자라고 할 수는 없는 처지였다. 그러나 경험 많은 정경들이 있어 이런 전환기를 무난하게 이끌어갈 수 있었다.

언릉의 싸움 이후 무난한 성격의 한궐이 진나라를 이끌었다. 그다음은 용맹하면서도 사려 깊은 지앵이 이끌었고, 사섭의 아들 사개가 거족 난씨를 제거하고 진나라의 안정을 꾀했다. 그러나 역시 이 시절의 정경으로 우뚝 선 사람은 기원전 546년 초와의 역사적인 휴전협정, 곧 '미병弭兵'을 이끌어낸 조무일 것이다.

《사기》〈조세가〉에는 조무의 특이한 이력이 기록되어 있다. '조씨 집안의 고아'라는 워낙 널리 알려진 이야기로 조무의 성장 배경을 알려주기에 〈조세가〉의 내용을 옮겨본다.

조무는 조씨가의 적장자로 조돈趙盾의 손자이며 조삭趙朔의 아들이다. 조삭이라면 필의 싸움에서 하군을 이끌고 참전하여 초 장왕에게 패배한 사람이다. 필의 싸움에서 패배하기 전까지 조씨 가문은 진나라의 최고 명문이었다.

필의 싸움에서 패한 그해에 진나라 대부 도안고屠岸賈가 조씨 가문을 주륙할 음모를 꾸몄다. 그는 영공靈公의 총애를 받아 경공景公 대에는 사구司寇의 벼슬까지 오른 사람이다. 한때 조돈은 포학한 영공에게 쫓겨 외국으로 달아나려 한 적이 있다. 그런데 마침 조돈의 동생 조천이 역으로 영공을 시해함으로써 조돈은 귀국할 수 있었다.• 도안고는 이 일을 끄집어내어 여러 대부들에게 말했다.

"조돈이 비록 영공께서 시해되던 일을 몰랐다 하더라도 그는 여전히 역도들(영공을 시해한 조씨 가문)의 우두머리입니다. 군주를 시해한 사람들의 자손들이 버젓이 벼슬을 한다면, 앞으로 어떻게 죄인들을 다스리겠습니까? 그들을 주살합시다."

그러나 한궐은 조돈을 변호했다. 한궐은 조돈의 도움을 받아 정치적으로 성장한 인물이다.

"영공께서 적도들의 환난을 만났을 때 조돈은 외지에 있었소이다. 우리 선군께서도 그가 죄가 없음을 아시고는 죽이지 않은 것이오. 지금 여러 대부들께서 그의 후손을 주살한다면, 이는 선군의 의중을 무시하고 함부로 사람을 죽이는 것입니다. 함부로 사람을 죽이는 것을

• 진 영공은 사람을 재미로 죽이는 가학성 정신이상자였다. 정경 조돈이 영공의 잔혹함을 계속 저지하려고 했기 때문에 영공은 조돈을 암살하기로 마음먹는다. 그러나 조돈이 민심을 얻고 있었기 때문에 암살은 성공할 수 없었다. 영공은 기어이 조돈을 축출하지만, 조돈의 동생 조천이 역공하여 영공을 죽임으로써 알력은 끝나게 된다.

'난리를 일으켰다' 하고, 신하들이 큰일을 도모하려 하면서 군주에게 알리지 않는 것은 군주를 무시하는 것이오."

그러나 도안고는 한궐의 충고를 듣지 않고 기어이 일을 일으키려 했다. 한궐은 조삭에게 이 사실을 알리고 달아나라고 했으나 조삭은 거절하며 한궐에게 부탁했다.

"어른께서 조씨 가문의 제사를 끊어지지 않게 해주신다면, 저 삭은 죽어도 여한이 없겠습니다."

한궐은 조삭의 청을 받아주었다.

도안고는 경공의 허락을 받지 않고 여러 장수들을 모아 하궁下宮에서 조삭, 조동趙同, 조괄趙括, 조영제趙 창齊 등 조씨 일족을 모두 죽였다. 조동, 조괄, 조영제는 조돈의 이복형제로 모두 필의 싸움에 참전한 조씨 가문의 대표들이었다.

조삭의 아내는 진晉나라 성공成公의 딸•로 아이를 임신하고 있었다. 그녀는 공궁으로 달아나 숨었다. 그때 조삭의 문객으로 공손저구公孫杵臼라는 사람이 있었다. 그는 조삭의 죽음을 보고 조삭의 친구 정영程嬰을 힐난했다.

"왜 따라 죽지 않는 것이오?"

정영이 답했다.

"그의 부인이 임신 중이니, 만약 다행히 사내아이를 낳으면 그를 받

• 《사기》〈조세가〉에 조삭의 아내가 성공의 누나로 되어 있으나 연배로 보아 사마천의 착오로 보인다. 《좌전》에는 성공의 딸로 되어 있다.

들고 여자아이를 낳으면 나도 죽을 작정이오."

그런데 분만을 하니 바라던 대로 사내아이였다. 도안고는 그 소식을 듣고 공궁까지 수색해서 아이를 죽이려 했다. 조삭의 아내는 숨어 있으면서 기도했다.

"제발 조씨 가문을 끊을 요량이면 울고, 그렇지 않게 하려면 울지 말아라."

아이는 그예 울지 않았다. 점점 포위망이 좁혀오자 공궁도 안전하지 않았다. 공손저구가 정영에게 물었다.

"고아를 키워서 세우는 일과, 죽는 일 중에 무엇이 어렵소?"

"죽는 것이 쉽지요. 고아를 세우는 것이 더 어렵소."

그러자 공손저구가 말했다.

"조씨의 선군께서 그대를 후대했으니, 그대는 힘써서 어려운 일을 맡아주오. 나는 쉬운 일을 하겠으니 먼저 죽으려 하오."

그러고는 둘이 모의하여 다른 사람의 아이를 구해 강보에 싼 후 산속에 숨었다. 공손저구는 아이를 안고 산에 있고 정영은 내려와 조씨를 공격한 사람들을 찾아 고발했다.

"저 영이 못나서 고아를 지켜낼 수가 없습니다. 누가 저에게 천금을 주는 사람이 있으면 조씨네 고아가 있는 곳을 알려드리리다."

그러자 그들은 정영을 앞잡이로 세워 산으로 들이쳤다. 공손저구는 짐짓 비장하게 정영을 꾸짖었다.

"정영, 이 소인배 놈아! 그제 하궁의 난이 일어났을 때 따라 죽지도 못하더니, 나와 조씨네 고아를 숨기자고 하지 않았더냐. 그런데 이제 또 나를 팔아먹는구나. 키워내지는 못하기로서니 또 팔아넘긴단 말이냐? 하늘이시여, 하늘이시여, 조씨네 고아가 무슨 죄가 있나이까? 그 애는 살려주시고, 저 저구만 죽여도 되지 않습니까?"

그러나 사람들은 매몰차게 저구와 아이를 모두 죽였다. 이렇게 조씨 일가는 완전히 멸족된 듯했다. 그러나 15년이 지나 진 경공이 병이 나서 점을 쳐보니 점괘가 '대업大業•의 후손 중 제대로 성장하지 못한 이가 화의 원인이 되었다'고 나왔다. 그러자 한궐이 이때를 노려 유세했다.

"대업의 후대 중에 진나라에서 대가 끊어진 가문은 바로 조씨가 아닙니까? 군주께서 조씨의 제사를 끊기게 했으니 국인들이 이를 슬퍼하고, 이에 거북껍질과 시초에 점괘가 드러난 것이 아니겠습니까? 잘 살펴주옵소서."

그러자 경공이 물어보았다.

"조씨의 후대 자손이 아직 남아 있는가?"

그러자 한궐은 그간의 사정을 모두 이야기했다. 경공은 바로 '조씨 고아'를 불러들여 궁에 두고는 난리에 가담한 사람들을 불러들여 추궁했다. 그러자 그들은 황급히 변명했다.

"일전에 하궁의 난은 도안고가 군주의 명을 사칭하여 책동한 것입니다. 그렇지 않다면 누가 감히 난리를 일으켰겠습니까? 군주의 병환이 아니라 하더라도 여러 신하들은 오래전에 조씨의 후대를 세울 생각을 품고 있었습니다. 이제 군주께서 명하시니, 이는 저희 신하들이 바라

• 진秦나라 공족인 영嬴성의 시조로 알려져 있다. 진晉나라 조씨도 영성이다.

삼의묘三義墓. 조선맹, 공손저구, 정영의 원통형 묘가 함께 있다.(산서성 한성시 소재)

던 일입니다."

그러고는 이번에는 역으로 도안고를 공격해서 그의 일족을 멸망시켰다. 이리하여 조무는 조씨 가의 봉지를 모두 회복했다. 조무가 성년이 되자 정영이 조무를 찾아와 말했다.

"난리가 났을 때 따라 죽지 않은 것은 모두 오늘을 위해서였습니다. 이제 지하의 조선맹趙宣孟•과 공손저구에게 알려야겠습니다."

그러자 조무는 울며 말렸다.

"저 무는 근골이 끊어질 때까지 어른께 보답하려 합니다. 어찌 저를 버리고 가실 수 있습니까?"

• 조씨는 명문 대족이기 때문에 그 종주를 높여서 맹孟이라고 불렀다. 조선맹은 조선자(조무)의 할아버지 조돈을 말한다. 그러나 문맥상 조무의 아버지 조삭을 말하는 듯하다.

그러나 정영은 대답했다.

"그럴 수 없습니다. 공손저구는 제가 일을 감당할 수 있다고 여겨서 먼저 죽었습니다. 지금 가서 알려주지 않으면 제가 일을 완성하지 못했다고 생각할 것입니다."

이렇게 말하고는 스스로 목숨을 끊었다.

여기까지가 《사기》에 기록된 내용이다. 이 이야기는 《동주열국지》에 계승되었고, 민간 연극의 소재로 전국으로 퍼져 나가 최근에는 〈조씨 고아〉라는 영화로까지 만들어졌다. 이렇게 잘 만들어진 이야기를 건드리는 것이 안타깝지만 이 이야기의 반은 사실이고, 반은 거짓이다.

먼저 사실을 말해본다. 진나라 세족들 내부에서 강렬한 권력투쟁이 벌어졌으며, 그때 조씨 가문이 화를 입은 것은 사실이다. 또 조무가 어린 나이에 조씨 가문이 입은 화를 기억하고 신중한 사람으로 성장한 것도 사실이다.

그러나 난을 일으킨 사람, 난의 원인 등은 모두 사실이 아니다. 아마도 《사기》의 내용은 전국시대의 전설을 각색한 것으로 추측된다.• 물론

• 《사기》는 대단히 정밀한 사서지만 사마천의 문학적인 기질 때문에 근거가 불분명한 극적인 이야기들이 상당히 들어 있다. 반면 《좌전》은 편년체 사서로서의 엄격한 사실 기술에 집중한다. 《국어》 역시 사건을 여러 각도에서 입체적으로 묘사하면서도 전후의 모순이 비교적 적은 매우 정확한 사서다. 필자는 대체로 《국어》와 《좌전》을 참조하여 당시의 사태를 추정했다.

이번 사건의 경우 《좌전》과 《국어》의 내용이 더 신빙성이 있는 이유는 여러 가지다. 일단 《좌전》과 《국어》는 거의 일치한다. 또한 진나라 대부들 사이의 사소한 관계도 기록하는 이 두 사서가 《사기》에만 나오는 도안고라는 인물을 전혀 서술하지 않은 점은 이해할 수 없다. 또한 《좌전》에 제나라로 망명했다고 분명히 기록되어 있는 조영제가 《사기》에는 현장에서 살해당하고, 필의 싸움 이후 등장하지 않는 조삭이 다시 살해당하는 이유도 알 수가 없다.

특히 6경 체제가 강고한 진나라에서 도안고라는 알려지지 않은 인물 한 명이 무단으로 공궁을 수색한다

조씨 가문이 화를 입은 근본적인 이유는 당시 진나라의 귀족들 간, 귀족과 공실 간의 토지를 둘러싼 알력 때문이었다. 그러나 사건의 발단은 일단 진-초의 필의 싸움으로 소급된다.

필의 싸움을 주도한 이들은 조씨 가문이었다. 당시 중군대장 순임보는 원래 조돈의 부장이고, 중군대부 조괄과 조영제, 하군대부 조동은 조돈의 형제이며, 하군대장 조삭은 조돈의 아들이다. 또한 사마 한궐은 조돈의 후원으로 성장한 사람이다. 그러나 전쟁의 결과는 비참한 패배였다.

싸움 이전에 조씨 집안 내부에는 이미 분쟁의 싹이 트고 있었다. 조삭은 숙부인 조동과 조괄이 전쟁을 주장하는 꿍꿍이를 눈치 채고 있었다. 그가 보기에 늙은 숙부들이 공을 세우기 위해 안달하는 모습이 탐탁지 않았다. 그리고 조괄, 조동, 조영제 3형제 중에서 조영제는 두 형들을 적극적으로 지지하지 않았다. 이로 인해 두 형들은 조영제를 좋게 보지 않았다.

이후에도 조괄과 조동은 계속 적극적으로 전쟁을 주장하여 진나라 군대 통수권자들과 충돌했다. 조삭은 필의 싸움 이후《좌전》에 그의 이름이 전혀 등장하지 않고, 조씨 가문이 화를 입을 때 조삭의 아내를 조

는 것도 이해되지 않는다. 마지막으로 도안고가 조씨 가문을 주륙한 후에도 무려 15년간 전횡했는데 편년체 사서인《좌전》과 진나라의 사서라고 할 수 있는《국어》에 한 번도 등장하지 않는 것은 그가 가공의 인물이거나 난리에서 보조적인 역할을 한 하급 귀족임을 방증한다.《좌전》에는 초기에는 한궐이 조무를 지원하고, 훗날 진나라의 최고 명장 중 한 명인 위강魏絳이 조무를 도와 그를 신군대장으로 올리고 자신이 부장이 되었다는 기록이 나온다. 당시 위강은 군주의 신뢰를 받는 진나라의 신흥 실력자인데 그가 조무를 보좌함으로써 조무의 위상은 크게 올라갈 수 있었다[楊伯峻,《春秋左傳注》(中華書局, 2009) 참조].

장희趙莊姬(조씨집 '장'에게 시집간 희성 여자. 장은 조삭의 시호라고 본다)라고 불렀으니 그때 이미 죽은 듯하다. 그렇다면 조씨 집안은 조삭의 어린 아들(조무)과, 세 숙부들이 대표 주자였다. 그런데 그때 조장희는 남편의 숙부인 조영제와 통정하고 있었다.

조괄과 조동은 필의 싸움에서 협조해주지 않아 척이 진 조영제의 불륜을 용납하지 않았다. 그래서 그에게 망명하라고 강요했다. 조영제는 형들에게 사정했다.

"난씨가 우리 가문을 도모하지 못하는 것은 제가 있기 때문입니다. 제가 없어지면 형님들에게 우환이 생길 것입니다. 사람이란 제각기 잘하는 일과 못하는 일이 있는데, 저를 눈감아준다고 무슨 해가 되겠습니까?"

그러나 형들은 듣지 않았다. 결국 조영제는 제나라로 망명했다. 치정이 끼어든 형제간의 다툼은 결국 조씨 가문에 커다란 타격을 주고 말았다. 조영제의 정인情人 조장희는 연인이 강제로 쫓겨난 것 때문에 앙심을 품고 조괄과 조동을 모함했다. 그녀는 성공成公의 딸이다. 그는 경공에게 가서 말했다.

"조동과 조괄이 장차 난을 일으키려 합니다. 난씨와 극씨가 증인이 될 수 있습니다."

이 여인은 정인의 형제이자 남편의 숙부인 조동과 조괄을 모함했다. 난씨와 극씨가 이 기회를 놓칠 리가 없었다. 그래서 군대를 조직해 조괄과 조동을 공격했고, 그들은 살해당했다. 조장희는 이들을 제거함으로써 정인의 복수도 하고 아들(조무)을 조씨가의 적임자로 내세울 수도 있었다. 조씨 가문과 가까운 한궐이 경공에게 권했다.

"조최의 공과 조돈의 충성이 있었으나 이제 그 가문은 후계자가 없는 상황이 되었으니, 선한 일을 하는 자들이 자신들도 이렇게 될까 두려워할까 걱정됩니다."

이리하여 조씨 가문의 영지는 조무에게 돌려주고 조무가 조씨 가문의 종주가 되었다.

이렇게 가문 내부의 분열과 위기를 거친 후, 한궐과 같은 조씨 가문의 후원을 입은 사람들과 위강魏絳과 같은 신흥 실력자들의 도움으로 가문을 회복한 조무는 아주 신중한 사람으로 성장했다. 특히 필의 싸움이 몰고 온 파장을 몸소 겪었기 때문에 전쟁을 바라보는 관점도 신중했다.

신중한 성격, 내정을 처리하는 안목, 국제적으로 통용되는 예교 질서에 모두 능통한 조무는 지금은 싸움이 아니라 휴식이 필요한 시기임을 감지하고 있었다. 그는 선대 정경인 사개와는 달리 대외적인 유화정책을 구사했다. 그는 제후들이 진나라에 바치는 공물을 줄이는 동시에 제후들에게 신중하게 예를 차렸다.

기원전 548년 제나라가 반항하는 문제로 제후들이 회합을 열었을 때 그는 노나라 숙손표에게 이렇게 말했다. 그는 자신의 대외정책을 분명하게 표명했다.

"이제부터는 병사를 동원하는 일은 좀 줄어들 것입니다. 최씨와 경씨가 방금 제나라의 정권을 잡았으니 그들은 여러 제후들과 우호관계를 맺고자 할 것입니다. (그러니 제나라는 큰 문제가 안 되고) 저 무武는 초나라 영윤(굴건)을 잘 압니다. 공손히 행동하고 예의를 지키며, 좋은 말로 인도하여 제후들을 안정시키면 전쟁을 끝낼 수 있을 것입니다[兵可以弭]."

자신이 정경으로 있을 때 반드시 휴전을 끌어내겠다는 의지의 표현이었다.

2. 불신을 극복하고 휴전협정을 맺다

국제정치의 언어들은 화려하다. 온갖 수사로 포장된 강대국들의 공식 외교문서를 읽다 보면 실제로 강대국들이 선의를 가진 것이 아닐까 하는 의혹이 생길 정도다. 그러나 그 아름다운 말 아래에는 항상 얼음 같은 현실이 있다.

그러나 외교상의 아름다운 언어[文]는 비유하자면 우아하게 치장한 미인과 같다. 그녀는 가장 비현실적인 아름다움으로 가장 현실적인 사람들의 마음을 움직인다. 하지만 외교 현장에서 이런 언어들의 수식과 기교보다 더 중요한 것은 치밀한 계산과 상징들이다.

당시 국제적인 마당발인 송나라의 좌사左師 상술向戌은 이 거대한 무대에서 중재자 역할을 하고, 덤으로 명성과 재물을 얻으려 했다. 그는 조무나 굴건과 두루 친했다. 그는 양국을 오가며 의견을 조율하여 오늘날 중국과 미국의 화해를 이끈 헨리 키신저Henry Kissinger와 같은 역할을 했다. 초나라 측에서는 굴건과 공자 흑굉黑肱이 나섰고, 진나라 측에서는 조무가 주도하고 숙향이 보좌했다. 기원전 546년 여름 드디어 휴전회담의 열기가 점차 달아올랐다.

상술이 진나라에 가서 진-초의 휴전협정안을 제시하니, 조무는 대신들을 모두 소집했다. 조무는 물론 휴전에 찬성하는 입장이었다. 한기韓起도 찬성했다. 한씨와 조씨는 관계가 친밀했고, 한기는 조무의 대를 이어 정경을 맡을 사람으로 명망이 높았다. 그가 말했다.

"전쟁[兵]이란 백성들을 해치는 잔혹한 것이며, 재화를 갉아먹는 좀이며, 작은 나라들에는 커다란 재앙입니다. 장차 혹 전쟁을 멈출 방안을 찾는다면, 누가 안 된다고 하더라도 반드시 이를 허락해야 합니다. 우리가 허락하지 않고 초나라가 허락하여 제후들을 끌어들인다면, 우리들은 맹주의 지위를 잃을 것입니다."

조무는 듣고자 했던 소리가 나오자 바로 대답을 주었다.

"진나라는 휴전에 찬성합니다."

곧바로 상술은 초나라로 떠났다. 초나라에 가서 휴전을 제안하니 역시 허락했다. 초나라의 사정도 진나라와 마찬가지였다. 그다음으로 상술은 제나라로 갔다. 그러나 제나라 사람들이 난색을 표했다. 그러자 진수무陳須無가 공박했다.

"진과 초가 다 허락했는데 우리가 어찌할 도리가 있습니까? 그리고 남들이 다 전쟁을 멈추자고 하는데 우리만 반대하면 우리 백성들이 이반할 텐데, 그때는 어찌할 것입니까?"

진수무가 이렇게 말하자 결국 제나라도 휴전에 찬성했다. 이어 상술은 진秦나라로 가서 상황을 고했다. 진晉, 초, 제가 다 허락한 마당에 진秦이 반대할 수는 없는 노릇이었다. 이제 4강이 모두 찬성하자 사자들이 분주히 작은 나라들을 오가며 이 사실을 고했다. 작은 나라들은 전쟁이 끝난다는 말에 모두 기뻐했다. 물론 이 '작은' 나라들은 정나라나 노나라처럼 어느 정도 규모가 되는 나라들이다. 그러나 후에 드러나겠지만 이보다 더 작은 나라들에게 휴전은 단순히 기뻐할 일만은 아니었다.

상술을 키신저에 비유할 수 있는 이유는 일을 처리하는 순서를 정확히 파악하고 있었기 때문이다. 국제관계를 다루는 중개자가 가져야 할 원칙이 몇 가지 있다. 먼저 강한 나라 순서대로 설득한다. 그다음은 가까운 나라 순서다. 그래서 진과 초를 먼저 다룬 뒤, 양강의 결정을 가지고 가까운 제나라를 설득했으며, 이리하자 휴전을 별로 달가워하지 않던 진秦도 어쩔 수 없이 따른 것이다. 나머지 작은 나라들은 더 말할 나위도 없다.

초여름 따뜻한 날 각 나라의 지도층들이 회담장인 송나라에 속속 도착했다. 먼저 당시 달력으로 5월 말 갑진甲辰일에 진의 조무가 도착하고, 이틀 후 6월 병오丙午일에 정의 백유(양소)가 도착했다. 그다음 날 노의 숙손표, 제의 경봉과 진수무, 위의 석악石惡, 그리고 며칠 후 주邾 도공이 도착했고, 6일 후에는 초나라 공자 흑굉이 본대보다 먼저 도착해 사전에 진晉나라와 협정문을 조율했다. 그리고 또 6일 후에는 상술이 진陳으로 가서 초나라 영윤 굴건과 협정문을 조율했다. 필자가 일일이 날짜를 언급한 것은 당시에 각 나라들이 이 협정을 얼마나 중시했는지 밝히기 위해서다. 가까운 나라들은 하루 간격으로 모두 도착했고 먼 나라들도 시일을 다투어 도착했다. 협정에 임하기 전에 각 나라들은 모두 성실한 태도를 지켰다. 그 뒤에도 여러 나라들이 도착했다.

상술이 굴건을 만나자 굴건이 조건을 내걸었다.

"진晉나라와 초나라를 따르는 나라들로 하여금 상대편 맹주국을 찾아보게 합시다."

말하자면 초를 따르는 나라들은 진을 찾아가 인사하고, 진을 따르는 나라들은 초를 찾아가 인사하게 하자는 것이었다. 상당히 껄끄러운 제안이었다. 상술은 바로 역마를 달려 조무에게 고했다. 그러자 조무는 타협안을 내서 전달했다.

"진晉, 초, 제, 진秦 이 네 나라로 말하자면 우리 진晉나라가 제나라를 부릴 수 없음은 초나라가 진秦나라를 부릴 수 없음과 같습니다. 초나라 군주께서 진秦나라 군주에게 우리 진晉을 찾아뵙는 수고를 하도록 할 수 있다면, 우리 군주께서 어찌 제나라 군주에게 똑같이 귀국을 찾아보라고 하지 않겠습니까?"

결국 제나 진秦과 같은 강국을 굴복시키기는 현실적으로 어렵다는 이야기였다. 상술이 다시 역마를 달려 굴건에게 고하자 굴건도 타협안을 냈다.

"그렇다면 제와 진秦을 제외하고 다른 나라들은 우리 쌍방을 찾아오게 하시지요."

이리하여 사전 의견조율이 끝났다. 굴건이 이끄는 초나라 사절단과 상술은 송나라의 회합장으로 들어갔고, 큰 나라 경대부들과 작은 나라 군주들이 회합장으로 구름처럼 몰려들었다. 회합장은 송나라 도성의 서문이었는데 여러 나라들이 모여서 만든 작은 군진軍陣으로 장관을 이루었고, 진晉과 초는 양쪽 끄트머리에 자리를 잡아 양대 세력의 대표자 행세를 했다.

일찍이 이런 규모의 대회맹은 보기 드문 광경이었고, 각국의 중신들이 운집한 상황에서 상대를 신뢰하지 못하면 오해가 오해를 불러 커다란 분란을 일으킬 수 있었다. 초나라 진영의 굴건은 꼼꼼한 성격답게 만일의 사태에 대비하고, 필요하면 상대를 위협할 마음까지 품고 있었다. 진나라 측의 순영荀盈이 분위기를 감지하고 조무에게 걱정을 털어놓았다.

"초나라 진영의 분위기가 험악합니다. 무슨 곤란한 일이 일어날까 걱정입니다."

조무가 받았다.

"우리가 왼쪽으로 돌아서 성안으로 들어가면 저들이 우리를 어찌할 것인가?"

이로 보아 진나라 군영이 송나라의 성문에 더 가까이 있었음을 알 수 있다. 이렇게 대범한 조무도 제 나름대로 생각이 있었다. 기록에 의하면 그때 진나라 진영은 만약의 사태에 대비하는 방어시설을 만들지도 않고, 경계병을 세우지도 않았다고 한다. 그러니 속으로는 이미 방어책을 마련하고, 밖으로는 진나라의 대범함과 신의를 드러낸 것이다.

신사辛巳일에 서문 밖에서 맹약을 맺으려는데 초나라 사람들은 겉옷 안에 갑옷을 겹쳐 입었다. 그 의미는 무엇일까? 이 상황은 진나라 측의 의구심을 자아냈다. 그리고 초나라 내부에서도 비판이 일었다. 진나라 출신으로 초나라에 망명 와 태재大宰로 있던 백주리伯州梨는 굴건에게 충고했다.

"제후들을 모아놓고 신의를 지키지 않으면 안 되지 않겠습니까? 지금 제후들이 우리 초나라에 바라는 것은 신의[信]입니다. 그러기에 이렇게 와서 복종하는 것인데, 만약 신의를 지키지 않는다면 제후들이 우리에게 와서 복종하는 이유를 버리는 것입니다. 굳게 요청하오니 갑옷을 벗으시옵소서."

굴건의 대답은 약간 옹졸했다.

"진과 초 사이에 신의가 없은 지는 이미 오래요. 일을 처리할 때는 이익을 얻고 우리 뜻을 관철하면 되지, 무슨 신의가 필요하겠소."•

백주리는 답답한 마음에 물러나서 사람들에게 말했다.

• 《국어》가 전하는 분위기는 자못 살벌하다. 《국어》에는 굴건이 이렇게 말했다고 한다.
"진나라 군사(사절)들을 모두 없애고 조무를 죽인다면 진나라는 약해질 것이다."
그 말을 전해 듣고 조무가 숙향에게 조언을 구했다고 한다.
그러나 향후 굴건의 행동과 말을 보면 이것은 지나친 억측이다. 중요한 사안들은 모두 왕에게 보고하던 굴건이 갑자기 이런 모험을 할 수 있겠는가? 또한 굴건이 진나라 사절을 모두 죽이겠다고 마음먹었다면 왜 《좌전》에서 백주리가 '3년'을 운운하는가. 즉시 '이 일은 성공하지 못할 것이다'라는 대사가 나와야 자연스럽다. 그리고 《좌전》의 기사에서 이어지는 진나라 숙향의 말을 보아도 알 수 있다. 그는 이렇게 말한다.
"그런 불상사가 나는 지경에는 이르지 않을 것입니다[又不及是]."
그것이 객관적인 평가였다. 굴건은 예를 지키지 않고 갑옷을 입음으로써 상대방을 위협하려 했고, 백주리는 그런 행동이 신의를 버리는 것이라고 질책했다. 또 《국어》에는 조무에게 숙향이 "어른은 어찌하여 목숨을 아끼십니까? 죽어서 우리 진나라가 맹주의 자리를 굳건히 할 수 있다면 두려워할 일이 뭐가 있겠습니까?"라고 했다고 한다. 야사의 분위기가 물씬 풍긴다. 《좌전》의 대사에서 숙향은 매우 구체적으로 형세를 설명하고, 결국 사달이 일어날 수 없음을 역설하는데 《국어》의 대사에는 갑자기 감정적인 논설을 풀어놓고 있다. 《좌전》과 《국어》는 비슷한 사초를 다루고 있지만, 아마도 진나라의 사료에 더 근접한 《국어》는 진나라 진영에서 떠도는 말을 옮긴 듯하다.
물론 《국어》의 말들은 대체로 긴박감이 있다. 그 이유는 《국어》가 대체로 《좌전》보다 현장감이 있기 때문이다. 취합한 자료들도 더 현장감이 있다. 그러나 《국어》에는 앞뒤가 맞지 않는 내용들도 종종 등장하는데 《좌전》은 그런 것이 드물다. 아마도 《좌전》의 사가는 합리성을 기준으로 사료를 한번 걸러낸 듯하다. 이번에도 두 책의 기사를 동시에 사용하겠지만 앞뒤가 맞지 않는 《국어》의 내용은 일부 편집했다.

"영윤께서는 장차 돌아가실 텐데, 3년을 못 넘길 게요. 뜻을 이루려 하면서 신의를 버리니, 장차 뜻을 이룰 수 있겠습니까? 뜻이 있으면 말로 나타나고, 말로써 신의를 드러내며, 신의로써 뜻을 세우는 것입니다. 이 세 가지는 함께해야 안정되는 것입니다. 그런데 신의가 무너진 마당에 어찌 3년을 버티겠습니까?"

조무도 초나라 사절단이 갑옷을 받쳐 입은 것을 보고 걱정이 되어 숙향에게 자문을 구했다. 숙향은 태연했다.

"무슨 해가 되겠습니까? 필부 따위도 한 번이라도 신의를 어겨서는 안 되는데, 신의를 어기면 죽음이 있을 뿐입니다. 저들이 만약 제후국의 대표들을 불러놓고 신의 없는 짓을 한다면 반드시 패배할 따름입니다. 말을 지키지 않는 이가 재앙을 받을 뿐이지, 이는 어른께서 걱정하실 일이 아닙니다. 대저 신의로써 사람들을 불러 모으고 사술로써 일을 성취하려는 자와 함께할 이들은 필경 없을 것입니다. 그러니 어찌 우리를 해칠 수 있겠습니까? 또 우리가 송나라에 기대어 화란에 대항하면 결사적으로 싸울 수 있습니다. 송나라와 함께 결사적으로 싸운다면 초나라 세력의 몇 배는 될 터인데 무엇을 두려워하십니까? 그리고 그런 불상사가 일어날 지경에는 이르지 않을 것입니다[又不及是]. 전쟁을 그치자는 말로 제후들을 불러 모으고 병사를 써서 우리를 해친다면, 우리 진나라의 신의가 더 크다는 것을 밝히는 일입니다[吾庸多矣]. 어른께서 걱정하실 일이 아닙니다."

굴건이 갑옷을 입고서 노린 것은 아마도 위협효과였을 것이다. 회의가 진행되자 이번에는 삽혈歃血을 누가 할 것이냐가 쟁점이 되었다. 먼저 삽혈한 이가 명목상의 맹주가 되기 때문이었다. 진나라 측에서는 당장 말이 나왔다.

"진나라는 오랫동안 맹주의 자리를 지켜 여태껏 남보다 늦게 삽혈한 적이 없소이다."

초나라 측에서 되받았다.

"그대들은 진과 초가 필적하는 나라라고 했소. 그런데 항상 진이 먼저 삽혈한다면 우리 초가 진보다 약하다는 것입니까? 또한 진과 초가 번갈아가며[狎] 제후들의 회맹을 주관한 지가 오래인데 어찌 진나라만 항상 먼저 한단 말입니까?"

이렇게 서로 다투는 와중에 숙향이 옆에서 조무에게 조언했다.

"제후들은 그저 우리 진나라의 덕을 따르는 것이지, 우리가 회맹의 주관자라고 따르는 것이 아닙니다. 어른께서는 덕을 닦는 데 힘쓰고 누가 먼저 삽혈할지를 가지고 다투지 마십시오. 또 제후들이 회맹을 할 때 원래 작은 나라가 회맹을 주관한 적이 분명 있습니다. 오늘 초에게 우리 진나라를 위해 자잘한 일을 시키는 것도 괜찮은 일 아니겠습니까[楚爲晉細不亦可乎]?"•

• 《국어》에 나오는 숙향의 말은 더 자세하다. 그중에는 다음과 같은 말이 있다.
"(전략) 옛날에 주나라 성왕께서 기양岐陽에서 초나라는 형만荊蠻(형 오랑캐)으로 모절茅擣(큰 제사에 술을 거르는 띠풀로 초나라가 주 왕실에 바쳤다고 한다. 관중이 초나라를 칠 때 '띠풀을 바치지 않아 제사를 못 지내겠다'라고 구실을 댄 적이 있다)을 깔고 망표望表(산천에 제사 지낼 때 세우는 나무 표지판)를 설치하고 선비鮮卑(《국어》의 기사는 북방 선비족의 명칭에 관한 최초의 기록이다)와 (밖에서) 횃불이나 지키며 회맹에 참여하지도 못했습니다. 지금 우리와 번갈아가며 제후들의 회맹을 주관하게 된 것은 오직 저들이 덕을 쌓았기 때문입니다. 어른께서는 덕에 힘쓰시고, 삽혈을 먼저 하는 것을 다투지 마시옵소서."

이리하여 먼저 초나라가 삽혈했다.

이렇게 맹서는 이루어졌다. 숙향이 말한 대로 과연 사달은 일어나지 않았다. 조무와 숙향은 대범무쌍한 정경과 침착한 보조자였다.《춘추》의 경문은 먼저 삽혈한 초나라 대신 진나라를 먼저 기록함으로써 진나라의 신의를 드러냈다. 형식과 내용의 절묘한 조화였다. 특히 공자는 이 평화협정을 좋아했다. 송나라 군주가 조무를 대접할 때의 말과 예절을 아껴서 제자들에게 익히게 할 정도였다고 한다.

3. 회맹의 후일담: 영걸들의 말

회맹이 성사된 다음 날, 송나라 평공平公은 진과 초의 대부들을 모두 초청하여 연회를 베풀었다. 형식은 연회지만 각국 경대부들의 실력을 가늠하는 중요한 자리였다. 화기애애한 분위기에서도 팽팽한 긴장이 흘렀다. 이 자리에서 굴건이 조무와 대담을 나누는데 조무가 상대하기 벅찼다. 그래서 숙향이 조무를 보좌해 말을 거들자 이번에는 굴건이 벅찼다.

그리고 사흘 후, 이번에는 송나라 평공이 여러 나라의 대부들을 모두 불러 맹서를 주관했다. 이 자리에서 다시 굴건은 조무와 대담을 나누었다.

"진나라 범무자(사회士會)의 덕은 어느 정도입니까?"

"그 어른은 집안을 잘 다스렸고, 나라에 관해 말을 할 때 뜻을 숨긴 적이 없으며, 제관이 신령에게 그 어른에 대한 말을 올릴 때 사실대로 말해도 부끄러울 것이 없었습니다."

굴건은 느끼는 것이 있어서 돌아와 강왕에게 그대로 고했다. 그러자 왕이 대답했다.

"높은 사람이구려. 신과 사람을 함께 만족시킬 수 있는 사람이니, 의당 다섯 군주를 보위하여 맹주의 자리에 있게 하였구려."

굴건이 말을 보탰다.

"진나라가 우두머리가 되는 것도 당연합니다. 숙향이 있어 그 나라 정경을 보좌하더이다. 우리 초는 그를 당할 이가 없으니 아직 진과 겨룰 수 없습니다."

굴건은 한계를 직시할 줄 아는 지도자였다.

조무는 굴건처럼 많은 계산을 하지는 않는다. 그 대신 그는 문식이 뛰어난 청산유수의 교양인이었다. 진나라 사절은 회맹을 마치고 정나라를 거쳐 귀국했다. 그때 정 간공은 귀국하는 사절들을 마중했다. 정나라의 자전, 자산 그리고 그 이하의 경대부들이 배석하여 군주를 도왔다. 정나라에서 그토록 바라던 휴전회담을 성사시킨 사람이니 조무는 크게 환대를 받았다. 이 자리에서 정나라 경대부들이 노래를 부르고 조무가 화답했는데 그 대답이 모두 걸작이었다. 먼저 자전이 〈초충草蟲〉을 불렀다.

> 야오야오 풀벌레, 폴짝폴짝 메뚜기
>
> 군자 못 뵈오니, 마음은 조마조마

군자께서 나타나, 군자를 뵈었다면

내 마음은 다 풀렸으리

〔喓喓草蟲 趯趯阜螽 未見君子 憂心忡忡 亦既見止 亦旣覯止 我心則降〕

긴 싸움에 지쳐 있는데 휴전회맹을 끝내고 온 진나라 정경을 보니 온 근심이 다 풀린다는 이야기로 정나라의 심정을 화사하게 노래한 것이다. 노래에는 또 개인적인 정도 드러났다. 조무가 답했다.

"좋은 노래입니다. 과연 백성의 주인 되시는 분이십니다. 저 조무는 그런 (노래 속의) 군자에 못 미칩니다."

백유는 〈순지분분鶉之奔奔〉을 노래했다.

메추리는 짝지어 다니고 까치도 함께 노는데

착하지 못한 그 사람을 형으로 모시고 있네

까치는 함께 놀고 메추리도 짝지어 다니는데

착하지 못한 그 사람을 군주로 모시고 있네

〔鶉之奔奔 鵲之彊彊 人之武良 我以爲兄 鵲之彊彊 鶉之奔奔 人之武良 我以爲君〕

완연히 윗사람들을 원망하는 노래였고, 자신을 지지해달라는 호소였다. 그러나 조무는 슬쩍 외면하고는 바로 질책했다.

"잠자리에서 하는 말은 문 밖으로 새지 않게 하라고 했는데, 하물며 이 너른 들판에서 하시다니요. 사신으로 온 제가 들을 말이 아닙니다."

시는 이어지고 자산의 차례가 되었다. 자산은 〈습상隰桑〉을 노래했다.

습지에 선 뽕나무 아름다워 그 잎도 무성하구나

군자 이미 뵈었으니 그 얼마나 기쁘리오

마음으로 아끼오니 어찌 말하지 않으리오만

마음속에 묻어두니 어느 날인들 잊으리이까

〔隰桑有阿 其葉有難 旣見君子 其樂如何 心乎愛矣 遐不謂矣 中心藏之 何日忘之〕

자산은 자전의 노래를 이어서 좀 더 개인적으로 다감한 노래를 불렀다. 그러자 조무가 화답했다.

"청컨대 그 마지막 장을 받아들이겠습니다."

항상 마음을 써주니 고맙다는 뜻이었다. 시가 이어지고 즐거이 연회를 파한 후 조무가 숙향에게 평하여 말했다.

"백유는 오래 못 가겠습니다. 시란 심중의 마음을 드러내는 것인데, 그는 윗사람을 무함하고 드러내놓고 원망하며 빈객을 높이더군요. 그러고도 오래갈 수 있겠습니까?"

"어른의 말씀이 맞습니다."

"자전이 가장 늦게 망할 것 같습니다. 위에 있어도 아래로 떨어질 것을 잊지 않더군요."

이렇게 조무는 사람 보는 눈이 예리했다.

이제 마지막으로 이 회담을 성사시킨 고대의 키신저를 살펴보자. 이번 일에서 상술은 실로 동서남북으로 쉴 틈 없이 움직였다. 그는 자신의 공에 자못 자부심을 느끼고 상을 요청했다.

"죽음을 무릅쓰고 달려서 다행히 이렇게 살았습니다. 죽음을 면한 보상으로 읍을 요청드립니다."

실제 그의 공이 컸으므로 송 평공은 60개 읍을 내어주었다. 대단한 포상이었다. 상술은 이 일을 사성司城 자한子罕에게 자랑했다. 사성은 대소 공사工事는 물론 정치의 자문까지 담당한 중책이었다. 그는 송나라의 자산 같은 사람이었다. 자한은 상술을 호되게 문책했다.

"여러 작은 제후국들은 진과 초가 힘으로 위협해 따른 것이오이다. 큰 나라에 대한 두려움이 있어야 상하가 화목하고 화목한 연후라야 능히 그 국가(소국)를 보존할 수 있는 것이오. 큰 나라를 잘 섬겨야 작은 나라가 살아남을 수 있소. 두려워하지 않으면 교만해지고, 교만해지면 난리가 나며, 난리가 나면 나라는 필연코 결딴나니, 이것이 바로 망하는 이유요. 하늘이 다섯 재료[五材: 화수목금토火水木金土]를 내어서 백성들이 이들을 모두 사용하고 있으니 하나라도 없앨 수가 없는데 누가 병기[兵: 오재 중 쇠로 만든 것]를 없앨 수 있단 말이오? 병기(군대)를 둔 것은 이미 오래되었으니, 이는 말을 듣지 않는 자를 겁주고 문덕을 밝히기 위한 것이오. 성인은 병기로 흥하고, 난인亂人은 병기로 망했소. 폐흥廢興과 존망의 길이 모두 병기에서 비롯하오. 그런데 그대가 그것을 제거하고자 하니 이는 또한 속이는 것이 아니오? 속임수로 제후들을 가렸으니 죄가 이보다 클 수가 없소. 그런데 크게 벌을 받지는 않을지언정 오히려 상을 구하다니요. 너무나 염치가 없구려."

이렇게 말하고는 상술이 받은 읍의 토지문서를 팽개쳐버렸다. 물론 자한의 말은 상술을 진정으로 위한 것이었다. 공이 너무 커서 시기하는 사람들이 벌떼처럼 일어날 텐데 그것을 깨닫지 못하고 스스로 공을 자랑하는 꼴이 한심했을 것이다.

상술도 범용한 사람이 아니었다. 그는 조언을 받아들여 받은 읍을 자진해서 반납했다. 그런데 자한의 행동이 심하다고 생각한 상씨 가문 사람들이 일어나 당장 자한을 치려고 했다. 그러자 상술이 말했다.

"그 어른께서 나를 살려준 것이외다. 그 덕이 비할 수 없이 큰데, 오히려 그분을 치다니 될 일이오?"

《좌전》은 '군자'의 입을 빌려 이 일을 이렇게 평가했다.

> 군자가 말하길 《시詩》에 "저분이야말로 나라의 옳은 행실을 관장할 분이로세" 하였는데 이는 악희樂喜(자한)를 두고 한 말이리라. 또 "어찌하여 나를 긍휼히 여겨주시나. 나는 충고를 받아들이리라" 했는데, 이는 상술을 두고 한 말이리라.

굴건, 조무, 상술은 모두 이 정도로 배포가 있었고, 그들의 말은 모두 개성이 넘쳤다. 또한 정나라 자산의 언사는 유려하고, 송나라 자한의 언사는 예리했다.

제9장

휴전의 이면

: 과점체제와 내부투쟁

• • •

기원전 6세기에 온갖 이해관계를 조율하여 국제적인 휴전을 이끌어냈다는 점은 경이롭다. 그러나 당시 세계를 이해하기 위해서는 꼭 짚고 넘어가야 할 것이 있다. 우아한 휴전의 이면에는 강대국들의 섬뜩한 노림수가 있었다.

일단 그 이면을 국제와 일국 두 차원으로 나누어 분석해보자. 국제적으로 휴전은 과점체제를 만들어내기 위한 강대국들의 전략이었다. 그래서 과점체제에 들어가지 못한 나라들은 강대국의 휴전으로 인해 더 심한 전란에 휘말려들었다.

국내적으로 휴전은 오히려 지배층 내부의 권력투쟁을 가속화시켰다. 휴전으로 바깥의 근심을 덜자 국내의 상급 귀족들은 안으로 눈을 돌렸다. 진, 제, 초 모두 예외가 아니었다. 귀족은 공실을 위협했고, 경대부들은 자신의 세력을 불리기 위해 서로 격렬하게 싸웠다.

이 모든 문제의 원인은 춘추의 질서 내부에 있었다. 춘추의 질서가 품고 있는 문제의 씨앗은 무엇일까? 그것은 바로 아직 사용할 자원, 곧 앞으로 개척할 토지가 여전히 많았다는 점이다. 누가 그 토지를 개척할 것인가? 토지는 권력의 기반이다. 누가 그 권력의 기반을 가지고 독립할 것인가? 아직도 개척할 토지들이 널려 있다면 기존의 2강(진晉과 초楚)은 진정한 2강이 아니다. 자원을 효율적으로 이용한다면 진과 초를 능가할 세력이 나올 수도 있다. 그러니 한가하게 실리 없는 패권을 다툴 때가 아니다. 실리를 찾기 위해서는 잠시 과점체제를 허용해야 한다. 그 과점체제의 마지막에는 현재보다 훨씬 격렬한 경쟁이 기다리고 있을 것이다. 그 시대가 바로 전국시대다.

역설적으로 진과 초가 명목상의 불완전한 2강 체제를 포기하고 만들어 낸 과점체제는 전국시대의 길을 열었다. 이제 과점체제에서 탈락하는 나라들은 다 사라질 것이다. 중간 규모의 나라들은 이 과점체제 안으로 들어가기 위해 사력을 다할 것이고, 큰 규모의 나라들은 체제 밖에 있는 약소국들을 더 빠른 속도로 병탄할 것이다. 이는 호랑이들이 잠시 자기들끼리의 싸움을 멈추고, 들판에 나가 사슴 사냥에 몰입하는 것과 같았다. 마르크스주의 이론가들이 말하는 제국주의자들의 담합이 바로 이런 경우와 흡사하다. 국제체제의 겉옷을 벗기면 착취의 맨살이 드러난다.

1. 회맹질서 밖은 전국시대로

실제로 진晉-초楚 간의 미병 회맹은 효력을 발휘했다. 회맹 이후 양국은 무려 40여 년 동안 전쟁을 하지 않았다. 그러나 미병 회맹을 한 지 30년도 안 되어 진의 공실은 유명무실해졌고, 그 대신 거대 씨족들이 사실상 국가를 분할하는 상황에 이르렀다. 또한 정, 제, 송 등이 진나라와의 동맹에서 떨어져 나가 진나라의 패권은 와해되었다. 나라가 안으로부터 서서히 갈라질 무렵, 기원전 497년 조앙趙鞅(조간자趙簡子)이 진양晉陽(지금의 산서성 태원 일대)에 성을 쌓아 사실상 독립함으로써 진나라는 결국 거대 씨족들의 연합체로 전락했다. 그러니 기원전 500년 이후의 진은 실질적으로 한 나라가 아니었다.

그러므로 역설적이게도 진-초 양자가 주관한 미병 회맹으로 진-초 양국의 남북대결은 사실상 종식되었다고 할 수 있다. 반면 진-초 양국은 휴전협정을 기회로 회맹질서 밖에 있는 소국들을 합병할 시간을 벌었다. 휴전협정의 조문은 강대국들 상호간의 군사적인 간섭을 막는 방패로 작용했다.

얼마 안 있어 초는 진陳을 치고 채蔡를 병탄하는데, 중원의 제후국들은 이전처럼 적극적으로 개입하지 못했다. 맹약은 실로 효력이 있었다. 그러나 초가 노리는 것은 따로 있었다. 바로 오吳였다. 협정에 기대어 초는 동부전선에서 공세로 전환했다. 미병 회맹으로 북방의 위협을 제거했기에 초는 마음 놓고 오와 결사의 일전을 벌였다. 초와 오의 싸움이 격렬해질수록 그 사이에 있는 작은 나라들은 점점 군사기지로 전락했고, 결국 사라질 수밖에 없는 운명에 직면하게 된다. 이 책의 주인공 자산이 정치를 맡고 있을 때 초와 오는 이미 진흙탕 싸움에 휘말려 있었다.

물론 초나라만 휴전을 이용한 것은 아니었다. 진晉은 남방이 안정되면 항상 태행산 일대의 여러 민족들을 노렸다. 기원전 541년 순오荀吳는 보병부대를 편성해 태원으로 북상했다. 태원에서 무종족無終族을 비롯한 여러 적족狄族들과 대치했다. 여기서 진나라 군대는 이전에는 볼 수 없는 진법을 구사했다. 바로 전차를 버리고 보병을 주력으로 싸운 것이다. 좁은 지형에서 적과 대치하자 위서魏舒가 조언했다.

"저들은 보병이고, 우리들은 전차를 씁니다. 접전할 곳은 좁은데 병 10명이 전차 한 대에 달려들면 반드시 패하고, 또 전차가 좁은 길목에 몰려도 반드시 패합니다. 모두 보병으로 바꾸시지요.• 저의 부대부터 시작하겠습니다."

이렇게 말하고는 전차를 버리고 보병으로 편제했는데, 전차 다섯 대의 탑승인원을 세 오伍로 만들었다(전차 한 대에 3인이 탑승한다고 하면 오伍란 단위는 5인으로 구성된다). 그런데 순오가 아끼는 장수가 명령을 듣지 않았다. 아마도 지휘관으로서 전차에서 내려 보병이 된다는 것이 못마땅했을 것이다. 그러자 위서는 당장 그의 목을 베어 군중에 돌렸다. 이리하여 모든 부대가 보병으로 바뀌었는데, 총 다섯 진영이 되어 서로 거리를 두고 배치되었다. 양兩의 부대는 앞에 배치되고, 오伍의 부대는 후위를 맡고, 전專의 부대는 우익을, 삼參의 부대는 좌익을, 편偏의•• 부대는

• 이 부분을 묘사한 《좌전》의 원문은 이렇다. "以什共車必克 困諸阨又克 請皆卒." 직역하면 '열 명으로 함께 차를 당하면 반드시 이기고, 차를 좁은 곳에 몰아넣어도 반드시 이깁니다'가 된다. 《좌전정의》는 '열 명으로 대오를 만들어 전차 한 대를 대신하면 반드시 이깁니다. 전차는 모두 작은 길목에 걸릴 것이니, 지금 전차를 버리면 반드시 이길 수 있습니다'로 해석해놓았다. 그리고 국내에 해석된 것 중에는 뒤 구절을 '보병 열 사람씩 분대를 지어 전차 대신 쓰면 반드시 승리할 것이고, 복병을 좁은 골목에 두어 (적을) 곤경에 빠뜨리면 역시 이길 것이니, 다 보병부대로 개편하기 바랍니다'라고 해석해놓았다. 내용이 너무 간략하고, 주어가 명백히 드러나지 않는 한문의 특성상 모두 일리가 있는 해석이지만 의역이 심하다. 일단 《좌전정의》의 방식에 의하면 '困諸阨又克'이 '전차가 좁은 골목에 갇히면 아군이 불리하니 전차를 버리면 이길 수 있다'로 해석되는데, 문장을 완전히 새로 쓰는 것이나 마찬가지다. 국내의 번역본은 '困諸阨'을 적을 좁은 곳에 빠뜨린다고 해석했는데, 문맥으로 보아 '阨'은 분명히 전차가 다니기 힘든 지형을 말한다. 그런데 적을 다시 좁은 곳으로 빠뜨리기 위해 복병이라는 수단이 등장했다. 모두 의역이 지나치다. 《좌전》에 등장하는 구어체의 특성을 고려하면 필자는 단순하게 이렇게 생각한다. '적 열 사람이 한꺼번에 우리 전차 한 대에 달려들면 반드시 우리를 이길 수 있고, 좁은 길목에 갇힌 전차를 보병으로 치면 또 이길 수 있습니다. 지금 전차로 싸우면 불리하니 보병으로 바꾸시지요.' 이렇게 해석하면 다음의 내용도 이해된다. 이어지는 내용을 보면 보병 10명씩을 단위로 묶지 않는다.

•• 정확히 부대의 명칭이 무엇을 의미하는지 불분명하나, 보병부대의 최소 편제 단위를 따라 이름을 지은 듯하다. 예를 들어 오伍란 5인 분대들로 이루어진 부대일 것이다. 주례에 나오는 일반적인 편제와는 다른 임시 편성부대로 보인다.

• 병마용 군진으로 보는 병제의 진화

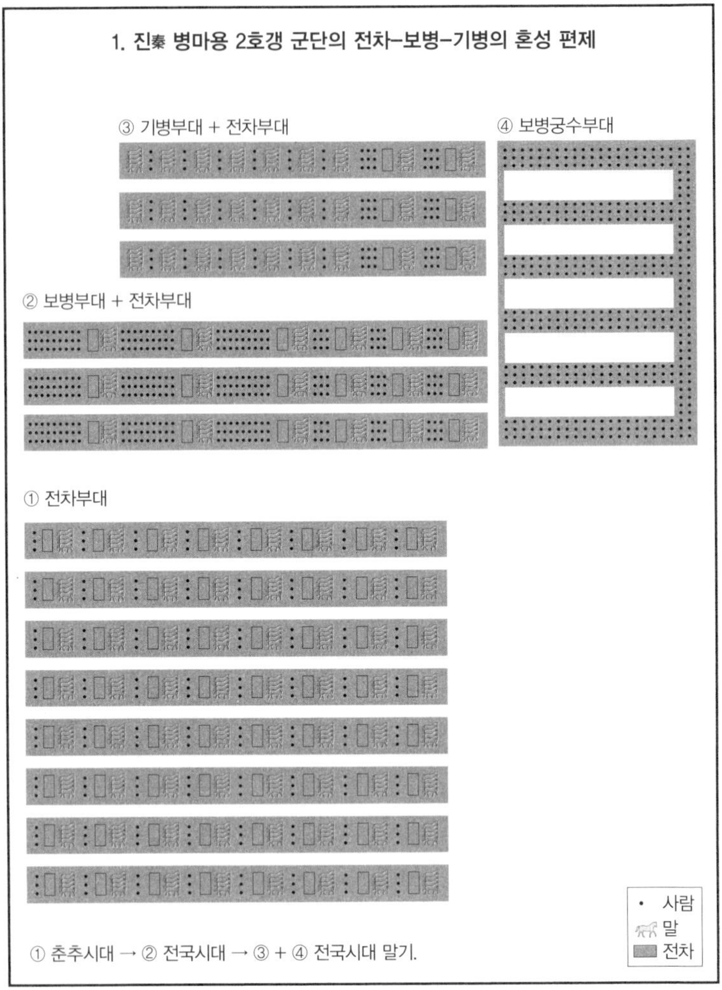

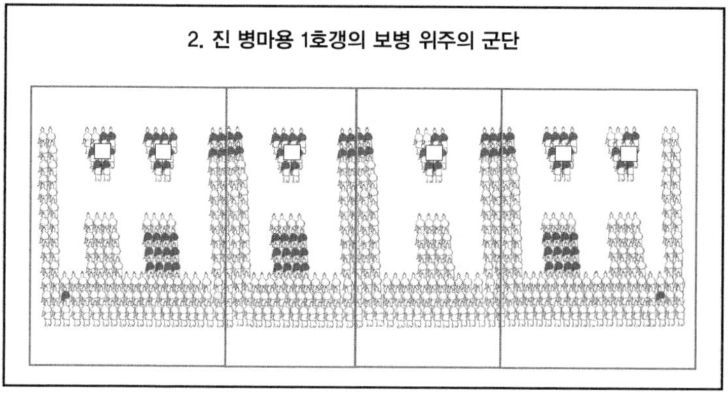

군단 배치도. 전차 1대에 보병 70인 이상이 배치되어 있다. 전차는 실질적으로 보병부대의 지휘부 역할에 만족하고 있음을 알 수 있다. 전국 말기의 기록으로 보이는 《손자병법》에 "전차 1000대에 병 10만을 동원한다"고 기록되어 있는데, 이 기록은 병마용의 보병편대와 유사하다.

선봉에서 적을 맞도록 하고는 상대를 유인했다.

적족들은 이런 듣도 보도 못한 편제를 보고 비웃었다. 그러나 순오는 그들이 진영을 가다듬기 전에 들이쳐서 대승했다. 이 싸움은 중국 전쟁사에서 주목할 만한 사건이다. 대규모 군단이 전차를 아예 포기하고 보병전을 벌인 최초의 기록이기 때문이다. 그러나 불과 한 세기만 지나면 북방에서는 기병대가 등장한다. 기병의 등장으로 전차는 점점 더 시대에 뒤처진다.

그다음 목표는 선우鮮虞, 흔히 중산국中山國으로 알려진 나라였다. 중산은 오늘날 하북성 평산平山 일대로 이 나라를 친다면 거대한 화북평원으로 나가는 태행로가 완전히 열린다. 화북의 평원으로 나가는 길이 열리면 이제 진晉은 더 이상 분지국가가 아니라 평원국가가 된다. 물론 그 성과는 다른 이가 가로채게 되지만.

기원전 530년 진의 순오는 선우국을 속여 길을 빌리고는 백적白狄 비국肥國을 멸망시켰다. 비는 태행산맥 동쪽, 역시 적족 국가인 선우국의 동쪽에서 위성 역할을 하는 나라였다. 다음해 겨울에는 남쪽에서 태행산을 좌측에 두고 올라와 선우를 기습해서 크게 노획하고 돌아갔고, 기원전 527년에는 역시 적족 일파인 고국鼓國을 멸망시켰다. 선우가 동쪽으로 나가는 길을 다 끊은 후 마지막으로 서쪽에서 공격하려는 작전인데, 이런 진의 작전은 좌우에서 선우를 지치게 했다.

남쪽의 이민족도 예외는 아니었다. 기원전 525년 순오는 육혼융陸渾戎을 멸망시켰다. 육혼 땅은 주나라 경기京畿에 근접한 낙수 상류의 요지인데 진나라는 이 땅을 얻으면서 진나라의 남양 땅을 굳혔다.

당시 제나라도 거나라를 쳐서 실리를 도모했다. 거나라는 산동평원의 비옥한 땅을 차지하고 있었기 때문에 적게 뺏어도 거둘 것이 많았다. 심지어 노나라 같은 작은 나라들도 강소국으로 발전하기 위해서 휴전을 이용해 주변국들과 싸웠다. 이처럼 미병의 회담이 가져온 강대국들 사이의 휴전은 중간 크기에도 들지 못하는 나라들에게는 오히려 악몽이었다.

2. 지배층 내부의 갈등 격화

제-최씨 가문의 몰락

앞에서 제나라의 최저가 군주 장공을 죽인 사건을 언급했다. 이제 미병 회맹으로 당분간 밖에서는 싸움이 일어나지 않을 것이다. 애초에 제나라 상층부는 미병의 휴전을 탐탁하게 생각하지 않았다. 그러나 미병을 달가워하는 이들도 많았다. 최저의 동지 행세를 하던 경봉慶封도 그중 하나였다.

늙은 최저는 동곽언東郭偃의 누이를 아내로 맞았고 이 일로 장공이 죽는 사달이 났다. 이 여인이 최저에게 시집갈 때는 이미 아들이 한 명 있었는데 그 이름이 당무구棠无咎다. 그리고 여인은 이어서 늦둥이 한 명을 낳았는데 이름이 명明이다. 최저는 이미 죽은 전처에게서 성成과 강彊 두 아들을 두었다. 문제의 조건들은 다 만들어졌다.

최저의 큰아들 성은 병이 있었다. 그래서 최저는 새 아내에게서 얻은 아들 명을 후계자로 세웠다. 전처의 자식들에게는 좋지 않은 소식이었다. 그래서 성은 최씨의 채읍인 최읍崔邑으로 물러나기를 청했다. 최저는 허락했다. 그런데 당시 최씨의 가신이 된 동곽언과 어머니를 따라 최씨 집안으로 들어온 당무구는 최씨 가문을 독차지하려는 욕심을 가졌다. 그들은 최읍을 내주지 않고 대꾸했다.

"최읍은 최씨 가문의 종읍宗邑입니다. 마땅히 종주宗主(새 후계자인 최명)가 있어야 합니다."

아버지가 새로 얻은 부인에게서 난 어린아이에게 후계자의 지위도 뺏기고 최씨 가문의 종읍마저 잃게 된 최성과 그의 동생 최강은 분노했다. 그들은 동곽언과 당무구를 제거하기로 결심하고 거사를 도울 사람을 찾던 차에 아버지의 조력자인 경봉을 찾아가 하소연했다. 그러나 이 경봉이란 자도 최저 이상으로 음흉한 자였다. 그는 이리저리 계산을 하며 노포별盧蒲嫳에게 물었다. 노포별도 사람됨이 가관이었다.

"저자는 군주(최저에게 죽은 장공)의 원수입니다. 아마도 하늘이 저자를 버리려나 봅니다. 저자의 집에 난리가 났는데 어르신께서 걱정할 것이 무어 있겠습니까? 최씨의 쇠락은 경씨의 복입니다."

경봉은 며칠 후 최성 형제에게 답을 주었다.

"진실로 자네들 아버님께 도움이 되는 일이라면 그자들을 제거하게. 어려움이 있으면 내가 자네들을 도움세."

이들은 경봉의 말을 철석같이 믿고는 동곽언과 당무구를 잡아 최씨 가문의 조당 앞에서 죽였다. 최저가 노하여 밖으로 나가려고 하는데 수하들이 모두 도망가서 수레에 말을 채울 사람도 없었다. 그래서 외양간 관리자를 불러 수레를 채우고, 시종에게 몰게 해서 밖으로 나갔다. 그는 바로 경봉을 찾아갔다. 그러자 경봉은 딴청을 부리며 대답했다.

"최씨와 우리 경씨는 하나입니다. 어찌 감히 그런 일이 있었답니까? 청컨대 어른을 위해서 제가 그자들을 치겠습니다."

그는 이렇게 말하고 바로 수하 노포별을 보내 최성과 최강을 공격해서 모두 죽이고, 최씨 집안사람들을 다 잡았다. 이 와중에 최저의 부인도 목을 매어 죽었다. 비열한 이중 플레이였다.

최저가 집으로 와보니 아들 둘은 죽고, 집안사람들도 모두 사라져 몸 둘 곳조차 없었다. 그가 절망하여 목을 매자, 어린 최명은 노나라로 도망갔다. 이리하여 경봉이 제나라의 국정을 담당하게 되었다. 일단 제나라에서 내란이 일어났으나 갓 미병 회담을 끝낸 제후국들은 아무도 이를 문제 삼지 않았다. 경봉은 미병이 가져온 평화를 이렇게 이용했다.

그러나 그가 똑같은 방법에 걸려 넘어질 때까지는 겨우 1년밖에 걸리지 않았다. 최저를 죽이고 제나라의 실권자가 된 경봉은 자신을 지지할 사람들을 모을 요량으로 망명객들을 사면하고 불렀다. 그때 장공이 죽자 진晉나라로 망명한 노포계盧蒲癸도 귀국했다. 그는 경봉의 아들 경사慶舍의 총애를 얻어 기회가 오자 바로 장공의 복수를 감행했다. 경봉이 사냥 나간 틈을 노려 노포계는 여러 씨족들을 모아 경사를 죽였다. 경봉이 돌아와 싸웠지만 역부족이어서 바로 노나라로 달아났다. 그러나 제나라 사신이 와서 노나라를 위협하자 경봉은 오나라로 달아났다. 비열한 최저보다 더 비열한 인간 경봉의 최후는 어떻게 될 것인가?

진晉-3성의 대두

이렇게 휴전으로 얻은 틈을 이용한 내부 권력관계의 재편은 나라를 가리지 않고 일어났다. 진나라의 상황은 실력 있는 경들의 부상과, 이런 상황을 악화시키는 용렬한 군주로 요약할 수 있다. 진나라 공실이 유명무실해지는 것은 시간문제였다. 진 평공의 어머니는 기杞나라 사람이다. 기세등등한 도공의 아내이니 위세가 자못 대단했을 것이다. 용렬한 평공은 어머니의 말을 어기지 못했다. 그는 어머니의 말을 따라 제후들을 모아 기나라에 성을 쌓아주었는데, 휴전협상을 마친 지 겨우 두 해 지난 때였다. 그때 성을 쌓기 위해 각국에서 모인 경대부들 사이에서는 말이 많았다.

위나라 대숙의大叔儀는 정나라 자대숙子大叔(유길游吉)을 보고 넋두리를 늘어놓았다.

"기나라에 성을 쌓아주다니 정말 심합니다."

자대숙이 대답했다.

"어쩔 도리가 있겠습니까? 진나라가 (우리와 같은) 주나라의 동성 나라들을 아껴주지 않고, 오히려 하나라의 후손에게 성을 쌓아주는군요. 짐작건대 앞으로 여러 희성 나라들을 버릴 것 같군요. 여러 희성 나라들을 버리면 누가 진나라와 함께하겠습니까?"

이런 불만은 당연한 것이었다. 그러나 평공은 사태의 위중함을 몰랐다. 그해에 오나라 군주 여제餘祭가 월나라 포로 출신의 시위에게 암살당하는 일이 발생했다. 이에 새 군주의 즉위를 알리고자 중원 여러 나라들을 순방한 수몽의 아들 계찰季札은 진나라의 경들인 조무, 한기, 위서魏舒 등을 만나고 상황을 바로 파악했다. '앞으로 진나라는 이들 세 씨족에게 넘어갈 것이다.' 그리고 숙향에게 의미심장한 말을 남겼다.

"그대는 몸을 삼가십시오. 군주는 사치한데 그 아래에는 뛰어난 대부들이 많고, 이들은 다 부유합니다. 정치는 장차 그들 가문의 수중에 떨어질 것이오. 그대는 강직함을 좋아하니, 반드시 난에 연루되지 않도록 조심하십시오."

그의 통찰은 훗날 그대로 실현된다. 진나라 유력 가문들의 지난한 투쟁과 나라의 분열상은 앞으로 천천히 서술할 것이다. 다만 여기서는 그 투쟁이 진-초 간의 휴전을 기반으로 벌어졌다는 것을 강조한다. 과연 사회士會가 말한 대로 내우와 외환을 동시에 없애기는 참으로 힘들다. 특히 춘추전국시대와 같은 열국의 쟁탈전 속에서는 더욱 그랬다.

초-영윤의 두 마음

초도 예외는 아니었다. 강왕은 휴전을 맺은 지 두 해 만에 죽었고, 그해에 영윤 굴건도 죽었다. 객관적으로 보아 강왕은 무난한 군주였고, 굴건은 뛰어난 재상이었다. 초나라를 지탱하던 대들보가 하나 사라지자 정국이 곧 불안해졌다. 강왕이 죽자 아들 겹오郟敖가 등극했고, 강왕의 동생인 공자 위圍가 영윤이 되었다. 그런데 공자 위는 왕의 숙부고, 또 국제무대에서 이미 이름을 알린 사람으로 야심이 컸다. 강왕의 초상에 참여한 정나라 사신 자우子羽는 공자 위가 왕보다 더 권세가 있는 것을 보고 앞으로 난리가 날 것이라 직감했다.

"큰 송백 아래서는 풀이 잘 자라지 못하는 법이다."

사실이 그랬다. 공자 위는 겹오가 등극한 지 2년 되는 해에 대사마 위엄을 죽이고 그의 가산을 취했다. 굴건과 위엄은 솥발처럼 서로 의지하고 있었는데 굴건이 무너지니 이미 위엄은 외로웠다. 결국 그는 야심가의 칼을 피하지 못했다. 이렇게 나라의 큰 인물이자 군권을 쥐고 있는 이를 죽인 일 역시 휴전의 이면을 이용한 것이었다. 명신 신무우申無宇는 한탄했다.

"왕자는 화를 면하지 못할 것이다. 착한 사람은 나라의 기둥이다. 왕자는 초나라의 영윤이 되어 착한 사람들을 불러 벼슬을 주어야 하는데, 오히려 착한 사람을 학대하다니. 사마는 영윤의 반쪽이요, 왕의 사지다. 그런데 자기 몸의 반쪽을 없애고 왕의 사지를 절단하다니, 화가 나라에 미치겠다. 이렇게 불길한 일이 있는가? 어찌 화를 면할 수 있으리오."

그러나 누구도 공자 위를 막을 수 없었다. 공자 위, 나중에 쿠데타로 왕위를 찬탈하게 될 이 사람이 바로 훗날 동쪽에서 피바람을 불러일으킨 장본인이다. 겹오는 유명무실한 왕이었고 이미 실권은 영윤 위가 가지고 있었다.

이런 내부 투쟁의 양상은 작은 나라들에서도 똑같이 나타났다. 회맹 약속에 따라 강왕의 초상에 참석하고 초나라에서 돌아오던 계손숙季孫宿은 노나라의 요지인 변읍卞邑을 차지하고는 시치미를 뚝 뗐다.

"변읍을 지키는 자가 장차 반란을 일으키려 한다는 소문을 듣고 제가 군사를 이끌고 토벌하여 변읍을 얻었나이다."

노 양공이 바보가 아닌 이상 계손숙의 의도를 모를 리 없었다.

"자신이 차지하려고 했으면서 오히려 반란 핑계를 대다니. 나를 우습게 아는구먼."

그는 두려워서 아예 귀국하지 않으려 했으나 수행하는 신하들이 만류하여 국도로 돌아왔다. 계손숙도 이렇게 휴전의 틈을 이용해 노나라를 갈랐다.

그렇다면 자산의 정나라는 사정이 어땠을까?

제10장

자산의 개혁정치

: 고슴도치가 가시를 세우다

• • •

미병의 파장은 컸다. 원래 열전보다 냉전이 더 복잡하다. 잠시 창칼을 보지 않겠지만 어떤 나라들은 밖에서 매일 싸움이 일어날 때보다 더 불안했다. 외환이 잦아들면 마치 법칙처럼 내우가 찾아왔다. 그래서 각국은 외교와 내정을 동시에 다스릴 수 있는 인재들이 더욱 필요했다. 다행히 정나라에는 자산이 있었다. 그는 탄탄한 이론에 근거한 현실 정치가였기 때문에 내외의 충격에 흔들리지 않았다. 이제 그의 정치행적을 하나하나 따라가 보자.

1. 예의 본질: 큰 나라를 찾아가는 것이 자랑인가?

《논어》에 "아버지가 돌아가신 후 3년 동안 아버지의 도道(방식, 의지)를 바꾸지 않으면 효자라고 할 수 있으리라[三年無改於父之道 可謂孝矣]"는 말이 나온다.

공자는 상황에 따라 방편을 달리한다. 이 말의 의도는 아마도 아버지가 돌아가시기를 기다렸다는 듯이 제멋대로 행동하는 사람을 경계하고자 한 것이리라. 그러나 시간이 지나면서 이 말이 효도의 본질처럼 여겨졌다. 그래서 역사상 처자식이 굶어 죽는 지경에 이르렀는데도 3년상을 치르는 사람, 나라가 넘어가는데도 산소를 지키고 나오지 않는 사대부들이 부지기수로 나왔다. 이런 행동들은 공자 스스로 말한 "사람이 착하지 않으면 예는 어디에 써먹겠느냐?"는 질책을 받을 만한 것들이다. 제도의 본래 뜻은 죽고 형식만 남는 경우는 허다하다. 보통 사람들은 반성하는 것보다 습관적으로 그대로 따르는 것을 좋아한다. 그러나 자산은 항상 묻는다. '왜 따라야 하는가?'

미병 회맹의 규정에 따라 이듬해 정나라 군주가 초나라로 향했고, 자산은 그 사절단의 우두머리가 되었다. 그런데 가는 도중 잠자리에 들 때 군주를 위해 따로 단壇을 만들지 않고 풀자리만 깔았다. 외복外僕을 맡은 이가 자산에게 물었다.

"이전에 선대 대부들이 선대 군주를 모시고 이웃 나라로 갈 때는 단을 쌓지 않은 적이 없었습니다. 그때 이래로 모두 그 예법을 따랐는데, 어른께서 풀자리만 까는 것은 안 되지 않겠습니까?"

자산은 불문곡직 예법의 본질을 파고들었다.

"큰 나라 군주가 작은 나라를 찾을 때는 단을 쌓지만 작은 나라 군주가 큰 나라를 찾을 때는 풀자리만 까는 것인데, 어찌 단을 쌓는단 말인가? 나 교僑는 이렇게 들었네. '큰 나라가 작은 나라로 갈 때는 다섯 가지 찬미할 일이 있으니, 작은 나라의 죄를 너그러이 봐주고, 그들의 허물은 용서해주며, 재난을 구해주고, 덕과 형벌을 잘한 것에는 상을 주고, 부족한 것은 가르쳐준다.' 그렇게 하면 작은 나라들은 곤란을 겪지 않고, 큰 나라에 복종하기를 마치 귀의하는 것처럼 하게 되네. 그러니 단을 만들어 그 공을 밝히고, 후손들에게 널리 알려 덕을 닦는 데 태만하지 않도록 하는 것이네. 허나 작은 나라가 큰 나라를 찾을 때는 꺼림칙한 것이 다섯 가지가 있네. 죄를 용서해달라고 빌어야 하고, 부족한 것은 채워줘야 하고, 그들의 정령을 이행해야 하고, 또 공물을 바쳐야 하며, 시절에 맞추어 하명을 따라야 하네. 그렇게 하지 못하면 재물을 듬뿍 준비해서 경사에는 축하 사절을 보내고, 흉사에는 조문 사절을 보내야 하네. 이 다섯 가지는 모두 작은 나라들에게는 화禍이네. 그런데 어찌 단을 만들어 그 화를 밝힌단 말인가? 자손들에게는 화를 일부러 밝혀 고할 필요는 없소이다."

옆에서 정나라 간공이 듣고 있었다면 정신이 번쩍 들었을 것이다. '나라가 작아서 큰 나라를 찾아가는 것이 무슨 자랑할 일이라고 좋은 잠자리를 원하십니까?'라고 자산이 힐난하고 있기 때문이다. 자산은 사대를 하면서도 사대주의에 빠지지는 말고 현실을 직시하라고 경고한 것이다. 국제관계의 이면에는 엄연히 국가 간의 착취가 있다. 자산은 선대의 관습이라도 합리적이지 않은 것을 무시했다. 이렇게 고슴도치가 서서히 가시를 세웠다. 이제부터 자산이 정나라의 정치를 맡아 정나라를 국제적인 고슴도치로 만드는 여정을 따라가 보자.

2. 세력에 붙지 않고 원칙을 행하다

미병 회맹 후 정나라 군주가 진나라를 예방할 때 자산이 수행했다. 그때 진나라 숙향이 자산에게 정나라의 상황을 물었다. 자산이 대답했다.

"올 한 해는 더 지켜봐야 할 것 같습니다. 사씨駟氏(자사의 아들로 자는 자석子晳인 공손흑公孫黑을 말한다)와 양씨良氏(자량子良의 아들로 자는 백유伯有인 양소良霄를 가리킨다)가 바야흐로 싸우려 하는데 아직 화해를 할지 모르겠습니다."

"벌써 화해하지 않았습니까?"

"백유는 사치하고 강퍅하며 자석은 남의 위에 있기를 좋아합니다. 누구도 지기를 싫어하니 비록 화해했다고 하나 속으로는 증오만 쌓고 있습니다. 곪아 터질 날이 얼마 안 남았습니다."

이렇게 말하는 자산도 한심스러웠을 것이다. 자석과 백유, 자산은 모두 목공의 자손들로 사촌, 오촌지간이다. 그럼에도 서로 싸우는 꼴이 이미 국제사회에서 소문이 났다. 그래도 자산은 지기인 숙향에게 그 일을 계면쩍게 이야기했다.

자석(공손흑)과 백유(양소)의 다툼은 꼴불견이었다. 백유는 술과 음악을 좋아해서 아예 지하실에 악기를 매달아놓고 밤새도록 술을 먹었다. 항상 술에 절어 있으니 공손으로서 응당 책임져야 할 정사는 뒷전이었다. 초나라로 사신을 보내야 할 때 그는 앙숙인 자석을 추천하고는 집으로 돌아와 또 술을 먹었다. 참을성이라고는 없는 자석은 조회에서 돌아오자마자 자신의 사씨 집안 사람들을 모아 백유의 집을 불살랐는데 백유는 한참 달아나다가 술에서 깨어나서는 곧장 허나라로 달아났다.

이 분란이 일어난 후 어떤 사람이 자산에게 강한 편을 도우라고 하자 자산은 바로 거부했다.

"저들이 어떻게 내 편이란 말이오? 나라의 환난이 어떻게 끝날지 누가 알겠소?"

그러고는 백유 편의 죽은 사람들의 시신을 모아 묻어주고는 바로 외국으로 나가려 했다. 그러자 자피子皮(자한子罕의 손자 한호罕虎)가 나가지 말라고 말렸다. 한罕씨는 그때 자석의 편을 들고 있었다. 그러자 씨족 사람들이 반대했다.

"저이는 우리 편도 아닌데 뭐 하러 못 가게 하십니까?"

자피가 타일렀다.

"저 어른은 죽은 이들에게도 예를 다했는데, 살아 있는 이들에게야 말할 것이 있겠는가?"

이리하여 자산은 자피의 만류로 망명을 보류하고 돌아와서 나머지 씨족들과 맹서를 했다. 양씨도 거족인데 이렇게 호락호락 당할 리가 없었다. 술이 깬 백유는 분통을 터뜨렸다. 그는 자기편이 되어줄 사람들이 있을 것이라 믿고 돌아와 반격했다. 그때 사씨 측과 양씨 측이 모두 자산(자산은 국씨國氏다)에게 자기편에 가담해달라고 했다. 그러나 자산은 거부했다.

"형제가 되어서 이 지경에 이르렀으니, 나는 하늘이 하는 대로 따르겠다."

백유는 패했고, 사씨들에 의해 오히려 죽임을 당했다. 이번에도 자산은 자신의 원칙대로 행동했다. 그는 백유에게 수의를 입힌 뒤 곡을 하고는 장사까지 지내주었다. 그러자 사씨들은 자산이 백유의 편이라고 여겨 죽이려고 했다. 이번에도 자피가 대로하여 소리쳤다. 자피는 항렬이 낮았지만 사리 분별이 있었다.

"예란 국가의 근간입니다. 예를 갖춘 분을 죽인다면, 그보다 더 큰 화는 없을 것입니다."

결국 사씨들은 자산을 포기했다. 자산은 절체절명의 순간에 두 번씩이나 중심을 지켰다. 이 일로 자피는 자산이 정나라 집정의 적임이라고 느꼈다.

갓 맺은 휴전의 맹약은 이때도 효력을 발휘했다. 정나라 내란의 원인이 자석 때문이라고 생각한 우힐羽頡(모두 정 목공의 후대로, 자우子羽의 손자다)은 진나라로 가서 조무에게 정나라를 쳐야 한다고 주장했다. 그러나 조무는 휴전협약을 들어 개입하기를 거부했다.

3. 정경이 되어 개혁을 단행하다

내란이 마무리된 후 자피가 자산에게 정권을 넘겨주려 하자 자산은 사양했다.

"나라가 작아 핍박받는 마당에, 씨족들은 크고 총애를 받은 이들은 많습니다. 저는 해낼 수가 없습니다."

자산은 자피의 숙부 항렬이다. 자피는 아버지 자전의 뒤를 이어 정권을 맡고 있었다. 그는 온화하게 설득했다.

"저 호虎가 사람들을 이끌고 말씀을 따르면 누가 감히 어른을 범하겠습니까? 어른께서 나라를 잘 이끌면 나라는 작다 할 것 없습니다. 작은 나라로 큰 나라를 잘 섬긴다면 나라는 커지는 것입니다."

이런 간곡한 부탁을 받고 기원전 543년 자산이 드디어 정나라의 정경正卿이 되어 정치를 시작했다. 자산의 내정개혁은 기강잡기와 살림

살이에서 시작했다. 그는 국도와 비읍을 구분 짓고, 의복으로 상하 구분을 명확히 하고, 전지의 구분을 명확히 하고, 정전에서 농사짓는 사람들을 오伍로 편성했다. 대부 중에서 사치한 사람은 내치고 검약한 사람을 등용했다. 모두 가난하고 문란한 정나라의 현실을 혁파하기 위한 일이었다.

일견 평범해 보이지만 자산의 행동은 고도로 계산된 것이었다. 그가 노린 것은 목공의 후예 중 비대해진 씨족들을 제어하는 것이었다. 당시 정나라는 목공의 후예들이 공실을 억누르고 사병들을 마음대로 부리고 있었다. 그러니 국도와 비읍을 구분 지어 사적으로 인력을 동원하지 못하게 하고, 씨족 세력이 아니라 관직을 중심으로 상하관계를 재편하기 위해 의복으로 직급의 고하를 표시하고, 분쟁의 소지가 되는 전지의 구분을 명확히 하고, 농민들을 국가가 바로 동원할 수 있는 체제로 묶었다. 이렇게 되면 거대 씨족들은 힘을 쓸 수 없게 된다. 마지막으로 거대 씨족들의 소비에 제한을 가함으로써 공실과 씨족의 차별화를 기도했다. 당장 반발이 터져 나왔다.

목공의 아들 자풍子豊의 손자인 자장子張(풍권豊卷)이 제물로 쓸 짐승들을 얻을 요량으로 사냥을 허락해달라고 했다. 그러나 자산은 거부했다.

"오직 군주만이 신선한 고기를 제사에 쓸 수 있네. 나머지 사람들은 사서 쓰면 될 일이네."

이 기사로 보아 자산이 집정하기 이전에는 유력 가문들이 사냥을 마음대로 했음을 알 수 있다. 자장은 가문이 모욕당했다고 생각했다. 그는 돌아가 가병들을 모았다. 자산을 죽일 요량이었다. 그러나 자산의 곁에는 자피가 있었다. 자피는 자장의 행동을 방치하지 않고 징벌해서 내쫓았다. 이렇게 자산의 처음 출발은 불안했다. 그러나 뛰어난 정경이었던 자전의 아들 자피의 지지로 집권 초기의 어려움을 버텨낼 수 있었다.

자산은 자장의 재산을 거두어들였다. 그러나 3년이 지나자 망명 가 있던 자장을 불러들이고 예전의 재산과 소출을 모두 돌려주었다. 보내고 받을 때 모두 깊은 배려가 있었다. 그 공명정대함과 무욕에 사람들은 탄복했다.

기록에 의하면 자산이 정치를 시작했을 때 사람들은 개혁에 반감을 느꼈다고 한다. 물론 그런 견해는 여론을 주도하는 거대 씨족들이 퍼뜨렸을 것이다. 그러나 시간이 지나자 자산이 가져온 안정을 인정했다. 그가 집정한 지 1년이 지나자 나라에 이런 노래가 퍼졌다.

내 의관을 빼앗아 가더니 처박아두고
우리 밭이랑을 빼앗더니 오伍를 짜라고 하네
누가 자산을 죽이려 한다면 내가 그와 함께하겠네

살벌한 가사다. 그러나 3년이 지나자 노래는 바뀌었다.

내게 자제가 있어 자산이 일깨워주고
내게 밭이랑이 있어 자산이 늘려주었네

자산이 죽으면 누가 그를 이으려나

이 노래에서 보면 자산이 재산권을 확실히 하는 동시에 개간사업을 벌였음을 짐작할 수 있다. 자산은 이렇게 내정개혁을 통해 국내에서 강한 신망을 얻었다.

4. 자산의 언론관: 견제받는 권력이 강하다

"개구리 올챙이 적 생각 못 한다"는 말은 역사적 인물들에게도 그대로 적용된다. 카이사르나 나폴레옹이 황제가 되려 했듯이 권력을 가진 이들은 거의 본능적으로 여론을 배제하려고 한다. 근대사회 이후에도 수많은 독재자들은 매일매일 탄생하고 있다. 그들이 보기에 여론을 따르는 것은 비효율적이고 느리며, 여론이란 무능한 불평분자들의 넋두리로 보인다. 집정 자산은 여론에 대해 어떤 생각을 가지고 있었을까? 자산은 무려 2500년 전에 현대의 정치인들이 보아도 신선한 관점을 제시한다.

《좌전》에는 기원전 542년 집정 자산과 대부 연명然明 사이의 대화에서 '향교鄕校'라는 흥미로운 단어가 등장한다. 글자 그대로 해석하면 '마을에 있는 학교'라는 뜻인데 그 역할도 자세히 기록되어 있다. 일견 페르시아 전쟁 후 고대 그리스가 추구했던 민주시민 양성 과정과 비슷해 보인다.

당시 정나라 사람들은 향교에 모여 정치를 평했다고 한다. 물론 집정 자산은 사람들의 입에 오르내리는 대상 1호였을 것이다. 집정에 대한 의견이 분분하자 연명이 자산에게 향교를 폐지하자고 건의했다. 그러자 자산이 말했다.

"왜 그런단 말이오. 대저 사람들이 아침저녁으로 향교로 나와 어울리면서 집정의 옳고 그름을 토론하는데, 옳다고 하는 것은 내가 바로 행하고, 그르다고 하는 것은 내가 반성하여 고치면 되오. 그러니 향교는 나의 스승인데 어찌 폐지한단 말이오? 나는 정성스러움과 착한 행동으로 원망을 줄인다는 말은 들었지만, 위세를 가지고 원망을 틀어막는다는 말은 들어보지 못했소. 어찌 힘으로 여론을 (잠시 강제로) 틀어막을 수야 없겠소. 허나 이것은 강물을 막는 것과 같아서 꼭꼭 틀어막았던 것이 터지면 반드시 여러 사람을 상하게 할 것이오. 그러면 나도 구제할 도리가 없소. 그보다는 물길을 터서 조금씩 흘러가도록 하는 것이 낫소. 또 내가 그들의 말을 듣고 약으로 삼는 것이 오히려 낫소."

이 말을 듣고 연명은 탄복했다.

"저 멸蔑(연명)은 이제서야 어른은 믿고 모실 만한 분이라는 것을 깨달았습니다. 소인이 참으로 부족했습니다. 어른께서 이렇게만 하신다면야 정나라 전체가 어른께 의지할 텐데, 경대부들이야 말할 것이 있사오리까?"

공자도 이 말을 듣고는 감탄했다.

"이로 보건대, 누가 자산이 인仁하지 않다고 하더라도 나는 그 말을 믿지 않겠다."

앞으로 자산은 법가적인 정책을 추구하기 때문에 후대 유가들에게 비난을 받는다. 그리고 자산 생전에 가까운 사람들에게서도 '너무 엄격하지 않은가'라는 주의를 받았다. 그러나 공자는 자산은 인한 사람, 곧 너그럽고 자애로운 사람이라고 결론을 내렸다. 후대 치국의 교과서들인《대학》《정관정요》《자치통감》을 관통하는 여론정치 이론의 기반이 바로 자산의 이 말에서 나왔다. 여론은 잠시 막을 수 있으나 언젠가는 크게 터지고, 백성이란 물과 같아서 배를 띄울 수도 있고 그 배를 뒤집을 수도 있다.

5. 대국의 영빈관 담을 허물다

자산이 정치를 담당한 이듬해 그는 군주 간공을 수행하여 진晉나라로 갔다. 거기서 그는 예상치 못한 당돌한 행동으로 진나라 대신들을 놀라게 했다.

자산이 간공을 보좌해 진나라에 도착했을 때 마침 노나라 양공이 죽어 진 평공은 정 간공을 바로 만나지 못했다. 그래서 자산 일행이 진나라 영빈관에서 체류하는데 영빈관이 좁아서 공물을 다 들여놓을 수가 없었다. 그러자 자산은 영빈관의 담을 모조리 허물고는 수레와 말을 모두 안으로 들여놨다. 사문백士文伯(사개)이 와서 힐책했다.

"저희 나라는 정치와 형벌이 잘 행해지지 못해 도적들이 횡행해서, 제후국의 사신들이 저희 군주의 땅에서 욕을 당할까 걱정이었습니다.

그래서 저희는 사령들을 시켜 대문을 높이고 담장을 두껍게 쌓아 영빈관을 완비케 하여 손님들이 걱정하지 않도록 했습니다. 그런데 오늘 어른께서 그것을 허물어버리시니, 이번에 따라온 분들이야 잘 경계하겠지만 다음에 올 분들은 어떻게 합니까? 저희 나라는 맹주인 까닭에 지붕과 담장을 온전히 만들어서 빈객을 대해왔는데, 이렇게 담장을 다 허물어버렸으니 어찌 명을 받들 수 있으리이까? 저희 군주께서 저 개(匃)에게 가서 물어보라 하십니다."

사문백은 자산의 행동에 대단히 당황했음이 분명하다. 자산은 당차게 대답했다.

"비좁고 자그마한 저희 나라는 큰 나라들 사이에 끼어 있어, 큰 나라들은 무시로 공물을 요구하고 있습니다. 그러기에 감히 편안히 있지 못하고, 백성들에게서 받은 부세를 다 짜내어 일이 있을 때마다 찾아왔습니다. 마침 귀국의 집사들이 바빠서 아직 얼굴도 보지 못했고, 또 군주의 명도 듣지 못했나이다. 언제 뵈올 수 있을지를 모르니 감히 물건을 드릴 수도 없고, 또 밖에 두어 이슬을 맞게 할 수도 없는 노릇입니다. 지금 물건을 드리면 바로 군주의 창고로 들어갈 것이니 직접 진상할 수가 없어서 감히 그렇게 하지 못하겠고, 또 한데다 아무렇게 놓아두면 마르거나 습한 때를 만나 좀을 먹게 해서 저희 나라의 죄를 더할까 걱정입니다.

저 교가 듣기로, 귀국의 문공께서 맹주이실 적에는 궁실은 낮고 보잘것없으며 경관을 볼 누대도 없었음에도 제후들을 맞는 관사는 높다랗고 커다랗게 만들어 마치 공궁의 침전 같았고, 창고와 마구간은 잘 정비해놓았다지요. 사공司空은 수시로 와서 도로를 평평하게 하고, 미장이도 때에 맞추어 와서 벽을 발랐고, 제후의 사절이 도착하면 마당에는 횃불을 밝히고, 노복들이 관사를 순찰하며, 수레와 말을 적소에 대령해놓고, 사절의 종복들을 쉬게 해주며, 수레에 휘장을 두르고 굴대에 기름을 치고, 노복들과 외양간 관리자들은 모두 맡은 일을 하며, 백관들은 모두 자신이 준비해야 할 물건들을 살폈으며, 문공께서는 본래 정무를 폐하지 않으시고도 사절들을 오래 기다리지 않게 하시며 그들과 함께 걱정하고 즐거워하셨다지요. 일이 있으면 오셔서 돌아보시고, 모르는 것이 있으면 가르쳐주시고, 부족한 것이 있으면 긍휼히 여겼다고 하지요. 그러니 사절들은 진나라에 오는 것을 마치 자기 집으로 돌아가는 것처럼 생각했기에[賓至如歸] 아무런 걱정도 없었고, 도적 따위는 두려워하지 않았으며, 또 마르거나 습한 날씨를 걱정하지도 않았다지요.

허나 지금 귀국 동제銅鞮(진나라 지명)의 공궁은 폭이 몇 리나 되지만 제후들이 묵을 영빈관은 마치 종들이 사는 집 같습니다. 문으로는 수레가 들어갈 수가 없게 되어 있어 넘어갈 수가 없고, 도적들이 들끓으며, 물건을 들여놓지 못하니 일기의 변화에 대응하지 못하게 되어 있습니다.

그런데 언제 저희 사절을 맞을지 알 수가 없고, 어떤 명이 올지도 모릅니다. 지금 담장이라도 허물지 않으면 물건을 둘 데가 없어, 물건을 훼손하여 죄를 더하게 될 것입니다. 감히 청하옵니다. 집사께서는 장차 어떤 명을 내릴 것이옵니까? 비록 귀국의 군주께서 노나라 군주의 상을 처리하고 있다고 하오나, 노나라 군주의 상은 저희 나라에도 근심입니다. 만약 가지고 온 물건을 잘 진상하고 허문 담을 수리하고 돌아가게 해주신다면 이는 군주의 은혜이십니다. 우리가 감히 그 정도 수고도 꺼리겠습니까?"

사문백은 할 말이 없었다. 그는 조무에게 가서 이 일을 고했다. 조무 역시 과오를 인정할 수밖에 없었다.

"내가 실로 부덕하여 종들을 묵게 하는 집으로 제후들을 맞았소. 이는 나의 죄요."

그리하여 사문백이 정식으로 정나라 사절에게 과오를 사과했고, 진 평공은 정 간공을 평소보다 훨씬 후한 예로 대해서 잘못을 인정했다. 그러고는 제후들을 맞는 영빈관을 다시 만들었다. 숙향이 이 소식을 듣고 평가했다.

"훌륭한 말[辭]이 없어서는 안 된다는 것은 바로 이런 경우를 두고 한 말이리라. 자산이 훌륭한 말을 하여 여러 제후들이 그 덕을 보는구나."

손님 접대를 잘하여 마치 자기 집에 온 것처럼 느끼게 한다는 '빈지여귀賓至如歸'라는 성어가 바로 여기서 만들어졌다. 이 말은 역대 중국에서 사신을 대우하는 기준이 되었다. 특히 패자는 사신을 어떻게 대하는가에 따라 평가가 엇갈렸다. 자산의 말 덕분에 진 문공은 손님을 극진히 대우하는 군주로서 명성을 날렸다. 역으로 사신은 적절한 대우를 요구해도 좋았다. 오히려 그것이 주인을 높이는 일이다. 이것도 중국을 방문하는 사신들의 행동 기준이 된다.

자산은 이렇게 강한 고슴도치의 면모를 가지고 있었지만 즉흥적이

산서성 가옥(맨 위)과 사찰(위). 산서성 건축물들은 담을 높여서 방어적으로 만들어놓았다.

지 않았다. 그가 외교문제를 다루는 데 얼마나 신중했는지 이렇게 기록되어 있다.

> 정나라가 제후의 일에 나설 때 자산은 여러 나라들이 정치를 어떻게 하는지 자우子羽(공손휘公孫揮)에게 물었고, 또 그에게 좋은 문장으로 문서를 만들게 하고, 비심裨諶과 함께 수레를 타고 교외로 나가 그에게 계획하는 일의 성사 여부를 물어보고, 돌아와 풍간자馮簡子에게 판단하게 했다. 일을 어떻게 할지 결정이 나면 자대숙(유길)을 불러 집행하게 했다. 이렇게 빈객을 응대했기 때문에 일을 그르치는 적이 드물었다.

이렇게 자산의 외교행동은 전문가들의 수많은 조언을 거쳐서 나온 것이다. 그러니 빈틈이 없어 쉽사리 무시할 수 없었다. 자산이 이렇게 강하게 나올 수 있었던 것은 물론 진나라가 이미 예전과 같지 않았기 때문이다. 그러나 자산은 오히려 진나라를 높이는 방향으로 예를 따졌다. 국제사회의 공용 기준인 예를 가지고 따지니 패자의 나라도 승복할 수밖에 없었다.

정치가가 도리를 이야기할 때는 스스로 도리를 지켜야 한다. 도덕과 공정함 등을 내세우는 사람들이 스스로 그렇게 하지 못할 때, 정치는 놀림감이 된다. 그때는 차라리 도리를 내세우지 않는 것이 좋다. 그러나 어지러운 내란의 와중에서든 국제적인 외교석상에서든 자산처럼 한결같이 중심을 잡고 예를 관철한 사람은 없었다. 그의 행동이 그의 자산이고 힘이었다.

그러나 그는 상황에 따라 방식을 바꿀 줄 알았다. 그가 초나라에서 하는 행동과 진나라에서 하는 행동은 달랐다. 이제 초나라를 대하는 자산의 태도를 살펴보자.

제11장

흔들리는 평화

: 초나라의 동란과 조무의 죽음

• • •

고대광실이 결국 눈바람을 이기지 못하고 견고한 제방이 결국 홍수를 이기지 못하듯이, 인간의 힘으로 이룬 것은 결국 세월의 부침을 겪을 수밖에 없다. 페르시아나 로마 같은 거대 제국도 시간의 흐름과 격동하는 역사 앞에서 견디지 못했는데 복잡한 이해관계의 살얼음판 위에서 만들어진 진晉나라의 패권이 영원할 수는 없었다. 오랜 모순은 휴전협정으로 더 빨리 드러나기 시작했다. 공실은 계속 약해지고 중원을 주름잡던 강력한 군단은 마땅한 지휘관도 찾지 못했다. 아직 뛰어난 정치가들이 있어 진나라 공실의 몰락을 막고 있었지만, 패자로서의 진나라의 위세는 갈수록 약해졌다.

반면 남방의 초의 사정은 좀 달랐다. 앞으로 오와 사생결단하고 싸워야 했기에 강한 군대를 유지하려는 유인은 충분했다. 또 새로 영윤이 된 공자 위는 패권에 대한 야심이 있었다. 눈치 빠른 그는 북방의 진이 쇠락하고 있음을 이미 감지하고 사사건건 중원의 문제에 끼어들면서 진을 압박했다. 그러고는 결국 왕이 되려는 자신의 야망을 실현했다. 그러나 패자가 되는 것도 왕이 되는 것도 모두 지나친 욕심이었다.

그러니 사이에 끼인 정나라는 다시 촉각을 곤두세워야 했다. 진의 힘이 예전 같지 않은 마당에 남쪽에서 힘과 야심을 갖춘 군주가 등장한 현실은 달가운 일이 아니었다. 그러나 정나라 집정 자산만은 그다지 걱정하지 않았다. 그는 새로 등극한 초나라 왕은 힘이 있으나 포학한 자라고 보았고, 그런 이들은 밖에서 힘을 펼치더라도 결국은 내부 문제로 거꾸러질 것임을 알았기 때문이다.

1. 초 영윤의 결혼식

자산이 갓 집정이 되었을 때 초나라 굴건은 이미 죽었고, 또 굴건의 오른팔인 위엄은 새로 영윤이 된 공자 위에게 살해당했다. 그러니 외정은 주로 백주리伯州犁와 오거伍擧가 담당하고 있었다. 초나라 측의 사료가 부족한 탓에 이들의 행적이 많이 남아 있지 않으나 언뜻언뜻 드러나는 언사로도 이들이 어떤 수준의 인재인지는 바로 알아볼 수 있다. 백주리는 진晉나라에서 명석함으로 이름을 떨친 백종伯宗의 아들로 진나라의 사정을 속속들이 꿰고 있었다. 무함을 받아 초나라로 망명한 후 그는 조국을 바꾸었다. 그는 처음부터 끝까지 자신의 새 조국을 위해 헌신했다. 오거는 앞으로 오왕 합려闔閭와 부차夫差를 도와 오나라를 춘추 말기 최강국으로 만들어내는 오자서伍子胥(오원伍員)의 할

아버지다. 그도 자산처럼 충성스러우며 사려 깊었지만 임기응변은 자산보다 훨씬 뛰어났다. 백주리와 오거는 한마디로 초나라의 두뇌들이었다.

이들이 새 영윤을 보좌하여 정나라에 왔다. 무슨 일이 있었을까? 초 영윤은 정나라 공손단公孫段(풍씨豊氏로 자는 자석子石 혹은 백석伯石)의 딸을 신부로 맞으러 왔다. 춘추시대에 흔히 있는 국제결혼이었다. 정나라 측에서는 초나라 사절을 잘 맞이해야 했다. 앞으로 초나라와 친해야 나라가 안정될 테고, 또 장가를 드는 영윤이 왕이 될지도 모른다. 그러나 정나라 측에서는 이런 대규모 사절단을 성안으로 들여놓기가 버거웠다. 또 영윤이 성질이 괴팍하다는 것은 국제적으로도 공공연히 알려져 있었다. 빈객을 맞는 일 때문에 꼬투리가 잡히면 좋지 않은 일이 벌어질 수도 있었다.

그래서 일단 잘 구슬려 사절단이 도읍 안으로 들어오지 않고 성 밖에서 숙소를 만들어 유숙하게 했다. 이윽고 신부를 맞으러 많은 사람들이 성안으로 들어오려 할 때 자산은 걱정이 되었다. 그래서 사신인 자우를 시켜 초나라 측에 부탁했다.

“저희 나라 도읍은 작고 좁아서 따르는 분들을 다 수행하지 못할 것 같사옵니다. 청컨대 성 밖에서 단을 쌓고 명을 받도록 해주십시오.”

초 영윤 위는 태재 백주리에게 대답하게 했다. 백주리는 자산의 의중을 꿰고 있었다.

“군주께서 욕되이 못난 대부 위에게 은혜를 베푸시어 위에게 말씀하시길 ‘장차 풍씨의 딸을 그대의 소실로 보내주려 한다’고 하셨습니다.

그래서 위는 초 장왕과 공왕의 사당에 고하고 나왔습니다. 만약 도읍 밖에서 혼사를 거행한다면 귀 군주께서 베푸신 은혜를 풀밭에 내다 버리는 것이 되고, 또 이는 못난 대부 위로 하여금 부득이하게 귀국의 여러 경들과 어깨를 나란히 하도록 하는 것입니다. 이뿐만 아니라 위로 하여금 선대 군주들을 속이는 일이니, 장차 저희 군주를 오랫동안 섬길 수 없게 될 것입니다. 대부들께서는 이 점을 헤아려주십시오."

자우가 답했다.

"저희 작은 나라는 죄가 없으나, 큰 나라의 위세만 믿고 두려워하지 않는 것은 실로 큰 죄입니다. 장차 큰 나라가 저희를 안정시켜준다는 것은 믿고 있으나, (정나라 도읍 안이나 초나라 사절 중에) 어찌 나쁜 마음을 품고 어떻게 해보려는 자들이 없다고 장담할 수 있겠습니까? (그리하여 나쁜 이들 때문에 싸움이 나면) 저희 작은 나라는 기댈 곳을 잃고, 또 제후들로 하여금 경계하여 큰 나라를 미워하게 하여 위로 군주의 명을 어기어 시행하지 못하게 되는 것이 두려울 뿐입니다. 그렇지 않다면야 저희 나라가 바로 영빈관인데 감히 그까짓 풍씨네 사당을 아끼겠습니까?"

정중하지만 뼈대가 있는 말이었다. 오거는 정나라 사람들이 이미 단단히 준비하고 있음을 알아차렸다. 그래서 그는 역으로 대담하게 제안했다.

"그렇다면 저희는 활을 모두 활집에 넣고 들어가겠습니다."

초나라 사절은 나쁜 뜻이 없으며, 무슨 변고가 일어나도 초나라 사절은 대응하지 않고 정나라 관원들에게 처분을 맡기겠다는 뜻이었다. 그러자 자우는 허락했다. 이번 일은 오거의 승리였다.

2. 회맹에서 드러난 초 영윤의 야망

초 영윤 일행은 정나라에서 신부를 얻은 후 그대로 괵虢으로 가서 회맹에 참여했다. 미병을 확인하는 회맹이었다. 이 회맹에서 여러 제후국들은 영윤 위의 행동을 보고 초나라의 사정을 짐작하게 된다.

진의 기오祁午는 조무에게 더 이상 양보하지 말라고 조언했다.

"전에 송나라에서 맹서할 때 초나라 사람들이 우리보다 먼저 삽혈했습니다. 당시 초 영윤 자목(굴건)은 신의가 있다고 여러 제후들에게 칭찬을 듣던 사람인데도, 오히려 우리 진을 속이려 했습니다. 지금의 영윤이 신의가 없음은 제후들 사이에 널리 알려진 사실입니다. 이번에도 또 저들의 말을 들어준다면 이는 우리나라의 수치입니다.

어른께서 진나라의 집정이 되어 회맹을 주관한 지 7년입니다. 그동안 두 번 제후들을 모았고, 세 번 대부들을 모았으며, 제나라와 적나라를 굴복시켰고, 동쪽의 여러 하족夏族을 편안하게 하였고, 서쪽에서 진秦으로 인한 난리를 평정했습니다. (중략) 이는 다 어른의 힘이었습니다. 어른께서 지금 위엄과 명성을 가지고 계신데, 또다시 초에게 양보하여 치욕으로 끝을 맺을까 두렵습니다."

그러나 조무는 주관이 확고했다.

"말씀은 잘 들었습니다. 지난번 송나라에서 맹서할 때 초나라 자목(굴건)은 남을 해치려는 마음을 가지고 있었으나, 저 무는 남을 아끼는 마음을 가지고 있었습니다. 그래서 초가 우리 진을 능가한 꼴이 되었습니다. 지금도 저 무의 생각은 변함없습니다. 초나라가 또 속이려 해도 해가 될 것은 없습니다. 저 무는 장차 신의를 근본으로 하여 신의에 따라 행동하겠습니다. 때맞추어 부지런히 김을 매주면 비록 기근이 오는 때가 있더라도 종국에는 풍년이 듭니다."

비록 점점 기력이 쇠하고 있었지만 여전히 조무는 진나라의 기둥이었다. 상대편에 있는 영윤 위는 어떤 평가를 받았을까?

회합에 나서는 영윤 위는 복장부터 여러 사람들의 이목을 끌었다. 그는 화려한 복장에 시위를 두 명이나 거느렸다. 그래서 대부들 사이에 이런 말이 오갔다. 노나라 숙손표가 운을 떼었다.

"초나라 공자의 의복이 참으로 아름답습니다. 꼭 군주 같습니다."

정나라 자피가 이었다.

"창[戈]을 잡은 시위가 두 명이나 앞에서 호위하는군요."

채나라 자가子家가 받았다.

"포궁蒲宮(초나라 별궁)에 계시는 분이니 시위를 앞세워도 되지 않겠습니까?"

백주리가 좋은 말로 얼버무렸다.

"이번 행차에는 저희 군주께 잘 말씀드려서 (의복과 시위를) 빌린 것입니다."

정나라 사자 자우(공손휘公孫揮)가 슬그머니 넘겨짚었다.

"빌리고는 돌려주지 않을 것 같군요."

그러자 백주리가 쏘아붙였다.

"그대는 귀국의 자석(공손흑)이 배반하려는 것이나 걱정하시지요."

백주리는 밖에서는 이렇게 입막음을 했지만 속앓이를 하고 있었다.

정나라 자우가 되물었다.

"보옥寶玉(왕좌)이 있는데, 빌려가서는 돌려주지 않더라도 걱정이 없다는 말씀이십니까?"

분위기가 심상치 않자 제나라 국자國子가 나와 화제를 돌렸다.

"제가 두 분을 대신해서 근심해드리겠습니다."

이렇게 영윤이자 공자인 위의 의복과 행실은 국제사회에서 반향을 일으켰다. 회맹을 끝낸 후 조무는 공자 위가 베푼 향연에 초대받았다. 과연 공자 위의 행동은 가관이었다. 그는 자기를 주나라 문왕과 무왕에 비견하는 노래를 불렀다. 조무는 돌아와서 숙향에게 물었다.

"영윤은 마치 자기가 왕이라고 생각하더군요. 어찌 보십니까?"

"왕은 약하고 영윤은 강하니 그러는 것 아니겠습니까? 그러나 그는 편안한 결말을 맺지 못할 것 같습니다."

"어째서 그렇습니까?"

"강한 자가 힘으로써 약한 자를 넘어뜨리고 그것을 편안하게 여긴다면, 그 강한 자는 불의한 이입니다. 불의하면서 강한 이는 거꾸러지는 것도 빠르옵니다."

공자 위는 곧 자신의 뜻을 관철하겠지만 스스로 쓰러질 날도 멀지 않다는 관측이었다. 이렇게 초나라에서는 영윤이 왕을 넘어서는 기이한 상황이 벌어지고 있었다. 다만 백주리와 오거 등이 건재하여 국제사회에서 초나라의 신망이 떨어지는 것을 막고 있었다.

3. 초나라의 네로, 영왕이 등극하다

같은 해 초나라 영윤 공자 위는 공자 흑굉黑肱과 백주리를 보내 겹郟 등 정나라에 가까운 요충지들에 성을 쌓게 했다. 이 일로 정나라 사람들이 두려움에 떨었다. 그러나 자산은 앞으로 초나라에서 일어날 일들을 훤히 내다보았다.

"우리에게 해될 것 없습니다. 영윤은 장차 정권을 탈취할 욕심에 먼저 저 둘을 제거하려 합니다. 화가 우리나라에는 미치지 못할 것입니다."

자산이 보기에 초 영윤은 이미 정권 탈취를 염두에 두고 실력자들을 밖으로 내치고 있었다. 그중 유력한 이들이 흑굉과 백주리였다.

그해 초겨울 영윤 위와 오거는 다시 정나라로 향했다. 그런데 출발한 지 얼마 지나지 않아 왕이 병이 났다는 소식이 전해졌다. 오거는 그대로 사신의 업무를 수행하러 정나라로 향하고 위만 귀국했다.

이 야심가는 절호의 기회를 놓치지 않았다. 위는 왕의 병을 살핀다는 구실로 침실에 들어가서는 그대로 왕을 목 졸라 죽였다. 이어서 왕의 두 아들도 죽였다. 이에 우윤 자간子干은 진나라로 달아났고, 궁구윤은 정나라로 달아났다.• 그리고 영윤 위는 국제적 인재인 백주리를 죽였다. 평소의 행동으로 보아 백주리가 자신을 섬기지 않으리라 생각했

• 《사기》 〈초세가〉에는 자비子比로 기록되어 있다. 비比는 자간의 이름이다. 그리고 영윤 위와 자석, 자간은 모두 공왕의 아들이다. 그러니 공자 위는 자신의 조카와 그 자식들을 죽이고, 자신의 동생들마저 해치려 한 패악한 인간이다.

을 것이다. 그는 이전에도 대사마 위엄을 죽여 죽은 왕의 수족을 자른 냉엄한 사람이 아닌가? 그리고 스스로 왕위에 올랐으니 이 사람이 초나라의 네로인 영왕靈王이다. 백주리의 후손은 후대에 오나라에서 맹활약하며 초나라의 근심이 된다.

이제 오거는 어떤 선택을 할 것인가? 오거가 정나라에 있을 때 초왕의 부음을 알리는 사절단이 정나라에 도착했다. 오거는 사절의 대표를 불러 물었다.

"누가 후사를 이을지 어떻게 대답할 것인가?"

"'저희 나라의 못난 대부 위圍가 후사를 잇습니다'라고 대답하겠습니다."

"이렇게 고치게. '공왕의 후손으로 위가 제일 연장자입니다.'"

오거의 임기응변은 신출귀몰한 면이 있다. 오거는 분명히 대국인 초나라의 위상 때문에 어쩔 수 없이 패악한 사람을 위해 재주를 썼을 것이다. 그러나 이런 사람을 섬기는 것이 얼마나 지난한 일인지 그는 아직 모르고 있었다. 물론 오거와 새 군주 사이에 어떤 밀약이 있었는지도 모른다. 그러나 오거가 새 군주를 도울수록 실망은 커져만 갔다.

4. 진晉나라 공실의 기둥, 조무가 죽다

조무는 진나라 대성 귀족의 종주였지만 그는 여전히 공실을 지탱하는 기둥이었다. 그가 공실을 유지하기 위해 노력한 이유는 몇 가지가 있다. 먼저 정치적인 역학관계의 관점에서 유력 씨족들이 공실을 무시하고 다투면 진나라는 와해될 것이고, 그렇다면 진나라를 기반으로 유지되고 있는 조씨 가문의 위망도 사라질지 모른다는 현실적인 우려가 그 이유였다. 또 하나는 조무 개인의 성정 때문이었다. 그는 실제로 신의를 금과옥조로 여겼다. 진나라 공실의 기둥이 된 이로 공실을 배신하고 사익을 추구하는 것을 스스로 용납하기 힘들었을 것이다. 그러나 그는 늙어가고 있었다. 그의 힘과 신망을 이용하고 싶어 한 사람들에게는 참으로 야속한 일이었다. 그중에는 주周나라 천자도 있었다.

회맹을 마치자 주 경왕景王은 유劉 정공定公을 보내 향연을 베풀고 조무의 마음속을 넌지시 떠보았다. 그때 그들은 낙수를 바라보고 있었다.

"아름답구려. 우禹임금의 공과 밝은 덕은 정말 멀리도 미쳤습니다. 우임금이 아니었으면, 저는 물고기 신세가 되었겠지요. 저나 그대가 백성들을 다스리고 제후들 앞에 나서는 것은 다 우임금의 공덕 때문 아니겠습니까? 그대도 우임금과 같이 멀리 미치는 공덕을 쌓아 크게 백성들을 돌보는 것이 어떻겠습니까?"

우임금의 예를 들고 있지만, 패자 나라의 정경으로서 천자의 나라인 주나라를 크게 도와달라는 이야기였다. 조무가 대답했다.

"이 늙은이는 죄를 짓지 않을까만 걱정하고 있는데, 어찌 먼 곳까지 걱정할 수 있겠습니까? 저는 밥이나 축내면서 아침에 저녁의 일도 도모하지 못하는데, 어찌 장구한 일을 도모할 수 있겠습니까?"

조무의 힘이 빠진 것은 사실이었다. 그러나 조무가 그렇게 대답한 것은 실현하지 못할 말을 함부로 하지 않는 그의 성격 때문이기도 했다. 진나라 하나도 잘 이끌어 나가는 것이 벅찬데 천자의 일에 끼어들 여지는 더욱 없었다. 더구나 주나라의 궁정암투는 점점 난잡해져서 끼어들기가 싫었던 것이다. 그러나 유 정공은 어지간히 실망했던 모양이다. 그는 천자를 찾아가 조무를 헐뜯었다.

"속담에 '나이가 들어 좀 지혜로워지자마자 노망이 찾아든다'더니, 이는 바로 조맹(조무)을 두고 한 말인가 봅니다. 진나라의 정경이 되어 제후들의 회맹을 주관하는 이가 마치 종처럼 아침에 저녁의 일을 도모하지 못하고 신과 뭇 사람들을 저버렸습니다. 신이 노하고 백성들이 이반하면 어찌 장구할 수 있겠습니까? 조맹은 새해를 보지 못할 것입니다."

여우 같은 꾀로 사직을 부지하고 있던 주나라로서 진나라 정경의 의중을 떠보는 것은 당연했다. 이 여우는 자신의 술수가 통하지 않자 가차 없이 상대를 헐뜯었다. 그러나 조무 또한 한계를 직시하고 있는 사람이었다. 주나라의 이름으로 일을 주관하는 시대는 점점 멀어지고 있었다. 진나라는 지금 대내적인 분열을 막고 대외적으로는 불필요한 개입을 줄여 내실을 다져야 했다. 게다가 조무 자신은 늙어가고 있었다.

기원전 541년, 조무는 남양으로 가서 조씨 가문을 일으킨 증조부 조최의 사당에서 제사를 지내고 명을 다했다. 조최가 누구인가? 진나라 문공을 도와 패업의 기틀을 쌓은 사람이며, 진나라에서 장구한 위세를 누리는 조씨 가문을 일으킨 사람이다. 할아버지의 제사를 마치고 죽었다는 점만 보아도 조무는 계산이 있는 사람이었다. 늙은 호랑이 진나라를 지지하고 있던 기둥이 이렇게 사라졌다.

《사기》《국어》를 비롯한 거의 대부분의 사료들은 조무의 죽음으로 진나라 공실이 완전히 유명무실해졌다고 평가한다. 한기가 조무의 뒤를 이었으나 조무의 카리스마도, 그의 개인적인 엄정함과 청렴함도 따르기 힘들었다. 이후 모든 가문들이 각개 약진했고 진나라는 더 이상 제후들의 일에 끼어들 엄두를 내지 못했다. 그가 죽은 지 두 해 뒤, 진나라에 사신으로 온 안영에게 숙향은 나라 사정을 털어놓았다. 안영과 숙향의 대화는 격세지감을 느끼게 한다.

숙향 : 제나라 사정은 어떻습니까?

안영 : 말세입니다. 저는 잘 모르지만, 제나라는 장차 진陳씨의 손으로 들어갈 것 같습니다. 공公은 백성들을 버리고 그들을 진씨에게 귀의하게 하고 있습니다. 큰 되로 곡식을 빌려주고는 작은 되로 돌려받으며, 산에서 나는 목재나 바다에서 나는 어패류도 염가에 백성들에게 풀어 인심을 얻고 있습니다.

안영 : 지금 제나라 백성들은 생산한 몫의 3분의 2는 공실에 들이고, 나머지 3분의 1일로 연명하고 있습니다. 그러니 공실의 창고에는 (물건이) 썩고 벌레가 먹어도, 백성들은 입에 풀칠을 하고 추위를 가리기도 힘듭니다. 시장에는 월형刖刑을 받은 사람들을 위한 한쪽짜리 신이 부족해 값이 오를 지경입니다. 공실의 학정이 도를 넘으니 백성들이 진씨에게 귀의하기를 마치 물이 낮은 곳으로 흐르듯 합니다.

• 공실 약화의 악순환

귀족권의 확대		공실의 대응		결과	
귀족 채읍의 증가 : 귀족 경제력 증대	➡	공실 직할지의 착취 강화	➡	하층부 민심의 이반	공실의 약화
귀족 가신家臣/ 가군家軍의 증대	➡	외척 세력 중용	➡	상층부 인사정책 교란	

숙향 : 그렇군요. 우리 진나라 공실도 이제 말세입니다. 전차에 댈 말이 없고, 경들은 이끌 군대가 없고, 공이 탈 전차에도 쓸 사람이 없으며, 병사들의 대오를 이끌 대장들이 없습니다. 보통 백성들은 지쳐 쓰러질 지경이지만 공실은 사치로 넘쳐흐릅니다. 길에는 시체들이 연이어 있건만 외척들은 나날이 살찌고 있습니다. 그러니 백성들은 군주의 명령이라면 마치 도적이나 원수를 보듯이 피합니다. 난欒, 극郤, 서胥, 원原, 호狐, 속續, 경慶, 백伯 등의 씨족들은 이미 전락하여 종들 같은 처지가 되었고, 정치는 몇몇 큰 가문들의 수중으로 떨어지니 백성들은 의지할 데가 없습니다. 언제 공실의 지위가 이렇게 하락한 때가 있었습니까?

공실을 무력화시킨 가문 중에는 물론 조가趙家도 있었다. 그러나 조무가 있었을 때는 상황이 그토록 심각하지는 않았다.

진나라는 장차 세족들에 의해 분열될 것이다. 그러나 역사의 흐름을 무시한 공실은 사치에 몰두하고 있었다. 여러 씨족들의 균형은 무너지고, 일부 씨족의 과점체제가 형성되었다. 안영과 숙향의 대화는 머지 않아 일부 씨족이 공실을 대신할 거라고 예견하고 있다. 그렇다면 왜 백성들은 공실을 버리는가? 큰 가문들의 면세용 토지(채읍)가 늘어나면서 공실은 한정된 직할지에서 더 많이 뽑아내려 할 것이다. 그러니 그곳의 백성들은 공실을 버리려 한다. 제나라나 진나라나 사정은 마찬가지였다.

제12장

자산이 법의 이름으로 정치를 행하다

• • •

국가를 제대로 다스리는 수단이 '덕이냐 법이냐', 혹은 '인仁이냐 법이냐' 하는 논쟁은 기록의 역사만큼 길다. 덕과 인을 주창하는 이들을 흔히 유가라고 부르고, 법을 주창하는 이들을 법가라고 부른다. 물론 법과 덕은 정확히 구분되는 것은 아니다. 제나라의 치국서인《관자》는 대체로 법가류의 종지를 모은 것으로 평가받는다. 그러나 이 전국시대의 저서마저 법을 전면에 내세우지는 않는다. 당시까지도 법과 덕의 갈등은 수면 아래에 있었다.

그러나 향후 법과 덕의 대립은 점점 더 첨예해진다. 법을 주장하는 사람들과 덕을 주장하는 사람들은 그들만의 특징이 있다. 예리한 안목을 가진 역사가인 사마천은 법가류가 강팍하다고 비판하고, 또 안영의 말을 빌려 덕을 내세우는 유가들이 쓸데없이 잡다한 예식들에만 집착한다고 비판한다.

자산은 최초의 성문법을 만들어 공표한 사람으로 유명하다. 이제 자산이 법을 만들고 적용한 과정을 살펴보면서 법과 정치의 의미를 생각해보려 한다. 자산은 어떤 법가네 유가네 하는 특정 유파로 표현하기에는 너무 다양한 얼굴을 가진 사람이다. 그래서 공자는 그를 유가의 표본으로 존중하고, 한비자는 그를 법가의 모범으로 칭찬한다. 이제 그가 법을 집행하는 과정을 살펴보자.

1. 처음 과오는 용납한다

이 책의 1부 제10장에서 자석(공손흑)이 백유와 싸워 백유가 죽는 사달을 이야기했다. 그때 자산은 위세가 강한 자석 편에 붙지 않고 중립을 지켰다. 그 일로 자석의 편에 섰던 사람들이 자산에게 위해를 가하려 했다. 그러나 자산은 집정이 된 후 그 일을 지나간 일로 덮어두었다. 자석은 정나라의 공족으로 인정받기에는 지나치게 강퍅하고 천박했다. 예상대로 그는 계속 문제를 일으켰다.

정나라 서오범徐吾犯이라는 사람의 여동생은 미인이었다. 자남子南(유游씨로 이름은 초楚이기에 공손초로 부른다)이 이 여인을 아내로 맞이하려고 나섰다. 그러자 자석도 이 여자의 미모가 탐나서 강제로 여자를 구금해 데려갔다. 강대한 공족들이 여동생을 두고 다투자 서오범은 불안했다. 잘못하면 고래 싸움에 새우 등이 터질 형세였다. 그는 집정 자산을 찾았다. 자산의 대답은 명쾌했다.

"이것은 국가의 정치가 부재해서 그런 것이지 자네의 잘못이 아니네. 자네가 보내고 싶은 대로 보내게."

이리하여 서오범은 당사자 둘에게 여동생이 직접 남편감을 선택할 수 있게 하자고 요청했다. 자석과 자남은 이 요청에 응했다. 한 사람은 재산에, 또 한 사람은 젊음에 자신이 있었다. 자석은 옷을 멋지게 차려입고 들어가서는 폐백을 놓고 나왔다. 자남은 전투복을 입고 들어가서 좌우로 활을 쏴 보이고 전차에 훌쩍 올라타고는 나갔다. 신부가 될 사람은 방 안에서 이들을 지켜보았다. 이 여인도 제 나름대로 안목이 있었다.

"자석은 참 예뻐 보이지만, 자남은 장부처럼 보이네요. 장부는 장부답고 아내는 아내다운 것이 순리에 맞습니다."

이렇게 말하고는 자남을 선택했다. 도무지 지는 것을 인정할 줄 모르는 자석은 이 일에 분노했다. 그는 몰래 갑옷을 평복 속에 갖춰 입고 자남을 찾아가 죽이고 여인을 강탈할 계획을 세웠다. 그러나 자남이 그 사실을 미리 알고 대비하고 있다가 자석이 찾아오자 과戈를 잡고 쫓아 나가서는 내리쳤다. 자석은 상처를 입고 도망갔다. 그러고는 여러 대부들에게 자남을 고소했다.

"저는 좋은 마음으로 그를 찾아갔는데 그가 다른 마음을 먹고 있는 줄은 몰랐습니다. 그래서 이렇게 상처를 입었습니다."

자석의 의도는 자남만 알고 있을 테니 대부들이 보기에 자석이 거짓말을 하는지 알아내기는 어려웠다. 그리고 상해를 입은 이는 어쨌든 자석이었다. 집정 자산은 대부들과 함께 일을 상의하고는 결론을 내렸다.

"쌍방의 잘잘못이 똑같은데 싸움이 일어나면, 어리고 직급이 낮은 이가 죄를 받는 것이오. 그러니 죄는 초楚(자남)가 지었소."

그러고는 자남을 잡아와 죄상을 나열했다.

"나라에는 다섯 가지 큰 범절이 있다. 그런데 너는 다섯 가지를 다 범했다. 군주의 위엄을 두려워하고, 정령을 들으며, 지위가 높은 이를 존중하고, 손윗사람을 섬기며, 친척을 보양하는 것 이 다섯 가지는 국가를 지탱하는 기반이다. 그런데 지금 군주께서 국도에 계신데 너는 무기를 썼으니 군주의 위엄을 두려워하지 않았고, 국가의 기강을 범했으니 정령을 듣지 않았고, 자석은 상대부이고 너는 하대부인데도 아래에 처하지 않고 지위가 높은 이를 존중하지 않고 대들었고, 어리면서도 거리끼는 것이 없었으니 손윗사람을 섬기지 않았으며, 무기를 들고 족형을 쫓아갔으니 친척을 봉양하지 않았다. 군주께서 말씀하시길, '내 너를 차마 죽이지 못하고 용서하나니 멀리 떠나라' 하셨다. 너는 속히 떠나서 죄를 더 무겁게 하지 말라."

이리하여 자남은 오나라로 추방당했다. 실제로 죄는 누구에게 있는가? 사건의 발단은 자석의 과도한 욕심이었다. 증명할 길이 없으니 자산은 이렇게 무난하게 판결했다. 그러나 자석의 과오를 잊은 것은 아니었다. 유씨 가문의 인재 한 사람을 추방하자니 자산은 마음이 언짢았다. 그는 자대숙(유길游吉)을 찾아가 사태를 설명하고 자문을 구했다.

자대숙은 공정했다.

"저 길은 제 한 몸도 제대로 보존하지 못하는 처지인데, 어찌 우리 종문의 일에 관여할 수 있겠습니까? 이번 일은 국가의 일이옵고, 사적인 난리가 아닙니다. 집정께서 우리 정나라 입장에서 생각해보시고 나라에 이로우면 그렇게 하시면 됩니다. 무엇 때문에 회의하십니까? 주공周公께서 관숙管叔을 죽이고 채숙蔡叔을 쫓아내셨을 때, 그분인들 형제들이 안타깝지 않았겠습니까? 그저 왕실을 위해 그런 것이지요. 저 길이 죄를 지으면 어른께서는 똑같이 추방하십시오. 그러니 여러 유씨에게 마음을 두실 까닭이 무어 있겠습니까?"

이 일은 이렇게 자남을 쫓아냄으로써 마무리되었다.

2. 악은 뿌리까지 뽑는다

자산이 연속해서 자석을 벌하지 않자 자석의 행동은 더욱 거칠 것이 없었다. 백유의 가문을 절단낸 지가 엊그제인데 그는 또다시 유씨 가문을 노렸다. 자남이 쫓겨난 이듬해 가을 자석은 가병들을 데리고 유씨 가문을 쳤다. 하지만 이전에 부상당한 몸 때문에 일을 성사시키지 못했다. 그러자 이번에는 사駟씨 가문(자석은 사씨다)에서 먼저 자석을 죽이자고 나섰다. 여러 대부들도 그를 없애기로 결심했다.

자산은 국도 밖에서 이 소식을 듣고는 제때에 도착하지 못할까 봐 황급히 역마차를 이용해서 돌아왔다. 그는 사사로운 앙갚음을 원치 않았다. 사법은 절차를 거쳐야 한다는 것이 그의 생각이었다. 그는 형리를 시켜 자석의 죄목을 읽게 했다.

"백유의 난리 때는 큰 나라들을 섬기는 일로 너를 토벌하지 않았다. 그런데 너는 난심을 품고도 아직까지 염치가 없으니, 이제 국가는 너를 더 이상 용납할 수 없다. 네가 마음대로 백유를 쳤으니 그것이 첫 번째 죄다. 아우와 여자를 두고 다투었으니 그것이 두 번째 죄다. 그리고 훈수薰隧에서 맹서할 때 너는 군주께서 내리신 작위를 마음대로 고쳤으니 그것이 세 번째 죄다.• 죽을 죄를 세 가지나 지었는데 어찌 봐줄 수 있겠느냐? 너 스스로 빨리 죽지 않으면 장차 극형을 받을 것이다."

자석은 빠져나갈 구멍이 없어서 자산에게 재배하고 머리를 조아리며 빌었다.

"저의 죽음은 이제 조석 간에 달려 있습니다. 하늘이 저를 죽이려는 것이니, 일부러 하늘을 도와 빨리 죽이지는 말아주십시오."

그러나 자산은 사정이 없었다.

"사람이라면 누군들 죽지 않겠는가. 흉악한 사람은 제 명대로 살 수 없는 것이다. 흉악한 짓을 하면 흉악한 사람이 된다. 하늘을 돕지 않고 흉악한 인간을 도우란 말이냐?"

"(제 아들) 인印을 시장을 감독하는 관원으로 삼아주십시오."

"인이 능력이 있다면 군주께서 등용하실 것이다. 재능이 없다면 조

• 자남을 추방한 일 때문에 정나라 군주와 경대부들이 맹서를 맺었다. 대체로 내분이 한 번 일어나면 재발 방지를 위해 맹서를 하는 것은 일종의 관례였다. 그때 자석이 초청받지 않고 끼어들어 자신의 이름을 강제로 올렸다. 이것은 월권행위였다.

석 간에 너를 따를 것이다. 너는 네 죄를 생각하지는 않고 또 그런 청탁이나 한단 말이냐? 빨리 죽지 않으면 곧 사구司寇가 도착할 것이다."

자산이 베풀어준 은덕은 자살이었다. 자석은 죽음을 받아들이고 목을 매어 죽었다. 자산은 자석의 시신을 큰길가에 내놓고는 그의 죄목을 나무 팻말에 적어서 옆에 놓아두었다. 세 번이나 기회를 주었으나 자석은 잘못을 고치지 못했다. 자산은 일단 법을 들면 사정이 없었다.

3. 형서를 주조하다

시기상 몇 년 후의 일이지만 자산의 법 집행에 관한 중요한 이야기를 먼저 짚고 가보자. 기원전 536년 자산이 한창 정치를 펼칠 때, 정나라에서 형서를 금속으로 주조했다[鄭人鑄刑書](《좌전》'소공 6년').

"형서를 금속으로 주조했다." 이 짧은 기사는 역사적으로 대단히 중요한 의미가 있다. 일단 자산이 형서를 주조한 일은 당시 국제사회에 큰 반향을 일으켰다. 《좌전》의 기록을 통해 국제사회의 반향을 먼저 읽어본 후 그 역사적인 의미를 짚어보자.

정나라가 형서를 주조했다는 말을 들은 진나라의 숙향은 자산에게 바로 서신을 보냈다. 누구보다 자산을 이해하고 존중하던 숙향은 이번에는 신랄한 말로 자산을 힐난했다.

> 예전에 저는 어른을 염려하고 위했으나, 이제는 그만 거두겠습니다.

예전의 선왕들께서는 일을 처리하실 때는 심의審議로써 하였을 뿐 형법으로 하지 않았습니다. 백성들이 서로 다투는 마음이 생길까 두려워했기 때문입니다. 그럼에도 그런 마음을 금하지 못했습니다. 그래서 의로 막고, 정령으로 바로잡으며, 예로 행하고, 신의로 지키며, 인으로 모시고, 녹위祿位를 만들어 아랫사람이 윗사람을 따르도록 권하고, 엄격하게 형벌을 집행하여 음란한 행동을 다스리면서도, 나쁜 행동들이 계속 나올까 두려워했습니다. 그러니 진실한 마음[忠]으로 백성들을 계도하고, 솔선수범[行]으로 권장하며, 스스로 애써 일함으로써 가르치고, 온화함으로 부리며, 공경으로 그들 앞에 임하며, 엄숙한 자세로 그들 앞에 서며, 강건함으로 판결했습니다. (중략)

백성들이 정해진 형법이 있다는 것을 알게 된다면, 곧 윗사람을 꺼리지 않게 되니 (윗사람과) 다투는 마음이 따라 생기게 됩니다. 형법을 근거로 요행히 문제를 해결한다 하더라도, 그들을 다스릴 수는 없습니다. 하나라의 정치가 문란해졌을 때 우형禹刑을 만들었고, 상나라의 정치가 문란해지자 탕형湯刑을 만들었으며, 주나라의 정치가 문란해지자 구형九刑을 만들었습니다. 이 세 형법이 흥성했을 때는 모두 말세였습니다. 지금 어른은 정나라의 집정이 되어 농토의 경계를 엄격히 하고, 서로 비방하도록 하는 정령을 공포하고, 옛날 문란한 시대의 형법을 만들고, 그 형서를 주조하여, 이를 통하여 백성들을 안정시키고자 하나 어렵지 않겠습니까? (중략)

백성들이 쟁의의 단서(형법)를 알게 되면 장차 예를 버리고, 형법의 조항에 맞추어 바늘 같은 일만 어긋나도 끝장을 볼 때까지 다투게 될 것입니다. 그러면 감옥은 범법자로 넘쳐나고 뇌물이 횡행할 것입니다. 그러면 어른의 세대가 끝나면 정나라는 실패하게 될 것입니다. 저 힐肹(숙향은 양설씨로 이름은 힐이다)이 듣기로, '나라가 장차 망하려면 반드시 제도가 번잡해진다'고 하는데 이를 두고 한 말인가 봅니다.

자산은 덤덤히 답신을 보냈다.

어른께서 지적해주신 바와 같습니다. 허나 저 교가 무능하여 자손들까지 헤아리지 못하고, 다만 저 스스로 나라를 구해보자고 할 따름입니다. 비록 명을 받들지는 못하오나 어찌 헤아려주신 큰 은혜야 잊겠습니까?

자산은 그예 자신의 방식대로 하고 말았다.

그러나 숙향이 자산을 힐난한 지 겨우 26년 후, 자산이 이미 세상을 떴을 때 진나라의 대신들도 자산과 똑같은 행동을 한다. 조앙趙鞅과 순인荀寅이 사개가 만든 형서를 새긴 정鼎을 진나라 방방곡곡에 배치한다. 그리고 공자는 숙향이 한 말을 그대로 따라 진나라 정치가들을 비방했다.《좌전》'소공 29년'에 나오는 공자의 비판을 보자.

진나라는 망할 것이다. 정도를 잃었다. 대저 진나라는 당숙唐叔이 받은 법도를 지켜서 그 백성들을 세심하게 다스렸고, 경대부들은 차례에 따라 그 법도를 지켰다. 이로써 백성들은 귀한 이를 존중하고, 귀한 이들은 이로써 가업을 지킬 수 있었으며, 귀천의 질서가 어그러지지 않았다. 문공은 이리하여 질서를 잡는 관원을 두었고, 피려被廬에서 사냥하며 만든 법도로써 맹주가 되었다. 그런데 지금 그 법도를 버리고 형정刑鼎을 만들었으니 앞으로 백성들의 마음이 형정에 있을 것인데, 어찌 존귀한 이들을 존중할 것이며 귀한 이들은 어찌 가업을 지킬 것인가? 귀천의 질서가 없어지면 어찌 나라를 다스릴 것인가? 대저 범선자(사개)의 형서는 이夷에서 군사를 조련할 때 만든 것이니 진나라가 어지러울 때 만든 법이었다. 그럴진대 어찌 그것이 법이 될 수 있단 말인가?

형법에 관한 고문서 기록은 꽤 있다.《상서》에 여형呂刑이 등장하고, 위에서 숙향이 한 말에도 여러 형법의 이름들이 등장한다. 그리고 형서를 주조했다는 것은 이미 형법을 기록해놓은 책이 있었다는 뜻이다. 그러나 형법을 만민에게 공표하지는 않았다. 그 이유는 숙향과 공자가 이미 설명했다. 법을 만인에게 공표하면 아랫사람들이 법에 기대어 달려들 것이라는 이야기다.

착취이론가들은 법을 지배계급이 피지배계급을 착취하기 위해 존재하는 장치, 곧 국가를 유지하기 위한 도구로 이해한다. 그러나 피지배계급도 법을 이용한다. 법이란 양날의 검과 같아서 역사적으로 법을 둘러싼 투쟁은 단순하지 않았다. 예를 들어 영국의 권리장전Bill of Rights은 의회의 동의 없이 왕이 임의로 법률을 정하거나 군대를 동원하지 못하게 함으로써 왕권을 심각하게 제한했다. 권리장전은 이른바 입헌 군주제라는 제도의 시발점으로, 이로 인해 왕권의 절대성은 부정되었다. 더 나아가 프랑스 혁명의 인권선언이나 미국의 권리장전은 계급에 관계없이 법으로 개인의 권리를 보호하는 것이 목표였다. 이렇게 법은 양날의 검이다. 고대의 귀족이 법의 양면성을 모를 리 없었다.

조조가 세운 위나라의 인사人事를 이론적으로 정리했다는 평을 받는 유소劉邵의《인물지》는 자산을 이렇게 평가했다.

> (덕, 법, 술術을 모두 겸비한 이윤伊尹과 강태공은 국체國體, 곧 나라의 동량이라 한다) 그러나 이 세 가지(덕, 법, 술) 재질을 겸비하고 있으나 그 재질들을 모두 완비하고 있지는 않아서, 덕으로는 족히 한 나라를 이끌 만하고, 법으로는 족히 한 고을을 바로잡을 만하며, 술수로는 족히 공무를 균형 있게 처리할 수 있는 이를 '기능器能'이라 하는데 자산과 서문표西門豹가 이런 사람들이다.

유소는 고대의 전적들을 모두 섭렵하고 자산을 이윤과 강태공 다음가는 인재로 높였다. 그런데 그는 자산을 분명히 법가로 분류하지 않는 점이 특이하다. 자산은 법을 중시하되 덕과 술을 먼저 내세웠기 때문이다. 경우에 따라 그는 평화롭게 상황을 무마하기 위해서는 편법으로 보이는 수단까지 썼다.《좌전》에 이런 일화가 기록되어 있다.

자산이 형서를 주조한 바로 그해 정나라 사람들은 비명에 죽은 백유의 유령 흉내를 내며 서로 놀라게 했는데, "백유가 왔다"고 소리치면 사람들은 실제로 놀라서 갈피를 못 잡았다. 또 어떤 사람이 꿈을 꾸니, 백

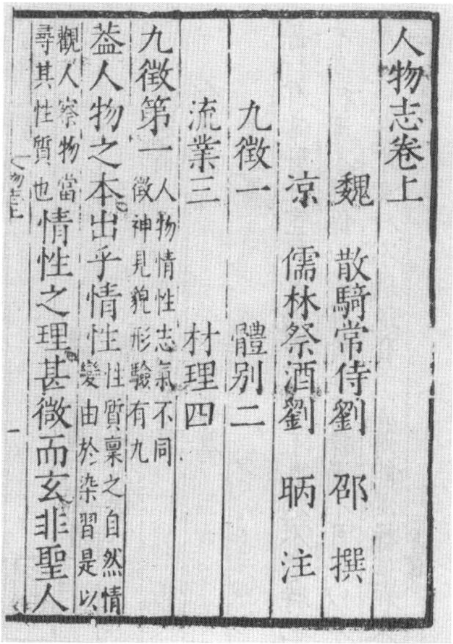
人物志卷上
魏 散騎常侍劉邵撰
涼 儒林祭酒劉昞注
九徵一 體別二
流業三 材理四
九徵第一 人物情性志氣不同徵神見貌形驗有九
蓋人物之本出乎情性 性質稟之自然情變由於染習是以觀人察物當尋其性質也
情性之理甚微而玄非聖人

《인물지》. 유소劉邵는 《인물지》에서 자산을 서문표西門豹와 더불어 덕으로는 족히 한 나라를 이끌 만하고, 법으로는 족히 한 고을을 바로잡을 만하며, 술수로는 족히 공무를 균형 있게 처리할 수 있는 사람으로 평가했다.

유가 갑옷을 입고 걸어가며 자기 원수들에게 복수하겠다고 말하기를 "임자일에 사대駟帶를 죽이고, 임인일에 단段(공손단)을 죽이겠다"고 했다는 것이다. 그런데 임자일에 실제로 사대가 죽자 사람들이 크게 두려워했다. 사실은 사대가 죽은 후에 누가 꿈 이야기를 한 것으로 추정되지만, 소문이란 원래 그런 것이다.

그러자 자산은 공손설公孫洩을 자공의 후계자로 삼고 양지良止를 백유(양소)의 후계자로 삼아 자공과 백유의 영혼을 위로했다. 그랬더니 귀신 소동이 멈췄다고 한다. 뒤에 서술하겠지만 자산은 실제로 괴이한 일을 믿지 않는, 거의 유물론자에 가까운 사람이다. 그런 그가 어째서 영혼을 위로하는 일을 하게 되었을까? 또한 백유는 악명을 가지고 죽은 사람인데, 귀신 소동으로 후계자를 지명하는 것도 도리에 맞는 일은 아니었다. 더욱 새삼스러운 것은 초나라를 끌어들여 나라를 전복하려 한 자공의 후손도 세웠다는 점이다. 자산은 왜 그랬을까?

자대숙이 귀신 소동을 가라앉힌 일을 물으니 자산은 덤덤히 대답했다.

"귀신이란 돌아갈 곳이 있으면 사악한 짓을 하지 못하기에, 그들이 돌아갈 곳을 만들어준 것입니다."

그러자 대숙은 또 물었다.

"공손설을 새삼 후계자로 세운 까닭은 무엇입니까?"

"말할 구실을 만든 것이외다. 백유란 인간이 불의했으니 후계자를 세울 수 없어서, 내가 어쩔 수 없이 그런 구실을 만든 것입니다(백유는 불의한 사람인데도 후손을 세워준다면 자공의 후손은 왜 안 세워주느냐고 당장 불만이 나올 것이니, 공손설을 자공의 후계자로 세워 양지를 백유의 후계자로 세운 일을 무마하겠다는 뜻). 정치를 할 때는 가끔 정도에 어긋나더라도 여러 사람들의 마음에 맞춰야 할 때가 있습니다. 그들의 마음을 거스르면 집정자를 믿지 않게 되고, 믿지 않으면 백성들이 따르지 않게 되지요."

이것이 자산의 술術이다. 자산은 임계점을 넘지 않을 때까지 충분히 유연성을 발휘하는 인물이었다. 그래서 그는 단순한 법가가 아니라, 종합적인 정치가였다. 그러니 자석은 처음 자산에게 용서받았을 때 그만두었어야 했다. 그랬다면 목숨을 잃지 않았을 것이다. 일단 덕과 술을 갖춘 인재가 법을 집행하는 수준까지 가면 용서란 없다.

《관자》〈판법版法〉에 비슷한 내용이 있다.

법이 바르고 정당하며, 죽을죄를 지은 이는 용서하지 않고 반드시 죽이면, 백성들은 외경심을 가지고 두려워한다. 법을 집행할 때 확고부동하면 이상하고 사악한 짓을 하는 사람들이 두려워한다.

'판법'이란 무엇인가? 바로 어디에다 새겨놓은 성문법이 아닌가? 자산의 다음 행보가 바로 성문법을 공표하는 것이었다. 춘추시기 각 나라는 모두 법이 있었다. 그러나 그 법이란 상급 귀족들을 위한 것으로 대중 모두가 알고 있는 오늘날의 성문법은 아니었다.

자산의 뛰어남은 귀족으로서 법을 공표하는 것을 주저하지 않았다는 점이다. 그가 법을 공표한 이유는 물론 치열해지는 국가들 간의 투쟁 속에서 정나라를 강하게 하기 위해서였다. 그리고 얼마 후 이미 패권국의 지위를 잃은 진나라도 법을 통한 강국 만들기 경쟁에 뛰어든다.

숙향과 공자의 지적은 일리가 있다. 법이 질서의 기준이 되면 소송이 남발되고 사람들이 서로 미워하게 된다. 그러나 스스로도 분명히 밝히고 있듯이, 그들이 법을 존중하는 이유는 아랫사람들이 대항할 수단을 주지 않고 자신의 가문을 보존하기 위해서였다. 만약 자산이 다른 사람들을 제거하기 위해 법이라는 수단을 동원했다면 비판받아야 한다. 그러나 자산은 원시 유가의 대가였다. 그는 덕, 법, 술을 고루 갖춘 사람이었다. 그래서 그 법은 위력이 있었다. 앞으로 일련의 시행착오를 거쳐 법은 일반 백성들의 생활로 침투하여 강력한 성문법의 시대가 열린다. 그래서 《관자》에 '법을 새겨 넣다[版法]', '누구나 볼 수 있도록 관청의 정문에 법을 걸어놓는다'는 등의 말이 나오고, 더 후대로 내려가면 '집집마다 관중과 상앙의 법을 한 부씩 간직'하는 시절까지 오게 된다.

법은 이제 더 이상 상급 귀족의 전유물이 아니었다. 왕의 전유물에서 귀족들에게 확산되고, 귀족들에서 평민들까지 확산되어 생긴 것이 오늘날의 법이다. 자산의 형서 주조는 당시 사회상의 변화를 반영한 것이다. 앞으로 국가권력이 법을 통해 평민들을 대거 동원하는 시절이 도래한다. 그때가 되면 국가권력이 광범한 평민 대중을 도덕만으로 통제할 수 없다. 자산은 그런 시대가 오리라 이미 예견하고, 숙향에게 한 말처럼 '스스로 나라를 구해보자고 할 따름'으로 법을 공표했다. 귀족사회는 이렇게 서서히 저물어갔다.

제13장

초 영왕의 등극과 자산의 대응

• • •

자산이 정치를 맡아서 정나라의 체질을 바꾸어가던 그때는 초나라가 진나라와의 휴전을 기반으로 오나라를 지속적으로 공략하고, 진나라의 쇠퇴를 틈타 제후국들에게 목소리를 높이는 형국이었다. 잔인한 패륜아 영왕은 왕이 되자 거리낄 것이 없었다. 동쪽에서는 실속 없는 싸움을 계속하고, 제후들에게는 시종일관 고압적인 자세를 보이며 신망을 잃어갔다. 그래서 영왕의 시대는 뚜렷한 소득도 없이 전쟁으로 인해 백성들만 고역을 치르는 불안한 시대였다.

초 영왕과 같은 배를 탄 오거는 한편으로 영왕의 야망을 실현시키면서, 한편으로는 영왕의 과욕을 제어하려 했다. 그러나 포학한 이의 성정은 그도 고치지 못했다.

이런 와중에 자산은 진나라에 대응할 때와는 사뭇 다른 태도로 초나라를 대했다. 말이 통하지 않는 상대를 예禮니 인仁이니 하는 이야기들로 설득할 수는 없다. 포악한 상대의 침해를 받지 않기 위해 내부를 다지고, 밖으로는 포악한 상대의 힘을 인정하는 수밖에 없다. 이 장에서는 초나라를 상대하는 자산의 방식을 살펴보고, 그의 대척점에 있으면서 오히려 더욱 실용적인 관점을 가지고 있던 오거의 방식도 함께 살펴볼 것이다.

1. 폭군의 과대망상: 영왕이 패자를 꿈꾸다

패자는 제후들을 모아 부덕한 상대를 치는 이다. 제 환공, 진 문공, 초 장왕 등이 그런 이들이었다. 힘이 있어도 패자가 되기는 쉽지 않다. 힘을 쓰되 도덕의 외피로 잘 꾸며야 했기 때문이다. 그래서 패자들은 모두 용력을 능가하는 개인적인 매력을 지녔다. 환공은 대범하고, 문공은 뉘우칠 줄 알며, 장왕은 사람을 아꼈다. 그러기에 여러 제후들은 기꺼이 그들을 국제질서의 주관자로 인정했다. 초 영왕은 그런 자질이 없었다.

또한 상황은 다극화되어 이제 패자가 나오기 힘든 시절이 되어갔다. 그러나 북방 진晉의 힘이 약해지면서 상대적으로 초가 더 강한 힘을 뽐내자, 영왕은 시대착오적인 패자의 꿈을 꾸었다. 그는 제후들을 모아 오나라를 칠 계획을 세웠다. 오나라는 초나라에 대응하기 위해 진나라가 이끄는 북방연합과 우호적인 관계를 맺었는데, 영왕이 그 연합을 와해시키려 했다. 제후들은 어떤 마음을 품고 있었을까?

초 영왕 3년(기원전 538) 왕의 오른팔 오거가 진나라로 떠났다. 오거는 진나라 조정에 초왕의 뜻을 전했다.

"저희 군주께서 저 거를 시켜 말씀하셨습니다.

'전에 군주께서 은혜를 베푸시어 송나라에서의 맹서를 허락하시고 말씀하시기를 '진과 초를 따르는 제후들을 서로 맞바꾸어 찾아보도록 하라'고 하셨습니다. 근래에 다사다난하여 과인이 제후들을 모아 우의를 다지고자 합니다.'

군주께서 사방에 걱정거리가 없다면 은총을 베푸시어 제후들이 초에서 모이게 해주십시오."

이 제안을 받고 진 평공은 발끈했다. 초가 패자가 되겠다는 것이 아닌가? 그러나 좌우의 안목 있는 신하들은 초나라의 요청을 들어주라고 주장했다. 평공이 이들에게 반박했다.

"우리나라는 국토가 천혜의 요새로 둘러싸여 있고, 말은 많으며, 저 제나라 초나라는 나라에 난리가 빈번하오. 우리가 유리한 점이 세 가지나 있는데 어느 누가 우리를 이기겠소?"

사마후司馬侯(여제女齊)가 설득했다.

"천하의 험한 땅의 주인들은 계속 바뀌어왔습니다. 기冀의 북쪽 땅(하북의 북쪽, 곧 융인과 적인들의 땅)은 말이 나는 곳이오나 거기서 흥한 나라는 없사옵니다. 제나라에 중손仲孫의 난리가 나서 환공이 일어났고,

우리 진나라에 이비지난里丕之亂(이극과 비정의 난리)이 나서 문공께서 나타나시어 패자가 되셨습니다. 그러니 남의 나라의 난리도 믿을 만한 것이 못 되옵니다. 주왕은 음란하고 포학해서 은나라가 망했고, 문왕께서는 은혜롭고 온화하여 주나라가 흥하였나이다. 구태여 제후들을 두고 초와 다투겠습니까?"

포학한 자와 다투지 말고 내버려두라는 이야기였다. 평왕도 사리분별력은 있었다. 그리하여 진나라는 초나라의 요청을 허락했다. 당시 자산은 군주를 모시고 초나라에 사신으로 가 있었다. 초왕이 자산에게 물었다. 자산의 대답은 진나라를 상대하던 때와 어조가 사뭇 다르다.

"진나라가 제후들에게 나를 찾아보라고 허락하겠소이까?"

"허락할 것이옵니다. 진나라 군주는 지금 조금 안락해지더니 제후들에게 뜻을 두지 않고 있습니다. 그 대부들도 그들 나름대로 얻고자 하는 것이 많아서 그 군주를 바로잡으려 하지 않습니다. 송나라에서 맹서를 맺을 때 '초와 진은 필적한다'고 했습니다. 제후들이 찾아오는 것을 허락하지 않는다면 그 말이 무슨 소용이 있겠습니까?"

"그래, 제후들은 찾아오겠습니까?"

"반드시 찾아올 것이옵니다. 우선 송나라에서 맺은 맹약을 지켜야 하고, 군주의 환대에 응해야 하고, 큰 나라(진나라)가 이미 허락하여 꺼릴 것이 없는데 어찌 안 오겠습니까? 노나라, 위나라, 조曹나라, 주邾나라는 오지 않을 겁니다. 조나라는 송나라를 두려워하고, 주나라는 노나라를 두려워하며, 노나라와 위나라는 제나라를 두려워하여 모두 진晉나라에 붙어 있습니다. 이들만 오지 않을 것입니다. 나머지 나라들은 군주의 영향 아래 있는데 어찌 안 올 수 있겠습니까?"

"그러면 내가 하고자 하는 대로 해도 문제가 없겠소?"

"다른 사람에게 마음대로 해서는 아니 될 것이나, 저들이 추구하는 것을 함께한다면 모두 이룰 것이옵니다."

자산은 덕과 인 등 도덕적인 이야기는 모두 빼고 건조하게 현실을 분석하고, 거기에 근거해서 이야기하고 있다. 애초에 도덕을 모르는 인간에게 도덕을 이야기해봐야 몸만 위험해진다는 것을 알고 있었기 때문일까? 바른 소리를 잘하던 백주리도 죽임을 당하지 않았나. 다만 자산은 마지막에 가볍게 당부했다. 제후들에게 마음대로 하지 말고 그들과 함께 추구할 수 있는 것을 찾아보라고. 영왕은 물론 그런 말을 들을 사람이 아니었다.

2. 먼저 엎드리고, 먼저 대비한다

과연 초나라가 여름에 회맹을 소집하자 노, 위, 주邾, 조는 여러 가지 구실을 대며 응하지 않았다. 그러면 정나라 군주는 어떻게 행동했을까? 정나라 군주는 가장 먼저 회합장에 도착했다. 어차피 오지 않을 나라들은 오지 않을 것이고 올 나라들은 올 것이라면 제일 먼저 가는 것이 낫다. 이것이 자산이 일을 처리하는 방식이다. 이미 초가 강대국 행세를 하고 있어서 무대를 깔아놓았는데 성의를 보여야 했다. 정나라가 비교적 먼 거리에 있었으나 가장 먼저 도착한 이유는 물론 자산이 미리 준비했기 때문이다.

자산은 먼저 엎드렸다. 그 정도 성의를 보인다고 비용이 드는 것도 아니니까.

이 회합에서 오거는 영왕을 보좌했다. 오거는 영왕에게 단단히 주의를 주었다.

"신이 듣기로 '제후들이 의지할 곳이 없을 때는 예를 지키는 이에게 귀의한다'고 합니다. 지금 군주께서는 처음으로 제후들을 얻었나니, 예의를 지킴에 신중하소서. 패자가 되고 말고는 모두 이 회합에 달려 있습니다."

그러나 그가 여러 차례 영왕의 권위를 세우고 그를 바로잡으려 했으나 그렇게 하지 못했다. 원래 영왕은 회맹을 주관하면서 오거에게 예에 어긋날 경우 지적해달라고 부탁했다. 그런데 오거는 의례가 끝날 때까지 한 번도 고쳐주지 않았다. 의례가 끝나고 영왕이 물었더니 오거가 대답했다.

"군주께서 하신 예식 중에 제가 모르는 것이 여섯 가지 있었습니다. 제가 모르는데 어찌 고칠 수 있겠습니까?"

한마디로 예의고 뭐고 없었다는 힐난이었다. 영왕이 잘못할 때마다 나서면 그의 위신이 깎일까 봐 차마 말하지 못한 것이다. 그럼에도 영왕은 그 천성을 버리지 못하고 제후들을 대하는 태도에 교만함이 역력했다. 오거가 타일렀다.

"과거에 천자들이 제후들을 소집해 교만한 태도를 보일 때도 제후들이 이반했습니다. 지금 군주께서 제후들에게 교만한 모습을 보이시니 뜻을 이루기 어렵지 않겠습니까?"

하지만 영왕은 제 잘난 맛에 취해 오거의 충고를 무시했다. 초왕이 하는 행세를 보고 자산이 송나라 상술에게 넌지시 말했다.

"저는 초나라를 두려워하지 않게 되었습니다. 초왕은 교만을 떨어 충간을 깔아뭉개고 있습니다. 기껏해야 10년 정도 갈 겁니다."

상술이 맞장구쳤다.

"그렇습니다. 한 10년은 교만을 떨어야 그 악이 멀리까지 퍼지겠지요. 악이 멀리 미치면 거꾸러지게 됩니다. 선도 이와 같지요. 덕이 멀리까지 미쳐야 떨쳐 일어날 수 있겠지요."

영왕의 운명은 자산도 알고 상술도 알았다. 그렇다면 오거는 알고 있었을까? 확실한 것은 영왕 자신은 알지 못했다는 사실이다.

3. 천륜을 어긴 이가 인륜을 어긴 이를 죽이다

이리하여 가을에 영왕은 제후연합군을 거느리고 오나라 정벌에 돌입했다. 그때 제나라에서 달아난 경봉이 오나라 주방朱方(지금의 강소성 진강鎭江 부근)에 있었다. 《사기》에 의하면 경봉은 오나라에서 제나라 시절보다 더 많은 토지와 재화를 받았다. 오나라가 그에게 무슨 염치나 도덕을 바란 것은 아니었다. 오나라도 야망이 있었다. 앞으로 북쪽으로 뻗어가려면 제나라도 자신들의 사정권 안에 들어올 텐데, 그러자면 제나라의 사정을 속속들이 아는 경봉은 훌륭한 조력자였다. 영왕은 주방을 점령한 후 경봉을 잡고는 죽이려 했다. 오거가 황급히 말렸다.

"자신이 결함이 없는 사람만이 남을 죽일 수 있다고 합니다. 경봉은 자기 군주의 명을 어겼을 뿐이고, 그래서 여기로 쫓겨 와 있습니다. 어찌 순순히 죽음을 받아들이겠습니까? 오히려 제후들에게 우리의 잘못이나 널리 알리게 될 텐데 죽여서 무엇 하겠습니까?"

영왕은 마치 자신이 음란한 누이를 잡아와서 죽인 제 환공이나 되는 줄로 착각하고 있었다. 그는 오거의 간청을 무시했다. 그는 기어이 경봉을 잡아 등에 도끼를 지게 하고는 제후들에게 조리돌림하고, 사람을 시켜 소리치게 했다.

"혹시라도 제나라 경봉처럼 자신의 군주를 죽이고, 그 고아(자식)를 약하게 여겨 대부들과 함부로 맹서하는 짓은 하지 말라."

경봉도 악한이지만 영왕의 행동은 더욱 가소로웠다. 그래서 악인 경봉이 악인 영왕을 꾸짖었다.

"혹시라도 초 공왕의 서자 위처럼 형의 아들인 군주 균을 죽인 뒤 그 자리를 차지하고는 제후들과 맹서하는 짓 따위는 하지 말라."

경봉의 지적은 영왕에게는 뼈아픈 모욕이었다. 그는 입막음으로 그 자리에서 경봉을 죽였다. 그러고는 뇌賴나라를 쳐서 멸망시켰다. 뇌나라의 죄목이 무엇인지는 기록되어 있지 않다.

이 소식을 들은 신무우申無宇는 탄식했다.

"왕이 하고 싶은 대로 하면서 거리낄 것이 없으니, 백성들이 견뎌낼 수 있을 것인가?"

영왕이 경봉을 주살한 것도 격에 맞지 않지만, 경봉을 잡겠다고 오나라를 건드린 것이 사실은 더 큰 문제였다. 망명자를 지키지 못해 위신이 깎인 오나라는 영왕에게 이를 갈았다.

4. 자산이 구부법을 실시하다

사신 임무를 수행하고 귀국한 자산은 당시 무엇을 하고 있었던가? 그는 돌아오자마자 바로 앞으로 닥칠 위험에 대비했다. 자산은 초나라를 염두에 두고 내정개혁을 단행했다.

자산이 귀국하여 행한 조치는 바로 구부법丘賦法이다. 말 그대로 국도 밖의 행정단위인 구에 부세를 매기는 제도다.《춘추전국이야기 2》 2부(613쪽)에서 노나라가 제나라와 초나라의 압박에 대응하여 구갑제丘甲制를 실시하는 것을 보았다. 구갑이 병력과 병기 차출에 중점을 둔 것이라면, 구부는 조세 징수에 중점을 둔 듯하다. 두예杜預는《주례周禮》를 근거로 구丘란 16개의 정井이 모인 것이라고 주를 달았다. 이 조치 역시 즉각적인 내부 반발을 불러왔다. 실질적인 토지 소유주들인 국인들은 자산을 비난했다.

"아비는 노상에서 죽더니 자신은 전갈의 독침이 되어 나라에 명령을 내리니, 나라는 장차 어찌될 것인가?"

자관子寬이 이런 비방을 듣고는 자산에게 알려주었다. 그러나 자산의 태도는 강고했다.

"무슨 해가 될 것인가? 진실로 사직에 도움이 된다면 죽음이 닥치더라도 하는 것이외다. 그리고 내가 듣건대 '선을 행하는 자는 자신의 길을 바꾸지 않기에 일을 성취할 수 있다'고 하더이다. 백성들의 마음을 모두 채워줄 수는 없고, 올바른 길은 바꿀 수가 없소. 《시》에 노래하길 '예의에 어긋나지 않는다면, 남의 말이야 무엇 하러 신경 쓰랴' 하오. 나는 내 방식을 바꾸지 않을 것이오."

자산이 구에 부세를 매김으로써 경작자나 귀족들이 동시에 타격을 받았음이 틀림없다. 자산의 목표는 물론 귀족들이었을 것이다. 그것은 앞서 말한 성문법 공표에서도 확연히 드러난다. 자산이 생각하기에 귀족들을 제어하고 공실을 강화하지 못하면 국가가 무너진다.

5. 폭정 심화와 위기 고조

춘추전국시대를 통틀어 포학하면서 무능한 군주들의 특징은 바로 목적을 규정하지 못하고 전쟁을 벌인다는 점이다. 전쟁을 위한 모든 물질적, 이념적 조건이 구비된 후에도 다시 한번 고려해야 할 것이 승산이다. 그런데 단기적으로 승산이 있다고 하더라도 장기적으로 피해가 되는 전쟁도 있다. 그런 것도 피해야 한다. 진나라가 이기고도 내부적으로 커다란 동란을 몰고 온 언릉의 싸움이 바로 그런 경우다. 영왕은 오를 완전히 멸망시키겠다는 명확한 목표도 없이 오를 굴복시키겠다는 집념만 가지고 싸웠다. 그 과정에서 백성들과 야전군 사령관들의 고역은 이만저만이 아니었다. 반면 남방의 사냥개 오나라는 두드리면 두드릴수록 더욱 사나워졌다.

해를 넘기기도 전에 오나라는 초나라의 동방 읍들을 공격해 주방의 패배를 보복했다. 그래서 초나라 지방관과 대신들이 지금의 강소성 서부와 안휘성 일대에 성을 쌓았는데, 질척질척한 소택지에 성이 제대로 쌓일 리 없었다. 그래서 성 쌓기는 유야무야되었다.

이듬해 영왕은 어이없게도 전해 주방을 포위하여 함락시킨 막오 굴신屈申이 두 마음을 품고 오나라에 뜻을 두고 있다고 의심하여 죽였다. 물론 대對오 전선에서 성과가 보이지 않자 굴신을 희생양으로 삼아 민심을 무마한 것이다. 영왕은 나라의 인재들을 죽이는 것이 거의 습관이 되었다. 그해 겨울 영왕은 다시 연합군을 조직하고 오나라 후방의 월나라를 끌어들여 오를 쳤다. 그러나 오히려 역습을 받아 패하고, 계속 작전을 수행했으나 별 성과도 없이 돌아왔다.

만약 정말로 오를 결딴낼 요량이라면 반드시 이길 작전을 가지고, 명분을 갖춘 후 싸워야 했다. 그러나 영왕은 공격하고, 보복당하고, 다시 보복하는 전쟁의 악순환에 빠져 있었다. 오나라는 그리 만만한 상대가 아니었다.

물론 숙적 오를 이겨야 하는 것은 국가적인 숙원이었다. 그러나 영왕의 실력으로는 어림없는 일이었다. 이렇게 승산도 없는데 계속 군대를 동원하여 백성들을 지치게 한 것은 아마도 영왕 개인의 오만한 성격 때문이었다. 그의 할아버지 장왕은 압도적인 병력으로 공격할 때도 수없이 적정을 탐지한 후 행동했다. 영왕이 제후들을 거느리고 오나라와 싸우러 가기 전에 그는 진晉나라 공녀를 아내로 맞았다. 그때 진나라라 집정 한기韓起와 대부 숙향이 공녀를 모시고 왔다. 사절을 맞이하기 전에 영왕은 대부들을 모아놓고 어이없는 소리를 했다.

"진나라는 우리의 원수요. 정말로 목적을 달성할 수 있다면야 나머지는 고려할 것이 있겠소? 지금 오는 이들은 상경과 상대부요. 만약 내가 한기의 발목을 잘라 시위로 삼고, 양설힐(숙향)의 남성을 잘라 내시로 삼으면 충분히 진나라에 설욕하고, 또 나의 뜻도 흡족해졌다고 할 수 있겠소. 그래도 되겠소?"

위계강薳啓彊이 기가 차서 대꾸했다.

"됩니다. 정말로 준비만 되어 있다면 안 될 것이 무어 있겠습니까? 필부라도 아무런 준비 없이 모욕할 수는 없습니다. 하물며 한 나라를 준비 없이 모욕할 수 있겠습니까? 한씨가 부세를 받는 일곱 읍은 모두 현縣을 이루었고, 양설씨의 네 씨족은 모두 강성합니다. 진나라 사람들이 한기와 양설힐(숙향)을 잃는다면 나머지 다섯 경과 팔대부가 나서, 한수韓須와 양석楊石이 열 가문 아홉 현의 전차 900대를 내고 그 나머지 40현을 지키는 전차 4000대를 내어 분기탱천하여 치욕을 씻으러 달려올 텐데, 백화伯華가 작전을 내고 순오荀吳와 위서魏舒가 군대를 끌고 오면 누구인들 이기지 못하리까? 군주께서 장차 친한 이를 원수로 바꾸고, 실로 무례한 행동으로 적을 끌어들이면서도 아무 대책도 세우지 않아서 군신들을 적의 포로가 되게 해야만 군주의 마음이 시원해진다면 못 할 것이 무어 있겠습니까?"

이렇게 대놓고 반박하자 영왕은 사과했다. 영왕은 군주가 되어 국가대사를 두고 신하들에게 허튼소리를 했다.

6. 오거가 장화궁을 비판하다

영왕은 장화궁章華宮이라는 별궁을 지었다. 또 장화대張華臺라는 누각을 세웠는데 아마도 장화궁 안에 있는 커다란 누각인 듯하다. 영왕은 이 누각의 준공식에 노나라 소공昭公을 초대했다. 언덕이 부족한 지형 때문에 군사용이나 경관용 누각은 초나라에는 흔한 건축이었다. 그런데 이 누각의 규모가 엄청났던 모양이다.《국어》에 오거가 장화궁의 규모를 비판하는 대목이 나온다. 그 내용에 의하면 여러 제후들을 초청했으나 모두 오려 하지 않았고, 겨우 노나라 소공만 위협해서 부를 수 있었다고 한다. 그 내용을 일부 축약해서 옮겨본다.

영왕이 누각에 올라 감탄했다.

"아름답구려."

오거가 그 말을 나무랐다.

"선대 군주 장왕께서 만든 포거匏居의 대는 국가의 길흉을 관측할 수 있는 높이에 불과했고, 넓이는 겨우 술잔을 놓을 정도였으며, 나무는 군사시설을 정비하는 데 방해가 되지 않을 정도였으며, 비용은 굳이 관의 창고를 빌리지 않을 정도였고, 부역은 백성들의 농사에 지장을 주지 않았고, 관리들의 일상 사무에 영향을 주지 않았습니다. 그럼에도 제후들이 구름처럼 몰려와 축하했습니다.

무릇 어떤 것을 아름답다고 하자면 상하(국내의 높은 이와 낮은 이), 내외(나라 안과 밖), 대소(큰 나라와 작은 나라), 원근(먼 나라와 가까운 나라)이 모두 그로 인해 해를 입지 않아야 합니다. 모두가 해를 입지 않으니 그것을 아름답다 합니다. 만약 눈을 즐겁게 하는 것을 아름답다고 하면, 이를 만들기 위해 비는 것은 나라의 창고입니다. 이는 백성들의 이익을 빼앗아 그들의 등골을 빼는 일인데 도대체 그게 뭐가 아름답단 말입니까[是聚民利以自封而瘠民也 胡美之爲]? 대저 나라의 군주란 백성들과 함께 가는 것인데, 장차 백성들이 여위는데 군주가 어찌 살찔 수 있겠습니까?

선왕께서 대臺와 사榭를 만들 때 사는 군사들에게 명령이 전달될 높이를 넘지 않았고, 대는 국가의 길흉을 점칠 정도의 높이를 넘지 않았습니다. (중략) 대저 대사를 만드는 것은 백성들을 가르치고 그들에게 이익을 주기 위해서지, 그들의 곳간을 비우기 위해서라는 말은 저는 알지 못합니다. 군주께서 이 커다란 누각(대)을 보고 아름답다고 하시면, 우리 초나라는 위태롭습니다."

과연 초나라의 기둥다운 말이다. 하지만 오거는 책임이 없는가? 이런 거대한 누대를 짓도록 방치하고 낙성식에서 비판하는 것이 어떤 의미가 있을까? 영왕은 바로 오거 자신의 분신이라고 할 수도 있다. 바른 말을 하는 백주리가 죽었을 때, 오거는 침묵하고 오히려 국제사회에서 영왕을 두둔함으로써 그의 지위를 받쳐주었다. 제후들을 소집하고, 명령을 전달하고, 또 왕에게 패자의 처신을 가르친 이도 오거였다. 왕에게 죄수들과 유랑민, 농민들을 모아 커다란 대를 지을 수 있는 권력을 준 이도 다른 사람이 아닌 오거였다. 그러나 그는 왕을 제어하지 못했다. 마치 그의 손자 오자서가 오왕 부차의 악행을 제어하지 못한 것과 너무나 흡사해서 섬뜩하다.

자산이라면 분명히 사전에 막았을 것이다.

제14장

2강 패권의 종말과 자산의 대응

• • •

우리는 지금 기원전 535년 무렵에 서 있다. 그리고 앞으로 진-초의 2강 체제가 해체되는 과정에서 주인공 자산이 취한 행동을 살펴볼 것이다.

현실주의 이론에 의하면 열강들이 각축을 겪은 후 형성된 2강 체제는 상당히 강고하다. 그리고 그 2강 체제는 그 외의 나라들의 지지를 받는다. 그들은 2강의 그늘 아래서 쉴 수 있고, 또 강대국이 경찰국가로서 가장 많은 방위비를 부담할 것이기 때문이다. 춘추시대의 진-초 2강 체제도 그런 측면이 있었다. 진나라 패권이 거의 무너진 기원전 526년, 제나라에 시달리던 노나라의 숙손착은 이렇게 한탄했다.

"제후들 사이에 우두머리가 없음은 참으로 해로운 일이다. 제나라 군주가 무도하여 군대를 일으켜 먼 나라를 치고 작은 나라들을 모아서는 맹서를 하고 돌아가도 아무도 대들지 못함은, 제후들 사이에 우두머리가 없기 때문이다. 《시》에 이르길 '종주인 주나라가 이미 쇠퇴하니 난리를 안정시킬 이가 없네. 집정대부들이 떨어져 있으니 우리의 어려움을 알아줄 이가 없네' 하더니 이를 말하는 것인가?"

숙손착은 지금 진나라의 패권을 그리워하고 있다. 진나라가 힘이 있었다면 노나라는 진나라의 비용으로 제나라를 막을 수 있었을 것이다. 비록 공물은 바치겠지만 방위비는 줄일 수 있다.

그러나 춘추시기의 2강 체제는 사실상 열강들의 진정한 각축을 통해 형성된 귀납식 체제는 아니었다. 다만 진과 초가 다른 나라들보다 먼저 각성했고, 상호 대결을 통해 군사적으로 성장했을 뿐이다. 다른 나라들도 얼마든지 부국강병을 추구할 여지가 있었다. 국도들 사이에 놓여 있는 광대한 미개척지, 관개시설을 만들면 옥토로 바뀌는 들판, 여러 작은 민족들이 개척해 놓은 계곡 사이의 땅, 거칠지만 소와 철제 보습이 들어가면 농경지로 바뀌는 자갈 땅, 그리고 아직 호구로 편입되지 않은 국도 밖의 수많은 야인野人들이 있었다. 누구든 개혁을 통해 이들을 흡수하면 강해질 수 있었다. 그들이 바로 춘추 말기의 신흥 강국 오와 월, 그리고 전국칠웅이라고 알려진 살아남은 나라들이다.

이 불안정한 2강 체제를 그토록 오랫동안 끌고 나갈 수 있었던 것은 정치의 힘이었다. 정치는 명분과 더불어 위협, 속임수 등의 여러 가지 얼굴을 하고 있지만, 역시 춘추시대를 이끈 귀족사회 상부의 관념을 지배한 정치 강령은 예禮다. 이 예라는 관념체계는 현실에서도 힘을 발휘하여 2강 체제를 지속시켰다. 그러나 이제 그런 시대는 저물고 있었다. 위협과 속임수의 빈도는 더욱 늘고, 결국은 군사력이 성패를 좌우할 것이라는 생각이 자라고 있었다. 그런 움직임을 간파한 사람이 바로 자산이다. 그는 밖으로는 예를 주창하면서 안으로는 지속적으로 자강自強을 위한 개혁을 멈추지 않았다.

2강 체제의 종결 과정은 나라별로 달랐다. 진나라는 국내의 유력 가문들이 서서히 분할하는 형세였고, 초나라는 순조롭지 않게 진행된 왕권 승계 과정이 국내외적인 안정을 무너뜨리고 나라를 피폐하게 만들었다. 그 순간을 놓치지 않고 오나라가 밀고 들어왔다. 한쪽은 완만하게 한쪽은 급속하게 위엄을 잃었지만, 북쪽과 남쪽의 강자들이 동시에 패자의 지위를 잃은 점은 마찬가지였다.

1. 초나라 패권 종말의 징후: 진陳과 채를 멸망시키다

꺼지기 전의 촛불이 더 맹렬하게 타오르듯이 영왕의 위세는 날로 더해 갔다. 기원전 534년 그는 진陳나라의 내부 문제를 꼬투리 잡아 멸망시켰다.

진陳 애공哀公에게는 부인이 셋 있는데 첫 부인은 태자 언사偃師를 낳았고, 둘째 부인은 유留, 셋째 부인은 승勝을 낳았다.* 그중 둘째 부인이 사랑을 받았다. 그래서 애공은 둘째 부인의 아들 유를 자신의 동생인

• 《사기》〈진기세가〉에 따르면 애공의 정비는 두 명으로 모두 정나라 공녀였다. 언니가 사를 낳고, 동생이 언을 낳았다고 한다. 《좌전》과 《사기》의 기록 중 어떤 것이 더 정확한지 확인할 수는 없어 더 오래된 기록을 따른다. 그러나 향후 사건의 인과관계에 대한 설명은 《사기》가 더 분명하여, 일부 서술은 《사기》를 따른다.

사도 초招에게 맡겼다. 그런데 애공이 병상에 눕자 초는 태자 언사를 죽이고 유를 세웠다. 병상에 있던 애공이 소식을 듣고 대로하여 초를 죽이려 하자 초는 역으로 군사를 이끌고 애공을 감금했다. 애공은 결국 스스로 목을 매어 죽었다. 그러자 공자 승이 나라에 쿠데타가 일어났음을 종주국인 초에 알렸다.

욕심 많은 초 영왕이 그 틈을 놓칠 리가 없다. 그는 공자 기질棄疾을 보내 진陳나라를 치게 했다. 기질은 진나라로 들어가 죽은 태자의 아들을 앞세우고 성을 포위했다. 그러나 일단 성이 수중으로 떨어지자 그를 세우지 않고는 진나라를 멸망시킨 후 진을 초나라의 현으로 삼아버렸다.

진陳나라도 당당한 제후국이었고, 분명히 부유한 국가였지만 이렇게 허망하게 멸망했다. 작은 나라가 망하면 누가 도와주나? 이제 실리가 없는 일에 끼어들 제후들은 없다. 망하는 나라만 손해였다.

이 일이 일어나기 이미 10년 전에 회맹에 참석하러 진陳나라로 갔다가 돌아온 자산은 진나라의 패망을 예언했다.

"진나라는 망할 것이니, 그들과 함께할 수 없습니다. 저들은 벼를 거두어 쌓아두고 성곽을 잘 정비해놓고는 이 두 가지를 믿고 그 백성들을 살피지 않고 있습니다. 군주는 약골이고, 공자들은 사치하며, 태자는 위엄이 없고, 대부들은 교만하여, 진나라 정치는 계통이 없습니다. 그러면서 큰 나라들 사이에 끼어 있으니, 어찌 망하지 않을 수 있겠습니까? 10년을 못 넘길 것입니다."

자산이 보기에 작은 나라가 생존하는 길은 백성으로 성을 쌓고, 곡식을 백성들의 곳간에 쌓아두고, 세력 가문들을 제어하여 백성들의 힘을 분산시키지 않는 것이었다. 그가 보기에 진은 그 반대였다.

《순자》〈국부國富〉에 다음과 같은 기사가 있다. 자산과 순자의 의견은 똑같다. 순자는 자산을 보고 배웠을 것이다.

> 국가의 강약과 빈부는 모두 징험이 있다. 아래가 빈곤하면 위도 빈곤하고, 아래가 부유하면 위도 부유하다. 그래서 전야와 현비는 재물의 근본이다. 그러니 전야가 황폐한데도 국가의 곡식 창고가 실하고 백성이 허한데도 부고가 가득 차 있다면, 이를 두고 국가가 위태롭다고 하는 것이다〔故田野荒而倉廩實 百姓虛而府庫滿 夫是之謂國蹶〕. 그 근본을 자르고 그 원천을 말리고서 말단에다 합치면서도 군주와 재상이 그 해악을 모른다면 이는 뒤집혀 멸망하기를 서서 기다리는 것과 같다. 옛날에는 1만 개의 나라가 있었으나 지금은 고작 열 개만 남았다. 그 이유는 모두 마찬가지다. (그렇게 하지 않으면) 사방 100리의 나라를 가지고도 독립할 수 있다〔百里之國 足以獨立矣〕.

영왕의 행보는 여기서 멈추지 않았다. 그는 또 채나라를 노렸다.

채나라 영후靈侯(영공)는 국인들의 지지를 받지 못했다. 그는 아버지를 죽이고 군주가 된 사람이다. 영후의 아버지 경후景侯도 특이한 사람이다. 그는 무려 49년이나 공위에 있었으므로 말년에는 노인이었음이 분명하다. 그런데 말년에 태자의 비로 맞이한 초나라 여자를 보고 마음이 동해서는 통정했다. 태자 반般은 분노를 참지 못하고 아버지를 죽인 뒤 스스로 공위에 올랐다. 이 일은 춘추시대의 패륜극 중에도 일급에 해당하는 사건이었다.

영왕은 이미 10년도 더 지난 그 일을 다시 끌고 나왔다. 지금의 채후는 아버지를 죽이고 등극한 패륜아라는 것이 침략한 이유였다.

영왕은 신申에 머물면서 예물을 잔뜩 보내 영후를 유인했다. 영후의 측근들은 낌새를 채고 말렸다.

"초왕은 탐욕스럽고, 오직 채나라를 어떻게 할 생각만 있습니다. 평소보다 예물이 후하고 말도 달콤하니 우리를 유인하는 것입니다. 가지 않는 것이 좋습니다."

그러나 영후는 큰 나라의 말을 어길 수 없어서 참석했다. 영왕은 연회를 베풀어 영후에게 술을 잔뜩 먹이고 그와 일행을 모조리 잡았다. 그러고는 영후와 그를 수행하던 신하 70명을 죽이고 바로 공자 기질을 보내 채나라 도읍을 포위했다.

이 일은 국제적으로 중요한 사안이었다. 진晉나라 내부에서 토론이 오갔다. 집정 한기가 물었다.

"초나라가 채나라를 차지할까요?"

숙향이 대답했다.

"차지할 것입니다. 채후가 그 선군에게 죄를 지어 나라 사람들에게서 인심을 잃었습니다. 하지만 초왕은 오래가지 못할 것입니다. 하나라 걸왕이 민緡나라를 이기고도 나라를 망쳤고, 상나라 주紂왕은 동이東夷를 이기고도 그 자신은 죽음을 당했습니다. 지금 초나라는 그보다 작고 지위도 낮은데 초왕의 행동은 걸주보다 더합니다. 버틸 수 있겠습니까?"

한기와 숙향 등은 이미 깊이 개입할 생각이 없었다. 그런데 순오가 개입하도록 종용했다. 그는 향후 진나라의 군사행동을 책임지고 융적들과의 싸움에서도 실력을 입증하는 용장이다.

"전에 진陳을 구하지 못하고 지금 또 채를 구하지 못한다면 우리와 친하려 할 나라가 없을 것입니다. 또한 우리 진나라의 무능함은 이로 인해서 드러날 것입니다. 맹주의 나라가 되어서 망하는 나라를 아끼지 않는다면, 맹주가 무슨 소용이 있겠습니까?"

이리하여 진은 제후들을 소집했다. 다시 남북의 전쟁이 벌어질 것인가? 자산의 생각은 달랐다. 자피가 회합에 참석하기 위해 떠나려는데 자산이 말했다.

"멀리 갈 필요는 없을 것입니다. 채나라는 구할 수 없습니다. 채나라는 조그마한 주제에 불순하고, 초나라는 크지만 부덕합니다. 하늘이 채나라를 버려서 초나라의 죄를 더한 후 벌을 주려 하고 있습니다. 채나라는 반드시 망합니다. 그리고 3년이 지나면 초왕이 벌을 받을 것입니다."

과연 자산의 예언대로 채나라는 버티지 못했다. 그리고 진晉나라는 형식적으로 초나라를 만류했을 뿐 실질적인 군사행동은 하지 않았다. 진-초의 휴전과 양자 대결의 붕괴는 채나라 같은 작은 나라들에게는 분명 악몽이었다.

영왕은 채나라를 얻고는 더욱 끔찍한 일을 저질렀다. 채나라 태자를 강산岡山에 제물로 바친 것이다. 채나라의 후대를 끊겠다는 심사였지만, 이 극악한 행동에 초나라의 명망가들도 분노했다. 신무우는 한탄했다.

"불길하다. 다섯 가지 가축도 순서를 바꾸어 함부로 희생으로 쓰지 않는데, 어찌 제후를 희생으로 쓴단 말인가? 왕은 반드시 후회할 것이다."

과연 이런 짓을 하고도 무사할 수 있을까? 영왕은 새로 얻은 진陳, 채 땅에 성을 쌓고 기질을 보내 관장하게 하려 했다. 그러자 신무우가 반대했다.

"국도에 버금가는 성은 반란의 근거지가 되고, 근친을 밖에 보내면 다른 마음을 품게 됩니다."

오거와 마찬가지로 신무우도 포악한 군주에게 이렇게 충성을 다했다. 그러나 결국 그들의 충간은 받아들여지지 않았다.

2. 진晉나라 패권 종말의 징후: 상가에서 일어난 일

진晉나라 패권 종말의 조짐은 여기저기서 터져 나왔다. 초나라가 진陳나라를 멸망시키고 남방에서 한창 위세를 떨칠 때 진晉 평공이 죽었다. 기원전 532년의 일이다. 그때 제나라를 비롯하여 북방제후국 대부분이 조문 사절을 보냈다. 정나라도 자피를 대표로 삼아 사절을 파견했는데, 자피는 예물을 가지고 가려 했다. 그러자 자산이 말렸다.

"상사에 어찌 예물을 가져간단 말입니까? 예물을 가져가면 필히 수레 100대는 필요할 텐데, 수레 100대면 사람이 1000명은 필요합니다. 1000명이 가더라도 경황 중에 예물을 바치지도 못할 것이고, 바치지 못해도 결국 되가져오지 못하고 다 쓰게 될 것입니다. 1000명씩 몇 번 다니고 나면 나라가 망하지 않겠습니까?"

자산이 보기에 당시는 진나라에 아부할 상황이 아니었다. 아부하더라도 진나라는 돌려줄 것이 없었다. 그렇다면 정해진 예법대로 하는 것이 안전하다고 생각했다. 과연 장례식을 마치자 숙향은 사절들의 면담을 사절했다. 숙향도 지금 진나라가 예물을 받을 상황이 아님을 알고 있었다. 받고 돌려줄 것이 없으면 위신만 깎인다.

"저희 군주께서 상복을 벗고 여러분들을 뵙자니 아직 상기가 끝나지 않았고, 상복을 입고 뵙자니 그렇게 하면 장례식에서 조문을 받고 또 조문을 받는 것이 됩니다. 어찌하면 좋겠습니까?"

결국 각국 사절들은 진나라 군주를 만나지 못했고, 자피도 예물을 주지 못했다. 도로 가져갈 수도 없어 결국 다 쓰고 말았다. 자피는 후회했다.

"그 어른은 법도[度]와 예의를 두루 아는 분이구나. 나는 실로 방종하게 욕심을 부려 그것을 억제하지 못했구나."

자산과 숙향은 예를 표방했지만 그들은 극히 현실적인 판단을 했다. 제후들은 경황이 없는 진나라에 예물을 주고 자기들의 사정을 호소할 것이다. 허나 이미 진나라는 다른 나라의 사정을 들어주거나 외국의 일에 간섭할 여유가 없다. 자산은 그런 저간의 사정을 간파하고 쓸데없이 예물을 가져가지 말라고 충고했다. 왜냐하면 나라의 재산을 쓸 때는 뚜렷한 목적이 있어야 하며 요행을 바라 한 푼도 허비해서는 안 된다고 보았기 때문이다.

진나라는 평공이 죽자 소공昭公이 즉위했다. 소공의 즉위를 축하하기 위해 여러 제후들이 찾아왔는데 그중에는 제 경공景公도 있었다. 이 자리에서는 그가 제일 큰 손님이었다. 제후들이 투호 놀이를 하는데 진 소공이 먼저 던졌다. 소공을 보좌하던 순오가 기원의 덕담을 올렸다.

"술은 회하淮河처럼 넘치고 고기는 섬처럼 쌓였습니다. 저희 군주께서 던져 넣으시면 제후들의 수장이 되시는 겁니다."

과연 소공이 던진 화살은 항아리 안으로 들어갔다.

이제 제 경공 차례였다. 자존심 강한 이 사나이는 화살을 던지면서 스스로 덕담을 말했다.

"술은 승수澠水처럼 넘치고 고기는 언덕처럼 쌓여 있습니다. 과인이 넣으면 (진나라) 군주와 번갈아 가며 흥하리라."

그리고 그도 항아리 안에 화살을 던져 넣었다.

앞으로 이 은근한 갈등은 점점 더 심화된다. 제 경공은 '앞으로 진나라가 패자의 지위를 유지할 수 있겠는가' 하고 노골적으로 묻고 자신도 그 야심을 언뜻 내보였다.

3. 초 영왕의 죽음과 패권 포기

초 영왕을 한마디로 평가하면 외강내허外强內虛다. 그는 오만한 성격대로 패자 흉내를 내기 위해 밖으로 여기저기 힘을 휘둘러댔지만 크게 성공하지 못했고, 오히려 안으로 원한을 가진 사람만 양산해냈다. 넘어뜨리고 싶은 오는 생각보다 완강했고, 오히려 기회만 있으면 역공을 펼쳤다. 그러다가 진陳나라와 채나라를 멸망시켜 초나라의 현으로 삼았는데, 신무우가 걱정한 대로 새로 합병한 지역에서 반란이 터져 나왔다.

영왕의 최후는 마치 사슴을 삼키고 배가 터져 죽은 구렁이같이 비참했다. 그러나 반란이 일어나고 왕이 죽는 어지러운 상황에서 몇몇 충실한 사람들의 인격은 더욱 두드러졌다. 역시 평소에 아부하던 사람들이 더 빨리 돌아서고, 쓴소리를 하던 사람들은 끝까지 충성을 지켰다.

영왕에게 무고하게 죽음을 당한 사람들의 씨족들은 모두 기회만 노렸다. 억울하게 죽은 대사마 위엄의 씨족, 영왕이 합병하는 과정에서 피해를 입은 허나라와 채나라의 일부 씨족, 그에게 채읍을 빼앗긴 초나라 여러 대부들, 영왕에게 모욕당한 월나라 대부 상수과常壽過 등이 모두 영왕을 노렸다.

원래 초나라 사람이지만 아버지가 죄를 지어 죽은 뒤 채나라에 있던 관종觀從•은 채나라의 조오朝吳를 섬기고 있었다. 조오는 채나라를 부활시킬 꿈을 꾸었다. 그래서 관종은 거사의 참모가 되어 일을 벌이기로 마음먹었다. 마침 초왕의 주력군이 건계乾谿에서 오군과 대치하고 있어서 국도는 거의 비어 있었다.

• 《사기》〈초세가〉에는 관종의 아버지 관기는 채나라 대부로서 영왕에게 죽음을 당했다고 기록되어 있다. 그러자 관종은 오나라로 달아나 복수를 위해 월나라 대부 상수과와 모의하여 오나라와 월나라 군대를 이끌고 채나라를 습격하려 하면서 일을 획책했다고 되어 있다. 그런데 《좌전》에 관종의 아버지 관기의 내력이 자세하게 설명되어 있다. 그는 영윤 자남子南(추서追舒)의 총애를 받았는데 신분에 맞지 않게 전차를 수십 대씩 끌고 다니다가 죽음을 당했다. 그는 초인이 분명하다. 또한 거사에 성공한 후 기질(초 평왕)이 어떤 직위를 원하느냐고 묻자 "우리 선대는 복관卜官의 부관이었습니다"라고 구체적으로 대답한다. 그러니 그는 대대로 초나라에서 관리를 지낸 집안 사람이다. 그리고 채나라에서 조오를 섬긴 정황이 분명하고, 오나라와 채나라의 거리가 멀고, 또 건계에 묶여 있던 오군이 채나라를 공격하기도 어려운 점 등을 고려하면 《사기》의 기록은 분명 오류다.

관종은 먼저 초나라의 공자로 채공이 된 기질의 명령이라고 속이고 망명가 있던 자석子皙과 자간子干을 불러들였다. 두 사람 모두 영왕이 선대 겹오를 시해했을 때 외국으로 망명한 이들이다. 자석과 자간이 도착하자 관종은 일부러 채나라 관부를 공격하고 채공 기질을 끌어들이기 위해 거짓 소문을 퍼뜨렸다.

"채공이 두 공자를 모시고 와서 초나라 본토로 들여보냈다. 채공도 곧 군대를 이끌고 들어갈 것이다."

채공 기질은 관종 일행의 갑작스러운 습격으로 관부를 벗어나 피신해 있는 중 이런 소문을 듣자 난처했다. 그 와중에 사람들이 관종을 잡았다. 그래도 관종은 태연했다.

"관부를 습격한 도적은 이미 달아나서 군열을 가다듬었는데 나를 죽여서 무엇 하겠소?"

그러자 조오가 사람들에게 유세했다.

"여러분께서 장차 목숨을 버리실 요량이면 채공과 공자들의 명을 어기고 그들이 초왕을 이기고 돌아올 때까지 기다리십시오. 그러나 안정을 바라신다면 채공과 공자들과 함께하여 승리를 얻읍시다. 그리고 바로 윗사람(채공 기질)의 명을 어기고 어디로 갈 수 있겠소이까?"

그렇게 유세하자 채나라 사람들이 호응했다.

"채공과 함께합시다."

그러고는 몸을 피했던 채공 기질을 데리고 와서 수장으로 세우고, 두 공자와 함께 채나라 사람들을 거느리고 초나라로 진격했다. 채나라 사람들에게 내건 조건은 나라를 회복시켜준다는 것이었다. 이렇게 기질은 원래 야망도 있었지만 엉겁결에 반란군의 수장이 되었다. 시작은 급작스러웠으나 운은 그의 편이었다. 새로 얻은 진陳, 채 땅을 수비하는 군졸들이 그대로 자신의 휘하가 되었고, 두 공자와 위씨, 그리고 채나라와 진陳나라 사람들이 모두 한편이 되었다.

그리고 무엇보다 기질 자신이 군사를 부리는 재능이 있었다. 진, 채의 군사들은 초나라 교외에 도달하자 들떠서 대국으로 쳐들어왔다는 징표를 남기려 했다. 그러나 여러 지역, 여러 출신, 여러 목적을 가진 군대를 이끌 때는 자칫 멈칫하면 대오가 무너질 수 있다. 경험 많은 기질은 이를 알고 군대가 주둔했다는 간단한 표시만을 하게 한 후 군대를 국도로 신속하게 진격시켰다.

초나라 사람들은 처음부터 대항할 마음이 없었다. 영왕에게 시달릴 대로 시달린 백성들은 이제나저제나 왕이 죽기만을 바라고 있었다. 기질은 거의 무혈 입성하여 태자를 죽이고 도성을 장악했다. 그리고 자간을 왕으로 세우고, 자석을 영윤으로, 그리고 자신은 사마가 되었다. 동시에 관종을 건계로 보내어 오군과 대치하고 있는 사령관들에게 고했다.

"빨리 돌아오는 이들은 예전의 관직에 봉하고, 늦게 오는 이들은 코를 베겠다."

영왕은 건계에서 회군해야 했다. 아직 주력군은 그의 수중에 있었다. 그러나 군대는 자량訾梁에 이르자 와해[潰]되었다. 군대를 이끌고 있는 이들에게 가장 큰 치욕은 장졸들이 지휘관을 버리고 흩어지는 것이다. 그때 영왕의 아들들이 이미 살해당했다는 소식이 도착했다. 영왕은 전차에서 내려 비통함에 빠졌다.

"다른 사람이 자식을 아끼는 것도 나와 같을까?"

시위가 대답했다.

"자식을 아끼는 마음은 더 심하옵니다. 소인小人(일반 백성)들은 늙어서 자식이 없으면 도랑에 빠져 죽는 것으로 알고 있습니다."

영왕은 후회했다.

"내 남의 자식들을 그렇게 많이 죽였으니, 어찌 이런 꼴을 면할 수 있겠나."

우윤 자혁子革(연단然丹)이 권했다.

"교외에 머물면서 국인들의 의견을 들어보시지요."

"대중이 노했으니 돌이킬 도리가 없소."

"그렇다면 큰 도시로 들어가서 제후들에게 군사를 요청하소서."

"모두 등을 돌렸소."

"그렇다면 제후들에게 망명하여 큰 나라가 군주를 도와줄지 들어보소서."

"큰 복은 다시 오지 않는다 하오. 어찌 그런 치욕을 당하겠소."

영왕은 이미 포기했고 자혁은 어찌할 도리가 없었다. 그도 왕을 포기하고 국도로 갔다. 《사기》에는 전설 같은 이야기가 추가되어 있다.

우윤이 떠난 후 영왕은 혼자서 산을 헤맸다. 그런데 야인들은 감히 왕을 받아들이지 못했다. 잘못하다가는 화를 부를 수 있기 때문이었다. 길에서 그는 우연히 옛날의 궁정 청소부를 만났다. 왕은 그를 알아보고 사정했다.

"나를 위해 음식을 좀 구해주게. 벌써 3일 동안 먹지 못했네."

그러자 청소부가 말했다.

"새 왕이 령을 내렸습니다. 감히 이전의 왕을 보호해주거나 따르는 이가 있으면 삼족을 벌하겠답니다. 그리고 지금 먹을 것을 얻을 데도 없습니다."

허기진 왕은 청소부의 다리를 베고 잠이 들었다. 청소부는 몰래 흙덩이를 대신 괴어놓고 달아났다. 왕이 일어나보니 청소부는 이미 달아났고 허기져서 일어날 수도 없었다.

반면 우芋 땅의 장관 신무우의 아들 신해申亥는 내란이 일어난 상황에서 어려운 길을 따랐다.

"나의 아버지는 두 번이나 왕명을 어겼으나 왕은 죽이지 않았다. 이보다 더 큰 은혜가 어디 있으랴. 군주는 차마 저버릴 수가 없고 은혜는 버릴 수가 없는 것이니, 나는 왕을 따르겠다."

그 아버지에 그 아들이었다. 강직한 신무우는 초왕의 명을 자주 거슬렀으나 영왕은 오거를 아끼듯이 그도 아꼈다. 한번은 신무우가 장화궁까지 따라 들어가서 범죄자를 잡은 적이 있다. 그때도 영왕은 그를 용서했다. 영왕은 난폭했으나 영웅의 기질은 있었다. 신무우가 범인을 쫓아 장화궁까지 들어가려 하자 왕궁을 지키는 관리가 신무우를 잡아서 왕에게 대령했다. 영왕은 마침 술을 마시려 하고 있었다. 그런데 신무우는 대담하게도 이렇게 변론했다.

"지금 왕궁을 지키는 관리가 '그대는 어찌 왕궁에서 사람을 잡으려 하는가'라고 하니, 장차 어디서 범인을 잡으리까? 주 문왕이 만든 법에는 '도망자는 샅샅이 뒤져서 잡는다'고 했습니다. 그러기에 천하를 얻었사옵니다. 우리 선구이신 문왕(초 문왕)께서 복구법僕區法(도망자와 은닉자를 다루는 법으로 보인다)을 지정하셔서, '도둑을 숨기거나 훔친 것을 숨겨준 자는 도둑과 죄가 같다'고 하셨습니다. 그러기에 땅을 여수까지 넓히신 것이옵니다. 문왕께서 만든 법에 따르면 왕께서도 도둑이 되옵니다."

그러자 영왕이 대답했다.

"그대의 부하를 잡아가시게. 이 도둑(자신)은 하늘의 총애를 받고 있으니 잡을 수가 없을 걸세."

그러고는 신무우를 용서해주었다.

그때의 은혜를 기억하여 신무우의 아들 신해는 쓰러져 있는 왕을 자기 집으로 모셔 왔으나, 왕은 결국 자결했다. 야심이 지나치고 잔인했지만 영웅의 자존심은 있는 왕이었다. 그는 나름대로 강단과 실력이 있었지만 착한 인간이 되지 못해서 참혹한 결과를 맞았다. 신해는 두 딸을 순장시켜 영왕과 함께 보내주었다. 왕으로서 아무런 치장도 없이 죽는 것이 안타까웠으리라. 하지만 이 악한이 좋은 집안의 훌륭한 규수 둘을 데려간 것이 사실 더 안타까운 일이었다. 고대에는 이렇게 남자의 충성을 위해 죽은 여자 중 역사책에 이름을 올리지 못한 이가 수없이 많았을 것이다.

이후 초나라에서는 공자 기질이 주로 일을 주도했다. 망명 가 있던 자간과 자석은 국내에 아무런 기반이 없었고, 또 사람됨이 어수룩했다. 반면 기질은 제법 야망이 있었고, 국인들 또한 기질이 왕이 되어 빨리 안정을 되찾길 바랐을 것이다. 결국 기질은 두 공자에게 달려가 거짓말을 했다.

"왕이 국도로 들어왔습니다. 국인들이 왕과 사마를 죽이겠다고 달려오고 있습니다. 빨리 스스로 숨을 끊으면 욕은 보지 않으리다."

순진한 것인지 사태를 파악한 것인지 두 공자는 스스로 죽음을 받아들였다. 이 두 공자는 모두 정치적 격동에 휘말린 선의의 피해자들이었다. 관종이 일을 시작하고, 기질은 그 이상의 수완을 발휘해서 일을 마무리지었다. 기질이 등극하니 그가 바로 평왕平王이다.

영왕은 죽었고, 초나라의 패권시대는 끝났다. 평왕은 영왕이 짧은 재위 기간 동안 들쑤셔놓은 나라를 안정시켜야 했다. 그래서 평왕은 대외적으로는 화친책을, 대내적으로는 위무책을 썼다. 패권을 추구하느라 영왕이 헤집어놓은 나라의 상처가 너무 컸기 때문이다.

앞으로 초나라는 동쪽에서 지난한 세월을 보내게 될 것이다. 영왕은 사냥개 같은 오나라를 건드려놓고 마무리도 못 하고 죽었다. 한참 세월이 지나 동쪽 오나라의 군대를 이끌고 초나라에 들어온 이가 자신의 충신 오거의 손자라는 사실을 알면 영왕은 지하에서도 화들짝 놀랐을 것이다.

4. 대전환기의 자산의 전략

협상의 원칙

초나라는 당분간, 아니 오랫동안 패권을 추구하지 못할 것이다. 이제 진나라도 숨을 가다듬어야 했다. 그래서 다시 제후들을 모아 맹약을 맺으려 했다. 그러나 제나라가 거절했다.

숙향은 제나라를 굴복시키기 위해 주周나라를 끌어들였다. 주나라는 명목만 남은 종주국이지만, 이렇게 힘의 우열이 명확하지 않을 때 캐스팅 보트를 쥘 정도는 되었다. 숙향은 천자를 보좌하는 유劉나라 헌공獻公에게 가서 유세했다.

"제나라가 맹서를 하려 하지 않으니 어찌하면 좋겠습니까?"

일전에 유 정공이 조무를 이용하여 주나라의 지위를 공고히 하려 한 것을 보았다. 주나라는 회맹의 질서를 유지하고 싶었고, 진나라의 그늘에서 편안하게 연명하고 싶었다. 이렇게 여우의 의중을 건드리니 역시 좋은 대답이 돌아왔다.

"진실로 귀 군주께서 신의가 있다면 제후들은 두 마음을 품지 못할 것입니다. 무엇을 걱정하십니까? 천자의 늙은 신하인 저는 천자의 군대를 청하여, 전차 10대를 끌고 선봉에 서겠습니다. 언제 출정할지는 귀 군주께서 결정하시면 됩니다."

이렇게 숙향이 외교, 위협, 군대 등 갖은 수단을 총동원하여 압박하자 제나라도 백기를 들고 회합장으로 나왔다. 그 회합장에서 자산은 다시 한번 두각을 드러냈다.

기원전 529년 평구平丘에서 제후들의 회합이 열렸다.

자산은 제일 먼저 자리를 잡고 맹서 날짜가 되기 전에 천막을 쳤다. 자산이 재촉했지만 함께 간 자대숙(유길)은 맹서 날짜를 기다리겠다고 했다. 그런데 막상 맹서 날짜가 되니 천막을 칠 장소가 없었다. 자산의 일처리는 이렇게 한 발짝씩 앞섰다.

그날 회합장에서 자산은 공납 할당량을 두고 진나라 측과 다투었다.

"옛날에 천자께서는 작위에 따라 공납을 할당했습니다. 작위가 높을수록 공납을 많이 내는 것은 주나라의 제도입니다. 작위가 낮으면서도 공납을 많이 내는 이들은 전복甸服(경기에 근접한 곳)에 위치한 나라들입니다. 정나라는 백작이나 남작의 국가입니다. 그런데도 공작이나 후작에 해당하는 공납을 내고 있으니, 할당량을 다 못 낼까 두렵습니다. 그래서 감히 이렇게 청합니다.

지금 제후들은 군사를 쉬고 우호적으로 일을 처리하고 있음에도 공납을 바치라는 명이 오지 않는 달이 없습니다. 공납을 내는 원칙이 없는데도 작은 나라들이 미처 다 준비하지 못하기라도 하면 바로 죄를 짓게 됩니다. 제후들이 맹서를 함은 작은 나라들을 보존하자는 것인데, 공납이 끝이 없다면 작은 나라들은 망하기를 기다릴 뿐입니다. 작은 나라들의 존망을 결정하는 제도를 오늘 만들어야 합니다."

그렇게 말한 후 이 늙은 집정은 물고 늘어졌다. 협상은 낮부터 밤까지 계속 이어졌다. 이러다가는 맹서를 못 할 형편이었다. 하지만 자산에게는 믿는 것이 있었다. 강대국을 제외한 중간급과 소규모 제후국들은 모두 자산을 지지했다. 결국 지친 진나라 대표가 자산의 요구를 허락했다. 그래서 드디어 맹서를 할 수 있었다.

자대숙이 걱정스레 말했다.

"제후들이 이 일로 우리를 토벌하면 어떻게 합니까?"

자산은 요량이 있었다.

"진나라의 정치는 지금 여러 사람 손에 있어서 계통이 없고 서로 의견을 맞추지도 못하는데, 어느 겨를에 우리를 친단 말이오. 지금 국세가 기울고 있는데 다른 나라를 칠 수 있겠소?"

협상은 상대방이 아쉬울 때 해야 성공할 가능성이 높다. 진나라는 제나라가 회맹을 거부하자 주나라를 끌고 들어왔다. 자기편이 필요한 실정이었다. 정나라가 편을 들어준다면 금상첨화다. 그렇다면 이제 정나라도 협상력을 갖춘 것이다. 협상은 대체로 끈질긴 쪽이 이긴다. 그리고 사명감이 강한 쪽이 더 끈질긴 경향이 있다. 자산은 국가의 존망을 걸고 협상하니 의지가 충만했고, 진나라는 아쉬운 처지가 되어 동맹국을 조율해야 하니 극한 상황에서는 양보할 수도 있었다.

공자는 이런 자산을 칭찬했다.

"자산은 이번 회합에서 족히 국가의 기틀을 닦을 수 있었다. 《시》에 '화락和樂한 군자여, 국가의 기둥일세'라고 했다. 자산은 군자로서 화락을 구한 사람이다."

또 이렇게 말했다.

"제후들이 모인 자리에서 공납의 할당 기준을 정한 것은 예에 맞는 일이다."

작은 나라 사람으로서 이런 협상가를 바라지 않는 이는 없을 것이다. 유감스럽지만 작은 나라일수록 강단 있는 협상가가 드물다.

그러나 이 회합을 마치고 귀국하는 중에 자산은 자피가 죽었다는 소식을 들었다. 그는 곡을 하면서 한탄했다.

"이제 나도 끝이구나. 열심히 선을 행해서 보여드릴 분이 없구나. 그분만이 나를 알아주셨는데."

자산이 무슨 일을 하든 뒤에서 묵묵히 지원하던 후원자 자피가 먼저 세상을 떠났다. 그때 자산도 자신의 기력이 다했음을 짐작했던 모양이다.

작은 나라를 작게 볼 수 없는 이유

기원전 526년 조무를 이어 진나라의 정치를 담당하던 한기韓起가 정나라를 예방했다. 대국의 집정이 방문하니 정나라는 예의를 차리느라 어수선했다. 그때 한기는 쌍으로 된 옥환玉環 하나를 가지고 있었다. 나머지 한쪽은 정나라 상인이 가지고 있었다. 한기는 나머지도 가지고 싶어서 정나라 정공에게 옥을 가지게 해달라고 요청했다. 그러나 자산은 이렇게 대답하고는 옥을 주지 않았다.

"정부의 창고에 있는 것이 아니라서 저희 군주는 그 옥을 알지 못합니다."

자대숙과 자우는 자산이 고작 옥 하나를 가지고 대국의 집정을 노하게 하지나 않을까 두려워 걱정스레 말했다.

"진나라 한자韓子(한기)가 이것저것 요구하는 것도 아니요, 진나라는 우리가 등질 수 있는 나라도 아니니, 진나라 한자를 야박하게 대할 수는 없습니다. 만약 무리 중에 참소하는 자가 있어 우리 사이를 이간질하고, 귀신이 그들을 도와 흉하고 노여운 일이라도 일어나게 한다면 후회한들 소용이 있겠습니까? 어른은 어찌 옥환 하나 따위를 아껴서 대국의 미움을 사려 하십니까? 그것을 구해다 주시지요."

자산이 대답했다.

"내가 진나라를 홀대하고 두 마음을 품는 것이 아니라, 장차 오래도록 섬기고자 하기에 그랬습니다. 그러하기에 옥환을 주지 않은 것은 충신한 마음 때문입니다. 나 교는 이렇게 들었습니다. '군자란 자기에게 들어오는 것이 없음을 난감해하지 않고, 지위에 올랐으나 그 명성을 떨치지 못하는 것을 우려한다'라고요. 또 이렇게 들었습니다. '나랏일에 임해서는 큰 나라를 섬기지 못하고 작은 나라에 혜택을 베풀지 못하는 것을 난감해하는 것이 아니라, 예로써 그 자리를 안정시키지 못하는 것을 우려한다'라고요. 대저 큰 나라 사람이 작은 나라에 명을 내려 얻고자 하는 것을 모두 얻으려 한다면 장차 그 요구를 어찌 감당하겠습니까? 한 번은 주고 한 번은 안 준다면 그 죄는 심히 크게 됩니다. 큰 나라가 요청할 때 예로써 거절하지 않으면 그 요구가 끝이 있겠습니까? 우리나라는 진나라의 비읍이 되고, 제후국의 지위를 잃게 될 것입니다. 한자가 군주의 명을 받들어 사신으로 와서 옥을 구한다면 그것은 탐욕이 너무 심한 것인데, 어찌 그라고 죄를 면하겠습니까? 옥 하나를 내어주어 두 가지 죄를 짓는데, 하나는 우리가 제후국의 지위를 잃는 것이며 하나는 한자를 탐욕에 빠지게 하는 것입니다. 그러니 무엇 하러 그런 짓을 하겠습니까?"

그러나 한기는 그 옥을 꼭 가지고 싶어서 이미 상인에게 사기로 약조를 해두었다. 그러자 상인은 한기에게 이렇게 대답했다.

"반드시 집정에게 고해야 합니다."

그래서 한기는 자산에게 가서 청했다.

"일전에 저 기가 집정께 옥을 구해주십사 청했을 때 집정께서 거절하시기에 다시 말씀드리지 못했습니다. 이번에 옥을 상인에게 사기로 했는데, 상인이 '반드시 집정에게 먼저 물어보십시오'라고 했습니다. 그래서 감히 이렇게 청합니다."

상인은 아마도 대국의 정경이 요청하자 흥정도 못 할 처지가 되었을 것이다. 그래서 물건을 싸게 넘기는 게 아까워 자산에게 기대를 걸었던 것이다.

자산이 대답했다.

"저희 선대 환공께서 이곳으로 들어와 거친 땅을 개척하면서 상인들과 이렇게 맹서했습니다. '그대들은 나를 배반하지 말라. 나는 강제로 물건을 팔게 하지 않을 것이고, 달라고 조르거나 빼앗지 않을 것이다. 그대들에게 시장에서 팔아 이익을 남길 물건이 있다고 하더라도, 나는 구태여 알려고 하지 않을 것이다.' 이 맹서를 믿어온 까닭에 우리(상인과 정권)는 지금까지 공존할 수 있었습니다. 지금 어른께서 좋은 일로 먼

길을 오셔서 저희 나라 상인에게서 물건을 강제로 얻으려 하신다면, 이는 저희 옛날의 맹서를 저버리라고 하시는 것이니, 그래서는 안 되지 않겠습니까? 어른께서도 옥환 하나를 얻고 제후국을 잃는 일은 절대로 하지 않으실 것입니다. 만약 큰 나라가 물건을 바치라 함에 기준이 없다면 우리 정나라는 작은 나라에 지나지 않으나 요청을 들어줄 수가 없습니다. 저 교가 감히 옥을 드리고 나서 무슨 일이 벌어질지 모르기에 이렇게 사사로운 의견을 올립니다."

그러자 한기가 대답했다.

"제가 못난 사람입니다. 감히 두 가지 죄를 짓겠습니까? 옥은 사양하겠습니다."

한기는 자산의 태도에 좀 질렸을 것이다. 작은 나라의 집정으로서 알아서 바칠 수도 있는데, 상인에게 좀 싸게 사겠다는 것도 거부당한 것이다. 그러나 상대가 워낙 무사無私한 사람이기에 더는 말을 꺼내지 못했다. 작은 나라의 정치인은 큰 나라의 정치인들보다 더 청렴해야만 비로소 큰 나라를 상대할 수 있다. 그래서 작은 나라의 정치인 노릇이 더 어렵다.

자산이 큰 나라를 대하는 태도를 읽을 수 있는 일화는 또 있다. 그의 판단 기준은 국익이었다.

기원전 525년 정나라 도성에서 거대한 불길이 일어났다. 목조 가옥들로 가득 찬 도시에서 불이 나는 것은 피할 수 없었지만 이번 불길은 유례없이 거셌다.

그러자 자산은 군인들에게 병기를 나누어주고 성벽에 올라가 지키게 했다. 이런 행동은 맹방인 진나라를 자극할 수 있었다. 그래서 자대숙이 걱정했다.

"이렇게 방비하면 진나라가 오해하여 우리를 토벌하지 않을까요?"

자산이 대답했다.

"나는 이렇게 들었소. '작은 나라가 지키는 것을 잊으면 위태롭다'라고요. 하물며 이런 재난을 맞아 방비하지 않을 수 있겠소. 작은 나라를 작게 볼 수 없는 이유는 다 대비를 하기 때문이오."

역시 진나라 국경의 관리가 문책을 해왔다.

"정나라에 화재가 나자 우리 군주와 대부들은 감히 편안히 있지 못하고 점을 치고 걱정을 하며, (제사나 점복용) 희생과 옥도 아끼지 않고 있습니다. 그런데도 집사께서는 사람들에게 무기를 나누어주어 성벽에 오르게 하시니 누가 잘못한 이라도 있습니까? 변방 사람으로서 두렵고 두렵습니다."

그러자 자산이 대답했다.

"하늘이 우리나라에 재앙을 내려 근심이 많습니다. 이 차에 간특한 자들이 탐욕스러운 이들을 부추겨 나라에 손해라도 끼치면, 이는 귀국 군주의 걱정을 더하는 일입니다. 우리 정나라가 다른 나라와도 국경을 접하고 있으나, 일이 있으면 바라보고 달려갈 곳은 진나라뿐입니다. 어찌 진나라를 섬김에 두 마음을 가질 수 있겠습니까?"

사실 자산은 진나라를 두려워하고 있었다. 정나라가 진과 초 사이에 끼어서 이리저리 치이던 게 불과 20여 년 전의 일이다. 평화는 매우 일시적인 것이었다. 진나라는 바로 한 해 전에 휼계를 써서 육혼의 융족을 멸망시키지 않았는가? 자산은 대국에 대한 예의 때문에 국가의 존망을 걸 정도로 모험적인 사람은 아니었다.

내정에는 간섭하지 말라

하늘이 준 명이 한 해만 남아 있던 때도 노老정치가는 작은 나라가 갈 길을 다시 보여준다.

정나라의 대씨족인 사씨 가문의 적손 사언駟偃의 정부인은 진晉나라 대부의 딸이다. 이 여인이 아들 사絲를 낳았다. 그러나 사언은 어린 아들을 두고 젊어서 죽었다. 사씨 가문의 원로들이 보기에 어린아이를 대가문의 후계자로 삼으면 장차 분란이 일어나거나, 다른 가문들에게 침탈당할까 두려웠다. 그래서 협의하여 사언의 동생 사걸駟乞을 후계자로 세웠다.

그러나 문제는 외가인 진나라의 대부였다. 어린 사는 외숙인 진나라 대부에게 그 사정을 이야기했다. 큰 나라의 대부로서 자신의 외손자가 적손의 자리를 잃는 것은 기분 나쁜 일이었을 것이다. 때는 기원전 523년 겨울이었다. 진나라 대부는 예물을 챙겨 사씨 집안으로 사람을 보냈다. 그리고 물었다.

"어째서 적장자를 세우지 않았습니까?"

진나라의 거족들은 군대를 움직일 수도 있고, 자기네 군주에게 무함하여 정나라 사씨에게 불이익을 줄 수도 있다. 사씨 집안 사람들은 두려움에 전전긍긍하고 사걸은 도망치려 했다. 그 일로 정나라 대부들이 모여 상의했다. 어떻게든 해명을 해야 할 형편이었다. 자산은 그들이 결론을 내기를 기다리지 않고 진나라 대부가 보낸 사자에게 바로 대답했다.

"정나라는 하늘의 보살핌을 받지 못하여 저희 군주의 신하인 몇몇 대부들은 명이 짧았습니다. 이번에 또 대부 언이 요절하니 그 아들은 아직 어리고 약합니다. 하니 집안의 어른들이 종주가 약해질까 걱정되어 모여서 협의한 후 나이가 많은 이를 종주로 세운 것입니다.

저희 군주께서 몇몇 장로들에게 말씀하시기를, '하늘이 실로 (저 가문을) 어지럽게 하는데 내가 그 일을 알아서 무엇 하랴' 하셨습니다. '어지러운 집은 그 앞을 지나지도 말라'는 속담도 있습니다. 일반 백성들이 병기를 들고 싸움을 하려 할 때도 그 앞을 지나기를 꺼리는데, 하늘이 어지럽히려는 집안의 일이야 알 이유가 무엇입니까? 지금 대부께서는 '왜 적자를 후계자로 세우지 않았느냐'고 물으십니다. 허나 저희 군주도 감히 알려고 하지 않는데, 누가 그 내막을 제대로 안단 말입니까? 평구의 회합에서, 귀국 군주께서는 이전의 맹서를 확인하며 말씀하시길, '각자의 직분을 잃지 마시오'라고 하셨습니다. 저희 군주의 대부들이 후계자를 정하는 일에 진나라 대부가 함부로 끼어들어 좌지우지한다면, 우리나라는 진나라의 현이나 비읍에 지나지 않습니다. 그걸 어찌 나라라 할 수 있겠습니까?"

그러고는 진나라 대부가 보낸 폐백을 그대로 돌려보냈다. 그 대부는 감히 이의를 달지 못했다.

나가며

성취와 비평의 차이

1. 대정치가의 죽음

기원전 522년 약한 나라의 공족으로 태어난 불세출의 정치가 자산은 자리에 누웠다. 평상에 누운 그에게 자대숙(유길)이 찾아왔다. 자산은 이 후덕한 사나이를 아꼈기에 간절히 부탁했다.

"내가 죽으면 반드시 그대가 정치를 담당할 것이오. 오직 덕이 있는 사람만이 능히 용서로써 사람들을 설복할 수 있소이다. 그다음은 엄격하게 하는 것보다 나은 것이 없소. 대저 불은 뜨거우니 사람들은 멀찍이서 바라보며 두려워하오. 그래서 불에 타 죽는 사람이 드무오. 허나 물은 나약해서 사람들은 가벼이 보고 들어가 놀기에 빠져 죽는 이가 많소. 그래서 용서로써 정치를 하기는 어려운 것이오."

그리고 몇 달간 병석에 있다가 세상을 떠났다. 자산이 죽자 온 나라 사람들이 모두 눈물을 흘렸는데, 마치 어버이를 잃은 것 같았다고 한다.

그가 죽자 후덕한 자대숙이 집정 자리를 이어받았으나 차마 자산의 유언대로 하지 못하고 느슨하게 정치를 행했다. 그러자 정나라에는 도둑이 들끓고 심지어 목숨을 빼앗은 일까지 일어났다. 그래서 군대까지 동원해 도둑을 소탕하는 일이 벌어졌다. 자대숙은 자산을 그리워하며 한탄했다.

공자가 이 이야기를 듣고 찬탄했다.

"좋은 이야기다. 정치가 관대하면 백성들이 느슨해지고, 느슨해지면 다시 엄격함으로 바로잡는 것이다. 엄격하게 하면 백성들이 잔폭해지니, 그때는 다시 관대하게 베푸는 것이다. 관대함으로 엄격함을 보조하고 엄격함으로 관대함을 보조하니, 이로써 정치는 조화를 얻는 것이다."

그리고 자산의 죽음을 두고 눈물을 흘리며 말했다.

"그는 옛날의 진정한 사랑을 갖춘 이였다."

《한비자》에 나오는 다음 이야기는 분명 《좌전》에 나오는 이야기를 약간 비틀어서 기록해놓은 것이다. 거기에는 자산이 자대숙에게 한 유언이 이렇게 기록되어 있다.

> 내가 죽으면 반드시 그대가 정나라의 정치를 맡을 것이니, 그대는 반드시 엄하게 사람들을 대하시오. 대저 불은 형상이 무섭기에 불에 데는 사람은 적소. 그러나 물은 약해 보이기에 빠져 죽는 사람이 많소. 그러니 그대는 반드시 엄격한 태도를 보이고, 약한 모습을 보이어 사람들이 다치게 하지 마시오.

이렇게 공자는 자산의 말에서 조화를 읽었고, 한비자는 엄격함을 읽었다. 자산은 분명히 먼저 관대함을 이야기했다. 그러나 큰 덕을 가지고 있는 사람이 아니라면 관대함으로 다스리기는 어렵다고 말한 것이다. 자산은 한비자와는 격이 다른 사람이다. 또 그들이 처한 역사적인 상황도 달랐다.

《설원》에 "자산은 18년 재상 생활에 오직 두 사람만 처형했다"는 대목이 나온다. 엄한 정책이 오히려 사람들을 적게 죽였음을 높이 평가한 말이다.

《인물지》에서 자산을 인격(덕)과 엄격한 원칙(법), 정치적인 수완(술)을 모두 갖춘 사람으로 평가하는 것도 자산의 다면성 때문이다. 자산의 행동을 찬찬히 짚어보면 그는 작은 나라에서 덕치를 행하는 것은 무척 어렵다는 것을 깨달은 듯하다. 자산이 진나라나 제나라에서 태어났으면 관중이나 호언을 능가했을지도 모른다. 그는 충실한 기반을 가진 이론가인 동시에 한계를 직시한 행동가였다.

2. 행동가의 진실한 사랑

자산과 안영 – 행동가와 비평가의 차이

주인공 자산의 진면목을 살펴보기 위해 또 한 명의 주인공인 안영과 비교해보자. 사마천은 안영을 그렇게 흠모했지만 순자는 안영을 자산의 아래 인물로 기록했다. 순자는 〈대략大略〉에서 공자의 말을 빌려 이렇게 자산과 안영을 비교한다.

> 공자께서 말씀하시길, 자가는 꼬장꼬장한 대부지만 안자(안영)만 못하고, 안자는 노력하는 신하지만 자산만 못하다. 자산은 은혜로운 사람이지만, 관중만 못하다〔子謂子家駒續然大夫 不如晏子 晏子功用之臣也 不如子產 子產惠人也 不如管仲〕.

순자는 왜 이렇게 평가했을까?

자연인으로서의 인격을 평가하자면 안영이 더 정감 있는 사람이다. 촌철살인의 재치도 안영이 더 뛰어나다. 그의 말을 몇 개만 옮겨보자.

안영은 제나라의 명신이지만 시장가의 시끄럽고 지저분한 곳에 살았다. 경공이 보다 못해 그에게 높은 대에 좋은 집을 지어주겠다고 했다. 그러나 그는 사양했다.

"저는 시장 가까이에 있어서 조석으로 물건을 쉽게 사니 오히려 저에게 이익입니다."

경공이 웃으며 물었다.

"그렇다면 그대는 시장 가까이에 사니 어떤 물건이 비싸고 싼지도 아는가?"

"어찌 모르겠습니까? 쌍으로 신는 보통 신은 싸고, 용踊(월형을 당해 한쪽 다리만 있는 사람이 신는 신)은 비싸옵니다."

정상적인 군주라면 당장 부끄러워했을 것이다. 월형을 받은 사람이 얼마나 많으면 용의 가격이 올라가겠는가? 그의 말은 신랄하면서도 그 속에는 깊은 정이 들어 있다.

또 하나 들어보자. 자산이 죽은 바로 그해 제 경공은 피부병으로 고생하고 있었다. 주위에 아부하는 신하 몇이 신에게 제사지내는 사람들이 불성실해서 그러니 그들을 죽여 제후들에게 변명하자고 말했다. 언제나 남의 희생으로 개인의 영달을 꾀하는 인간들은 있게 마련이다.

그러자 안영이 말했다.

"부덕한 군주를 만나면 축관은 신에게 아부하게 됩니다. 축관은 차마 군주의 잘못을 신에게 제대로 고하지 못하고, 그렇다고 못한 일을 잘했다고 고할 수도 없는 일입니다. 이러지도 저러지도 못하면 헛된 말을 꾸며내어 신의 비위를 맞추게 됩니다. 그러면 신은 그 제사를 받지 않습니다."

사실은 '임금 당신 때문에 축관이 신에게 아부하느라 고생하고, 신은 모든 것을 알고 있기에 너의 제사를 받지 않는다'는 소리다. 축관을 죽여 아부하려던 이들이나, 그 말을 들으려던 군주나 모두 모골이 송연했을 것이다.

축관을 죽이자고 한 이가 바로 양구거梁丘據라는 자다. 경공이 사냥에서 돌아오는 길에 양구거가 맞으러 쪼르르 달려왔다. 경공은 흡족했다.

"오직 양구거만 내 마음과 맞는구나[與我和]."

그러자 안영이 대꾸했다.

"그저 맞장구치는[同] 것이지 어찌 마음이 맞다[和]고 하겠습니까?"

"동同과 화和는 어떻게 다르오?"

"화和를 음식에 비유하면 초, 장, 소금을 넣어 음식의 부족한 맛을 보충하고 지나친 맛은 제어하는 것을 말합니다. 그러면 하나의 요리가 되어 마음을 평화롭게 하지요. 임금과 신하의 관계도 마찬가지입니다. 임금이 잘못하는 것은 말해서 고치게 하고, 잘하는 것은 북돋워서 그릇된 일을 못 하게 하는 것을 마음이 맞는 것이라고 합니다. 그저 군주가 좋아하면 자기도 좋다고 하고, 싫어하면 싫다고 하면서 맞장구나 치는 것이 동同입니다. 이것은 물로 물의 간을 맞추는 것과 같은데 무슨 맛이 나겠습니까?"

아무리 용렬한 군주라도 이런 비유는 퍼뜩 머리에 들어올 것이다. 안영의 말은 자산보다 오히려 더 뛰어나다.《안자춘추》는 사료로서의 가치는 적지만 안영의 촌철살인의 어법을 드러내는 데는 적절하다. 중국문학사상 수없이 차용되는 문장들이므로 안영이 한 말 두 가지만 추출해본다.

> 경공이 안자에게 물었다.
>
> "충신의 군주 섬김이란 어떠합니까?"
>
> 안자가 대답했다.
>
> "충신은 군주가 난을 당해도 따라 죽지 않으며, 군자가 다른 나라도 망명해도 전송하지 않습니다."
>
> 경공은 부아가 났다.

"군주가 땅을 나누어 신하를 봉해주고, 벼슬을 내려 귀하게 해주었소. 한데 군주가 난을 당해도 따라 죽지 않고, 망명을 가도 전송하지 않으면서 어찌 충신이라 불릴 수 있겠소?"

안자가 대답했다.

"신하가 좋은 말씀을 올려 채납되면 종신토록 난을 당하지 않을 텐데, 신하가 따라 죽을 일이 무어 있겠습니까? 대책을 내어 군주가 이를 따르면 종신토록 망명할 일이 없을 텐데, 신하가 전송할 필요가 있겠습니까? 만약 말씀을 올렸으나 채납되지 않아 난이 나고 따라 죽게 된다면, 이 죽음은 허망한 것입니다. 대책을 내었으나 군주가 따르지 않아 망명하게 하고, 그제야 전송한다면 그 행동은 속임수에 불과합니다."

충신이란 군주와 함께 몰락하는 이가 아니라, 군주와 함께 장구한 복락을 누리는 이라는 이야기다. 또 이런 일화가 기록되어 있다.

숙향이 안자에게 물었다.

"세상(백성)이 혼란하여 도를 지키지 않고, 위(군주)도 삿되어 의를 행하지 않고 있습니다. 바르게 행하자니 백성을 버리게 되고, 굽게 행하자니 도를 폐하게 됩니다. 바르게 행동하여 백성을 버릴 것입니까, 아니면 백성들을 지지하여 도를 버릴 것입니까? 이 둘 사이에서 어떻게 하면 좋을까요?"

안자가 대답했다.

"저 영은 이렇게 들었습니다. '비루함에 처해도 존귀함을 버리지 않고 굽힘을 당해도 바름을 버리지 않음은 다 백성을 근본으로 하기 때문이다'라고요. 진실로 백성을 지지한다면, 어찌 도를 버리게 되겠습니까? 정말로 백성을 버리려고 한다면, 어찌 바른 행동이 있을 수 있겠습니까(苟持民矣安有遺道 苟遺民矣安有正行焉)?"

안영은 바름과 도의 목표를 백성의 궁극적인 복지에 두고 있다. 진실로 백성의 복지를 위한다면, 각박한 생활로 인해 마음이 흉폭해진 백성에 영합하는 대신 욕을 먹더라도 도리를 실천하는 것이 위정자의 태도라는 것이다. 안영이 보기에 스스로 정도를 지킴으로써 백성의 마음을 고양시키지 않고, 오히려 백성의 이기심에 영합하는 지도자는 하급이다. 백성을 사랑한다면 백성보다 꼿꼿해야 한다. 그러니 안영은 정치의 요체를 안다고 할 수 있다.《사기》〈관안열전〉이나《안자춘추》에 의하면 그는 질척거리는 시장에 작은 집을 두고 백성들과 어울리며, 나물 반찬에 대충 찧은 곡식을 먹으면서 살았다고 한다. 그는 초의 명신 손숙오처럼 검소한 사람이었다.

그럼에도 그는 자산이 될 수 없었다. 실제로 그는 군주를 바꾸지 못했기 때문이다. 그 이유는 명백하다. 자연인은 모든 사람을 사랑할 수 있다. 그러나 정치인은 악한 사람을 미워하고, 착한 사람을 표창해야 할 의무가 있으며, 어려움에 처하면 시와 비를 명백히 따져서 어느 한 편에 서야 한다. 난리가 날 때마다 중립을 지킨다면 원칙으로 사람들을 이끌 수 없다. 사악한 인간인 경봉이 제나라 공실의 자아子雅와 자미

子尾를 치려 했을 때 안영은 가담하지 않았다. 그러나 그는 경봉이 자신에게 요청한 것을 발설하지도 않았다. 그는 이렇게 말했다.

"저 영의 무리는 쓸 만하지 않습니다. 그리고 지모도 그런 일을 도모할 만하지 않습니다. 하지만 말은 밖으로 내지 않겠습니다. 이는 맹서해도 좋습니다."

안영은 사실 시비를 분명히 하지 못한 것이다.

자산은 정치가로서 안영보다 명확하게 행동했다. 자석이 백유를 쫓아냈을 때 그는 이긴 편에 가담하지 않고 백유 부하들의 시신까지 거두고 망명하려 했다. 자석과 같이할 수 없다는 것을 명백히 표현한 것이다. 또 백유가 돌아와 반격하다 실패했을 때도 자석의 편에 들지 않고 어리석은 백유의 시신까지 거둔 사람이 그다. 그리고 마지막으로 포학한 자석을 스스로 죽게 하여 사필귀정을 보였다.

안영도 자산도 공명정대한 사람들이다. 그러나 안영은 자신의 군주가 모험을 하는 것도 사전에 막지 못했고, 학정을 하는 것도 사전에 막지 못했다. 반면 자산은 약한 양 같은 정나라를 고슴도치로 바꾸었고, 자신이 집정으로 있던 시절 아무도 정나라를 함부로 대하지 못하게 했다. 안영이 "앞으로 제나라 정권이 진씨에게 넘어갈 것이다"라고 할 때 그 말에는 포기하는 느낌이 담겨 있다. 그러나 자산의 "저의 작은 나라라도 지키겠습니다"라는 언사에는 그런 느낌이 없다. 둘은 모두 언변에 뛰어났지만 자산은 행동에 더 민첩했다. 자산이 안영을 넘어선 것은 그가 이론가인 동시에 행동가였기 때문이다.

자산과 자한 – 진실한 사랑을 아는 사람들

안영을 제외하고서도 춘추 말기에 자산에 비견되는 각국의 명신들은 많았다. 특히 2강 체제의 해체기를 헤쳐 나간 사람들로 노나라의 숙손표, 송나라의 상술, 진나라의 숙향, 초나라의 오거 등도 빼놓을 수 없을 것이다. 그러나 그들 모두가 결국 자산에 비견되지 못한 이유는 자산처럼 도덕과 정치, 이론과 행동이 조화를 이루어 상승작용을 일으키지 못했기 때문일 것이다.

그런데 사람을 대하는 진실함에서 자산과 비견되는 사람이 바로 송나라의 사성司城 자한子罕이다. 자산이 활약할 당시 송나라도 이전의 난맥상을 극복하고 국제사회에서 중재자 역할을 성실히 수행한다. 당시 송나라에는 좌사 상술, 사성 자한 등이 활약하고 있었다. 휴전회맹 때 상술이 한 역할을 설명했으므로 이제 자산에 대비하여 자한의 성격을 드러내는 고사를 소개한다.

> 송나라에서 어떤 사람이 옥돌을 얻어, 이것을 자한에게 바쳤다. 그러나 자한은 받지 않았다. 그러자 바치려던 사람이 이렇게 말한다.
>
> "옥을 다루는 사람에게 보이니, 그 사람이 이것은 옥이 맞다고 하더이다. 그러니 바치는 것입니다."
>
> 그러자 자한이 대답했다.
>
> "나는 욕심을 부리지 않는 것을 보배로 여기고, 그대는 옥을 보배로 여긴다. 옥을 나에게 주면 우리 모두 보배를 잃게 되네. 그러니 각자

의 보배를 갖는 것이 낫겠네."

그러자 그 사람이 머리를 조아리며 청했다. 그는 옥을 가질 수 있는 계급이 아니었다.

"소인小人이 이 옥을 품으면 동네를 건너갈 수 없습니다. 옥은 거두고 목숨을 내주는 꼴입니다."

그러자 자한이 생각해보고는 그 사람을 일단 거기에 묵도록 한 뒤, 그 옥돌을 장인에게 보내 가공한 후 다른 물건으로 바꾸어서 그에게 주고는 고향으로 돌려보냈다.

《좌전》에 이 이야기가 기록된 것은 자한이 겉과 속이 같은 군자임을 드러내기 위해서다. 자한의 진실함을 드러내는 이야기가 또 있다.

송나라 태재가 평공을 위해 커다란 대를 짓느라 백성들의 추수를 방해했다. 그래서 자한은 농사가 끝나면 백성들을 동원하자고 요청했지만 들어주지 않았다. 노역에 동원된 사람들이 이런 노래를 불렀다.

"택문의 허연 사람이 이 부역을 일으켰고, 읍중의 꺼먼 사람은 우리들의 마음을 위로하네."

아마도 태재의 얼굴이 희끄무레하고, 자한은 얼굴이 검었나 보다. 이 노래 소리가 자한의 귀에도 들어갔다. 그러자 자한이 몸소 몽둥이를 들고 공사현장으로 들어가서는 게으름 피우는 이들의 볼기를 치면서 다그쳤다.

"우리 같은 소인들도 모두 쉴 집이 있어 조습燥濕과 한서寒暑를 피한다. 지금 군주께서 고작 대 하나 만들고자 하시는데, 이것도 빨리 끝내지 못하면서 무슨 부역을 한다고 하는가?"

그러니 노래를 부르는 이들이 다 그쳤다고 한다. 어떤 사람이 자한에게 왜 그랬는지 물으니, 그는 이렇게 답했다.

"우리 송은 자그마한 나라인데, 저렇게 어떤 사람은 저주하고 어떤 사람은 부추겨 세운다면 그것이 바로 화의 근본이 되네."

자한은 바로 무사無私한 사람이라고 할 수 있다. 그리고 한결같은 사람이다.

자산은 자한과 달리 가끔 방편을 사용한다. 자산이 처음 정권을 잡았을 때, 그는 백석(공손단)을 쓸 일이 있어서 그에게 읍을 주었다. 일을 시키기 위해 읍을 주는 것은 정당한 처사는 아니었다. 그러자 자대숙이 의아해하며 물었다. 그들 사이에 이런 대화가 오갔다.

"나라는 모든 나라 사람의 것인데, 어찌 그에게만 땅을 주십니까?"

"사람에게 욕심이 없기는 참으로 어렵소이다. 모두 그 욕심을 채우려고 일을 하지요. 그래서 그가 일을 성취하면 또 내가 성취한 것이 되지 않겠소이까? 읍이야 장차 어디로 가겠소이까?"

"나라 사방의 이목은 어찌하시렵니까?"

"서로 싸우자는 것이 아니라 화합하자는 것인데, 사방의 이목이야 걱정할 필요가 있겠소이까? 정나라 책에, '국가를 안정시키려면 먼저 큰 데서 시작한다'고 합니다. 먼저 큰 가문을 안정시킨 후에 일이 돌아가는 것을 보지요."

자산은 지금 방편을 쓰고 있다. 어찌 보면 편법이다. 큰 가문을 포섭하기 위해 뇌물을 주는 것이나 마찬가지기 때문이다. 실제로 자산의 행동에는 오해를 살 수 있는 방편이 꽤 많았다. 그럼에도 자산은 사사로이 권력을 휘두른다는 말을 듣지 않았는데, 그것은 그 역시 남을 위할 때는 항상 충실했기 때문이다. 이런 이야기가 전한다.

자피가 자신이 아끼는 윤하라는 사람에게 읍을 다스리게 하려 하니, 자산이 회의적인 반응을 보였다.

"아직 어리니, 일을 잘할 수 있을지 모르겠습니다."

자피가 대답했다.

"그에게 맡기고 싶습니다. 내가 아끼는 사람이니, 나를 배반하지는 않을 것입니다. 그에게 일을 시켜서 배우게 하면 점차 다스리는 법을 알게 되겠지요."

그러자 자산이 반대했다(자산은 자피보다 항렬이 높으나, 자피가 종가의 후손이므로 높임말을 쓴다).

"안 됩니다. 사람이 남을 사랑할 때는 그에게 이득이 되도록 해야 합니다. 지금 님께서 윤하를 사랑하시어 정치를 맡기고자 하나, 이는 오히려 칼을 다루지 못하는 이에게 칼을 맡기는 것과 같습니다. 그러면 스스로 다치게 하는 일이 실로 심할 것입니다. 님께서 사람을 사랑하면서 오히려 그를 상하게 한다면 누가 감히 님의 사랑을 받으려 하겠습니까? 님에게 아름다운 비단이 있다면 그것을 어떤 이에게 그저 배움 삼아 마름질해보라고 하지는 않으실 것입니다. 큰 관직과 큰 읍은 비단보다 큰 것이거늘 갓 배우는 사람에게 맡긴단 말입니까? 저 교는 배운 후에 정치에 입문한다는 소리는 들었어도, 정치를 통해 배운다는 이야기는 듣지 못했습니다."

자산이 보기에 남을 사랑한다는 것은 그에게 좋은 결과가 있도록 하는 것이다. 그것이 자산이 생각하는 진실한 사랑이다. 대부분의 진실한 사람은 겉으로 엄하지만 남에게 해를 끼치지 않으려 한다. 때로는 자신을 희생하기도 한다. 그래서 그 엄격함에도 불구하고 사람들이 모이는 것이다.《좌전》은 길을 낼 때 자산이 보여준 공정함을 통해 그의 진실함을 드러낸다.

정나라 간공이 죽었을 때 인부들이 장사 대열이 지나는 길을 닦고 있었다. 새로 만들려는 길에 유씨 가문의 사당이 자리잡고 있어서 허물어야 했다. 자대숙(유길)은 가문의 사당이 헐리는 것이 안타까워 꾀를 냈다. 그는 인부들에게 당부했다.

"자산께서 자네들을 지나치다가 '왜 아직 허물지 않았느냐'고 물으면 '차마 사당을 허물지 못하고 있습니다. 그러나 하기로 했으니 곧 허물겠습니다'라고 대답하게."

과연 자산이 감독을 나왔다가 물으니 인부들이 자대숙이 시킨 대로 대답했다. 그러자 자산은 곰곰이 생각한 후 새로 명을 내렸다.

"사당을 피해서 길을 내라."

길을 내는데 이번에는 사묘司墓 벼슬을 가진 이의 집과 마주쳤다. 사묘란 묘지기니 대단한 벼슬은 아니었을 것이다. 그의 집을 허물면 아침이면 장사를 마칠 수 있고, 허물지 않으면 점심나절에야 장사를 마칠 수 있었다. 그에 자대숙이 말했다.

"허물지요. 제후국의 손님들이 기다리고 계시니 어쩔 수 없습니다."

그러자 자산이 대답했다.

"제후국의 손님들이 우리의 상에 참석하고자 그 먼 길도 왔는데, 겨우 한나절 기다리는 것도 못 하겠소이까? 손님들에게 큰 해가 없고 우리 백성들에게도 해가 없다면 에둘러 가지 않을 까닭이 있겠습니까?"

그렇게 말하고는 결국 점심나절이 되어서야 장례를 마쳤다.

《좌전》은 군자의 말을 빌려서 이렇게 평한다.

"이때 그는 예를 잘 알았다. 예라는 것은 남에게 손해를 주면서 자신의 목적을 이루는 것이 아니다."

예의 본질은 형식이 아니라 남에게 손해를 주지 않는 것이다. 그렇다면 자신에 대해서는 어떤 기준을 적용할 것인가?

정나라에 큰 화재가 났을 때 자산은 액땜을 하는 푸닥거리를 하고, 대내적인 기강을 잡고 외적의 침입을 방지하기 위해 대규모로 사열식을 열었다. 그때 군대가 도열할 길이 좁아서 건물을 헐어야 했는데 도로를 가운데 두고 북쪽의 자산의 침실과 남쪽의 자대숙의 사당이 마주 보고 있었다. 자대숙은 인부들에게 "자산께서 지나가다가 다그치면 남쪽을 헐어라" 하고 당부해두었다. 과연 자산이 지나가다가 아직 일이 진척되지 않은 것을 보고는 화를 냈다. 그러자 인부들이 남쪽의 자대숙의 사당을 헐기 시작했다. 자산은 현장을 지난 후 사당을 헐지 못하게 하고 다시 명했다.

"북쪽의 건물을 헐어라."

그는 누구에게도 피해를 주지 않으려 했으나, 필요하면 자신이 손해를 봤다. 그래서 사람들은 모두 자산이 진실하다고 평했다. 자한은 안과 밖이 모두 보기에도 진실했고, 자산은 가끔 방편을 쓰는 것 같으나 속은 진실했다. 집정으로서 많은 일을 처리해야 하는 자산의 숙명이었을 것이다.

3. 이론가는 과학자다

자산의 행동은 즉흥적인 것이 없고, 처음부터 계산이 되어 있다. 그는 이론가였기 때문이다. 이론이란 경험으로 습득한 것을 능가하는 분석 능력이다. 자산보다 나이가 많은 사람들은 많았지만 자산보다 정세에 밝은 사람은 없었다. 자산은 어떻게 이론가가 될 수 있었던가? 그것은 자산이 과학자였기 때문이다. 그는 정치적인 수사를 쓸 때가 아니면 어떤 미신도 믿지 않았다. 그의 관념은 거의 유물론자에 가깝다.

정나라에 대화재가 났을 때 어떤 조짐들이 있었다. 고대에 불을 주관하는 것으로 알려진 대화성大火星 자리에 혜성이 침입하여 머물렀다. 말하기 좋아하는 사람들이 제기를 갖추고 푸닥거리를 하자고 했지만 자산은 거부했다. 그런데 과연 대화재가 발생했다. 우연의 일치였을까?

그 일이 있은 후 사람들은 바람만 불면 불이 날까 봐 두려워했다. 큰 화재가 난 이듬해 또 대화성이 저녁에 나타나고 바람이 거세게 불자 송, 위, 진陳 등 정나라를 둘러싼 나라들에서 불이 났다. 그러자 비조라는 사람이 보물을 써서 푸닥거리를 해야 화재를 막을 수 있다고 장담했다.

"내 말대로 하지 않으면 또 불이 날 것이오."

그러자 정나라 사람들이 동요해서 제사를 지내려 했다. 이번에도 자산은 거부했다. 그러자 자대숙이 간청했다.

"보물이란 백성들을 보호하자고 있는 것입니다. 또 불이 나면 나라가 거의 망할 지경이 됩니다. 망하는 것을 구할 수만 있다면 보물 따위를 아낄 이유가 있겠습니까?"

자산이 대답했다.

"천도란 멀고[遠](심원하다) 인도人道란 가까우니[邇](얕다), 천도란 사람이 미칠 수 있는 것이 아닌데 어찌 안단 말입니까? 비조가 어찌 천도를 안단 말입니까? 저이는 수다스럽게 말을 많이 하는 것뿐인데 어찌 믿을 수 있겠습니까?"

자산은 끝내 제사를 지내지 않았다. 그리고 불은 다시 일어나지 않았다.

자산이 운명하기 한 해 전 정나라 성문 밖의 연못에서 '용龍'이 서로 엉켜서 싸웠다. 아마도 커다란 물뱀들이 뒤엉켜 있었을 것이다. 정나라 사람들이 또 겁이 나서 푸닥거리를 하자고 했다. 자산은 한마디로 거절했다.

"우리가 싸울 때 용은 관여하지 않는다. 그런데 용들이 싸우는데 우리들이 왜 관여한단 말인가? 몰아낸다 한들 그곳 연못은 용들의 집이 아닌가? 우리가 용에게 원하는 것이 없으니, 용도 우리에게 요구하는 것이 없다."

자산은 대저 이런 사람이다. 자산은 용이란 습지에 사는 큰 구렁이에 불과하다고 생각했을지도 모른다. 설사 용이라는 존재가 있다고 한들 사람과 무슨 상관이란 말인가? 자산은 그렇게 묻는다.

그러나 통일제국이 들어선 후에도 중국의 역사책에는 용 이야기가 없는 것이 없다. 용이 우물에 나타나면 황제의 선정을 표상하는 것이 되고, 용이 싸우면 불길한 징조가 되고, 또 어느 지방의 어떤 이가 용이 하늘로 오르는 것을 보았다는 지방관의 보고서들도 넘친다. 용이 실제로 있었는지는 알 수 없다. 그러나 자산이라면 아마 그런 보고를 받으면 코웃음을 쳤을 것이다. 용은 용이고 사람은 사람인데, 사람들은 용을 이용해서 끝없이 욕심을 채운다.

공자가 한비자를 보았다면 각박하고 야비한 인간이라고 했을 것이다. 한비자는 공자의 후예들이 고루하고 위선적이라고 생각했다. 그러나 그 둘은 모두 자산을 흠모했다. 뛰어난 이론이란 결국 과학이며, 과학은 좌우를 가리지 않고 존중받는 것이 아닐까?

공자는 자산이 진실하다고 생각했고, 한비자는 자산이 일처리의 요체를 안다고 생각했다. 뜨거운 가슴과 차가운 머리란 바로 그런 사람을 형용하는 것이 아닐까? 크지 않은 나라에서 정치를 맡은 사람이라면 자산, 그를 꼭 기억해야 한다.

답사기

높아지는 무덤과 깎이는 무덤

• • •

2009년 9월은 유난히도 더웠다. 9월 내내 섬서, 하남, 산동을 종으로 다니며 옛날의 무덤을 찾아 돌아다녔다. 어떤 유물은 웅장하고, 어떤 것은 보잘것없었다. 웅장한 유물들은 후손들에게 좋은 돈벌이가 된다. 누천년의 풍상을 뒤로하고 이제야 제값을 해내는구나 하는 불경한 생각마저 들었다. 그러나 여전히 더 정이 가는 것은 보잘것없는 것들이다. 그런 것들은 따듯하고 편안하다. 주목을 덜 받는 비석에 슬며시 손때를 묻히고 싶다면 그렇게 해도 말할 사람이 없다. 그러나 거대한 유물들과 관람자 사이에 있는 특수 유리벽은 차갑고 단단하다. 살아서의 지위가 죽어서의 돈벌이 차이로 나타나는 현상이 좀 씁쓸하다. 그러나 사자死者 입장에서는 꼭 그렇게 볼 일도 아닌 듯하다.

1. 진시황릉: 나날이 깎이는 무덤

서안 임동臨潼에는 세계적인 관광지가 된 병마용갱兵馬俑坑과 진시황릉秦始皇陵의 봉분이 있다. 하늘을 찌를 듯한 마천루에 익숙한 현대인일지라도 당장이라도 청동 창을 부여잡고 무덤에서 살아나올 것 같은 병사들이 삼엄하게 대열을 이루고 있는 장관을 보면 '아, 정말 크구나' 하고 감탄하게 된다. 저 거대한 구덩이를 파기 위해 얼마나 많은 사람들이 동원되었을까? 저 토용을 만들기 위해 얼마나 많은 장인들이 모였을까 하고 상상하는 것은 부수적인 일이다.

병마용갱에서 걸어서 갈 수 있는 곳에 진시황 무덤의 봉분이 있다. 석류 밭으로 둘러싸인 동산이다. 인간의 무덤으로 보기에는 지나치게 큰 흙무더기다. 옛날의 기록에는 원래는 높이가 50길이나 되었지만 계속 도굴하고 깎아내서 이 정도까지 낮아졌다고 한다. 낮아진 지금도 역시 산이다. 수백 계단을 올라야 봉분의 정상이다. 그의 권력은 도대체 어느 정도였을까? 파라오는 신과 인간의 중간에 있었기에 그런 거대한 무덤을 남겼다지만, 신성이 제거된 일개 인간이 저런 무덤을 남겼다는 것은 아마도 중국에서만 가능한 일일 것이다.

고대 유물을 현대적으로 탁월하게 해석하여 중국 내에서 선풍적인 인기를 끈 작가 웨난岳南은 병마용의 병사들에게 이렇게 썼다.

> 사실 그대들은 중국 민족의 평범한 자식들이오. 그대들의 핏줄 속에는 조상이나 후손과 같은 붉은 피가 흐르고 있고, 가슴속에는 부모 형제, 자식들과 따뜻한 정을 나누는 평범한 생활에 대한 동경심이 자리 잡고 있을 것이오. 무거운 갑옷을 벗어 던지기만 하면 더 이상 군인이 아닌 보통 사람으로 살 수 있었지만, 그런데도 역사와 민족이 전쟁을 통해 평화를 창조해야 하는 순간에서 그대들은 추호의 주저함도 없이 전쟁터로 뛰어들었소. (중략) 진나라는 무너졌지만 그 초석은 건재하고, 진시황은 죽을 수 있지만 병마용은 죽지 않소.
>
> – 웨난, 허유영 옮김, 《진시황제의 무덤》

진秦이 전국을 통일하여 중국이라는 거대 국가가 만들어졌다. 영어로는 아직도 중국을 차이나[秦]라고 부른다. 후손들이 통일제국을 만든 사람들에게 그 정도의 찬사를 주는 것도 어쩌면 당연한 것이리라.

안타까운 것은 이런 글을 쓰는 이들이 제각각 전문가라고 자부하는

위남평원에 자리한 진시황릉. 세계적 관광지인 진시황릉은 인간의 무덤으로 보기에는 지나치게 큰 흙무더기다. 옛날의 기록에는 원래는 높이가 50장이나 되었지만 계속 도굴하고 깎아내서 이 정도까지 낮아졌다고 한다. 낮아진 지금도 역시 산이다. 수백 계단을 올라야 봉분의 정상이다.

인문학자라는 점이다. 보통 사람들이 다 병마용을 찬양한다 해도 인문학자는 한 번쯤은 왜 공자가 "용을 만든 자, 자손이 없을 것인저[始作俑者 其無後乎]" 하고 저주했는지 되새겨보아야 하는 것 아닌가.

저들 토용의 모델이 되었을 진나라 장정들은 정녕 부모형제와 처자식을 사랑하는 보통 사람들이었을 것이다. 그러나 그들은 결코 추호도 주저하지 않고 전쟁터로 뛰어든 것이 아니었다. 악명 높은 진나라의 연좌제緣坐制를 아는 사람이라면 말을 삼가야 한다. 대오를 벗어나면 당장 참수당할 것이다. 전쟁에서 이기면 작위를 받을 것이다. 싸워서 이겨야 얻고, 싸움을 피하면 모든 것을 잃도록 만들어놓은 것이 진나라의 법이다. 갑옷은 마음대로 벗어 던질 수 있는 장신구가 아니다. 적의 화살로부터 몸을 지키는 호구이지만, 동시에 국가가 채운 벗어날 수 없는 족쇄이기도 하다.

흙덩이는 원래부터 흙덩이였을 뿐 피가 흘렀을 리 만무하다. 원래부터 죽어 있던 것이다. 그러나 실제로 살아 있던 것들이 그만 명을 달리한 흔적도 있다. 갱도 바로 근처에서 황릉을 만든 사람들의 무덤이 있다. 봉분도 없고, 지켜줄 이는 더욱 없는 이들은 서로 얽혀서 무더기로 묻혀 있다. 진시황이 죽자 2세의 지위를 위협할 수 있는 이들은 다 죽었다. 살아서 모시던 여인들과 그의 아이들도 다 죽였다. 실제로 황릉 주위에는 형刑을 당한 황족으로 보이는 사람들의 유해가 묻혀 있다. 죽은 자가 무수히 많은 산 사람들을 죽였다. 토용은 비웃고 있을지도 모른다. '겨우 구운 진흙보다 오래 못 갈 뼈다귀를 가진 주제에.'

사실 진나라는 지하에 버려질 토용 따위를 만들다가 망한 것이다. 토용에 그 이상의 인문학적인 가치는 없다. 다만 저 용을 만든 이들의 손길을 통해 죽기 직전까지 정직했던 장인들의 숨결을 느끼고, 당시 사회의 실상을 배울 수 있을 뿐이다.

지금까지 저 무덤은 무수히 도굴당했다. 묵자가 "부장품 때문에 무덤이 훼손된다"고 한 것은 정확한 지적이다. 실제로 죽은 이의 영혼이 있다면 얼마나 성가실까? 죽은 직후부터 보물 사냥꾼들이 구멍을 파대며 귀찮게 하더니, 오늘날은 하루에도 수천 명에게 밟히고 있으니. 어쩌면 분통이 터질지도 모르겠다.

무덤 주인은 대단한 위세가 있는 사람이지만, 요즈음 인문학자들은 호들갑이 좀 심하다. 죽어 호사를 누리겠다는 자는 소인배에 불과한데, 어쩌다 운이 좋아 커다란 진秦나라에 태어난 잔혹한 이를 가지고.

2. 안자 묘: 나날이 높아지는 무덤

영락없이 애 키우는 시골 아주머니로 보이는 택시기사는 한없이 푸근했다.

"옌즈(안자晏子) 묘로 가주세요."

"옌즈(제비[燕子]) 묘?"

"아, 춘추시대 명인 안자요."

"……."

"안영晏嬰 아시죠? 제 경공을 도와……. 임치의 명인인데요."

설명하면서 제문화연구센터에서 출판한 책을 한 권 보여주었다. 그제야 아주머니는 반응한다.

"아, 안자 묘. 알지."

그러면서 책을 받아 들고는 한참을 연구한다. 삐걱거리는 택시를 타고 안영의 무덤을 찾아 나섰다. 임치는 아주 완만한 구릉으로 된 허허벌판이라 장소를 구별할 뚜렷한 징표도 없이 풍경은 여기가 저기 같고 저기가 여기 같다. 성실한 택시기사 아주머니는 포기하지 않고 찾는다. 사람들에게 물어도 대개는 모르고 가뭄에 콩 나듯이 아는 이가 있다.

안자 묘의 대리석 비석. '제나라 재상 안평중의 묘[齊相晏平仲之墓]'라고 쓰여 있다.

"안자 묘요? 1킬로미터 들어가서 오른쪽으로 들어가는 농로를 따라 가요."

오른쪽으로 난 농로는 많고도 많고, 내비게이션도 없는데 1킬로미터를 어떻게 판단하랴. 가다 묻고 가다 묻다가 드디어 믿을 만한 사람을 만났다.

"저기 보이죠?"

밭 가운데 마치 방치된 것처럼 서 있는 저 무덤? 안자 묘는 임치팔경臨淄八景 중 하나라고 책에 쓰여 있던데, 외양이 좀 초라하다. 그러나 아저씨는 확신한다.

"어릴 때는 안자 묘에서 놀았어요. 저기예요."

확실한가 보다. 길이 너무 좁다. 걸어서 가려니 기사 아주머니는 자기 고향의 명소를 소개한다는 사명감으로 기어이 좁은 농로로 들어선

안자 묘 앞의 저자. 안자 묘는 임치팔경臨淄八景 중 하나라고 하던데 실제로는 외양이 초라하다. 묘로 들어가는 길에 농부들이 옥수수를 쫙 깔아놓았다.

다. 아저씨의 말이 옳았다. 안자 묘였다. 그러나 묘로 들어가는 길에 농부들이 옥수수를 쫙 깔아놓았다. 조심조심 가장자리로 걸어 들어간다. 드디어 한가운데 '제나라 재상 안평중의 묘[齊相晏平仲之墓]'라고 쓴 대리석 비가 보인다.

중국에서 옥수수는 그저 동물의 사료가 아니다. 사료로도 쓰지만 옥수수로 면을 만들어 가공식품을 만든다. 요즈음 산동에는 옥수수 재배가 유행이다. 밀이나 보리보다 수확이 낫다고 한다. 옥수수와 안영은 참으로 잘 어울린다.《안자춘추》에는 먹을거리에 관한 이야기가 많다.

제나라에 장마가 닥쳐서 집이 무너지고 사람들이 굶주릴 때 안영은 곡식을 풀자고 간했다. 그러나 경공은 그 말을 듣지 않았다. 안영은 "궁에서 키우는 개는 배불리 먹이고 백성들은 굶기십니까?" 하고 비판하고는 퇴임해버렸다. 경공이 사과하러 그의 집을 찾았을 때 그는 곡식이며 가재도구를 모두 내놓아 백성들에게 나누어준 후였다. 9월의 태양은 뜨겁고 옥수수는 잘도 마른다. 안자의 묘에 간단히 제를 올렸다.

자세히 알 길이야 없지만 지금의 안자 묘는 실제로 안영이 묻힌 곳은 아닌 것 같다. 답사를 위해 제문화연구센터에서 출간한《제문화신론齊文化新論》을 들고 다녔는데 안자 묘의 진위를 다룬 내용이 있다. 저자(주광호朱光浩)는 이 묘가 안영의 매장지는 아닌 것으로 보인다는 고고학 조사 내용에 분노하여 안자 묘가 분명하다는 주장을 펼치고 있다. 고고학 조사자들이 이 묘가 안영의 묘가 아니라고 하는 이유는 이렇다. 봉분을 파다 보니 한대漢代의 기와가 발견되었고, 또 봉분이 여러 가지 다른 토질의 흙으로 이루어졌다는 것이다. 대체로 잡토雜土가 섞여 있다는 것은 무덤을 파고 덮기를 반복했다는 뜻으로 고고학적인 가치를 얻기에는 치명적인 약점이다. 그럼에도 저자는 이곳이 바로 안자 묘라고 주장한다. 일단《사기》와《괄지지》의 기록과 현재 위치가 일치한다는 것이다. 그렇다면 왜 봉분에 잡토가 섞여 있는가? 저자의 주장은 이렇다.

"원래 안자 묘는 아주 작았는데 후대 사람들이 쌓아 올린 것이다. 비바람에 깎이고 또 보충하면 잡토가 섞일 수밖에 없다."

나로서는 그 짧은 글로 안자 묘의 진위를 가릴 도리가 없다. 사실 안영이 바로 이 아래 묻혀 있는지 아닌지는 그다지 중요하지 않다. 오히려 중요한 것은 그 '잡토'다. 한대의 누군가가 안영를 기리는 봉분을 만들었다고 하자. 그 봉분이 깎이면 또 누군가가 삽을 들었다. 한대의 누구, 당대의 누구, 그리고 청대의 누구까지 흙을 쌓았다. 안자 묘는 시간이 지날수록 커지는 무덤이다. 실제로 안영은 그 무덤 아래 없을 가능성이 더 큰데도 말이다. 문득 공자가 안영을 평한 말이 생각났다.

> 안평중은 사람을 잘 사귀었다. 오래되어도 공경하여 함부로 대하지 않았더라〔晏平仲善與人交 久而敬之〕.

어쩌면 안영은 그 복을 받고 있는지도 모르겠다. 정말 안평중은 사람을 잘 사귀었나 보다. 그가 죽은 지 2500년이 다 되었건만 후대는 아직도 그를 공경하고 있다. 이것이 바로 세대를 뛰어넘는 문화文化가 아닐지.

안영이 죽음에 관해 한 말이《좌전》에 기록되어 있다. 경공이 술을 마시다가 흥이 돋아 이렇게 말했다.

"옛날부터 죽음이 없었다면 얼마나 즐거우랴!"

그러자 안영이 대답했다.

"옛날부터 죽음이 없었다면, 이는 모두 옛날 사람들의 즐거움일 뿐입니다. 상구씨爽鳩氏가 처음 이 땅을 차지하고, 훗날에 태공께서 이었나이다. 옛날부터 죽음이 없었다면 그 즐거움은 상구씨의 것이지, 군주의 즐거움이 아니옵니다."

안영의 말은 실용적이지만 천박하지 않다. 죽는 것은 좋은 것이다. 흉흉한 시절을 겪으면서도 그의 무덤이 나날이 높아지는 것도 이유가 있었나 보다. 크기야 진시황 무덤의 1000분의 1도 안 되지만, 안영의 묘에서 나는 슬며시 웃었다. 안영은 정말 사람을 잘 사귀었다. 무려 2500여 년 후에 동방에서도 이렇게 손님이 찾아오니.

제2부

오월쟁패,
춘추 질서의 해체

• • •

이제 우리의 여행은 춘추시대의 종착점을 향해 달리고 있다. 종법제에 기초한 주나라의 정치 질서는 춘추시대의 시작과 함께 서서히 빛이 바랬다. 이를 대신한 패자霸者 중심의 정치 질서(제 환공, 진 문공, 초 장왕)는 춘추 말기에 이르러 오-월-초의 물고 물리는 처절한 싸움을 거치며 끝을 맺고 전국시대라는 새로운 역사의 장을 열어젖힌다.

애초에 북방의 논리와 다르게 출발했던, 그래서 춘추시기에 이미 스스로를 왕이라 칭했던 오-월-초는 남방의 패권을 두고 치열한 각축을 벌이고, 결국 권력 다툼에 여념이 없던 북방의 강국 진나라와 제나라를 밀어내고 춘추의 마지막 패권을 차지한다(오나라 왕 합려, 월나라 왕 구천).

하지만 춘추 질서의 해체와 전국시대의 도래라는 역사의 필연은 아이러니하게도 아비와 형을 잃은 한 인간의 가장 원초적이지만 퇴행적인 처절한 '복수'의 이야기로부터 점화된다. 그리고 그 복수는 또 다른 복수로 이어지고, 결국 역사 속에서 복수자 자신의 운명을 시험한다.

하지만 운명은 역사를 넘어설 수 없는 법. 한 인간의 복수의 집념이 초래한 역사의 격랑은 동병상련, 와신상담, 토사구팽 등 수많은 고사를 탄생시킨 오-월의 상쟁에서 최고조에 이른다. 남방 오랑캐 땅에서 벌어진 피비린내 나는 각축은 결국 '예禮'의 질서를 기반으로 한 춘추의 한 기둥을 무너뜨리고, 전 중원을 부국강병과 영토 확장을 위한 각국의 새로운 경쟁 시대로 이끈다.

1. 복수무정, 욕망과 복수의 잔혹한 대하 드라마

기이한 이야기가 있다.

어느 날, 어머니가 아들에게 대장장이였던 아버지의 마지막 모습에 대해 이야기해주었다. 아버지는 죽기 전에 어머니와 이런 이야기를 나누었다고 한다.

"내일이면 나는 대왕에게 검을 바쳐야 하오. 그러나 내가 검을 바치는 그날이 바로 내 명이 다하는 날이오. 우리는 이제 작별을 해야 할 것 같소."

"여보, 이번에 당신은 큰 공을 세웠지 않나요?"

"아, 당신이 어찌 알겠소. 대왕은 원래 의심이 많고 잔인한 사람이오.

이번에 내가 그에게 천하제일 검을 만들어주었으니, 반드시 나를 죽여, 내가 다른 사람에게 그런 검을 만들어줘 자신과 필적하거나 능가하게 하지 못하게 할 것이오."

하염없이 눈물을 흘리는 아내에게 대장장이는 말했다.

"슬퍼하지 마시오. 벗어날 구멍은 없소. 눈물로는 절대 운명을 씻어낼 수 없소. 나는 이미 준비를 마쳤소. 여기 수검[雄劍]이 있소. 이것을 잘 간수하시오. 내일 내가 돌아오지 못하면 죽은 것으로 아시구려. 당신은 임신한 지 다섯 달이 돼가오. 슬퍼 마시오. 아들이 태어나거든 잘 기르시오. 그가 성인이 되면 이 검을 건네주고, 왕의 목을 잘라 내 복수를 해달라고 하시오."

이것이 마지막이었다. 남편은 결국 돌아오지 않았다. 아내는 아들을 낳았고, 그 이름을 미간척眉間尺이라 지었다. 그리고 어느 날 아들에게 아버지 이야기를 해주었다. 아버지 없이 자란 아들은 처절하고도 끔찍한 복수를 감행한다.

이 슬픈 이야기는 문호 루쉰[魯迅]이 옛 고사를 참조하여 쓴 〈검을 만들다[鑄劍]〉라는 소설의 서두다. 고전을 얼마간 접한 독자는 단번에 비슷한 이야기가 머릿속에 떠오를 것이다. 이는 분명히 춘추 말기와 전국 초기인 오-월-초의 처참한 복수극에서 파생한 이야기가 분명하다.

미간척과 달리 유언마저 듣지 못하고 아버지를 잃은 오자서伍子胥(오원伍員)는 복수의 화신이 되어 돌아온다. 그리고는 아버지를 죽인 원수의 무덤을 파고 시체를 채찍으로 300대나 때렸다. 이를 듣고 산중에 숨어 있던 옛 친구 신포서申包胥가 사람을 보내 책망했다.

"자네의 복수는 너무 심하지 않은가? 자네는 옛날 신하로서 몸소 북면北面하고 평왕을 섬겼는데 이제 와서 죽은 사람을 다시 죽이다니, 어찌 이토록 지독하게 천도天道를 어긴단 말인가?"

그러자 오자서가 심부름 온 사람에게 대답했다.

"나를 대신해 신포서에게 사과해주게. 해는 저물고 길이 멀어서, 거꾸로 가고 거꾸로 행했다고 말일세[日暮途遠, 吾故倒行而逆施之]."

육친을 잃은 이는 이렇게 복수에 몸을 맡기고 천도를 잊었다. 자신의 목숨을 버리며 복수를 부탁하는 그의 형, 결국 대국인 초나라를 무너뜨리는 오자서, 월나라 왕 구천句踐에게 패해 죽으면서 아들 부차夫差에게 복수를 부탁하는 오나라 왕 합려闔閭, 역시 아버지를 잃고 복수의 일념으로 구천을 사지로 몰아넣은 부차, 부차의 대변을 핥으면서 패배의 치욕을 삼키는 구천, 그리고 부차를 사지로 몰아넣고 마지막 자비를 거부하는 구천. 복수란 과연 천도를 잊게 만드는 무정한 행위에 불과한가? 아니면 복수야말로 오히려 천도를 구현하는 지름길인가?

그리고 그들의 이야기를 지탱하는 중심에는 검이 있다. 검이란 무엇인가? 찌르고 베는 것이다. 가까이서 적을 죽일 때, 자신의 몸도 노출하고 적을 치는 무기다. 사람들은 그래서 칼잡이의 결기와 서슬에 겁을 먹는다. 이번 이야기도 칼처럼 서슬 퍼런 것이다.

오-월은 본시 칼로 유명한 곳이다. 후한 대에 쓰인《오월춘추吳越春秋》에는 합려가 간장干將이란 검장劍匠에게 명검을 주조하게 했다고 적혀 있다. 또한 비슷한 시기에 쓰인 것으로 보이는《월절서越絶書》에는

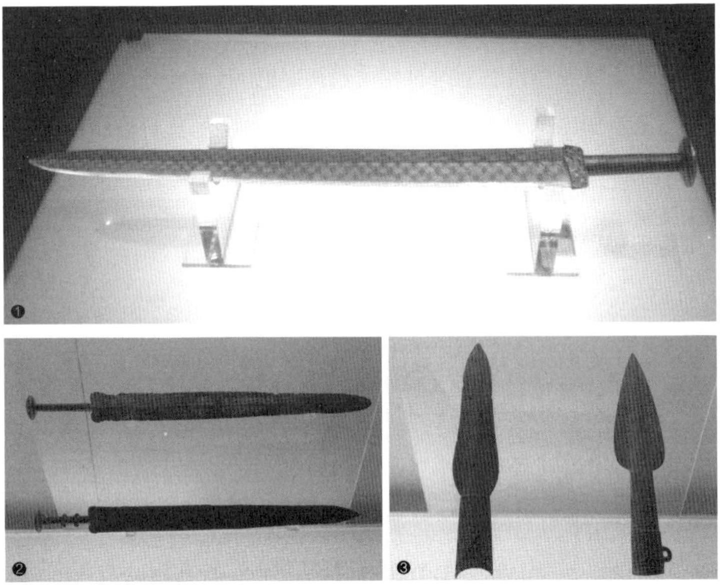

춘추시대 마지막 패자霸者 월나라의 무기들. 호북성 박물관 소장.
❶ 월왕 구천의 검 ❷ 월왕 주구검과 자지 어사검 ❸ 월왕 자지 어사모(왼쪽).

초나라 왕이 오의 간장과 월의 구야자句冶子에게 명검을 주조하게 했다 하고, 월나라 왕 윤상允常이 구야자에게 명검을 주조하게 했다는 이야기도 보인다. 호북성의 초나라 유적지에서 오나라 왕과 월나라 왕의 무기가 수북하게 나오고, 전국시대의 기록인《순자荀子》에 '오나라 왕 합려의 간장과 막야가 명검'이라는 기사가 나오는 것으로 보아 이미 전국시대에 오-월의 무기들이 중원에서까지 명성을 떨친 것으로 보인다. 후대의《열이전列異傳》이나《수신기搜神記》에도 위와 대동소이한 이야기가 등장한다.

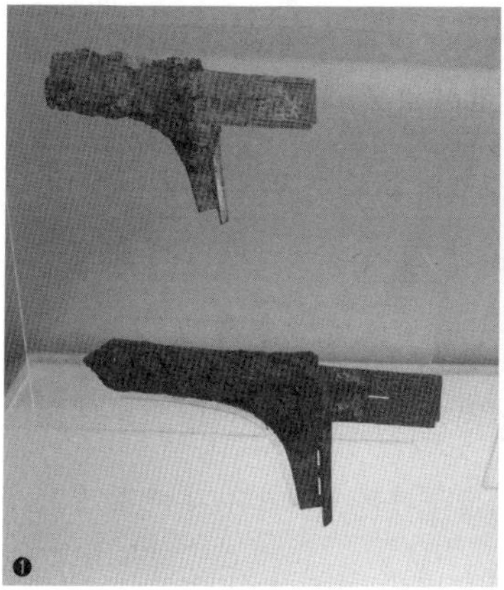

❶ 춘추시대 동철 합금 과戈. 철은 썩는다. 썩는 철을 안에 넣고 청동으로 겉을 싸는 기지가 보인다.
❷ 전형적인 월족의 청동기.

이 이야기는 오-월의 얽히고설킨 원한관계를 오-월 특유의 주제인 검을 매개로 풀어낸 것이다. 그뿐인가? 지금도 강호의 협객들이 검 한 자루와 복수의 일념만 가지고 떠도는 이야기들이 무협 소설의 주제로 끊임없이 재등장하고 있다. 검은 분명 강호江湖, 곧 오-월의 상징이다.

루쉰은 또한 보이는 검 말고 숨겨진 검에 대해서도 이야기한다. 보이는 검은 똑같이 보이는 검으로 막을 수 있다. 그러나 숨어 있는 검은 막을 수 없다. 보이는 검의 세계에서는 정의가 패배할 수도 있고 동정이 짓밟힐 수도 있다. 그러나 숨어 있는 검은 다시 역사의 도도한 흐름과 인간사의 견고한 법칙들을 제자리로 돌려놓는다. 역사는 활극의 당사자들이 결코 알기 힘든 숨은 검이 있다는 것을 알려주고 있다.

복수를 위한 싸움에서 승리해야 하는 것은 당연하다. 그러나 그 승리는 장구한 것이어야 한다. 이를 망각하는 순간 복수는 새로운 복수를 부르고, 숨겨진 검은 당사자를 파멸시킨다. 이런 관점에서 보면 오-월의 복수극 속에는 당사자들도 인지하지 못한 또 다른 복수극이 숨어 있다. 이 숨겨진 복수극을 찾아보는 것이 이 책을 읽는 또 다른 재미이다.

2부에서는 사회경제적인 분석은 잠시 뒤로 미루고 가장 소설적인 형식으로 이야기를 전개할 것이다. 《오월춘추》는 역사 자체가 거대한 대하 역사드라마이다. 원한과 복수, 욕망과 지혜가 칼과 창처럼 부딪치며 인간사의 교과서를 만들어낸다. 이들의 처절한 이야기를 듣다보면 독자들은 몸서리를 칠지도 모르겠다. 그러나 어차피 인생의 망망대해를 혼자 헤쳐 나가야 한다면, 오-월의 투쟁을 통해 인간사의 파란만장을 간접적으로 경험해보는 것도 좋을 것이다.

욕망으로 가득한 인간사에 정답이 있을 리 없으니, 어떻게 읽을 것인가는 읽는 이의 자유다. 독자 스스로 누군가가 되어볼 수도 있을 것이다. 부차가 될 것인가, 구천이 될 것인가? 범려가 될 것인가, 오자서가 될 것인가? 문종이 될 것인가, 백비가 될 것인가? 아니면 또 다른 누군가가 될 것인가? 필자는 독자들이 그 누군가도 아닌 또 다른 누군가가 되었으면 좋겠다. 이제 역사 속에 숨은 검을 찾아 오-월의 땅 강호로 떠나보자.

2. 오-월의 싸움이 전국의 문을 열어젖히다

세계 최대의 개인 저술 역사서《자치통감》은 다음과 같은 문장으로 시작한다.

> 주周 위열왕威烈王 23년. 처음으로 명을 내려 진晉나라 대부 위사魏斯, 조적趙籍, 한건韓虔을 제후로 삼았다.

때는 기원전 403년이었다. 저자 사마광司馬光은 대부가 제후가 되던 바로 그 순간 전국戰國시대가 도래했다고 단언한다. 왜 그런가? '예禮'가 무너졌기 때문이다. 예의 근본은 무엇인가? 직분이다. 직분의 징표는 무엇인가? 이름이다. 대부가 제후가 되는 순간, 예는 그 이름을 잃어버렸다는 것이다. 그리고 그는 이 논평으로 문단을 마감한다.

> 오호라, 군신의 예는 이미 무너졌으니, 천하는 힘과 술수[智力]로 서로 우두머리를 가리고, 성현의 후예의 나라들은 모조리 사직이 끊겼으며, 백성들은 문드러져 죽어 나가 거의 다 없어질 지경에 이르렀으니, 어찌 슬프지 않을 수 있겠습니까?

제비 오면 봄이구나 하고 기러기 오면 겨울인가 하지만, 제비 왔다고 봄이 아니요 기러기 왔다고 겨울도 아니다. 그저 축이 조금 비뚤어진 지구가 태양의 주위를 끊임없이 돌기에 춘하추동은 차례로 온다.

필자가 보기에 사마광은 전국시대의 도래를 너무 늦게 잡은 것 같다.

기원전 5세기가 끝날 무렵 '봄과 가을[春秋]'이라는 시대가 저물고 '싸우는 나라들[戰國]'이라는 시대가 왔다고 하나, 그저 제비니 기러기니 하는 것의 날갯짓만 보일 뿐, 왜 언제 저들이 왔는지는 알기 어렵다. 제비나 기러기는 이미 오래전에 길을 떠났고, 그들이 떠난 연유도 훨씬 오래전에 무르익었다.

전국시대는 언제 시작되었나?

춘추시대 초강대국 진晉나라는 기원전 453년 위魏·조趙·한韓의 세 씨족이 지智씨를 멸망시키고 할거하면서 실질적으로 셋으로 분열된다. 이 일은 이른바 '세 가문이 진을 나누어 먹었다[三家分晉]'고 표현되는 일대 사건이었다. 그러나 이 가문들은 당장 제후를 칭하지는 못하고 50년을 더 기다려서야 그 능력에 걸맞은 이름을 얻어낸다. 그리하여 사마광과 같은 정통 사가들은 천자가 어쩔 수 없이 3진三晉(위·조·한)을 독자적인 나라로 인정한 기원전 403년을 비로소 전국시대의 시작으로 본다.

이 세 가문이 진을 분할하는 과정에서 수공, 화공, 몰살 등 기존에 보지 못했던 잔혹한 전투가 끊이지 않고 이어졌다. 그들의 행동에는 춘추시대를 관통한 어떤 명분도 없었다. 과연 그들의 행동과 이후 이른바 '전국칠웅戰國七雄(전국시대 일곱 강대국)'이 한 행동에는 어떤 차이가 있는가?

어떤 이들은《춘추春秋》라는 역사서의 서술이 끝나는 시점을 춘추시대의 마지막으로 본다. 기원전 481년 공자는 "기린이 잡혔다[獲麟]"는 소리를 듣고 자신의 도가 끝났음을 선언한다. 그가 갈망한 것은 문왕과 주공의 도를 회복하는 것이 아니었던가?《춘추》의 본문[經文]은 기원전 479년에서 끊어지고, 해설[傳文]은 기원전 468년에 끝난다. 대학자가 보기에 시절이 너무나 변하여 이제 더는 몇 사람의 손으로 되돌릴 수 없었던 모양이다. 공자는 기린이 잡혔을 때 집필을 포기하고, 춘추의 본문이 끝나는 시기에 죽음을 맞는다.

강물의 아래위를 단칼에 나눌 수 없듯이 역사도 단칼에 두 단계로 나누어질 리가 없다. 그래서 공자가 죽은 날과 진나라 대부들이 제후가 된 날 사이에 변화가 계속 이어져 마침내 전국시대가 왔을 것이라고 두루뭉술하게 판단할 수도 있을 것이다.

전국시대란 무엇인가? 맹자는 "성을 점령하면 성을 도륙하고, 들판에 뼈가 널려도 수습하지 못하는 시대"라고 평했다. 그렇다면 전국시대는 순전히 퇴보의 시기였던가? 불과 200년 전에 태어났더라면 맹자 자신도 죽간 더미를 수레에 싣고 전국을 주유하며 논설을 펴지는 못했을 것이다. 일개 선비가 무리를 이끌고 군주에게 감 놔라 대추 놔라 하지는 못했을 것이다. 전국시대는 비록 시절은 살벌했지만 동시에 급격한 진보가 이루어진 시기였다.

많은 호사가가 춘추와 전국의 차이를 논했지만, 그 변혁기 자체를 살았던 오기吳起라는 사나이만큼 핵심을 짚은 이는 아직 없는 듯하다.

기원전 4세기가 막 시작될 무렵 오기는 초나라에서 맹렬하게 개혁을 시행하는데, 그 개혁이 마치 전국시대의 지침서처럼 읽힌다. 오기가 한 일이란 이런 것이다.

그는 춘추의 귀족 계급을 해체했다.

> 초나라의 작위를 하나로 만들어 봉록도 똑같게 하고[均楚國之爵, 而平其祿], 남는 것은 깎아서 부족한 곳에 채우고, 갑병을 벼려 천하의 무대에서 이익을 다투었다.
>
> -《설원說苑》

오기가 말한 개혁의 핵심은 무엇인가? 사마천은 "요지는 강병이었다[要在强兵]"고 단언했다. 강한 병사를 기르고 군권을 군주에게 집중시킴으로써 강한 국가를 만들고자 했다. 왜 강한 국가를 만들어야 하는가? 천하와 싸워야 하기 때문이다. 왜 천하와 싸워야 하는가? 천하의 이익이 점점 커지는 이상 빼앗으려는 이가 생길 것이고, 누군가 앞장서기만 하면 판도라의 상자는 열리게 되어 있었다. 내가 치지 않으면 남이 나를 칠 것이다!

결국 전쟁의 양상이 전국시대의 표지라면, 그 전국시대를 알린 제비와 기러기는 오나라와 월나라였다. 철천지원수가 함께한다는 뜻의 오월동주吳越同舟, 절치부심 복수의 칼을 간다는 와신상담臥薪嘗膽 같은 말들은 모두 오나라와 월나라의 싸움에서 생겨났다. 두 나라의 처절한 싸움은 기원전 473년 월나라가 오나라를 멸망시킴으로써 일단락된다. 물론 판도라의 상자가 열린 이상 승자도 여유를 부릴 시간이 없었다. 양자는 모든 자원을 동원했다. 전국시대 중기와 전혀 다를 바가 없었다.

이 처절한 싸움의 불씨는 누가 지폈던가? 꼭 한 명을 꼽으라면 초나라에서 온 망명객 오자서를 들겠다. 전국시대에는 사인士人이라는 하급 귀족 계급이 무리를 지어 국경을 넘어 떠돌아다녔다. 이른바 제자백가諸子百家의 무리들이다. 오자서 역시 제자백가의 한 부류였다. 객관적인 세상은 싸움으로 점철되었지만 "세상은 내 손으로 바꿀 수 있다"는 지사志士의 무리들에게 난세는 오히려 자신들의 이론을 갈고 닦을 호기였다. 전국시대는 이 유랑 지식인 집단의 이론이 만개한 시기이기도 하다.

공자는 그리스에서 탈레스가 죽을 무렵 태어났다. 공자가 죽을 무렵 소크라테스가 태어났다. 소크라테스가 활동하던 시절 묵자 또한 일가를 이루어 유가와 쌍벽을 이루었다. 플라톤(기원전 427년~기원전 347년)이 완숙미를 자랑할 때 논객 맹자가 태어났다. 전국의 혼란기가 아니었다면 맹자의 이론은 태어날 수 없었을 테고, 펠로폰네소스의 패배가 없었다면 플라톤은 국가에 대해 고민하지 않았을 것이다.

실제로 전국시대는 무서운 시대였다. 그리고 싸움은 적을 파괴하는 동시에 구체제를 파괴해서, 결국 춘추시대의 신분제도는 그 격랑 속에서 부서지고 말았다. 말하자면 전국시대는 피로 물든 '선진화 과정'이었고, 오-월의 각축은 전국의 문을 연 뚜렷한 징표였다.

그러나 뭐니 뭐니 해도 정치사적으로 춘추와 전국을 나누는 기준은 남북 패권의 종말이다. 춘추는 진晉나라와 초나라라는 남북의 초대강국과 그 둘에 붙은 일군의 국가가 패를 나누어 대결하는 패권체제였다. 진나라와 초나라의 상대적인 힘이 약해져도 주변의 작은 나라들은 패권체제의 해체를 바라지 않았다. 패권체제는 춘추시대를 아우르는 500년 동안 축적된 정치적인 역량의 결정체였고, 수많은 나라가 동의하여 유지되는 체제였다. 그러나 오나라의 합려가 초나라를 넘어뜨림으로써 그 체제를 종식시켰다. 그러자 한 손으로는 박수를 치지 못하듯 북방에서 진나라의 패권도 저절로 무너졌다. 이어서 월나라가 다시 '패자' 오나라를 넘어뜨림으로써 패권 자체를 유명무실하게 만들어버렸다.

오나라의 검이 패권체제의 한 기둥을 끊자 춘추시대의 질서는 균형을 잃고 넘어졌다. 그 이후는 바로 전국시대였다. 스스로 모든 수단을 동원해서 살아남지 않으면 도와주는 이가 아무도 없는 시대가 도래한 것이다.

제1장

강남 가는 길

1. 남북 역전: 강남의 시대

중국사에서 창업[起業]의 기세는 대개 북방에서 일어났다. 창업은 싸움을 동반하니, 북쪽에서 말을 타는 사람들과 부대껴야 피가 더워지고 힘줄이 질겨져 창업의 피비린내를 감당할 수 있었을 것이다. 춘추전국의 출발점이 되는 주周 왕조를 세운 사람들 역시 북방, 특히 혹독한 서북방에서 출발한 사람들이었다.

그러나 사회가 복잡해지면 일을 일으키는 사람보다 마무리하는 사람이 더 많아질 수밖에 없다. 성취를 하려면 시작은 성겨도 마무리는 꼼꼼히 해야 한다. 그래서인지 마무리하는 사람들은 오히려 '유약한' 남방에서 많이 났다. 이런 도식이 완전히 들어맞을 리는 없지만, 꽤 들어맞는 통계도 있다. 역사적으로 남방 출신의 관리官吏가 점점 더 늘어났고, 최소한 근래 1000년 동안 그 추세는 역전되지 않았다.

지금의 중국 강남은 사람의 바다와 마천루의 숲이라고 해도 과언이 아니다. 강남에서 기침을 하면 세계가 들썩거리는 지경이 되었다. 앞으로 세상은 더 복잡해질 게 분명하고 강남은 더더욱 중요해질 것이다.

그러나 강남이 참으로 볼품없던 시절도 있었다. 그곳 사람들은 짐승과 같이 미개한 사람으로 여겨졌다. 그때가 기원전 5세기 이전의 일이다. 중원의 예법을 무시하고 자맥질이나 하며 머리는 빡빡 밀고 몸에는 문신을 하고 다녔으니, 도무지 상종 못 할 야만인들이라 무시당했던 것이다. 이 책 2부의 주인공인 월나라 재상 범려范蠡는 스스로를 중원 사람들에 대비하며 이렇게 말했다.

> 우리 선군께서는 주 왕실의 자작子爵도 되지 못하여, 이렇게 바닷가에 거처하며 물고기며 자라나 악어와 함께 살고, 개구리나 맹꽁이(鼃黽)와 함께 강가에 거했던 것이오. 우리가 지금 사람의 얼굴을 하고 있으나 사실은 금수나 마찬가지요. 어찌 중원의 그런 교묘한 말씀을 알아듣겠소?

원래 남방이 이런 곳이었으나 어쩌다 오늘날은 북방이 미개한 곳으로 바뀌었을까? 범려의 말대로 천시란 반복하는 것인지 모른다. 하지만 미개함이 꼭 나쁜 것만은 아니다. 미개함에는 원시 그대로의 힘이 숨어 있다. 피지 않은 꽃은 내일이라는 희망이 있으나 이미 핀 꽃은 시들 날만 기다려야 한다. 처음 강남에 꽃을 심은 사람들은 물론 그 땅에 살고 있던 부족들이었지만, 그들을 '중국中國' 문명의 일원으로 편입시킨 사람들은 바로 춘추 말기에 등장한 오-월의 싸움꾼들이었다. 그리고 다시 2500년이 흘러 악어가 용이 되는 시절이 실제로 왔다. 이야기를 시작하기 전에 역사를 따라 강남의 지세를 한번 훑어보자.

2. 삼강오호의 이익

오자서 : 오나라와 월나라는 세 개의 강으로 둘러싸여 서로 피하려 해도 피할 수가 없습니다.

범려 : 우리와 삼강오호三江五湖의 이익을 다투던 자, 바로 오나라가 아닙니까?

그렇다. 강남은 삼강오호로 둘러싸인 곳이다. 오-월 쟁패 무대 위의 삼강오호는 겨우 오강吳江이니 포양강浦陽江, 태호 정도겠지만 지금의 삼강은 장강, 회하, 전당강이고, 오호는 태호, 항주만, 상해만으로 확대되었다.

오나라 도읍이 있던 소주는 뻗어나가는 나라가 자리를 잡은 곳이었다. 서쪽을 틀어막은 태호는 운하를 따라 장강으로 이어졌다. 동쪽으로 달리던 장강은 태호의 정서쪽 무호蕪湖에서 북쪽으로 방향을 틀어 오나라 땅을 넓혀주고, 남쪽의 수도(남경)를 지나 동쪽으로 다시 방향을 튼다. 배로 몇 시간만 동쪽으로 가서 강 남쪽 진강鎭江의 언덕에 오

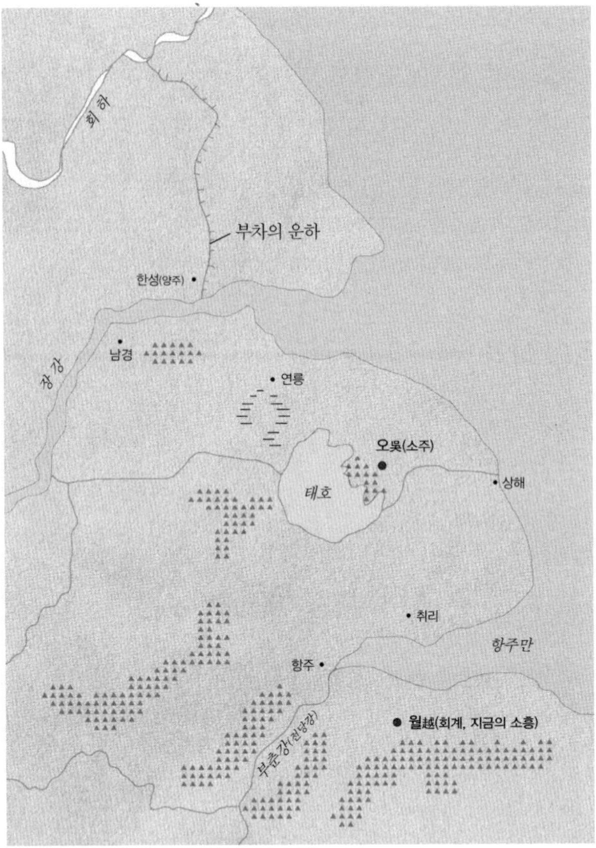

강남 지세도. 오-월은 양립할 수 없다. 월은 회계의 작은 평지에 위치해 있어서 세력을 키우자면 반드시 북으로 와야 한다.

르면 '강북의 강남' 양주揚州의 평원이 한눈에 들어온다. 오나라의 왕들은 양주의 평평한 땅에 도랑을 파서 회하와 장강을 연결했다. 그 운하는 지금도 남아서 세상에서 가장 저렴한 운송로로 기능하고 있다.

수향水鄕 소주와 양주. 오나라 도읍이 있던 소주의 풍요로운 모습(왼쪽)과 양주 동쪽의 운하.

양주는 항상 봄이라 북방 사람들은 한번 내려오면 돌아가려 하지 않았다. 수양제는 이 때문에 몸을 망쳤고 건륭제는 이로 인해 게을러졌다. 그러나 2500년 전 부차는 3군을 배에 태우고 보무도 당당하게 양주의 물길을 타고 북쪽으로 올라가 패자의 칭호를 얻었다. 그때 양주는 숲이 우거진 강가의 소택지였을 뿐, 봄바람으로 군주의 의지를 꺾는 곳이 아니라 북방으로 가는 출정의 전고가 울려 퍼지던 살벌한 곳이었다.

양주를 지난 장강은 이제 바다와 거의 한 몸이다. 지금은 장강 하구에 '출항[上海]'이란 의미의 거대한 도시가 서 있다. 세계에서 가장 많은 인구를 부양하는 대하 장강은 오-월의 옛 땅에는 이토록 관대하여 어느 곳도 침범하지 않고 곱게 안고 흐른다.

장강 북쪽에서 회하(회수) 사이는 끝없이 이어지는 화중 평원이다. 원래 이곳에는 전차를 몰면서 살벌하게 싸울 필요가 없는 민족이 살았다. 바로 회이淮夷라고 불리던 사람들이다. 땅은 낮지도 높지도 않아 곡

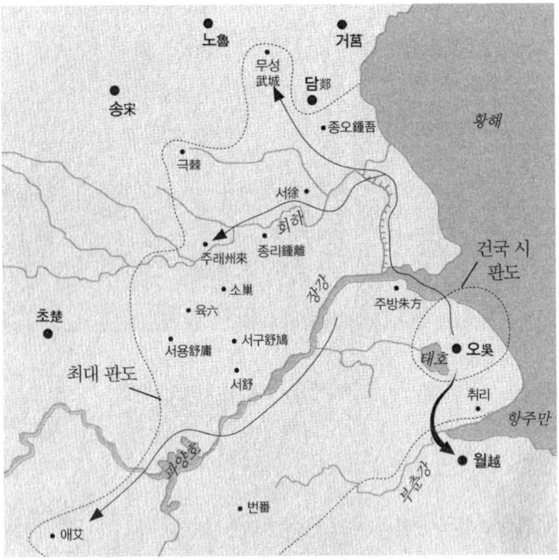

오나라의 최대 판도.

식과 채소를 기르기에 안성맞춤이고, 날은 항상 따듯해서 돼지와 닭도 잘 컸다. 그러니 오나라와 초나라가 이 땅을 그대로 버려둘 리가 없다. 지금은 회이라고 불리는 민족은 없어졌지만 회하 하구의 항구는 나날이 번성하고 있으니, 우리 '동이東夷'의 공헌이 으뜸일 것이다.

남쪽으로 가면 천하 절경 황산에서 시작된 전당강錢塘江(부춘강)이 온갖 산의 물을 다 모아서 항주만으로 들어간다. 그 어귀에 뒤로 산을 두고 앞으로 강을 두었으며, 오른쪽으로 바다를 둔 길지 항주와 소흥이 있다. 이곳이 바로 회계會稽로, 월나라의 심장부이다.

흉년이 들면 바다로 나가고 강호에서 고기를 잡으며 야생 벼로 배를

소주 상방산. 이 보루에서 오나라 수비병은 동쪽에서 들어오는 월나라 군을 가장 먼저 보았을 것이다.

채우던 시절의 이곳에선 악어나 자라처럼 살아도 그것대로 행복했을 것이다. 그러나 길지를 버려두는 야심가는 없다. 구천은 전당강과 항주만을 방벽으로 삼고 회계산을 배경으로 삼아 힘을 길러 강남의 주인이 되었다. 회계는 좁은 곳이나 산천의 이익이 다 모이는 곳으로, 이후 남방에서 창업한 모든 왕조는 이곳을 터로 삼고 싶어 했다.

중국 한족이 정통 왕조로 칭송해 마지않는 동진東晉은 오직 삼오三吳(오군, 오흥군, 회계군)에 의지해서 그토록 오랜 시간 연명했다. 장강 남쪽은 땅이 좁아도 곡식을 많이 뽑아낼 수 있는 곳이고, 강회江淮(장강과 회하 사이)는 시절만 좋으면 천혜의 곡창이었다. 강이 넘치고 바닷물이 침범하면 태호로 가서 물고기와 게를 먹으며 연명할 수 있었다. 그 이익을 서로 차지하려고 싸우는 것을 말리기는 어려웠을 것이다.

❶ **서호** ❷ **전당강.** 전당강은 회계 평원의 젖줄이다. 전당강과 강 부근의 충적평야는 월의 기반이었다.

그래서 역사적으로 강남江南의 의미는 계속 확장되었다. 고대에는 '남쪽 오랑캐[南蠻, 蠻夷]'의 땅이었기에 수백 년 전까지도 북방인 중에서는 중국 남부 사람들을 오랑캐[蠻子]라고 부르는 이들이 있었다. 《동방견문록》의 저자 마르코 폴로도 그렇게 불렀다. 그러나 오-월의 상쟁으로 이름을 중원에 떨쳤던 강남은 현재 부유한 곳과 동의어가 되었다.

《사기史記》의 〈화식열전貨殖列傳〉에는 춘추전국시대 오나라가 있던 지역을 동초東楚라 하고 절강浙江의 남쪽을 월나라라고 부르면서, "오(동초)는 꽤 볼 만한 것이 있다"고 적고 있다.

> 팽성에서 동쪽으로 동해·오·광릉廣陵은 동초 지역이다. 그 풍속은 서徐·동僮과 비슷하다. (중략) 절강 남쪽은 월나라다. 대저 오나라는 합려 이래 춘신군春申君, 유비劉濞 등 세 왕이 천하의 떠돌기 좋아하는 젊은이[喜游子弟]들을 불러 모은 곳이다. 동쪽으로 바다의 소금이 풍요롭고, 장산章山에서 구리가 나며, 삼강三江과 오호五湖의 이로움이 있

으니, 역시 강동의 도회지였다.

3. 강남 가는 길 아닌가?

강남으로 떠나기 전에 백거이의 시 한 소절로 흥을 돋워보자.

근직과 한직을 거치면서 그런대로 벼슬살이를 잘하던 시인은 44세 되던 해인 815년 재상을 척살한 자객을 잡자는 상소를 올렸다가 좌천된다. 그가 간 곳은 강주, 곧 지금의 강서성 구강 부근이었다. 좌천된 시인은 강주사마 벼슬 하나를 간판으로 달았다. 가는 길은 처연했다.

첫눈 앞산 가득 내리더니
막 개어 날씨 좋다
홀연 장안 생각이 간절하여라
해가 뉘엿뉘엿한데 말 몰아 나가니
(중략)
거닐며 읊조리며
아직 다 즐기지 못했거늘
어찌 이리 쉽게 녹아버리는가
차라리 영남처럼
땅에 닿지 않고 흩날려 버리는 것이 나으려나 보다.

-〈강주설江州雪〉

이렇듯 당나라 시절에도 남쪽은 변방이어서 인재들에게는 못마땅한 곳이었다. 그러나 쉰을 바라보는 때에 다시 장안으로 소환된 백거이는 중서사인中書舍人까지 되었으나 장안 생활은 영 예전만 못했다. 이제 그의 마음속에는 강남이 자리 잡고 있었다. 급기야 항주로 가고 싶어 자청하여 항주자사가 되었다. 나오면서 그는 이런 시를 읊었다.

아침에 임금을 하직하고 나와
저물녘 동남문으로 나와 출발한다
이별의 길이라 말하지 마소
강남 가는 길 아닌가〔勿言城東陌, 便是江南路〕
내 인생 본래 고향이 없나니
마음 편하면 그곳이 고향이라오.

-〈초출성류별初出城留別〉

이렇게 백거이는 강남에서 마음의 고통을 다 털어내고 전당강에 둑을 쌓아 농부들의 친구가 되었다. 그렇게 그는 뼛속까지 강남인이 되었다. 세월의 무상함이 이렇다. 오-월이 상쟁하던 시절이 가고 1000년이 흐르니 강남은 싸움이 아니라 치유의 장소가 되어 있었다.

우리도 한번 춘추전국의 역사를 찾아 그곳으로 떠나보자. 강남 가는 길 아닌가!

제2장

복수극의 서막

: 초나라, 명검 오자서를 잃다

• • •

악행의 동기는 무엇일까? 보통은 이기심에서 악행을 저지른다지만 역사에는 이유를 찾으려 해도 특별한 동기 없이 악행을 저지르는 사람도 자주 등장한다. 어쩌면 그들은 자신의 행동이 악인지 모를 수도 있다. 그러나 이 악인들의 공통된 특징이 있으니, 목적을 위해서라면 복잡한 음모도 한순간에 만들어내는 천재적인 재주를 가졌다는 점이다. 또 그들은 자신의 악행이 드러날 때까지는 항상 선량한 척한다. 그래서 그들은 권력자들의 신뢰를 얻고, 권력자들은 이 악인의 악행이 만천하에 드러날 때까지 그들을 비호한다. 하지만 권력자 역시 마지막에는 악인과 함께 사지로 들어간다.

오나라, 월나라, 초나라가 얽히고설킨 이 기나긴 이야기는 한 사람의 악인으로부터 시작된다. 악인이 지핀 작은 불씨 하나가 결국 활활 타올라 광폭한 복수극으로 바뀌더니 끝내 남방을 피로 물들인다

1. 비무극, 복수극의 씨앗을 뿌리다

초 평왕은 영왕을 죽이고 등극했다. 영왕은 비록 포학한 자였지만 그래도 대체로 무난한 왕이었다. 쿠데타로 집권한 이는 항상 여론의 향배에 민감하다. 평왕은 영왕이 오나라를 정벌하러 나갔다가 배반당해 결국 돌아오지 못하고 죽은 사실을 잊을 수가 없었다. '나도 언젠가는 그렇게 될 수 있다'는 생각을 떨칠 수 없었다. 또한 그는 채나라와 진陳나라 등 영왕이 멸망시킨 나라의 실력자들의 도움으로 왕위에 올랐기 때문에 이들에게 진 빚이 있었다. 동시에 그는 영왕의 실정으로 거의 빈사상태에 빠진 초나라를 구할 임무를 띠고 있었다.

그는 약속대로 채나라와 진나라를 회복시켰으며 내정에 힘을 썼다. 다행히 내부에서 그의 자리를 노리는 사람은 없는 듯했다. 그러나 외부의 골칫거리인 오나라는 더욱 그악스럽게 초나라의 변방을 두드렸다. 진晉나라가 국제 문제에 개입하기 어려운 지경이 되자 오나라와 초나라의 쟁탈전은 점입가경으로 치달았다. 특히 영왕이 들쑤셔놓은 전선들은 수습하기가 쉽지 않았다.

오나라는 무서운 속도로 성장하는 나라였다. 기원전 529년에 오나라는 주래州來를 멸망시키고 초나라를 압박했다. 주래는 비록 작은 나라였지만 회하 본류와 영수潁水가 만나는 수륙교통의 요지였기에 여수汝水와 방성을 최후의 방어선으로 하는 초나라로서는 여간 껄끄러운 일이 아니었다. 이 일로 진陳나라와 채나라 등 초나라 우방들이 오나라의 눈치를 볼 것은 자명했다. 영윤은 즉각적인 반격을 주장했다. 그러나 평왕은 반대했다.

"나는 아직 백성들을 위로해주지 못했고, 귀신을 제대로 섬기지 못했으며, 방비를 제대로 갖추지도 못했고, 국가를 안정시키지도 못했소이다. 그럼에도 백성을 부리려 한다면 반드시 패할진대, 그때는 후회해도 소용이 없을 것이외다. 주래가 오나라에 떨어졌다고 하나 이는 잠시 맡겨놓은 것이나 마찬가지니 그대는 잠시 기다리시오."

평왕의 정치는 꽤 볼 만해서 초나라는 다시 패권국의 위용을 되찾아가는 듯했다. 그러나 평왕 옆에는 비무극費無極이라는 사나이가 있었다. 비무극은 태자의 작은 스승[少師]으로 글깨나 했으므로 왕이 개인적으로 믿었던 사람인 것 같다. 그는 내부의 화란을 극도로 두려워하는 평왕의 심리를 파고들어 위협이 되는 사람이라는 명목으로 능신能臣들을 참소했다. 평왕은 식견이 있는 왕이었다. 그러나 식초에 쇠그릇이 녹듯이 비무극의 혀에 서서히 마비되어갔다. '비무극이 이유 없이 참소할 리가 없다. 대단한 야망을 가진 자도 아닌 것 같은데…….'

평왕이 자리에 오른 지 세 해째 되던 날 비무극은 실력을 선보였다. 그는 채나라에 있던 조오朝吳에게 접근했다. 조오는 채나라 부흥을 기치로 군대를 일으켰고, 평왕의 쿠데타가 성공하는 데 으뜸가는 공을 세운 사람이었다. 비무극이 낚싯밥을 던진다.

"초나라 왕께서는 오직 어른만 믿고 계십니다. 그러니 어른을 여기 채나라에 두신 것이지요. 어른도 이제 연로하신데 아직 낮은 자리에 있는 것은 욕이 됩니다. 반드시 더 높은 자리를 요청하십시오. 저도 함께 요청하겠습니다."

그러고는 조오의 윗사람들을 찾아가 또 유세했다.

"초나라 왕께서는 오직 조오만 신임하고 있기에 그를 채나라에 두었습니다. 여러분께서는 그만한 신임을 얻지 못하면서도 그의 윗자리에 있으니 난감하지 않습니까? 서둘러 도모하지 않으면 반드시 난리를 만날 것입니다."

이렇게 이중으로 불씨를 던지자 얼마 지나지 않아 과연 불길이 일었다. 채나라 경대부들이 위협을 느끼고 조오를 쫓아내자 조오는 영문도 모르고 정나라로 망명했다. 이제 비무극은 왕에게 이 사실을 어떻게 보고할 것인가? 평왕은 조오가 정나라로 쫓겨났다는 소식을 듣고 분노했다.

"나는 오직 조오만 믿었기에 그를 채나라에 둔 것이다. 게다가 조오가 없었으면 오늘 내가 이 자리에 올 수 있었겠는가? 그대는 어찌하여 그를 쫓아냈는가?"

비무극은 전혀 당황하지 않았다.

"신이 어찌 조오를 싫어하겠습니까? 허나 일찍이 저는 그의 사람됨이 남다름을 알고 있었사옵니다. 그가 채나라에 있으면 채나라는 재빨리 비상할 것이옵니다. 제가 조오를 제거한 것은 그 날개를 끊어버리고자 한 것이었사옵니다."

비무극은 음모의 사전적인 의미를 가장 충실하게 이해했던 사람이었다. 그는 단순히 무함하는 것이 아니라 기승전결의 순서에 따라 사람들을 함정에 빠뜨리고 서서히 파멸로 몰았다. 그리고 불안한 왕은 파고들 틈이 많았다.

그렇다면 비무극은 조오를 제거하여 무엇을 얻으려 했을까? 채나라에서 조오를 제거하는 것은 전투를 앞두고 성을 허무는 것과 같은 행동이었다. 오나라가 서진하면 반드시 채나라와 식息의 군대를 동원해야 할 것인데, 채나라가 말을 듣지 않는다면 어떻게 될 것인가? 그러나 비무극은 여기서 그치지 않았다. 몇 해 후 그는 또 하나의 음모를 꾸몄다.

지난 1부에서 우리는 초 영왕이 비열한 수법으로 채후 영공靈公을 유혹하여 죽이고, 태자 은隱을 제사의 희생으로 썼다는 이야기를 했다. 초 평왕은 채나라 사람들의 도움으로 영왕을 죽이고는 약속대로 채나라를 부활시켰다. 부활한 채나라의 군주 평공은 죽은 영공의 동생이다. 평공이 죽자 아들인 태자 주朱가 군주가 되었다.

그러나 만약 나라가 망하지 않았다면 원래의 적통이던 태자 은의 아들 동국東國이 후사를 이었을 것이다. 그리하여 동국은 욕심을 내어 비무극에게 뇌물을 먹였고, 이에 비무극이 다시 유세에 나섰다. 채나라에서 조오를 제거한 지 겨우 몇 해가 지난 때였다. 이번에도 그는 왕을 팔아 채나라 대부들을 위협했다. 그는 자신이 초나라 군대를 마음대로 부릴 수 있는 양 행세했다.

"지금의 군주 주가 우리 초나라의 명을 받들지 않기에 군왕께서 장차 동국을 세우려 하고 있소이다. 만약 왕의 생각을 먼저 헤아려 행동하지 않으면 초나라 군대가 필시 채나라를 포위할 것이외다."

그러자 채나라 사람들이 두려워 떨면서 군주 주를 내쫓고 동국을 옹립했다. 채나라 군주가 초나라로 달아나 평왕에게 하소연하자, 영문을 모르는 평왕은 채나라의 쿠데타를 평정하기 위해 군대를 동원하려 했다. 비무극은 그제야 의뭉스레 나타나 이익으로 유세했다.

"평공이 우리 초나라의 말을 듣겠다고 맹서하기에 그를 세웠나이다. 그러나 그의 아들이 딴마음을 품고 있기에 그를 폐한 것입니다. 우리 선대 영왕이 저들 나라의 태자 은을 죽였으니 그 자식은 군주와 같은 마음으로 선대왕을 미워하고 있습니다. 군주의 은혜를 그렇게 많이 받은 이를 세우는 것도 괜찮지 않겠사옵니까? 또한 채나라 군주를 폐하든지 세우든지 모두 군주의 손에 달려 있습니다. 저들은 이렇다 저렇다 말하지 못할 것이옵니다."

평왕이 보기에, 정도에서는 약간 벗어났지만 사직의 안녕을 위한다면 이런 사술을 써도 될 듯했다. 또한 비무극이 알아서 한 일이 아닌가. 이렇게 해서 비무극은 세 치 혀로 한 나라의 군주를 갈아치웠다. 그의 혀는 야비하지만 쌉싸름한 맛이 있었다.

한편 채나라는 비록 약하지만 종주국 초나라가 이토록 전횡을 일삼자 치를 떨었다. 아직은 초나라가 힘이 있었으나 세상은 돌고 돈다.

2. 오자서, 칼을 품고 오나라로 떠나다

비무극이 자신의 재주를 그 정도까지만 보여줬다면 아마 드라마는 싱겁게 끝났을 것이다. 유감스럽게도 이 사나이는 자신의 재주를 아낄 마음이 전혀 없었다. 그는 언제나 자기에게 거슬리는 이를 먼저 제거한 후 필요한 이를 이용해서 욕망을 성취해나갔다. 이번에는 대대로 초나라의 명문 지위를 지키던 오伍씨 가문에 도전장을 내밀었다. 장왕의 용장 오삼伍參, 진-초 양강 체제를 구축한 명신 오거伍擧 등을 배출한 오씨 가문은 당시 초나라에서는 실력과 명망을 두루 갖춘 명문이었다. 비무극의 표적은 오거의 아들 오사伍奢였다.

초 평왕은 등극하기 전 영왕이 막 멸망시킨 채나라를 관장하는 채공의 자리에 있다가 영왕의 실정을 틈타 채나라의 군대를 이끌고 쿠데타에 성공하여 왕이 되었다. 평왕은 채나라 땅에 있을 때 태자 건建을 낳았다. 태자의 어머니는 채나라 격양郹陽의 변경을 지키는 군인[封人]의 딸이었다고 하니, 명문의 규수는 아니었다. 자연히 강대국 초나라의 태자 자리를 지키기에는 외가의 배경이 약했다. 그리하여 평왕은 오사를 건의 스승으로 삼고 비무극을 작은 스승[少師]으로 삼았으니, 오사와 비무극의 잘못된 만남은 이렇게 시작되었다.

태자는 애초에 비무극을 좋아하지 않았다. 그러자 비무극이 선수를 치고 나섰다.

"이제 태자를 결혼시켜야 할 때가 된 것 같습니다."

평왕도 그렇게 생각하고, 태자의 지위를 단단히 하기 위해 강국인 진秦나라의 공녀를 짝으로 맺어주기로 했다. 신부를 맞이하기 위해 사절을 보냈는데 비무극도 태자의 후견인 자격으로 참가했다. 그 진나라 공녀는 미인이었다. 비무극은 틈을 놓치지 않고 평왕을 부추겼다.

"진나라 공녀가 절색입니다. 왕께서 스스로 취하시고, 태자에게는 따로 부인을 찾아주어도 될 것 같습니다."•

평왕은 이 여인을 총애했다. 이로써 비무극이 활동할 무대가 펼쳐진 셈이었다. 비무극은 다시 왕을 부추겨 태자를 왕에게서 떨어뜨려 놓았다.

"진晉나라가 으뜸이 된 것은 중원의 여러 제후국[諸夏]에 인접해 있기 때문입니다. 그러나 우리 초나라는 편벽한 곳에 치우쳐 있어서 으뜸의 자리를 다툴 수 없습니다. 만약 성보城父에다 큰 성을 쌓아 그곳에 태자를 두어 북방과 통하게 하고 왕께서는 남방을 거두어들이면 천하를 얻을 수 있을 것이옵니다."

평왕은 좋아라 그 말을 따랐다. 그리하여 태자는 성보로 떠나 거대

• 지금의 대사는 《사기》 〈오자서열전〉에 나오는 구절이다. 앞으로 《좌전》에 나오는 구절은 따로 출처를 밝히지 않겠다. 다만 《좌전》은 사건들이 대단히 정확하게 기록되어 있으나 축약된 부분이 많다. 따라서 다른 사서로 보충해야 하는데, 《국어國語》나 《사기》는 다른 역사서와 내용이 충돌할 때만 출처를 표기하고, 많은 부분 생략하겠다. 나머지 인용문은 모두 출처를 표기하겠다.

한 성을 만들었다. 성보는 지금의 안휘성 박주 남쪽으로 초나라의 수도에서는 대단히 먼 거리에 있었다. 그 정도 공간상의 거리는 비무극이 어떤 일을 꾸미기에도 충분했다. 동시에 초나라는 오나라와의 각축장인 주래에도 성을 쌓았는데, 정치를 아는 이들은 하나같이 이를 한탄했다. 심윤沈尹 술戌이 단언했다.

"초나라는 반드시 패하리라. 예전 오나라가 주래를 멸망시켰을 때 영윤은 치자고 했으나 왕께서는 '나는 백성들을 아직 어루만져주지 못했다'고 하셨다. 지금이나 그때나 매한가지인데 주래에 성을 쌓아 오나라에 도전하니 패하지 않을 수 있겠는가?"

그러자 곁에서 모시는 자가 반문했다.

"왕께서는 은덕을 베풂에 게으르지 않았고 백성들을 5년간 쉬게 하셨습니다. 그러니 어루만져주었다고 할 수 있지 않습니까?"

심윤 술이 대답했다.

"나는 이렇게 들었네. 백성을 어루만진다는 것은 안으로 아끼고 밖으로는 덕을 확립하여, 안으로 백성들은 자기의 본성을 즐기고 밖으로는 적이 없는 것이라고. 허나 지금은 궁실을 끝없이 짓느라 백성들은 하루하루 두려움에 떨며 노역에 지쳐 죽어 뒹굴며, 자고 먹는 것도 잊고 있으니 실로 어루만졌다고 할 수 있겠는가?"

평왕이 비무극의 농간에 단단히 빠졌음에도 초나라가 무사하게 굴러간 이유는 그때까지 정치와 군무를 맡을 인재가 여전히 넘쳤기 때문이다. 그러나 비무극은 나라의 동량들을 끊어낼 방책을 가지고 있었다. 태자를 성보로 보내자마자 그의 입이 빨라졌다. 비무극은 다시 평왕을 찾았다.《사기》에 의하면 당시 그는 태자를 떠나 왕을 섬기고 있었다.

"태자 건과 오사가 장차 방성 밖의 세력을 이끌고 반란을 일으키려 하고 있사옵니다. 저들은 스스로 실력이 송나라 정나라와 버금간다고 생각하고는 제나라와 진晉나라의 도움을 받아 장차 우리 초나라를 해치려 하옵니다. 모의는 모두 꾸며졌나이다."

평왕은 이 말도 곧이들었다.《사기》에는 한 마디가 더 들어 있다.

"태자는 예전 진나라 공녀의 일로 원망하는 마음을 품고 있사옵니다. 왕께서는 스스로 대비를 하소서."

왕은 그래도 친아들의 일인지라 태자의 스승 오사를 불러 확인했다. 입바른 오사는 직설적으로 왕을 꾸짖었다.

"군주께서 지난번 진나라 공녀를 태자 대신 취한 과실도 작지 않사옵니다. 어찌 또 참언을 믿으시옵니까?"

그러나 일단 달콤한 말에 길들여진 사람은 이런 입바른 말을 용납하기가 어려웠을 것이다. 왕은 기어이 비무극의 말을 믿고 오사를 체포했다. 그러고는 성보 땅의 사마 분양奮揚에게 명을 내려 태자를 죽이라고 했다. 심문의 과정도 없이 아버지가 아들을 죽이게 할 정도로 비무극의 말은 힘이 있었다.

그러나 분양은 태자 건에게 사람을 보내 먼저 달아나게 했다. 건은 황망 중에 가까운 송나라로 달아났다. 분양은 지사志士였다. 그는 평왕이 책임을 물어 소환하자 스스로 체포되어 도읍으로 돌아왔다. 태자를 놓친 것에 화가 난 평왕이 분양을 심문했다.

"내 입에서 나간 말이 곧장 자네 귀로 들어갔다. 이 일을 아는 이는 아무도 없는데 도대체 누가 태자에게 고했는가?"

분양은 거침이 없었다.

"신이 알렸사옵니다. 군왕께서는 제게 '건을 섬기기를 과인을 섬기듯 하라' 명하셨습니다. 신은 아둔한 탓에 구차하게 딴생각은 하지 못하고, (섬기라는) 첫 번째 명령만 수행하고 돌아왔고, (죽이라는) 두 번째 명령은 차마 행하지 못하였나이다. 그래서 태자를 보냈나이다. 이미 후회했으나 어쩔 수 없었나이다."

"감히 그러고도 내 앞에 나타나다니, 대체 어쩌자는 것인가?"

"잡으라는 명을 받고도 실행하지 못하였는데, 이제 또 오라는 명도 받들지 않는다면 두 번 명을 어기는 것이 되옵니다. 그리고 도망간들 받아줄 곳이 있겠사옵니까?"

평왕은 이 강직한 사나이 앞에서 약간의 이성을 찾았다.

"돌아가라. 다른 날처럼 정사를 돌보라."

하지만 비무극은 오사의 아들들이 두려웠다. 그는 오씨 집안의 뿌리를 없앨 요량으로 다시 왕에게 고했다.

"오사의 아들들은 재주가 뛰어납니다. 만약 저들이 오나라로 달아난다면 반드시 우리 초나라의 우환이 될 것입니다. 오면 아비를 용서해준다는 구실로 저들을 부르시지요. 그들은 효성스러우니 반드시 올 것입니다. 안 그러면 장차 걱정거리가 될 것이옵니다."

왕은 또다시 그 말을 채택해 사람을 보냈다.

"그대들이 온다면 아비를 석방해주리라. 만약 오지 않으면 내가 아비를 죽이리라."

소식을 들은 자식들을 참담했다. 오사에게는 상尙과 원員 두 아들이 있었는데, 원의 자는 자서子胥였다.《사기》에는 형 상이 왕에게 가려고 하자 오자서가 먼저 이렇게 형을 말렸다고 기록되어 있다.

"저들이 우리 형제를 부르는 것은 아버지를 풀어주려는 까닭이 아니라 우리 중에 달아난 사람이 있으면 후환이 될까 두렵기 때문입니다. 그래서 아버지를 인질로 잡고 우리 형제를 속이는 것입니다. 우리 둘이 가면 삼부자가 모두 죽임을 당할 것인데, 아버지의 생명에 무슨 도움이 되겠습니까? 가면 원수를 갚을 수 없습니다. 다른 나라로 달아나 힘을 빌려 아버지의 치욕을 갚는 것이 낫습니다. 모두 죽으면 아무것도 할 수 없습니다."

그러자 형이 타일렀다.•

"원(자서)아, 너는 오나라로 달아나라. 나는 아버님께 돌아가 죽으리라. 나의 지혜는 너에게 미치지 못한다. 나는 죽을 수 있고 너는 복수할 수 있으리라. 아버지를 풀어준다는 말을 듣고 당장 달려가지 않을 수도 없고, 어버이가 도륙을 당하는데 되갚지 않을 수도 없다. 사지로 달려가 아버지를 석방시킴은 효孝이고, 공을 이룰 수 있을지를 헤아려 일을 행하는 것은 인仁이며, 할 일을 가려서 나아가는 것은 지知이며, 죽을 줄 알고도 피하지 않는 것은 용勇이다. 아버지는 버릴 수 없고 명예도 포기할 수 없다. 원아, 너는 앞으로 노력해야 한다."

• 《좌전》에는 오자서의 말은 없고 오상의 이 대답만 남아 있다.

이 짧은 기사 속에서 춘추시대와 전국시대의 서늘한 대비가 느껴진다. 오상이 춘추형 인간이라면 오자서는 전국형 인간이다. 춘추시대 말기의 인간이 전국시대 초기의 인간에게 당부하는 것이다. 상대가 누구든 갚을 것은 갚아야 한다. 그것이 전국시대의 법칙이다.

아들 자서가 달아났다는 이야기를 듣고 그 아버지가 말했다.

"앞으로 초나라 군주와 대부들은 해가 진 후에나 밥을 먹을 수 있으리라."

전쟁터에서 허덕이다 밤에나 밥을 먹을 것이라는 저주였다. 그리고 오사와 오상 부자를 기다리는 것은 역시 죽음이었다.

아버지와 형을 잃은 오자서는 오나라 땅으로 달렸다.• 《사기》에는 오나라 땅으로 들어가기 직전 오자서의 초라한 행색을 다음과 같이 묘사하고 있다.

> 오자서가 초·오 국경인 소관昭關을 지나 추격자에게 쫓기며 강(아마도 장강長江)에 도착하자 한 어부가 배에 타고 있었다. 어부는 그의 급한 사정을 알고는 태워서 남안으로 보내주었다. 남안은 오나라 땅이었다. 오자서가 강을 건너고는 고마운 마음에 차고 있던 검을 끌러서 내

• 후대의 사서인 《사기》나 《오월춘추》 같은 반半역사·반半소설 식의 기록들은 오자서가 태자 건이 망명한 송나라로 갔다가 다시 그를 따라 정나라·진나라를 주유하던 중, 태자 건이 간첩사건에 휘말려 정나라에서 죽자 마침내 오나라로 망명했다고 적고 있다. 그러나 더 이른 시기에 쓰인 사서인 《좌전》에는 오상이 오자서에게 오나라로 달아나라고 부탁했기에 오자서가 바로 오나라로 달아났다고 기록되어 있다. 춘추시기의 사건들은 《좌전》의 기록이 가장 일관성이 있고 정확하지만 두 이야기 모두 개연성은 있다. 여하튼 오자서의 마지막 목적지는 오나라였다.

주었다.

"이 검은 백금의 값어치가 있습니다. 어른께 드립니다."

그러자 어부는 이렇게 대답하며 받지 않았다.

"초나라 법에, 오자서를 잡으면 곡식 5만 석에 집규執珪의 작위를 내린다고 하오. 어찌 겨우 백금의 검을 얻으려 하겠소."

오자서는 오나라에 도착하기 전에 병에 걸려서 중도에 멈추고는 밥을 빌어먹기도 했다. 마침내 그가 오나라에 도착했을 때는 바야흐로 오나라 왕 요僚가 초나라를 상대로 거병을 준비하고 있었다.

이렇게 초나라의 긍지 있는 사나이 한 명이 원한을 품고 오나라로 망명했다. 아버지와 형은 이미 죽었고, 그때는 초나라로 복귀할 끈이 되어줄 태자 건도 타국에서 이미 죽은 후였다.

이제는 제힘으로 복수를 할 수밖에 없었다. 오나라에서 그는 자신의 복수를 실현해줄 조력자를 찾았다. 그가 다름 아닌 훗날 오나라 왕 합려闔閭라는 이름을 얻게 되는 야심가 공자 광光이었다.

비무극의 혀는 이렇게 방패에 구멍을 내면서 초나라의 명검을 오나라로 보내고 말았다. 앞으로도 그의 세치 혀에 쓰러질 초나라 인재들은 무수히 남아 있다. 그리고 오자서의 복수에 거꾸러질 이들도 무수히 남아 있다.

제3장

뱃속에 칼을 숨긴 남자, 공자 광

• • •

오나라 공자 광은 격렬한 사나이였다. 그는 불만에 가득 차 있었으나 참고 있었다. 자신은 세상을 뒤흔들 인물임에도 운명의 장난으로 인해 뒤로 밀렸다는 응어리를 품고 있었다. 그는 자신이 나라를 맡으면 오가 당장 진나라나 초나라와 같이 강한 나라가 될 수 있다는 확신을 품고 있었다. 그러나 그는 왕이 되지 못했기에 그 응어리를 전쟁터에서 풀 수밖에 없었다.

또한 그는 명쾌한 사나이였다. 이리저리 얽힌 실타래를 하나하나 풀 사람이 아니었다. 허리에서 검을 뽑아 단번에 잘라버릴 단호한 사람이었다. 그리고 이유 없이 잘려나간 실 한 올 한 올을 뒤돌아보지 않을 정도의 충분한 잔인함도 갖추고 있었다

1. 오나라 왕위 계승 잔혹사

오나라의 왕가는 북방에서 유입된 것으로 보인다. 그들의 선조는 주나라 태왕 고공단보古公亶父의 맏아들 태백太白이었다고 한다. 그러나 그들은 그야말로 한 줌의 이주 세력에 불과해서 당장 남방의 토착민인 월족越族에 동화되기 시작한다. 그렇게 그들은 '오랑캐'가 되었고 중원에서는 거의 잊혀갔다.

그러나 수몽壽夢(재위 기원전 585년~기원전 565년)이 군주의 자리를 잇더니 점점 세력을 키우고는 스스로를 왕이라 칭했다. 물론 오나라가 강해진 것은 초나라의 동진에 대항하기 위해 그들 스스로 무장을 한 데다, 진晉나라가 초나라를 견제하기 위해 그들을 적극 지원했기 때문이다.

수몽은 자기가 부흥시킨 오나라의 미래는 뛰어난 군주에게 달려 있다고 생각했다. 그에게는 네 아들이 있었는데 첫째는 제번諸樊, 둘째는 여제餘祭, 셋째는 여매餘昧, 넷째는 계찰季札이다. 그는 계찰이 가장 현명하다고 생각해서 그에게 자리를 넘겨주려 했다. 그러나 계찰은 현자賢者요 인자仁者였기에 혼란한 오나라의 왕이 될 마음이 전혀 없었다. 그래서 결국 왕위는 맏이인 제번에게 돌아갔다. 탈상을 하고 나서 제번이 계찰에게 자리를 넘겨주려 하자 계찰은 극구 사양했다.

"조曹나라 선공宣公이 죽었을 때, 제후들과 조나라 사람들은 모두 새 군주(성공成公)가 의롭지 못하다고 여겨 공자 장臧을 세우고자 하였으나 장은 이를 고사하고 조나라를 떠나서 군위를 안정시켰나이다. 군자가 이를 두고 '그는 능히 절의를 지킬 수 있었다'고 했나이다. 군주께서는 의당 받으실 자리를 받으신 것인데 누가 감히 군주를 어찌할 것입니까? 나라를 차지하는 것은 저의 절개에 어긋나는 일입니다. 저 계찰은 비록 무능하나 공자 장의 절개를 따르고 싶사옵니다."

계찰은 표리부동한 인물이 아니었기에 기어이 왕위를 사양했고 결국 제번이 왕위에 올랐다. 그러나 제번은 소巢 땅을 점령할 당시 성급하게 성안으로 진입하다 저격을 받아 숨졌다.

당시 오나라는 아직 적장자 상속의 전통을 확립하지 못했다. 보통 권력의 형성 과정을 보면 왕조 초기에는 형제 상속을 선호하다가 왕권이 안정된 후 적장자 상속으로 이행한다. 그는 동생 여제에게 왕권을 물려준다는 유언을 하고 죽었다. 결국 형제끼리 계승하여 계찰까지 왕위가 이어지게 하려는 생각이었는지도 모른다.

여제의 운명은 형보다 더 기구했다. 여제는 월나라 포로의 다리를 끊어 배를 지키는 사람으로 쓰고 있었다. 포로에게 신체형을 가한 후 노예로 만들어 주인을 지키게 하는 전통은 상나라 때부터 흔히 보이던 것이었으나 이것이 화근이었다. 그 절름발이 사내가 배를 지키고 있을 때 여제가 배를 보러 다가오자, 사내는 오나라 왕을 향해 분노의 칼을 내리쳤다. 그것으로 여제의 삶은 끝이었다.

그다음 왕위는 역시 동생인 여매가 차지했다. 결국 왕위가 계찰까지 이어지게 하려는 의도가 엿보인다. 그리고 여매는 왕좌에 오래 있지 못하고 죽었다.

이제 왕위는 누가 차지할 것인가? 계찰은 다시 거절했다. 그는 실제로 왕위가 탐탁지 않았다. 그는 중원의 여러 명사들과 교유가 깊었다. 제나라 안영晏嬰과 정나라 자산子產은 물론 진晉나라의 여러 경들까지 그의 인품을 흠모했다. 특히 진나라로 망명한 초나라 사람 굴무屈巫(신공 무신)의 아들로서, 다시 오나라로 파견되어 오나라의 부흥을 추동했던 굴호용屈狐庸은 "계찰은 절개를 지킬 사람이니[季子守節者也] 비록 나라를 얻더라도 왕이 되지는 않을 것이다"라고 평가했다. 《오월춘추》는 계찰이 왕위를 고사한 후 이렇게 독백했다고 전한다.

> 나에게 부귀란 지나가는 가을바람과 같은 것일 뿐.
>
> 〔富貴之於我, 如秋風之過耳〕

계찰이 왕위를 거부한다면 누가 다음 왕으로 적당한가? 그때 오나라 사람들이 선택한 이는 여매의 아들 요僚였다.

광은 이 처사에 분통이 터졌다. 그는 맏이인 제번의 아들이었다. 장자상속을 따랐더라면 왕위는 당연히 제번에서 자기로 넘어왔을 것이다. 그러나 여기까지는 참고 인정할 수 있었다. 숙부 계찰이 왕위를 고사한 마당에 왜 이제야 장자상속 원칙을 내세우는가? 진정한 수몽의 장손은 광 자신이 아닌가? 그는 숙부가 왕위를 고사하리라는 것은 진작에 알고 있었다.

그는 이 처사를 도저히 받아들일 수 없었다. '왕위는 물론 숙부 계자(계찰)에게 전해져야 한다. 그러나 숙부가 받지 않으니, 장자이신 아버지의 아들인 내가 받아야 할 것이 아닌가?' 그는 몰래 실력 있는 사인들을 모아들였다. 그중에는 초나라에서 망명한 오자서도 있었다.

2. 전장에서 뼈가 굵은 남자

수몽의 장손이었으니 물론 광이 사촌들 사이에서 나이가 가장 많았을 것이다. 또한 그는 전장에서 능력을 발휘해 항상 대對 초나라 전선에 앞장섰다. 오나라와 초나라의 싸움은 수전이 많았다. 오나라 쪽에서는 물을 거슬러 올라가기 때문에 습격하기가 좋았다. 몰래 물을 거슬러 올라가서 치고 물살을 타고 빠져 달아나면 그만이었다. 초나라 쪽에서는 전투가 벌어졌을 때 물살을 타고 기세를 잡기는 좋았다. 그러나 패배하면 물살을 거슬러 달아나기가 무척 힘들었다. 그래서 초나라는 비교적 규모가 큰 회전을 선호했고 오나라는 기습전을 구사했다.

수몽 이래 오나라와 초나라는 완전히 원수지간이 되었는데, 장강 하류의 충적평야 지대는 양자 모두 포기할 수 없었기 때문이다. 이제 전선은 지략이 출중한 공자 광이 담당했다.

기원전 524년에 오나라의 새 군주 요가 실력 행사에 들어갔다. 오나라의 함대는 장강을 거슬러 올라갔고, 첩보를 받은 초나라 신임 영윤 양개陽匄는 고민에 빠졌다. 과연 맞서 싸워야 할 것인가? 결국 결정하지 못하고 점을 쳤다. 점의 결과는 불길했다. 그러자 사마 자어子魚가 나섰다.

"우리가 상류를 점하고 있는데 무슨 까닭에 불길하다는 것입니까? 또 우리 초나라는 예부터 사마가 거북등 점을 쳤습니다. 제가 다시 점을 쳐보겠습니다."

초나라와 오나라는 원수지간이요, 초나라의 사마는 나라 안에서 가장 호걸스러운 이다. 그는 거북등에서 축원했다.

"저 방魴(사마 자어)이 선봉 부대를 이끌고 나가 죽더라도, 본대가 나를 따라 치면 오히려 오나라 군을 대파할 수 있으리라."

과연 결과는 길하게 나왔다. 장강이 대별산을 빠져나가 동북으로 올라가는 장안長岸에서 양군은 격돌했다. 사마 자어는 선봉대를 이끌고 오나라 군을 들이치고 전사했고, 그 뒤를 이어 본대가 들이닥쳤다. 과연 점친 대로 초나라 군은 대승을 거뒀고 오나라 선대왕들이 타던 큰 누각이 있는 배[乘舟] 여황餘皇까지 빼앗았다.

초나라 군은 연합군으로 참여한 수隨나라 사람들과 후발대에게 이 배를 지키도록 했다. 이 배 주위로 참호를 파서 물을 채우고, 강에서 배로 통하는 길에는 숯을 가득 채웠다. 육지로도 물길로도 이 배 주위로 적이 들어오지 못하게 하겠다는 심사였다. 그만큼 그 배가 갖고 있는 상징적인 의미는 컸다.

오나라의 공자 광은 안달이 났다. 할아버지의 배를 잃고 귀국한다면 그 죄를 받아야 할 것이고, 그렇게 여론을 잃는다면 장차 야심을 실현하기도 어려울 것이다. 그는 용기를 발휘해 좌중에게 유세했다.

"선왕의 배를 잃어버렸습니다. 이것이 어찌 저 광 혼자의 죄이겠습니까? 여러분도 죄에 걸릴 것입니다. 여러분의 도움을 받아 배를 되찾고 죽음을 면하고자 합니다."

그러자 좌중이 모두 수긍했다. 그는 기발한 꾀를 생각해내고는 초나라 사람처럼 머리가 긴 사람 세 명을 선발했다.• 그리고 그들에게 여황 근처로 잠복해 들어가라 명하고는 다음과 같은 다짐을 내렸다.

"내가 '여황' 하면 너희는 즉시 '네' 하고 대답하라."

이들은 몰래 여황 주위 삼면으로 침입했다. 야밤에 광은 군사를 이끌고 가서 외쳤다.

"여황!"

그러자 한쪽에서 "네" 하는 소리가 터져나왔다.

• 《사기》 〈오태백세가〉에 태백이 오나라 땅으로 달아나 '몸에 문신을 하고 머리를 잘랐다[文身斷髮]'는 기사가 나온다. 아마도 오나라 땅 사람들은 몸에 문신을 하고 머리를 잘랐던 모양이다. 물을 친하게 대하는 사람들은 교룡을 두렵게 하기 위해 문신을 한다는 설도 있고, 아마도 오나라가 더운 지방이어서 머리를 잘랐을 듯싶다.

배를 지키던 장병들이 응당 그쪽으로 몰렸다. 그때 광이 또 외쳤다.

"여황!"

"네!"

병사들은 또 그쪽으로 몰렸다.

이렇게 초나라 수위들 사이에 심어놓은 오나라 침입자들이 삼면으로 달아나자 초나라 군은 이들을 쫓느라 삼면으로 흩어졌다. 그때 광의 군사들이 갑자기 들이쳐 이들을 격파했다. 광은 여기서 성동격서聲東擊西식 유격전술을 선보였다. 그렇게 기어이 빼앗긴 배를 되찾은 것만 봐도 그의 수완이 만만치 않다는 것을 알 수 있다.

3. 이긴다면 어떤 수단도 가리지 않는다

오자서는 오나라에 도착하자 바로 왕 요를 찾았다. 철천지원수를 갚으러 사지를 뚫고 온 그였다.

"지금 초나라를 공격하면 이길 수 있습니다."

그러자 광이 나섰다.

"저이는 제 아버지와 형이 살육당한 일을 앙갚음하려고 저러는 것이옵니다. 저 말을 따라서는 안 됩니다."

오자서가 얼핏 봐도 공자 광은 야심가가 분명했다. 그런데 능청스럽게 싸움을 멀리하는 이유는 무엇일까? 싸움꾼이 초나라의 사정을 잘 아는 오자서의 말을 듣지 않는 까닭은 또 무엇일까? 오자서는 이 일로 공자 광의 본심을 파악했다.

'아! 광이 야심을 숨기고 있구나.'

이렇게 빼앗긴 왕위를 되찾기 위해 절치부심하던 야심가와 복수의 집념에 불타는 오자서가 처음 마주했다. 하지만 이 두 사람의 진짜 운명은 아직 시작되지 않았다. 오자서는 일단 전야로 물러나면서 대신 전설제鱄設諸•라는 사나이를 광에게 소개해주었다.

과연 광은 국가의 이익을 위해 전쟁을 참았던 것일까?

주래를 둘러싼 오-초의 격돌은 끝을 알 수 없었다. 오자서를 만나고 3년, 다시 광이 군대를 이끌고 주래 공략에 나섰다. 초나라 측에서는 사마 위월薳越이 반격에 나섰다. 그는 돈頓, 호胡, 심沈, 채, 진陳, 허許 등 초나라 연합군을 망라하여 오나라 군을 맞이했다. 그런데 마침 영윤 양개가 운명하면서 초나라 군의 사기가 크게 떨어졌다. 엄청난 규모의 전투였기 때문에 오나라 왕 요도 참전하고 있었다. 그때 공자 광이 나섰다.

"지금 초나라를 따라온 제후국은 많사오나 모두 작은 나라들입니다. 그들은 싸우기는 싫으나 초나라가 두려워서 어쩔 수 없이 따라왔을 뿐입니다. 저는 이렇게 들었습니다. '작전을 함에 위엄이 친애함을 넘어서면[威克其愛] 비록 세력이 작더라도 이길 수 있다'고 말입니다. 호와 심의 군주는 어려서 경망스럽고, 진陳의 대부 설齧은 기운은 좋으나 완고합니다. 돈·허·채 세 나라는 초나라의 정치를 싫어하는 데다 초나라

• 《사기》에는 전제專諸라고 되어 있다.

는 영윤이 죽어 군사들의 사기가 땅에 떨어져 있습니다. 일곱 나라가 함께 전투에 나섰으나 그 마음이 모두 다르고, 대장의 계급은 낮고 왕의 총애를 받는 이들은 많아서 정령政令이 통일되어 있지 않으니 명이 서질 않고 있습니다. 그러니 지금 싸우면 초나라 군을 이길 수 있습니다. 부대를 나누어 먼저 호·심·진의 군대를 치면 반드시 달아날 것입니다. 저 세 나라의 군대가 패하면 제후군의 군심이 동요할 것이고, 제후군이 혼란에 빠지면 초나라 군도 크게 흔들려 달아날 것입니다. 먼저 선두 부대의 장비를 제거하여 저들이 깔보게 한 다음 후위 부대가 전열을 정비하여 들이치도록 하소서."

도대체 광은 무슨 생각을 했던 것일까? 이렇게 싸움의 뚜껑이 열렸고, 연합군의 좌익을 맡았을 호·심·진의 부대는 멀리서 오나라 군이 육박하는 것을 보고는 경악하고 말았다. 갑옷도 창도 갖추지 않은 선두 3000명이 무턱대고 싸움을 하려고 나선 듯이 보였던 것이다. 저런 듣도 보도 못 한 오합지졸이 오나라 군의 선봉인가 의아해할 만도 했지만, 연합군은 너무나 헐거운 상대를 향해 좋아라 달려들었다. 그러자 오나라의 기이한 선봉 부대는 바로 공황상태에 빠졌다. 어떤 사람들은 앞으로 나아가지 못하고 그 자리에서 멈추어 섰고, 어떤 사람들은 뒤로 달아나 도망쳤다. 그러다 보니 연합군은 이들을 쫓다가 전열이 흐트러지고 말았다.

그때 갑자기 뒤에서 오나라의 정규 부대가 들이쳤다. 중군은 왕이 지휘하고, 우군은 광이, 좌군은 엄여掩餘가 몰아쳤다. 왕과 공자들이 선두에서 이끄는 사기충천한 부대였다. 과연 호와 심의 군주는 전쟁터에서 죽었고, 진의 대부 설은 사로잡혔다. 오나라 군은 사로잡은 호와 심의 포로들을 일부러 놓아주었다. 그러고는 그들이 허·채·돈 군대의 진영으로 가서 "우리 군주께서 돌아가셨다"고 떠들어대게 하고는 그 뒤를 슬그머니 쫓아가서 다시 쳤다.

그러자 이 3국의 군대도 흩어져 달아나고 말았다. 좌우가 다 떨어져 나가자 중군을 맡고 있던 초나라 군도 대항하지 못하고 일대 혼란에 빠져 달아나고 말았다. 이렇게 모든 위성국을 거느린 전투에서 패하자 남방에서 패권을 행사하던 초나라의 위세는 땅에 떨어졌다. 이 전투가 이른바 오-초 종리鐘離 대전이다.

그렇다면 오나라 선두에서 아무 장비도 없이 '칼받이'가 되었던 사람들은 누구인가? 《좌전》에는 '죄인 3000명[罪人三千]', '오나라의 죄인[吳之罪人]'이라고 못박아놓았다. 선두에서 적의 칼받이로 쓰인 사람들은 주래 근처에 밀집해서 생활하던 사람들로서 초나라 편을 들었다가 포로가 된 사람들이었을 것이다.* 그들이 죄수든 포로든 간에 어떻게 무려 3000명이나 되는 사람들을 칼받이로 쓸 수 있었을까? 《좌전》에

• 《한서》 〈지리지〉에 의하면 춘추 말기 오나라의 본거지였던 회계군의 기원 전후 인구는 130만 명에 불과했다. 회계군에는 춘추시기 오나라뿐만 아니라 월나라도 포함되므로 오나라 땅의 인구는 그보다 훨씬 적었을 것이다. 대체로 오나라 본거지의 인구를 약 50만 명으로 보고 장정을 그 반 이하라고 보면 20만 명 정도가 되는데, 그중에 3000명이 죄수라면 그 나라의 정치는 심각한 문제가 있는 것이다. 아무래도 그럴 가능성은 희박하다. 그렇다면 《좌전》의 기록이 틀렸을까? 물론 그럴 가능성도 있지만, 이들은 주래 근처에 매우 밀집해서 생활하던 사람들로서 초나라 편을 들었다가 포로가 된 사람들이라고 보는 것이 상식적일 것 같다.
역시 《한서》 〈지리지〉의 기록에 춘추시대의 주래를 포함하는 구강군九江郡의 인구는 80만 명가량으로 나와 있다. 아무리 그렇다고 해도 만약 진晉나라나 초나라가 수백, 수천 명의 포로를 칼받이로 썼다면 격렬한 비판을 받고 패자의 지위를 내려놓았을 것이다.

서 죄수 3000명을 기록한 것은 '춘추필법'의 기준으로 오나라의 처사를 비난하기 위한 것이다.

앞으로 우리는 오-월의 다툼 속에서 이런 자해전술을 다시 보게 될 것이다. 이러한 싸움의 양상은 이전의 춘추시대 전쟁터에서는 볼 수 없는 잔혹함을 띠며, 더 이상 전쟁터에서는 제 환공, 진 문공, 초 장왕이 보여준 의리나 명분을 찾아볼 수 없게 되었다. 상대를 제압하기 위해서 칼받이로 사람을 쓰는 시대가 시작된 것이다.

이제 전국戰國의 문이 사실상 열렸다. 그 문을 처음 연 나라가 바로 남방의 '만이'인 오나라다. 이렇게 오나라 공자 광은 목적 달성을 위해서라면 어떤 수단도 쓸 준비가 된 사람이었다.

한편 죽은 초나라 태자 건의 생모는 여전이 격鄓 땅에 살고 있었는데, 이번 싸움에서 오나라 군대의 길잡이 역할을 했던 모양이다. 그녀는 초나라를 아들을 죽인 원수라고 생각했을 것이다. 서서히 겨울이 다가오자 오나라 군은 물러나면서 건의 생모를 모시고 갔다. 초의 사마 위월은 아연실색했다. 그는 곧장 오나라 군을 추적했으나 따라잡지 못했다. 그는 싸움에 지고 군주의 부인을 잃은 책임을 들어 자결하려 했다. 그러자 좌우에서 말리면서 간청했다.

"곧장 오나라 땅까지 들이쳐서 구해 오시지요."

그러나 사마 위월은 그런 요행을 바랄 용렬한 사람이 아니었다.

"싸워서 다시 군주의 군대를 패하게 만든다면 죽어도 죄가 남는다. 군주의 부인을 잃었으니 죽음을 피할 도리가 없다."

그리고 기어이 자결했으니, 이렇게 초나라의 영걸 하나가 또 갔다.

하지만 앞으로 광의 손에 떨어질 초나라 인재들의 이름은 여전히 많이 남아 있었다.

제4장

춘추시대 쇠망의 징후

이렇게 남방에서 오나라가 초나라를 대파할 때 중원에서는 무슨 일이 벌어졌을까? 초나라가 강할 때 진晉나라는 오나라를 이용해서 초나라를 치는 전략을 취했다. 그러나 이제 오나라가 초나라를 압도하면서 새로운 걱정거리가 되었다. 진나라 동남방의 제후국들이 초나라보다 오나라에 더 큰 두려움을 느끼는 데다, 새로 등장한 오나라가 초나라보다 훨씬 야만스러워서 다루기 어렵다는 사실이 드러났기 때문이다.

그러나 진나라는 이렇다 할 행동을 취하지 않았다. 일단 오-초의 대결은 자신들에게 바로 영향을 주지 않기에 사태의 추이를 관망할 여유가 있었다. 또한 진나라의 정권을 쥐고 있던 6경들 사이의 경쟁이 나날이 격화되어 일촉즉발의 상황까지 전개되자 남의 나라 일에 관여할 겨를이 없었다. 이제 6경의 세력은 공실을 압도하여 여차하면 나라가 쪼개질 지경에 이르렀다.

이렇게 중원에서 벌어지는 국제 문제를 조절하는 진나라의 능력이 한계에 다다르자 동시다발적으로 문제가 터져나왔다. 종주국 주나라 왕실의 난맥상이 목불인견의 지경에 이른 데다, 진·오·제·초 네 강국의 꼭 중간에 낀 송宋나라에서 내란이 일어났다. 더 큰 문제는 송나라에서 내란을 일으킨 세력들이 각기 오·제·초의 군대를 끌어들이면서 나라를 국제적인 전쟁터로 바꾸어놓았다는 것이다.

하지만 이 상황에서 진나라는 패자로서 어떠한 권위도 세우지 못했다. 당시 진나라는 지금까지 패권체제의 이념적인 버팀목이 되어준 종주국 주나라의 난맥상과, 대대로 국제관계를 처리하는 데 친진親晉의 입장을 고수했던 송나라의 내란을 한꺼번에 맞아 당황해하고 있었다. 그 사이에 오나라는 아무런 제어도 받지 않고 초나라와 격렬한 싸움을 벌였던 것이다.

1. 송나라의 내란

오-초 종리 대전이 벌어지기 직전 중원의 주축국 중 하나인 송宋나라에서 내란이 벌어졌는데, 이는 주 왕실의 문제가 곪아 내란으로 이행되는 시기와도 거의 일치한다. 진나라에게 송나라는 국제관계를 조정하는 지렛대 역할을 하는 나라였다. 게다가 송나라는 맹주를 가장 잘 섬기는 나라이기도 했다.

송나라의 화씨華氏, 상씨向氏 집안은 마치 진나라의 조씨나 지씨 집안과 같은 권문세가였다. 경대부의 세력이 커지면서 군주권을 위협하여 권문들이 군주와 부딪히는 일은 중원의 봉건국가들에서 공통으로 나타나는 현상으로, 송나라도 예외가 아니었다. 송나라 원공은 신의가 없고 사적으로 챙기는 일이 많았다[無信多私] 하고, 특히 화씨와 상씨를 미워했다고 한다. 그가 어떤 인물인지는 정확히 알 수 없으나 권문세족들을 제거하고 싶었던 마음은 굴뚝같았던 것 같다.

그래서 궁지에 몰린 화정華定과 상녕向寧 등이 서로 모여 선수를 치기로 모의했다. 그들은 송 원공의 여러 공자를 유인해서 인질로 잡고는 그중 몇몇을 죽였다. 그러고는 자기 친척 중에도 반란에 가담하지 않는 이들을 구금하고 반란을 독려했다. 원공도 마찬가지로 화정, 상녕의 아들들을 잡아서 인질로 삼아 협상을 하고자 했다.

원공은 아들들을 돌려달라고 애원해보다가 지리한 줄다리기 끝에 분을 이기지 못하고 화씨, 상씨네와 일전을 벌이기로 결정했다. 그래서 먼저 화씨와 상씨의 아들들을 죽이고 그들을 공격하여 이기니 그들은 모두 진陳나라로 달아났고, 사마 화비수華費遂의 아들 화등華登은 오나라로 달아났다.

이렇게 난리가 미봉되는가 싶더니 화씨 가문에서 또 분란이 일어났다. 화비수는 3형제를 두었는데, 화추華貙와 화다료華多僚 외에 오로 망명한 화등이 있었다. 화다료와 화추는 서로 미워하는 사이였는데 동생이 형을 모함했다.

"추가 장차 망명한 사람들을 불러들이려 합니다."

원공은 처음에는 믿지 않았으나 화다료가 계속 무함하자 심증을 굳히고 화추를 추방했다. 싸움은 거기에서 끝나지 않았다. 이번에는 분노한 화추의 가신들이 화다료를 죽였을 뿐만 아니라 망명한 화씨와 상씨까지 불러들인 것이다. 결국 반란을 일으킨 화씨와 군주를 옹호하는 여러 세력이 서로 맞서 내전을 벌이는 형국이 되었다. 그때 오나라에 망명했던 화등도 오나라 군대를 이끌고 화씨를 지원하기 위해 귀국했다. 이에 송나라 군주가 제나라에 구원을 청하자 제나라 장수 오지명烏枝鳴이 송나라 도읍으로 들어와 성곽을 지켰다.

이렇게 송나라의 내란은 제나라와 오나라가 가담하는 국제적인 분쟁으로 발전했다. 오나라 입장에서는 초나라와 주래를 두고 서로 싸우고 있었기 때문에 송나라에 영향력을 확대하는 것이 긴요했고, 제 경공은 진나라를 대신해서 패권을 잡을 생각에 골몰하고 있었기 때문에 송나라를 지원했다. 송나라의 정책을 남방지향으로 바꾸고 싶어 하는 남방의 나라들은 계산 끝에 반란자를 지원했고, 패자를 지향하는 제나라는 역시 군주 측을 지원했다. 당시 패자인 진나라는 마땅히 군주 편을 지원해야 했지만 잠시 그 역할을 제나라에 맡겼다.

오지명은 비록 작은 부대를 이끌고 있었지만 투지가 대단한 자로서, 적은 수의 군대로 오나라 군대를 먼저 습격해서 1차 승리를 거뒀다. 그러나 화씨의 가군과 오나라 군의 수가 훨씬 많아서 원공은 나라 밖으로 도망갈 생각을 했다.

그러자 송나라 주廚 사람 복濮이 군주를 말렸다.

"저희 소인들은 싸워 죽을 수는 있으나 망명하는 군주를 전송할 수는 없사옵니다. 군주께서는 기다려주소서."

그러고는 진중을 돌며 소리쳤다.

"깃발을 흔드는 자는 군주의 편이다."

그러자 군중이 깃발을 흔들었다. 원공도 이 모습을 보고는 진중을 돌며 연설했다.

"나라가 망하고 임금이 죽는다면, 이는 역시 여러분 대부들의 치욕이지 어찌 나 혼자만의 치욕이겠소이까?"

제나라 오지명은 더 극단적인 방안을 내놓았다.

"적은 병력으로 싸움을 할 때는 모두 죽음을 무릅쓰는 수밖에 없습니다. 모두 죽는다는 생각으로 싸우려면 무거운 장비는 다 버리는 것이 낫습니다. 저들은 병력이 많사옵니다. 우리는 모두 검만 가지고 싸우고자 합니다."

그래서 송-제 연합군은 모든 장비를 버리고 칼만 뽑아 들고 달려들었다. 싸움은 기선이 중요한데, 화씨 가군과 오나라 군은 상대의 무시무시한 전의에 그만 질리고 말았다. 결국 기싸움에서 밀린 그들은 달아났다. 용사 복이 수급 하나를 들고 "화등의 목을 베었다"고 소리치며 군중을 돌아다녔다. 사실 화등은 이때 죽지 않았고, 이후 오나라로 돌아가 오나라 군에게 중원의 전술을 가르치게 된다.

그러면 그때 중원의 패자 진나라는 무엇을 하고 있었을까? 패자라면 당연히 개입해야 하는 상황이 아닌가? 그때도 진나라는 개입하지 않았다. 그리고 사서들은 당시 진나라가 어떤 태도를 취했는지 모두 함구하고 있다. 사실 진나라의 경들은 모두 실리를 챙기느라 바쁜 시기를 보내고 있었다. 그들은 이런 어정쩡한 싸움에 참여해서 자신들의 족군族軍을 허비할 만큼 순진한 사람들이 아니었다.

사실상 싸움이 끝나고 나서 명목상의 패자가 나타났다. 송-제 연합군이 도성을 지키는 사이에 드디어 송나라 공자 성城이 진나라 구원군을 이끌고 도착한 것이다. 공자 성이 화살 한 대로 화씨 측 군대를 이끌던 화표華豹를 쏘아 죽이자 화씨의 진영이 크게 술렁거렸다. 결국 화씨들은 싸움에 이기기 위해 초나라에 구원을 청했고, 초 평왕은 이를 허락했다. 그러나 초나라 군대가 움직이려 할 즈음엔 이미 화씨 측의 패색이 짙어진 후였다. 초나라 군대가 움직이자 송 원공은 초나라 진영에 사자를 보내 이렇게 말했다.

"저희 나라 군신들이 매일같이 싸우는 마당에 군주께서 '나는 반드시 저 신하 측을 도우리라' 하신다 해도 저희로서야 명을 받을 수밖에 없겠지요. 하지만 속담에, '어지러운 집 문 앞일랑 지나가지 마라'는 이야기가 있습니다. 군주께서 은혜를 베풀어 저희 나라를 보우해주실 요량이면, 불충하게 난리를 일으킨 자들을 돕지 않으셨으면 하는 게 바람입니다."

그러고는 출정한 초나라 군을 위해 화씨들을 초나라 군에 넘겨주는 방안을 제시했다. 그러면 출정한 초나라 군은 화씨들을 구해 왔다고 본국에 보고하면 될 일이었다. 결국 화씨와 상씨 씨족으로서 반란을 일으킨 이들이 모두 초나라로 망명하는 것으로 이 일은 일단락되었다. 하지만 송나라의 혼란상에서 진나라가 보여준 기회주의적인 행동은 향후 패자로서의 활동 범위를 크게 좁히고 말았다.

2. 주周: 쇠락한 집안의 유산 싸움

송나라에 내란이 종결되자마자 일어난 일이다.

기원전 527년 진나라 지씨 가문의 적자 순역荀躒은 주 경왕의 왕비 목후穆后의 장례식에 참석하고자 주 왕실에 들렀다. 장례가 끝나자 그는 왕으로부터 힐난을 들어야 했다. 왕은 순역에게 노나라에서 보낸 술병으로 술을 따라주며 말했다.

"백씨伯氏여,• 이번에 제후들은 모두 왕실에 물건을 바쳐서 위로했는데 오직 진나라만 아무것도 가져오지 않은 것은 무슨 까닭이오?"

순역이 부사副使 적담籍談에게 넌지시 손짓했다. 적담이 적당히 변명을 올렸다.

"제후들이 봉해졌을 때 모두 왕실로부터 기물을 받아서 각기 자기들의 사직을 진무鎭撫했기에 능히 왕실에 기물을 바칠 수 있었던 것이옵니다. 허나 저희 진나라는 깊은 산에 처해 융적과 서로 맞닿아 있고, 왕실은 멀어서 왕의 은혜가 미치지 못하고 있사옵니다. 융을 상대하기도 벅찬데 어찌 기물을 바칠 수 있겠습니까?"

융에게 쫓겨 동쪽으로 온 주 왕실의 울타리 역할을 하는 이가 누구인데 그런 요구를 하느냐는 약간의 원망이 숨겨 있는 대답이었다. 그러자 경왕이 힐책했다.

"숙씨叔氏여, 그대는 잊었는가? (진나라 시조인) 숙부 당숙은 우리 선왕이신 성왕의 친형제였소. 그런데 어찌 기물을 나누어주지 않았겠는가?"

그러고는 과거에 나누어준 목록을 길게 나열한 후 진 문공까지 들먹

• 아마도 순역이 진나라 정경 가문 중에도 우두머리 격인 지씨 가문의 적자, 곧 지백知伯 이었으므로 존중해서 '형씨' 정도로 불렀던 것 같다.

였다.

“양왕께서 수레 두 대, 작은 도끼와 큰 도끼, 붉은 활, 호분虎賁의 시위를 내리자 귀국의 문공이 받았고, 그예 남양 땅까지 얻어서 동쪽 중국[東夏]을 평정했소. 그런데 무얼 안 나눠줬다는 것인가? 왕실은 대저 공훈이 있는 자를 버려두지 않았고, 업적이 있는 이는 사적에 기록했으며, 토지를 내려주고 기물을 주어 위로했소.”

그러고는 적씨의 조상을 들먹였다.

“옛날 그대의 시조 손백염孫伯黶은 진나라의 전적典籍을 관리했기에 적씨籍氏라 했던 것이다. 그대는 전적을 담당한 이의 후손이 아닌가? 어찌 그것을 잊었단 말인가?”

적담은 이 말에 대꾸하지 않았다. 진나라 사절 일행이 나가자 경왕은 한마디 악담을 덧붙였다.

“적담은 후대가 없을 것이다. 전적을 들먹이면서도 그 선조를 잊고 있다.”

무안을 당한 적담이 진나라에 돌아와서 숙향叔向(양설힐)에게 보고했다. 이에 숙향은 이렇게 평가했다.

“왕께서 온전히 돌아가시지 못할 것 같소. 내가 듣자하니, ‘자신이 즐기는 것 속에서 죽음을 맞이한다[所樂必卒焉]’고 하오. 지금 왕은 근심해야 할 것(초상)을 오히려 즐기고 있소. (그러니 자신이 즐기는 근심 중에 돌아갈 것이고) 근심 중에 돌아간다면 이는 좋은 죽음이라 할 수 없소. 왕은 한 해에 3년상을 두 번이나 맞았소이다. 그런데 빈객에게 연회를 열고 기물까지 요구하다니, 근심해야 할 것을 즐기는 것이 너무 심하니 이는 예가 아니오. 예는 왕이 지켜야 할 큰 도리[大經]일진대, 왕은 한 번에 두 가지 예를 잃었으니 큰 도리를 모르는 것이오. 말은 옛 전적을 생각하고, 그 전적이란 큰 도리를 새기는 것일진대, 큰 도리를 잊고 말만 많았으니 전적을 들먹인들 어디에 써먹을 것이오."

숙향은 헛말을 한 것이 아니었다. 향후 주 왕실은 목불인견의 활극을 연출해 종주국으로서의 도리를 잃고 시대착오적인 인식을 대외에 과시한다. 결국 난맥을 정리할 이는 진晉나라밖에 없었다.

기원전 520년에 주 경왕은 후계자를 완전히 정해놓지 않고 정신병[心疾]이 도져서 죽었다. 대개 내허외화內虛外華의 인물은 심지는 약하나 들은 것이 많아서 신경증에 걸리는 경향이 있다. 때는 남방에서 공자 광이 이끄는 오나라 군과 초나라를 위시한 7국 연합군이 막 전쟁을 벌이려는 찰나였다. 왕에게는 태자 맹猛이 있었으나 오히려 서장자 조朝를 총애해서 태자를 바꾸려 했다. 그러고는 누구를 왕으로 정한다는 뚜렷한 결정을 짓지 못하고 급서했다. 왕으로서의 최소한의 임무를 방기한 것이다.

맹이 즉위하여 도왕悼王이 되었으나 선왕의 생전에 총애를 받지 못한지라 도무지 명이 먹히지 않았다. 급기야 왕을 지지하는 측과 왕자 조를 지지하는 측 사이에 싸움이 벌어졌다. 유劉 헌공과 선單 목공은 애초에 맹을 지지하는 측이었고, 왕자 조 편에는 옛 관리들로서 실직한 이들과 선왕의 친척들이 몰려들었다. 이 두 파가 이리저리 세력을 끌어들이며 닥치는 대로 싸웠는데, 그 와중에 선 목공과 유 헌공이 결국 진나라에 도움을 요청했다.

진나라는 내키지 않았지만 개입할 수밖에 없었다. 그리하여 겨울에 진나라의 순역과 적담이 구주九州의 융족(육혼융)과 남양의 군병을 이끌고 시위를 하여, 유 헌공과 선 목공 등을 따라 밖으로 나왔던 도왕(맹)을 다시 왕성으로 들여보냈다. 그러나 왕자 조의 세력이 만만치 않아서 융족의 부대와 왕의 부대는 쉽사리 승기를 잡지 못했고, 양측이 서로 치고받는 혼전이 계속되었다. 비록 진나라의 본진이 움직이지는 않았지만 이 어지러운 싸움을 끝마치기 전에는 다른 일을 할 수 없는 지경이었다. 바로 이런 때 오의 공자 광이 사마 위월의 초나라 연합군을 종리에서 대파했다.

중원의 난맥상은 초나라가 오나라에 대패한 후에도 정리될 기미가 보이지 않았다. 한 번은 왕의 군대가 이기고 한 번은 왕자 조의 군대가 이기는 식이었다. 이 와중에 도왕은 정식으로 즉위하지 못하고 죽고 만다.

주나라의 내란이 몇 해를 넘기자 진나라로서도 더는 두고 볼 수 없게 되었다. 결국 이 난리를 끝내야 할 상황에 이르렀을 때 정나라 군주가 예방했다. 그때 사신으로 온 유길에게 진나라 사앙(범앙)이 조언을 구했다.

"도대체 왕실을 어찌하면 좋을까요?"

유길이 공손하게 대답했다.

"이 늙은이는 자기 나라도 보살필 능력이 없는데 어찌 감히 왕실을 돌아볼 여력이 있겠습니까? 허나 사람들이 하는 말이 있습니다. '과부조차 씨줄이 끊어지는 것을 걱정하지 않고 종주국 주나라가 무너지는 것을 걱정한다'라고요. 이는 주나라가 무너지면 결국 과부의 운명에도 영향을 미친다는 말이겠지요. 지금 왕실은 엉망진창[蠢蠢]으로 굴러가고 있으니 저희와 같은 작은 나라도 두렵사옵니다. 그러나 이는 실로 큰 나라(진나라)가 걱정할 일이지 저희들이 어찌 알겠습니까? 어른께서는 조속히 손을 쓰소서.《시》에 '술병에 술이 떨어짐은 술독의 수치로다' 했으니, 왕실이 안녕하지 못함은 진나라의 수치이옵니다."

사앙은 더 이상 사태를 바라만 볼 수 없다고 여겨서 다른 경들과 상의해 이듬해 제후들을 모아 사건을 처리하기로 했다. 그해 오나라와 초나라가 다시 대회전을 벌이게 되는데, 진나라로서는 물론 눈을 돌릴 겨를이 없었다.

결국 기원전 517년 봄이 되어서야 진나라는 중원 각국을 황보黃父에서 소집했다. 그때 회합을 주관한 이가 조앙趙鞅, 곧 전국7웅 중에도 전열에 서는 강국 조나라의 초석을 놓은 영웅 조간자趙簡子였다. 그러나 이 영걸은 할아버지 조무趙武와 같이 진나라 공실을 지켜야 한다는 고리타분한 생각을 가진 이는 아니었다. 그는 기어이 진나라가 여러 경들에 의해 나누어진다면 조씨가 희생양만은 되지 않으리라는 결심을 굳히고 있는 인물이었다.

대단히 합리적인 그에게 오-초의 싸움이 손해될 것은 없었다. 잠시 오나라와 초나라가 싸운다고 해도 그의 가문에 해만 없다면 상관없는 일이었다. 이제 주 왕실을 보위하고 군주를 보위한다는 명분은 중요하지 않았다.

하지만 조앙이 등장했다는 것은 사건을 일단락 지을 사람이 나왔다는 뜻이기도 하다. 그는 일의 시작과 끝을 명백히 하는 사람이었다. 조앙은 각국의 대부들에게 종주국 주의 왕에게 곡물을 보내고 또한 시위대를 만들라고 명했다. 그러고는 이렇게 선언했다.

"내년에 왕을 모시고 들어갈 것이오."

드디어 이듬해 진나라 군사는 주나라 새 임금 경왕敬王을 받들어 거병했다. 겨울에 진나라 군사는 공鞏을 함락시키고 왕자 조와 그 일족을 쫓아냈다. 왕자 조의 일파는 왕실의 중요한 장서들을 가지고 초나라로 달아났다. 조는 제후들에게 지원을 호소했으나 제후들은 맹주인 진나라와의 협약을 지켜 그의 호소를 들어주지 않았다. 종주국의 난맥상은 이렇게 무마되었다.

3. 진晉나라 공실의 두 축이 해체되다

약해지는 것은 주나라 왕실뿐이 아니었다. 진나라 공실도 서서히 껍데기만 남긴 채 속이 비어가고 있었다.

기씨祁氏와 양설씨羊舌氏는 원래 진나라의 공족 출신이었다. 진 여공이 난씨의 반격을 받아 죽은 후 경대부들의 추대를 받아 군위에 오른 도공은 기해祁奚를 중군위(곧 헌병대장)로 삼아서 군권을 장악하려 했다. 그리고 기해가 양설적을 추천하니 역시 그도 공실의 방어막 역할을 하게 된다. 그러나 진나라의 공실이 계속 약화하자 공실의 친인척 씨족들도 제 나름대로 살 길을 찾아 각개약진하게 된다. 양설씨는 조씨 가문에 의지했으나• 자기 가문의 암운을 걷어내기에는 역부족이었다.

중군위를 지낸 선대의 기해 이래 기씨 가문은 가풍이 엄정했다. 기원전 514년 합려가 막 오나라의 왕이 되어 초나라를 칠 궁리를 하고 있을 때 기씨 가문에 풍파가 찾아들었다.

기영祁盈의 집안사람 기승祁勝과 가신 오장鄔臧이 서로 아내를 바꿔서 통정하고 있었다. 기영은 가문의 종주로서 이 꼴을 두고 볼 수 없어 사마 숙유叔游를 찾아가서 조언을 구했다. 그러자 숙유가 말렸다.

"정나라 책에 이런 말이 있습니다. '올곧은 사람을 미워하고 바른 사람을 오히려 추하게 여기나니, 정말 그런 자들이 많기도 하다'고요. 무도한 자들이 이미 자리를 잡았습니다. 그대가 이 꼴을 염려하다가는 오히려 목숨을 부지하기도 힘들 것입니다. 《시》에 이르길, '해괴한 행동을 하는 백성이 판을 칠 때는 헛되이 혼자 법도를 내세우지 마라'라고 했습니다. 이 일은 잠시 덮어두는 것이 어떨지요?"

그러나 기영은 참지 못했다.

"기씨 가문의 사사로운 일을 바로잡으려 하는데 국가야 무슨 관계가 있겠습니까?"

그는 기어이 이 둘을 잡으려 했으나 낌새를 챈 기승이 선수를 쳤다. 그는 순역에게 뇌물을 먹였고, 순역은 군주에게 기영을 참소해서 잡아

• 《국어》 〈진어〉에 조간자(조앙)와 양설힐(숙향)의 대화가 기록되어 있다.
조앙 : 노나라 맹헌자도 명의 목숨을 바쳐 싸울 신하가 다섯이나 있는데 나는 하나도 없으니, 어찌 된 일입니까?
양설힐 : 어른이 찾지 않아서 그런 것입니다. 만약 원한다면 저 힐이 명을 받아 맞붙어 싸울 수 있습니다.

들였다. 진 경공頃公은 이렇게 스스로 자신의 손발을 끊는 어리석음을 범했다.

기영의 가신들이 이 처사에 분노해 기승과 오장을 살해했는데, 이것이 군주에 대항하는 것으로 비춰져 사건이 확대되었다. 그때 숙향의 아들 이아食我도 기영을 도왔다는 이유로 연루되어 함께 주살을 당하면서 기씨와 양설씨 가문이 결단나는 참화를 겪었다.

그렇다면 기씨와 양설씨의 땅은 다 어디로 갔을까?《좌전》'소공 5년'에 '한씨와 양설씨 열 가문 아홉 현의 전차 900대'라는 기사가 나온다. 그렇다면 당시 진의 현은 대체로 전차 100대를 낼 수 있는 규모라고 볼 수 있다. 이를 보면 현은 유사시 말 400마리, 전차병 300명, 보병과 수송병 수천 명을 동원할 수 있는 상당한 규모였음을 알 수 있다. 위, 한, 지, 조씨 등 진의 유력 가문들은 기씨와 양설씨 가문의 땅을 일곱 개의 현으로 분할해서 나누어 가졌다. 그러나 공실로는 한 치의 땅도 돌아가지 않았다.

이렇게 진나라의 경들은 서로 각축을 벌이다가도 먹이가 생기면 함께 달려들어 넘어뜨리고 고기는 나누어 가졌다. 그리고 공실은 이런 상황을 알고도 속수무책으로 끌려갔다. 그러니 오나라와 초나라가 싸우는데도 각기 속내가 다른 경들이 합심하여 달려들 리가 없었다.

이 몇 년 사이에도 남방에서는 무수히 중요한 일들이 벌어졌다. 오나라 공자 광은 전장과 본국을 오가며 스스로 기틀을 닦고 있었고, 오자서도 서서히 때가 되었음을 느끼고 있었다. 중원은 이들을 간섭하지 못했다.

제5장

원한 품은 백비,
오나라로 망명하다

• • •

진晉나라가 중원 패자로서의 권위와 힘을 잃어가던 시기에 초나라도 오나라와의 격렬한 싸움으로 인해 남방에서 패자의 위세를 잃어가고 있었다. 특히 종리 대전의 패배로 위세가 한풀 꺾인 초나라는 점차 수비에 치중하게 되었다. 그 와중에 비극의 씨앗을 뿌린 평왕이 죽고 어린 소왕이 등장하지만, 과거 오사를 죽이고 그의 아들 오자서를 망명케 했던 비무극은 또 한 번의 간계로써 초나라의 인재 극완郤宛을 죽이고 백비伯嚭를 오나라로 망명하게 만든다. 천재적인 악당 비무극은 업보를 이기지 못해 곧 죽게 되지만, 그가 남긴 악행의 후과는 어린 소왕과 탐욕스러운 영윤 낭와囊瓦가 짊어질 만한 것이 아니었다.

1. 성은 초나라를 지키지 못하고

유사 이래 초나라 사람들은 항상 밖에서 적을 맞았다. 정확히 말해서 그들은 밖에서 적을 찾아다녔다. 상황이 꽤 나쁘면 여呂나 신申(지금의 하남성 남양)의 군대를 이끌고 동북을 방어하는 방성에서 적을 맞으면 그뿐이었다. 그나마 방성 밖에서 전투를 하는 것이 상례였다. 만약 방성에 문제가 생긴다면 양번襄樊(양양과 번성)에서 한수를 끼고 막으면 된다고 생각했다.

한수와 장강으로 둘러싸인 초나라 도읍 영郢은 전차로 공략하기는 대단히 어려웠다. 적어도 춘추시기에는 기술적으로 어쩌면 거의 불가능했을지도 모른다. 물로 둘러싸여 있고 질척거리는 저지대를 통과해야 도착할 수 있는 초나라의 수도를 공략하자면 반드시 수전에 능한 보병과 뛰어난 길잡이가 필요했고, 크나큰 인명 손실을 감수해야 했다. 당시 북방에는 그런 기술과 전투 의지를 갖춘 나라가 거의 없었다.

그런데 오나라가 등장하면서 상황이 급속도로 바뀌기 시작했다. 그들은 배를 타고 장강과 회하를 거슬러 올라와 배에서 내리면 걸어서 행군했다. 굳이 방성을 통과할 생각도 하지 않았고, 전차와 말을 배로 실어나르는 고역도 지려 하지 않았다. 또한 그들은 중원의 전투 규칙 따위는 하나도 지키지 않았다. 상대방의 나라에 초상이 나도 필요하면 달려들었고, 상대를 이기면 직위를 막론하고 쉽게 죽였으며, 죄수를 칼받이로 쓰는 일도 서슴지 않았다.

종리에서 대패한 후 평왕은 겁을 먹었다. 양개가 죽고 새로 영윤이 된 낭와 역시 방어에 골몰했다. 역시 보병을 막는 길은 성城뿐이라는 생각에 초나라 사람들은 오나라를 방어할 고육지책으로 결국 성을 선택한다. 신임 영윤 낭와는 영도에 성을 쌓기 시작했다. 그러나 선대의 위업을 기억하는 전략가들에게 성 쌓기는 그저 나약한 졸장부들의 변명거리로밖에 보이지 않았다. 심윤 술은 낭와가 성을 쌓는 것을 보고 이렇게 평가했다.

"자상子常(낭와)은 필히 우리 수도를 망치리라. 실로 밖에서 지켜낼 능력이 없다면 성곽은 도움이 되지 않으리라." 원래는 천자가 직접 사방의 오랑캐를 막았다. 그러나 천자의 힘이 약해지자 제후들이 막았

• 《좌전》의 원문은 '苟不能衛, 城無益也'다. 衛는 원래 '높은 언덕을 점령해서 길을 막는다'는 뜻으로, 본거지를 둘러싸고 있는 요충지에서 막는다는 뜻이다. 그래서 이 구절은 수도 밖에서 사전에 막는다고 해석하는 것이 정확하다.

다. 제후들이 사방 인접 세력을 막았으나 그들도 힘이 약해지자 그저 사방의 국경을 지키는 상황이 되었다. 사방의 국경을 신중하게 지키고, 주위의 국가들과 좋은 관계를 맺고, 백성이 자기의 전야를 편안하게 여기고, 그들이 춘·하·추 세 철의 농사일에 힘써 성공하여[三務成功] 걱정할 거리가 없고, 또한 밖으로 적을 걱정할 필요가 없다면 성곽이 무슨 필요가 있겠는가?

지금 오나라가 걱정되어 수도에 성을 쌓는다면, 제일 작은 것을 지키는 것이다. 이렇게 한없이 쪼그라들었는데 수도를 잃지 않을 수 있겠는가? 옛날 양梁나라 군주가 큰 나라가 무서워 공궁 주위에 해자를 파자 백성이 흩어지고 말았다. 백성이 윗사람을 버리면 망하는 걸 기다리는 것밖에 도리가 있겠는가? 대저 국경을 바로잡고, 전토를 정비하고, 군대가 집결하는 요지를 단단히 구축하고, 백성들을 친하게 대하며, 오방의 징후를 제대로 파악하고[明其伍候],• 관원들이 지켜야 할 바를 성실히 하고 (중략) 수비를 완벽히 하여 불우의 사태에 대비한다면 두려워할 것이 무언가?

선대 약오와 분모에서 무왕·문왕에 이르기까지 우리 초나라 땅은 사방 100리가 되지 못했건만 그 국경을 신중히 지켜 수도에 성을 쌓지 않았다. 지금 토지가 사방 수천 리[數圻]나 되건만 수도에 성을 쌓고 있

• 대단히 함축적인 문구다. 두예는 "백성에게 오를 짓게 해서 서로 감시하게 한다[使民有部伍, 相爲候望]"고 해석했으나, 이는 문맥으로 보아 잘못된 것 같다. 동한의 가규賈逵는 伍를 五로 보아 "오후는 다섯 방위(동서남북중)의 기후를 말한다. 백성들에게 역법을 공표할 때, 사방과 중앙의 절기(기후)를 말한다[五候五方之候也. 敬授民時, 四方中央之候也]"로 해석했다. 지금 국방과 관련한 말을 하는 것으로 미루어 짐작할 때 '외부의 정황[候]을 제대로 파악한다'는 뜻으로 짐작이 된다.

으니 난감한 일이 아닌가?"

웅심雄深한 호걸 술이 보기에는, 원래는 국경도 없이 왕이 모든 세력을 제어하는 것이 국방의 가장 큰 도리였다. 그러나 어쩔 수 없이 제후들에 의존하게 되고, 또 급기야 제후들은 국경을 막아야 하는 지경으로 쇠약해졌다면 국경을 신중하게 막아야지, 더 움츠러들어 국도를 막을 생각이나 하고 있어서야 되겠느냐는 질책이었다. 국도를 성곽으로 두르면 국도 밖 사람들의 마음을 잃을 것이다. 심윤 술은 그동안 초나라가 강해졌던 역사의 요체를 파악하고 있었다.

물론 초나라와 같은 대국이라도 만약을 위해 성을 쌓아서 나쁠 것은 없다. 그러나 심윤 술은 낭와의 사람됨을 알고 있었다. 낭와는 큰 계책이 없고 그저 상황에 따라 대처할 뿐이다. 그는 백성을 부리는 기본을 몰랐다. 그런 사람이 영윤이 되니, 일을 책임감 있게 처리하기보다는 재물을 모으는 데만 점점 혈안이 되어갈 수밖에 없었다.

성을 쌓은 이듬해 오-초 국경지대에서 사건이 발생했다. 《사기》에 따르면 오-초가 국경을 맞대고 있는 비량卑梁이라는 오나라 변경 마을의 아녀자들과 초나라 종리의 여자들이 뽕잎을 가지고 다투었는데 이 싸움이 확대되어 변경의 읍병들이 서로 싸우는 지경에까지 이르렀다. 종리의 대패를 기억하는 초 평왕이 스스로 국도의 군대를 이끌고 동쪽으로 왔다. 장강을 따라 초나라 함대는 순조롭게 내려와서 비량을 멸망시키고 돌아갔다. 그러나 작은 마을 하나를 멸망시키려 국왕이 국병을 동원한 것은 격에 맞지 않는 일이었다. 심윤 술은 다시 이 일을 한탄했다.

"이번 작전에서 초나라는 반드시 읍을 망칠 것이다. 백성을 어루만질 생각은 하지 않고 하염없이 부리고, 오나라가 움직이지 않았는데도 먼저 건드렸다. 저들이 돌아가는 우리 군대를 따라올 텐데 변경에 방비도 하고 있지 않으면 읍을 망치지 않을 도리가 있겠는가?"

역시 오나라 군대가 보복하러 왔으나 이미 초나라 왕의 군대는 떠나고 없었다. 그래서 오나라 군은 소巢와 종리를 한꺼번에 폐허로 만들고 돌아갔다. 심윤은 다시 걱정했다.

"수도를 잃게 되는 시초는 바로 이번 행차에 있는 것이다. 왕이 한번 움직여서 두 성姓의 우두머리(소와 종리의 장관)를 잃었다. 어찌 이런 일이 수도 영에 미치지 않겠는가?"

평왕은 그 후로도 국경에다 열심히 성을 쌓았다. 초나라가 오나라에 대비하여 회하 일대에 열심히 성을 쌓는 것을 보고 정나라 유길이 뼈 있는 한마디를 던졌다.

"초나라 왕은 곧 죽을 것이다. 백성을 자기 토지에서 편안하게 살게 내버려 두지 않으면 반드시 그들은 걱정에 휩싸일 것이다. 그 걱정이 장차 왕에게 미칠 것이니 왕은 오래 살 수 없을 것이다."

2. 씨 뿌린 자들의 죽음과 새로운 불씨

과연 평왕은 동쪽으로 출정한 지 겨우 두 해 만에 죽음을 맞이했다. 그는 애초에 용렬한 사람은 아니었으나 남의 위에 앉기에는 너무 귀가 얇았다. 야심이 지나친 영왕을 제거하고 국인의 기대를 한 몸에 받으며 들어선 그는 대체로 무난한 행정을 펼쳤다. 오나라와의 싸움에서 질 때가 많았지만 나라를 기울게 할 정도는 아니었다. 그러나 그는 영왕이 심어놓은 화의 씨앗을 제거하지 못하고 오히려 물을 줌으로써 초나라가 치명적인 위기를 맞게 될 빌미를 키웠다. 다행히 그는 험한 꼴은 보지 않고 생을 마감했다.

역시 큰 나라는 과오가 여러 대에 쌓여야 위기를 맞는가 보다. 그는 진秦나라에서 온 젊은 부인이 낳은 태자 임壬에게 왕위를 물려주라고 유언했다. 자신이 쫓아낸 태자 건은 타국을 떠돌다가 정나라에서 죽은 뒤였다. 평왕이 죽은 해는 기원전 516년이며, 진나라의 공녀를 받아들인 해가 기원전 523년이니, 태자 임의 나이는 많아야 겨우 일곱 살이었다.

평왕이 죽자 영윤 낭와는 당장 걱정이 되었다. 그는 왕의 유언을 따를 마음이 없어 이런 의견을 냈다.

"태자 임은 너무 약하오. 그 어머니는 정부인이 아니고 원래 왕자 건이 맞이하려던 이였소. 자서子西(평왕의 서자 신申)는 나이가 많고 또 선을 행하기를 좋아하오. 연장자를 세우는 것이 순리에 맞고, 선한 분을 세워야 다스릴 수 있소. 순리에 맞는 분이 왕이 되어 국가가 잘 다스려진다면 한번 힘써 볼 만하지 않소이까?"

그러나 정작 자서는 그 말을 듣고 격분했다.

"이는 나라를 어지럽히고 선왕을 악인으로 만드는 것이오. 태자는 큰 나라에서 온 어머니의 아들이니 업신여길 수가 없고, 또 왕께서 적자를 정해주셨는데 함부로 어지럽힐 수는 없소. 친한 이(진秦나라)를 물리쳐 원수로 만들고, 적통의 군주를 함부로 바꾸는 것은 상서롭지 못한 일이오. 내가 왕이 된다면 반드시 그런 오명을 받을 것이오. 내게 천하를 준다 해도 나는 받지 않을 것인데 하물며 초나라의 왕위를 받을 것인가? 내가 반드시 영윤의 목숨을 거두겠소."

낭와는 자서의 서릿발 같은 결심에 겁을 먹었다. 자서는 왕자로서의 위엄이 있었다. 그는 어린 태자의 이복 큰형이었다. 그리하여 채 열 살이 못 된 어린이가 형의 도움을 받아 대국인 초나라의 왕에 섰으니 그가 소왕昭王이다. 과연 이 어린이가 일만 잔뜩 벌여놓고 죽은 아버지의 뒷마무리를 잘할 수 있을까?

3. 오나라에서 재회한 오자서와 백비

화의 씨를 뿌려놓고 먼저 간 사람이 또 있었다. 평왕 실정失政의 충실한 조력자인 비무극은 이후 어떻게 되었을까? 왕은 어리고 영윤 낭와는 탐욕스러웠다. 그가 재능을 펼칠 공간이 활짝 열린 것이다. 그는 다시 초나라의 동량을 끊는 일을 개시했다. 이번 목표는 좌윤 극완이었다.

극완은 북방 진晉나라에서 내려온 가문의 후손이었다. 그는 성품이 곧으면서도 부드러워[直而和] 국인들이 매우 따랐다. 또한 그는 탁월한 전술가였다. 그는 이해 여름 오나라 군의 퇴로를 끊어서 오나라 공자들을 가두는 전과를 올렸다. 그러나 마침 오나라 공자 광(합려)이 자신의 야심을 실현하기 위해 쿠데타를 일으켜 왕을 죽이자 상대국의 난리를 피한다는 대의大義에 따라 군대를 물렸다.

언장사焉將師는 비무극과 한패가 되어 극완을 미워했다. 이들은 영윤 낭와의 탐욕스러움을 이용했다. 비무극이 낭와에게 혀를 놀리기 시작했다.

"극완이 어른께 술을 대접하려 합니다."

이렇게 말해놓고는 다시 극완에게 가서 말했다.

"영윤께서 그대 집에서 술을 드시려 하십니다."

극완은 순진했다.

"저는 지위가 낮은 사람이니 영윤을 모시기 부족합니다. 영윤이 오시는 수고를 하신다면야 저로서는 큰 은혜를 입는 것이나, 저는 드릴 것이 없으니 이를 어찌할까요?"

"영윤께서는 갑옷과 병장기를 좋아하시니 그대는 그것들을 내보이시지요. 제가 골라드리지요."

비무극은 갑옷 다섯 벌과 병기 다섯 자루를 골라서는 이렇게 권유했다.

"영윤께서 오시는 날 이것들을 문에 걸어두면 영윤께서 꼭 보실 터이니, 좋아하는 것을 드리시지요."

영윤이 오기로 한 날 극완은 갑옷과 병기를 잘 정돈하여 걸어두었다. 그런데 그날 비무극은 먼저 영윤 낭와를 찾았다.

"제가 하마터면 어른께 해를 끼칠 뻔했습니다. 극완이 장차 어른께 험한 짓을 하려 합니다. 갑옷을 문에 걸어놓았더군요. 어른께서는 행차하지 마소서. 또 저번 싸움에서는 오나라를 이길 수 있었는데 극완이 뇌물을 받고 돌아왔습니다. 그자는 우리 장수들을 속여 퇴군하라고 명하고는, '적의 내란을 틈타는 것은 상서롭지 못하다'고 말했나이다. 오나라는 우리의 초상(평왕의 상)을 틈타 침공했는데 우리가 그들의 난리를 틈타는 게 안 될 까닭이 있겠습니까?"

낭와가 사람을 보내 극완의 집을 살펴보게 하니 과연 갑옷이 걸려 있었다. 그는 언장사를 불러 다짜고짜 극완을 치게 했다. 언장사는 한술 더 떠서 인부들에게 그의 집을 불사르라고 명했다. 이 소식을 들은 극완은 변명도 대항도 하지 않고 스스로 자결했다. 그는 소인배들과 어울려 난장판을 만들 성격이 아니었다. 그리고 국인들은 극완의 집을 불사르라는 명을 따르지 않았다. 언장사가 악을 썼다.

"극씨를 불사르지 않으면 너희들도 그와 같은 죄로 다스리겠다."

어떤 이는 섶을 들고, 어떤 이는 나뭇단을 들고 있었으나 모두 내던지고 누구 하나 나서려 하지 않았다. 결국 언장사가 극완의 집을 태우지 못하고 돌아가자 낭와가 직접 나서 불을 질렀다. 그러고는 극씨 족당을 모조리 죽였으며, 극완과 친한 양영종陽令終과 그 자제, 진진晉陳과 그 자제들까지 다 죽였다.•

• 극완은 초나라에서는 그간 보이지 않던 극씨 성인 것으로 보아 외지인이 분명하다. 《사기》에 훗날 오나라를 위해 일하는 백비가 초나라를 떠나 오나라로 달아나는 정황을 설명하면서, "극완의 동성 백씨의 아들(백비)과 자서(오원)가 모두 오나라로 달아났다[宛之宗姓伯氏子及子胥皆奔吳"(《사기》 〈초세가〉)]고 설명해놓았다. 《좌전》에는 "초나라가 극완을 죽이니 백씨 일족이 나라 밖으로 달아났다. 백주리의 손자 비가 오나라의 태재가 되어 초나라를 도모할 생각을 했다[楚之殺郤宛也, 伯氏之族出, 伯州犁之孫嚭 爲吳大宰以謀楚(정공定公 4년)]"고 기록되어 있고, 극완이 화를 당했을 때 "그의 족당을 모두 죽였다[盡滅郤氏之族黨(소공昭公 27년)]"라

그 와중에 극완의 동성인 백씨 가문의 백비가 오나라로 달아났다. 그는 명신 백주리의 손자였다. 오자서가 원한을 품고 달아난 데 이어 또 한 명의 인재가 원한을 품고 동쪽으로 간 것이다. 백비는 문무를 겸비한 재자였다.

이렇게 오삼-오거-오사로 이어지며 누대로 초나라에서 명성을 쌓은 오씨 가문의 생존자 오자서와, 진晉나라의 재사 백종의 증손이며 초나라 충신 백주리의 손자인 백비가 오나라에서 재회를 한다. 둘 다 가슴속에 복수의 칼을 품은 채였다.

어두운 곳에서 한 말은 아무도 모르는 듯하지만 쥐가 엿듣는다는 말이 있듯이 여론 앞에서 음모는 밝혀지게 마련이다. 비무극, 그는 너무 오랫동안 어두운 곳에서 활동했다. 국인들이 섶단을 팽개칠 때 그의 운명은 다한 것이나 다름없었다. 살해당한 진진의 일족이 국인들에게 절규하며 다녔다.

"언씨와 비씨가 마치 왕인 양 행동하며 초나라를 화란으로 몰아넣고, 왕실을 약하게 만들고, 왕과 영윤을 속여 저들 욕심을 채우건만 영

고 적혀 있다.
대개 극씨와 백씨가 동성인 것은 확실하나, 당시는 지파로 갈라져 극과 백으로 따로 씨氏를 썼던 듯하다. 《오월춘추》는 백주리를 극완으로 잘못 여기고 있고, 《사기》 〈오태백세가〉는 백주리가 영왕에게 죽임을 당했을 때 백비가 오로 달아났다고 써서 〈초세가〉의 내용과는 서로 모순되게 적고 있다. 《사기》의 착오는 여러 가지 자료를 옮기면서 생겼을 것이나 《오월춘추》의 기재는 명백히 틀린 것이다. 후대의 소설 《동주열국지》는 백비를 극완의 아들로 보고 있으나 역시 틀린 것이다. 백비가 극완의 아들이라면 《좌전》에는 당연히 백주리의 손자가 달아났다고 하지 않고 극완의 아들이 달아났다고 썼을 것이다.
여하튼 역사적으로 해석하자면 극이든 백이든 모두 진나라에서 이주한 이들이다. 이들이 초나라에서 요직을 담당하자 초나라 토착 세력의 일부가 이들을 모함한 것이다. 이때 같이 화를 당한 진진晉陳도 그 씨를 보아 북방에서 내려왔을 것이다.

윤은 무턱대고 믿고 있다. 이 나라가 장차 어떻게 될 것인가?"

낭와는 여론이 나빠지자 마음에 병을 얻었다. 여론은 점점 더 악화되어 제관이 제를 올릴 때 영윤을 저주하지 않은 이가 없었다고 한다. 이제 모함꾼을 없앨 때가 되었다. 결국 심윤 술이 나서 낭와에게 조언했다.

"대저 좌윤(극완)과 중구윤中廐尹(양영종)은 자기들이 무슨 죄를 지었는지도 모르는 차에 어른께서 죽였습니다. 이리하여 어른을 비방하는 여론이 들끓어 지금도 그치지 않고 있사오니, 저 술은 당황스럽습니다. 인자仁者는 사람을 죽여서 비방을 잠재울 수 있어도 차마 그런 짓을 하지 않는데, 지금 어른은 사람을 죽여서 비방을 일으키고 조치를 취하지 않으니 이상한 일이 아니겠습니까? 저 비무극은 우리 초나라의 모함꾼으로 백성들 가운데 모르는 사람이 없습니다. 조오를 죽이고, 채나라 군주 주朱를 쫓아내고, 태자 건을 죽이고, 연윤連尹 오사를 죽였으며, 왕의 이목을 가려 미혹하게 하였습니다. 그렇지 않았더라면 돌아가신 평왕의 온건, 자애와 공경, 근검은 선대의 성왕·장왕보다 나으면 나았지 못할 것이 없었을 터입니다. 그럼에도 제후들의 마음을 얻지 못한 것은 저 비무극을 가까이했기 때문입니다. 지금 또 무고한 이 세 사람을 죽여 비방이 들끓게 하여 그 비방이 어른께도 미쳤는데, 어른께서는 아직 저자를 처리하지 않고 장차 어쩌시렵니까? 언장사는 어른의 명령을 멋대로 고쳐서 삼족을 멸했습니다. 죽은 이들은 나라의 인재들이었고 지위를 함부로 이용하지 않았습니다. 지금 오나라에 새 임금이 서서 변경에는 근심이 일고 있습니다. 초나라에 만약 큰일이 벌어진다면 어른께서 위험하게 될 것이옵니다. 지혜로운 이는 참소하는 이를 제거하여 스스로를 안전하게 하는데, 어른께서는 참소하는 자를 아껴 도리어 스스로를 위태롭게 하고 있으니 저는 정말 당혹스럽습니다."

심윤은 그저 여론을 전한 것뿐이었다. 어린 왕이 갓 즉위했는데 영윤은 재판도 없이 벼슬아치들을 마음대로 죽였던 것이다. 심윤이 말했듯이 나라에서 인심을 잃은 영윤이 싸움에서 지기라도 하면 바로 반대 여론이 들끓어 위험에 빠질 것이다. 낭와는 겁이 많았다. 전란은 시시각각 다가오고 있는데, 국론을 모으고 군사를 부릴 사람을 또 죽인 것이다.

"다 나의 죄요. 어찌 조치를 취하지 않을 수 있으리오."

그해 가을, 낭와는 비무극과 언장사를 잡아 죽이고 그 일족을 멸했다. 비무극도 이렇게 화란의 씨앗만 심어놓은 채 죽었다. 오나라에 있는 오자서와 백비는 통탄했을 것이다. 불구대천의 원수가 결국 스스로 무너지고 말았으니 말이다.

4. 월나라에 심은 반전의 씨앗

오나라에는 경험 많은 적수가 버티고 있는데 초나라에는 턱없이 어린 왕이 들어섰다. 더구나 싸움은 치열해지는데 장수를 죽였으며, 어린 왕을 대신하여 국가를 이끌어갈 영윤은 안목이 없고 탐욕스러웠다. 초나라는 이렇게 주저앉고 말 것인가?

그러나 세상에는 복에 화의 씨앗이 숨어 있듯 화에도 복의 씨앗이 숨어 있는 일이 다반사인가보다. 왕이 죽고 나라의 인재들이 무함을 받아 죽는 마당에도 초나라에는 세 가지 복의 씨앗이 뿌려졌다.

첫 번째는 소왕 자신이었다. 우환 속에 왕위를 얻은 어린아이였지만, 훗날 이 사나이는 공자로부터 "대체大體를 안다"는 평가를 받게 되는 사람이다. 앞으로 이 어린아이가 어떻게 난관을 헤쳐 나가는지 살펴보는 것도 이 책의 주제 중 하나다.

두 번째는 평왕과 비무극이 죽으면서 바야흐로 인재들이 기지개를 켤 공간이 생겼다는 것이다. 왕이 어리면 왕실을 바로잡을 사람이 필요하고, 전란이 다가오면 지사志士들의 구심점이 필요하다. 어린 왕을 보필하며 천하를 줘도 받지 않겠다는 서형 자서의 무사無私는 지사들을 규합할 만했고, 밖에서 일을 처리할 사람으로는 심윤 술이 있었다. 특히 심윤 술은 국방의 요체를 이해하는 사람으로 주적主敵 오나라를 속속들이 이해하는 사람이었다. 그는 자서를 도울 지사를 자임했다. 앞으로 초나라와 오나라 간 항쟁의 절정기에 유감없이 자신의 존재를 증명하는 이 사람 또한 어떤 비밀을 간직하고 있었으니, 이 부분은 앞으로 천천히 살펴보기로 하자.

마지막 씨앗은 월나라 땅에 심어놓았다. 오나라로 인해 초나라와 월나라의 관계가 서서히 깊어가고 있었던 것이다. 초나라의 입장에서 월나라는 오나라의 후방을 교란시킬 적임자였다. 그리고 그 땅의 군주들은 다 야망이 있었다. 초나라가 강해지자 진나라와 오나라가 연합했듯

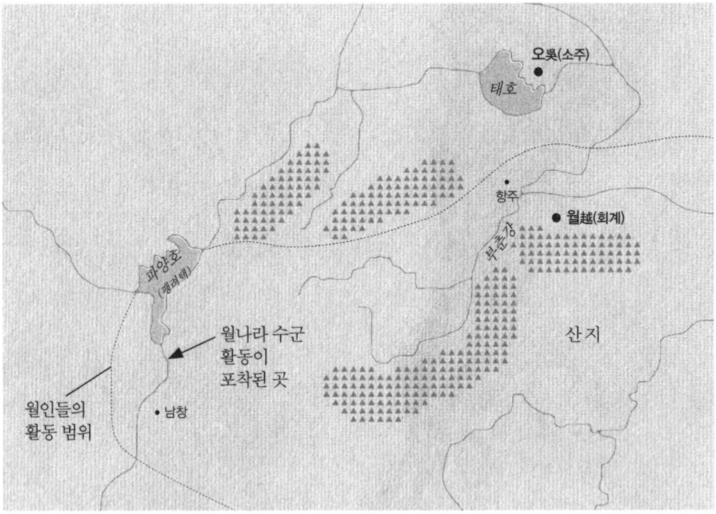

월나라 형세도. 월나라는 월족이 세운 나라다. 오나라가 커지기 전에는 태호 일대도 월나라의 무대였을 것이다. 구천은 여러 월족 중의 한 수장이었다.

이, 오나라가 강해지자 초나라와 월나라는 기꺼이 연합할 준비가 되어 있었다.

평왕이 죽기 직전 비량을 공략하러 동쪽으로 왔을 때 월나라 대부 서안胥犴이 예장강豫章江(지금의 공강贛江) 가로 나와 마중했고, 월 공자 창倉은 초나라 왕에게 누각이 딸린 배를 선사했다. 그리고 공자 창이 몸소 군대를 이끌고 왕의 함대와 함께 행군하며 돌아가는 초나라 군의 위세를 높여주었다. 초나라의 동진과 오나라의 서진으로 예장 지역(공강과 파양호 일대로 지금의 강서)의 전략적인 중요성은 더욱 커가고 있었다. 이러한 때에 월나라에서 오나라가 이 지역을 장악하는 것을 방해한다면 오나라의 성장은 무뎌질 것이 분명했다.

초 장왕 때 손숙오孫叔敖가 회하 하류 일대를 개척하면서 동진을 굳혔기에, 이제 초나라는 파양호 일대에서 오나라와 일전을 벌이려 하고 있었다. 동정호에 버금가는 광대한 파양호를 초나라 왕이 친히 보고 탐내지 않았을 리가 없다. 평왕은 오나라와 척을 졌지만 월나라와는 동맹을 맺었다. 과연 월나라에 심어놓은 씨는 잘 자랐다. 아마도 이 무렵에 초-월 동맹의 온기류를 타고 초나라 재사들이 월나라로 건너갔던 것 같다. 그들은 나중에 월나라의 중신이 되어 오-월 상쟁의 무대에서 엄청난 반전을 준비한다.

제6장

교룡은 대하로

: 공자 광이 쿠데타로 왕위에 오르다

• • •

이제 동쪽 오나라로 가보자.

서쪽 초나라의 평왕은 죽었고 그 아들은 어렸다. 영윤은 식견이 짧은 사람이란 정보가 들어왔다. 오나라 군은 상대국에 초상이 나면 치지 않는다는 춘추의 불문율 따위는 거들떠보지도 않았다. 그들은 전국시대의 문을 여는 비정한 군대였다. 초나라 왕이 죽었다는 소식을 듣자마자 오나라 왕실은 분주히 움직였다. 연릉의 계찰季札에게 중원으로 들어가 제후들의 동정을 살피게 하고, 믿을 만한 공자들에게 군대를 주어서 서쪽으로 나가게 했다. 그러나 이 원정은 크나큰 후과를 낳게 된다. 오나라 군은 기원전 515년 초여름 서쪽으로 출발했다.

1. 자객의 원조, 장사 전설제

과거 오자서가 공자 광에게 소개한 전설제란 사람은 어느덧 공자 광의 지기가 되어 있었다. 그는 오나라 당읍堂邑 사람으로 늙은 어머니를 모시고 있었다. 오자서는 그를 어떻게 알게 되었을까? 은밀한 모의를 하는 사람들이 기록을 남겼을 리가 없으니, 당연히 그와 관련한 자세한 기록은 없다. 다만《오월춘추》에 충분한 상상력을 섞어서 묘사해놓은 부분을 잠시 따라가 보자.

오자서가 고국을 떠나 동쪽 오나라 땅으로 달아날 때 당읍에서 전설제•라는 사내를 만났다. 이 사내는 막 싸움을 시작한 차였는데, 노기가 충천해 1만 명도 당해내지 못할 기세였다. 그런데 이 꼴을 보고 있던 사내의 아내가 "여보" 하고 불렀다. 그러자 호랑이같이 대들던 사내가 바로 기세를 접고 돌아오는 것이 아닌가. 오자서가 이 모양을 보고 기이해서 물어보았다.

"보아하니 자네는 대단히 화가 난 것 같던데, 일개 아녀자가 부르는 소리에 풀이 꺾이더군. 할 말이 있소?"

전설제가 대답했다.

"그대는 내 외양을 보고 어리석은 사람으로 단정하는 것이오? 말씀이 어찌 그리 비루하오? 대저 한 사람 앞에 굴복하는 이가 반드시 만인의 위에서 다리를 뻗는 법이오."

오자서는 사내의 용모를 자세히 살폈다. 툭 튀어나온 이마에는 호전적인 기상이 드러나고, 깊은 눈에서는 곧은 의지가 느껴졌다. 호랑이 가슴에 곰의 등을 가져 몸집이 장대했다. 험한 일을 충분히 해낼 수 있는 모습이었다. 오자서는 이 용사를 공자 광에게 소개했다.

저자에서 험하게 살던 전설제는 이리하여 오나라 왕실의 야심가인 공자 광과 사귀게 되었다. 광은 전설제에게 공을 들여서 선비의 예로 대했는데 과연 믿을 만했다.

"하늘이 자네로 하여금 나의 잃어버린 뿌리를 북돋도록 하는군."

전설제가 물었다.

"선대왕께서 돌아가시고 지금의 왕이 섰습니다. 공자께서는 어찌하여 왕을 해치려 하시는지요?"

• 《오월춘추》에는 이름이 전제傳諸라고 되어 있다.

공자 광이 유세한다.

"선대 군주 수몽께는 네 아들이 있었네. 그중 장자는 제번으로 바로 나 광의 아버지일세. 둘째는 여제, 셋째는 여매, 마지막 분이 계찰이었지. 계찰은 현명한 분이어서 선대 군주들께선 돌아가시면서 계속 형제끼리 상속하여 막내 계찰에까지 왕위가 이르게 할 생각이었지. 계찰 숙부가 제후들 나라에 사신으로 가서 아직 돌아오지 않았을 때 여매 숙부께서 돌아가셔서 왕위가 비게 되었지. 응당 왕이 되어야 할 사람은 적장자가 아닌가? 적장자는 또 나 광이 아닌가? 지금의 왕 요가 어찌 왕위를 이을 자격이 있단 말인가? 나는 힘이 없고 도와주는 사람도 없으니, 장차 거사를 하려면 힘 있는 사람들을 쓰지 않고는 어찌할 도리가 없네. 일단 내가 왕위를 차지하면 계찰 숙부께서 돌아오신다 해도 나를 폐하지는 못할 걸세."

전설제는 우직한 사람이었다.

"가까운 신하들을 시켜 왕의 측근에게 선왕의 명을 잘 설명하고 넌지시 그 뜻을 알게 해, 국가의 주인이 되어야 할 사람이 누군지 알려주는 것이 어떻겠습니까? 하필 사사로이 칼잡이를 동원하여 선왕의 덕을 훼손해야 하겠습니까?"

광이 보기에 전설제는 세상 물정을 모르는 이였다.

"요는 본성이 탐욕스러운 데다 힘에 의존하는 사람일세. 그저 이익을 보고 앞으로 나갈 줄만 알지 물러나 양보할 줄은 모르는 사람이야. 그러기에 나와 뜻을 같이하는 용사를 구해서 그와 힘을 합치려는 것일세. 그리고 내 뜻을 헤아릴 이는 자네뿐일세."

전설제가 되물었다.

"주군의 언사는 참으로 노골적입니다. 대체 무슨 생각을 하시는 겁니까?"

"그렇지 않네. 이는 사직을 위해 하는 말이니, 소인배는 받들 수 없네. 오로지 목숨을 바쳐야 하는 일일세."

전설제는 이제 어떻게 할 것인가? 광이 누구인가? 전장에서 죄수 3000명의 목숨쯤은 눈도 깜짝하지 않고 버리는 사람이었다. 전설제가 말을 듣지 않을 요량이 있겠는가? 어쩌면 비밀을 유지하기 위해 야인 하나쯤 죽이는 것은 그에게 아무 일도 아닐지 모른다. 일을 하고 죽을 것인가, 아니면 일을 하지 않고 불안에 떨 것인가. 저 공자라는 사나이는 음모를 꾸미고 있으나 솔직한 면도 보인다. 자신 하나만 죽으면 온 가족이 평생을 편안히 살 수도 있을 것이다. 혹은 한 나라의 왕자가 일개 야인에게 쏟는 정성에 실제로 감격했는지도 모르겠다. 그는 결국 응낙하고 말았다.

"공자의 명을 받겠사옵니다."

"아직은 때가 무르익지 않았네."

용사는 이제 뒤를 돌아보지 않았다.

"대저 군주를 시해하려면 반드시 먼저 그가 좋아하는 것을 구해야 합니다. 왕은 무엇을 좋아하나이까?"

"음식을 탐하네."

"무슨 음식을 좋아하는지요?"

"생선구이를 좋아한다네."

이리하여 전설제는 태호로 갔다. 그러고는 생선구이 조리법을 열심히 배워서 세 달 만에 맛을 내는 법을 터득하고 명령을 기다렸다.

여기까지가《오월춘추》에 나오는 전설제에 관한 이야기다.

전설제, 그는 대단한 선비가 아니라 거리의 싸움꾼에 불과했지만 전국시대를 여는 데 한몫을 했다.《사기》는 자객들을 위해 열전을 준비하는데, 그 첫 번째 인물이 관중과 환공을 떨게 했던 노나라의 조말曹沫• 이다. 그는 비록 칼을 들어 사람을 위협했으나 실제로 죽이지는 않았고, 또 사사로운 정이 아니라 국제관계의 불평등에 울분을 품고 거사를 한 지사였다. 물론 죽임을 당하지도 않았다. 사마천이 그를 자객으로 분류한 것은 춘추와 전국의 균형을 맞추기 위해 끼워넣은 것으로 여겨진다. 진짜 자객의 원조는 바로 전설제이다. 예양豫讓, 섭정聶政, 형가荊軻 등 전설제 이후에 등장하는 자객은 모두 주군과의 사적인 관계 때문에 칼을 휘두르고, 결국 자신의 목숨까지 희생했다. 전국시대는 정치적 암투의 가장 극단적인 형태인 암살이 횡행하던 시절이었다. 이제 사적인 암살을 기도하는 오나라 공자 광의 음모에 우직한 야인 전설제가 걸려든 것이다.

《오월춘추》는 소설처럼 각색되어 있지만, 추측건대 오자서는 사람을 물색해서 전설제를 만났을 것이다. 그런 후에 그에게 거사 계획을 말하고 부귀영화를 누릴 방법을 알려주었을 것이다. 전설제는 험하지

• 《춘추전국이야기 1》에서는 《좌전》의 이름을 채택해서 조귀曹劌라고 썼다.

만 순수함은 있는 사람이었다. 오자서와 공자 광이 원하는 사람이 바로 그런 사람이었다. 거친 사나이 한 명이 이렇게 역사의 격랑에 휘말려들었다.

2. 어장검이 춘추를 찌르다

공자 광은 야망을 위해서는 모든 것을 이용할 수 있는 사나이였다. 이 점은 오나라 왕 요도 별반 차이가 없었다. 초 평왕이 죽었다. 그러자 오나라 군은 여지없이 초나라의 국상을 틈타 움직였다. 공자 엄여와 촉용이 군대를 이끌고 육六과 잠潛(지금의 안휘성 육안六安 일대)을 쳤다.

그러나 이를 어쩌랴. 초나라도 두 번 세 번 똑같이 당할 만큼 어리석지 않았다. 초나라의 유윤莠尹 연然과 공윤工尹 균麇이 잠을 구원하러 출격했다. 좌사마 심윤 술은 도성의 귀족들과 왕의 말을 관리하는 병력을 거느리고 군대에 합류하여 궁窮에서 오나라 군과 대치했다. 영윤 낭와는 수군을 이끌고 사예沙汭(지금의 회원懷遠 일대)까지 갔다가 되돌아왔으나 좌윤 극완은 수군 일대를 이끌고 강을 거슬러 잠으로 올라왔다. 성공과 실패를 거듭하는 것은 병가에서 흔한 일이라지만, 한 나라의 군대를 이렇게 완벽하게 물길에 가두기는 쉽지 않았다. 좌윤 극완의 기지가 돋보이는 장면이었다.

오나라 수군은 회하로 돌아가려 했으나 길이 막혀버렸다. 전방에는 초나라 도성의 군대와 지방군이 들이닥쳤다. 초나라의 환란을 틈탄다

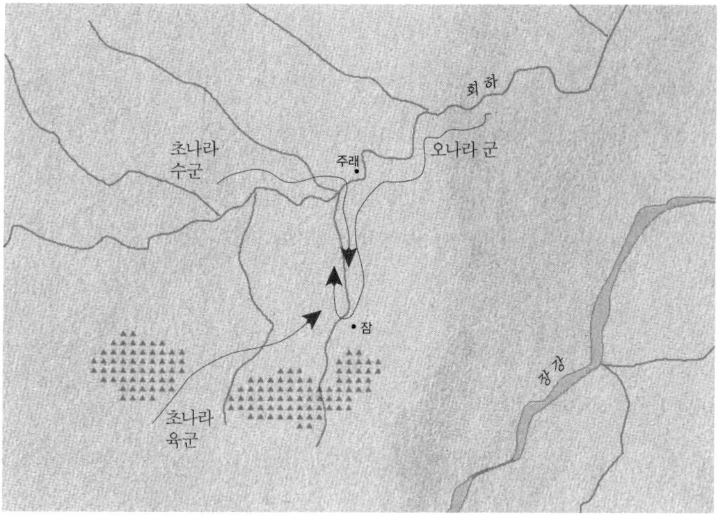

초나라 좌윤 극완이 오나라 군을 가두다. 좌윤 극완이 초나라 수군을 이끌고 강을 거슬러 잠으로 올라와 공자 엄여와 촉용이 이끈 오나라 군을 완벽하게 물길에 가뒀다.

는 생각에 성급하게 들어왔다가 완벽하게 독 안에 갇힌 오나라 군대는 이제 전멸을 기다리는 수밖에 없었다.

왕의 군대가 앞뒤 다 막혀 떨고 있을 때 오나라 도성에서는 어떤 일이 벌어졌을까? 오나라 왕 요는 전군이 갇혔다는 소식을 듣고 안절부절못했다. 군대를 구하자면 다시 회하로 군선을 파견해서 포위를 풀 수밖에 없었다. 그러나 배가 회하로 들어가기까지 오나라 군이 버틴다는 보장도 없었다. 또 군사를 출격시키면 도성이 비게 된다. 왕의 사촌형 광은 속으로 쾌재를 불렀다.

'이번 기회를 놓칠 수는 없다.'

왕의 군대는 밖에 있으니 자신이 거사를 해도 왕을 보호할 사람이 없었다. 그는 몰래 전설제를 불렀다.

"북쪽 나라에는 이런 말이 있네. '찾지 않으면 어찌 얻을 수 있으랴.' 나는 왕이 될 적자이니, 이제 그 자리를 찾고자 하네. 일을 이룬다면 계찰 숙부가 돌아온들 나를 어쩌지는 못할 것이네."

전설제가 처연히 대답했다.

"왕이야 죽일 수 있습니다. 그러나 노모가 계시고 자식은 아직 어리니 저로서도 어쩔 도리가 없습니다."

이 우직한 사내가 마지막에 가족 이야기를 하자 광이 그에게 다짐을 주었다.

"내가 곧 자네일세. 내가 대신 돌봄세."

그리하여 두 사람의 계약은 완결되었다. 광은 기어이 한 장사의 목숨을 이용하고자 했다. 광은 드디어 거사 날을 잡고 왕을 초대했다. 그는 지하실에 갑사(갑병)를 숨겨두고 왕을 대접할 준비를 했다. 오나라 왕 요 또한 광의 야심에 두려움을 느끼고 있었던지라 그날의 술자리는 참으로 살벌했다.

왕의 갑사들이 공자 광의 집으로 통하는 도로에 무장을 하고 늘어앉았고, 또 대문도 그들이 지켰다. 대문, 계단, 방문, 방석은 모두 왕의 친척이 차지해서 좌우에서 검을 들고 왕의 몸을 엄호했다. 음식을 가지고 들어오는 자들은 모두 문 밖에서 옷을 갈아입게 하고, 음식 그릇을 든 자들은 모두 무릎으로 기어 들어가서 바치게 하는데, 역시 무사들이 양쪽에서 요리를 바치는 이의 옆에서 쇠꼬챙이(피鈹, 날이 길고 좁은 창)

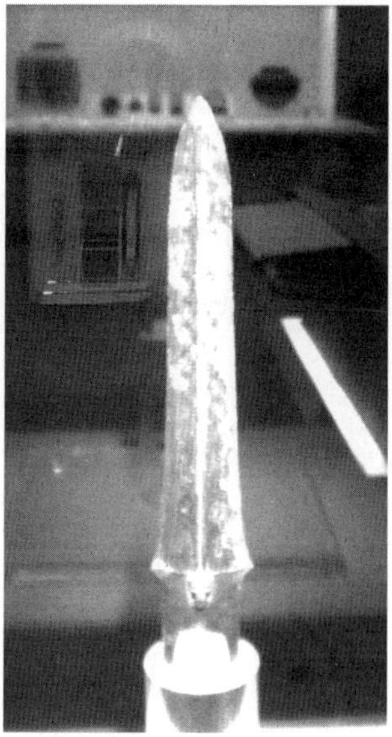

오나라 왕 합려의 피. 호북성 박물관 소장.

를 겨누고 따랐다. 꼬챙이를 얼마나 바투 들이댔는지 날이 서로 닿아 달그락거릴 정도였다. 조금만 낌새가 보여도 쇠꼬챙이가 가슴을 파고 들고, 왕이 아니라 오히려 공자 광이 사달을 맞을 형국이었다. 그때 광은 발에 병이 있다는 핑계로 지하실로 피해 들어갔다. 그는 거기서 자기가 숨겨놓은 호위병들의 엄호를 받았다.

때맞춰 왕이 좋아하는 요리를 올릴 차례가 되었다. 호위병들은 요리사의 옷을 벗기고 갈아입혔다. 요리사는 순순히 따랐다. 그는 무릎걸음으로 커다란 쟁반에 구운 물고기를 얹어서 왕의 앞으로 다가갔다. 호위병들의 검이 양쪽 가슴에 서늘하게 닿았다. 드디어 왕에게 고기를 올릴 순간이 왔다. 왕이 사정거리에 들어왔다. 침착하게 물고기 배 속에 숨겨놓은 칼을 잡은 전설제. 칼을 뽑자마자 그대로 일어서며 왕의 가슴을 찔렀다. 천하장사의 완력이 칼끝의 예리한 지점에 모이자 두꺼운 갑옷도 별 역할을 하지 못했다. 칼은 왕의 가슴을 깊숙이 파고들었다. 누구도 상상할 수도 없이 짧은 순간에 일어난 일이었다. 그와 거의 동시에 호위병들의 칼이 전설제의 양쪽 가슴을 관통했다.

그 순간, 기다렸다는 듯이 공자 광의 무장병들이 지하에서 튀어나와 칼을 휘둘러댔다. 그날의 일을 더 자세하게 기록한 사료는 없지만, 분명 왕의 친척들 다수가 죽임을 당했을 것이다. 나라의 군대가 밖에서 패했을 때 공자 광은 자신의 사촌동생이자 왕인 요를 죽였다. 국가의 우환은 그의 기회였다. 전설제는 물론 난자당한 채 싸늘한 시체가 되었다.

광은 이렇게 왕이 되었다. 이 사나이가 당시 중원은 물론 청사에도 서슬 퍼런 이름을 남기게 되는 오나라 왕 합려闔閭다. 전설제가 거사에 사용한 칼을 후세 사람들은 어장검魚腸劍(魚藏劍)이라 불렀다. 아마도 '물고기 배 속에 감춘 칼'이라는 뜻이리라.

합려는 전설제의 아들을 경으로 삼았다. 야인이자 자객의 아들이 일약 경이 된 것이다. 이 역시 중원이나 초나라에서는 상상조차 할 수 없는 일이었다. 그는 어장검으로 춘추의 질서를 찔렀다. 합려는 목적을 달성하기 위해 수단을 가리지 않는 사람이었지만, 우두머리로서 약속을 지킬 줄은 알았다. 그는 마치 지하세계의 보스 같은 사람이었다. 그를 거스르는 것은 죽음이었지만 충성에 대한 대가는 확실했다. 전설제는 자기의 목숨으로 어린 아들을 경으로 올린 것이다.

이제 계찰이 돌아올 차례가 되었다. 계찰은 중원의 인사들과 교류가 깊었는데, 특히 제나라의 안영과는 서로 공감하는 사이였다. 난리를 대하는 그의 태도는 안영과 비슷했다. 그가 중시하는 것은 왕위가 아니라 사직이었다.

"선대 군주의 제사를 폐하지 않고 백성이 지금의 군주를 폐하려 하지 않고 사직을 제대로 받들고 국가를 기울일 지경이 아니라면, 그분은 내 군주인 것이다. 내가 감히 누구를 원망할 것인가? 나는 죽은 분을 슬퍼하고 살아 있는 분을 섬겨 천명을 기다리리라. 내가 난을 일으킨 것이 아니요, 이미 들어선 왕을 따르는 것은 선인들의 법이다."

그러고는 선왕의 무덤에 가서 곡을 하고 새 왕의 명을 기다렸다. 계찰은 이런 사람이었다.

한편, 회하 상류의 가느다란 지류에 갇혀 있던 엄여와 촉용의 오나라 군대는 어찌 되었을까? 공자들은 나라에 난리가 났다는 소식을 듣고는 한 명은 종오鍾吾로, 한 명은 서徐로 달아났다. 초나라 군이 주장을 잃은 오나라 군을 습격했다면 이들은 모두 물고기 밥이나 전야의 이리 밥이 될 운명이었을 것이다. 그러나 오나라 군의 후방을 막고 있던 초나라 좌윤 극완은 오나라의 난리를 틈탈 생각이 없었다. 그는 "상대국의 난리를 틈타는 것은 상서롭지 못하다"라고 선언하고 오나라 군의 퇴로를 열어주었다. 그러나 극완은 이 '선행'이 빌미가 되어, 돌아가자마자 뇌물을 받았다는 비무극의 참소를 받아 죽는다. 춘추의 싸움 규칙은 이렇게 초나라에서도 무너졌다.

왕위를 차지한 합려는 바로 초나라에서 망명해온 오자서와 백비를 기용했다. 오자서는 이제 제후국들을 열심히 오가면서 반초反楚 연합 전선을 만드는 데 앞장을 섰고, 백비는 훗날 태재太宰가 되어 내정을 정비하는 데 힘썼다. 초나라에서 온 인재로 초나라를 친다는 전략이었다. 또한 백비는 선대의 가계가 초·진나라에 걸려 있으니 활용 가치가 대단한 사람이었다.

이들 둘이 쌍두마차가 되어 괴롭히니 초나라는 한시도 쉴 틈이 없었다. 전국시대 중반부터 이른바 외지에서 온 최고위 정치인, 곧 객경客卿들의 활약상이 돋보이는데, 초나라 출신의 백씨와 오씨가 그 길을 활짝 열었다고 할 수 있다. 합려는 전국시대의 문을 여는 데 이렇게 여러 가지로 기여한다.

합려는 냉철한 사나이였다. 오나라 군이 회하의 지류에서 포위되어 전멸할 지경에 빠졌을 때도 구원할 생각은 않고 오히려 이를 기회로 삼았다. 그의 야망은 중원에 길들여진 인물들은 상상도 못 할 만큼 컸다. 오나라 군이 포위된 경험은 합려에게 강한 인상을 남겼던 듯하다. 물을 타고 내려오는 초나라 군의 반격 속도는 빠르다. 지류로 나가 작전을 하는 오나라 군이 포위되지 않으려면 지류와 본류의 합수구에 거점들을 구축해야 한다. 앞으로 합려는 차분하게 그 작업을 진행해 나간다.

제7장

합려,
국가의 건설자

• • •

오나라의 왕으로 합려가 서자 초나라는 긴장했다. 그는 호전적이지만 동시에 대단한 수완이 있다고 알려져 있었다. 합려가 일개 공자일 때도 초나라는 그와 싸우면서 진이 빠질 지경이었다. 그런 그가 왕이 되었다고 한다.

왕위에 오른 지 3년째 되던 해, 합려는 서나라와 종오나라를 위협하여 달아난 오나라 공자 엄여와 촉용을 돌려보내라고 채근했다. 작은 나라들은 신흥 강국 오나라를 무시할 수 없는 처지였다. 결국 두 공자는 적국인 초나라로 달아났다. 초나라는 그들에게 대규모의 채읍을 주고 변방에 배치해서 앞으로 오나라를 치는 데 이용하고자 했다. 또한 오나라를 방비하는 중요한 근거지인 성보城父와 호胡의 일부를 떼어내어 성을 쌓아주었다.

1. 오랑캐 땅의 '문명인' 합려

초나라의 차기 영윤 감이던 자서(평왕의 서자)가 어린 왕에게 충고했다.

"오나라의 광이 새로 왕이 되어 백성들을 친하게 대하고[親民], 백성들 보기를 자기 자식처럼 하며[視民如子], 그들과 고락을 같이하여 장차 그들을 동원하려 하고 있나이다. 변경에서 저들과의 우호관계를 잘 관리하고 달래서 설복시킨다고 해도 저들이 들이닥칠까 두려운데, 우리 측에서 또 원수를 강포强暴하게 하여 화를 두 배로 돋워서야 되겠사옵니까? 오나라는 주나라의 후예이오나 바닷가에 버려져 지금껏 희성姬姓 나라들과 왕래하지 못하였나이다. 그러나 지금 바야흐로 강대해져서 여러 중원의 나라들과 비등해졌고, 저들의 군주 광 또한 대단히 현명하여[光又甚文] 장차 스스로 선왕들과 어깨를 견주려 하고 있사옵니다. 장차 하늘이 어떤 재난을 내릴지 모르는 일이옵니다. 오나라를 잘라서 다른 성姓의 큰 나라들에게 나누어줄지, 아니면 오나라에 서광을 비출지 아직 모릅니다. 어쨌든 그 결말을 볼 날이 멀지 않사옵니다. 우리는 응당 우리 신령을 잘 섬기고, 우리 족성族姓 사람들을 편안히 쉬게 하면서 앞으로 일이 어떻게 돌아갈지 기다려야 합니다. 구태여 우리가 먼저 일을 일으킬 필요가 있사옵니까?"

《좌전》에 나오는 이 '광우심문光又甚文'이란 구절을 주목해야 한다. 고대에서 '문文'이란 자연 혹은 야만에 반대되는 인공적이며 체계적인 것, 곧 문명文明을 뜻한다. 따라서 이 말은, 합려는 비록 편벽한 동쪽에 있는 야만족의 군주이지만 원래 뿌리가 좋고, 배움으로써 체계적인 인식을 갖추었다는 말이다. 상대는 이전까지 그랬던 것처럼 무턱대고 달려드는 야만인이 아니라 대단히 문명화된 사람이니 가볍게 볼 수만은 없다는 충고였다.

그렇다면 합려는 어떻게 그 짧은 시간에 그렇듯 '대단히 문명화된 사람'이란 평가를 받게 되었을까?

2. 적국의 인재들을 거두다

오나라는 오래전부터 존재했지만 기원전 6세기 후반에야 비로소 급격히 부상한다. 지금 합려는 오나라를 강국으로 만들어가고 있는 것이다. 강대한 국가가 서기 위해서는 제일 먼저 강한 통치 집단이 필요하다. 통치권의 핵심은 물론 무력이다. 왕이 이 무력을 자유자재로 사용할 때 나라는 팽창한다. 초나라와의 전투를 통해 오나라는 대규모 병력을 동원하는 능력을 키워나갔다. 이제는 그 인력을 자유자재로 활용할 인재들이 필요한 때가 왔다. 합려는 대범한 인물이었다. 그는 인재들의 출신을 가리지 않았다. 그는 거리낌 없이 적국敵國의 인재를 최고위에 올리고 가까이서 부렸다. 그중 오자서·백비·손무는 합려 내각의 삼걸이라고 할 만했다.

오자서에게 정사를 맡기다

초나라를 떠나 들판에서 자고 시장에서 걸식을 하며 동쪽 오나라로 들어온 오자서. 그는 어떻게 합려의 눈에 들었을까? 춘추시기의 기록 중 단연 선두인《좌전》은 남방의 기록들에 대해서는 소원하다. 이는 노나라의 사관이 정리한 것이기 때문에 어쩔 수 없었을 것이다. 그래서 야사인《오월춘추》에 기대어 합려가 오자서를 등용하는 과정을 상상해 볼 수밖에 없다.

합려는 오자서에게 외교 임무를 맡겼다. 앞으로 강한 초나라를 제압하려면 외교는 국가의 존망이 걸려 있는 중대 사안이었다.

"과인은 나라를 강하게 하고 패왕霸王이 되고 싶소이다. 어떻게 하면 가능하겠소?"

오자서는 눈물을 떨구며 머리를 조아렸다.

"신은 초나라에서 도망 나온 포로에 지나지 않사옵니다. 아버지와 형을 잃어도 그 뼈를 묻어주지 못해, 그들 혼령이 제사를 받지 못하게 하였사옵니다. 죄를 뒤집어쓰고 치욕을 견디며 대왕께 목숨을 맡겼사옵니다. 다행히 죽음을 받지 않았사온데 어찌 감히 정사에 끼어들겠습니까?"

오자서의 겸양에 합려가 간청했다.

"그대가 아니었으면 과인은 수레 고삐를 잡고 싸움터를 떠도는 이에 불과했을 것이오. 다행히 그대의 가르침을 받아 오늘에 이른 것이오. 어찌하여 중도에 마음을 바꾸려는 것이오?"

"신이 듣건대, '계책을 내는 신하가 무엇 하러 위험한 장소(군주의 곁)에 발을 내디딜까. 문제를 처리하고 사태가 안정되면 군주는 반드시 그를 가까이하지 않을 것이다'라고 합니다."

"그렇지 않소이다. 그대가 아니면 과인이 끝까지 상의를 할 이가 없는데 어찌 그대를 물리칠 수 있겠소? 우리나라는 편벽한 동남에 치우쳐 있고, 땅은 험하고 습한 데다 강물과 바닷물의 피해도 겪고 있소. 군주가 지켜내지 못하니 백성들이 의지할 데가 없고, 창고가 준비되어 있지 않으니 전야는 개간되지 않고 방치되어 있소이다. 어찌하면 좋겠소?"

• 《오월춘추》는 동한시대에 나온 책이기 때문에 춘추 말기에는 쓰이지 않는 단어들이 등장한다. 가령 '패왕' 같은 단어들이다. 대화는 고치지 않고 인용한다. 그러나 구체적인 사실이나 연도가 틀린 부분이 많은데, 이런 부분은 필자가 임의로 바로잡았다. 기타 사적에 기록되지 않은 것이지만 분명히 구체적인 사료에 의거해 묘사한 부분들이 있다. 특히 지리나 성곽 등을 묘사한 부분들은 고고학적인 발견과 일치하는 것이 적지 않아서, 작자가 상상으로 지어낸 것이 아님을 알 수 있다.

"신은 '나라를 다스리는 길은 군주의 권위를 안정시키고 백성들을 다스리는 것[安君理民]이 상책'이라 들었습니다."

합려는 귀를 세웠다.

"군주의 권위를 안정시키고 백성을 다스리려면 과인이 어떻게 해야 하오?"

오자서는 말을 꾸미는 사람이 아니었다. 그는 처음부터 힘과 질서를 기반으로 한 패도를 말했다.

"무릇 안군치민安君治民하여 패왕이 되어 가까이 있는 이들을 따르게 하고 멀리 있는 이들을 통제하기 위해서는 반드시 먼저 성곽을 세우고[必先立城郭], 수비 시설을 갖추고[設守備], 창고를 채우고[實倉廩], 무기고를 정비해야[治兵庫] 합니다."

합려는 기뻤다.

"좋은 생각이오. 그런데 대저 성곽과 창고를 세우고, 상황에 따라 합당한 제도를 만들면[因地制宜] 그예 하늘의 명을 받아 사방의 제후들 위에 군림할 수 있겠소?"

"할 수 있습니다."

합려가 말했다.

"과인이 그대에게 이 일을 맡길 테니 대책을 마련해주시오[寡人委計於子]."

합려는 수단과 방법을 가리지 않는 사람이지만 중원의 그 어떤 군주보다도 대범했다. 그는 자기가 보기에 유능한 사람이면 믿고 썼다.《관자》를 비롯한 전국시대의 수많은 실용서들은 "인재를 보고도 쓰지 않으면 차라리 인재가 없느니만 못하다"고 강조한다. 왜 그럴까? 훌륭한 인재임이 밝혀졌으나 등용되지 못하면 다른 인재들이 아예 왕의 곁으로 가지 않기 때문이다. 더 큰 문제는 적국으로 넘어가는 것이다.

《전국책》에 "오자서가 왕을 잘 보위한다는 소문이 돌자 열국이 모두 그를 얻으려 했다"는 내용이 있다. 전국시대의 수많은 객경들에게 오자서는 최고의 역할 모델이었다.

합려는 이제 능력 있는 자를 높인다는 전국시대의 인사 원칙을 드높였다. 《좌전》과 《국어》를 통틀어 지속적으로 강조되는 춘추시대의 인사 원칙, 곧 "같은 값이면 가까운 이를 쓰고, 친척을 울타리로 만든다"는 폐쇄적인 기준을 철저히 깨뜨린 사람이 바로 합려였다. 합려는 고립무원의 망명객 오자서를 믿었다. 초나라는 한때 백주리를 받아들여 중원을 떨게 했는데, 이제 오나라가 오자서를 벼려서 남방과 중원을 떨게 할 차례가 되었다. 합려는 성인을 얻었다고 좋아했다.

백비와 국사를 논하다

합려는 또 한 사람의 초나라 인재를 등용했으니 그가 바로 백비다. 수많은 야사나 소설, 심지어 정사류도 이 사나이를 소재로 기발한 이야기들을 만들어냈다. 그러고는 결국 이 사나이를 때리고 멍에를 씌움으로써 이야기를 적나라하게 만들었다. 그러나 이 사나이의 인품은 몰라도 능력은 다시 검토해야 한다. 이 사나이의 면모 또한 오자서 못지않게 다채롭다. 또한 그가 오나라에서 맡은 역할 역시 오자서 못지 않았다.

《좌전》에 극완의 난리 때 백씨 일족이 달아났고, 그때 달아난 백비가 오나라의 태재가 되었다고 되어 있다. 그렇다면 백비는 혈혈단신이던 오자서와는 달리 자기의 족인들을 이끌고 오나라로 들어왔을 것이다. 혼자보다는 둘이 좋고, 둘보다는 무리가 좋다. 백비가 비록 늦게 도착했으나 오자서와는 달리 기반을 가지고 있었다. 다시《오월춘추》의 기록을 살펴보자.

합려가 물었다.

"백비는 어떤 사람이오?"

오자서가 답했다.

"백비는 백주리의 손자입니다. 평왕이 극완을 죽이자 나라 밖으로 달아났는데,• 신이 오나라에 있다는 소리를 듣고 이곳으로 온 것입니다."

합려는 오자서에게서 백비의 이야기를 듣고 그를 만났다.

"과인의 나라는 멀리 궁벽한 곳에 처져 있어 동쪽으로는 바다와 접한 곳이오. 그대의 선인께서 초나라 왕의 노여움을 입고 비무극의 참소를 받았기에, 그대가 이 나라가 멀다 하지 않고 왔다고 들었소. 장차

• 초 평왕은 백주리를 죽이지 않고 극완을 죽였다.《오월춘추》의 저자는 백주리와 극완을 동일인으로 착각하고 있다.

어떻게 과인을 가르치려 하시오?"

백비는 머리를 조아리며 말했다.

"저는 초나라가 잃어버린 포로에 지나지 않습니다. 선대는 죄가 없으나 횡액을 만나 급작스럽게 죽임을 당했사옵니다. 신은 대왕께서 막다른 길에 처한 자서를 거두어들였다는 소리를 듣고, 1000리를 멀다 않고 이렇게 와서 목숨을 맡기는 바이옵니다. 오직 대왕께서 죽음을 내리시길 바라옵니다."

합려는 백비의 일을 불쌍하게 여겨 그를 대부로 삼고 함께 국사를 의논했다. 합려로서는 백비의 가문과 그의 투지 등 어느 것 하나 버릴 수가 없었을 것이다. 그러나 백비는 단순한 참모가 아니라 일약 태재의 직을 맡게 되는데, 이는 단순한 인정으로는 설명할 수 없는 부분이다. 백비에게는 합려가 바라는 무엇이 있었으니, 그는 바로 국가의 제도에 통달한 인물이었던 것이다.

태재란 어떤 벼슬이었던가?《주례》에 의하면 태재는 천관天官 관직의 우두머리로, 총재冢宰라고도 했다. 원래 태재는 왕실의 재정과 제사를 관장하는 직위로 상고시대에는 그 권한이 대단히 컸으나, 전국시대를 거치면서 체계적인 관료사회가 왕실의 사적 권력을 대체하면서 태재의 권한도 줄어들었다. 하지만 춘추 말기, 특히 오나라와 같이 왕실을 중심으로 갓 관료체제를 정비하기 시작한 상황에서 태재의 권한은 중원의 어느 국가들보다 컸다.

진나라와 초나라의 문물을 모두 익히고 오나라로 망명해서 합려의 오른팔이 된 백비는 오나라 중흥의 전반을 책임지는 중책을 맡았던 것으로 보인다.《주례》의 내용은 물론 다 믿을 수 없지만, 태재가 건국 시에 핵심적인 역할을 한다는 것은 명백하다. 그 기사를 보자.

> 태재는 왕이 국도를 건설할 때, (종묘와 사직, 성곽을 세울 때) 방위를 판별하고, 국도와 교외의 경계를 확정하며, 관직을 설치하고 직분을 배분하는 일을 한다〔惟王建國, 辨方正位, 體國經野, 設官分職〕.

《주례》에 기반하여 태재가 하는 일을 좀 더 구체적으로 살펴보자. 특히 한 나라가 건국될 때 태재는 국가의 설계자 역할을 한다. 우선 태재는 건국의 모든 법령과 전적을 관리한다[掌建邦之六典]. 전적이란 육전, 곧 통치의 강령·교육·예식·정령·형사·행정[治·教·禮·政·刑·事]에 관한 근거들을 말한다. 그렇다면 건국 시 태재는 예교에서 실무까지의 지침서를 관장하는 역할을 하는 것이다.

법으로 관부를 다스리는 일[以八法治官府], 제도로 국도와 비읍을 구분하여 관리하는 일[以八則治都鄙], 권위로써 왕이 신하들 위에 군림하는 것을 보좌하는 일[以八柄詔王馭群臣], 통치 방도로써 왕이 백성들 앞에 군림하는 것을 보좌하는 일[以八統詔王馭萬民], 백성들의 직분을 배분하고 부리는 일[以九職任萬民], 세금을 부과하고 재정을 관리하는 일[以九賦斂財賄] 등은 물론이고, 제후국들의 공물을 거두어들이는 일[以九貢治邦國之用]까지 관장했다.

물론 춘추시대 중원의 국가들이나 초나라에서는 이미 태재가 실무 관직으로서의 중요성을 많이 상실한 것으로 보인다. 초나라의 영윤이

나 진晉나라의 정경이 이전에 태재가 처리했던 업무들을 대부분 인수하여, 태재는 제사와 자문에 집중했던 것으로 보인다. 그러나 태재가 속한 천관 그룹은 여전히 한 나라에서 가장 지식이 많은 사람들임은 명백했다.

백비의 증조부 백종은 진나라에서 너무 똑똑한 사람으로 소문났기 때문에 참소를 받고 아들 백주리를 초나라로 도피시켰다. 그리고 백주리는《좌전》에 초나라에서 예교를 가장 많이 익혔으며 안목이 발군인 사람으로 묘사되어 있다. 그런 백씨 일족이 오나라에 왔다. 태재가 알아야 할 지식은 대단히 방대했으므로 한 개인이 다 구비하기는 어렵고, 일종의 전문가 집단이 있었을 것이다. 백비가 향후 승승장구하는 과정을 보면, 그 일족이 오나라에서 그런 역할을 했다고 충분히 가정할 수 있다.

백비는 나중에 월나라의 뇌물을 받아서 오-월의 싸움을 점입가경으로 만드는 인물이다. 태재는 이웃 나라에서 들어오는 선물을 관장하는 직위에 있는 사람이니, 실제로 백비가 이웃 나라로부터 들어오는 재물을 개인적으로 유용했는지, 아니면 그 자리에 있었기 때문에 그런 오명을 뒤집어썼는지는 알기 어렵다. 아무튼 그 역시 오자서 못지않게 오뚝이 같은 인물이었고, 오나라 중흥 과정에서 중추적인 일을 담당했다. 합려는 이렇게 백비의 지식을 품었다.

손무에게 군사를 맡기다

합려는 오자서의 식견과 백비의 지식만으로 패자가 될 수 있을까? 오자서는 합려의 심장, 백비는 머리라고 할 수 있다. 이제 팔다리의 역할을 할 사람이 필요했다. 합려는 주저 없이 다시 외국인을 채택했다. 그 사람은 아직도 여전히 신비에 싸인 인물 손무孫武로, 우리에게는《손자병법孫子兵法》으로 더 잘 알려져 있다.《사기》〈손오열전〉은 합려와 이 인물의 만남을 한 편의 연극처럼 묘사하고 있다.

손자 무武는 제나라 사람이다. 그는 병법으로 이름이 알려져 오나라 왕 합려를 알현하게 되었다.

"그대의 병법 13편은 내가 모두 보았소. 병사들을 부리는 것을 한번 보여줄 수 있겠소?"

"좋습니다."

"여자들도 괜찮소?"

"물론입니다."

손무의 장담에 합려는 궁중의 미녀 180명을 내주었다. 그러자 손무는 궁녀들을 두 부대로 나누고는, 왕이 아끼는 첩 두 명으로 하여금 대장이 되게 하고 창[戟]을 쥐여준 다음 명령을 내렸다.

"자네들은 가슴과 좌우의 손, 그리고 등을 알고 있는가?"

"네, 알고 있습니다."

"'앞으로'라고 명령을 내리면 정면을 보고, '좌로' 할 때는 왼손 방향을 보고, '우로' 하면 오른손 방향을 보라. 그리고 '뒤로' 할 때는 뒤로 돌아라."

"네."

손무는 군령을 집행하는 도끼를 준비하고, 북과 깃발로 신호를 삼았다. 그러고는 명령을 다섯 차례 반복해서 설명해주고는 북으로 신호를 올렸다.

'우로.'

그러나 군령을 모르는 여자들이 그만 이 장난 같은 놀이에 웃음을 터뜨리고 말았다. 손무가 말했다.

"약속이 명료하지 않고 군령을 제대로 숙지시키지 못한 것은 장수의 죄다."

그러고는 다시 여인들을 교육시킨 다음 북을 울렸다.

'좌로.'

그러나 이번에도 여자들을 깔깔 웃고 말았다. 손무는 다시 준엄하게 선포했다.

"약속이 명료하지 않고 군령을 숙지시키지 못한 것은 장수의 잘못이다. 그러나 이미 약속을 명료하게 하고 군령을 숙지시켰음에도 따르지 않는 것은 군리[吏士]들의 죄다."

그러고는 애첩 두 명의 목을 베려 했다. 합려가 황급히 말렸다.

"과인은 이미 장군이 병사들을 부릴 능력이 있음을 알았소이다. 과인은 이 두 첩이 없으면 음식을 먹어도 맛을 모르오. 목을 베지는 말아주시오."

그러나 손무는 냉정했다.

"신은 이미 명을 받아 장수가 되었습니다. 장수가 군중에 있을 때는 비록 군주의 명이라도 받지 않을 때가 있습니다."

손무는 기어이 합려의 애첩 둘의 목을 베어서 조리돌리고는 다시 그 다음 여자 두 명을 골라서 대장으로 삼은 후 북을 울렸다. 겁에 질린 여자들은 북을 울리면 전후좌우로 정연하게 움직였다. 그러자 손무가 복명했다.

"훈련이 끝났습니다. 왕께서 내려와 한번 살펴보시지요. 왕께서 이들을 쓰려고 한다면 물불로 뛰어들라 해도 말을 들을 것입니다."

그러나 애첩 두 명을 잃은 합려는 그럴 기분이 아니었다.

"장군은 숙소로 가서 쉬도록 하오. 과인은 사열하고 싶지 않소."

그러자 손무가 말했다.

"왕께서는 그저 제 이론만 좋아할 뿐, 실제로 저를 쓸 줄은 모르시는군요."

합려는 결국 손무를 장군으로 삼았다.

이 손무가 바로 오늘날 《손자병법》 13편의 저자로 알려져 명성을 날리는 손자다.

지금까지 《좌전》이나 《국어》와 같은 원시 사서 혹은 여타 전국시대의 제자백가서에 손무의 이름이 등장하지 않았기에 이 손무라는 사람의 존재에 대해 의구심이 많았다. 오자서와 백비가 주도하여 초나라를 친 것이 명백하고, 오-초의 대접전은 춘추 말기의 대사건인데 어떻게 일선 사령관인 손무의 이름이 등장하지 않을 수가 있느냐는 것이 그 이유였다. 그래서 혹자는 손무란 사람은 전국시대 제나라의 병법가로 역시 손자의 칭호를 얻은 손빈이 아닌가 추측하기도 했다.

그러나 합려가 손무를 등용한 것은 명백한 사실로 보인다. 근래 산동 임기臨沂 은작산銀雀山 한묘漢墓에서 손무의 병법과 손빈의 병법이 동시에 발견되었다. 이로써 손무와 손빈을 구분한《사기》의 내용은 신뢰를 얻었다. 한대에 유행한 죽간이라면 최소한 전국시대 말기에는 이미 알려져 있었을 것으로 보이기 때문에 당시에도 합려를 섬긴 손무와 손빈은 다른 사람으로 인정되었을 것이다.

전국시대 병법서로 알려진《울료자蔚繚子》에 "7만의 병력을 거느리면 천하도 대적할 수 없는 이가 누구인가? 그가 바로 오기다. 3만의 병력을 거느리면 천하도 당할 수 없는 이는 누구인가? 바로 무자武子(손무)다[有提七萬之衆而天下莫當者誰, 曰吳起也. 有提三萬之衆而天下莫當者誰, 曰武子也]"라는 내용이 나온다. 그동안《울료자》는 후대의 위서로 폄훼되었기에 손무의 존재를 증명하는 데 큰 도움이 되지 않았다. 그러나 은작산 한간에서 이《울료자》의 잔간도 함께 발견되면서 이제는 최소한《울료자》가 오기의 저작은 아니더라도 전국시대에 만들어진 병서임은 부인할 수 없을 것 같다.

사마천이 근거 없이 손무를 지어내지는 않았을 것이고, 손빈과 거의 동시대를 살았을 전국시대 사람들이 손빈을 손무로 오해했을 리는 더욱 없다. 그러니 손무는 손무고 손빈은 손빈이다.《좌전》이나《국어》는 중원 중심의 기록에 초나라를 끼워서 기록하고 있다. 남방의 '오랑캐'

나라 인물들을 자세히 기록하지 않는 것은 이상할 것도 없다.

합려, 그는 제나라 사람 손무를 일선 사령관으로 등용해 군대를 맡겼다.* 사방 외국의 버려진 인재들이 이제 대범하고 무쌍한 군주 합려

---

* 독자들은 이제 그 유명한 《손자병법》을 기대할 것이다. 그러나 안타깝게도 《손자병법》은 손무의 저작이 아니라 전국시대 병법가들의 저작이 명백하다. 특히 지금 존재하는 13편은 은작산 한간본보다 훨씬 후대에 편집된 것이 분명하다. 《손자병법》에는 분명 손무의 사상이 들어 있을 것이고, 또 내용 중에는 춘추 말기를 묘사하는 부분들이 있다. 그러나 어떤 편은 손무의 저작으로 보기가 난망하고, 대부분은 전국시대 중기 이후를 묘사하고 있어 합려의 손무를 이해하는 데는 활용하기가 어렵다.
하지만 우리는 앞으로 전국시대 편에서 《손자병법》의 다양한 면모들을 확인해볼 것이다. 《손자병법》과 손무의 관계는 줄곧 학계의 관심을 받아왔다. 선진先秦시대 학파들이 책을 만들면서 흔히 비조鼻祖의 이름을 빌렸기 때문에 사태가 더욱 복잡해졌다. 그 대표적인 서적이 바로 《관자》다. 분명히 관중이 쓰지 않았으나 관중학파들이 관중을 내세웠던 경우다. 그러나 《관자》는 최소한 전국시대의 책이라는 것이 밝혀졌지만, 《손자병법》이 과연 전국시대의 책인가도 의문이다.
은작산 죽간의 등장으로 《손자병법》이 한대에는 광범위하게 유통되었고, 아마도 전국시대에 책으로 만들어졌을 것이라는 점은 추정할 수 있지만, 구체적으로 그것이 언제인가는 여전히 미지수다. 확실한 것은 지금의 13편은 은작산 한간 이후에 만들어졌다는 점이다. 은작산 한간에는 현존 13편보다 편명이 훨씬 많다. 죽간 분류자들이 지금의 편명과 다른 것은 《손자병법》의 하편으로 분류하거나 혹은 《손빈병법》으로 분류했다. 그러나 이 분류법도 많은 비판을 받았다. 우선 현존 13편은 《한서》 〈예문지〉의 '오나라 《손자》 82편'이라는 기록 등과 일치하지 않는다.
또한 근래 등장한 필사본인 《손무병법》(장씨가장수초본張氏家藏手抄本인 《장씨가장손무병법》)도 일부 저명학자들은 후대 개인의 위서가 아닌 것으로 보는데(북경대 부교장을 지낸 계이림季羨林도 위서로 판결하기 어렵다는 입장이다), 이 책은 〈예문지〉에서 언급한 82편의 편제와 거의 유사하다고 한다. 또한 이 필사본은 《손빈병법》과도 대단히 유사하다고 한다(필자는 이 필사본을 확인하지 못했기 때문에 더 할 말은 없다). 그러나 일단 《손자병법》이 13편이라는 것은 근거가 희박하고, 현존 《손자병법》 13편이 손무 자신의 저술이 아님은 내용으로 보아도 명백하다. 은작산 한간 중에는 현존 유통본의 〈용간用間〉 편이 있는데, 거기에 "주나라가 흥할 때 여아(강태공)가, (중략) 연이 흥할 때는 소진이 제나라에 있었으니[周之興也呂牙在, (중략) 燕之興也蘇秦在齊]"라는 문구가 등장한다. 명백히 전국시대 중반기 이후의 상황을 묘사한 것이다. 그래서 일부 학자들은 《손자병법》은 손무의 저작이 아니며, 아마도 전국시대 후반기 손빈학파가 만든 것이라고 추정한다[왕가상王家祥, 〈은작산 한간 《손자》 〈용간〉 편으로 본 《손자병법》의 저자와 저술 연대(從銀雀山漢簡《孫子》〈用間〉篇看《孫子兵法》的作者與年代)〉, 간백연구簡帛研究 홈페이지(http://www.jianbo.org) 참조]. 대체로 《손자병법》은 전국시대 후반기 병가에 속하는 인사들이 선대 병법가들의 연구를 종합하여 만든 것으로, 지금의 13편보다 내용이 훨씬 방대했을 것으로 보인다. 지금의 13편은 사료의 《사기》에 손무가 바쳤다고 나오는 '13편'에 맞추어 후대인들이 재편집한 것으로 보인다.

를 만났다. 앞으로 초나라는 기존에 만나보지 못한 기이한 군대와 싸워야 할 것이다.

3. 도시 건설자 합려

초도楚都에 버금가는 오나라의 수도

합려는 명실상부를 추구하는 야심찬 군주였다. 《오월춘추》에 이런 기록이 나온다. 합려가 오자서에게 패도의 설계를 맡기자 오자서는 바로 성곽의 축조에 나섰다.

> 오자서는 토질을 살피고 물맛을 보게 한 후[相土嘗水], 하늘의 형상을 본받고 땅의 모양을 따라[象天法地] 커다란 성을 만들었다. 주위는 47리였으니 육상에 문 여덟을 두어 하늘의 여덟 계절의 바람을 상징하게 하고, 수문을 여덟 개 설치하여 땅의 여덟 가지 총명함을 본떴다.

이 기록은 학자들의 궁금증을 자아냈지만, 일단 합려가 큰 성을 축조한 것은 사실로 보인다. 사마천이 "춘신군은 옛 오나라 도읍 터에 의지해서 성을 쌓았다[春申君因城故吳墟]"고 기록하고, 또 "나는 춘신군의 고성을 가보았는데 궁실이 대단히 웅장했다(《사기》〈춘신군열전〉)"라고

무석 합려성. 오나라 도읍을 호위하기 위해 오자서가 만든 성이다.

직접 눈으로 확인한 것을 묘사하고 있기 때문이다. 그렇다면 춘신군이 만든 궁실은 서한시대에도 여전히 있었고, 그 터전은 합려가 잡았다고 추정할 수 있다.

전국시대 말기 화급을 다투는 상황에서 춘신군이 오나라가 동서남북으로 싸우고 방어하기 위해 만들어놓은 최적의 성터를 버리고 새로 성을 쌓았을 가능성은 거의 없으니,《사기》의 기록대로 옛 성터를 이용하여 만들었을 것이다. 마치 후대에 수없이 만리장성을 증축했지만 기본적으로 전국시대의 기반을 이용한 것과 마찬가지다. 춘추전국시대의 성은 공격과 방어를 위한 기능을 최우선으로 고려해서 만들어졌다.

자, 그렇다면 합려가 정말 주위가 47리(1리는 300보)에 달하는 거대한 성을 쌓았단 말인가? 오나라가 과연 그런 실력을 갖추고 있었을까?

역시 동한대의 저작인《월절서》는 더 자세하게 "오나라 대성은 주위 47리 210보 2척[吳大城, 周四十七里二百一十步二尺]"이라고 적고 있다. 비록《오월춘추》나《월절서》가 소설적인 요소를 가지고는 있지만, 당시 그 지방 사람들이 눈으로 보아 다 알고 있고, 실측을 통해 뻔히 드러나는 거짓말을 했을 리는 만무하다.《오월춘추》의 저자 조엽趙曄이나《월절서》의 저자 원강袁康은 모두 회계 사람으로 오나라 도읍을 답사한 것이 분명하다.《오월춘추》는 이렇게 적고 있다.

> 대성 안에 소성을 다시 쌓았는데 주위 10리에 세 개의 문을 두었다. 동쪽으로 문을 만들지 않은 것은 월나라가 밝아지는(흥하는) 것을 끊고자 했기 때문이다. (중략) 합려는 서쪽으로 초나라를 격파하려 했다. 그래서 창문[閶]을 만들어 천기를 유통시키고, 창문을 다시 파초문破楚門(초나라를 깨뜨리는 문)이라고 불렀다. 동남으로 월나라를 병탄하려 했기에 사문巳門을 만들어 월나라를 제어하려 했다.

《월절서》에 기록된 내용은 다음과 같이 대단히 상세하다.

> 오나라 대성은 주위 47리 210보 2척이다. 육문이 여덟 개 있는데 그 중 두 문에는 누각이 있다. 남쪽 성벽은 10리 42보 5척, 서쪽은 7리 112보 3척, 북쪽은 8리 226보 3척, 동쪽은 11리 79보 1척이다(합산해 보면 주위는 47리가 아니라 37리 남짓이다).
>
> 소성은 주위 12리에 기단의 폭이 2장 7척, 높이 4장 7척으로 문이 세

군데 나 있고, 모두 누각이 있다. 그 문들 중 두 군데에는 수문을 함께 두었고, 한 군데는 땔감을 나르는 문을 두었다.

동궁은 주위 1리 270보였고, 서궁은 장추長秋에 있었는데 주위 1리 26보였다. 진시황 11년(기원전 236년) 궁을 지키는 이가 실수로 불을 내어서 태워버렸다.

오자서 성은 주위 9리 270보였다.

이 성은 중요한 고지대들을 배후에 두었고, 도성 주위의 사통팔달한 물길을 따라 수군의 주요 정박지였을 태호로 통하는데, 결국 거대한 장강으로 이어졌다고 한다.

오나라 고성의 육도陸道는 서문胥門(남문)을 나와 토산土山으로 이어지고, 관읍灌邑을 지나 (중략) 태호太湖로 향하고, (태호를 따라) 서북으로 올라가서, (중략) 안호安湖로 통한다.

고성의 수도水道는 평문平門(서문)을 나와 곽지郭池로 통하고, 독瀆(인공도랑)으로 들어가서 소호巢湖를 나선다. (중략) 양호楊湖로 들어가 어포漁浦를 지나서 대강大江(장강)으로 들어가, 광릉廣陵으로 향한다.

(중략) 100척 너비의 도랑이 강으로 이어져 있는데, 오는 이 길을 통해 양식(군량)을 조달했다〔百尺瀆奏江, 吳以達糧〕.

상식적으로 이런 묘사는 실물을 보거나 관련 서적을 참고하지 않고는 거의 불가능하다. 오나라의 수도는 태호와 장강을 이용한 수군의

오늘날의 소주성. 전국시대 소주 일대는 초나라 동부의 거점으로 크게 확장된다.

작전이 가능하고 또한 인공 물길을 성안으로 연결해서 식량을 조달할 수 있도록 설계되었다. 이렇게 성안으로 물길을 내는 것, 또 성의 규모가 초나라 영성과 비슷한 점 등으로 보아서 망명한 오자서와 백비 등이 설계를 주도했음을 추측할 수 있다.

그럼에도 기록만으로는 믿기 어려운 것은 그 규모와 정교함이다. 과연 그런 성이 존재했던가? 옛 학자들은 지금의 소주성이 바로 오자서가 설계하고 합려가 만든 오나라 대성이라고 생각해왔다. 그러나 지금의 소주성은 완전히 평지 위에 세워진 것으로서 고대의 도성 터로는 부적합하다. 낮고 습한 곳을 피하고 구릉을 끼고 있어야 한다는 것이 도읍 설계의 기본이었다. 이런 이유로 일부 학자들은 소주시 동쪽의 태호를 내려다보는 영암산靈岩山 기슭에 자리 잡은 성터가 바로 오나라의 도성이라고 추측했다.*

그리고 2010년 영암산 일대를 대규모로 발굴 조사하는 과정에서 실제로 초나라의 영성보다 규모가 더 큰 성터를 발견했다. 이름하여 '목독木瀆 춘추고성'이다. 이 성은 한대의 기록과 거의 일치하는데, 바로 태호로 들어가는 물길을 잡고 영암산의 줄기를 배후에 두고 있어서 전략적으로 대단히 중요한 장소에 위치하고 있음을 알 수 있다. 더 중요한 것은 이 성의 규모가 20제곱킬로미터가 넘어 기록에 등장하는 것보다 더 크다는 점이다. 물론 이 성은 초나라의 영성보다 크다.

- 錢公麟, 〈春秋时代吳大城位置新考〉, 《東南文化》(1989年 Z1期); 〈春秋时代吳大城位置再考〉, 《東南文化》(2006年 05期) 등을 참조.

❶ 천평산에서 오도의 도성 목독 성터를 내려다본 모습. 안개 때문에 성터가 잘 안 보인다.
❷ 태호 변의 습지. 오자서가 태호 변에 쌓은 성은 상륙전에 대비하여 후방을 방어하는 형세였다.

과연 이 성은 춘추시대 오나라의 것 그대로인가? 아니면 그것을 기반으로 전국시대 초나라가 증축한 것인가? 그리고 이 성은 과연 합려가 만든 대성이 확실한가? 그렇다면 합려의 궁이 '고평리高平里', 곧 지대가 높고 평탄한 곳에 있었다는 기록과도 일치하고, "고소대姑蘇臺에서 태호를 바라보았다"는 기록과도 일치한다.

필자는 직접 영암산 줄기의 천평산天平山에 올라 태호와 오나라 고성이 있었을 것으로 추측되는 분지를 내려다보았다. 날씨가 좋으면 태호 서쪽 끝까지 눈에 들어오고 평탄한 동남의 평원에서 사람들이 움직이는 것도 보인다. 싸움을 잘 아는 군주라면 실제로 이곳에 도읍을 두었을 것이다.

오자서가 향후 초나라와의 싸움에서 돌아와 태호 변에 다시 성을 쌓았다는 기록이 있다. 필자는 그 성도 답사해보았는데 상륙전에 대비하여 후방을 방어하는 형세였다. 그렇다면 전략적으로는 목독의 성터가

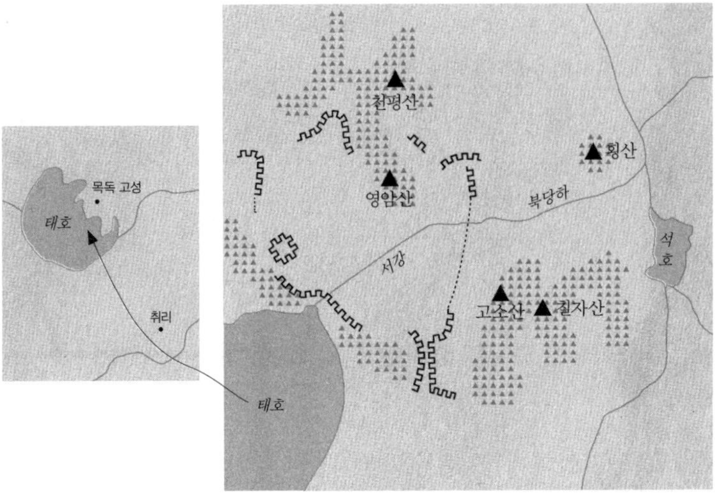

오도의 도성 목독 고성. 합려가 동방의 맹주를 염두에 두고 산과 물에 기대어 전략적으로 만든 도성이다.

도성으로서는 적격이다. 물론 앞으로 더 큰 성이 발견될지도 모르고, 목독의 성은 군사적인 목적으로 건설한 것에 지나지 않을 수도 있다.

그러나 오나라의 전성기를 연 합려가 오자서나 백비의 도움을 받아 초나라와 중원을 위협할 거대한 성을 만들었다는 것은 의심의 여지가 없을 것 같다. 그들은 초나라 도읍에 버금가거나 그보다 더 큰 도읍을 만들었던 것이다.

지금의 영암산과 고소산姑蘇山 사이의 우묵한 분지, 서강胥江은 태호로 이어지고, 북당하北塘河는 소주의 평지로 이어진다. 태호는 함선들이 떠 있고 주변에는 보루들이 즐비하다. 서는 태호, 남북은 수레가 넘지 못하는 산, 동남은 석호石湖가 가로막고 있으며, 서강을 통해 바다로 통해 있는 곳, 이곳이 바로 오나라의 도읍이다. 오직 동쪽의 평원으로 난 긴 성벽과 성문이 방어상 취약 부분이다. 합려가 작은 땅에 만족할 사람이라면 이런 거대한 도성을 만들지 않았을 것이다. 처음부터 그는 서방의 강자 초나라를 치고 그들을 넘어서기 위해 도성을 설계했다.

4. 오나라의 손과 발: 예리한 검과 빠른 배

칼을 보고 식겁하지 않는 사람은 없다. 일단 칼잡이 둘이 맞서면 달아날 곳이 없다. 무조건 너를 베어야만 내가 산다. 숨어서 쏘는 활, 대열을 이루고 방패 뒤에 숨어서 내지르는 창과 달리 칼은 무사와 무사가 엉켜 서로 끝장을 볼 때 쓰는 무기다. 오-월의 칼날은 춘추시대에 이미 중원에 이름을 떨쳤다.

오나라 사람들이 몰고 온 보병전술 혁명이 이 칼의 중요성을 더해주었다. 오-월의 칼의 우수성은 수많은 전적이 똑같이 전하고 있다.

> 좋은 칼은 월나라에서 나고, 구슬은 강한에서 나고, 옥은 곤산에서 난다.
>
> -《신서》

오늘날 합려와 그의 아들 부차의 것이라고 쓰인 검과 과戈만 열 자루 이상 발견되었다. 산서성에서 발견된 것도 있지만 나머지는 모두 전국

오왕광검吳王光劍**과 그 검의 표면.** 오나라 왕 합려의 이름은 광이다.(상해 박물관 소장)

시대 초나라의 영토와 그 인근에서 출토되었다. 초나라가 오나라의 옛 땅을 차지하고 나서 얻은 보물 중에 소장 목록 1호는 바로 검이었다는 이야기다. 빨리 달리고 힘이 센 보병의 정예부대는 창을 들고 허리에는 짧은 칼을 찼다. 심지어 수병도 모두 허리에 칼을 찼다. 오나라 병사는 단병접전에 능한 보병 위주였다. 그들은 칼을 들고 있었다. 날카로운 칼날은 오나라 군대의 위용을 더했다.

합려가 자랑하는 또 하나의 전쟁 장비는 배였다. 오나라의 배는 빠른 것과 큰 것이 적절하게 섞여 있었던 듯하다. 《묵자》에 이런 재미있는 이야기가 나온다.

> 옛날에 초나라 사람이 월나라 사람과 강에서 배로 싸울 때 초나라 사람은 강의 상류에 있어 진격할 때는 물살을 타고 쉽게 내려왔지만, 퇴각할 때는 거슬러 가야 하니 불리했다. 월나라 사람들은 물을 거슬러 올라가지만, 퇴각할 때는 물살을 타고 내려오니 쉬웠다. 그래서 월나라 사람들은 유리하다 싶으면 진격하고 불리하면 재빨리 퇴각하면서

여러 번 초나라 사람들을 패배시켰다. 공수자公輸子〔公輸盤〕가 노나라에서 초나라로 가서 처음으로 수전을 위해 걸고 미는 장비〔鉤强之備〕를 만들었는데, 월나라의 배가 달아나면 걸고 다가오면 밀어내는 장비였다. 이 장비의 길이를 재서 무기를 만드니 싸울 때 초나라 사람들의 병기는 쓸 수 있고, 월나라 사람들의 병기는 쓸 수 없어〔楚之兵節, 越之兵不節〕 초나라 사람들이 여러 차례 이겼다.

월나라와 오나라는 사실 민족이 같고 제도와 풍속도 같았다. 이 기록에서 초나라와 여러 번 싸웠다는 월나라는 오나라를 지칭한다고 봐도 무방하다. 이 기록은 언뜻 이해가 가지 않는다. 월나라가 물을 거슬러 추격하고, 초나라도 물을 거슬러 달아나는데 왜 초나라가 따라잡히는가? 월나라가 물살을 타고 달아나고 초나라도 물살을 타고 추격하는데 왜 초나라가 따라잡지 못하는가?

그렇게 되자면 월나라의 전선이 더 빨라야 한다. 오-월은 양자가 싸울 때도 수전이요, 다른 나라와 싸울 때도 수전을 선호했다. 기록으로 보아 이들의 전선은 매우 기동력이 좋았다는 것을 알 수 있다. 또 공수반이 만든 병기라는 것은 간단히 말하면 더 긴 무기다. 다가오지도 달아나지도 못하게 잡은 후 더 긴 병기로 후려쳤다는 것이다. 짧은 병기로는 오-월을 당할 수가 없었기 때문이다.

오른쪽의 수전을 묘사한 그림을 보라. 이것은 초나라 사람들이 묘사한 것이지만, 수전을 오나라 사람들이 시작했다는 것을 생각하면 오-초에 공통되는 그림일 것이다. 배를 맞대고 긴 병기로 찌르고, 활을 쏘

수전도. 전국시대의 살벌한 수전을 세밀하게 묘사하고 있다. 원 안의 사진은 수전 문양이 새겨진 상감 호이다.(하남 급현 출토, 상해박물관 소장)

고, 또 머리채를 잡고 칼로 찌르는 장면도 있다. 초나라 사람들은 가까이 붙어서 짧은 칼로 달려드는 것이 제일 두려웠을 것이다. 그래서 걸고 미는 장비를 만들어서 긴 병기로 상대하려 했던 것이다. 배 밑을 보면 양군의 잠수부들이 서로 싸우고 있다. 상대의 배를 뒤집기 위한 것이 분명하다. 이런 극단적인 전술을 들고 나오면 역시 막는 측도 잠수병을 써서 감시할 수밖에 없다. 잠수의 달인은 바로 오나라와 월나라 사람들이다. 그리고 그들은 민머리다.

여황과 같은 중군의 거대한 지휘선, 물살을 거슬러 추격하는 좌우익의 빠르고 작은 배, 잠수병, 전문적인 노군들이 모여 오나라의 수군을 구성했을 것이다. 앞으로 우리는 오나라의 함대가 서진하는 것을 목격하게 될 것이다.

제왕의 능력은 사람을 얻는 것에서 오고, 무력은 준비에서 온다. 합려는 강한 오나라의 설계자였다.

제8장

오자서,
전쟁의 기획자

• • •

호사가들은 한나라 고조 유방이 장량을 쓴 것인지, 장량이 한 고조를 이용한 것인지를 두고 갑론을박한다. 물론 서로가 필요했겠지만 아무래도 유방이 장량을 쓴 것 같다. 유방에게는 장량 말고도 한신도 있고 소하도 있었으니까.

똑같이 물어본다.합려가 오자서를 쓴 것인가, 오자서가 합려를 이용한 것인가? 이번에는 오자서가 합려를 이용한 것 같다. 합려에게 오자서는 장량, 한신, 소하를 합쳐놓은 사람, 어쩌면 합려의 전부였다. 그는 머리에서 꼬리까지 전체의 기획자였으며, 오-초 동서 대전과 오-월 남북 대전의 기획자였다. 그는 무슨 전략을 들고 나올 것인가?

1. 피출즉귀彼出則歸, 피귀즉출彼歸則出

기원전 511년 겨울, 합려는 달아난 공자 엄여와 촉용을 되돌려 보내라는 요구에 답하지 않는 서徐와 종오鍾吾를 쳤다. 앞으로 초나라에 붙는 작은 나라들을 가차 없이 멸망시키리라는 위협이었다. 오나라의 보병은 종오로 쳐들어가 간단히 나라를 멸망시키고, 이어서 서로 들어갔다. 오나라 군은 가혹하게도 서의 도성을 수장시키는 전술을 썼다. 기록에는 "산을 막아 도성을 물에 빠뜨렸다[防山以水之]"고 되어 있다. 이러니 서의 군주는 더는 방법이 없어, 항복의 표시로 오나라 식으로 머리를 짧게 자르고 항복했다.

합려는 서의 군주를 잘 대우하며 인질로 붙들고 있었으나 그는 치욕을 참지 못하고 초나라로 달아났다. 오나라가 서로 진격할 때 초나라의 심윤 술이 구원병을 끌고 왔으나 오나라 군이 워낙 빨리 서를 멸망시켰기 때문에 구원할 수 없었다. 그 대신 오나라 군의 이어지는 작전에 대비하기 위해 이夷에 성을 쌓고 망명 온 서의 군주에게 수비를 맡기고 돌아갔다.

작전을 끝낸 합려가 오자서에게 흉금을 털어놓았다.

"예전에 그대가 초나라를 치자고 했을 때 나는 가능하다고 생각했었소. 그러나 왕이 나를 원정에 보낼까 두려웠고, 내가 가지 않으면 남이 내 공을 차지하는 것도 싫었던 것이오. 지금 내가 스스로 그 공을 차지하려 하는데, 초나라를 치려면 어찌해야 하겠소?"

오자서가 답했다.

"초나라는 정치를 담당하는 이들이 많고 서로 마음이 맞지 않사오니[楚執政者衆而乖], 아무도 책임을 갖고 외침을 막을 수 없을 것입니다. 우리가 만약 3군[三師]을 편성하여 들이치면 우리의 1군[一師]만 도착해도 저들은 반드시 전군을 내어 출격할 것입니다. 저들이 출격하면 우리는 돌아오고, 저들이 돌아가면 우리는 다시 출격합니다[彼出則歸, 彼歸則出]. 그러면 초나라는 반드시 왔다 갔다 하는 통에 길에서 지칠 것이옵니다. 우리는 들락거리며 저들을 지치게 하고, 여러 방면에서 출몰하여 저들을 속입니다. 그런 후 저들이 완전히 피폐해질 때 우리가 삼군으로 들이치면 반드시 크게 이길 수 있습니다."

합려는 이 말을 듣고 탄복했다. 이것이 바로 다윗이 골리앗을 넘어뜨리는 방법이라고 생각했기 때문이다. 그런데 어쩐지 이 말은 귀에 익다. 근세의 어떤 유명 정치가가 이 방법으로 중국 대륙은 물론 전 세계를 떠들썩하게 했다. 바로 모택동(마오쩌둥)이다. 이른바 "적이 진격하면 우리는 물러나고, 적이 물러나면 우리는 따라붙는다[敵進我退, 敵退我追]"는 그의 전술은 "저들이 출격하면 우리는 돌아오고, 저들이 돌아가면 우리는 다시 출격한다"는 오자서의 전술과 완전히 일치한다. 모택동은 시종일관 이 전술로 중국 대륙을 장악했다. 사실 오자서의 전술은 모택동뿐만 아니라 수많은 재야의 야심가들에게 꿈을 심어주었고, 전국시대 이후 이른바 허허실실이라 불리는 중국식 병법의 이론적 기반을 놓았다고 할 수 있다.

오자서 등장 이전의 중원의 전략으로는 초나라와 같은 천혜의 요지에 있는 큰 국가는 근본적으로 공략할 방법이 없었다. 강을 건너 진격했다가 불리하면 쑥 들어가 버리니, 한수와 장강은 전차나 보병이 주력인 중원의 편제로는 절대 극복할 수 없는 장벽으로 보였다. 그래서 제나라의 관중이 제후군을 모아 남쪽으로 내려왔을 때도, 진나라의 문공이 힘이 성할 때도 감히 한수를 넘을 생각은 하지 못했던 것이다. 그런데 지금 일개 신생 '오랑캐' 나라가 대국인 초나라를 전복시키려 하고 있다.

오자서는 이 거대 기획의 설계자였다. 오자서의 전술은 약자가 강자를 치는 법, 곧 유격이었다. 하지만 오자서의 전술이 역사적인 의의를 갖고 있음에도 오나라 사서가 유실되어 지금껏 오자서의 유격 전술을 구체적으로 이해할 방법은 없었다. 다행스럽게 1983년 과거 초나라 수도인 강릉의 장가산張家山의 서한西漢 무덤에서, 뒷면에 '개려盖廬'라고 적힌 죽간들이 무더기로 발견되었다. 개려란 바로 합려闔閭를 말한다. 죽간은 합려의 질문에 대한 오자서의 답변으로 이루어졌는데, 사실 주인공은 오자서다. 잠시 오자서의 병법을 탐구해보자. 이 병법서에는 춘추와 전국을 가르는 중요한 요결이 들어 있다. 당대 제일의 야심가와 제일의 전략가는 이런 대화를 나누었다.

2. 오자서, 유격을 말하다

천시를 논하다

어느 날 합려는 학생으로서 스승에게 갈구하며 물었다.* 합려는 질문을

• 《개려》에는 합려가 언제, 어디에서 질문을 했는지는 나와 있지 않다. 다만 합려는 오자서를 앞에 두고 스승을 대하는 마음으로 정성을 다해 물었을 것이다. 《월절서》에는 합려가 오자서를 얻고 얼마나 기뻐했는지와, 합려가 오자서를 상객으로 모시고 질문을 하며, "성인은 앞으로 1000년을 알고 뒤로 만 년을 볼 수 있다 하더이다[聖人前知乎千歲, 後睹萬世]"라고 기대감을 표출했다고 쓰여 있다. 《개려》에 나오는 합려의 의도도 충분히 파악할 수 있다. 질문의 핵심은 '어떻게 초나라를 공격할 것이냐'이다. 그렇다면 《좌전》에 나오는 유격전술에 관한 대화가 나온 후 어느 날 이런 대화가 오갔을 것이다. 《개려》와 함께 발견된 달력의 일자는 '여후呂后 2년(기원전 186년)'에서 멈추는데, 이는 무덤의 주인이 기원전 186년 직후에 죽었다는 말이다. 그렇다면 장가산 한묘는 《손자병법》이 발견된 산동 은작산 한묘보다 더 오래된 것이다.

《개려》가 언제 만들어졌는지는 정확히 모르고, 또 합려와 오자서의 대화를 그대로 옮긴 것도 아닐 것이다. 그러나 《개려》가 오나라의 사서를 기반으로 만들어졌을 가능성은 농후하다. 그 이유는 이렇다. 우선 《개려》는 지금의 《손자병법》과는 달리 누군가 정리한 흔적이 보이지 않아서 원 사료를 옮긴 느낌이 강하다는 것이다. 두 번째는 개려의 내용이 《좌전》에서 말한 유격전의 개념과 시종일관 일치하고, 또한 오자서가 초나라를 쳐야 하는 이유로 든 논리가 반복적으로 등장한다. 예를 들어 《좌전》의 "초나라는 정치를 담당하는 이들이 많고 서로 마음이 맞지 않사오니[楚執政者衆而乖]"라는 문장과 《개려》의 "(저쪽은) 병졸이 많으나 장수들이 서로 싸워 마음이 맞지 않으면, 우리가 공격하면 됩니다[軍衆則 將爭以乖者, 攻之]"라는

할 줄 아는 왕이었다. 치국의 대체에서 용병까지 순차적으로 물었다.

합려 : 지금과 같은 열국 쟁탈의 천하에서 어찌하면 무너지고 어찌하면 흥합니까? 어찌하면 높아지고 어찌하면 낮아집니까? 백성을 다스리는 도리〔治民之道〕로는 무엇을 삼가고 무엇을 지켜야 합니까? 백성을 부리는 방도〔使民之方〕로는 무엇이 상수고 무엇이 하수입니까? 하늘의 법칙을 따르자면〔盾天之則〕 무엇을 피하고 무엇을 받아들여야 합니까? 땅의 덕을 행하자면〔行地之德〕 무엇을 본받고 무엇을 따라야 합니까? 군사를 쓰는 방법으로〔用兵之極〕 무엇을 따라야 합니까?

오자서 : 대저 천하에서 도道가 없으면 무너지고 도가 있으면 흥합니다. 의義를 행하면 높아지고 의를 버리면 천해집니다. 백성을 다스리는 도리는 그들을 먹이는 것이 근본이며 형벌은 말단이니 덕정德政이 최고입니다. 백성을 부리는 방도를 말하자면, 그들을 편안하게 하면 창성할 것이요 위태롭게 하면 망할 것입니다. 그들에게 이익을 주면 부유해질 것이요 손해를 끼치면 재앙을 당할 것입니다. 하늘의 법칙을 따름에, 천시를 거스르면 화를 입을 것이요 따르면 복을 받을 것입니다. 땅의 덕을 행함에, 시기를 놓치지 않으면 해마다 풍년이 올 것이요 백성은 배불리 먹을 수 있습니다. 천시를 잃으면 국가를 위태롭

문장은 대단히 잘 맞아떨어진다. 물론 기원전 3세기 이전 고전과 병학에 정통한 어느 학자가 오자서의 말을 빌려 《개려》를 썼을 가능성도 크다. 그렇다고 해도 최소한 《개려》의 저자는 지금의 누구보다 당대의 문헌과 오자서를 깊게 이해하는 사람이었을 것이다. 본 책에서는 기원전 6세기의 어느 날 합려와 오자서가 초나라를 치는 전술을 토론했을 개연성을 인정하고 《개려》의 대화를 약간 의역하여 옮겨본다. 번역 저본은 중국 장가산죽간정리소조에서 편찬한 《장가산한묘죽간張家山漢墓竹簡》(문물출판사, 2001)이다.

게 하고 사직을 기울이게 됩니다.

대저 군사를 도모할 때는, 반드시 천시를 얻어야 왕자王者의 이름을 이룰 수 있으며, 재앙이 닥치지 않고, 봉황이 땅으로 내려오고, 질병과 재난이 사라지며, 만이蠻夷가 와서 빈복賓服하고, 나라 안에는 도적이 사라지며, 어질고 순박한 기풍이 일어나고 폭란이 모두 진압될 것이니, 이를 하늘의 시기〔天時〕를 따른다고 하는 것입니다.

황제가 천하를 평정할 때 최상의 방책으로는 뜻을 쓰고〔用意〕, 그다음은 얼굴빛을 쓰고〔用色〕, 그다음은 덕을 쓰고〔用德〕, 그다음에야 무기를 썼습니다.

모두 옳은 말이다. 그러나 합려가 그 정도 말에 만족할 사람인가? 오자서는 말을 잇는다.

오자서 : 장차 재앙이 다가올 때 어디에서 그칠지 누가 알겠습니까? 하늘이 빼앗으려 할 때 누가 그것을 멈출 수 있겠습니까? 화禍가 일어나려 함에 누가 그 발단을 알겠습니까? 복이 찾아오는데 누가 미리 알고 기뻐할 것입니까? 동방이 좌左가 되고, 서방이 우右가 되고, 남방이 겉〔表〕이 되고, 북방이 속〔裏〕이 되는 것, 이를 하늘을 따르는 도리라 합니다. 다스려지지 않으면 부서져 망하고, 다스려지면 장구할 수 있습니다.

오자서는 물처럼 막힘이 없었다. 그는 자문하고 대답한다.

오자서 : "누가 알 수 있습니까? 바로 내가 알 수 있습니다."

합려는 더 귀를 기울였다.

합려 : 그렇다면 무엇을 천시天時라 합니까?

오자서 : 구야九野(온 하늘)가 병기(兵)가 되고, 구주九州(온 땅)가 양식(糧)이 되며, 사시오행이 서로 돌아가며 극복하여 우열이 바뀝니다. 하늘은 모나고 땅은 둥글며, 물은 음이 되고 불은 양이 되며, 해는 형벌(刑)이 되고 달은 덕德이 되어, 세우면 사시가 되고 나누면 오행이 되니, 이를 따르는 자는 왕자가 되고 거스르는 자는 망하니, 이를 천시라 합니다.

구야와 구주에, 사시와 오행이라. 뭔가 알 듯하면서도 모르겠다. 합려는 더 구체적인 것, 곧 전쟁의 기술을 배우고 싶어 했다.

군진을 논하다

합려 : 대저 군사를 일으킬 때(軍之擧)는 어느 곳에 진을 치고 어느 곳을 피해야 합니까?

오자서 : 진을 치는 법은, 적이 겨울에 높은 곳에 진을 치고 있거나 여름에 낮은 곳에 진을 치고 있으면 쳐서 이길 수 있습니다. 큰 언덕을

> 올라타고 진을 치면 이를 '신고申固(참으로 공고한 진)'라 하고, 언덕을 등지고 진을 치면 이를 '승세乘勢(기세를 타는 진)'라 하고, 언덕을 앞에 두고 진을 치는 것을 '범광範光(빛을 거스르는 진)'이라 하고, 언덕을 오른쪽에 두고 진을 치는 것〔右陵而軍〕을 '대무大武(크게 무를 이룰 진)'라 하고, 언덕을 왼쪽에 두고 치는 진을 '청시淸施'라 합니다. 물을 등지고 치는 진을 '절기絶紀(끝장이 날 진)'라 하고, 물을 앞에 두고 치는 진을 '증고增固(공고함을 더하는 진)'라 하고, 물을 오른쪽에 두고 치는 진을 '대경大頃(크게 위태로운 진)'이라 하고, 물을 왼쪽에 두고 치는 진〔左水而軍〕을 '순행順行(순조로운 진)'이라 합니다. 군대는 분산되는 것과 멀리 적진으로 나아가 진을 치는 것을 두려워하니, 앞으로 10리 전진은 있어도 뒤로 10보 후퇴는 없는 것입니다. 이것이 진을 치는 방법입니다.

이제는 뭔가가 어렴풋하게 손에 잡힌다. 언덕을 등지고 물은 앞에 둔다는 것은 병가의 상투적인 어구다. 당연히 배수의 진보다는 물을 방어막으로 둔 진이 낫고, 높은 곳을 선점하고 내리치는 것이 힘들여 언덕을 올라가며 싸우는 것보다 낫다. 여기까지는 일반적인 병서와 다르지 않다.

그런데 특이한 점들이 눈에 띈다. 《손자병법》에도 나와 있듯이, 일반적으로 병가는 높은 곳을 중하게 여기고 낮을 곳을 꺼린다. 여름에 낮은 곳에 진을 친다면 습기 때문에 병사들이 병들고, 겨울에 높은 곳에 진을 친다면 바람과 추위를 이길 수 없을 것이다. 진을 제대로 치지 못한 적은 공격할 수 있다.

언덕을 오른쪽에 둔다는 것은 무슨 뜻인가? 평평한 지형에서 싸울 때 '언덕을 오른쪽으로 등진다[右背高]'는 말은《손자병법》의〈행군〉편에도 등장한다. 당연히 혹자는 "언덕을 왼쪽으로 등지면 안 되는가?" 하고 반문할 것이다. 조조는 손자가 이렇게 말한 이유를 간단히 '싸우기 편하게 하기 위해서[便戰]'라고 해석했다. 후대에는 대체로 3군의 오른쪽이 차병 혹은 기병으로 돌격부대이기 때문에 주력군이 적을 공격하기 쉽게 하려는 전술이라고 해석했다. 그러나 꼭 우측이 주력부대인 것은 아니다. 좌우는 상황에 따라 마음대로 바꿀 수 있다. 뭔가 비밀이 숨어 있는 것은 아닐까?

논란의 여지는 있겠지만 필자는 이 비밀이《개려》의 물을 왼쪽에 두는 진을 '순행順行'이라고 한 구절과,《손자병법》〈행군〉편에 나오는 "살 자리(식생이 좋은 곳)를 보고 높은 곳에 처한다[視生處高]"와 "죽을 자리(불모지)를 앞에 두고 살 자리(생물이 풍부한 곳)를 뒤에 둔다[前死後生]"에 열쇠가 있다고 생각한다.《손자병법》에서 말하는 '살 자리'는 같은 책에 나오는 "대저 군사는 높은 곳을 좋아하고 낮은 곳을 싫어하며, 양(볕이 잘 들고 마른 땅)을 귀하게 여기고 음(음지에 질척한 땅)을 천하게 여기니, 삶을 북돋우고 실한 땅에 거하면 군사들은 온갖 질병으로부터 벗어나니, 이를 일러 필승이라 한다[凡軍好高而惡下, 貴陽而賤陰, 養生而處實, 軍無百疾, 是謂必勝]"는 구절로 쉽게 확인할 수 있다.

생이란 양생, 곧 병에 걸리지 않는 것을 뜻한다. 응당 양지바르고 땅이 굳어야 하며 초목의 생장이 좋은 곳이라야 한다. 그런 곳은 당연히 물이 잘 통하는 언덕이며 볕이 잘 드는 남향의 땅이다. 이제 오자서의 말은 다 해석되었다.

"우리는 장강과 회하를 따라 서쪽으로 초나라를 쳐야 합니다. 동쪽에서 서쪽으로 가자면 회하를 따라가야 하는데, 응당 강의 북안北岸(그러니 강을 좌측에 두고)과 구릉지 사이를 따라(그러니 언덕을 오른쪽에 두고) 진격해야 합니다. 그러면 병사들이 여름에는 상쾌하고 겨울에는 따듯하여 병에 걸리지도 않고, 우리가 이길 수 있습니다."

그러니 물을 왼쪽에 두고 언덕을 오른쪽에 두라는 오자서의 조언은 단순한 음양오행의 원리를 이야기한 것이나 공수를 용이하게 하기 위함이 아니라, 서방의 초나라를 치는 행군의 요체를 제시한 것이다. 그리고 오자서는 진을 칠 때는 반드시 군심을 염두에 두어야 한다고 했다. 앞으로 나아가는 것은 쉽지만 뒤로 물러나는 것은 극히 어렵다. 뒤로 물러나는 순간 사기는 무너지고 군진은 흩어진다.

합려는 더욱 솔깃했다. 지금껏 이렇게 명쾌하게 군진의 요체를 밝힌 사람은 없었다. 이 사람이라면 서쪽에서 대망을 실현할 수 있을 것 같다.

합려 : 대저 맞붙어 싸울 때는 어떤 것이 순리이고 어떤 것이 역리입니까? 어떻게 진군하고, 어떻게 적을 물리칩니까?

오자서 : 대저 싸움을 할 때[戰之道]는, 겨울에는 높은 곳에 진을 친 적을 공격하고 여름에는 낮은 곳에 진을 친 적을 공격하면 승리할 수 있습니다. 그 시기를 말하자면, 보리가 누렇게 익을 때 싸울 수 있고, 하얗게 눈이 올 때 싸울 수 있고, 덕이 토·목·금에 있을 때 싸울 수 있

고, 낮에는 해를 등지고 밤에는 달을 등질 때 싸울 수 있으니, 이를 하늘의 여덟 시기를 이용한다고 합니다.

몰래 어두운 곳에서 북을 쳐서 상대의 귀를 혼란하게 하고, 드러내놓고 진을 쳐서 그들의 반응을 관찰하고, 다른 깃발들을 늘여놓아서 본진의 위치를 속이고, 진퇴 시에는 질질 끌며 시기를 놓치지 말고, 위풍당당한 적진에 무모하게 들이치지 말고, 혈기왕성한 상대의 예기에 맞서지 않아야 하니, 이를 싸움을 하는 일곱 가지 방법이라 합니다.

저쪽이 쇠〔金〕로 흥하면 우리는 불로써 치고, 저쪽이 불로 흥하면 우리는 물로 칩니다. 저쪽이 물로 흥하면 우리는 흙으로 치고, 저쪽이 흙으로 흥하면 우리는 나무로 칩니다. 또한 저쪽이 나무로 흥하면 우리는 쇠로 치니, 이를 오행을 이용해서 이긴다고 합니다.

과연 오자서는 청산유수였다. 요지는, 작전은 백성들이 농사를 해치지 않은 시절의 길일을 택해서 하고, 적은 해와 달을 마주하여 실체가 드러나게 하고, 아군은 이를 등져 실체를 숨길 수 있을 때 공격한다고 한다. 성동격서聲東擊西로 거침없이 속이는 것은 물론이고, 적이 강하면 재빨리 발을 빼라고 한다. 이것은 고대 유격전의 교과서라 할 만하다. 상대의 강점에 정면대결하지 말고 철저히 상대의 약점을 파고들라고 한다. 그러니 상대의 병력이 강하면 화공을 하는 것은 물론이고, 때로는 물로 수장시키는 것도 당연히 허용된다.

진퇴를 논하다

이제 합려는 몸이 달아올랐다. 드디어 그는 전장에서 싸우는 요체를 묻는다. 이제는 행군이다.

합려 : 군사를 진격시키고 물릴 때(攻軍回衆)는 어떤 것을 피하고 어떤 것을 취합니까?

오자서 : 군대를 진격시킬 때는 적의 전진과 후퇴에 따라 우리 군을 전진시키고 후퇴시켜야 합니다. 특히 먼지와 연기(絲氣)(혹은 수증기)를 잘 관찰해야 합니다. 아침에는 공기(밥 짓는 연기와 수증기)를 살펴보고 저녁에는 먼지를 바라보는데, 맑기가 구름 같은 곳으로는 우리 군대를 진격시켜 주둔시킬 수 없습니다. 탁한 먼지가 어지러이 높이 오르면 거기에는 적이 출격할 의도가 있는 것이니, 단단히 경계하며 기다리고 함부로 드나들지 말아야 합니다.

합려 : 그럼 어떨 때 공격합니까?

오자서 : 적이 군대를 내었으나, 비바람이 심해 벌판에서 길이 끊어지고 양식이 떨어지고 군졸이 굶주리며 말을 먹일 풀조차 없는 상황일 때, 그때 우리는 공격합니다. 적이 심한 더위와 추위를 무릅쓰고 거듭 진격하여 진을 쳐서 군졸은 지치고 길은 멀며 양식마저 떨어졌을 때, 그때 공격합니다. 적의 병력이 적어서 두려워하거나, 수는 많으나 질서가 없거나, 공격 받기 쉬운 평지에 진을 쳤으나 따르는 원군이 없어서 두려운 마음이 일 때, 그때를 노려 공격합니다. 군졸은 많으나 우

> 왕좌왕하고, 장수들은 서로 싸워 마음이 어그러질 때, 그때 공격합니다. 군졸들은 나이가 많아 다스릴 수 없고, 장수는 젊고 미숙하여 의심만 많고 결단을 내리지 못할 때, 그때 우리는 공격합니다. 길은 멀고 해는 지는데, 빠르게 행군하면서 아직 진을 치지 못할 때, 그때 공격합니다. 적이 급하게 퇴각하는데, 풍우가 심하여 군중에 두려워 떠는 이가 생겼을 때, 그때 공격합니다. 군졸이 적어서 두려움에 빠져 있고, 감히 전진하지도 못하고 후퇴하지도 못할 때, 그때 우리가 공격합니다. 이 열 가지는 군대를 진격시키는 방법입니다.

오나라는 작고 초나라는 크다. 더 강한 상대와는 절대 정면으로 맞서 싸워서는 안 되고 유격전으로 싸워야 한다. 객관적인 조건이 적을 무력화시켰을 때, 그때야 나서서 공격한다. 《오월춘추》에는 오나라와 초나라의 객관적인 힘을 묘사한 장면이 등장한다. 향후 전쟁이 이어지면서 동쪽에서 승기를 잡은 합려가 곧장 초나라의 수도로 쳐들어가려고 했다. 그러자 오자서와 손무는 이렇게 대답했다고 한다.

> 초나라의 군대는 천하의 강적입니다. 지금 신들이 저들과 정면으로 싸운다면 열 번 죽어 한 번 살까 합니다〔與之爭鋒, 十亡一存〕. 그러나 왕께서 영(초나라 수도)으로 들어가신다면 그것은 하늘이 하는 일일지니, 저희들은 감히 꼭 된다고 말씀드릴 수가 없습니다.

그것이 객관적인 형세였다. 이 때문에 오자서는 계속 유격전을 강조한다. 적이 지쳐서 싸움을 할 수 없을 때, 그때가 바로 공격할 시점이다.

반격을 논하다

합려는 더 구체적인 것을 원했다. 군대를 내었으면 적과 접전을 벌여야 할 것이 아닌가? 하늘이 적만을 괴롭힌다는 보장이 있는가? 그렇다면 그런 조건을 만들어야 하지 않겠는가? 이제는 격전의 원칙이다. 오자서도 더 적극적으로 대답한다. 적을 칠 때는 적의 가장 약한 곳, 서로 돕지 못하는 곳, 준비되지 못한 곳을 쳐야 한다. 그리고 적이 완전히 준비되어 있다면 속여서 흩뜨려야 한다.

합려 : 대저 적을 칠 때[擊適] 무엇을 먼저 하고 무엇을 나중에 합니까? 무엇을 취하고 무엇을 내어줍니까?

오자서 : 대저 적을 칠 때는 반드시 적의 선두만 갓 도착하여 말과 소가 제대로 먹지 못했고, 병졸들이 앞으로 못 나갈 정도로 지쳤고, 전방의 보루가 공고하지 못하고, 후미가 진을 구축하지 못하며, 보병이 굶주리고 겁에 질려 있을 때, 우리는 벼락같이 소리를 내지르며 공격을 감행합니다. 그러면 적의 진지를 쓸어버릴 수 있습니다.

칠 때는 적진이 정비되기 전에, 적이 기동한 직후에 들이치라고 한다. 그러나 그 시기를 놓쳐서 적이 이미 대비하고 있다면 어떻게 하는가? 적을 움직이게 하면 된다.

> **오자서** : 적이 우리를 기다리며 준비를 갖추고 있으면, 우리도 움직이지 않고 기다리면서 적의 경계태세가 느슨해지게 합니다. 적이 우리를 치려 하나 우리가 대응하지 않으면, 저들은 자주 출격하여 조급하나 우리는 고요하니, 이때 일어나 적을 치면 저들이 세력을 공고히 할 틈을 주지 않을 수 있습니다.
> 적이 진을 견실하게 치면 우리는 소수의 병력에 허술한 진으로 상대하고, 적이 기뻐하면 우리는 일부러 슬픈 기색을 내보이고, 적이 승리를 자신하면 우리는 기꺼이 엎드려 기다립니다. 비로소 적이 우리를 가볍게 보고 무턱대고 달려들 것이니, 그때 우리는 질풍같이 들이칩니다.

한마디로 정리하면 적의 예봉을 꺾자는 전술이다. 적이 견고하게 진을 치면 우리는 일부러 경무장한 군대로 신경을 건드리고, 적이 준비를 하고 기다리면 우리는 더 오래 기다린다. 적이 우리를 비웃어도 우리는 짐짓 정말 약한 체하고 슬픈 체한다. 급기야 적이 승리를 자신할 때도 우리는 군세를 숨기고 기다린다. 결국 적은 우리를 형편없는 상대로 간주하고 제대로 된 준비 없이 쳐들어올 것이다. 그때는 복병을 이끌고 질풍같이 몰아친다는 것이다.

유인술을 논하다

이제 오자서는 구체적인 유인전술을 피력한다.

오자서 : 적이 중군으로 우리를 공격하면 우리는 우군으로 상대하고, 적이 우리를 쉽게 이긴다고 생각하면 우리는 그들을 유인합니다. 적이 추격하면 우리는 매복하고 기다립니다.

대회전에서 중군이 중군을 상대하는 것은 상식이다. 그러나 오자서는 우군으로 상대의 중군을 막고 중군은 오히려 뒤로 빠져서 상대를 유혹한다고 말한다. 우리의 기동성 있는 우군이 적의 중군을 상대하다가 슬쩍 물러나면 적은 무턱대고 추격할 것이고, 그때 갑자기 복병으로 들이친다는 전술이다.

오자서 : 적이 들이치면 우리는 뒤로 물러나 유인하여 적을 여러 번 출격하게 하면서 일부러 작은 승리를 안겨주고, 막상 맞부딪히면 일부러 달아나서 적의 주력이 도착하게 해서는 안 됩니다. 적이 우리를 급하게 추격하면 반드시 후위가 따라붙지 못할 것입니다. 저들이 이겼다고 자신할 때 갑자기 군사를 돌려 반격합니다. 그러면 저들은 반드시 불의의 공격에 당황할 것이니, 이때 따라붙어 치면 저들을 달아나지 못하게 할 수 있습니다.

오자서는 지금 적을 분산시키는 전술을 이야기하고 있다.《손자병법》은 의외의 지점을 타격하여 적을 횡으로 흩어놓는 것을 중시한다. 오자서는 적에게 자만심을 심어주어서 적을 종으로 흩어놓고 전위와 후위가 서로 떨어졌을 때 반격한다고 한다. 과연 적은 유인전술에 걸려들까? 오자서는 말한다.

오자서 : 적이 와서 진을 치는데 우리는 맞서 저지하지 않고, 해가 어두워져도 우리가 나가지 않으면 저들은 반드시 물러날 것입니다. 저쪽 장수는 군대를 돌릴 마음이 있고 병졸들은 집으로 돌아갈 생각뿐일 때, 우리가 따라와서 치면 저들이 돌아볼 겨를이 없게 할 수 있습니다. 적이 나와서 노략질을 하면 우리는 맞서 저지하지 말고, 적이 전의가 불탈 때는 우리는 경계할 뿐 어울려 싸우지 않아야 합니다. 급기야 저들 병사는 충분히 노략질을 하여 돌아가면서도 두려운 마음이 없고, 장수는 경계하는 마음이 없으며, 전위가 이미 진영으로 들어가고 후위가 따라가려 할 때, 우리가 이를 따라붙어 치면 반드시 패주시킬 수 있습니다.

우리는 경계하나 저들이 태만하면 어찌 무너지지 않을 수 있겠습니까? 적이 귀환해도 우리는 추적하지 않고 저들의 반을 돌려보내면 남은 반은 동요하여 두려워할 것이니, 우리가 그때 따라붙어 치면 그들을 돌아가지 못하게 할 수 있습니다.

적이 돌아갈 때도 무턱대고 치지 말고, 전위가 돌아가서 후위가 동요할 때 치라고 한다. 오자서의 전술은 집요하다. 그는 다시 한번 유격전의 요강을 정리한다.

오자서 : 양쪽이 대치하여 힘이 필적하는 상황이라면, 우리는 반드시 정면으로 상대하지 말고 달아나야 합니다. 결국 저들이 이겼다고 생각할 때 우리는 그 후방을 칩니다.

처음부터 끝까지 오자서는 철저히 정면대결을 피하고 유격전을 말하고 있다. 나는 가볍고 상대는 무겁게 하라는 것이 요지다. 부딪히면 달아나고 심지어 일부러 작은 승리를 안겨라. 유격은 심리전이다. 끊임없이 도발하되 절대 부딪히지 마라. 심지어 돌아갈 때도 반은 보내주라. 그리고 적의 후방이 전의를 완전히 상실했을 때 싸움이 아닌 수급 거두기를 하라는 이야기다. 결국 심리전으로 적을 공황상태로 몰아넣으라고 말하고 있다.

그러나 어떻게 그것이 가능한가? 오자서가 보기에 초나라는 무겁고 오나라는 가볍기 때문이다. 우리는 합려와 오자서의 콤비로 빨리 움직이지만 상대는 결정도 준비도 더디다. 그리고 결정적으로 지리적인 차이가 하나 더 있다. 우리는 움직일 필요가 없다. 왜냐하면 우리는 물의 하류, 곧 낮은 곳에 있다. 적은 들어오기는 쉬우나 거슬러 물러나기는 어렵다. 물을 타고 내려올 때는 기세가 사납다.

그러나 승기가 꺾이고 퇴군할 때 적의 후미는 공황상태에 빠진다. 육군이라면 덜하다. 수군이 패주할 때 상황이 훨씬 나쁘다. 오나라의 빠른 전선이 커다란 초나라의 함선에 갈고리를 걸고 따라붙으며 칼잡이들이 배를 건너온다. 육군으로 작전을 했더라도 배로 군량과 장비를 운반했다면 사정은 마찬가지일 것이다. 오자서는 합려에게 2500년이나 후배인 모택동과 똑같은 전술을 설파하고 있다.

다만 유격전은 설계자와 실행자의 마음이 맞아야 성공하며, 그렇지 않으면 실패한다. 전방의 지휘관들이 이런 전쟁 같지 않은 전쟁에 불복하거나 공을 세우기 위해 각개행동을 하면 유격전술은 와해된다. 또한 우두머리가 얼마간의 성취를 얻은 후 자신의 위신을 위해 이 빨치산 전술을 폐기할 때도 전술의 대형은 무너진다.

그러나 지금까지 오자서와 합려는 한마음이었다. 합려는 표독스러운 면이 있지만 사람을 쓴 후에 머뭇거리는 자는 아니었다. 그는 서쪽에서 온 오자서를 실제 선생으로 생각하고 있었다.

3. 오자서, 정치를 말하다

이제 둘의 숨 막히는 대화, 춘추의 심장을 압박하는 대화는 종반으로 치닫는다. 합려는 꽤나 안목이 있는 군주였기에 화제를 전쟁터에서 집안으로 돌린다. 그는 다시 나라를 다스리는 방도를 묻는다. 그리고 전장을 떠난 오자서는 다시 차분히 정도를 이야기한다.

합려 : 하늘이 백성을 내지만 무조건 영원히 아끼지는 않아서, 서로에

게 도움을 주면 창성하고 해를 주면 멸망한다고 합니다. 과인은 백성을 해치는 자들을 죽이려 합니다. 어떤 자를 치면 좋을까요?

그는 백성을 해치는 열 종류의 부류를 열거하면서, 신분에 맞지 않는 행동을 하는 자를 쳐야 한다고 말한다. 그는 대체로 원시 유가의 견해를 따르고 있다. 이는《오자병법》의 내용과도 일견 유사하다. 특히 고위층을 엄정하게 다스려야 한다는 점을 강조한다.

오자서 : 신분이 귀하나 의義가 없고, 부유하나 베풀지 않는 자는 쳐야 합니다.

부형에게 효도하지 않고 노인을 공경하지 않는 자를 쳐야 합니다.

동생에게 자애롭지 않고 차례를 따르지 않는 자를 쳐야 합니다.

시장에서 값을 후려쳐 강제로 매입하는 자를 쳐야 합니다.

동리에 거처하면서 정직하지 않고, 강포하여 이장의 충간을 듣지 않으며, 고하지 않고 함부로 동리를 출입하는 자를 쳐야 합니다.

군주의 후손으로서 그 이웃을 난폭하게 대하고 업신여기는 자를 쳐야 합니다.

관리가 되어 바르지 않고, 법을 구부려 일부러 일을 어렵게 만들어 소송인으로부터 이득을 취하는 자를 쳐야 합니다.

밭에서 일하기를 기꺼워하지 않고, 여기저기 드나들며 손님 노릇을 하는 자를 쳐야 합니다.

걸핏하면 다른 사람의 물건을 빼앗고, 어울려 다니지만 친애하는 이가 없고, 남을 배반하기를 즐기는 자를 쳐야 합니다.

이 열 가지는 백성을 구하는 도입니다.

선생은 이제 할 말을 거의 다했다. 마지막에 합려는 어떤 나라를 쳐야 하는지 다시 묻는다.

합려 : 덕으로 친다는 것은 무엇을 말합니까?

오자서 : 덕으로 친다는 것은 이런 것입니다.

덕이 없으면서 스스로 군주가 되고 왕이 된 자, 그를 치는 것은 덕으로 치는 것입니다.

난폭하여 친근한 이가 없는 자, 탐욕스러워 인仁이 없는 자, 그런 자를 칩니다.

심하게 걷고 강제로 뺏는 자, 그를 칩니다.

형벌이 엄하고 백성을 부림이 가혹한 자, 그를 칩니다.

명령은 굼뜨면서 징집은 급하게 하고, 가혹하게 부려서 이기는 것을 추구하는 자, 그를 칩니다.

밖으로는 호랑이나 늑대의 마음을 가지고 안으로는 도적의 지혜를 가진 자, 그를 칩니다.

폭란하여 친애하는 이가 없으면서 서로 속이는 자, 그를 칩니다.

대중은 피로하고 사졸은 지치게 하여 대중에게 근심과 걱정을 크게 끼치는 자, 그를 칩니다.

국도는 비고 변방의 수비는 허술한데 옹호해줄 친한 이가 없는 자, 그를 칩니다.

뭇 신하들이 만류하는데도 사흘이 멀다 하고 명분 없이 병사를 쓰는 자, 그를 칩니다.

땅은 크나 수비가 없고, 성은 많으나 민심을 모으지 못한 나라, 그를 칩니다.

공실의 건축에 법도가 없고, 커다란 대사臺榭 따위를 지어 민력을 낭비하고, 백성에게 거둬들이는 것을 무겁게 하는 자, 그를 칩니다.

나라는 크나 덕은 쇠미하고, 한발이 들어 굶어 죽는 이가 넘치는 나라, 그를 칩니다.

이 열 가지는 난을 구제하는 방도입니다.

천하가 있으나 다스림이 없는 것을 이름하여 불능不能이라 하고, 다스리나 복종하지 않는 것을 난칙亂則(법도를 어지럽힘)이라 합니다.

실제로 오자서가 합려에게 감히 이런 말을 했을까? 이 말은 장차 공격할 초나라를 비난한 것인가, 아니면 자신의 군주 합려를 경계한 말인가? 오자서답게 수식이 없는 앙상하고 곧은 말이다. 춘추시대에 군주가 군주로서 가치가 없을 때, 혹은 스스로 그 자리를 지킬 능력이 없을 때, 사람들은 군주를 바꾸면서 그 명분으로 덕과 인을 내세웠다. 그래서 "덕으로 친다"는 말은 대의명분으로 군주를 바꾼다는 것을 뜻한다.

만약에 오자서가 합려를 경계하려고 했다면 첫 문장은 이런 뜻이다. "왕께서는 선왕을 죽이고 등극했습니다. 오직 덕이 있어야만 정통성이 있습니다. 덕이 없으면 왕께서도 살해될 것입니다." 그리고 사실 오자서는 공모자였다. 그러니 그는 합려에게 "우리가 잘 다스리지 못하면 우리도 함께 죽습니다"라고 말하고 있다.

그런 꼴을 당하지 않으려면 어떻게 해야 하는가? 그는 새삼스럽게 중원이나 초나라에서 검증된 왕자의 도리를 이야기한다. 친애해서 마음을 얻고, 스스로 검소하고, 백성을 잘 먹이고 덜 거두며, 군대를 함부로 내지 말고, 국토를 견실하게 지키고, 토목으로 민력을 고갈시키지 말고, 헐벗은 이를 방치하지 말라고 조언한다. 결국 왕이 잘 다스려도 말을 듣지 않는 자는 주살할 수 있으나, 다스림 자체를 방기하면 그것은 '아무것도 못하는[不能]' 상태라는 것이다.

합려, 그는 사술로 왕위를 얻었으나 왕이 된 후에는 오자서의 권고를 그대로 따랐다. 아들 부차가 그 둘의 관계를 두고 했던 말처럼 두 사람은 '평생 짝을 지어 쟁기를 끄는 농부처럼' 함께 일했다. 합려는 무서운 사람이었지만 마음은 헤아릴 수 없이 넓은 이였다.

오자서는 이렇게 할 말을 다했고, 합려는 '성인'의 말을 따랐다.

이제부터 합려는 오자서의 책략을 써서 유격전을 개시하는데, 과연 이때부터 초나라에는 바람 잘 날이 없었다. 한번 건드렸다가 반격하려 하면 물살을 따라 도주하고, 군대를 거둬들이면 다시 도전했다.

오자서가 유격전을 제시한 그 이듬해, 오나라 군은 초나라로 망명한 서의 군주가 지키고 있는 이夷를 치고 잠과 육을 건드렸다. 심윤 술이 군대를 출격시켜 이 지역을 방어하자 오나라 군은 방향을 바꾸어 현弦을 침범했다. 심윤 술과 우사마가 예장까지 출격하자 오나라 군은 싸우지 않고 퇴각했다. 이렇게 초나라 일선의 병사들은 오자서의 전술에 지쳐갔고, 애초에 오자서를 상대할 능력이 되지 않는 초 영윤 낭와는 어쩔 줄 몰라 했다. 오-초 대전은 시시각각 다가오고 있었고, 오자서는 한발 한발 그 기획을 실현시키고 있었다. 합려는 그 모든 것을 오자서에게 맡겼다.

이렇게 원한을 품은 사나이와 야망을 품은 사나이가 만나 의기투합했다. 그들은 음모로 왕위를 얻었지만 음모로 지킬 생각은 없었다. 그들은 시작은 작고 바르지 않았어도 끝이 크고 바르면 좋다는 생각을 가진 사람들이었다.

제9장

합려, 초나라 수도를 함락시키다

• • •

우리는 곧 춘추시대의 끝을 알리는 날카로운 금속 소리를 듣게 될 것이다. 춘추 질서의 핵심은 존왕양이尊王攘夷와 남북 패권체제였다. 주나라 왕실이 유명무실해진 것은 이미 오래전이지만 남북 패권체제는 삐걱거리면서도 이어져왔다. 그러나 이제 그 체제가 무너지려고 한다. 동쪽에서 흥해서 수십 년간 절치부심 초나라를 칠 준비를 하던 오나라가 마침내 준비를 마쳤기 때문이다.

오나라는 서쪽으로 원정할 준비를 다 마쳤다. 중원과 초나라를 모델로 국가의 체제를 세웠으며 새 도성까지 구축했다. 합려는 국내외에 능력 있는 왕이라는 명성을 떨쳤으며, 쿠데타의 기억도 잊혀갔다. 오자서라는 걸출한 기획자가 옆에서 보좌하고 있었고, 전장에서 진두지휘할 사령관으로 손무가 대기하고 있었다. 병기는 예리했다. 합려는 등극한 이래 초나라와의 싸움에서 계속 이기고 있었고, 남방의 월나라는 간간이 두드려서 잘 견제하고 있었다. 이쪽은 모두 준비되었다. 저쪽에서 틈만 보이면 들어갈 준비가 되었다. 오래 기다릴 것도 없이 기회가 찾아왔다.

1. 한 마리 쥐가 제방을 뚫다

사람을 잘 쓴다는 것은 참 오묘한 일이다. 모든 면에서 완벽한 사람이란 애초에 없기 때문이다. 그래서 반석에 오른 국가들은 사람만큼 체제를 중시한다. 한 사람이 없어져도 다른 사람이 나타나 그 틈을 메울 수 있기 때문이다. 큰 나라의 인재는 언제나 넘치고, 그중 뛰어난 사람은 대체로 인사의 규칙에 의해 등용된다. 그러나 이 이야기는 좋은 인재들에 국한된다.

아무리 견고한 체제를 갖춘 국가, 심지어 지금의 민주주의 국가에도 악재惡材는 시스템을 뚫고 커다란 국가에 구멍을 낸다. 그가 고위직이라면, 설상가상 최고 결정권자라면 상황은 걷잡을 수 없이 나빠진다. 잘 구축된 시스템은 악한 이도 보호하는 경향이 있기 때문이다.

전국시대 연회 문양이 있는 잔. 오른쪽 그림은 잔에 새겨진 문양으로, 사대부들의 삶을 묘사했다.

고대에 한 사람의 악인이 끼칠 수 있는 해악은 훨씬 컸다.《시경詩經》에 "혁혁한 주나라 포사가 무너뜨렸네"라는 구절도 있지만, 포사야 만들어진 희생양이고 유왕이란 자가 나라를 망친 것이다. 또 "기쁘고도 기쁜 일, 착한 사람을 만난다는 것"이라지만 역시 슬프고도 슬픈 일은 나쁜 사람에게 정치를 맡기는 것이다.

한수 서쪽의 외진 곳에서 출발하여 중원을 쥐락펴락하던 초나라가 오나라에 시달리다 멸망의 위기까지 몰린 역사를 보면, 탐욕스러운 위정자가 끼치는 해악을 실감할 수 있다. 사람들은 흔히 창고에 커다란 쥐 한 마리가 들어가면 별로 걱정하지 않는다. 그러나 한 마리가 들어간 구멍으로 곡식 냄새를 맡은 다른 쥐들이 따라 들어가면 결국 창고는 비게 된다. 대하의 제방이 무너지는 원인은 큰 비 때문이겠지만, 쥐구멍에서부터 누수가 시작된다. 그래서 작은 조직의 우두머리는 기량이 있으면 청렴을 문제 삼지 않을 수도 있지만, 큰 조직의 수장은 청렴한 자가 바로 능력 있는 자요, 탐욕스러운 자는 곧 무능한 자다.

거대 초나라의 커다란 쥐는 바로 백비를 동쪽으로 망명케 한 영윤 낭와였다. 비무극은 권력이 없었기에 잘못을 했으면 벌하면 그만이었지만, 낭와는 어린 국왕을 끼고 있어 손을 쓰기가 쉽지 않았다.

초나라는 한수를 최후의 방어선으로 했지만 실제로 한수에서 전투를 벌일 일은 없었고, 외침이 있으면 한수 동쪽의 위성국들과 직할지들을 이용했다. 여수 동쪽의 허許·진陳·채蔡 등은 1차 방어선이었고, 한수에 바로 인접한 수·당 등은 2차 저지선이었다.

대체로 전쟁이 일어나면 지방 직할지 신申이나 식息의 장관[公]들이 위성국들의 군대와 합쳐 군대를 편성했다. 오나라가 강해지면서 주래州來가 중요한 방어 거점으로 떠올랐기에, 주래와 지근거리인 채나라와의 관계를 돈독히 해야 할 처지였다. 대체로 당장 도움을 받아야 할 조력자에게 정성을 다하는 것은 사람이나 나라나 마찬가지다. 그러나 초나라의 영윤은 그런 것을 고려할 사람이 아니었다. 그는 우방을 내치는 데 장기가 있었다.

채 소공은 남방의 패자인 초 소왕을 예방했을 때 우호의 표시로 패옥 두 개와 가죽옷 두 벌을 준비해서 소왕에게 옥과 가죽옷을 하나씩 선물했다. 초 소왕이 채 소공에게 향연을 베풀 때 두 군주는 같이 패옥을 차고 가죽옷을 입었다. 우호를 확인하는 뜻깊은 자리에 어울리는 선물과 예우였다.

그런데 영윤 낭와는 그 가죽옷과 패옥이 탐이 나 채 소공에게 압력을 넣어보았으나 소공은 이를 거부했다. 그것은 일국의 군주로서 위신을 지키기 위한 당연한 처사였다. 그러나 낭와는 욕심을 이기지 못하고 앙심을 품었다. 이 일로 그는 무려 3년간이나 채 소공을 초나라에 억류하고 내보낼 생각을 하지 않았다. 물론 그는 아직 어린 소왕에게 어떤 참언을 넣었을 것이다.

탐욕은 여기에서 그치지 않았다. 당 성공이 초나라를 예방하면서 명마 두 마리를 데리고 갔다. 이번에도 욕심이 난 낭와는 명마를 달라고 압력을 넣었으나 일이 이루어지지 않자 또다시 당 성공을 억류했다. 이런 행동을 용납한 것은 소왕이니, 그 또한 무도한 왕이라는 오명을 받아야 한다.

초나라에는 낭와의 탐욕을 걱정하는 사람들이 많았다.《국어》에는 오나라가 서쪽으로 출정을 준비하고 있을 무렵 투저鬪且가 낭와의 행동거지를 보고 한탄한 말이 기록되어 있다. 투저가 조정에서 낭와를 만났는데, 낭와가 투저에게 어떻게 재물과 말을 모으는지를 물었다다고 한다. 투저는 돌아와 동생에게 이렇게 한탄했다.

초나라가 망하고 말겠다. 아니면 영윤 자신이 죽겠다. 내가 영윤을 만났는데, 어떻게 재물을 모으는지 묻는데 마치 굶주린 승냥이나 이리 같더구나. 결국 반드시 망할 사람이다. 대저 재물과 말을 많이 얻자면 백성들의 몫에서 파내야 한다. 백성들의 것을 파내면 그들은 딴마음을 품게 되니, 장차 어찌 그 몫을 메울 수 있겠느냐?

예전에 투자문鬪子文(투곡어토鬪谷於兎)이 세 번 영윤의 직을 차지하고 물러났을 때 집에 하루치 쓸 재물도 없었다. 이는 모두 백성을 불쌍하게 여겼기 때문이다. 성왕께서 자문이 아침에서 저녁까지 쓸 양식도 없다는 것을 들으시고, 매일 아침마다 고기 포 한 꾸러미와 양식 한 광주리를 준비해서 자문에게 음식을 내린 것이 지금까지 이어져 나라의 전통으로 따르고 있다. 성왕께서 자문을 위해 녹을 준비하면 그는 매번 피하고는 왕께서 그만두시고서야 돌아왔다.

어떤 이가 자문에게 물었다. "사람이란 무릇 부유하고자 하는데 어른께서는 이를 고사하시니 무슨 까닭입니까?" 그러자 자문이 이렇게 말씀했다. "대저 정치란 백성을 감싸주는 것이다. 헐벗은 백성이 많은데 내가 부귀하다면, 이는 백성을 괴롭혀 나를 북돋우는 것이니 죽임을 당할 날이 멀지 않은 것이다. 지금 나는 죽음을 면하자는 것이지 부귀를 피하는 것이 아니다."

낭와는 선대부의 후예이나, 우리 군주를 보살펴 천하에 이름이 나게 하지도 못하고, 백성의 굶주림은 나날이 심하다. 국경에는 방어용 보루들이 꽉 들어차고, 도로에는 굶어 죽은 사람들이 서로 마주 보며, 도적은 호시탐탐 기회를 노리고 있으나 백성은 기댈 곳이 없다. 그럼에도 이를 불쌍히 여기지 않고 끝도 없이 긁어모으려 한다면 이는 백성의 원망을 부채질하는 짓이다. 재물이 쌓일수록 원망이 쌓이는데, 그가 망하지 않고 배기겠는가? 대저 백성의 분노를 막는 것은 커다란 강을 제방으로 막는 것과 같아서, (결국은 터질 것이고) 터지면 반드시 크게 휩쓸 것이다(夫民心之慍也, 若防大川焉, 潰而所犯必大矣).

이렇듯 낭와는 초나라의 양식 있는 인사들의 걱정거리였지만 어린 왕을 이용하여 계속 영윤의 직을 이어갔다. 한편 군주가 억류되어 있는 채나라와 당나라의 신하들은 애가 탔다. 당나라 본국의 신하들이 먼저 꾀를 내어 초나라에 청을 넣었다.

"예전에 군주를 모시던 사람들로 모시는 이들을 바꾸어주시지요."

허락을 받고 온 교체자들은 기존에 성공을 모시던 사람들에게 술을 잔뜩 먹이고는 명마를 훔쳐서 낭와에게 가져다주었다. 그러자 과연 낭와는 당 성공을 풀어주었다. 성공이 돌아가자, 이번 일을 획책한 사람이 스스로 몸을 묶고 법관 앞으로 나와서 죄를 고했다.

"군주께서 말을 좋아하시어 억류를 당하시고 국가를 버리게 되었나이다."

그러자 여러 신하가 함께 나섰다.

"우리가 저 사람을 도와 똑같은 말로 배상하겠나이다."

그러자 성공이 대답했다.

"이는 과인의 잘못입니다. 대부들께 무슨 죄가 있겠습니까?"

그러고는 이들에게 모두 상을 내렸다. 나아가 그는 수모를 갚을 기회를 엿봤다.

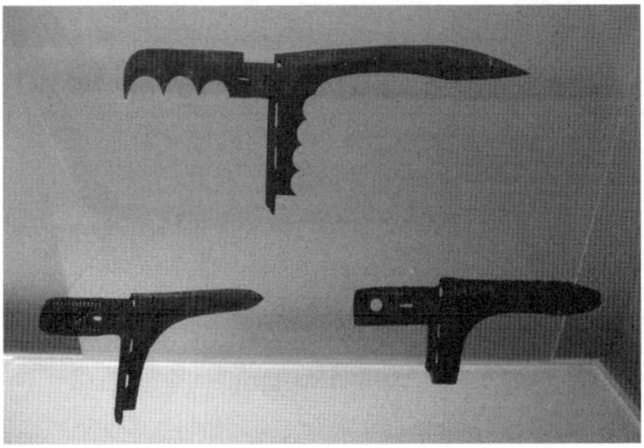

공자 가의 과. 강한 초나라 옆에서 수난이 끊이지 않았던 채나라 공자 가의 과(오른쪽 아래). 아직 날은 살아 있다.

이 소식을 들은 채나라 사람들은 낭와에게는 뇌물만 먹이면 된다는 것을 깨달았다. 그래서 군주를 설득하여 옥을 낭와에게 넘기게 했다. 과연 낭와는 조정에서 채나라 군주를 모시는 사람들을 만나고는 짐짓 선심을 쓰는 척하면서 초나라 측 유사를 탓했다.

"채나라 군주께서 계신 지 오래되었다. 이는 담당관이 공손하지 못한 것이다. 내일 돌려보내는 예를 다하지 않으면 그대를 사형에 처하겠다."

이리하여 채 소공도 돌아갈 수 있었다. 소공은 돌아가는 길에 한수를 건너면서 옥을 물에 던지며 맹세했다.

"내가 다시 한수를 건너 남쪽으로 내려가면 벌을 받을 것이니, 저 하천이 증명하실 것이다."

그러고는 바로 진晉나라로 가서 아들 원元과 대부의 아들을 인질로 남기며 초나라를 쳐줄 것을 요청했다.

초나라의 방어막에 균열이 생겼으니 오나라가 이 기회를 놓칠 리가 없다. 오나라 사자가 합려의 밀지를 들고 채나라와 당나라에 유세를 나간 내용이《오월춘추》에 기록되어 있다. 당시 외무는 오자서가 처리하고 있었으므로 사자는 오자서 자신이었을 것이다.

"초나라가 무도하여 충성스럽고 착한 이들을 학살하고 여러 제후국들을 먹어들어가 결국 두 군주를 욕보이게 했습니다. 이제 과인이 군사를 내어 초나라를 치고자 하니 두 군주께서는 함께 도모해주셨으면 합니다."

그러자 당 성공은 아들 한 명을 오나라에 인질로 보내서 화답했다.

이제 오나라의 배는 채나라의 비호를 받으며 아무런 장애 없이 초나라의 1차 방어선을 뚫고 여수까지 들어갈 수 있게 되었다. 또한 회하를 건너 남하할 때 초나라의 2차 방어선이자 울타리 역할을 하던 당나라의 저항도 무마할 수 있게 되었다. 탐욕스러운 쥐 같은 영윤이 결국 나라를 지키는 제방에 커다란 구멍을 뚫어놓은 것이다.

채 소공이 초나라에 보복하겠다는 마음으로 진晉나라를 찾은 이듬해(기원전 506년) 봄, 북방의 여러 제후들과 남방의 진나라와 채나라를 더한 대회맹이 소릉召陵에서 열렸다. 목적은 무도한 초나라를 치자는 것이었다. 이 회합에는 종주국 주나라의 행정을 담당하던 유나라 문공을 비롯해 진晉, 송, 채, 위, 진陳, 정, 허, 조, 거, 주邾, 돈, 호, 등, 설, 기, 소주小邾나라의 군주가 다 모였을 뿐만 아니라, 제나라의 경인 국하國夏까지 나왔다. 관중이 북방 제후들을 다 모아 초나라를 위협하던 형세가 재현된 것이다. 이로써 수십 년간 진晉나라와 초나라의 정면대결을 유보시켰던 남북 간의 휴전이 끝날 위기에 처했다.

이 거대한 군세가 남쪽으로 내려가고 동쪽에서 오나라가 쳐들어온다면 초나라는 정말 망할 수도 있었다. 그러나 다행히 앙심을 품은 채나라 소공은 융통성이 없는 인물이었다. 그리고 진晉나라의 주요 가문들은 나라 안에서 세력을 구축하는 것에 관심이 쏠려서 원정에서 힘을 빼는 것을 원치 않았다.

진나라 군을 이끌던 순인荀寅은 채 소공에게 재물을 요구했다. 채나라를 돕기 위해 온 것이니 수고비를 요구한 것이다. 그러나 소공은 이를 거절했다. 사실 다른 일도 아니고 나라를 들어 거대 초나라에 도발하면서 그 정도의 비용은 지불해야만 했다. 맹주인 진나라가 나서지 않으면 초나라 정벌은 어정쩡한 상태에 빠질 것이기 때문이다.

뇌물을 요구했다 거부당한 순인은 마음이 상했다. 그는 애초에 초나라를 칠 마음도 없었던 터였다. 정경 사앙士鞅(범앙, 범헌자范獻子) 역시 재물을 좋아하는 이였다. 재물을 얻지 못한 순인이 사앙에게 고했다.

"우리나라도 장차 위험한 상황이고, 제후들이 딴마음을 먹으려 하는 중에 원정하여 적을 치는 것은 어렵지 않겠습니까? 이제 곧 우기가 시작되면 질병이 창궐할 것입니다. 북쪽의 중산中山이 항복하지 않고 있는데, 휴전의 맹서를 버리고 원한을 산다면 초나라에는 타격도 주지 못하고 중산만 잃을 판입니다. 그러니 채 군주의 요청은 사절하는 것이 낫겠습니다. 우리는 방성을 침공한 이래 초나라를 마음대로 해본 적이 없습니다. 쓸데없이 힘만 뺄 염려가 있습니다."

사앙은 순인의 말을 들어 발을 빼고, 초나라로 쳐들어가자는 요청을 사절했다. 그 대신 채나라로 하여금 이번 회합에 참석하지 않은 심沈나라를 치게 했다. 심나라가 초나라를 지지했기 때문이다. 이로써 진나라가 초나라를 칠 힘도 의지도 없다는 것이 명백해졌다. 이 회합 이후 제후국들은 더는 진나라를 두려워하지 않게 되었다.

채 소공은 과연 심나라를 공격했고, 군주를 잡아서 죽였다. 초나라에 대한 명백한 선전포고였다. 그리고 진나라를 대신하여 신흥 강자 오吳나라에 의탁했다. 채 소공은 아들 건乾을 오나라에 인질로 들여보냈다. 전쟁은 이렇게 시작되었다.

2. 오나라의 검이 패권체제의 한 축을 베다

그해 겨울 오나라 군을 실은 함대가 동쪽 해안선을 따라 슬그머니 회하 입구로 들어갔다. 겨울의 회하는 얌전했다. 오나라 군은 거칠 것 없이 주래까지 진입했다. 정상적인 상황이라면 채나라 군대가 초나라 식息의 군대와 합세하여 오나라 군의 서진을 막았을 것이다. 그러나 채나라와 초나라는 이미 원수지간이 되었다.

오나라 군은 여수와 회하 합류 지점에 배를 모두 정박시켰다. 그러고는 갑자기 남서쪽으로 방향을 틀어 대별산의 좁은 길로 들어섰다. 대별산맥의 협로로는 물자를 제대로 운송할 수가 없고, 일단 산맥을 넘으면 돌아서서 퇴각하기가 어렵다. 이제 오나라 군의 전략은 명백해졌다. 회하 상류의 초나라 거점들은 모두 그대로 두고 지름길을 통해 바로 영도를 타격하겠다는 것이었다. 또한 한수를 건너 재빨리 영도를

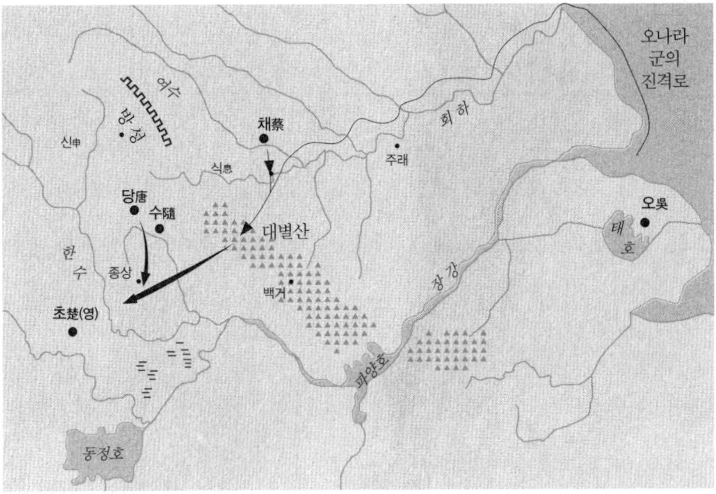

오나라 군의 진격로.

점령하지 못하면 초나라 방성 밖의 군대와 중앙군 사이에 끼어 협격당할 것이 뻔하므로 한수 도하가 전략적 관건이었다. 속전속결, 단도직입이 이 작전의 요체였다.

실제로 이 작전에 투입된 오나라 병력은 거대 초나라의 수많은 현들을 점령할 정도는 아니었다. 《여씨춘추》〈간선簡選〉 편에 "오나라 왕 합려는 힘센 병사 500명[多力者五百人]과 빠른 병사 3000명[利趾者三千人]으로 초나라와 다섯 번 싸워 다섯 번 이기고 드디어 영도를 점령했다"라고 나와 있다. 그러니 오나라의 선봉 부대는 빠른 보병이며 단병전에 능한 칼잡이들이었다. 총 병력 역시 3만 명 이하였을 것으로 보인다. 같은 책 〈민용民用〉 편에 "합려의 용병은 3만 명을 넘지 않고[闔閭之

用兵不過三萬], 오기吳起의 용병은 5만 명을 넘지 않았다"라고 기록되어 있다. 과연 3만 명으로 초나라를 점령할 수 있었을까? 대부분 어렵다고 생각할 것이다.

그러나 오자서는 장담했다. 초나라는 국경의 방어력은 강하지만 수도는 성벽도 제대로 구축해놓지 않았다. 한수만 넘는다면 수도를 공황 상태에 빠뜨릴 수 있을 것이다. 수도가 공황사태에 빠지고 왕이 죽으면 지방군은 궤산할 것이다. 그리고 지금은 한수에 지근한 당나라가 우방으로 전투에 참여해서 도하를 돕고 있지 않은가. 도하 지점은 그들이 훤히 알고 있을 것이다.

오나라 군은 배를 버리고 채나라 군과 합류하여 대별산을 통과해서 당나라 군과 합류한 후 바로 한수로 육박했다. 이때까지는 지형만 빼고는 아무런 저항도 받지 않았다. 초나라 영윤 낭와는 수도의 군대를 이끌고 나와 한수를 사이에 두고 오나라 군과 대치했다. 그때 좌사마로 있던 심윤 술이 대책을 올렸다. 심윤 술은 이미 오자서의 작전을 간파하고 있었다.

"어른께서는 저들이 움직이는 것을 보고 한수를 따라 아래위로 움직이면서 도하를 저지하십시오. 그러면 저는 방성 밖의 병력을 다 데리고 가서 저들의 배를 모조리 부수고, 돌아와서 대수大隧, 직원直轅, 명액冥阨의 험로를 막겠습니다. 그런 다음 어른께서는 한수를 건너서 나오고 제가 저들의 후방을 치면 반드시 대승할 수 있습니다."

이렇게 약속이 이루어졌다. 위에 나오는 대수, 직원, 명액을 직역하면, '커다란 굴길'과 '수레 끌채를 세워야 하는 길', '어둡고 좁은 길'의

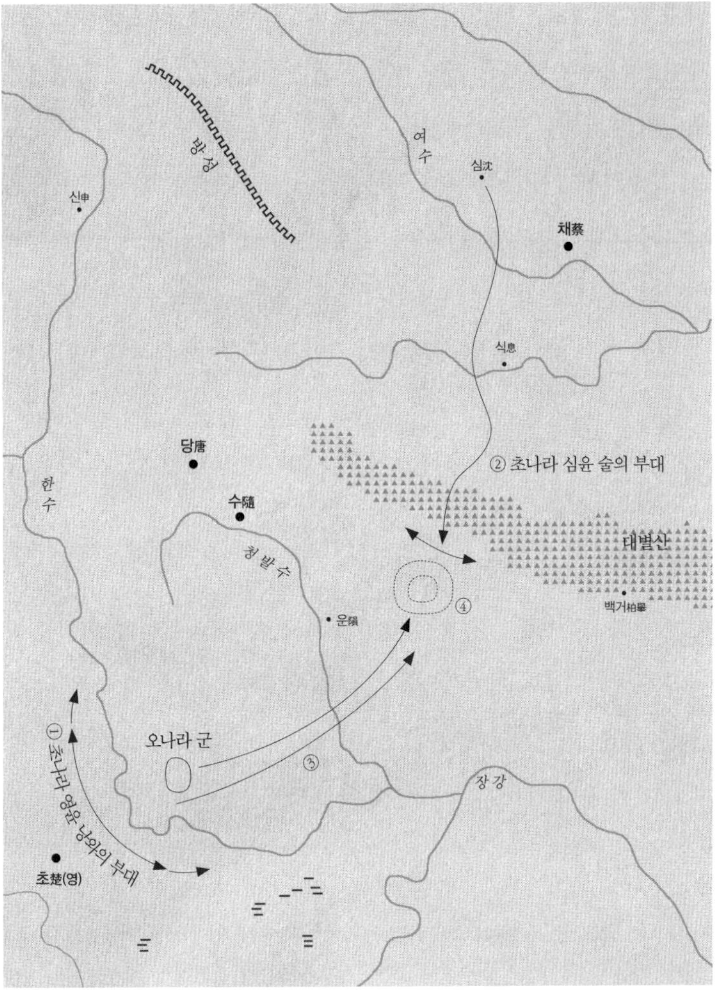

초나라 좌사마 심윤 술의 작전 계획도. 오나라 군을 대별산(소별산)과 청발수 사이에 가두어 전멸시킨다. ① 초나라 영윤 낭와가 오나라 군의 도강을 방해하는 사이에 ② 심윤 술이 북방의 군대를 끌고 대별산의 퇴로를 막으면 ③ 영윤 낭와가 강을 건너 전차부대로 공격하고 ④ 심윤 술이 도주하는 오나라의 보병을 함께 공격한다.

의미를 가진 대별산맥의 끝자락으로 지금의 하남성 남부에서 호북의 강한江漢 평원으로 들어가는 좁을 길을 가리킨다. 이 양면협공 전술은 초나라의 광대한 땅을 이용하여 산을 넘어 들어온 적을 치자는 것으로, 고전적이면서도 가장 성공 가능성이 높은 전술이었다. 심윤 술은 낭와와 굳게 약속하고 이 전술을 실행하기 위해 떠났다.

그러나 초나라 군의 사령관은 전술의 기본을 모르는 이였기에 중심이 없고 귀가 얇았다. 영윤 낭와의 옆에 있던 무성武城의 흑黑이 진언했다.

"저들은 나무를 쓰고 우리는 가죽을 쓰니 지구전을 할 필요가 없습니다. 속전이 낫습니다."•

사황史皇이 옆에서 거들었다.

"초나라 사람들은 어른은 미워하나 좌사마는 좋아합니다. 이번에 좌사마가 만약 회하에서 오나라 군의 배를 다 부수고 방성을 통하는 길을 틀어막고 역으로 쳐 나온다면, 이는 좌사마 혼자서 오나라 군을 격파한 것이 됩니다. 어른은 어서 싸움을 시작하소서. 그렇지 않으면 벌

• 이 대화의 《좌전》 원문은 "吳用木也 我用革也. 不可久也 不如速戰"이다. 역시 함축적인 문장이라 대대로 해석이 분분하여 내용을 미루어 짐작할 수밖에 없다. 우선 "우리는 혁거(가죽으로 두른 무거운 전차)이고 오나라 군은 목거(이동이 빠른 가벼운 전차)이니 지구전을 할 수 없습니다"라고 해석할 수 있다. 적이 도하 지점을 찾아 이리저리 움직일 때 따라 움직이면 지친다는 뜻이다. 또 하나는 "우리는 가죽 방패(갑옷)를 쓰고 저들은 나무 방패(갑옷)를 쓰니 내구성은 저들이 더 좋습니다"로 해석할 수도 있다. 어떤 해석도 다 무리가 있다. 어떤 해석은 "혁거는 가죽을 아교로 붙여서 습기에 약하다"라고 하기도 한다. 때는 겨울이었으니 봄비가 오기 전에 싸우자는 의미일까? 대체적인 상황으로 보아 오나라 군의 주력은 보병이다. 어쩌면 "우리는 혁거에 가죽 갑옷을 입고 있고, 저들은 나무 방패에 나무 창이나 가지고 있습니다. 오래 끌 것 없이 바로 들이치는 것이 낫습니다"라는 뜻일지도 모르겠다. 여하튼 당시 초나라의 무소 가죽은 방패와 갑옷, 전차의 재료로 유명했다.

을 면하지 못할 것입니다."

영윤 낭와는 결국 이들의 말을 듣고 강을 건넜다.

오나라 군은 이렇게 호랑이굴에 들어가지 않고도 호랑이를 불러내는 횡재를 했다. 오나라 군은 산을 넘었으나 작전이 간파당했기에 한수 도하는 생각처럼 쉽지 않았다. 꼼짝없이 협격을 당할 처지였으나 적이 자진해서 강을 건넌 것이다. 오나라 군은 초나라 군이 강을 무사히 건너도록 일부러 내버려 두었다.

《좌전》에는 상세히 나와 있지 않으나, 사실은 오나라 군이 일부러 군사를 물려 초나라의 주력군을 유인한 것이었다. 실제로 전투는 한수에서 한참 떨어진 동쪽 산지에서 벌어졌다. 바로《개려》와《손자병법》등에 등장하는 유인전술이다. 특히 적이 들이치더라도 맞서지 않고 최대한 깊숙이 유인하는 것은《개려》의 요지이다. 초나라 군의 입장에서는 일단 강을 건넜으면 선택의 여지가 없다. 건너면 최대한 빨리 강가를 벗어나야 한다는 것이 병법의 요지였다. 돌격하지 못하고 강으로 밀리면 전멸이기 때문이다.

영윤 낭와가 저지른 실수는 한둘이 아니었다. 지킬 때는 "강을 앞에 두고 산을 뒤에 둔다[前水背山]"거나, "전차는 벌판[易地]에서 쓴다"는 것은 군대를 부리는 이라면 누구나 아는 사실이다. 그럼에도 낭와는 오나라 군을 깔보고, 전차부대를 이끌고 산을 등지고 있는 오나라 군에게 육박한 것이다. 또한 강을 건넜기에 밀리면 물에 빠진다. 이른바 배수背水의 진은 퇴로를 스스로 끊어 사기를 북돋우는 원정군의 전략이지 돌아갈 곳이 있는 수비군이 취할 전술이 아니다. 돌아갈 본거지가

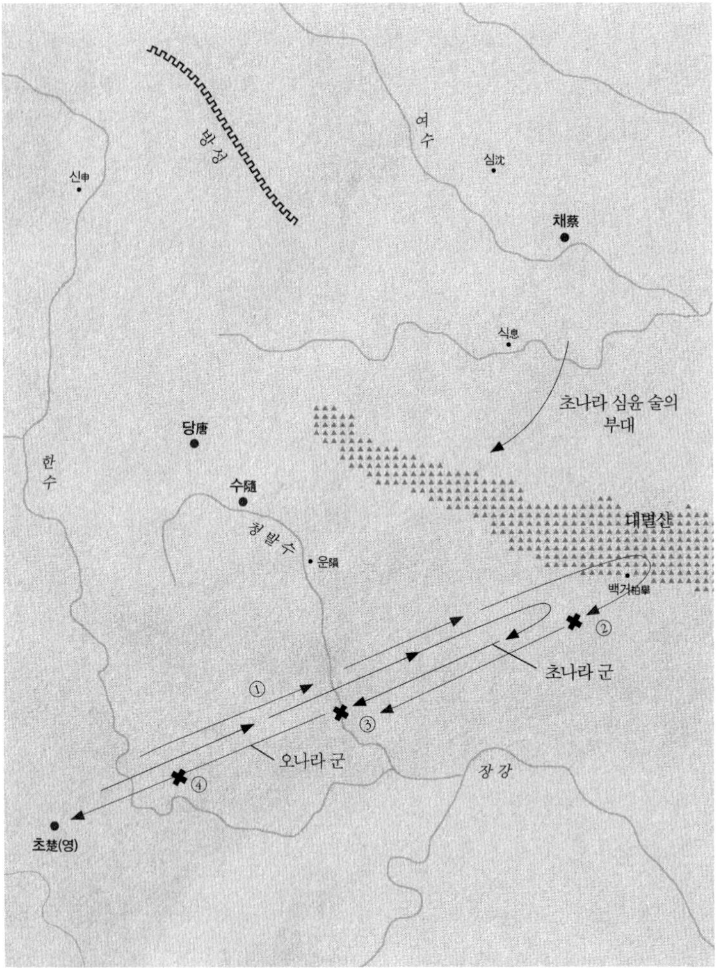

오-초 대별산 전투 시의도.
① 오나라 군 거짓 퇴각 ② 반격 ③ 도강 중 공격 ④ 옹서의 방어선이 무너지고 초나라 군 와해.

있는 군대는 배수의 진을 쳐도 밀리면 결국 강을 건너려는 마음이 생길 수밖에 없다.

과연 초나라 군이 대별산 서록의 산지까지 육박하자 오나라 군이 반격해왔다. 그들은 사기충천한 최정예 칼잡이들이었다. 대별산 일대에서 초나라 군은 세 번 싸워 세 번 다 졌다. 육박전에서 오나라 군을 이길 가망은 없어 보였지만, 초나라 군대는 이미 강을 건넜기에 선택의 여지가 없었다. 그때 영윤 낭와가 정나라로 달아나려 하자 사황이 일갈했다.

"평안한 시절에는 정치를 맡겠다고 하다가 막상 난리가 나니 밖으로 도망간다 하면 장차 받아줄 데가 어디 있단 말입니까? 어른은 반드시 목숨을 걸고 싸워야 합니다. 그러면 애초에 지은 죄는 모두 없어질 것입니다."

이렇게 수하가 주장을 분발시켜 초나라 군이 와해되는 것을 막았기에 양군은 백거柏擧에서 대치했다.

한편, 심윤 술은 애초의 작전을 철석같이 믿고 방성 일대의 군대를 규합하기 위해 가는 중이었다. 오나라 군의 입장에서도 상황이 아주 좋은 것은 아니었다. 실제로 한수를 건너지 못하고 지지부진하면 퇴로가 막히고 사기가 떨어질 판이었다. 이때 합려의 동생 부개夫槩가 나섰다.

"초나라 낭와는 어질지 못하여 그 부하들이 죽기 살기로 싸울 마음이 없습니다. 우리가 선제공격하면 저들은 분명히 와해될 것입니다. 그 후에 우리 주력이 추격하여 들이치면 분명히 대승할 것입니다."

그러나 합려는 모험을 감행하려 하지 않았다. 그럼에도 부개는 승리를 자신하고 부하들에게 말했다.

"소위 '신하 된 이가 의를 따라 행할 때는 군주의 명을 기다리지 않는다'는 것은 바로 이를 두고 하는 말이다. 오늘 내가 죽으면 우리 군은 반드시 초도 영으로 들어갈 수 있을 것이다."

그러고는 휘하의 정병 5000명을 이끌고 초나라 영윤 낭와의 보병을 선제공격했다. 아니나 다를까 보병대가 달아나자 초나라의 진지는 난장판이 되었다. 이미 전의를 상실하고 달아날 기회만 보고 있던 영윤 낭와는 정나라로 줄행랑을 쳤다. 사황이 대신 낭와의 전차에 올라타고 분전하다 죽었다. 초나라 군의 대패였다.

주장을 잃은 초나라 군은 서쪽으로 달아나다 청발수清發水에 막혔다. 합려가 곧바로 쳐들어가려 하자 부개가 말렸다.

"짐승도 궁지에 몰리면 돌아서서 달려드는데 하물며 사람이야 어떻겠습니까? 저들이 달아날 곳이 없다고 생각해서 죽기를 각오하고 달려들면 우리는 반드시 패할 것입니다. 만약 선두가 물을 건너도록 해서 저들로 하여금 살아날 길이 있다는 것을 알리면, 저들의 후위는 투지를 잃을 것입니다. 반쯤 건넜을 때 후미를 치면 됩니다."

이리하여 초나라 군의 선두가 강을 건넜을 때 오나라 군이 들이닥쳤고, 후미의 병사들은 속절없이 칼받이가 되었다. 이른바 "물을 건너는 적을 칠 때는 반쯤 건넜을 때 치라"는 오자서 병법의 결구가 여기에서 생겨났다.

물을 건넌 초나라 군은 굶주림 끝에 식사를 준비했다. 그때 다시 오나라 군이 들이닥쳤다. "적이 급작스럽게 멈추어서 지치고 굶주린 상태에 공격하라"는 오자서 병법의 요결은 여기서 나왔을 것이다. 쫓기는 초나라 군은 도대체 쉴 틈이 없었다.

이후로 초나라 군은 대항할 엄두를 내지 못했다. 옹서雍澨에서 다시 패하자 한수 방어선이 무너지며 초나라 군은 연전연패했다. 경오庚午일 백거에서 대치한 이래 겨우 열흘 만에 소왕은 수도를 탈출했고, 경진庚辰일에 오나라 군은 초도 영으로 들어갔다. 초나라 군은 싸움을 한 것이 아니라 일방적으로 와해된 것이다.

초도 함락은 한 시대의 종말을 고하는 일대 사건이었다. 춘추의 정치체제를 떠받치던 남방의 패주는 완전히 위신을 잃었다. 초나라는 제대로 싸워보지도 못하고 오랑캐에게 수도를 내어준 꼴이었다. 사령관이었던 영윤 낭와는 작은 나라로 도망갔고, 왕은 거리를 떠도는 신세가 되었다. 남방에서의 초나라의 패권은 이로써 완전히 끝났다. 오나라 왕 합려의 검이 춘추의 한 축을 끊은 것이다.

제10장

초나라의
부활 일지

• • •

흔히 춘추전국시대의 치세가들이 "승리 속에 패배의 조짐이 있고 패배 속에 역전의 조짐이 있다"고 한 것은 오랜 경험 끝에 얻는 철리哲理였다. "처음이 좋은 이는 많으나 끝이 좋은 이는 적다"는 경구도 마찬가지다. 공격하여 얻기는 쉬우나 차지하여 지키기는 그보다 어렵다. 그래서 "힘으로 얻되 덕으로 지키라"는 말이 모든 병서의 한 자리를 차지하고 있나 보다.

이기기를 좋아하는 사람은 대체로 덕이 부족하고, 용감한 이가 어질지 못한 것은 흔히 관찰되는 일이다. 오나라는 힘과 기교로 일대의 강국 초나라를 넘어뜨렸지만 출발부터 한계를 드러냈다. 힘으로 얻었으나 아직 덕으로 차지할 실력은 없었던 것이다.

1. 죽은 충신과 산 양신

그렇다면 방성으로 떠난 좌사마 심윤 술은 어찌 되었을까? 그는 영윤 낭와가 한수를 건너 싸우다가 패했고 영도까지 함락되었다는 소식을 듣자 부랴부랴 돌아왔다. 이제 협격은 이미 물 건너갔고, 수도를 지켜내는 것이 관건이었다. 심윤 술은 군사를 이끌고 돌아와 옹서에서 오나라 군과 마주쳐서 격퇴했지만 부상을 입었다. 그는 싸움에 질 것을 예감하고는 전장에서 죽을 작정을 하고 수하들에게 다짐을 두었다.

"누가 내 머리를 적에게 넘어가지 않게 할 수 있느냐?"

그러자 오구비吳句卑라는 이가 나섰다.

"저는 천한 신분입니다. 제가 그 일을 맡아도 되겠는지요?"

심윤 술이 대답했다.

"아, 진정 내가 그대를 잊고 있었구나! 암, 되고말고."

사령관과 충실한 부하는 이런 다짐을 주고받고 다시 싸움터로 돌격했다. 그러나 이미 부상을 입은 그는 세 번 돌격해서 또다시 부상을 입었다. 처절한 투혼이었다. 몸을 더 이상 움직일 수 없게 된 심윤 술이 오구비를 불렀다.

"나는 이제 글렀다."

그러자 오구비는 치마를 고이 펴서 깔고는 자기 사령관의 목을 취해서 싼 뒤, 목이 없는 시체는 숨기고 머리만 가지고 전장을 빠져나갔다. 그 우두머리에 그 부하였다.

심윤 술은 처음부터 끝까지 신흥국 오나라를 도발하지 말고 초나라의 내실을 다져야 한다고 주장했던 인물이다. 하지만 전쟁을 피할 수 없게 되자 선두에서 야차 같은 용맹을 발휘했다. 막상 전쟁을 불러온 인물은 싸움에 패하자 바로 외국으로 달아났고, 전쟁을 끝낼 인재는 전장에서 유명을 달리하고 말았으나, 이러한 심윤 술의 행동은 초나라 군의 사기를 높이고 오나라 군의 간담을 서늘하게 했다.

심윤 술은 자존심이 있는 사람이었다. 또한 비밀을 간직한 사람이었다.

심윤沈尹이라는 관직은 사서에 초 장왕 대에 등장하는데 실은 그전부터 있었을 것이다. 심윤이란 심 지역의 장관이란 뜻이다. 심은 원래 한 나라로, 채나라 바로 지근거리 여수 가에 위치한 나라였다. 초나라가 여수 일대를 실질적으로 지배하자 심나라는 초나라의 위성국이 된다. 채나라가 초나라와의 일전을 각오하고 심나라를 멸망시키기 전까지 심나라는 초나라의 충실한 동반자였다. 심나라는 군주[沈子]도 있고, 지방 행정을 맡은 장관인 윤尹도 있었다. 초 장왕을 패자의 반열에 올린 필의 전투에서 심윤이 중군을 이끌었고, 또 오나라가 쳐들어올 당시 심윤이 좌사마를 맡은 것으로 봐서 심윤은 군사적으로 대단히 중요한 직책이었던 듯하다. 아마도 동방의 군사작전을 총괄하는 사람이나 직책이었을 것으로 보인다.

심윤은 관직이지만 점차 이 관직을 맡은 사람의 후손들이 심윤을 성으로 쓰기 시작하면서 관직인지 성인지 분간이 모호해졌다. 그러나 점령지나 위성국을 관리할 때 현지인을 중시하는 초나라의 관례상 심윤을 맡은 사람은 심나라 출신이었음이 명백한 것 같다.

초나라의 속국이 된 후 심나라는 초지일관 초나라의 우방이었다. 오-초의 투쟁이 격화되면서 그들은 초나라 군을 따라 오나라 군과 수없이 싸웠다. 그 와중에 수많은 사람들이 오나라 군의 포로가 되었을 것이다.

《좌전》에는 "심윤 술은 전에 합려를 섬겼다. 그래서 포로가 되는 것을 수치스러워했다[初司馬臣闔廬, 故恥爲禽焉]"고 기록하고 있다. 그는 장부였기에 두 번의 치욕은 참을 수 없었던 것이다. 그렇다면 그는 언제 합려를 섬겼던 것일까?

기원전 537년 심윤 적赤이 초나라 왕을 따라 오나라를 치러 떠났으나 패배했다. 그때 심나라 사람들이 출정했음은 물론이다. 그 후 기원전 522년에 심윤 술이라는 사람이 초나라의 중요한 인물로 등장한다. 그러니 그는 기원전 522년 이전의 수많은 작전 와중에 오나라의 포로가 되어 혹은 어떤 사정으로 오나라로 망명하여 합려를 섬겼다가, 어찌하여 초나라로 돌아와 좌사마의 관직을 얻은 것이다. 기원전 519년 심나라는 대패하여 그 군주가 합려에게 죽임을 당하는 치욕을 겪었다. 그러니 심나라는 물론 심윤에게도 오나라는 철천지원수였다.

한때 오나라에서 윗사람으로 섬겼던 합려가 514년에 등극하여 계속 초나라 변경을 괴롭히자, 오나라를 잘 이해하는 심윤 술이 오나라 전선을 담당했던 것으로 추측된다. 심윤 술은 오나라를 원수로 여겼음이 분명하다. 그리하여 오나라에 자기의 머리조차 내어줄 수 없다는 결기를 보였고, 이에 초나라의 양식 있는 사람들은 분발할 수밖에 없었다. 이 참혹한 전쟁의 와중에 처음으로 초나라 부활의 징조가 내보이는 순간이었다.

두 번째 희망은 어린 왕이 보여주었다. 초 평왕은 기원전 523년에 진나라 공녀를 얻었으니, 기원전 506년인 지금 소왕의 나이는 많아야 17세였을 것이다. 그는 낭와라는 희대의 탐욕스러운 이를 영윤으로 둔 까닭에 사태를 오늘에 이르게 한 장본인이었으나 환난 속에서 서서히 군주의 자질을 드러내기 시작했다.

오나라 군이 영도로 막 들어오려 하자 소왕은 탈출을 결심했다. 왕이 탈출한다는 것은 국도의 백성들에겐 청천벽력 같은 일이었다. 그러나 남아 있다가는 꼼짝없이 잡힐 판이었다. 그때 그는 기발한 꾀를 냈다. 도읍을 나와 저수雎水 가에 다다랐을 때 오나라 군이 육박하자, 그는 코끼리를 모아 꼬리에 불을 붙인 후 오나라 군 진영으로 내달리게 했다. 그 사이에 그는 탈출할 수 있었다. 거대한 코끼리들이 미친 듯 달려들었으니 오나라 군도 겁을 먹었을 것이다. 절체절명의 순간에 이런 기지를 발휘할 수 있는 소년이라면 장차 대국의 왕이 될 희망이 있는 것이다.

왕의 형인 자서는 국왕이 몰래 빠져나가자 국민이 흩어질까 두려워 스스로 왕의 행장을 하고는, 피난길에 나선 사람들을 위로하고 수도에 가까운 비설脾泄에다 행궁을 세웠다. 그러고는 소왕의 소재지를 파악하고 따라 나섰다.

심윤 술과 자서는 신하로서의 기지를 보였고, 나라를 잃은 왕도 포기하지 않는 의지를 보였다. 희망이 완전히 없지는 않았다.

2. 오나라 분열의 징조

이제 오나라 군의 진영으로 들어가 보자. 초나라 왕이 달아난 그다음 날 오나라 군은 영도로 들어갔다. 그러고 나서 첫 번째로 한 일은 지휘부의 욕심을 채우는 것이었다. 직급에 따라 초나라의 궁전을 차지하기로 했는데, 공자 산山이 영윤 낭와의 궁을 차지하자 왕의 동생 부개가 공격해서 뺏으려 했다. 그러자 겁을 먹은 산이 궁을 비우고 부개가 이곳을 차지했다. 이 알력은 원정군에게는 좋지 않은 조짐이었다.

이제 오자서는 어떻게 복수할 것인가? 적의 수도는 함락되었으나 원한의 당사자는 이미 무덤 속에 있었다. 《사기》에는 오자서가 부형의 원수를 갚고자 평왕의 무덤을 파서 시체에다 매질을 했다고 쓰여 있다. 비록 후대에 만들어낸 이야기일 수도 있지만,《여씨춘추》에도 비슷한 기록이 있는 것으로 보아 전국시대에는 이런 이야기가 퍼져 있었던 것 같다.《오월춘추》는 더 과장해서 오자서가 무덤을 파서 시신을 발로 밟고 눈알을 파내며 욕을 했다고 한다. 또한 오나라 왕이 초나라 왕비를 취했을 뿐만 아니라, 손무와 백비 그리고 오자서까지 초나라의 귀부인들을 욕보였다고 한다.

그러나《오월춘추》의 내용은 과장된 것이 분명하다. 10년이나 지난 시체에 무슨 눈이 있겠는가? 왕비와 귀부인들을 대놓고 욕보였다면《좌전》과《사기》가 그 끔찍한 행동에 붓을 들지 않았을까? 오자서가 실제로 그랬다면 유가의 저작인《순자》에서 오자서를 현자賢者로 평할 하등의 이유가 없다.

물론 오나라 지휘부가 초나라의 수도에 들어가자마자 서로 궁전을 차지하려고 다투었다는 것은 명백한 사실이다. 특히 선봉군을 거느린 부개가 규율을 어긴 것은 심각한 문제였다. 그러니 나머지 불의한 행동들이 있었음도 미루어 짐작할 수 있다. 전국시대의 병법서로 알려진《울료자》는 장기적인 승리를 원하는 점령자의 태도를 이렇게 요약한다.

> 무릇 군대란 죄가 없는 성을 공격해서는 안 되며, 죄 없는 사람을 죽여서도 안 됩니다. 남의 부형을 죽이고, 남의 재물을 강탈하고, 남의 자녀를 노예나 첩으로 삼는 것은 모두 도둑질입니다. 그래서 군대란 폭란한 자를 치고 불의를 금하기 위해 쓰는 것입니다. 그러니 (의로운)

군대가 가는 곳에는 농부들은 밭을 떠나지 않으며 장사치들은 점포를 떠나지 않으며 사대부는 관부를 떠나지 않는 것이니, 오직 죄인 한 사람에게만 무력을 보일 뿐, 군인들은 칼날에 피를 묻히지 않기에 천하 사람들이 친근하게 여기는 것입니다.

승리한 후에는 반드시 점령지의 백성을 위무해야 땅을 얻을 수 있다. 이것은 병가의 기본 중의 기본이었다. 그러나 오나라 군은 그런 자제력과 비전을 보여주지 못했다.

3. 겨울에 푸른 나무

공자가 "겨울이 와야 송백이 다른 나무보다 늦게 시듦을 알 수 있다"고 한 말의 참의미를, 전투 초기 격렬한 투쟁 중에 초나라의 인재들은 몸으로 보여주었다. 여름에는 낭와와 같은 잡목이 송백에 섞여 있었지만, 상황이 어려워지자 그런 이들은 다 몸을 숨겼다. 그 대신 생각지도 않은 곳에서 무수한 인재들이 이름을 알렸다.

초 소왕은 저수를 건넌 후 이어 장강을 건너 운중雲中으로 피신했다. 유랑 길에 오른 것이다. 하루는 그가 잠을 자고 있을 때 어떤 괴한이 달려들어 창으로 내리쳤다. 이 황급한 상황에서 왕손 유우由于가 국왕을 덮고 몸으로 창을 받아냈다.*

아마 그 괴한은 초나라 왕을 죽여 오나라에 공을 세우려고 했던 것 같다. 그예 초나라 왕은 방향을 동쪽으로 틀어 운隕으로 달아났다. 악사 종건鍾建은 왕의 누이 비아를 업고 뒤따랐고, 유우는 등에 상처를 입었으나 뒤를 따랐다. 이렇게 왕 가까이에 있던 사람들은 소왕을 살려 초나라를 부활시킬 희망을 버리지 않았다.

당시 운을 다스리던 운공은 초 평왕 시절 영윤을 지낸 투성연鬪成然의 아들 투신鬪辛이었다. 과거 투성연은 자기의 공을 믿고 대단히 교만했다고 한다. 아마도 평왕이 쿠데타로 집권할 때 결정적인 도움을 줬던 것 같다. 그의 세도가 도를 넘자 평왕은 결국 그를 죽이고 아들 투신을 운 땅에 두어 선대의 공훈을 잇게 한 적이 있다. 왕이 온다는 소식을 듣자 운공 신의 아우 회懷가 이 기회에 아버지의 복수를 하려고 형에게 고했다.

"평왕이 우리 아버지를 살해했습니다. 그러니 제가 평왕의 아들을 죽여도 되지 않겠습니까?"

그러자 형이 꾸짖었다.

"군주가 신하를 토벌하는데 누가 감히 그를 원수 삼을 수 있단 말이냐? 군주의 명은 하늘의 명이다. 하늘의 명으로 죽인다면 누가 이를 원수 삼을 수 있겠느냐? 《시》에, '부드럽다고 삼키지 말고 딱딱하다고 뱉지 말며, 홀아비·과부를 모멸하지 말고, 강한 자라고 두려워하지 마라'고 되어 있다. 오직 어진 사람만이 그렇게 할 수 있는 것이다. 강한 자는

• 이 이야기는 《좌전》을 기반으로 한 것인데, 《사기》 〈초세가〉에는 운중 사람들이 그가 국왕인지 몰라 활을 쏘았다고 되어 있다.

피하고 약한 자를 능멸함은 용기가 아니요, 남이 궁지에 빠졌을 때 이를 이용함은 어짊이 아니며, 종주를 죽여 제사를 끊는 것은 효도가 아니고, 행동을 함에 좋은 이름을 남기지 못함은 지혜가 아니다. 네가 반드시 이를 어기겠다면 내가 너를 죽이리라."

아우는 형의 권고에 머리를 숙였다. 형제는 결국 원한을 가슴에 묻은 채 소왕을 데리고 수隨나라로 달아났다.•

4. 기로에 선 위성국들

오나라 군은 소왕의 뒤를 따라붙으며 수나라로 사자를 파견했다.

"주나라의 자손으로 한수 일대에 있던 나라들은 실로 초나라가 다 멸망시켰습니다. 하늘이 그 마음을 달래려 초나라에 벌을 내리는 차에 군주께서 또 초나라 왕을 숨겨주시니, 주 왕실이 무슨 죄가 있습니까?

• 《국어》는 훨씬 적나라한 구어체로 형제간의 대화를 기록하고 있다.
"평왕이 우리 아버지를 죽였습니다. 나라 안에 있을 때는 군주였지만, 밖에 나온 지금은 아버지를 죽인 원수일 뿐입니다. 원수를 보고 죽이지 않으면 사람도 아닙니다."
"회야. 군주를 섬길 때는 안팎에서 행동을 다르게 하지 않는 법이고, 성할 때와 쇠할 때 행동을 달리하지 않는 법이다. 군주를 존중하는 것은 존비를 가리지 않고 한결같이 하는 것이다. 대저 신분이 맞먹거나 그 아래면 원수가 될 수 있으나, 그렇지 않으면 원수로 삼을 수 없는 것이다. 아랫사람이 윗사람을 죽이는 것을 '시弑'라 하고, 윗사람이 아랫사람을 죽이는 것을 '토討'라 한다. 군주가 신하를 죽이는데 어떻게 원수로 삼을 수 있단 말이냐? 이렇게 모두가 군주를 원수로 여기면 어떻게 아래위가 있을 수 있느냐? 우리 선대는 군주를 잘 섬기는 것으로 이름을 떨쳤고, 오래전 할아버지 투백비 이래 이 도리를 잃은 적이 없었다. 그런데 지금 네가 이를 어기려 하니 될 일이냐?"
"저는 아버지 생각밖에 없습니다. 다른 것은 돌아볼 여지가 없습니다."
그러나 형제간의 알력에도 불구하고 결국 투신은 안전하게 소왕을 수나라로 대피시켰다.

군주께서 주 왕실을 돌봐주시어 이 못난 사람(합려)에게도 도움을 베푸시어 장차 하늘의 마음을 흡족하게 하신다면 이는 군주의 은혜이십니다. 그러면 한수 동쪽의 땅은 모두 군주께서 소유하소서."

초나라 왕을 내어놓으라는 으름장이었다. 앞으로 초나라가 부활할 것인가? 오나라가 초나라를 멸할 것인가? 오나라 사절은 공궁의 남쪽에 포진하고, 소왕 일행은 북쪽에 머물고 있었다. 여차하면 꼼짝없이 포로가 될 운명이었다. 그때 왕의 이복형 자기子期•가 왕으로 변장하고는 소왕을 도피시킨 후 수나라 사람들 앞에 나섰다.

"나를 저들에게 넘겨주신다면 왕께서는 반드시 살아나실 수 있을 것입니다."

수나라 측에서도 결단을 내리지 못하고 있었다. 이럴 때는 책임을 질 사람이 필요하고, 하늘에 책임을 미루려면 점을 칠 수밖에 없다. 초나라 왕을 내어줄 것인가 점을 쳤더니 불길했다. 수나라 군주는 오나라의 사신을 맞아 정중히 뜻을 전했다.

"저희 수는 편벽한 곳에 있는 작은 나라입니다. 그래서 저희는 초나라를 친밀히 대해왔고 또 초나라는 실로 우리를 잘 지켜주어 누대로 맺은 맹서를 지금까지도 바꾸지 않고 있습니다. 만약 초나라가 어려움에 처했다고 버린다면 (우리는 의를 버린 나라인데) 무엇으로 군주를 섬긴

• 자기子期(공자 결結)는 평왕의 이복형이자 자서子西(공자 신申)의 아우다. 평왕이 죽자 소왕이 왕비의 아들이므로 왕이 되었으나, 중신들은 나이가 많고 능력이 검증된 자서를 왕으로 세우고자 했다. 자서는 무사無私한 사람이었기 때문에 왕위를 고사했다. 자기 또한 자서 못지않은 인재였고 성품이 무사했다. 그래서 소왕은 능력 있는 이복형들을 존중했다.

단 말입니까? 귀국에서 일을 처리하는 사람의 우환은 비단 초나라 왕 한 사람이 아닐 것입니다. 진실로 귀국께서 장차 초나라 땅을 안정시킨다면 우리가 어찌 명을 받지 않을 수 있겠습니까?"

수나라가 하는 말이 이치에 맞고, 또 먼 적지에서 새로운 적을 만들 수도 없는 처지여서 오나라 군은 수나라 땅을 침범하지 않았다. 그예 자기子期는 가슴을 칼로 베어 피를 받아 수나라 사람들과 맹서를 했다.

그런데 오나라의 사신들은 수나라에만 들어간 것이 아니었다. 지금까지 초나라에 신복하던 진陳, 호胡 등의 나라에도 함께 초나라를 치자는 오나라의 요청이 쇄도했다. 지금의 승세를 타 초나라를 외교적으로 고립시키고자 한 것이다. 호나라는 지금껏 초나라를 따라 오나라에 대항해왔지만, 초나라의 의향에 따라 이리저리 국도를 옮기며 어렵게 명맥을 유지하고 있었다.

호나라 군주는 이를 기회로 봤다. 그는 초나라가 오나라에 수도를 내어주자 호나라에 가까운 초나라 읍 사람들을 모두 포로로 잡았다. 반면 진나라의 판단은 좀 달랐다. 사자가 도착하자 진 회공懷公이 회의를 소집했다. 진나라 조정에서도 격론이 오갔다. 회공이 이를 두고 조정 중신들을 모아 의견을 구했다.

"그대들 중 초나라를 돕기를 원하는 이는 오른쪽에, 오나라를 돕기를 원하는 이는 왼쪽에 서시오."

그러자 경대부들 중 영유지가 초에 가까운 이들은 초나라를 지원하자고 하고 오나라에 가까운 이들은 오나라를 지지하자고 나섰다. 이른바 자기 땅의 위치에 따른[從田], 사욕에 기반한 판단이었다. 또 땅이 없는 이들은 자기가 속한 붕당에 의한 판단[從黨]을 내렸다. 정세에 대한 주관이 없었던 것이다. 군주로서는 난감한 상황이었다. 이때 대부 봉활逢滑이 나섰다.

"신이 듣기로 나라는 복을 받으면 흥하고 화를 받으면 망한다고 합니다. 지금 오나라는 복을 받지 못하고 있고 초나라는 아직 화를 받은 것은 아니옵니다. 그러니 초나라를 배반하고 오나라를 따를 수는 없습니다. 지금은 진晉나라가 맹주이니, 진을 핑계 대어 오나라의 요청을 물리치는 것이 어떠하오리까?"

"국도를 뺏기고 군주는 달아났는데, 이게 화가 아니면 무엇이오?"

"그런 일을 겪은 나라는 많사옵니다. 그러나 회복되지 못한다고 장담할 수 없습니다. 작은 나라도 회복되곤 하는데 하물며 큰 나라가 회복되지 못하겠습니까? 신이 듣기로 나라가 흥하려면 그 백성 보기를 상처 돌보듯이 한다고 하니, '이것이 바로 복'입니다. 나라가 망하려면 그 백성 보기를 흙덩어리나 잡풀로 보니, '이것이 바로 화'입니다. 초나라가 비록 덕이 없으나 백성을 낫으로 풀 베듯이 죽이지는 않사옵니다. 그러나 오나라는 나날이 전쟁으로 피폐해지고 백성들의 뼈가 수풀처럼 흩어져 있어 아직도 덕이라곤 찾아볼 수 없습니다. 아마도 이는 하늘이 초나라를 혼내서 바르게 가르치는 것일지니, 오나라에 화가 닥칠 날이 멀지 않을 것이옵니다."

진 회공은 이 판단을 따랐다.

앞으로 상황은 어떻게 전개될 것인가? 그리고 과연 누구의 판단이 옳았을까?

5. 신포서가 먹지 않고 7일을 울다

무릇 큰 나라를 넘어뜨릴 수는 있다. 삼국시대 유비의 책사 방통이 촉나라를 칠 때, "힘으로 얻고 덕으로 다스리면 우리 것이 됩니다"라고 유비를 설득했다. 수나라 군주가 하는 말도 마찬가지로, 오나라가 새로 얻은 땅을 다스릴 능력이 있다면 주변 나라들은 당연히 따를 것이라는 취지였다. 그러나 오나라는 그럴 능력을 보여주지 못했다.

역대의 모든 전쟁은 비슷한 경로를 걷는다. 점령자가 다스릴 능력을 보여주지 못하면 전쟁은 장기전이나 게릴라전으로 이행한다. 특히 점령지의 주민이 문화적으로 점령자를 받아들이지 못할 때 상황은 악화되고, 결국 점령자는 물러날 수밖에 없다. 점령자가 실제로 점령지를 차지하려면 광범위한 사면, 토지제도의 개혁, 우방들을 위한 대가를 제시해야 한다. 그러나 오나라는 아무것도 하지 못했다. 원정군의 지도부는 분열되고, 그저 무도하다는 평가만 얻고 있었다.

운공 투신은 부개와 공자 산이 궁전을 가지고 다투었다는 소리를 듣고는 희망을 가졌다.

"듣기로, 서로 양보하지 않으면 화합할 수 없다고 한다. 오나라가 우리 초나라와 싸우고 있으나, 반드시 저들 내부에서 분란이 일 것이다. 분란이 일면 돌아갈 수밖에 없을 것인데 무슨 수로 초나라를 평정하겠는가?"

오나라는 초나라를 평정할 수 없다거나 오나라에 평정당할 수 없다는 여론이 일어났고, 그런 인사 중에는 오자서의 옛 친구 신포서가 있었다. 그는 오자서의 죽마고우였다. 부형을 잃은 오자서는 동쪽으로 떠나면서 신포서에게 흉금을 털어놓았다.

"나는 반드시 초나라를 넘어뜨리고 말 것이네."

그러자 신포서는 이렇게 응수했다.

"최선을 다하게. 자네가 넘어뜨릴 수 있다면, 나는 반드시 다시 일으킬 수 있을 것이네."

그러고 나서 오자서는 오나라로 떠났다. 들판에서 자고 시장에서 걸식하며 오나라에 도착한 오자서는 과연 합려를 업고 와서 초나라를 뒤집었다.

초 소왕이 수나라로 떠나 있을 때, 신포서는 오자서와는 다른 목적을 가지고 진秦나라로 떠났다. 소왕은 진나라 공녀의 아들이고, 초나라와 진나라는 오래전부터 맹방이었다. 포서는 진 애공 앞으로 나아가 급박한 처지를 고하고 군사를 요청하며 하소연했다.

"오나라가 봉시封豕(거대한 돼지), 장사長蛇가 되어 상국上國을 삼키려 함에 저희 초나라부터 먹어 들어가고 있나이다. 저희 군주께서는 사직을 잃고 지금 초원으로 쫓겨나 있는 중에 이 천한 신하를 시켜 위급함을 고하게 하였사옵니다. 오랑캐의 탐욕이 끝이 없으니 만약 군주의 나라와 이웃하게 되면 변경에 우환이 될 것입니다. 오나라가 아직 초나라를 평정하지 못한 틈을 타서 군주께서 출정하여 그 땅을 나누소서. 만약 초나라가 결국 망하고 만다면 그 땅은 군주의 것이 될 것이옵니다. 만약 군주께서 은혜를 베풀어 우리 초나라를 안정시켜 주신다면, 우리는 세세로 군주를 섬길 것이옵니다."

그러자 진 애공이 대답했다.

"과인은 귀 군주의 명을 잘 들었소이다. 그대는 잠시 객관으로 가 쉬도록 하오. 방법을 생각해본 후에 알려드리리다."

그러자 신포서는 울부짖었다.

"저희 군주께서 풀밭에 버려져 엎드릴 곳도 찾지 못하고 있사온데 이 천한 신하가 감히 편한 곳을 찾으리이까?"

신포서는 이렇게 말하고 궁궐 담장에 기대어 서서 물 한 모금 먹지 않고 주야로 일곱 날을 통곡했다. 결국 신포서의 충정에 애공의 마음이 움직였다. 7일째 되는 날 애공이 나와《시》〈무의無衣〉편을 불러주며 위로했다.

> 어찌 옷이 없다 하리오.
> 그대와 두루마기 함께 입으리
> 왕께서 군사를 일으키시면
> 나는 창칼을 닦아
> 그대와 함께 원수를 치리다.
>
> 〔豈曰無衣, 與子同袍, 王于興師, 脩我戈矛, 與子同仇〕

군사를 내어 오나라를 치겠다는 허락이었다. 이리하여 오-초의 쟁탈전에 진나라가 가세하게 되었다.

사서에는 기록되어 있지 않으나, 필자는 이때 또 한 명의 신포서가 월나라에 소식을 전하러 떠났다고 생각한다. 다만 중원 중심의 기록

문화로 이 일은 기록되지 않았을 뿐이다. 그 근거는 이렇다.

첫째, 초 평왕이 죽기 직전 비량을 쳤을 때 월나라 대부 서안이 마중을 나왔고, 월나라 공자 창倉은 초나라 왕에게 누각이 딸린 배까지 선사하고 군대를 함께 진군시키는 극진한 호의를 베풀었다. 물론 오나라를 견제하기 위함이었다. 절체절명의 위기에 맹방으로 사신을 보내지 않았다면 그것은 직무유기다.

둘째, 실제로 진나라 군이 전장에 도착하기 직전에 월나라 군이 오나라를 침입했다. 물론 오나라의 주력군이 초나라 전선에 투입되어 있었기 때문에 빈틈을 노린 것이지만, 당시 오나라와 월나라 간 힘의 차이가 명백했는데도 월나라가 보복을 무릅쓰고 과감한 공격을 감행한 것으로 보아 초나라와 월나라의 밀약을 충분히 상상할 수 있다.

마지막으로 초나라와 월나라의 관계를 암시하는 중요한 단서는, 소왕의 아들이자 훗날 혜왕이 되는 공자 장章이 월나라 공녀의 소생이라는 점이다. 소왕이 월나라 공녀를 언제 취했는지는 정확히 알 수 없으나 초나라와 월나라의 동맹관계가 공고했다는 점을 부인할 수 없다. 초나라는 진의 원조를 받아 반격을 준비하고, 다른 한편으로는 월나라로 하여금 오나라를 공격하게 했던 것이다. 이제 오-초의 투쟁에 월나라가 개입하는 것은 시간문제였다.

다시 진나라로 가보자. 진나라는 구원하는 흉내만 낸 것이 아니었다. 공자 포蒲와 호虎가 군대를 이끌었고 전차 500대가 동원되었다. 오나라 군의 주력이 보병임을 감안하여 상당수의 보병을 대동했을 것이다. 이리하여 신포서는 서북에서 나라를 재건할 역량이 있는 대병력을 이끌고 남하했다. 반면 오나라 진영은 본국이 공격당했다는 소식에 술렁거렸다.

6. 오나라의 내분과 초나라의 대반격

이제 상황은 바뀌었다. 초나라의 북방을 지키던 군대와 진나라의 원군이 합세하여 남쪽으로 내려오고, 오나라 군이 한수 북쪽에서 맞아 싸우는 형국이었다. 오나라 군은 대로를 따라 내려오는 진나라의 전차를 상대하기 위해 역시 산에 의지하여 기다렸다. 진나라 군 사령관 자포는 신중했다.

"우리는 아직 저들의 전법을 모릅니다. 먼저 싸우는 것을 보고 참전하고 싶습니다."

먼저 초나라 군이 오나라의 선봉 부개의 군대를 공격하고 이어서 진나라 군이 합세하여 기沂에서 오나라 군을 격파했다. 동부 전선 백거에서 오나라 군이 초나라 군을 격파했을 때 초나라 위역薳射이 사로잡혔는데, 위역의 아들이 아버지를 위해 패잔병들을 이끌고 자서의 군대에 합류했다. 자서의 군이 군상軍祥에서 다시 오나라 군을 격파했다.

오나라 군과 초나라 군은 각자 한정된 병력을 갖고 거점을 장악하기 위해 최적의 전술을 고안해내려 안간힘을 썼다. 그러나 이제 전세는 기울고 있었다. 군상(지금의 호북성 종상鍾祥)을 초나라 군이 장악하면 영도를 점령하고 있는 오나라 군과 북쪽에서 진-초 연합군을 상대하는 부개의 군대가 둘로 나뉘고 만다. 부개는 용맹했지만 서서히 중과부적을 느끼고 있었다. 거기에 월나라 군이 오나라를 공격하고 있다는 소식이 전해졌다.

진-초 연합군은 오나라 군을 격파한 후 바로 남하해서 7월에 당나라를 멸망시켰다. 당나라는 오나라를 믿고 초나라에 반기를 들었으나 오나라는 기대에 부응하지 못했다. 이렇게 한 나라가 또 지도에서 지워졌다.

오나라 군은 영을 지키기 위해 반격에 나서 옹서雍澨에서 초나라 군을 이겼지만 진나라 군에게는 패했다. 이때 오나라 군은 영도를 포기한 것으로 보인다. 그들은 균麇•으로 퇴각해서 방어선을 쳤다. 그런데 오나라 군의 선봉장 부개는 어디에 있었을까?

부개는 진-초 연합군에게 패배한 후 딴마음을 갖는다. 정상적인 상황이라면 본진과 합류해서 계속 항전해야 할 것이다. 그러나 그는 자신의 주력군을 이끌고 거꾸로 동쪽으로 달려 귀국한 후 왕을 칭했다. 합려도 쿠데타로 집권했는데 자신이라고 못할 리가 없다고 생각했을 것이다. 특히 오나라 본국에 남아 있는 이들은 월나라에 시달리고 있는 차에 먼저 귀국하는 부대를 구세주로 여길 것이 분명했다.

초나라 군은 이제 마지막 대회전을 남겨두고 있었다. 균의 성채에 자리 잡고 있는 적군을 어찌할 것인가? 그때 자기가 기존에 쓰지 않던 전술을 들고 나왔다. 균을 통째로 불로 태우는 전술, 이른바 화공火攻이

• 일전에 나온 진령 깊숙한 곳에 위치한 균이 아니라 옹서 서쪽의 어떤 지역으로 보인다.

었다. 형 자서가 반대했다.

"우리 부형들의 뼈가 드러나 있네. 거두어주지는 못할망정 불로 태워서야 될 일인가?"

그러나 자기는 단호했다.

"나라가 망했습니다. 만약 죽은 이들이 지각이 있다면 제사를 받고 싶을 것입니다. (전쟁에 이기지 못하면 제사도 받지 못할 판인데) 그들이 어찌 불에 타는 것을 꺼리겠습니까?"

이렇게 초나라의 원한 또한 골수에 사무쳐 있었다. 결국 초나라 군은 화공으로 군의 보루를 태우고 공격해 오나라 군을 격파한 데 이어

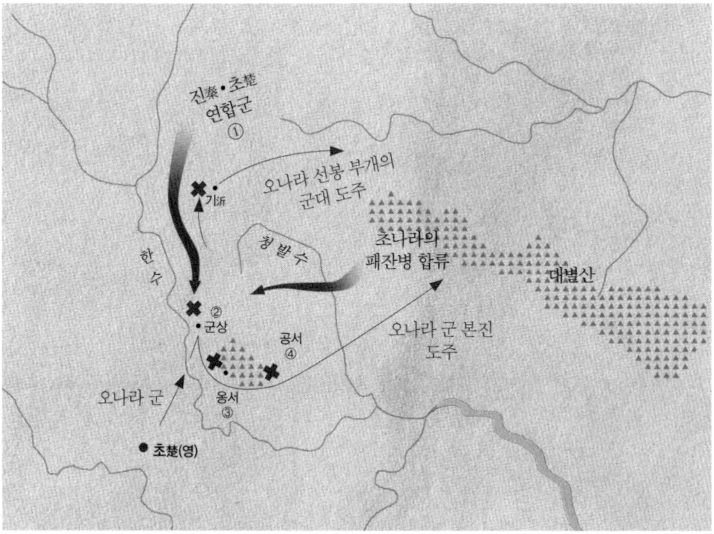

초도 영 수복작전 시의도. ① 진-초 연합군이 오나라 선봉 부개의 군대를 격파 ② 연합군의 초나라 부대가 군상에서 오나라 군 격파 ③ 옹서에서 진나라 군이 오나라 군 격파 ④ 공서에서 초나라 군이 오나라 군 격파. 오나라 군 도주.

공서公壻의 골짜기에서 또다시 오나라 군을 대파했다.

이제 오나라 군의 본영은 귀로에 올랐다. 귀국하자마자 합려는 부개를 공격해서 이겼다. 패배한 부개는 바로 초나라로 망명했다. 이렇게 전쟁은 끝났다.

춘추시대에는 세 계절을 넘긴 전쟁이 없었다. 제후의 도읍을 수장시키는 일도 없었고, 전사자를 거두지 않고 화공을 가하는 일도 없었다. 오-초의 쟁패에는 기존 춘추시대의 어떤 교전 수칙도 적용되지 않았다.

《개려》에 "태백성이 달에 들거나 형혹성이 달에 들어가면 싸울 수 있고, 일월이 서로 잡아먹을 때(일식과 월식) 싸울 수 있는데, 이들 하늘의 네 가지 재앙을 따라 싸우면 반드시 경사롭다고 한다"라고 서술한 것은 이 전투 양상의 변화를 상징적으로 드러낸다. 적에게 불길한 기운이 있으면 나는 공격한다. 적의 재앙은 곧 나의 기회인 것이다. 적의 초상을 이용하는 것도 문제가 되지 않았다. 이렇게 오-초의 싸움은 전술 면에서도 전국시대의 시작을 알렸다.

7. 전후 처리: 상벌의 원칙을 세우다

이 전쟁은 초나라의 허점을 여지없이 드러냈다. 한수는 철옹성이 아니었고, 속국으로 여기던 나라들은 모두 꿍꿍이가 있었다. 또한 어린 왕과 무능한 영윤이 권력을 잡으면서 국가가 뿌리째 흔들렸다. 국도를 잃는 참상을 겪은 후 소왕은 이 모든 문제를 뼈저리게 실감했다. 전란의 와중에 소왕은 어른이 되었고, 자서와 자기 등의 이복형들이 일선에 나서면서 왕은 권위를 회복하기 시작했다. 초나라의 논공행상 장소로 들어가 보자.

소왕이 수나라로 달아나는 차에 성구하成臼河에서 강을 건너려 할 때 남윤藍尹 미亹가 막 처자를 배에 태우고 있었다. 소왕이 부탁했다.

"나를 태워주시게."

그러나 남윤은 거절했다.

"선왕 이래로 우리 초나라가 국도를 잃은 적이 없었는데, 지금 군주 시절에 국도를 잃었습니다. 이는 군주의 잘못입니다."

그러고는 매몰차게 떠나버렸다.•

영도로 돌아온 후 남윤이 알현을 청하자 소왕은 남윤을 죽이려 했다. 그러자 영윤이 된 이복형 자서가 말렸다.

"청컨대 변명이라도 들어보시지요. 아마도 무슨 사연이 있을 것이옵니다."

그러자 소왕은 깨닫는 바가 있어 일단 남윤에게 해명할 기회를 주었다. 남윤은 이렇게 해명했다.

"옛날 영윤 낭와는 오직 옛 원한만 생각하다 백거에서 패하고, 그예

• 이 대화는 《국어》에만 실려 있다. 이어지는 부분은 《좌전》도 기록하고 있는데, 취지는 같으나 대화의 화자는 국어와 다르다. 《국어》의 대화는 같은 책의 다른 대화들과 비슷한 문구가 많고 난잡하다. 이어지는 부분은 《좌전》과 《국어》를 절충하여 구성했다.

군주께서 이런 낭패를 당하는 지경에 이르게 하였사옵니다. 지금 왕께서 또 낭와의 행동을 본받고 있으니 이는 아니 될 일입니다. 신이 성구에서 피난할 때 군주를 외면한 것은 군주께서 잘못을 깨달으시고 행동을 고치게 하기 위해서였습니다. 오늘 제가 감히 알현하고자 한 것은 오늘 군주의 덕을 살펴보고 싶었기 때문입니다. 군주께서는 옛 잘못을 잊지 않고 본보기로 삼고 있습니까? 군주께서 옛 잘못을 거울 삼지 않고 답습하며 실로 나라를 보유하고도 아낄 줄 모른다면 신을 죽이소서. 신이 죽음 따위를 두려워하겠습니까? 사패司敗에게 나가 죽음을 기다릴 뿐입니다. 군주께서는 헤아려주소서."

어찌 보면 변명 같고 어찌 보면 충정 같다. 그러자 자서가 간했다.

"전 영윤은 옛 원한만 생각하다 패망했습니다. 군주께서 어찌 그런 행동을 본받으려 하십니까? 그를 복직시키고 옛날의 실패를 되새기도록 하소서."

그러자 소왕이 말했다.

"좋습니다. 그를 복직시키지요. 저는 이로써 옛 잘못을 경계코자 합니다."

비록 환난에서 처자를 먼저 살리는 우를 범했으나 남윤 미도 만만치 않은 인물이었다. 훗날 영윤 자서는 그에게 크게 의지하게 된다.

소왕은 이어서 이 난리에서 충성을 보인 사람들을 모두 포상했다. 그중에는 운공 투신은 물론이고 애초에 왕을 죽이자고 한 투회도 있었다. 자서는 투회는 포상에게 제외시키는 것이 옳다고 생각했다.

"지금 군주께는 두 종류의 신하가 있습니다. 한쪽은 표창을 받아야 하고 한쪽은 죽어야 할 사람입니다. 그러나 군주께서는 이 둘을 같이 대하시니 여러 신하들이 의아해하고 있습니다."

그러자 왕은 이렇게 대답했다.

"큰 덕을 행하는 길이란 작은 원한을 없애주는 것입니다."

그러고는 이어서 말했다.

"말씀하시는 그 두 신하가 누구인지는 나도 알고 있습니다. 한 사람은 군주에 대한 예를 다했고, 또 한 사람은 아버지에 대한 예를 다했으니 똑같이 상을 줘도 괜찮지 않습니까?"•

아직 약관도 안 된 왕은 시련을 통해 이렇게 성장해 있었다. 그는 형 자서에게 배웠으나 형보다 오히려 배포가 컸다. 그는 이렇게 국가를 유지하는 요체를 이해하게 되었다.

이 전쟁에서 신포서가 세운 공은 누구보다 컸다. 왕이 포서에게 상을 내리려 하자 그는 사양했다.

"나는 군주를 위해서 일을 한 것이지 나를 위해 한 것이 아니다. 이제 군위가 안정되었는데 내가 더 무엇을 바랄 것인가? 예전에 나는 자기

• 《좌전》 '애공 6년'에 이런 이야기가 전한다.

소왕이 한때 병에 걸려 점을 치니, "황하에 제사를 지내라"는 점괘가 나왔다. 이에 대부들이 교외로 나가 하신에게 제사를 지내자고 하자 소왕이 이렇게 대답했다고 한다. "삼대三代의 제사 원칙은 나라의 경계를 넘어 축원하지 않는 것이었소. 장강, 한수, 저수睢水, 장수漳水는 우리 초나라의 경내에 있으니 우리가 축원을 드릴 곳이오. 화복을 내는 곳은 이들을 벗어나지 않소. 내가 비록 부덕하나 황하에 죄를 짓지는 않았소."

이 이야기를 들은 공자는 이렇게 칭찬했다.

"초 소왕은 큰 도리를 알고 있구나. 나라를 잃지 않은 것이 마땅하다. 《하서夏書》에 이르길 '아, 저 도당씨陶唐氏(요임금)는 하늘의 상도를 따라 이 기방冀方(북방 중국)을 차지했구나. 지금 하나라는 선대의 행실을 잃고 기강을 문란하게 해서 망하고 말았구나.'"

子旗(투신의 아버지 투성연)가 공을 내세워 탐욕을 부리는 것을 힐책했다. 내가 어찌 똑같은 짓을 하랴."

신포서는 상을 사양했다. 그야말로 재야의 지사라고 할 수 있다.

이렇게 초나라는 상처를 극복하고 부활했다. 그 이듬해, 오나라 태자 종루終纍에게 패하고 이어서 자기가 번양에서 패하자, 자서는 오히려 패배를 기뻐하며 수도를 북쪽의 약으로 옮겨 기강을 일신했다.

이후 초나라는 이 전쟁에서 척을 진 나라들을 가차 없이 멸망시킨다. 비록 우방이라도 유사시에는 믿을 수 없다는 생각에서였다. 초나라 왕이 영도를 잃었다 다시 찾은 지 여덟 해가 되던 해 초나라는 호나라를 멸망시켰다.

오나라 군이 초나라 땅에서 물러난 후에도 호나라 군주 표豹는 초나라를 섬기려 하지 않고 큰소리를 쳤다.

"존망은 하늘에 달린 것이다. 초나라를 섬겨 무엇 하겠느냐? 비용만 많이 들 뿐이지."

그러나 존망은 하늘이 아니라 초나라와 호나라의 관계에 달려 있었다. 봄에 초나라 군이 들어오자 호나라는 곧 멸망했다. 하지만 남방의 패자로서 초나라의 위신은 이미 돌이킬 수 없었다. 그렇다면 오나라가 초나라를 대신할 수 있을 것인가? 그것은 이제 월나라 사람들에게 물어봐야 할 일이다.

제11장

중원 패권체제의
종말

• • •

이번 장에서 우리는 북방에서 벌어질 알력을 살펴볼 것이다. 남방의 알력은 초기의 초-월 연합과 오나라의 대결에서 서서히 오-월의 맞대결로 이행한다. 이른바 오-월 쟁패의 역사다. 그러나 그에 앞서 중원을 한 번 더 살펴야 한다.

초도가 함락되면서 패권시대의 한 축이 무너졌다면, 북방에서는 제나라와 정나라는 물론이고 지금껏 진晉나라의 일이라면 한 번도 거스르지 않고 편을 들었던 위나라와 노나라도 진의 패권에 반기를 들었다. 제나라의 오랜 바람이던 진나라 패권의 종결은 제나라의 실력이 아니라 진나라의 쇠망으로 찾아왔다. 이유는 역시 내부의 분열이었다.

분열은 오랜 시절 진행되었고, 더는 억누를 수 없는 지경으로 치달았다. 진나라 내부의 일부 유력 가문들은 이제 자신들의 가군家軍을 거느리고 지방 거점에서 공공연하게 할거하고, 심지어 대외 전쟁의 작전권마저 나누어 가졌다. 초나라 패권의 종결과 거의 동시에 진나라의 패권도 그 끝을 고했다. 이제 잠시 중원으로 가보자.

1. 고슴도치와 양이 진에 등을 돌리다

정나라는 자산이 정치를 담당한 이래 춘추시대의 종말을 예견하고 독자생존으로 가닥을 잡았다. 그들은 진晉나라와 초나라 사이에서 균형추 역할을 맡고 있는 위치를 이용하여 양국을 적절히 조율하고, 미병회맹을 이용하여 최대한의 실리를 취하고 있었다.

그런데 오나라가 초나라를 침공하여 초도를 점령하는 초유의 사태가 발생한다. 그때 정나라는 초나라 군이 움직이지 못한다는 것을 잘 알고 허나라를 공격해서 점령했다. 대대로 정나라와 허나라는 앙숙이었다. 다만 허나라는 초나라에 거의 예속되어 수차례 도읍을 옮기면서 연명하고 있었다. 이런 사정을 잘 아는 정나라는 초나라가 약해지자 곧바로 허나라를 노렸다. 예상대로 허나라는 저항하지 못했고 군주는 정나라로 끌려갔다.

제 경공은 이전에 진나라가 채나라의 요청을 받아 연합군을 소집하여, 초나라를 치기 위해 출정하고도 뇌물만 바라다 물러난 꼴을 보고 이제 진나라는 국제사회를 이끌 힘이 없다는 것을 확신했다. 또한 정나라는 진나라가 패자로서 힘을 잃었기 때문에 섬겨도 비용만 들 뿐 실익이 없다고 판단했다. 진나라의 경들은 자기 가문을 살찌우기 위해 이웃 나라들에게 사사로이 공물을 거둬들이는 것도 불사했다. 그러니 제나라와 정나라 사이에 밀약이 생기는 것은 당연했다.

그리고 밀약은 여기서 끝나지 않았다. 태행산맥 동쪽으로는 광대한 화북의 평원이 펼쳐진다. 춘추시대 중기까지 평원이 시작되는 곳은 장적長狄이라 불리는 적족의 일파가 장악했고, 더 동쪽 황해 일대는 위衛나라가 차지하고 있었다. 그러나 계속되는 진나라의 공세에 태행산 일대의 적족은 심대한 타격을 입고 점점 북쪽으로 밀려났고, 진나라의 유력 가문들이 그 공백으로 진출하기 시작했다. 특히 조씨 가문은 태행산 남부 황하 북안의 우회로 대신 태행산을 동쪽으로 가로질러 바로 평원으로 통하는 길을 개척하는 데 열심이었다.

이에 위나라가 위협을 느끼는 것은 당연했다. 진나라의 공실이 패자로서 병권을 장악하고 있을 때는 위나라가 진나라에 붙는 것이 이득이었다. 그러나 한 가문의 병거만 모아도 어지간한 국가의 병력에 버금가는 진나라의 경들이 각개약진하면서 이 노른자위 땅을 가만히 놔둘 리가 없었다.

당시 위나라는 영공靈公이 다스리고 있었다.《논어》〈위영공〉 편에는 무척 재미있는 이야기가 실려 있다.

영공이 공자를 만나자 바로 진나라를 치는 법을 물었다. 그러자 공자는 이렇게 대답했다.

"예법에 관한 일[俎豆之事]은 일찍이 들어보았습니다만, 군사에 관한 일[軍旅之事]은 아직 배우지 못했습니다."

그러고는 다음 날 바로 떠나버렸다.

《논어》나 《사기》의 〈공자세가〉에는 대체로 영공이 여색을 좋아하며 턱없이 군사를 중시하는 별 볼일 없는 늙은이로 묘사되고 있다. 역사적인 배경을 무시하면 영공이 예를 무시하여 공자를 실망시킨 것으로 볼 수도 있지만, 사실상 공자가 방문했을 무렵 위나라는 이미 제나라와 연합하여 진나라의 조씨 가문을 상대하는 입장이어서 마음이 급했다. 상대는 말벌같이 용맹하고 쇠심줄같이 억센 진나라의 유력자 조앙이었다. 여차하면 자신의 나라를 세울 마음으로 동쪽을 노리는 사람을 상대하고 있던 위 영공을 공자의 한마디로 설득할 수는 없는 노릇이다. 당시 공자도 영공을 외면했지만 영공 또한 공자가 무용하다고 생각했음이 분명하다.

기원전 502년에 제나라와 정나라는 드디어 동맹을 맺었다. 그러고는 위 영공에게 한편이 되어줄 것을 부탁했다. 이미 군주 생활을 30년이나 한 노회한 영공은 군주 생활이 거의 50년에 달하는 제 경공의 부름에 화답했다. 경공 옆에는 안영이 붙어 보좌하고 있었다. 애초에 영공은 진나라를 등지고 제나라와 연합하길 원했다. 그러나 신하들이 모두 반대했다. 그 신하들도 대개 진나라의 6경들과 사적으로 연관을 맺

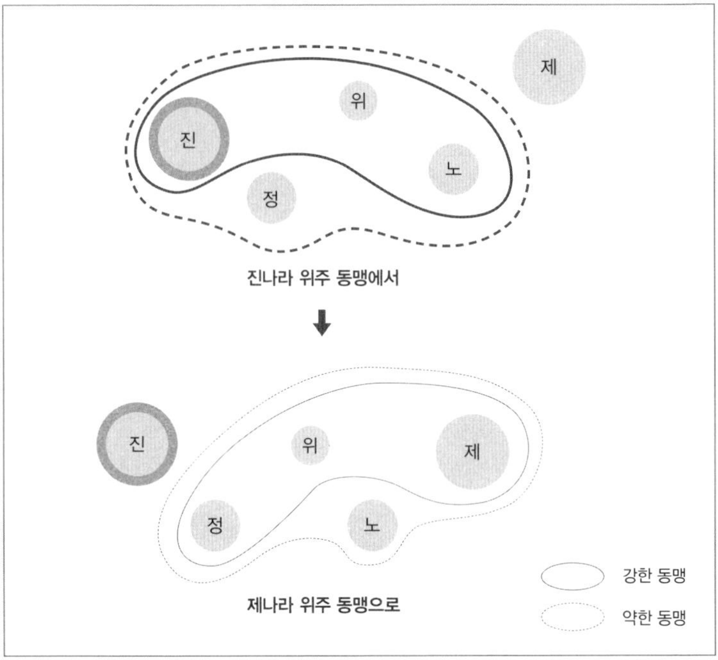

중원의 형세 변화.

고 있는 이들이었다. 이 노회한 정치가는 더 노회한 정치가를 위해 꾀를 냈다. 위 영공은 총신 북궁결北宮結을 사자로 보내어 제 경공에게 뜻을 알렸다. 북궁결은 이렇게 말했다.

"저를 잡은 후 우리나라를 침입하소서."

그리하여 제나라 군사가 위나라를 침공하게 되었다. 군주가 신하들을 제어하지 못해서 외국의 군대를 빌린 것이나 그 목적은 달성되었다. 이리하여 위나라는 제-정의 연합에 가담하게 된다. 그러자 제나라는 당장 노나라를 압박했다. 과거 진晉나라는 노나라에 문제가 생기면 항상 위나라와 송나라를 이용해서 제나라를 압박했다. 그러나 이제 위나라가 이탈한 것이다. 제나라가 노나라를 치자 진나라는 위나라와 정나라를 쳐서 노나라를 구원했고, 노나라는 진나라를 지원하려 제나라를 공격했다. 그러나 상대가 되지 않아 퇴각하고, 다시 제나라의 보복을 받는 상황이 연출되었다.

진나라는 상황의 심각함을 인식하고 위나라의 마음을 되돌리려 애썼다. 진나라가 위나라를 치고 맹서를 하러 갈 때 사신으로 나선 사람이 섭타涉佗와 성하成何라는 인물이었다. 그들의 임무는 위나라를 달래 제-정 연합에서 떼어내는 것이었다. 그런데 섭타는 사신으로 적합하지 않은 인물이었다.

위나라 군주와 진나라 사자들이 마주하고 맹서를 맺는 자리에서 그들은 오만한 태도로 일관했다. 위나라 사람이 소의 귀를 잡으려 하니 진 성하가 나무랐다.

"위나라는 우리 온이나 원 같은 고을에 불과한데 어찌 제후로 대우할 수 있으랴."

그리고 삽혈을 하려 할 때 섭타가 영공의 손을 떠밀어 피가 영공의 팔에 묻게 되었다. 영공은 격노하여 완전히 진나라와 등을 질 결심을 했다. 그러나 노련한 그는 흥분하지 않고 이 치욕을 정치적으로 이용할 궁리를 했다. 그의 골칫거리는 역시 진나라를 바라보는 대부들이었다. 그때 왕손가王孫賈가 꾀를 냈다. 그는 맹서가 끝난 후에도 영공에게 국도에 들지 않고 교외에서 머물라고 조언했다. 대부들이 마중 나가 그 연고를 묻자 영공은 진나라에게 당한 치욕을 하소연했다.

"과인은 사직을 욕보였소. 나는 자격이 없으니 대부들께서는 점을 쳐서 후임을 결정하시오. 나는 그 결과를 따르리다."

대부들이 머리를 조아렸다.

"이는 우리 위나라가 화를 당한 것입니다. 어찌 군주의 잘못이겠습니까?"

영공이 대부들의 마음에 불을 지폈다.

"걱정거리가 또 있소이다. 저들이 과인에게 말하길, 반드시 내 아들과 대부들의 아들을 인질로 보내라고 했소."

대부들이 움찔했다.

"진실로 그렇게 해서 도움이 된다면, 공자께서 인질로 가는 마당에 저희 신하의 자식들이 어찌 감히 말고삐를 잡고 따라 모시지 않을 수 있겠사옵니까?"

이리하여 영공의 자식과 대부들의 자식들을 진나라에 인질로 보내기로 결정되었다. 그때 다시 왕손가가 나섰다.

"진실로 우리 위나라가 난리를 당하면 공인이나 상인이라도 우환을 겪을 수밖에 없습니다. 그러니 공인과 상인의 자제들도 다 가야 맞습니다."

이리하여 사대부는 물론 공상인의 자식들도 진나라에 인질로 가기로 결정되었다.

인질들이 출발할 날이 되었다. 진나라와 위나라가 사이가 좋지 않은 마당에 인질을 보내는 대부들의 마음은 좌불안석이었다. 그러나 공자는 물론 공상인의 자식들도 가기로 한 마당에 돌이킬 길이 없었다. 그때 영공이 국인들을 조정에 불렀다. 왕손가가 나서며 물었다.

"만약 우리나라가 진나라를 배반하여 저들이 우리를 다섯 차례 정벌한다면 그 고통이 얼마나 될 것입니까?"

그러자 대부들이 답했다.

"다섯 번 쳐들어온다 해도 우리는 싸워낼 수 있습니다."

왕손가가 되물었다.

"그러면 우리가 진나라를 배반합시다. 일단 싸움의 고통을 느껴본 후 인질을 보낸들 늦지는 않을 것입니다."

자식의 문제가 걸린 대부들은 기다렸다는 듯이 수긍했다. 이렇게 위나라는 진나라를 배반했다. 다급해진 진나라가 맹서를 고치자고 회유했으나 사태를 돌이킬 수는 없었다. 진나라는 다시 군사를 내어 쳐들어왔으나 이미 어긋난 마음은 돌릴 수 없었다. 이제 위나라는 더 이상 진나라에 고분고분하던 과거의 그 나라가 아니었다.

2. 황소가 뿔을 들이밀다

위나라가 떨어져 나간 이듬해, 제나라가 진나라의 이의夷儀를 공격했다. 이의는 제 환공 시절 적적赤狄에게 멸망한 형나라를 옮겨다 제나라가 성을 쌓아준 곳이었다. 제 환공은 그때 함께 망할 처지가 된 위나라도 초구로 옮겨 살게 해주었다. 당시 위나라 전차는 겨우 30대만 남아 있었다고 한다. 이의는 훗날 위나라가 형나라를 멸망시키면서 위나라 땅이 되었다가 다시 진나라 땅이 되었다.

이의는 과거 제나라 패업의 상징이었다. 또한 위치가 지금의 산동성 깊숙이 들어와 있어 모양새가 좋지 않았다. 앞으로 제나라가 진나라에 진정으로 필적하려면 이의를 접수하는 것이 맞았다. 이의로 출정하는 제나라 군대는 전과 달리 기강이 서 있었다.

이때 출전한 제나라 장사壯士 폐무존敝無存은 아버지가 정해준 혼처를 동생에게 양보하고 다짐했다.

"이번 싸움에서 죽지 않고 돌아와 반드시 고씨나 국씨 집에서 처를 얻으리라."

그는 제일 먼저 성에 올라 막 안에서 성문을 여는 공을 세우려는 찰나에 성 아래서 전사했다. 제나라 장령들은 그를 따라 용맹하게 성에 올라 이의를 점령했다.

경공은 성에 먼저 오른 사람들을 포상한 후 이의 사람들에게 이렇게 명을 내렸다.

"폐무존의 시체를 찾아온 사람에게는 다섯 가구를 주고 부세를 면하게 해주겠다!"

이렇게 그의 시체를 찾고는 경이 죽은 것에 버금가는 예를 행하고 곡을 한 후 스스로 수레를 세 번 밀어 시체를 먼저 귀국시켰다. 이렇게 해서 제나라의 기상은 살아났다.

한편 위나라는 제나라를 위해 군대를 북상시켜, 오씨(지금의 한단 서쪽)에 가서 이의와 진나라 본국의 연계 선을 끊고 기각지세掎角之勢를 이루려 했다. 그러나 북상하는 길 중간인 중모中牟(지금의 하남 안양의 서쪽)에는 진나라 전차 1000대가 포진해 있었다. 과연 무사히 통과할 수 있을까? 중간에서 요격을 당하지는 않을까? 대단히 심각한 결정이 필요한 시기였다. 그때 위나라의 전차는 500대에 불과했다. 점을 쳤더니 거북등이 불에 타버렸다. 그러나 영공은 투지를 불살랐다.

"싸울 수 있다. 우리 위나라의 전차 500대로 저들의 반을 상대하고, 내가 직접 반을 상대하면 저들과 필적할 수 있다."

이리하여 위나라 군은 북상을 결정했다. 중모 주둔군은 측면을 노출하며 북상하는 이 가소로운 군대를 치려고 했다. 그때 중모로 망명 가 있던 위나라 저사포褚師圃가 이렇게 권했다.

"위나라는 비록 작은 나라이나 그 군주가 있으니 이길 수가 없습니다. 제나라 군대는 성을 점령한 터라 교만해 있고 그 장수도 지위가 낮은 자니, 치면 반드시 이길 수 있을 것입니다."

이렇게 해서 진나라 군은 위나라 군을 무시하고 바로 제나라 군과 싸워서 이겼다.

이듬해에 제나라와 노나라는 회합을 가져 화해했고, 진나라는 위나라 도성을 포위하여 위협하다 결국 섭타를 죽여서 화해의 구실로 삼았다. 이로써 진나라가 저자세로 나가고 제나라가 우방을 끌어들이는 모양이 확연하게 드러났다. 그 이듬해 노나라가 진나라를 배반한 정나라와 화친을 맺었다. 이로써 노나라는 처음으로 맹주인 진나라를 배신하게 된다.

두 해 뒤에 제-위 연합군은 더욱 대범한 행동을 하게 된다. 아예 진나라의 하내(황하와 태행산 사이의 평원지대로, 두 나라가 노리던 곳은 지금의 개봉 북부 태행산 남부 지방으로 짐작된다)를 치자는 것이었다. 그들은 수가垂葭에 군대를 주둔하고는 기회를 엿봤다. 그러자면 황하를 건너야 했다. 대부분의 신하들은 진격을 반대했는데, 군대가 강을 건넌 직후 반격을 받으면 위험하기 때문이다. 위나라의 대부들이 강한 진나라와 척을 지고 싶어 하지 않는다는 것은 이미 이야기했다. 제나라 대부들의 사정도 마찬가지였다. 그러나 병의자邴意玆는 하내를 칠 수 있다고 장담했다.•

"가능합니다. 정예를 내보내 하내를 정벌하면 며칠이 지나야 강(진나라 도성)에 소식이 전해질 것이옵니다. 진나라 도성에서 나온 군사는 3월이나 되어야 하내로 나올 수 있을 것이니, 그때는 우리가 이미 황하를 건너 돌아올 때입니다."

이리하여 제나라 군은 황하를 건너 하내를 치고 재빨리 회군했다. 과연 진나라 수도에서 나온 군대는 제나라 군을 따라잡을 수 없었다. 돌아오는 길에 경공은 여러 대부의 수레를 모두 거둬들이고 병의자만 수레에 타게 했다. 이로써 제나라는 사실상 진나라에 필적하게 되었다. 북방에서 진나라의 패권은 끝이 났다.

• 《사기》에는 '秉意玆'로 기록되어 있다. 그는 공실의 충실한 후원자로 보이는데, 훗날 진씨陳氏(전씨田氏)가 공실을 뒤엎고 제나라를 차지하려 할 때 진씨에게 쫓겨나 망명길에 오른다. 그때 안영의 아들인 안어晏圉도 함께 도망친다. 이로 미루어 보아 경공은 병의자를 이용해 진씨로 마음이 기운 대부들을 견제했던 것이다. 진나라의 하내를 공격할 당시 경공 옆에는 안영이 없었다. 안영은 이미 세 해 전에 죽고 없었다.

3. 호랑이가 그물을 탈출하다

그런데 왜 진나라는 이렇게 약해졌을까? 여기서 잠깐 영웅 조앙의 행적을 살펴보자.

전에 조앙은 위나라가 제나라 편을 든 것을 보복하기 위해 위나라를 포위한 후 물러날 때 화의의 조건으로 위나라 백성 500호를 받았다. 조앙의 식읍인 진양은 태행산맥 너머 멀리 있었기 때문에 그는 이들을 진나라 한단에 주둔하고 있던 조씨 가문에게 맡겼다. 3년 후 조앙은 한단의 조오趙午에게 말했다.

"위나라가 나에게 준 500호를 돌려주시게. 내 그들을 진양으로 옮겨 살게 하겠네."

조오는 깊이 생각하지 않고 대답했다.

"그렇게 하시지요."

조오가 한단으로 와서 부형들에게 500호를 되돌려 보내기로 했다고 말하자 그들은 모두 난색을 표했다.

"이 500호가 있기에 위나라가 한단을 옹호하고 있다. 이들을 진양으로 보내면 위나라와의 관계가 끊어지게 된다."

위나라가 힘이 버거워 500호를 넘겼지만 속으로는 여전히 그들을 자신들의 백성으로 생각하고 있다는 뜻이었다. 한단이 위나라와 가깝고 바야흐로 위나라가 제나라와 연합하여 진나라를 침공하는 것도 서슴지 않는데, 그 와중에 방패가 되어주던 위나라 백성들을 진양으로 옮길 수는 없다는 말이었다. 그들은 이렇게 제안했다.

"일단 제나라를 먼저 치는 것이 좋겠다. 그런 후 이들을 진양으로 보내자."

제나라를 쳐서 제나라가 보복을 하러 오면 백성들을 보호한다는 명목으로 그들을 진양으로 보내자는 안이었다. 그래서 그들은 500호를 보내지 않았다. 조앙은 대로하여 조오를 진양으로 소환해 옥에 가두고는 그 종자들도 칼을 풀고 옥으로 들어가라고 명했다. 그러나 조오를 따라온 섭빈涉賓이 명령을 거부했다. 더욱 격분한 조앙은 한단에 일방적으로 통고했다.

"나는 사사로이 조오를 벌할 것입니다. 여러분께서는 알아서 후계자를 세우십시오."

조앙은 조오를 죽였다. 그러자 섭빈이 진양 사람들을 데리고 반란을 일으켰다.

비범한 지략, 대범한 행동, 사람을 끌어들이는 매력, 명확한 피아의 구분, 큰 것을 위해 작은 것을 포기하는 도량, 배신의 기미가 보이면 일족도 가차 없이 죽이는 잔인함 등 조앙은 여러모로 간웅奸雄의 조건을 만족시키는 사람이었다.

그해 6월, 진나라 상군사마 적진籍秦이 한단을 포위했다. 그때 한단의 조오와 인척인 순인荀寅과 범길석[士吉射]은 작전에 참여하지 않고 오히려 조앙을 치려 했다.《좌전》에 기재된 내용에 따르면 당시 진나라 경대부들의 알력관계는 대단히 복잡했다.

6경을 배출한 가문들은 모두 생존을 위해 투쟁했고, 가문의 지파들끼리도 가문의 소유권을 두고 또 싸웠다. 조앙과 조오가 충돌한 것처럼 조씨 가문이라도 예외가 아니었다. 범씨(사씨) 가문의 종주는 범길석이었다. 한씨 가문의 종주 한불신韓不信과 위씨 가문의 종주 위만다魏曼多는 경쟁 가문의 종주인 범길석을 제거할 마음을 가지고 있었는데, 범씨 가문의 서자인 범고이范皐夷 또한 한씨와 위씨의 도움을 얻어 범길석을 칠 마음을 가지고 있었다. 또 당시 집정이었던 순역(지씨 가문의 종주. 원래 순씨에서 지씨와 중행씨가 갈라져 나왔다)은 순인(중행씨 가문의 종주)을 미워해서 그 대신 양영보梁嬰父를 경으로 세우고 싶어 했다. 이런 상황을 범길석과 순인도 잘 알고 있었고, 물론 이들이 순순히 경의 자리를 내어줄 사람들도 아니었다. 그들은 한단의 조오를 조력자로 여기고 있었기에, 조앙이 그를 죽이자 조앙을 제거하고자 마음먹었다.

하지만 조앙이 어떤 사람인가? 그는 춘추 말기의 조조였다. 앞으로 조씨의 나라를 열어갈 그가 그런 기미를 포착하지 못했을 리가 없다. 충복 동안우董安于가 재촉했다.

"우리가 저들보다 먼저 손을 쓰는 게 좋겠습니다."

조앙은 신중했다.

"나라에 명이 있으니, '먼저 화를 일으키는 자를 죽인다'는 것이다. 저들이 먼저 난을 일으키게 한 후에 손을 쓰면 된다."

동안우가 조바심을 냈다.

"여러 사람에게 해를 주느니 제가 혼자 거사하고 목숨을 내놓겠습니다. 그러면 주군께서는 저를 핑계 삼으면 됩니다."

"안 된다!"

조앙은 단칼에 거절했다. 조앙은 이런 사람이었다. 스스로 나라의 법을 지킬 마음은 없었으나 법을 이용할 줄 알고, 때로 충복들을 희생시키기도 했지만 사주하지 않고 스스로 나서게 했다.

결국 범길석과 순인이 조앙의 자택을 공격하니, 조앙은 재빨리 자신의 식읍인 진양으로 달아났다. 진나라 군대가 따라와 진양을 포위하자 조앙은 장기전 태세로 돌입했다. 조앙은 급기야 반역자가 되었다.

한편 도성에서는 집정 순역이 진 정공을 찾아가 범씨와 중행씨를 칠 것을 간했다.

"군주께서 저희 신하들에게 명을 내리시되, '먼저 화를 일으키는 이를 죽인다'고 하셨습니다. 그때 명령을 적은 책이 아직 황하에 잠겨 있나이다. 지금 세 신하가 화를 일으켰으나 유독 앙(조앙)만 쫓아내셨으니, 이는 형을 공정하게 집행하지 못한 것이옵니다. 범씨와 중행씨도 함께 축출하소서."

이리하여 순역은 정공의 허락을 얻고 한불신과 위만다와 합세해 범길석과 순인을 공격했다. 그러자 범길석과 순인은 아예 공궁을 쳐서 반격하려 했다. 당시 제나라에서 망명하여 범씨에 의탁하고 있던 고강高彊이 이를 극구 만류했다.

"세 번 팔이 부러지고 나서야 좋은 의사가 되는 것이 무언지 비로소 알게 된다고 합니다. 군주를 치는 것만은 절대 안 됩니다. 그러면 백성이 우리 편이 되지 않습니다. 제가 군주를 공격한 까닭에 망명을 온 것입니다. 저들 세 가문도 서로 화목하지 못하니 결국 모두 물리칠 수 있습니다. 저들을 다 물리치면 군주가 우리 말고 누구와 함께하겠습니까? 먼저 군주를 공격하면 저들 세 가문을 서로 뭉치게 할 뿐입니다."

그러나 범길석과 순인은 충고를 무시하고 군주를 공격했다. 결과는 고강이 예측한 대로였다. 과연 궁인들이 군주를 도와 반격하니, 이 둘은 동쪽 조가朝歌로 달아나게 되었다. 그러자 조앙은 순역 등의 조력자의 힘을 입어 도성으로 돌아와 공궁에서 군주와 맹서를 맺었다.

중앙 정계로 복귀한 후 조앙은 동안우를 포상하려 했지만 그는 극구 사양했다. 이 협객 재사는 정적들의 칼끝이 자신을 향하고 있다는 것을 이미 알고 있었다. 그는 이 활극에 가담한 것을 담담히 회고했다.

"신이 어렸을 때는 붓을 들고 나아가 명령을 밝혀 선대 군주들의 명예를 드높이고 제후들 앞에서 의를 세웠으나 주군께서는 알아주지 않았습니다. 신이 왕성할 때는 팔다리가 늙도록 사마를 따라다니며 가혹

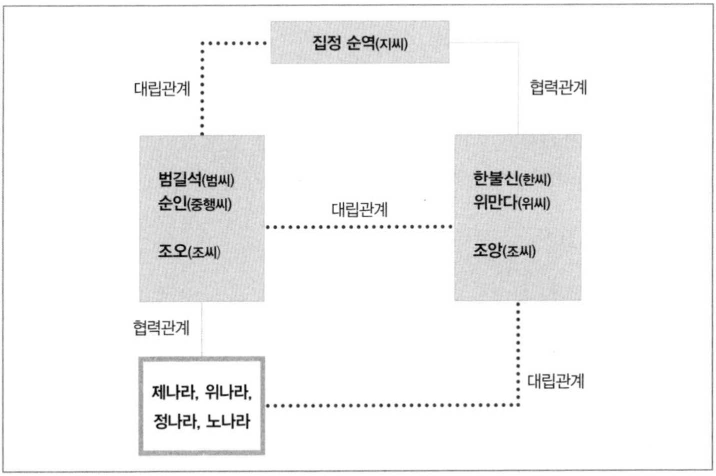

진나라 씨족 세력 대치. 진나라 6경은 지씨, 한씨, 위씨, 범씨, 중행씨, 조씨이다.

하고 사특한 일이 일어나지 않게 했고, 나이가 들었을 때는 예복을 입고 넓은 대를 차고 경을 보좌하여 백성들이 딴마음을 품지 못하게 했습니다. 그런 제가 하루아침에 미쳐 싸움질에 나섰더니 주군께서는 반드시 상을 주겠다고 하십니다. 이는 미친 짓에 상을 주는 것이나 마찬가지니 상을 피해 달아남만 못합니다."

그러고는 끝끝내 상을 사양했다. 과연 화는 곧 닥쳐왔다.

순역의 사람인 양영보는 동안우를 싫어했다. 다른 집안에서도 이 조씨 가문의 꾀주머니를 반길 리 없었다. 순역이 조앙에게 요구했다.

"범씨와 중행씨가 난을 일으키기로 약조를 했으나 격발시킨 이는 바로 동안우이니, 그도 함께 난을 모의한 것이나 마찬가지입니다. 우리나라에 명이 있으니 '화를 일으킨 이는 죽인다'는 것입니다. 범씨와 중행씨는 이미 벌을 받았습니다. 감히 알려드리는 바입니다."

동안우를 죽이라는 소리였다. 조앙은 고민에 빠졌다. 그때 동안우가 스스로 나와 청했다.

"제가 죽어 진나라가 편안하고 조씨 가문이 안정된다면 어찌 구차히 삶을 바라겠습니까? 사람이 되어 누군들 죽지 않겠습니까? 제 죽음을 너무 늦췄습니다."

그러고는 목을 매고 죽었다. 조앙은 이렇게 충신의 죽음으로써 다시 정계에 안착할 수 있었다. 그는 동안우를 조씨 가문의 사당에 모셨다.

조앙은 두 얼굴의 사나이였다. 그는 가신 윤탁尹鐸을 진양에 보내 부세를 줄이고 보루를 높였다. 진양을 단순한 식읍이 아니라 조씨 가문의 근거지로 다지려는 속내였다.

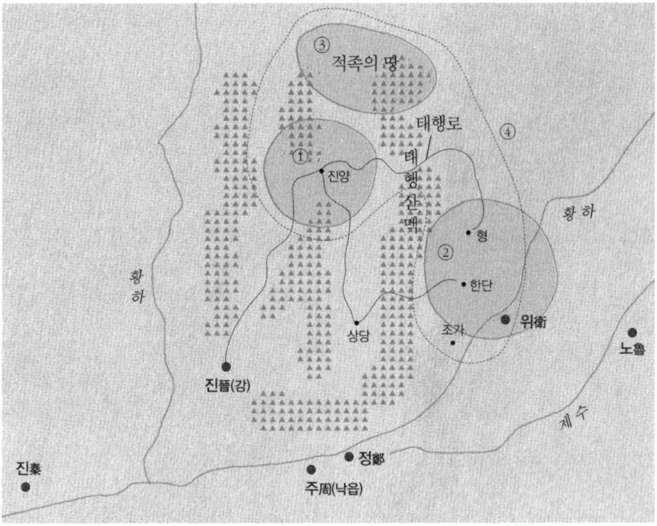

진나라 조앙의 야망. ① 진양을 기반으로 ② 공실의 힘을 빌려 하북과 위를 차지한 후 ③ 북방의 적족을 밀어내고 ④ 태행로로 진양과 하북을 연결하여 조씨 왕국을 만든다.

이제 싸움은 두 번째 국면으로 치닫는다. 조앙은 한번 빚진 것을 잊을 사람이 아니었다. 조앙의 군기에는 말벌이 그려져 있었는데, 그에게는 벌 같은 집요함이 있었다.

순인과 범길석이 조가에서 반항하면서 진나라는 다시 수년 동안의 내전으로 돌입한다. 이때가 바로 남방에서 구천이란 또 한 명의 집요한 사나이가 오나라와의 기나긴 투쟁에 돌입하던 시기였다.

조앙은 군대를 보내 조가를 포위하고 범씨와 중행씨 일족을 공격했다. 그러자 제나라와 위나라가 즉각 범씨와 중행씨를 후원했다. 물론 정나라도 이 대열에 끼어들었고, 정나라와 화친한 노나라도 지원했다.

이 두 씨족 편에 있던 일부 인사들은 적족을 끌어들여 진나라의 수도 강을 위협했다.

패권이 무너진 상황이었기에 조앙은 조력자를 찾지 못하는 처지였다. 하지만 그는 스스로 난국을 헤쳐 나갈 만한 능력이 있는 싸움꾼이었다. 겨울에 진나라 군이 노潞에서 범씨와 중행씨 연합군을 이겼고, 다시 백천百泉에서 범씨와 정나라 연합군을 쳐서 이겼다. 노는 지금의 산서성 노성潞城이니 싸움이 태행로에서 벌어졌다는 것을 알 수 있다. 이제 태행산 남쪽을 우회하여 동쪽으로 나오던 시절은 가고, 태행로를 따라 바로 한단에 닿는 시절이 왔다. 태행로는 훗날 조나라의 도성이 되는 한단의 강점인 동시에 약점이 된다. 이 길은 의지하자니 좁고, 포기하자니 요긴했다.

이듬해 봄 제-위 연합군이 범씨와 중행씨를 위해 한단을 구원하러 출격했고, 겨울에는 제-위-노 연합군이 진나라의 극포棘蒲를 공격해서 함락시켰다. 극포는 지금의 석가장 부근으로 북쪽 태행로의 길목에 자리 잡고 있다. 진양에서 태행로를 따라 동쪽으로 200킬로미터만 행군하면 닿을 수 있는 곳이기에 한단의 후방을 방어하기 위해서는 꼭 빼앗아야 하는 곳이었다. 평원에 있는 제후국들은 지금 태행로의 입구를 모두 틀어막고 한단을 지키면서 남쪽에서 올라오는 진나라 군을 정면과 측면에서 동시에 타격할 작전을 세웠다. 진나라로서는 동쪽의 평원을 잃고 심지어 태행산 골짜기에 갇힐 수도 있는 순간이었다.

이듬해 4월 위 영공이 세상을 떠났다. 제나라 연합군에게는 뜻하지 않은 악재였다. 영공은 기필코 진나라의 손아귀를 벗어나겠다고 의지를 불사르던 군주였기 때문이다. 8월에 제나라의 군수품 행렬이 조가로 향하고 있었다. 범길석과 순인에게 군량을 대기 위한 것이었다. 수송을 담당한 이는 정나라의 한달이었다.

조앙은 수송품이 조가에 이르지 못하게 하기 위해서 출정했다. 이 작전에는 조앙 자신의 정치적인 생명은 물론 생물학적인 생명도 걸려 있었다. 조앙은 자신의 전차가 정나라 전차보다 적어서 걱정이었다. 그렇다고 넋을 놓고 있을 그가 아니었다. 그때 그는 파격적인 조건으로 사기를 북돋웠다.

"범씨와 중행씨가 하늘의 밝은 명을 어겨 백성을 마구잡이로 죽이고, 우리 진나라를 주무르고 군주를 해치려 하고 있소이다. 우리 군주께서는 정나라를 믿고 사직을 보존했는데, 지금 정나라는 도리를 어겨 우리 군주를 버리고 오히려 반역한 신하들을 돕고 있소이다. 여러분께서는 밝은 하늘의 명을 따르고 군주의 명을 좇아 덕의를 근본으로 치욕을 제거하십시오. 이번 출정에서 승리하면 상대부는 현을 상으로 받을 것이고, 하대부는 군郡을 받으며, 사士는 전지 10만,• 서인과 공상工商은 벼슬자리를 얻고, 남에게 묶인 몸이나 노예는 자유의 신분을 얻게 될 것이오. 저 지보志父(조앙)가 죄를 짓지 않는다면(승전한다면) 군주께서는 실로 이를 헤아려줄 것이고, 만약 죄를 짓게 된다면 목을 매달아 죽여 세 촌[三寸] 오동나무 관에 넣고, 속에 넣는 관으로 덧싸지도 않고

• 《좌전》 '애공 2년'에 나오는 기사다. 10만 무라면 대단히 넓은 땅이나, 여기서는 어떤 단위를 말하는지 명확하지 않다.

치장 없는 수레에 태워 마른 말로 끌게 하여 조상의 장지에 함께 들지도 못하게 할 것입니다. 이는 하경이 받을 죄입니다."

이렇게 조앙은 약속을 했다. 그러나 그 많은 땅은 어디서 나올 것인가? 물론 뺏어서 주겠다는 뜻이다. 화북의 평원은 광대하다. 군주도 아닌 그가 그런 약속을 할 수 있는가? 그는 군주를 무시하고 땅을 차지할 욕심을 내고 있는 것이다. 전국시대의 각 나라들은 철저하게 포상을 대가로 군사를 부리는데 그 포문을 조앙이 연 것이다.

이런 대범한 맹서의 말 역시 춘추시대와의 결별을 고하는 표지였다. 그리고 이는 전쟁의 와중에서 신분제가 해체되는 것을 집약적으로 묘사한 말이다. 전쟁의 유일한 좋은 점은 바로 사회적 유동성을 증가시킨다는 사실이다.

그날 싸움에는 망명 온 위나라 태자도 참여했다. 조앙은 철구鐵丘(지금의 복양 부근 어느 언덕)에 올라 적진을 조망하고 군진을 돌아다니며 사기를 북돋웠다. 물론 신분 상승을 미끼로 내걸었다.

"필만畢萬(진나라 위씨의 시조)은 필부에 불과했으나 일곱 번 싸워 다 이기자 수레 100승의 말을 차지했고 자기 집에서 편안하게 죽었다. 그대들은 힘을 내라. 죽음이란 적이 어찌할 수 있는 것이 아니다."

평원에서 전차끼리 부딪히자 전투는 금세 달아올랐다. 조앙은 몸소 북을 잡고 적진으로 돌격했고, 싸움 중에 어깨를 찔려 고꾸라졌다. 그때 위 태자가 창을 들고 달려들어 그를 구했다. 조앙은 일어나 또 북을 쳤다. 그런데 싸움 중에 조앙의 봉기蠭旗(벌을 그려놓은 조앙의 군기)를 빼앗겼다. 그날 봉기는 정나라 자요子姚의 군막에서 펄럭였다. 초반 싸움의 향배는 예측불허였으나 조앙의 악착스러운 공격에 점차 정나라 군대가 밀리기 시작했다.

그날 저녁 진나라 공손방公孫尨이 이끄는 보병 500명이 자요의 군진을 들이쳐서 봉기를 빼앗아 돌아갔다. 공손방은 원래 범씨의 가신이었는데 조앙에게 잡혔다. 주위에서 죽이자고 했으나 조앙은 "그 주인을 위해 한 일인데 무슨 죄가 있겠느냐" 하고 용서하고 자기 휘하에 두었다. 그러자 공손방이 그 보답을 한 것이다.

조앙은 삼국시대의 조조와 대단히 흡사하다. 보급로를 끊고 적은 병력으로 많은 병력을 상대하는 것은 조조의 특기였다. 또한 원래 적이었던 사람을 자기 사람으로 흡수하는 것도 조조의 특기였다.

이 싸움에 제-위-정-노가 모두 범씨와 중행씨에게 힘을 보탰지만 조앙의 투지를 이기지 못했다. 형세를 뒤집은 조앙은 이듬해 조가를 포위했다. 결국 순인은 한단으로 달아났다. 그러자 이듬해 조앙은 또 한단을 포위해서 떨어뜨렸다. 순인은 다시 선우로 달아났다. 제나라의 원군이 와서 태행산 동부, 지금의 형대邢臺 북부 일대의 여러 진나라 읍들을 점령하고는 순인에게 백인柏人(형대와 석가장 중간 부근)에 거처하게 했다.

조앙은 멈출 줄 모르는 이였다. 이듬해 다시 북상하여 백인을 포위하니, 순인과 범길석은 제나라로 달아났다. 조앙은 이어서 선우와 위나라에도 보복을 가했다. 이렇게 해서 기나긴 싸움은 막을 내렸다. 그 해 가을 제 경공이 죽었다. 기원전 490년이었다.

조앙은 실로 벌 같은 사람이었다. 위 영공은 싸움의 와중에 죽었고,

제 경공은 승리의 가망이 없어지자 죽었다. 대들었던 순인과 범길석이 막다른 곳으로 달아나자 화북 일대의 태행산 동록의 땅은 모두 조씨의 영향 아래로 들어갔다.

《사기》에는 당시 진나라에서 조앙의 작위는 상경이었지만 실제로는 전권을 행사했고, 또 그의 식읍이 제후에 버금갔다고 기록하고 있다. 조앙은 국적과 신분을 불문하고 인재들을 끌어들이고 계속 태행산 북부의 진양과 동록 평원의 새로 얻은 땅에서 세력 굳히기에 들어간다. 내전은 이렇게 진나라의 자궁에 조나라의 씨앗을 심어놓았다. 이러한 상황에서 진나라는 남방의 싸움에 끼어들 여유도 의지도 없었다.

이제부터는 북방의 일을 잊고 남방에서 벌어진 일에 집중해보자.

제12장

오-월
복수극의 시작

• • •

오나라 재상 오자서는 월나라 사람들을 극도로 미워했다. 초나라를 치러 떠났을 때 월나라 사람들이 후방을 교란하지 않았다면 오나라는 실제로 초나라 땅을 접수할 수 있었는지도 모른다. 같은 말을 하고 같은 풍속을 가지고 있는 데다 순순히 오나라에 굴복하지 않는 모양이 계속 불안했다. 초 소왕이 월나라 공녀를 처로 얻고 동맹을 맺은 것 또한 불만이었다. 월나라는 오나라의 심복지환心腹之患이었다. 이를 그냥 두고 볼 오자서가 아니었지만 좀처럼 기회가 오지 않았다. 이제나저제나 기다리던 중 노회한 월나라 군주 윤상이 죽었다는 소식이 들렸다. 틈을 놓칠 오자서가 아니다. 남의 흉사는 곧 나의 경사가 아닌가. 기원전 496년, 조앙이 조가를 포위하러 떠나던 바로 그해에 합려도 남쪽으로 향했다.

1. "구천이 네 아비를 죽인 것을 잊을 수 있겠느냐?"

월나라에서 새로 등극한 군주는 구천句踐이었다. 그는 춘추 말기를 장식한 인물 중 가장 극적인 삶을 산 사람이라 해도 무방할 것이다. 그도 만만치 않은 사내, 곧 전사戰士의 심장을 가진 이였다.

합려가 내려온다는 소식을 듣고 구천은 전당강을 건너 취리檇李에 진을 쳤다. 오나라 왕이 보기에 오랑캐 땅의 신출내기가 초나라 도성을 함락시킨 오나라의 군대를 벌판에서 막아서는 것이 처음에는 가소로웠을 것이다. 그러나 곧 이 신출내기의 담력이 흡사 자신을 빼닮은 것을 보고 깜짝 놀란다.

구천이 보니 오나라 군의 진영은 견고하기 이를 데 없었다. 죽음을 불사하는 용사들을 두 차례나 내보냈지만 두 번 다 포로가 되었다. 그러자 그는 한때 합려가 오나라를 치러 나온 초나라 연합군을 공격했을 때 썼던 방법을 그대로 모방했다.

월나라 군 진영에서 세 열을 지은 장정들이 나오더니 괴이한 소리로 외쳐댔다.

"두 군주께서 군대를 다스리는 마당에 저희들이 군기와 전고戰鼓 앞에 죄를 지어 행군에 누를 끼쳤습니다. 감히 형을 피하지 못하고 기꺼이 죽겠습니다."

그러고는 전열에 섰던 사람들이 나와서는 스스로 목을 베었다. 그 후열이 나와서 똑같이 목을 베고, 마지막 열까지 그렇게 자진했다. 오나라 군은 그 진저리 나는 행동을 넋을 잃고 바라보았다. 그때 구천의 본진이 갑자기 들이치자 순식간에 오나라 군의 전열이 흩어졌는데, 기다렸다는 듯이 월나라의 영고부靈姑浮가 합려에게 달려들어 과를 내리쳤다. 합려는 발을 다치면서 신 한쪽을 잃었다.

오나라 군은 황급히 퇴군하여 진지를 다시 구축했으나, 합려는 이 상처로 인해 진중에서 유명을 달리했다. 초나라를 제압하며 중원에 무명武名을 떨쳤던 풍운아의 최후는 그렇듯 갑작스럽게 찾아왔다. 합려는 임종을 앞두고 태자 부차에게 다짐을 두었다.

"너는 구천이 네 아비를 죽인 것을 잊을 수 있겠느냐?"

"감히 잊을 수 있겠습니까."

합려는 죽을 때 다시 다짐을 두었다.

"절대로 월나라를 잊지 마라."

이리하여 일세의 영웅 합려는 가고 태자 부차가 졸지에 왕이 되었다.

월왕 구천의 일대기 그림. 매몰찬 인상이 돋보인다.

부차는 어떤 사람인가? 부차는 구천과는 비슷한 듯하지만 실상은 상극이며, 아비와도 닮은 듯하지만 묘하게 달랐다. 그는 복수의 칼을 갈았다. 궁실의 문에 시종을 세워놓고 그가 드나들 때마다 이렇게 외치게 했다.

"부차야, 구천이 네 아비를 죽인 것을 잊었느냐?"

그러면 부차는 이렇게 대답했다.

"네, 어찌 감히 잊겠습니까."

부차는 아비 못지않은 싸움꾼이었다.

그렇다면 싸움에서 자신을 알아주던 사람을 잃고 오나라 부형들을 떠나보낸 오자서의 마음은 어떠했을까? 그도 형과 아비를 먼저 보낸 사람이었다. 《월절서》에는 이렇게 묘사되어 있다.

> 대저 밖으로 강용한 사람은 안으로는 반드시 착한 법이다. 오자서가 취리에서 싸웠으나 합려는 부상을 입고 군대는 패하여 돌아왔다. 이때 죽고 다친 이가 헤아릴 수 없이 많아 나라가 피폐해질 수밖에 없었다. 속으로 근심하길, '신하가 되어서 군주를 장구하도록 보좌하지 못하고, 아래로는 백성을 칼받이가 되게 했다.' 그렇게 스스로 책망하여 속으로 상처를 입었으나 아는 이가 없었다. 그래서 몸소 죽은 이의 시체를 묻고 상하거나 병기에 찔린 사람들을 보살피는데, 이 모든 일을 빠짐없이 스스로 처리하며 눈물을 떨구고 통곡하며 월나라에 복수를 하고 죽고 싶어 했다〔身操死持傷及被兵者, 莫不悉於子胥之手, 垂涕啼哭, 欲伐而死〕. 그예 내리 3년을 스스로를 책망하며 처자도 멀리하고, 음식도 배불리 먹지 않으며, 추워도 비단옷을 덧걸치지 않고 월나라에 복수할 생각만 했다.

오자서는 당대 사람이라면 누구나 두려워하는 강한 사람이다. 그가 이렇게 절치부심하니 구천도 잠을 편히 자지 못했을 것이다. 결전의 순간은 이렇게 다가오고 있었다.

2. 부차의 불완전한 복수•

범려, 싸움을 말리다

오-월의 싸움은 단순히 오-월 양자의 대결이 아니고 오-초의 대립에 의해 추동되었다. 기원전 494년 초나라 군은 진陳나라와 수나라, 허나라에서 온 지원군을 이끌고 채나라 도성을 포위했다. 오나라 군을 끌

• 오-월 쟁패의 과정을 가장 상세하게 남긴 자료는 《국어》의 〈오어〉와 〈월어〉 부분이다. 그러나 〈오어〉와 〈월어〉는 일견 상충하는 내용이 있고, 심지어 〈월어〉 안에도 상충하는 부분이 있다. 문제는 기원전 494년의 싸움으로, 누가 먼저 공격했는지, 양쪽 진영에서 몇 차례 사자가 오갔는지, 싸움은 몇 차례 일어났는지 등이다. 대개 《국어》와 《좌전》을 서로 비교하여 오류를 추정할 수 있으나, 《좌전》은 월나라에서 일어난 일에 대해 극히 소략한 정보만 제공하고, 《국어》의 〈오어〉와 〈월어〉에는 중원의 연도가 기록되어 있지 않다. 사마천도 비슷한 고민을 했던 것 같다. 따라서 《사기》의 〈오태백세가〉, 〈월왕 구천세가〉, 〈오자서열전〉 등의 내용도 미묘하게 다르고 《국어》에 등장하는 말들의 순서가 조정되어 있으나 앞뒤가 정확하게 일치하지는 않는다. 그러나 순서가 좀 섞여 있을 뿐, 《국어》는 여전히 가장 신뢰도 높고 일관성 있는 1차 사료다. 오-월의 상쟁 과정에서는 대단히 중요한 수사들이 등장하고, 긴장은 극적으로 고조되었다가 풀린다. 따라서 《국어》에 기록된 중요한 자료들을 제대로 배열하는 것은 매우 중요하다. 필자는 《사기》가 대체로 《국어》에 근거하여 이야기를 다시 짜려고 했으나 추론에 상당한 오류가 있다고 생각한다. 후대의 《오월춘추》는 이 부차와 구천이 처음 격돌하는 핵심적인 이야기의 시작을 빼놓았다. 또 무엇을 근거로 한 것인지는 모르겠으나, 구천이 즉위 5년에 인질이 되어 오나라로 갔다고 명기하고 있으나 이는 오류인 듯하다.

이 점에서는 오히려 《월절서》가 믿을 만하다. 이 책 또한 《오월춘추》 못지않게 창작적인 요소들이 가득하지만 취리의 싸움과 부차와 구천의 첫 대결 부분을 묘사하는 부분에서는 《논어》와 《주역》을 고치지 않고 인용하는데, 이로 보아 "그래서 옛 책에 말하기를[故傳曰]" 등의 구절은 지어낸 것은 아니고 다른 자료에서 옮긴 것으로 짐작된다. 필자는 다른 참고자료가 없을 경우 《월절서》의 부분을 참조한다.

앞으로 오-월 쟁패를 묘사하는 부분에서 직접 인용부호가 있는 곳은 따로 밝히지 않아도 모두 전적에서 인용한 것이다. 꼭 필요한 부분은 따로 표기하겠다. 필자는 이용할 수 있는 모든 전적을 이용해 사건을 개연성 있게 재구성하겠지만, 기존의 불완전한 자료에 의존하기에 오류는 피할 수 없다는 점을 밝힌다.

어들여 백거의 치욕을 야기한 장본인인 채나라에 복수하는 것은 초나라의 오랜 소원이었다.

초나라 영윤 자서는 무려 9일 동안 쉬지 않고 인부를 동원하여 채나라 도성 둘레에 거대한 벽을 쌓았는데, 높이가 두 길이나 되었다고 한다. 오나라가 도와주지 않는다면 채나라는 어쩔 도리가 없었다. 결국 채 소공은 백성들을 데리고 나와 항복했고, 초나라 군은 그들의 수도를 장강과 여수 사이로 옮기라고 명하고 돌아갔다.

초나라 사신이 동맹국의 왕 구천을 찾아가 협공을 요청하지 않았을 리가 없다. 이 투지 넘치는 사나이는 이 기회를 이용하여 선수를 치고 싶어 했다. 그러자 모신 범려范蠡가 조리 있게 반대했다.

"대저 국가를 다스리는 세 방도로는 창성한 국세를 유지하는 것[持盈], 기울어진 국세를 안정시키는 것[定傾], 절도로 백성을 다스리는(섬기는) 것[節事]이 있사옵니다."

구천이 대답한다.

"그 세 가지를 취하려면 어찌해야 하오?"

"세를 유지하려면 하늘의 도리와 함께하고, 기울어진 것을 바로 세우려면 사람의 도리와 함께해야 하고, 절도 있게 다스리려면 땅의 도리와 함께해야 합니다."

범려의 유려한 언변이 이어진다.

"왕께서 물으셨으니 제가 감히 말씀드리겠습니다. 하늘의 도는 가득 차도 넘치지 않으며, 왕성해도 교만하지 않으며, 힘써 일하나 자기의 공을 자랑하지 않습니다. 대저 성인은 하늘의 시기를 따라 행동하기에 이를 두고 '때를 지킨다[守時]' 하니, 천시가 아니면 원정할 병사를 일으키지 않고, 인사가 흥하지 않으면 먼저 문제를 야기하지 않는 법입니다. 지금 군왕께서는 차지도 않았는데 넘치게 하고, 왕성하지 않았는데 교만하며, 최선을 다하지 않고도 공을 자랑스러워합니다. 하늘이 시기를 주지 않았는데 군대를 일으키고, 인사가 흥하지 않았는데도 공연히 문제를 일으키려 하니, 이는 하늘을 거스르고 인화人和를 내치는 일입니다. 왕께서 기어이 군대를 내신다면 국가에 해를 끼칠 뿐만 아니라 왕 스스로도 해를 입을 것입니다."

그러나 구천은 이 경전 같은 말에 관심이 없었다. 그러자 범려가 다시 찬찬히 사리를 따졌다.

"대저 강용[勇](힘으로 억누르는 것)함은 덕을 거스르는 행동이고, 병기란 흉한 물건이며, 전쟁은 일처리의 말단입니다. 음모로 덕을 거스르고, 흉기를 즐겨 사용하고, 먼저 남에게 분란을 일으키는 이는 결국 남에게 죽임을 당하게 됩니다. 음일淫佚한 행동은 상제께서 금하는 것인데, 먼저 이런 행동을 하려 하시니 이득이 되지 않을 것입니다."

음淫은 떳떳하지 못한 행동을 말하고 일佚은 궤를 벗어난 행동을 말한다. 실제로 구천의 마음 깊은 곳에는 음일이 자리하고 있었다. 범려는 그런 구천의 마음을 꿰뚫고 있었다.

범려, 이 사람은 또 누구인가? 그는 원래 초나라 사람이었다. 그의 언사를 보면 전국시대에 도가道家라는 일파를 이루는 후배들의 모습이 떠오른다. 도가는 초나라의 사상이다.

그러나 구천은 고집을 세웠다.

"나는 두 말을 하지 않소. 내 뜻은 이미 정해졌소이다."

지금까지 범려는 대단히 큰 도리를 이야기했다. 구천은 그런 큰 도리를 이해하지 못했다. 이제 곧 우리는 범려가 큰 도리뿐만 아니라 작은 술수에도 능하다는 것을 알게 될 것이다.

이리하여 월나라 군은 태호까지 북상하여 작전을 펼쳤다.• 부차와 구천 둘 다 새로 선 군주다. '내가 부차보다 못할 것이 무엇인가?' 하는 구천의 호승심도 한몫했을 것이다.

오자서는 이때를 기다리고 있었다. 그는 태호로 밀려오는 월나라 병단을 보고 이를 악물었다. 오자서가 운영하는 전술의 핵심은 허허실실이다. 그의 전술은 언제나 적을 깊숙이 끌어들이고, 적의 사기가 무너질 때 치는 것이다. 그는 거짓으로 군대를 꾸려 양쪽으로 벌린 후 밤이 되면 서로 봉화를 주고받게 했다[爲詐兵, 爲兩翼, 夜火相應].

소주시 서쪽 태호 변에는 작지 않은 언덕들이 있다. 구천으로서는 얼마만큼의 인원이 매복하고 있는지 쉽사리 알 수가 없었다. 적은 높은 곳에서 내려다보고 있다. 적이 양면을 막고 중군이 밀고 나오면 물러나지도 못하고 궤멸당할 형국이었다. 구천은 겁을 집어먹고 군을 물렸다.

오자서는 그제야 군대를 진격시켜 따라붙었다. 오나라 군이 취리까지 추격했을 때 월나라 군은 진을 치고 맞을 준비를 했다. 취리에서 멈춘 것은 당연히 전당강(당시의 부춘강富春江)을 최후의 방어선으로 두겠

• 부차와 구천의 싸움의 정황을 구체적으로 묘사한 서적은 《월절서》밖에 없기에 《월절서》를 따른다.

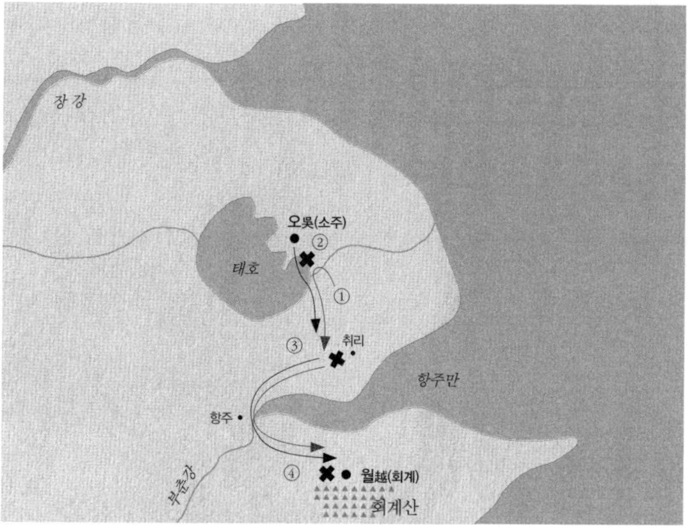

오-월 2차 격전 시의도. ① 구천의 선제 공격 ② 태호의 격전 ③ 취리의 격전 ④ 구천이 회계산에 갇히다.

다는 의지를 보인 것이다. 추격하던 오나라 군도 진을 치고 한바탕 결전을 준비하고 있었다. 그때 기이한 현상이 벌어졌다. 갑자기 광풍이 몰아치는데 밤낮으로 그치지 않았다. 얼마나 바람이 셌는지 전차가 뒤집히고 말이 날아갔으며, 기병이• 말에서 떨어져 죽었다. 큰 배는 파도를 따라 흔들리고 작은 배들은 침몰했다.

부차가 두려워 오자서에게 물었다.

• 당시 오나라에 기병이 없었다는 것을 감안할 때 이 기록은 후대에 만들어진 자료를 기반으로 한 것이다. 《월절서》는 기본적으로 과장된 요소가 있다.

"내가 잠깐 낮잠이 들었는데, 꿈에 우물이 넘쳐 물이 끝없이 나오는 것을 보았소. 그리고 내가 월나라 왕과 빗자루를 두고 싸우는데 월나라 왕이 나를 쓸어버리려 했소. 우리 군대에 흉한 조짐이 아니오? 군대를 돌려 돌아가는 것이 어떻겠소?"

그때 마침 월나라 군이 함성을 내지르고 있었다. 부차는 월나라 군이 들이칠까 안절부절못했다. 그러나 오자서는 부차에게 승리의 확신을 심어주었다.

"왕께서는 그저 있는 힘을 다하소서. 우리가 월나라 군을 깨뜨릴 것입니다. 신이 듣기로 우물이란 사람에게 마실 물을 주는 것입니다. 우물이 넘치니 우리 군사들이 먹을 양식이 넘친다는 뜻입니다. 월나라는 남방에 있으니 불[火]에 속하고, 오나라는 북방에 있으니 물[水]에 속합니다. 물은 불을 이기는데 왕은 무엇을 걱정하십니까? 바람이 북쪽에서 불어 우리 오나라를 돕고 있습니다. 옛날 주나라 무왕께서 은나라 주紂를 벌할 때 혜성(대체로 불길한 징조로 여김)이 나타났으나, 오히려 주나라를 흥하게 했습니다. 무왕께서 물으니 태공은 '신이 듣기로 혜성이 머리를 적 방향으로 돌리면 이긴다고 합니다'라고 대답했습니다. 저 서가 듣기로 '자연의 재이災異는 어떤 때는 길하고 어떤 때는 흉하며, 사물은 서로 상극이 있다'고 합니다. 태공이 승리한 것이 바로 그 증거입니다. 대왕께서는 서슴없이 들이치소서. 장차 월나라는 흉한 일을 당할 것이고, 우리 오나라는 창성할 것입니다."

오자서의 말을 따라 부차는 월나라 군을 들이쳐 취리의 방어선을 뚫었다. 이곳이 깨어지자 월나라 군은 수도 회계까지 밀렸다. 회계를 지키는 방법은 역시 물길을 앞에 두고 회계산을 등지는 것이다.

당시 월나라의 수도 회계는 지금의 소흥紹興인데, 소흥은 그야말로 수로의 도시였다. 전략적인 관점에서 회계산은 지금의 소흥시 남부 향로봉을 중심으로 한 해발 300미터 이내의 구릉지대를 말하는 것으로 보인다. 산은 낮으나 숲이 짙고, 앞에 그물 같은 물길을 두고 있어 천혜의 방어 요지였다. 후방은 또한 산으로 계속 이어져 있기 때문에 고립될 염려가 없고, 계곡에서 식수를 구할 수 있었다. 그나마 구천은 육박전을 벌일 갑사 5000명을 보유하고 있었다. 아직 절망할 때는 아니었다.• 그러나 배를 버리고 산으로 들어온 지금 지키기는 쉬우나 반격하기는 난망했다. 과연 구천은 사지를 벗어날 수 있을까?

새끼 뱀이 빠져나가다

구천은 곤경에 빠질수록 강해지는 특이한 사람이었다. 그는 포기하지 않고 난국을 타계할 사람을 찾았다.

"대저 과인의 부형과 아우들은 물론이고 과인의 성을 가진 이 중에 과인을 도와 오나라 군을 물러가게 할 수 있는 사람이 있으면, 나는 그

• 《사기》의 기록을 보면 훗날 대역공을 펼칠 때 구천의 정예 친위병은 6000명이었다. 산을 의지한 수비 병력이 5000명이라면 정예병은 아직 남은 것이다.

소흥 와룡산 월왕대. 월나라 왕이 살았던 궁전 터로 지금은 월나라 역사를 보여주는 각종 문물이 전시되어 있다.

와룡산에서 바라본 회계산. 멀리 후방의 산들이 보인다. 후방이 있다는 것, 회계산은 구천이 숨 쉴 수 있는 마지막 공간이었다.

와 국정을 함께하겠소."•

그러나 나서는 사람이 없었다. 그때 이성異姓의 대부 문종文種이 나서서 구천을 힐난했다.

"신이 듣기로, '상인은 여름에는 겨울을 대비하여 가죽을 사 모으고 겨울에는 여름에 팔 삼베를 모으며, 가물 때 배를 준비하고 질척할 때 수레를 준비하여, 부족하여 값이 오를 때를 대비한다'고 합니다. 대저 나라의 사방 국경에 아무 문제가 없을지라도 위난에 대비하여 모신謀臣과 용사를 기르고 고르지 않을 수 없으니, 비유하자면 이들은 도롱이와 삿갓과 같아서 비가 오면 반드시 구하게 되는 것입니다. 지금 군왕께서는 회계산으로 물러난 연후에야 모신을 구하고 있으니 너무 늦은 것 아닙니까?"

문종의 일갈은 신랄했다. 대책이 늦은 것 외에도 여러 사람에게 묻지 않고 겨우 왕족에게 묻는 것을 지적한 것이다. 문종의 의도를 알아차린 구천은 문종의 손을 잡고 일을 상의했다. 난국을 처리할 전문가는 누구일까? 구천은 범려를 찾았다. 범려는 예전과는 달리 짐짓 구체적인 이야기를 들고 나온다.

"내 그대의 말을 듣지 않아서 이 지경이 되었소. 이제 어찌하면 좋겠소?"

"군왕께서는 그에 잊으신 겁니까? 창성함을 유지하려면 하늘의 도

• 이 중요한 대화는 《국어》에 등장한다. 앞으로도 핵심적인 대화의 출처는 《국어》이며, 《좌전》을 보충 사료로 하고 《사기》와 그 외의 자료들은 참조하여 순서가 섞여 있는 대화를 재구성하겠다.

리와 함께하고, 기울어진 것을 바로 세우려면 사람의 도리와 함께하고, 절도 있게 다스리려면 땅의 도리와 함께하라는 것을요."

"사람의 도리와 함께하려면 어찌해야 하오?"

자신을 낮추고 상대를 높이는 말로 달래고, 여자 악사들을 보내어 기분을 맞추고, 이름으로 상대를 높여서 들뜨게 하십시오. 이렇게 해도 저쪽이 청을 들어주지 않으면, 몸소 저들 도성으로 나가는[身與之市] 수밖에 없습니다."

"좋소. 그렇게 하겠소."

이리하여 대부 문종이 강화 사절로 파견되었다. 문종은 오나라 군 진영으로 가서 청했다.

"저희 군주 구천은 심부름을 시킬 사람이 없어 저 천신 종을 보내면서, 감히 천왕天王으로부터 직접 말씀을 들을 생각도 못하고 사적으로 하리[下執事]에게 이렇게 전하라고 하였습니다. 저희 군주의 군대로는 군왕의 군대를 욕보일 능력도 없습니다. 금옥과 자녀를 보내 군주께서 욕되이 왕림하심을 위로하나니, 구천의 딸은 군왕께 시집보내고 대부의 딸은 귀국 대부께 보내고 사의 딸은 사에게 보내고자 합니다. 또한 월나라의 보기寶器는 모두 딸려 보내고, 저희 군주가 나라의 군중을 데리고 군왕의 군대를 따라 배웅할 것이니 군왕께서 알아서 처리해주십시오. 그러나 군주께서 저희 월나라의 죄를 도저히 사해줄 수 없다고 판단하시면, 저희는 장차 종묘를 불태우고 처자식을 이어 묶고 금옥은 강물에 빠뜨릴 것입니다. 아직 남은 갑사 5000명이 있으니 장차 죽음을 각오하고 싸운다면 반드시 한 사람이 둘을 상대할 수 있을지니, 이는 갑사 1만 명으로 군왕을 섬기는(달려드는[事]) 것과 같아 어찌 군왕의 아까운 병력이 상하지 않을 수 있겠습니까? 그에 이들을 죽이는 대신 이 나라를 차지하는 것이 득이 되지 않겠습니까?"

부차는 이 제안을 들으려고 했다. 그러나 오자서는 강경했다.

"불가합니다. 대저 우리 오나라와 저들 월나라는 서로 원수로 싸울 수밖에 없는 나라입니다. 삼강三江이 둘러싸고 있어 백성들은 싸움을 피해 옮길 곳이 없습니다. 하여 오나라가 살면 월나라가 죽을 것이요 월나라가 살면 오나라는 죽게 되어 있으니, 장차 이런 형세는 바꿀 수가 없습니다. 저 원員(오자서)이 듣건대 '육지 사람들은 육지에 살고, 물 위의 사람들은 물 위에 산다[陸人居陸, 水人居水]'고 합니다. 저 중원의 나라들[上黨之國]은 우리가 공격하여 이긴다 해도 그 땅에 거주할 수가 없고, 그들의 수레를 이용할 수도 없습니다. 그러나 월나라는 우리가 공격해서 이기면 그 땅에 살 수 있고 그들의 배를 탈 수 있습니다. 이것이 그 이득이니 포기할 수가 없습니다. 군주께서는 반드시 월을 멸망시키소서. 이 기회를 버리면 후회해도 어쩔 수 없을 것입니다."

이렇게 오자서는 월나라의 강화 요청을 물리쳤다. 이제 더는 방법이 없는 듯했다. 방법이 없다면 싸울 용기는 있는 구천이었다. 그러나 문종은 이번 행차에서 오나라의 약점을 파악하고 돌아왔다. 오나라 태재 백비는 재능이 뛰어나나 물욕이 많다는 사실이었다. 문종이 구천에게 말했다.

"오나라 태재 백비는 탐욕스럽다 합니다. 뇌물을 써서 그를 회유해 보시지요."

구천은 이 말을 따랐다. 그리하여 아름답게 꾸민 여덟 명의 여인을 백비에게 보내며 말을 넣었다.

"어른께서 실로 저희 월나라의 죄를 사해주신다면, 이보다 더 아름다운 여인들이 또 있습니다."

그러고는 훨씬 좋은 강화 조건을 제시했다. 아예 나라의 재산을 다 넘기고 구천 자신이 인질로 들어가겠다는 것이었다.

"청컨대 나라의 열쇠를 맡기고, 오나라의 속국이 되고, 몸소 군왕을 따르겠으니, 군왕께서는 마음대로 하소서[委管籥, 屬國家, 以身隨之, 君王制之]."

간단히 말해, 목숨만 부지하게 해주면 나라를 넘기겠다는 조건이었다.

뇌물을 먹은 백비가 부차에게 유세했다.

"저 비가 듣기로, 옛날에 다른 나라를 정벌할 때는 항복을 받으면 그뿐이었습니다. 지금 항복을 받았는데 또 무엇을 구하겠습니까?"

부차는 솔깃하여 이 요청을 들어주려 했다. 그러자 오자서가 나섰다.• 그는 이번에는 자식을 타이르는 아버지의 마음으로 옛날이야기를 했다. 오자서 자신도 원수에게 아버지를 잃은 사람이다.

"안 됩니다. 신이 듣기로, '덕을 펼 때는 넓게 하는 것이 제일 좋고, 병을 제거할 때는 뿌리까지 없애야 한다'고 했습니다. 옛날에 과過나라의 요澆가 하나라 군주[夏后] 상相을 죽였을 때 그 왕비는 임신을 하고 있었는데, 하수구로 탈출하여 유잉有仍으로 돌아가 소강少康을 낳았고, 그

• 오자서의 다음 발언은 《좌전》에만 등장한다.

소강은 유잉의 가축을 관리하는 장관[牧正]이 되었나이다. 요가 또 사람을 보내 그를 잡으려 하자 유우有虞나라로 도망가 주방을 관리하는 장관[庖正]이 되어 화를 면했나이다. 우나라 군주가 소강에게 두 딸을 주고 읍을 하나 주었으니, 그 땅은 1성成(사방 10리)에 인구는 1여旅(500명)에 지나지 않았으나 그는 능히 덕을 펼치고 지혜를 내어 하나라 백성들을 거두어들이고, 관직을 주어 위로하고, 첩자를 보내 요를 감시하고, 요의 동생을 유혹해서 결국 요의 나라를 멸망시키고 우禹(하나라 시조) 임금의 위업을 복구했나이다.

오늘 우리 오나라는 요의 과나라만 못하고 월나라는 소강보다는 처지가 좋사오니, 하늘이 월나라를 도와 풍성하게 하면 우리가 어렵게 되지 않겠습니까? 구천은 능히 사람들을 친하게 대하고 베푸는 데 힘을 쓸 줄 압니다. (공 있는 사람에게) 베풀되 (공 없는 사람들의) 마음을 잃지 않고, (친인척을) 친하게 대하지만 공로 있는 사람을 버려두지 않사옵니다. 월나라는 우리와 같은 땅에 거하고 있기에 누대로 원수지간이었나이다. 지금 이기고도 취하지 않고 장차 저들을 보존한다면 이는 하늘의 뜻을 어기고 원수를 북돋우는 것이니, 나중에 후회해도 되돌릴 수 없기에 우리 희성 오나라의 쇠망은 오래지 않을 것이옵니다."

그러나 부차는 들어주지 않았다.

군사를 상하지 않은 일은 좋은 것이고, 이름을 얻는 것도 좋은 것이다. 그러나 아비의 원수는 어찌하며, 누대로 싸워오며 쌓인 본국 부형들의 원한은 어찌할 것인가? 오자서는 답답했다. 갖은 신고를 겪은 후 역적의 이름을 무릅쓰고 아비의 복수를 한 오자서로서는 아비의 원수를 그토록 쉽게 포기하려는 부차에 대한 실망이 컸다.

부차는 전술의 기본을 망각하고 있었다. 오나라는 초나라를 칠 때 월나라에게 배후를 내어줘서 실패했기에, 합려는 앞으로 초나라와 계속 싸워가려면 반드시 월나라를 먼저 치라고 한 것이다. 또한 이번 싸움은 구천이 먼저 일으켰기에 이겨서 취한들 불의하다 말할 사람이 없었다. 그리고 오자서 자신이 전투에서 죽은 오나라 군사들을 묻으며 복수를 약속해주지 않았던가. 매몰차게 죽이자는 오자서가 잔인한 것이 아니라 살려주어 허명을 얻으려는 부차가 아둔한 것이다. 짖으며 달려드는 개는 오히려 안전하지만 물러나서 눈치를 보는 개는 시선을 거두면 반드시 다시 문다. 오자서는 간언이 먹혀들지 않자 나오면서 사람들에게 이런 말을 했다.

"월나라가 10년 동안 백성을 거두어 먹이고 또 10년 동안 그들을 제대로 가르치면, 20년 후 우리 오나라 땅은 못[沼]이 되고 말 것이다."

그런데 군막을 나오면서 한 이 말이 외국(노나라)의 기록에 나와 있으니, 오나라의 국왕 부차가 이 말을 주워듣지 못했을 리가 없다. 오자서는 아마도 대놓고 부차의 처사를 욕했을 것이다. 부차는 이 일을 계기로 서서히 오자서를 멀리한다. 이것이 오자서의 약점이었다. 그는 적을 치는 데는 뛰어나지만 스스로를 방어하는 데는 신경을 쓰지 않았다. 그는 스스로 곧은 사람이었다.

그리고 여러 야사에는, 구천이 위기를 벗어나기 위해 서시라는 절세의 미인을 부차에게 보냈는데 부차가 그만 그 여인에게 반했다고 한다. 일설에는 그 서시가 범려의 연인이었다고도 하나 확인할 길은 없다. 그러나 월나라의 미인들이 오나라 궁실로 들어간 것은 분명하고, 과연 아름다운 여인들을 이길 남자가 있겠는가.

구천은 이렇게 기사회생했다. 하지만 약속대로 오나라로 가야 했다. 떠나기 전 그는 국인들을 모아놓고 참회했다.

"과인이 제 힘이 부족한 것도 알지 못하고 또 큰 나라와 원수를 맺어 백성의 뼈를 들판에 버려두게 되었으니 이는 과인의 잘못입니다. 과인이 잘못을 고치게 해주십시오."

그리고 그는 죽은 이들을 묻어주고, 다친 이들을 찾아보고, 살아남은 이들은 북돋우고, 근심이 있는 집에는 찾아가 슬퍼하고, 경사가 있는 집에는 가서 축하해주고, 가는 이는 전송하고 오는 이는 환영하며, 백성들의 미움을 받는 자는 제거하고, 백성들의 부족한 것은 보충해주었다. 그리고 떠날 시간이 되자 범려를 불렀다.

"범려는 나를 위해 본국을 지켜주오."

범려는 다른 생각이 있었다.

"우리 국토 안에서 백성들을 다스리는 일에서는 저 려(범려)가 종(문종)만 못합니다. 국토 밖에서 적국을 제어하고 때에 맞추어 결단을 내리는 일은 종이 또한 저보다 못합니다."

구천은 이를 허락했다. 그래서 구천은 범려와 관리 300명을 이끌고 오나라로 들어가 스스로 부차의 수레를 끄는 말의 고삐를 잡았다.

전국시대의 군신관계는 이렇게 펼쳐졌다. 춘추시대에는 적국의 군주를 죽일 수는 있으나 종으로 쓰지 않았다. 죽이지 않으면 봉지를 주고 후사를 잇도록 하는 것이 상례였다. 부차의 행동은 춘추의 예교에도 맞지 않고 전국의 실리에도 맞지 않는 어정쩡한 것이었다. 오자서의 말처럼 적국의 왕을 죽이지 않았다면 대우해줘야 한다. 애초에 죽이지 않아 명성을 얻으려 했다면 종복으로 써서는 안 되는 것이다. 하지만 구천은 부차보다 훨씬 무서운 사람이었다. 후일을 기약하고 이런 모욕을 다 받아들였으니. 이제 그는 어떤 복안을 들고 나올 것인가?

제13장

부차의 어긋난
야망과 허영

• • •

보통 사람들은 겨울이 오면 겨울옷을 입는다. 겨울에도 가을옷을 입는 사람들은 분명 혈기왕성한 이들일 것이다. 그러나 사람이란 결국 털 없는 온혈동물이다. 어느 순간 찬바람에 몸이 굳어지면 꼼짝도 못 한다. 바야흐로 전국시대의 칼바람이 불어오고 있었다.

흔히 전국시대 국가들은 무턱대고 싸우는 것으로 생각하지만, 그들은 철저히 이익에 기반해서 싸움을 시작했고 끝냈다. 제 환공이나 초 장왕과 같이 패자의 권위와 명분을 위해 출격하는 경우는 없었다. 싸움에서 지면 백성이 이반했고, 군주가 아둔한데 싸움에서 이기면 신하들이 이반했다. 쌍둥이로 태어난 내우內憂와 외환外患을 동시에 해결하는 것은 춘추전국시대 일급 정치가들이라면 누구나 도전한 과제였지만 어느 누구도 해결하지 못한 난제였다. 그럼에도 그 문제를 내려놓지 않고 노력한 이들만 생존할 수 있었고, 하나를 포기한 이들은 사라졌다.

구천이 부차의 손으로 들어왔을 때 부차는 내우와 외환을 모두 해결했다고 착각했다. 그에게는 일국의 왕이었다가 견마잡이를 자처한 구천은 비굴한 사나이로 보였고, 그래도 옛 주인이라고 따라와서 모시는 범려가 오히려 가여워 보였다. 하여간 둘 다 볼품없어 보이기는 마찬가지였다. 부차는 이제 득의양양하게 중원에 뜻을 둔다.

1. 부차, 중원으로 진출할 뜻을 두다

구천을 사로잡은 그해 여름 부차는 진陳나라를 치러 서쪽으로 갔다. 아버지 합려가 초나라를 칠 때 진나라가 협조하지 않고 오히려 초나라를 지지한 것에 대한 보복이었다. 그러나 보복은 정당하다 하더라도 그 시기가 문제였다. 정상적인 군주는 한 해에 두 번 원정을 가지 않는다.

부차가 월나라를 신속시킨 것은 초나라에서도 화젯거리였다. 초나라 도성을 함락시킨 합려도 월나라를 이기지 못했는데, 부차는 단 한 번 기병하여 월나라를 함락시켰다. 초나라의 군신들은 공황에 빠져 웅성거렸다.

"합려는 오직 나라 사람들을 잘 부리는 재주만으로 우리를 백거에서 패배시켰습니다. 그런데 듣자 하니 그 아들은 실력이 더 낫다 합니다.

장차 이를 어찌할까요?"

그러자 영윤 자서가 군신들에게 말했다.•

"여러 대부들께서는 서로 화목하지 못함이나 걱정하고 오나라는 걱정하지 마시오. 옛날 합려는 식사에는 두 가지 반찬을 구하지 않았고, 잠자리에는 자리를 겹쳐 깔지 않았고, 침소는 대를 높이지 않았고, 기물에는 색칠을 하지 않았고, 궁실은 높이 짓지 않았으며, 타는 배나 수레는 치장을 하지 않았고, 의복이나 쓰는 물건은 소박한 것으로 골랐고, 나라에 재난이 생기면 손수 돌아다니며 고아와 과부를 위로하며 궁핍한 부분을 채워주었다고 합니다. 그뿐 아니라 전장에 있을 때는 익힌 음식은 나눠서 부하들이 먹은 후에 먹었고, 맛있는 것은 보병·차병과 함께 먹었고, 그 백성을 긍휼히 여겨 그들과 함께 노역을 했다고 합니다. 그래서 백성들은 피로하다 하지 않고 죽을 때도 목숨을 헛되다 생각하지 않았습니다. 지금 듣자 하니, 부차는 나서면 대사臺射를 짓고 연못을 파며, 잠을 잘 때는 비빈들이 수청을 든다고 합니다. 하루 행차에도 반드시 원하는 것을 다 갖추고 놀잇감을 반드시 따르게 하며, 진귀한 것이라면 반드시 취하고, 유흥을 즐기는 것에는 힘쓰면서 백성들은 원수같이 대한다고 합니다. 그러면서 백성들을 매일같이 부리니, 결국 스스로 먼저 무너질 따름입니다. 그자가 우리를 어찌 이길 수 있

• 《국어》에는 남윤 미가 영윤 자서에게 말한 것으로 나와 있다. 아마도 《좌전》은 자서가 조정에게 한 말을 옮긴 것이고, 《국어》는 남윤이 자서에게 자문한 것을 옮긴 것으로 생각된다. 다른 부분에서도 같은 말을 《국어》는 남윤이 하고 《좌전》은 자서가 한 것으로 나오는데, 짐작하건대 남윤은 자서의 정치적인 조언자였을 것이다.

겠습니까?"

이에 초나라 군은 진나라를 지원하기로 하고 장기전 체제로 돌입한다.

부차가 전쟁을 좋아한다는 소문은 중원에까지 퍼졌다. 자서는 일전에 오나라 군을 끌어들인 채나라를 정벌하고 수도를 옮기겠다는 약속을 받아냈다. 이 채나라가 다시 오나라로 기운 것이다. 그러나 그들은 오나라의 주인이 합려가 아니라 부차라는 것을 망각하고 있었다. 부차는 겉으로는 신의를 내세우지만 실제로 신의가 있는 사람이 아니었다.

오나라의 설용洩庸이 예물을 가지고 채나라로 들어가서는 남몰래 오나라 군대를 채나라로 불러들여 채나라를 치려 했다. 채나라 사람들은 그제야 비로소 사태를 파악하게 되었다. 결국 채 소공은 대부들에게 사태를 고하며 공자 사駟를 대신 죽여 사람들을 달래고, 곡을 하며 종묘를 주래州來로 옮겼다. 주래는 항상 오-초가 대치하는 곳이었는데, 아마도 오나라 측에 가까운 땅으로 옮긴 것 같다.

한편《사기》에는 이 일을 채 소공이 오나라와 짜고 벌인 것이라고 썼다. 초 소왕이 오나라 군을 끌어들여 치욕을 안긴 채나라 소공을 좋아할 리가 없으니, 채 소공이 초나라를 경계하고 있었음을 감안하면 이 말도 일리가 있다. 어쨌든 채 소공은 이듬해 오나라를 예방하러 가는 길에 국인들이 공모하여 몰래 보낸 자객에게 죽임을 당했다. 사서들은 국인들이 오나라의 명을 듣고 다시 도성을 옮길까 걱정했다고 해석하고 있다. 채 소공도 오나라와 초나라 사이에 끼어 있지 않았다면 그런 불행을 맞지는 않았을 것이다.

2. 남방의 호적수 초 소왕이 요절하다

오나라가 채나라를 습격한 이듬해(기원전 491년), 초나라는 진령 동부·낙수 이남의 이민족에 대한 대공세를 펼쳤다. 진나라는 당시 조앙이 범씨 및 중행씨와 혈전을 벌이고 있기 때문에 이 싸움에 개입할 처지가 못 되었다. 멸망의 위기에서 살아난 초나라는 부차의 실력이 합려만 못하다고 보고 역공을 준비하고 있었다. 초나라는 우선 방성 일대의 군대를 동원하기 위해 후방을 미리 평정하고자 했다. 진晉나라가 내란으로 힘을 쓰지 못하고 있을 이때가 초나라의 북방 영토를 안정시킬 호기였다.

초나라 좌사마 판眅과 섭공葉公 심제량沈諸梁은 채나라 사람들과 방성 밖의 사람들을 모아놓고 이렇게 선전했다.

"오나라가 강(장강)을 거슬러 영도로 들어가려 해서 구원하러 간다."

이렇게 거짓 소문을 낸 후 갑자기 북쪽으로 행로를 바꾸어 진령 동쪽의 만족을 공격했다. 만족의 군주는 삼문협 근처 진나라 영토인 음지陰地로 달아났다. 초나라 군은 지체하지 않고 따라붙어 음지를 지키던 사멸士蔑에게 만족 군주를 내놓으라고 요청하고, 그렇지 않으면 전쟁을 불사하겠다고 으름장을 놓았다. 동쪽에서 반항하는 순인과 범길석을 치는 데 여념이 없던 조앙은 바로 만족 군주를 넘겨주었다.

그로부터 2년 후 부차가 다시 진陳나라를 공략해왔다. 이번에는 초 소왕이 직접 진나라를 구원하겠다고 나섰다. 오랫동안 내정에 힘썼고 북방도 평정했으니 이제는 반격의 시간이었다. 그해 가을 초 소왕과 영윤 자서, 사마 자기가 총출동하여 성보에 주둔하며 오나라 군과 정면 승부를 벌일 찰나, 뜻밖에도 젊어서 지나치게 고생한 왕이 이번 출정에서 병을 얻었다. 싸움의 성패를 두고 점을 쳤더니 나가 싸우는 것도 불길하고 퇴각도 불길하다는 괘가 나왔다. 그러자 이 젊은 왕은 결심했다.

"(진퇴가 다 불길하다면) 그럼 내가 죽는다는 소리구려. 그러나 우리 초나라 군을 다시 패배하게 한다는 것은 죽는 것보다 더한 일이고, (진陳나라와의) 맹서를 저버리고 원수 앞에서 달아나는 것도 죽는 것만 못하오. 죽는 것은 매한가지니 죽음으로써 원수를 갚을 것이오."

사실 소왕이 출정하기 전에 초나라에 상서롭지 않은 징조가 보여 점을 친 적이 있었다. 그해 초나라 영도에 붉은 새 무리가 양쪽에서 해를 끼고 나는 모양의 구름이 3일간 지속되었다. 그러자 소왕이 주나라 태사에게 사람을 보내 이 징조를 해석하게 했더니 이런 대답이 돌아왔다.

"왕의 신변에 위험이 닥친 것입니다. 푸닥거리를 하면 영윤이나 사마에게 액운이 옮겨 가게 할 수 있습니다."

이 소리를 들은 소왕은 이렇게 대답했다.

"배와 심장의 질환을 옮겨 팔다리에 붙이는 것이 무슨 이득이 있단 말인가? 내가 큰 잘못이 없다면 하늘이 나를 빨리 죽일 것인가? 내가 만약 죄가 있다면 벌을 받으면 되지 또 무엇 하러 옮긴단 말인가?"

불과 15년 전 백성을 버리고 도성을 탈출했던 소년은 이렇게 당찬 장년이 되어 있었다. 결국 그는 병을 극복하지 못하고 전장에서 유언을 남기게 되었다. 그에게는 형들이 있고 아들이 있었다.

먼저 이복 큰형 자서에게 왕이 되라고 요청했다. 그러나 자서는 안 된다고 사양했다. 그다음 형 사마 자기에게 요청했으나 또 안 된다고 했다. 그다음 서열인 공자 계啓에게 요청했더니 또 사양했다.

"반드시 그대가 맡아주오."

왕은 형에게 다섯 번이나 요청했고, 자계는 어쩔 수 없이 명을 받았다. 소왕은 난세에 어린 왕이 서는 것이 얼마나 위험한지 잘 알고 있었다. 소왕 자신도 재질이 비범했으나 어린 시절 탐욕스러운 영윤 낭와에게 휘둘려 나라를 망친 적이 있었다. 유언을 마친 소왕은 그렇게 파란만장한 생애를 마쳤다.

왕이 죽자 자계는 물러나 형들과 상의한 후 군신들에게 선포했다.

"군왕께서 자신의 아들을 제쳐두고 저희에게 겸양했습니다. 신하가 어찌 감히 군주의 자리를 생각할 수 있겠습니까? (어쩔 수 없는 방편으로) 군주의 명을 따르는 것은 순順(순명)이요, (도리를 따라) 군주의 자제를 세우는 것 역시 순順(순리)이니, 이 둘은 다 버릴 수 없는 것입니다."

이리하여 자서의 형제들은 힘을 합쳐 월나라 공녀가 낳은 장章을 옹립한 뒤 적이 이를 눈치 채지 못하게 하고는 군사를 돌려 퇴각했다.

우리는 여기서 다시 전국시대의 도래를 읽는다. 예전 진晉나라와 초나라가 대립하는 상황이었다면, 초나라의 군주가 죽으면 진나라의 군주는 당연히 뒤로 물러났을 것이다. 그러나 지금은 군주의 죽음을 숨겨야 적의 습격을 방어할 수 있는 상황이 되었다. 그야말로 '인정사정 볼 것 없는' 시절이었다.

새로 군주가 된 장이 바로 혜왕이다. 이 사나이도 주목할 필요가 있다. 그는 아버지가 즉위하던 때와 마찬가지로 어린 소년에 불과했지만 아버지를 능가하는 재질을 타고난 사람으로, 초나라를 착실히 살찌워 전국시대를 무리 없이 맞이한 인물이다. 이렇게 초나라가 안정을 찾아 오나라를 압박하는 상황은 구천에게는 반가운 것이었다. 자서는 스스로 왕이 될 수 있음에도 월나라 공녀가 낳은 태자를 옹립함으로써 친월親越의 메시지를 던져주었다. 반면 부차는 소왕이 죽자 초나라의 위협을 과소평가하게 된다.

3. 거침없는 부차와 교란자 자공의 출사

남쪽에서 초나라의 영향력이 쇠퇴하고, 오나라의 영향력이 확대되자 오나라와 지근거리에 있던 나라들 사이에서 주도권을 쥐기 위한 치열한 외교전이 전개된다. 이 새로운 세력관계의 재편성으로 부차의 행보는 더욱 거침없어진다. 초나라 군이 뒤로 물러난 이듬해(기원전 488년) 노 애공은 오나라 왕 부차와 증鄫에서 회합했다. 양자의 목적은 뚜렷했다. 부차는 제나라를 쳐서 중원으로 나갈 야망을 불태우고 있었고, 노 애공은 진나라라는 방패가 없어지자 제나라를 견제할 후원자가 필요했다. 줄타기의 명수 노나라가 신흥 강국으로 떠오른 오나라에 손을 대지 않을 리가 없었다.

이 무렵 중원도 거의 전국시대에 돌입했기에 여러 국가들은 서로 동맹을 얻으려 혈안이 되어 있었고, 가까운 국가가 힘이 빠지면 서슴없이 쳐 땅을 복속시켰다. 노나라는 주邾나라를 노렸고, 송나라는 조曹나라를 노렸다. 목적은 단순한 정벌이 아니라 땅을 빼앗아 차지하기 위한 것이었다. 과연 송나라는 조나라를 멸망시켰고, 노나라는 주나라 군주를 사로잡았다. 그때 주나라 사자 한 명이 오나라로 달렸다. 그는 부차를 만나자 처지를 하소연했다.

"노나라는 지금 진晉나라는 약하고 오나라는 멀다고 생각하여, 자기 군사들의 수를 믿고 군주와 맺은 맹서를 배반하고 군주의 집사를 피해서 저희 작은 나라를 능멸하고 있나이다. 저희 주나라는 감히 스스로를 아끼는 것이 아니라 군주의 위엄이 서지 않는 것이 두렵습니다. 군주의 위엄이 서지 않음은 우리 같은 작은 나라들의 걱정거리입니다. 여름에 증에서 맹약을 맺어놓고 가을에 이를 배반한다면 사방의 제후들이 어찌 군주를 섬기리까?"

증의 맹약은 아마도 오나라의 허락이 없으면 외국을 치지 말라는 내용이었을 것이다. 패자를 지향하는 부차에게 이는 좋은 핑곗거리였다. 과연 오나라 군은 이듬해 봄 노나라로 쳐들어갔다. 하지만 북쪽으로 나선 것이 사실상 이번이 처음이라 노나라 향도에게 속아 어렵게 행군을 계속하고 있었다. 그때 노나라 측의 대부 미호微虎가 결사대 300명을 모아 오나라 왕의 군막을 직접 들이칠 계획을 세웠다. 무모한 계획이었지만 부차는 결사대가 들이칠까 두려워 군막을 세 번이나 옮겨야 했다.

길은 익숙하지 않고 노나라의 대응이 완강하자 결국 오나라 쪽에서 먼저 화해를 요청했다. 양국은 인질을 교환하고 화해했다.

오자서는 부차의 이런 행동이 도무지 내키지 않았다. 오나라는 장강에 기대고 있어 북방의 나라들이 절대로 넘볼 수 없는 반면에 똑같은 이유로 북방으로 나가기도 힘들었다. 설령 나가더라도 북방의 나라를 실질적으로 점령하지 못한다면 실익이 별로 없었다. 강과 호수를 건너 어렵사리 북상하면 이미 군대는 지쳐 있었고, '3개월이 지난 후'에야 개입할 수 있었기 때문이다.

부차가 중심이 약한 것이 파악되자 여러 나라에서 부차의 허영심을 이용해 동시에 유세했다. 오나라 군이 돌아가자 이번에는 제나라 사절이 도착하여 힘을 합쳐 노나라를 치자고 제안했다. 그러자 노나라는 재빨리 제나라와 화합했다. 아직까지 노나라의 외교적인 역량은 살아 있었다. 이듬해 제나라 사절이 다시 부차를 찾아와 합동작전을 취소해 달라고 요청했다. 그러자 부차가 화를 냈다.

"작년에 과인은 함께 노나라를 치자는 명을 받았는데 금년에는 또 말을 바꾸는구려. 과인은 어느 말을 들어야 할지 모르겠소이다."

애초에 부차는 노나라와 제나라를 두고 저울질을 했는데, 이제 제나라를 공격할 구실을 잡은 것이다.

《사기》〈중니제자열전〉에 따르면, 오나라가 제나라를 치기로 마음먹은 데는 얽히고설킨 음모관계가 있었다고 한다. 그 음모의 핵은 바로 공자의 제자 자공이었다.*

당시 제나라는 거의 60년 동안 군주 생활을 한 노회한 정치가 경공이 죽은 지 얼마 되지 않은 때였다. 공실을 버티던 안영도 죽고 이어서 경공도 죽자, 전씨(진씨)들이 서서히 제나라를 차지하기 위해 움직이던 때였다. 전상田常은 쿠데타를 일으키고 싶었지만 국중의 대성인 고·국·포·안씨 등을 꺼려서, 그들의 군사를 노나라로 내몰아 힘을 빼고자 했다.

공자가 이 소식을 듣고는 걱정이 되어 제자들을 모았다.

"노나라는 우리 조상들의 묘가 있는 곳이요 부모의 나라다. 국가가 이렇게 위태로운데 그대들은 어찌하여 나서지 않는가?"

자로가 나섰으나 공자가 제지했다. 자로는 용감하나 고지식한 편이었다. 자장子張, 자석子石 등이 나섰으나 다 허락하지 않았다. 자공이 나서자 드디어 허락했다. 자공은 상황 판단이 빠르고 대단한 달변가였다.

자공은 먼저 제나라로 떠나 전상을 찾았다.

"어른께서 노나라를 치려 하시나 이는 잘못된 방책입니다. 대저 노나라는 정벌하기 어려운 나라입니다. 성은 낮고 얇으며, 땅은 좁고 메마르고, 임금은 어리석고 어질지 못하며, 신하들은 거짓되고 쓸모없는 자들입니다. 게다가 그 전사와 백성들은 군사 일을 싫어합니다. 그러니 차라리 오나라를 치는 것이 낫습니다. 오나라는 성은 높고 두터우며, 땅은 넓고 기름지고, 갑옷은 견고하고 새로우며, 선발된 전사들이 넘치고, 중무장한 정병이 그 안을 가득 채우고 있으며, 또 뛰어난 대부들이 성을 지키고 있습니다. 그러니 쉽게 칠 수 있습니다."

• 《사기》〈중니제자열전〉의 어투로 보아 설화적으로 각색된 것으로 보인다. 그러나 역사적인 사실과 정황이 크게 어긋난 것은 아니다.

자공의 황당한 말에 전상은 짐짓 모르는 척했다.

"그대는 사람들이 쉽다고 여기는 것을 어렵다 하고, 어렵다고 하는 것은 오히려 쉽게 여기는구려. 무슨 까닭이오?"

"신이 듣기로, '나라 안에 걱정이 있으면 강한 상대를 공격하고 나라 밖에 걱정이 있으면 약한 상대를 공격한다'고 하더이다. 지금 어른의 걱정은 나라 안에 있습니다. 제가 듣기로, 귀국 군주가 어른을 세 번 봉하려고 했으나 이루어지지 않은 것은 대신 중에 말을 듣지 않는 이가 있기 때문이라고 하더군요. 지금 어른께서 노나라를 격파하고 제나라를 넓히려 하는데, 싸움에서 이기면 군주를 높이게 되고, 노나라를 쳐서 싸움에 나간 신하들이 높아지면 어른은 그들과 공을 비교할 수 없게 됩니다. 그러면 나날이 군주와의 관계가 소원해질 것입니다. 이는 어른께서 위로는 군주를 교만하게 하고 아래로는 신하들을 방자하게 하는 것이니 대사를 이루려고 해도 어려울 것입니다. 대저 군주가 교만하면 마음 내키는 대로 하고 신하가 방자하면 싸움이 일어나게 되니, 그리하면 어른은 위로는 군주의 버림을 받고 아래로는 대신들과 싸우게 되어 제나라에서 어른의 지위는 위태롭게 됩니다. 그래서 오나라를 벌하는 것이 낫다고 말하는 것입니다. 오나라를 벌하다가 패하면 백성들은 밖에서 싸우다 죽고 안에는 대신들이 빌 것이니, 그리하면 위로는 어른께 맞설 강한 신하가 없고 아래로는 백성들의 화를 걱정하지 않아도 되니, 군주를 고립시키고 제나라를 마음대로 할 이는 어른밖에 없게 됩니다."

눈치 빠른 음모가 전상은 머리를 끄덕였다.

"좋소. 그러나 우리 군대가 이미 노나라로 떠났소이다. 군대를 돌려 오나라로 향하게 한다면 대신들이 나를 의심할 텐데 어찌하오?"

"어른께서는 병사를 멈추고 공격하지 마시옵소서. 신이 오나라 왕에게 가서 제나라를 치라고 부추기겠습니다. 그러면 어른께서 군대를 돌려 오나라를 상대하소서."

이리하여 자공은 전상의 밀사가 되어 오나라로 향한다.•

자공은 부차를 만나 유세를 시작했다.

"신이 듣기로 왕자王者는 남의 후사를 끊지 않고, 패자는 강적을 용납하지 않는다고 합니다. 1000균千鈞의 무게도 티끌 같은 단위가 모여 이루어지는 것입니다. 지금 1만 승의 제나라가 1000승의 노나라를 얻어 오나라와 자웅을 겨루려 합니다. 저는 마음속으로 이 점을 염려하고 있습니다. 또한 대저 노나라를 구하면 이름을 드날릴 수 있고, 제나라를 벌하면 큰 이득을 얻을 수 있습니다. 이리하여 사수 북쪽의 제후들을 어루만져 강포한 제나라를 주벌하고 강한 진나라를 굴복시키면 그 이득은 막대할 것입니다. 명분이야 망하는 노나라를 살리자는 것이지만 실제로는 강한 제나라를 어렵게 하자는 것이니 지혜로운 사람은 의심하지 않을 것이옵니다."

• 자공이 전상에게 어떻게 유세했는지는 알 길이 없으나 노나라를 치지 말 것을 부탁했을 것이다. 물론 스승 공자의 성향과 당시의 정황을 볼 때 전상에게 오나라를 부추겨 일부러 국가 대신들을 전장에서 죽게 하자고 했을 리는 없다. 제-오의 결전에서 전씨 일가가 솔선하여 목숨을 걸고 싸웠기 때문이다. 그러나 노나라가 오나라에 제나라를 쳐달라고 부탁했고, 자공이 일정한 역할을 했음은 사실이다. 《좌전》에 노애공과 부차의 회합에 자공이 등장하는 것으로 보아, 그는 노나라 군주의 명을 받들어 오나라를 오갔던 것으로 짐작된다. 따라서 부차와 자공의 대화는 상당히 신빙성이 있어 보인다.

부차가 대답했다.

"좋은 말입니다. 그러나 나는 일찍이 월나라 왕과 싸워서 그를 회계산에 가둔 적이 있습니다. 월나라 왕은 고달피 뛰어다니며 군사들을 기르며 나에게 보복할 마음을 품고 있소이다. 내가 월을 정벌할 때까지 그대가 기다려준다면 그 말을 따르겠소이다."

"월나라의 힘은 노나라만 못하고 오나라의 힘은 제나라만 못합니다. 왕께서 제나라를 제쳐두고 월나라와 싸운다면, 그때는 제나라가 이미 노나라를 평정한 뒤입니다. 또한 왕께서 바야흐로 망하는 나라를 살려 이름을 얻으려 하시는데, 대저 작은 월나라를 벌하고 강한 제나라를 두려워하는 것은 용기가 아닙니다. 대저 용자는 어려움을 피하지 않으며, 인자는 약한 자를 막다른 길로 내몰지 않으며, 지자는 때를 놓치지 않으며, 왕자는 남의 대를 끊지 않음으로써 의義를 세우는 것입니다. 지금 월나라를 살려서 제후들에게 인仁을 과시하고, 노나라를 구하고 제나라를 쳐서 진나라를 위협하면, 제후들은 반드시 서로 이끌고 오나라에 입조할 것이니 패업이 이루어지는 것입니다. 기어이 왕께서 월나라를 꺼리신다면 신이 동쪽으로 가서 월나라 왕을 만나 군대를 내어 제나라 정벌에 따르라고 하겠습니다. 이리하여 월나라를 비우면서, 겉으로는 제후들을 이끌고 제나라를 친다는 명분을 대면 될 것입니다."

이에 부차는 크게 기뻐하며 자공을 월나라에 사신으로 보냈고, 자공은 오나라의 창날을 제나라로 돌렸다.*

4. 오자서의 간언: "새끼 뱀을 죽이소서"

부차가 중원에 눈을 돌리며 제나라와 결전을 준비하고 있을 때, 구천은 귀국한 뒤 복수를 하기 위해 혼신의 힘을 다해 국인들을 규합하고 있었다. 오나라에서 두 해를 보내고 석방된 그는 치욕을 앙갚음하기 위해 몰래 복수의 칼을 갈았다. 월나라의 기본적인 외교 전략은 '제나라와 결맹하고, 초나라와 친하게 지내고, 진晉나라에 의존하고, 오나라에 아부한다[結齊, 親楚, 附晉, 厚吳]'는 것이었다. 힘이 없을 때는 먼저 오나라와 원수지간인 초나라를 이용해서 오나라를 약하게 하고, 그다음 단계는 오나라를 부추기고 제나라를 끌어들여 남북 협공지세를 만들고, 마지막으로 강한 진나라와 힘을 합쳐 오나라를 넘어뜨린다는 책략이었다. 허나 구천이 책략을 쓸 겨를도 없이 부차 스스로 월나라의 전략을 채택하고 있었다.

반면, 오자서는 중원으로 나가기 위해서는 반드시 먼저 월나라를 쳐

• 여기까지가 《사기》 〈중니제자열전〉에 나오는 내용에 약간의 설명을 붙인 것이다. 〈중니제자열전〉은 자공이 월나라로 가서 오나라를 섬길 계책을 알려주고, 다시 진晉나라로 가서 오나라에 대비하라고 했다고 말한다. 그러나 필자는 그 부분은 거의 지어낸 이야기에 가깝다고 생각한다. 예를 들어, 이어지는 대화에서 "오자서는 간쟁을 하다가 죽고, 태재비가 일을 처리하는데[子胥以諫死, 太宰嚭用事]"라는 구절이 나오지만, 실제로 오자서는 오나라와 제나라의 애릉艾陵 싸움 이후에 죽었으니 이 이야기가 후대에 만들어졌음을 알 수 있다.

다시 강조하지만, 사마천이 이런 사실을 모르고 있거나 혹은 이 이야기를 임의로 지어낸 것은 아닐 것이다. 《사기》는 문학적인 가치가 있는 이야기는 꼭 싣는 경향이 있는데, 자공의 유세는 한 편의 드라마를 보는 것보다 극적이어서 사마천이 이 글을 실었을 것이다. 그러나 필자는 사실을 개연성 있게 재구성하는 것이 독자들의 판단에 도움이 된다고 생각하여 다시 《국어》로 돌아간다. 부차가 북쪽으로 가는 것을 막지 못한다면 남쪽을 평정해야 한다는 것이 오자서의 일관된 생각이었다.

야 한다고 부차를 설득하여 월나라를 칠 준비를 하고 있었다. 그런데 자공의 말에 부차는 또 흔들렸다. 마침 남쪽으로 출격하기 전에 월나라 대부 제계영諸稽郢이 강화를 요청하는 사신으로 와서 부차의 마음을 뒤흔들었다.•

잠시, 장차 오나라 군이 내려온다는 소식을 들은 월나라 조정의 대책회의를 살펴보자.

원래 구천은 오나라 군이 다시 쳐내려오면 반격하려고 했다. 그러나 문종이 다시 구천을 달랬다.

"대저 오나라와 월나라의 운명은 오직 하늘이 정해주시는 것이니, 왕께서는 맞아 싸울 필요가 없습니다. 오자서와 화등華登(송나라에서 망명한 인사)이 와서 오나라 용사들에게 갑옷과 무기 다루는 법을 가르친 이래 오나라 군은 아직 패한 적이 없습니다. 왕께서는 병장기를 잘 준비해놓으시고, 좋은 말로 강화를 요청하시어 저 나라 사람들을 기쁘게 하고 오나라 왕의 마음을 더욱 허황되게 하는 것이 낫습니다. 제가 하

• 이어지는 대화는 《국어》를 위주로 한다. 이 대화는 《국어》 〈오어〉의 첫머리에 등장하기 때문에 일부 해석자들은 이 내용이 구천이 회계산에 갇혔을 시절을 묘사한 것이라고 판단했지만, 자구를 자세히 분석해보면 사실은 제나라를 공벌하기 직전에 이루어진 것임을 명백히 알 수 있다. "또 용서해주셨습니다[又宥赦之]", "월나라는 원래부터 (진실로) 군주께 바친 읍입니다[越國固貢獻之邑也]" 등의 문구가 모두 과거시제다. 그렇다면 과거에 이미 월나라를 오나라에 바쳤다는 이야기인데, 만약 회계산에서 강화를 구하는 시점이라면 그런 이야기를 할 리가 없다. 오나라와 월나라의 첫 번째 강화의 주인공은 문종이었고, 오나라가 북쪽을 쳐서 후방을 안정시키려 하자 다시 강화사절로 간 이가 제계영이다. 그래야 《국어》의 이어지는 구절, "오나라 왕 부차가 이에 (제계영의 말을 듣고) 여러 대부에게 말했다[吳王夫差乃告諸大夫曰]. '고孤는 장차 제나라를 치려는 큰 뜻을 가지고 있어'"가 자연스럽게 해석된다. 또한 오자서가 하는 이야기도 자연스럽게 이어진다.

늘에 점을 쳐서 물어볼 테니, 하늘이 만약 오나라를 버릴 양이면 저들이 반드시 강화를 수락하고, 우리로는 만족 못 하고 장차 제후들의 우두머리가 되려는 야심을 품을 것입니다. 저들이 자기 백성을 피폐하게 하고 하늘이 저들의 식량을 빼앗을 때, 우리가 안심하고 저들의 피폐해진 백성들을 거둬들이게 되면 오나라는 그예 망하고 말 것입니다."

그리하여 제계영이 사신으로 오게 된 것이다.

"저희 군주 구천이 하신인 저 영을 보내 드러내놓고 예물을 드리지 못하고 사적으로 감히 하집사에게 이렇게 고하게 하였사옵니다.

'예전 월나라가 화를 입어 천왕께 죄를 지었습니다. 천왕께서 친히 귀한 발걸음을 하시어, 저 구천을 처벌하려 하셨으나 다시 용서해주셨습니다. 군왕께서 저희 월나라에 베푸신 은혜는 실로 죽은 사람을 일으키고 백골에 다시 살을 입혀주는 것과 같사옵니다. 저는 감히 하늘의 재앙을 잊지 못하는데, 어찌 감히 군왕의 커다란 은혜를 잊으리까? 지금 구천이 다시 화를 일으킨다면 이는 양심도 없는 것입니다[申禍無良]. 들판에 버려진 야인이 어찌 감히 천왕의 큰 덕을 잊고 국경에서 벌어진 작은 원한을 생각하여 다시 귀국의 하집사에게 죄를 지으리까? 구천은 몸소 노신 두세 명을 이끌고 국경에 나가 머리를 조아리고 치죄를 기다리겠사옵니다.

지금 군왕께서는 제 마음을 살펴주시지 않으시고, 노기를 발하여 군대를 내시어 장차 월나라를 쳐서 멸하려 하십니다. 허나 월나라는 원래 군주께 바친 읍에 불과하니, 군왕께서 몸소 채찍을 잡고 욕되이 군사를 내어 치라는 명을 하달할 필요가 없습니다. 이에 구천은 맹서를 청합니다. 구천 본처 소생의 딸 한 명을 보내 빗자루를 들고 왕궁을 소제하게 하겠으며, 아들 한 명을 보내 쟁반을 받들고 시종들을 따라 군왕을 모시게 하겠으며, 춘추로 공물을 보내어 왕부에 물건이 부족하지 않도록 하겠사옵니다. 천왕께서는 어찌 욕되이 저희를 다스리려는 것입니까? 이는 또한 천자가 제후들에게 부세를 거둘 때의 예를 따른 것입니다. 속담에 '여우가 묻고는 다시 파서 결국 헛수고를 했다[狐埋之而狐搰 是以無成功]'는 말이 있사옵니다. 지금 천왕께서 우리 월나라를 봉해 살려주신 일은 이미 온 천하가 다 들어 알고 있는데, 이제 다시 제거하려 하시면 이는 천왕의 공로를 무위로 돌리시는 일입니다. 이리하면 사방의 제후국들이 어찌 진실로 오나라를 섬길 것입니까? 감히 하신을 보내 말씀을 다 고하노니, 오직 천왕께서 이익과 도의를 헤아려보시고 결정하소서.'"

말이 지나치게 비루하면 의심하라는 격언도 있지만, 부차가 좋아하는 말이 바로 이런 것이었다. 부차는 이 말을 듣고 여러 대부에게 선포했다.

"과인은 장차 제나라를 치려는 큰 뜻을 가지고 있어 월나라의 화해 요청을 받아들이려 하오. 그러니 내 뜻을 거스르지 마시오. 만약에 월나라가 잘못을 고친다면 내가 무엇을 더 바라겠소. 그러나 고치지 않으면 월나라 쪽으로 방향을 돌려 군대를 짤 것이오."

오자서는 펄쩍 뛰었다.

"허락해서는 안 됩니다. 대저 저 월나라는 우리 오나라에 진실로 충성된 마음을 가진 것도 아니고, 우리 군대의 강함을 두려워하는 것도 아닙니다. 대부 문종은 용감하고 지략에 밝으니, 장차 우리 오나라를 자기 손바닥 위에 올려놓고 놀리다가 결국은 자기들이 차지하려는 속셈입니다. 그자는 군왕께서 위세를 떨치고 승리하는 것을 좋아하는 마음을 속속들이 파악하고는 갖은 언사를 동원하여 강화를 청하여 왕의 뜻을 안일·방종하게 하고, 여러 중원 국가들의 일에 끼어들어 마음대로 하도록 부추겨 우리의 힘을 빼려는 것입니다. 우리 병사들의 예기가 무뎌지고, 백성들의 마음이 떠나 나날이 파리해질 때를 기다려 편안히 우리 백성들을 거두려는 속셈입니다. 지금 월나라 왕은 신용을 지키고 그 백성을 아껴서 사방에서 사람들이 몰려들고 있고, 해마다 풍년이 들어 나날이 세력이 커가고 있나이다. 하지만 아직은 그들을 물리칠 수 있사옵니다. 새끼 뱀을 죽이지 않다가 다 커서 커다란 구렁이가 되었을 때 어찌하려 하십니까?"

부차는 오자서의 노파심에 짜증이 났다.

"대부께서는 어찌 그리 월을 크게 보시오? 월나라가 정말 큰 우환이 될 수 있다고 보시오? 월나라가 없으면 내가 장차 어찌 춘추로 우리 군대의 위용을 자랑할 수 있단 말이오?"

이렇게 말한 부차는 기어이 강화 요청을 받아들이고 장차 제나라를 정벌할 것이라고 공포했다. 오자서는 다시 간했다. 그는 또다시 아들을 타이르는 아버지의 심정으로 돌아갔다.

"예전에 하늘이 우리 오나라에게 월나라를 주었으나 왕께서는 받지 않았습니다. 대저 천명이란 뒤바뀌는 것입니다. 지금 구천이 두려워하며 전략을 바꾸어 가혹한 법령을 폐기하고, 부세는 가볍게 하고, 백성들이 좋아하는 바를 베풀고 싫어하는 바를 제거하여 백성들을 부유하게 하니, 인구는 불고 갑병의 수는 늘었사옵니다. 우리 오나라에게 월나라는 마치 심복의 우환과 같은 것입니다. 대저 월나라 왕은 우리에게 패배한 것을 잊지 않고 마음으로 근심하며, 군사를 조련시키며 우리의 틈을 살피고 있습니다. 지금 왕께서는 월나라를 도모하지 않고 제나라와 노나라를 걱정하고 계십니다. 대저 제나라나 노나라는 비유하자면 우리에게 그저 피부의 종기에 불과합니다. 어찌 그들이 장강과 회하를 건너 우리와 이 땅을 다툴 수 있단 말입니까? 장차 반드시 월나라가 우리 땅을 차지할 것입니다.

왕께서는 선인들에게 자신을 비추어 봐야지 물에다 비춰 보지 마십시오. 옛날 초 영왕이 임금 노릇을 못하자 그 신하들이 끊임없이 간언했지만 받아들이지 않았나이다. 초 영왕은 장화궁 위에 대를 만들고, 바위에 구멍을 뚫어 석실을 만들고, 한수를 막아 요순을 흉내 내었습니다. 초나라를 피폐하게 하면서 진陳나라와 채나라를 침범하고, 방성 안의 땅을 다스릴 생각을 하지 않고 여러 중원 나라들을 넘어 동쪽 나라(오나라)를 도모하여 3년 동안 분수와 저수를 오가며 오나라와 월나라를 굴복시키려 했습니다. 그에 백성들이 배고픔과 피로의 참혹함을 견디지 못하고 3군이 건계에서 왕을 배반했습니다. 왕은 홀로 산속을 사흘간 헤매다가 옛 궁중의 청소지기를 발견하고 이렇게 말했습니다. '사흘 동안 먹지 못했다.' 왕은 그 사람의 허벅지를 베개 삼아 잠이 들었는데, 깨어나니 그는 흙덩이를 머리에 고여놓고 달아난 뒤였습니다. 왕이 기어서 극성棘城의 문에 이르렀으나, 극성의 문지기가 문을 열어주지 않아 결국 우윤迂尹 신해申亥의 집으로 가 목을 매어 죽으니, 신해는 그 집에다 왕을 묻었습니다. 이는 기록에 남아 있는 것이니 어찌 제후들의 귀가 이를 쉽게 잊을 수 있겠습니까?"

오자서는 자기 할아버지가 섬긴 왕을 이야기하고 있었다. 할아버지는 초나라의 명신이었지만 결국 영왕을 고치지 못했다. 그는 말을 이었다.

"지금 곤鮌과 우禹가 한 치수治水의 공업을 뒤바꾸어 높은 곳을 더욱 높이고 낮은 것을 더욱 낮추어, 백성들이 고소대姑蘇臺를 짓는 데 지치게 하고 있습니다.• 하늘이 우리의 식량을 앗아가 국도와 비읍이 한꺼번에 굶주리고 있습니다. 지금 왕께서는 하늘을 거스르고 제나라를 치려 하시니 대저 오나라 백성들이 흩어질 것입니다. 국체가 기울면 백성은 한 무리의 짐승이나 마찬가지가 되어 한 마리만 화살에 맞아도 무리가 모조리 달아나버릴 것이니, 그때는 왕께서 어찌해도 수습할 수가 없을 것이옵니다. 그 차에 월나라 사람들이 반드시 우리를 습격할 것이니, 그때는 후회해도 되돌릴 수 없지 않겠습니까?"

오자서는 직설적인 사나이다. 그런 그가 끈질기게 비유를 들어 부차를 설득했다. 아픈 곳을 찔러도 보고 위협으로 회유해보기도 하고 할아버지 이야기로 달래기도 했다. 그러나 부차는 야망과 허영으로 판단력을 잃은 상태였다. 이렇게 오자서는 점점 더 부차의 눈 밖에 났고, 부

• 치수란 기본적으로 낮은 곳을 보호하기 위해 둑을 쌓아 높이고, 높은 곳은 물을 잘 통하기 위해 파서 낮추는 것으로 '하고고하下高高下'의 공정이다. 그러나 지금 부차는 높은 대臺를 더 높이고 낮은 못을 더 깊이 파서 백성의 힘을 빼고 있다는 뜻이다.

차의 야망과 사치는 계속 커졌다.

5. 하늘의 뜻을 뚫다: 부차의 운하

《좌전》'애공 9년'의 기록은 소략하다. 그러나 놓칠 수 없는 구절이 한 군데 있다. 내용은 이렇다.

> 오나라가 한에 성을 쌓고, 도랑을 파서 장강과 회하를 소통시켰다〔吳城邗 溝通江淮〕.

도대체 이게 무슨 소린가? 한(지금의 양주)에서 회하의 본류까지는 무려 500리나 떨어져 있는데 어떻게 도랑을 판다는 이야기인가? 두예는 이렇게 주를 달았다.

> 한강邗江에 성을 쌓고 도랑을 파서 동북으로 사양호射陽湖까지 통하게 하고, 서북으로 말구末口에 닿아 회하로 들어간다. 양식을 운반할 길을 뚫은 것이다〔於邗江築城穿溝, 東北通射陽湖, 西北至末口入淮, 通糧道也於〕.

이제 이해가 된다. 당시 장강은 지금의 양주성에 바짝 다가와 있었다. 회하와 장강 사이의 화중 평원은 고도가 대단히 낮고 평탄해서 호수가 그물처럼 이어져 있다. 그 호수들은 또 회하로 연결되어 있었다.

옛 운하의 입구(왼쪽)와 양주를 통과하는 운하의 모습.

그중에 비교적 높은 지대인 한邗만 뚫으면 장강과 회하를 연결하는 장거리 운하가 완성되는 것이다.

부차는 자신을 꿈을 실현할 운하를 만든 것이다. 후대의 수나라 양제는 양주를 너무나 사랑하여 그렇게 운하에 공을 들였다고 한다. 지금의 대운하도 개념은 부차의 운하와 똑같다. 태호와 장강을 연결시키는 작업은 아버지 합려가 마무리했고, 장강과 회하를 연결시키는 작업은 아들 부차가 마무리했다. 후대인이 다시 회하와 제수, 제수와 황하, 태호와 전당강(부춘강)을 연결시키는 작업을 계속하여 오늘날의 운하가 만들어진 것이다. 오나라와 북방의 다툼은 뜻하지 않게 중국에 남북 대운하라는 선물을 준 것이다.

그러나 알다시피 운하를 만든 사람들의 말로는 예외 없이 좋지 않았다. 너무나 많은 민력을 소모하기 때문이다. 오나라는 비교적 인구가 희박한 나라였는데 이 거대한 도랑을 파기 위해서 얼마나 많은 민력을 들였을지 충분히 짐작이 된다.

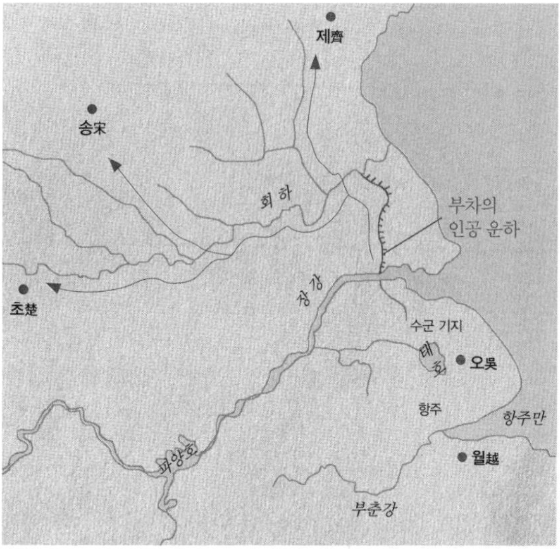

부차의 운하 개념도. 오왕 부차는 장강과 회하를 연결하는 장거리 운하를 만들어 제·송·초나라를 노렸다.

옛 한성이 있던 자리엔 지금은 거대한 탑이 들어서 있다. 탑 꼭대기에서 남쪽으로 장강을 보려고 하나 보이지 않는다. 하지만 부차가 도랑을 파던 시절에는 장강이 지근거리에 있었다. 부차가 사람을 다스릴 능력은 부족했을지 몰라도 그의 야망이 조그만 월나라 따위에 있지 않았음을 이 거대한 공정만 봐도 금방 알 수 있다.

인류는 까마득한 옛날에 이미 운하를 만들었다. 부차보다 1000년 전에 메소포타미아 사람들은 운하를 이용했다. 그러나 그것은 작은 배를 띄워 물건을 운반하기 위해서 만든 것이지, 거대한 두 수계를 연결시켜 적국을 치는 군대를 운반하기 위한 운하는 아니었다. 부차의 스

양주 한성의 유적들. 부차가 장강과 회하를 개통했다. 고대에는 성 바로 남쪽까지 장강의 물이 들어와 있었다.

케일이 상상을 초월하는 것인가, 아니면 그저 허황된 것인가? 그는 사사건건 발목을 잡는 오자서의 코를 납작하게 만들고 싶었을지도 모른다. 회하와 장강을 건너는 것이 뭐 그리 어렵단 말인가? 나는 원하면 회하와 장강 사이의 거대한 육지도 물길을 통해 배로 건널 수 있다! 이제 부차가 북방으로 진출하는 길이 하나 더 늘었다.

그 이듬해는 더 재미있는 기록이 보인다.

> 오나라 서승이 수군을 이끌고 장차 바다에서 제나라로 들이치려 했으나, 제나라 사람들에게 패해서 돌아섰다〔徐承帥水師, 將自海入齊, 齊人敗之, 吳師乃還〕.

이것도 기록으로 남은 최초의 상륙작전이다. 배는 회하 하구를 떠나 산동반도를 돌아서 제수 하구에서 상륙전을 감행했을 것이다. 이것이 기원전 5세기에 벌어진 일이다. 바다를 접하고 있는 오나라가 아니면 상상조차 할 수 없는 전술이었고, 물을 자신의 야망을 실현할 최고의 도구로 여겼던 군주 부차가 아니면 이런 기발한 생각을 할 사람은 없었다.

운하와 해상 상륙작전은 부차의 야망의 강도를 알려주는 증거다.

6. 상처뿐인 승리, 오-제의 애릉 전쟁

기원전 485년 봄, 중원의 패자를 꿈꾸던 부차는 오-노-주-담과 연합군을 형성하고 북상했다. 오나라 군은 기수를 따라 배를 끌고 곧장 태산 남쪽까지 올라갔다. 한때 제나라의 우방이었던 태산 남쪽의 작은 나라들이 순순히 오나라의 힘에 굴복하여 침략에 가담했기에 가능한 일이었다. 그때 해상에서 상륙작전을 감행하려 했지만 패배하고 말았다. 마침 제나라 군주 도공悼公이 신하 포목鮑牧에게 시해되는 사건이 일어났다. 싸움은 불안한 제나라를 견제하기 위해 오나라에 구원을 요청한 노나라 때문에 시작되었으나, 애초에 부차에게 함께 노나라를 치자고 한 후 말을 거두어 부차와 척을 진 이는 제 도공이었으므로, 이제 와서 칠 명분은 부족했다.

그렇다고 부차가 야망을 접을 위인은 아니었다. 노나라를 구한다는 것은 명분이었고, 사실 부차는 패권을 지향하고 있었다. 그는 노나라에 곧 작전을 재개할 것이라고 알렸다. 이듬해(기원전 484년) 봄, 제나라 군은 노나라 교외로 들어와 오나라를 끌어들인 일을 보복했다. 노나라 혼자의 힘으로는 도저히 당할 수가 없었다. 다시 노 애공은 오나라에 손을 벌렸다. 부차는 기다렸다는 듯이 응했다.

머나먼 남쪽에서 긴 수로에 의존하여 오나라 군이 진격했다. 노나라가 오나라의 진격에 호응하여 서남에서 제나라로 들이쳤다. 양측은 이 싸움에 대규모의 군대를 동원했다. 아버지 합려는 초나라 도성을 점령했고, 아들 부차는 초나라에 버금가는 북방의 나라 하나를 또 결딴내려 하고 있었다. 제나라 조정 대신들은 오나라에 대해 익히 알고 있었다. 초나라가 그랬던 것처럼, 그들에게 진다면 결과는 끔찍할 것이다.

제나라의 대 씨족과 공실의 주요 인사가 모두 출격했다. 오나라는 제나라와 필적하는 나라였지만 노나라가 오나라를 지원했기에 전황은 극히 불투명했다.

제나라 군은 애릉의 보루에 공격용 전차를 수없이 집결시켰다. 우리는 지금 춘추 말기의 가장 처참했던 대회전을 보고 있다.

부차는 중군을 이끌었고, 서문소胥門巢가 상군을, 왕자 고조姑曹가 하군을, 전여展如가 우군을 이끌었다. 오나라 4개의 군단과 노나라 군주가 이끄는 전차 군단이 참여했으니 전투 병력만 5~7만 명에 이르렀을 것으로 보인다. 당시 노나라 최대 씨족인 계손씨季孫氏가 거느리는 장병이 7000명이라고 기록되어 있으니, 노나라 병력도 2만 명 이상이었을 것이다.

제나라는 전통적인 3군의 대형으로 맞섰다. 중군은 집정 국서國書가, 상군은 고무비高無丕가, 하군은 종루宗樓가 맡았다. 제나라의 강점은 우세한 돌격용 전차였다. 제나라 진영의 분위기는 비장했다. 진기陳乞(田乞, 진희자陳僖子)는 동생 진서陳書에게 이렇게 말했다.

"(최선을 다해 싸워라) 네가 죽는다면 내 뜻을 이룰 수 있을 것이다."

그 뜻이란 물론 제나라의 정권을 탈취하는 것이다. 하군의 대장 종루와 여구명閭丘明은 서로 잘 싸우자고 다짐했다. 공손하公孫夏는 자신의 부하들에게 장례식에서 부르는 노래를 부르게 했고, 진역陳逆은 부하들을 시켜 자기 시체의 입에 넣을 옥구슬을 준비시켰다. 공손휘公孫揮는 부하들에게 명령하기를 "각자 8척 새끼줄을 준비하라. 오나라 놈들은 머리카락이 짧다(머리카락을 들 수 없으니 머리를 통째로 묶어야 들 수 있다는 뜻)"고 하며 전의를 불태웠다. 동곽서東郭書는 "세 번 싸움에 나가면 반드시 죽어야 한다. 나는 이번이 세 번째다"라고 다짐하고, 지기 현다弦多에게 거문고를 보내며 하직인사를 올렸다. "저는 다시 그대를 보지 못할 것 같습니다." 진서는 다짐하길, "나는 북소리만 들을 뿐(진격만 할 뿐) 징소리는 듣지 않겠다(퇴각은 없다)"고 했다.

드디어 싸움이 벌어지는데 실로 대격전이었다. 먼저 오나라 우군과 제나라 상군이 격돌했다. 오나라 우군이 제나라 상군을 격파했다. 제나라 군도 만만치 않았다. 제나라 중군은 오나라 상군을 격파했다. 그러나 부차의 중군은 강력했다. 제나라 중군을 쳐서 이긴 후 나머지 군단을 차례로 격파했다.

제나라 군의 필승의 의지도 부차의 무력 앞에서는 어찌할 수 없었다. 이 싸움에서 제나라 중군대장 국서를 비롯해 여구명, 진서, 동곽서, 공손하가 전사하고 무수히 많은 전사가 죽었다. 또한 고장高張과

국하國夏는 포로로 잡혔다. 싸움이 끝난 후 부차가 노나라에 전리품으로 혁거 800승, 갑병의 수급 3000을 선사했다고 하는 것만 봐도 이 싸움이 얼마나 처절했는지 알 수 있다. 진晉-진秦의 효산지전 이래 중원에서는 이런 대규모 살육전이 거의 없었다. 그날 제나라 군이 애릉의 보루에서 쏟아져나왔기 때문에 오나라 군의 전사자도 대단히 많았을 것이다. 부상당한 사람의 수야 말할 것도 없다.

이 엄청난 희생을 통해 부차는 무엇을 얻었는가? 남방은 습하고 길은 멀어 무거운 혁거는 쓸 수가 없으니 노나라에 다 주어버렸고, 불쌍한 제나라 장병의 머리는 가격도 없었다. 물론 귀중한 오나라 장병의 수급은 제나라 사람들의 새끼줄에 묶여 옮겨졌을 것이다. 부차는 결국 사람과 재산을 잃고 고작 강하다는 명성만 얻었다.

그리고 또 얻은 것이 있으니, 제나라를 원수로 바꾼 것이었다. 오나라는 이미 초나라와 원수지간인데 제나라와 또 원수지간이 된 것이다. 국력이 오나라와 필적하는 두 나라를 원수로 얻었으니 앞으로 싸울 날이 많아질 것은 명약관화했다. 그렇다고 노나라의 충성을 얻었는가? 싸움 이듬해 오나라가 동맹의 맹약을 굳히자고 요구하자 노나라는 거부했다. 변명이야 지난 맹약이 유효하다는 것이었지만, 사실은 제나라의 눈치를 본 것이었다. 그러면 중원에 자리한 나라들의 존중은 얻었는가? 역시 싸움 이듬해 위나라 군주와 회합을 요청했을 때 위나라 자목은 군주에게 이렇게 말했다.

"오나라가 비록 무도하나, 우리 위나라에 우환이 되기에는 충분하니 군주께서는 나가소서. 커다란 나무가 부러질 때 어찌 주위를 후려치지 않으리까? 나라의 개 한 마리가 미쳐도 마구잡이로 무는 법인데, 저 큰 나라야 말할 것이 있겠습니까?"

중원에 자리한 국가들의 인식은 대체로 이런 식이었다. 오나라는 장차 쓰러질 큰 나무이니 그 주위에 있지 말고, 미친개와 같으니 물리지만 않으면 된다는 것이다.

그렇다면 제나라 땅은 차지했는가? 한 치도 얻지 못했다. 부차는 결국 노나라에 이용당한 것뿐이다. 애릉에서 부차는 패왕이라는 허명을 위해 수족 같은 인민들을 사지로 내몬 것이다.

이 순간 남쪽 오나라에서는 구천이 웃고 있었다. 부차는 이 싸움으로 장졸들 말고 또 누구를 잃었는가? 바로 국체國體를 잃었다. 오나라의 국체는 바로 오자서였다.

제14장

구천, 와신상담으로 오-월 쟁패를 종결짓다

• • •

이제 한 사나이의 복수극을 볼 차례가 되었다. 사마천은 구천이 고국으로 돌아온 후 이렇게 다짐했다고 기록하고 있다.

> 월나라 왕 구천은 귀국하자 몸을 수고롭게 하고 정신을 집중시켰다. 그는 쓸개를 자리 옆에 두고, 앉을 때나 누울 때나 쳐다보고 음식을 먹을 때는 핥았다[嘗膽]. 그러면서 말하길, "너는 회계의 치욕을 잊었느냐?" 또한 몸소 밭을 갈고 부인은 베를 짜며, 밥을 먹을 때는 고기반찬을 올리지 않고, 홑겹에 무늬 없는 옷을 입었다. 자세를 굽혀 현명한 사람 아래에 처하고, 빈객을 후대하며, 가난한 자를 돕고, 죽은 이를 조문하며 백성과 고락을 같이했다.
>
> -《사기》〈월왕구천세가〉

비유지만 구천은 심장이 강철로 된 사람이었다. 대장간의 불린 쇠처럼 두드리면 두드릴수록 강해졌다. 그의 심장은 복수의 열정으로 달아 있었다. 그러나 겉으로는 겨울날의 쇠처럼 차갑게 때를 기다렸다. 반면 부차는 야망이 밖으로 넘쳤지만 속은 허했다. 그는 원칙이 부족해서 분위기가 바뀌면 마음도 바뀌었다. 부차는 구천을 오해하고 있었지만, 구천은 부차를 철저히 이해하고 있었다. 이해와 오해의 차이에서 복수극은 절정으로 치닫는다.

1. 구천, 복수를 위해 똥을 먹다

구천이 오나라에 억류되어 있을 때, 다시 일어서기 위해 얼마나 이를 악물었는지를 알 수 있는 몇 가지 고사가 전한다. 물론 이 이야기들은 어느 정도 과장된 것이 분명하다. 그러나 후대에 실제로 벌어진 일들을 보면 그저 꾸며낸 이야기라고 치부하기도 어렵다. 구천은 이 사지를 벗어나기 위해 부차의 똥까지 먹었다고 한다. 《오월춘추》의 일화는 이렇게 전한다.

구천을 따라 오나라의 인질로 간 범려는 오자서가 구천을 노리고 있다는 것을 알았다. 그래서 백비에게 줄을 대고 기회를 주지 않았다. 마침 부차가 병에 걸렸다. 그때 범려가 구천에게 제안했다.

"오나라 왕은 이번 병으로 분명 죽지는 않을 것입니다. 이제 사일巳日

이 되면 좋아질 것이니 대왕께서는 유의하소서."

"내가 이렇게 궁한 지경에 빠지고도 죽지 않음은 공의 계책을 믿기 때문이오. 숨기지 말고 모두 말해주구려. 되든 안 되든 공의 뜻대로 다 하겠소."

"신이 오나라 왕을 자세히 살펴보니 정말 사람이 아니었습니다. 입으로는 걸핏하면 성탕成湯(상나라의 창시자)의 의義를 뇌까리지만 행동은 따라가지 못하는 자입니다.• 대왕께서는 가서 병을 살펴보겠다고 청하십시오. 허락이 떨어지면 오나라 왕의 똥을 얻어다가 맛보고 안색을 살핀 후, 죽지 않을 것이라며 축하하고 병이 나을 날짜를 찍어주시기 바랍니다. 대왕께서 날짜를 맞춰 신뢰를 얻는다면 걱정할 일이 무엇이겠습니까?"

그러고는 백비를 통해 알현할 기회를 얻었다. 이어서 부차의 대변이 준비되었다. 구천은 대소변을 찍어 맛본 후 기뻐하며 축하를 올렸다.

"천한 죄인 구천이 대왕께 축하드립니다. 대왕의 병은 사일巳日에 좋아져서 3월 임신일이면 완쾌될 것입니다."

부차가 의아해서 물었다.

"어찌 그대가 그것을 아는가?"

• 탕(성탕)의 인자함은 《사기》 〈은본기〉에 기록되어 있다. 탕이 들판에서 짐승을 잡는 그물을 사방에 두르고 "천하가 다 내 그물 안으로 들어오게 하소서"라고 축원하는 이를 만났다. 그러나 탕은 삼면의 그물을 거두고 이렇게 축원했다. "왼쪽으로 갈 이는 왼쪽으로, 오른쪽으로 갈 이는 오른쪽으로 가게 하소서. 명을 듣지 않는 이만 내 그물로 들어오게 하소서." 이는 성인이 짐승에게까지 은덕을 베풀었다는 것을 강조하는 말인데, 범려는 부차가 지금 구천에게 탕 임금처럼 은덕을 베풀었다고 떠들고 있지만 하는 행동은 전혀 그렇지 않다고 비난한 것이다.

"하신下臣이 일찍이 스승을 모신 적이 있사온데, 변을 맛보는 법을 배웠사옵니다. 대변은 곡식의 맛을 따르니, 변의 맛이 곡식이 나는 시절의 맛을 따르면 좋고 거스르면 죽는다고 합니다. 지금 대왕의 변을 맛보니 맛이 쓰고 십니다. 이 맛은 응당 봄과 여름의 기에 순응하는 것입니다. 그러니 제가 이를 안 것입니다."

부차는 감탄했다.

"그대는 정말 어진 사람이오."

과연 부차의 병은 나았다. 부차는 이로 인해 구천을 더 이상 의심하지 않고 돌려보낼 마음을 품게 된다.

이 일화가 사실이 아니라고 해도, 이는 부차의 성정을 뿌리까지 파악한 사람이 만들어낸 이야기가 분명하다.

2. 복수극의 시작: 오자서를 넘어뜨리다

구천의 복수극은 음모와 정공법, 이 두 가지 조합으로 이루어졌다. 복수는 음모에서 자라나 정공법으로 마무리되는데, 그 음모의 첫 대상은 부차의 오른팔이자 오나라의 국체인 오자서였다.

구천은 귀국한 후 절치부심하며 몇 년 동안 국력을 키워서 오나라를 정벌하려 했다. 바야흐로 오나라가 제나라를 노리던 때였다. 그때 대부 봉동逢同이 기본적인 전략을 제시한다.

"나라가 망했다가 가까스로 회복되고 있나이다. 우리가 군장을 드러

❶❷ 월나라 왕릉의 거대한 목곽. 가까이서 본 목곽은 목판 하나를 서너 사람이 들어야 할 정도로 두껍다. 바닥에는 목탄을 빈틈없이 깔아 습기를 막았다. 왕릉의 규모는 남부의 왕권이 중원의 공실보다 오히려 컸음을 보여주고 있다. ❸ 왕릉의 주인으로 추정되는 윤상. 윤상은 기록에 구천의 아버지로 나온다. 구천은 그보다 더 큰 권력을 가졌을 것이다.

내놓고 갖추고 병기를 준비하면 오나라는 반드시 두려워 경계할 것이고, 경계를 받으면 반드시 우리를 칠 것입니다. 맹금이 먹이를 덮칠 때는 반드시 자기의 형체를 숨기고 기회를 봅니다. 지금 오나라는 제나라와 진晉나라를 침범하고, 초나라와 월나라의 원성을 사고 있습니다. 겉으로는 천자를 높인다고 하지만 실제로는 주나라 왕실을 해치고 있습니다. 덕은 작으나 공은 많으니 반드시 방종하여 자만심에 빠질 것이옵니다. 우리 월나라가 취할 전략은, 제나라와 결맹하고[結齊], 초나라와 친하며[親楚], 진에 붙고[附晉], 오나라에 아부하는[厚吳] 것입니다. 오나라가 방종해지면 전쟁을 가볍게 볼 것이니, 그때 우리는 세 나라의 힘을 모아 오나라를 치게 하고, 우리는 그들이 지친 기회에 쳐들어가면 이길 수 있습니다."

"좋은 작전이오."

월나라 왕은 수긍했다. 그러나 오나라에는 오자서가 있었다. 그는 구천은 물론 월나라 대신들의 실력과 성향까지 다 꿰고 있었다. 그렇다면 오자서를 부차에게서 떼어내어야 한다. 마침 부차는 제나라 공벌을 반대하는 오자서를 점점 껄끄럽게 생각하던 차였다. 대부 봉동은 백비에게 선을 대었다. 경쟁 상대인 오자서를 제거할 음모가 시작된 것이다.•

먼저 봉동은 백비에게 자신이 오자서를 염탐하겠다고 말한 뒤 오자

• 《좌전》은 궁정의 일만 소략하게 서술하여 봉동이 등장하지 않고, 《사기》는 봉동이 백비와 음모를 꾸몄다고 할 뿐 구체적으로 어떤 일을 했는지는 더 이상 알려주지 않는다. 다만 《월절서》에는 아마도 상상력을 충분히 가미하여 이렇게 봉동이 백비의 친구라고 적어놓았다.

작은 산과 같은 월나라의 왕릉. 왕릉 주위에 해자를 둘러놓았다. 일대는 이제 차밭이 되었다.

서를 찾아갔다. 그러자 오자서는 그를 심하게 꾸짖었다.

"그대는 태재 백비를 섬겨 군왕을 미혹시키고 있다. 군왕이 나라를 망침은 백비의 죄다. 망할 날이 얼마 남지 않았다."

봉동은 돌아와서 백비에게 이렇게 고했다.

"오늘 그대를 위해 오자서를 엿보니, 자신을 써주지 않는다고 군주를 비방하고 후대가 없을 것이라고 저주하더이다."

그러고는 다시 부차를 찾아가, "오자서가 음모를 꾸미고 있습니다" 하고 전했다.

오자서도 대단했지만 백비 또한 그에 버금가는 인물이었다. 앞으로 부차가 중원으로 진출하자면 중원의 예교와 제도를 속속들이 파악하고 있는 백비가 절대적으로 필요했다. 백비는 부차를 지원했고, 회계산에서 구천을 풀어준 이래 계속 오자서와 부딪혔다. 마침내 마지막 순간이 다가오고 있었다.

부차가 군을 이끌고 제나라로 출정하기 전에 월나라 왕이 군중을 이끌고 직접 입조했다. 왕 이하 모든 사인이 선물을 받으니 오나라 사람들이 다 좋아했다. 그러나 오자서만은 경계했다.

"이는 우리 오나라를 키워서 잡아먹으려고 음식을 먹이는 것인저[是豢吳也夫]!"•

다시 그의 직설화법이 등장한다. 그의 직설화법은 어김없이 부차의 심기를 건드렸다. 물론 오자서는 거기서 멈추지 않는다. 그는 일말이라도 구천이라는 인간을 신뢰하지 않았다.

"월나라는 우리 심복의 병입니다. 같은 땅에 살기에 우리를 노리고 있사옵니다. 저들이 저렇게 굽실거리는 것은 제 욕심을 이루려는 까닭입니다. 어서 도모하는 것이 좋습니다. 제나라를 쳐서 이김은 돌밭을 얻는 것과 같으니 아무 소용이 없습니다. 월나라를 쳐서 못[沼]으로 만들지 않으면 우리 오나라가 망합니다. 의사에게 병을 치료하라고 하면서 '반드시 그 뿌리는 남겨두시오'라고 하는 이는 없을 것이옵니다.《상서尙書》〈반경盤庚〉 편에 '황망한 짓을 하고 법을 뛰어넘으며 왕을 공경하지 않으면[顚越不恭] 코를 베고 목을 베어[劓] 뿌리까지 잘라 없애 그 씨가 나라 안에 퍼지지 못하게 하라'고 했으니, 이리하여 상나라가 흥하였나이다."

• 이어지는 대화는 《좌전》과 《국어》를 연결하고, 없는 부분은 《사기》의 여러 부분으로 채워 구성했다.

오자서는 부차의 사람됨을 잘 알고 있었다. 그럼에도 그는 마지막 충정으로 사지로 뛰어들었다. 부차는 물론 이 말에 화가 치밀었지만 선대의 공신이라 어쩌지 못했다. 그런데 오자서는 결정적인 실수를 했다. 전쟁 직전 제나라에 사절로 가면서 아들을 제나라 포목에게 맡긴 것이다.《사기》〈오자서열전〉에는 오자서가 이렇게 말했다고 써놓았다.

> 나는 수도 없이 간했으나 왕은 내 말을 들어주지 않는구나. 나는 지금 오나라가 망하는 것을 보았다. 네가 오나라와 함께 죽는 것은 무익하다.

후대 사람들은 이 일로 오자서를 비난하기도 하지만 그는 시종 일관성이 있는 사람이다. 아버지와 형을 잃으면서도 헛되이 죽을 수 없다며 동쪽 오나라로 망명했다. 그런 그가 스스로의 패망을 예견하면서 아들에게 따라 죽으라고 할 리가 없다. 하지만 왕의 마음은 그에게서 떠났고 그는 총신 백비의 미움을 받고 있는 처지였다. 동병상련同病相憐이라는 유명한 고사를 만들어낸 오자서와 백비는 이제 너무 멀어져 있었다.•

애릉의 싸움은 오나라의 승리로 끝났다. 백비는 오자서가 아들을 포

• 《오월춘추》에 나오는 이야기로, 오자서의 한 지인이 백비의 상이 좋지 않으니 내쳐야 한다고 주장하자, 오자서는 "같은 병을 앓는 사람은 서로 아낀다"는 말로 거부했다. 백비는 오자서의 도움으로 오나라에 안착할 수 있었다.

목에게 맡겼다는 것을 알고 있었다. 그는 전쟁에서 돌아온 부차에게 참소했다. 그의 말은 절절이 부차의 가려운 곳을 긁었다.

"자서는 사람됨이 강포하고 은혜로움이 적으며, 의심이 많고 표독하여 그 원망이 깊은 화가 될까 두렵습니다. 일전에 왕께서 제나라를 벌하려 하실 때 자서는 불가하다 하였으나 왕께서는 기어이 큰 공을 세웠습니다. 자서는 자신의 계책이 채용되지 않은 것을 치욕으로 여겨 도리어 원망을 품었나이다. 지금 왕께서 다시 제나라를 치고자 하는데 자서는 오로지 안 된다고만 하면서 왕의 일을 가로막은 것은, 다행히 우리 오나라가 패하여 자기 계책이 옳았다는 것을 보여주려는 것입니다. 지금 왕께서 나라 안의 무력을 모두 들어 제나라를 치려 하는데, 자서는 자신의 간언이 채택되지 않았다 하여 병을 핑계 대고 움직이려 하지 않고 있사옵니다. 왕은 대비하지 않을 수 없사오니, 여차하면 난이 일어날 것입니다. 저 비가 사람을 시켜 몰래 살펴보니, 자서는 제나라에 사신으로 갔을 때 자기 아들을 제나라 포씨에게 맡겨두었다고 합니다. 대저 신하 된 이로서, 안으로 자기 뜻을 관철하지 못했다 하기로 밖으로 다른 제후들에게 기대려 하고, 스스로 선왕의 모신이었다고 하면서 오늘 쓰임을 받지 않는다고 고개를 쳐들고 원망하고 있습니다. 왕께서는 어서 그를 도모하소서."

이것이 바로 부차가 기다리던 말이었다. 그는 냉큼 맞장구를 쳤다.

"나도 의심하고 있었소."

부차는 그예 오자서를 불러서 심문했다.

"예전에 선왕께서 덕을 체현하시고 성스러움을 밝히시어 상제를 감

동시켰소. 비유하자면 두 농부(합려와 오자서)가 짝을 지어 쟁기를 끌며 사방의 잡초를 없앤 것과 같아, 그 명성을 초나라에 떨쳤으니 이는 대부의 공이오. 지금 대부께서는 늙었으나 스스로 물러나 유유히 살 생각을 하지 않고 아직 이곳에 있으면서 미워하는 마음만 내어, 출정하기만 하면 나의 군사에게 죄를 씌우고, 온갖 제도를 문란하게 하여 우리 오나라에 삿된 말을 퍼붓고 있소이다. 지금 하늘이 우리 오나라를 굽어보시어 제나라 군사가 굴복했으니, 과인이 어찌 스스로 잘난 체하겠소. 모두 선왕의 종고鐘鼓와 신령이 도왔을 뿐이니, 이제 감히 대부께 고하오."

그러고는 촉루屬鏤라는 예리한 검을 내려주었다.

오자서는 결코 기가 죽을 인간이 아니다. 그는 허리에 찼던 칼을 풀어놓고 거리낌 없이 대답했다.

"옛날 우리 선왕들께는 누대로 사직을 보필하는 신하가 있었기에, 능히 의심나는 것은 결단을 내리고 어려운 것은 대책을 세워 나라가 큰 위기에 빠지지 않게 했습니다. 지금 왕께서는 여러 나이 든 신하들을 버리고 철부지 아이들을 가까이 두고 모의하며 말하길, '내가 명령을 내리니 어기지 마라'고 말씀하십니다. 대저 어기지 않는 것이 바로 어기는 것입니다[夫不違乃違也]. 대저 군왕의 의향을 무턱대고 따름은 망국으로 가는 계단입니다. 대저 하늘이 버리려 할 때는, 반드시 먼저 작은 기쁨을 가져다주고 커다란 우환은 나중에 받게 준비해두는 것입니다. 왕께서 만약 제나라에 져서 뜻을 이루지 못했다면 오히려 잠에서 깨어나 오나라가 세세로 존속하게 되었을 것입니다. 우리 선왕께서 얻은 것이 있다면 반드시 그 이유가 있고, 잃은 것이 있다면 또 그 이유가 있는 것입니다. 선왕께서는 능력 있는 이를 등용하여 차서 가라앉는 것을 붙잡고, 기울어지는 것을 제때에 건져낼 수 있었나이다. 지금 왕께서는 까닭도 없이 공업을 이루고 하늘의 은혜를 여러 번 입었습니다. 이는 오나라의 명을 단축시키는 것이옵니다. 저 원(오자서)은 차마 병을 핑계로 물러나 왕께서 월나라의 포로가 되는 것을 볼 수 없습니다. 저는 먼저 죽기를 청하옵니다."

그러고는 스스로 칼을 잡고 죽기 전에 좌우에 부탁했다.

"내가 죽거든 무덤에 가래나무를 심어주게. 가래나무는 관으로 쓰기 좋으니! 내 눈을 뽑아 동문에 걸어주시게. 월나라 사람들이 들어와 오나라를 멸하는 것을 볼 것이니!"

오자서, 그는 끝까지 강한 사나이였고, 부차는 끝까지 강퍅한 사람이었다. 부차는 화가 머리끝까지 치밀어서 소리쳤다.

"과인은 대부가 아무것도 보지 못하게 할 것이오!"

그러고는 오자서의 시체를 말가죽 자루에 넣어서 강에 던져버렸다. 어장검으로 합려를 왕위에 올리고 오나라로 하여금 강호를 주름잡게 했던 그 사나이가 똑같은 칼에 엎어지고 말았다. 그러나 춘추의 한 축을 끊었던 영웅답게 그는 죽을 때도 기세만은 죽지 않았다.

3. 구천의 변법자강: 인구가 국력이다

구천은 어두운 음모가의 자질을 가지고 있었지만, 크게 패한 후 내정을 다스릴 때는 정도를 택했다. 싸움에는 술책이 필요하지만 백성을 술책으로 다스리는 것은 불가능하다. 구천은 아주 짧은 시간에 월나라를 강국으로 만들었다. 신하들이 좋은 계책을 올리면 그대로 시행하면서 의심하거나 물러나지 않았다.

오나라에서 귀국하자마자 구천은 월나라 부흥을 위한 전략을 범려에게 물었다.

"절도 있게 다스리려면 어떻게 해야 합니까?"

범려가 답한다.

"절도 있게 다스리려면 땅의 도리와 함께해야 합니다. 오직 땅만이 만물을 하나같이 품고 빠뜨리지 않고 보살핍니다. 만물을 살리고 금수를 용납하며, 그런 후에 그들에게 이름을 주고 그들이 주는 이익을 거둡니다. 예쁜 것이나 추한 것이나 모두 자라게 하고 그 생명을 살찌웁니다. 때가 오지 않으면 생명을 북돋울 수 없고, 일은 세밀하게 연구하지 않으면 크게 이룰 수가 없습니다. 처연하게 기다리며 천하의 형세를 저울질하고, 오는 것을 기다려 (천하를) 바로잡고, 적절한 시절에 맞추어 (천하를) 안정시켜야 합니다. 선남선녀와 더불어 일하고 백성들에게 해가 되는 것을 제거하여 천하의 재앙을 피하십시오. 전야를 개간하여 창고를 채우면 백성이 부유해지니, 그들의 창고를 비우면 난리에 이르는 사다리가 됩니다. 시운이란 장차 바뀔 것이고(오-월이 역전될 것이고), 일에는 틈이 생기기 마련이니(오나라 군신 간에 반목이 생길 것이다), 반드시 천지의 법칙[恒制]을 알아야만 천하의 유리한 기회를 이용할 수 있습니다. 일에 틈이 없고 시운이 바뀌지 않을 때는 백성을 어루만지고 돕고 가르쳐 그들이 올 때를 기다려야 합니다."

요지는 지금은 때가 아니니 백성을 보호하며 나라를 부유하게 해야 한다는 것이었다. 이에 구천은 범려에게 완전한 신뢰를 보였고, 범려는 더욱 구체적인 방도를 제시하고 그 일을 할 적임자를 추천했다.

"과인의 국가는 그대 범려의 국가요. 그대가 알아서 도모하시오!"

"국경 내의 백성을 다스리는 일이란, 세 계절에 따라 즐기고(씨 뿌리고, 키우고, 추수하는 일), 백성들의 노동을 방해하지 않고 천시(농사의 시기)를 거스르지 않으면, 오곡이 제대로 여물어 인구가 늘어나게 하여[民乃蕃滋], 군신 상하가 서로 뜻을 얻는 것입니다. 이 일은 문종이 신보다 더 잘하옵니다. 국경 밖에서는 적국을 통제하고, 일을 결정하고, 음양의 법칙에 의거하고 천지의 상도常道를 따라 부드러우나 굴복하지 않고 강하나 뻣뻣하지 않아야 합니다. 덕을 베풀고 가혹하게 대하는 일은 상도를 따르고 생사여탈은 천지의 형상을 따르니, 하늘은 사람에 의거하고 성인은 하늘에 의거합니다. 사람이 발단을 만들면 천지가 그 징조를 내보이고, 성인은 이를 따라 일을 성취합니다. 그러니 전쟁에서 이겨도 보복을 두려워할 필요가 없고 땅을 취해도 돌려달라고 하지 않으니, 군대는 밖에서 승리하고 복은 안에서 생기니 힘을 아주 적게 들여도 명성은 크게 드러납니다[是故戰勝而不報, 取地而不反, 兵勝於外, 福生於內, 用力甚少, 而名聲章明]. 이것은 문종이 저 범려보다 못합니다."

월왕 묘 석판에 그려진 초상들.
❶ 월왕 구천 ❷ 월 대부 범려 ❸ 월 대부 문종.

"좋습니다. 문종에게 내정을 맡깁시다."

이 문장은 후대의 음양가, 종횡가, 도가 등에 모두 대단한 영향을 주었다. 단순해 보이지만 무서운 내용을 담고 있다. 그 요지는 이렇다. 완전한 기회가 올 때까지 완벽하게 준비하라. 때가 오면 완전한 승리를 거두어 보복할 기회도 원망할 여지도 남기지 마라!

사실 이 말은 오자서가 합려에게 한 말과 같다. 범려는 오자서에게 배웠다.* 오자서의 말은 직설적이며 범려의 말은 은유적인데, 범려의 순한 말이 오자서의 강한 말보다 더 효과적이었다. 물론 범려는 온순하

• 《월절서》에는 범려가 오자서를 역할 모델로 삼았으며, 또한 그의 방법을 그대로 시행했다고 전한다. 범려가 원래 초나라 사람이므로 이런 추측은 충분히 가능성 있는 이야기다. 범려는 오자서가 천운을 따라 오나라로 갔다고 생각하고 오나라로 갔으나, 오자서가 버티고 있어 방향을 틀어 월나라로 가면서 "오나라와 월나라는 두 나라이나 기후와 풍속이 같고 같은 지호地戶의 위치에 있다. (천운은) 오나라가 아니면 월나라에 있다"고 했다고 한다. 또한 〈오내전吳內傳〉에서는 더욱 직설적으로, 범려는 오자서의 교화가 오나라에 퍼져 있는 것을 보고 오나라를 정벌할 마음을 가지지 못했다고 적혀 있다.

기만 한 사람은 아니었다. 겉은 강하나 속이 순한 사람이 오자서라면, 겉은 유하나 속이 강한 사람은 범려였다.

이렇게 범려와 문종에게 정사를 맡긴 후 구천이 첫 번째 시행한 일은 바로 인구 증가책이었다.《국어》에 따르면 당시 구천이 다스리는 영역은 너비가 100리에 지나지 않았다. 사방이 소택지니 수도 근처에서 정전제를 시도할 엄두도 나지 않았을 것이다. 그러나 남방은 소택지에 벼를 심고, 사철 물고기를 잡을 수 있고, 또 풀이 무성하니 개나 돼지 등의 가축을 키우기 좋았다. 그는 땅이 작은 것을 많은 인구로 보충하여 국력을 키우는 정책을 썼다. 인구를 늘리려고 구천이 쓴 정책은 지금 우리가 아는 것보다 오히려 선진적이다.《국어》는 월나라 왕 구천의 정책을 대단히 자세하게 묘사해놓았다.《국어》를 중심으로 구천의 정공법을 탐구해보자.•

구천은 나라의 부형들을 모아놓고 선포했다.

"과인이 듣기로 옛날의 훌륭한 군주에게 사방의 인민들이 귀부하기를 마치 물이 아래로 향하는 것과 같았다고 합니다. 지금 과인은 그런 능력이 없으니 장차 여러분과 함께 인구를 늘리고자 합니다."

사방에서 인민이 귀부하지 않으면 내부에서 많이 낳으면 된다는, 참으로 구천과 어울리는 생각이었다. 그러나 이것은 사실 범려의 기획력과 문종의 실천력이 결합되어 만들어진 강령이었다.

• 이하 특별히 출처를 표기하지 않은 것은《국어》에서 나온 것이다

국가는 이렇게 명했다.

- 젊은 남자와 나이 든 여자의 결혼을 금한다.
- 늙은 남자와 젊은 여자의 결혼을 금한다.
- 여자가 17세가 되어도 결혼하지 않으면 그 부모가 죄를 받는다.
- 남자가 20세가 되어도 결혼하지 않으면 그 부모가 죄를 받는다.
- 장차 출산을 하려는 이가 관에 고하면 관의 의사가 가서 분만을 지킨다.
- 아들을 낳으면 술 두 병에 돼지 한 마리, 딸을 낳으면 술 두 병에 개 한 마리를 준다.
- 세쌍둥이를 낳으면 관에서 보모를 붙여주고, 쌍둥이를 낳으면 관에서 양식을 대준다.
- 장자가 죽으면 3년 동안 부세를 면하고, 나머지 아들이 죽으면 3개월간 부세를 면제한다.

구천의 명령은 간결하고 실질적이다. 아이를 낳으면 국가가 책임지고, 젊은이가 죽으면 국가가 같이 슬퍼한다는 것이다. 결혼을 하라, 아이를 낳으라, 아들딸을 가리지 말라, 많이 낳으라. 그러면 국가가 보살펴줄 것이다! 젊은이를 존중하고 보살펴라. 젊은이는 국가의 동량이다. 젊은이가 죽으면 국가가 같이 슬퍼한다!

자식이 죽으면 반드시 가서 자기 자식처럼 묻어주었다고 한다. 그는 출산은 물론 어린이 복지에 특히 힘을 기울여, 홀아비·과부·병자·극빈자 가정의 아이들은 관에서 거둬들여 키웠다. 가히 전면적인 아동복지정책이라고 할 수 있다.

인구 증산을 위한 정령을 발표한 후 구천은 그 스스로를 연마했다. 뛰어난 선비가 있으면 의식주를 모두 제공하고 그들에게 배우며, 외국에서 뛰어난 인사가 찾아오면 반드시 찾아가 예로 대했다. 구천은 배에 쌀과 기름을 싣고 다니면서, 떠돌아다니는 젊은이들을 보면 반드시 배불리 먹이고 마시게 하고 꼭 그 이름을 물었다. 자기가 씨 뿌린 것이 아니면 먹지 않고, 자기 부인이 베를 짜서 만든 옷이 아니면 입지를 않고, 이렇게 10년 동안 백성에게 부세를 걷지 않으니 백성에게 3년치 양식이 남게 되었다고 한다.

지금 구천에게는 춘추시대의 전통적인 국인과 야인의 구분이 없었다. 그가 필요로 하는 것은 생산자이자 전사인 다 같은 백성들이었다. 군주와 국인, 야인이 밀착하는 것, 이것이 월나라의 전략이었다. 겨우 100년이 지나서 전국시대 주요 국가들은 사대부의 수를 줄이고 군주와 백성이 바로 대면하는 이른바 제민지배齊民支配를 이상으로 추구하게 되는데, 구천이 모범을 보인 것이다. 경대부의 권력이 강고하고 상하의 구분이 정교하게 확립된 중원에서는 절대로 이루어질 수 없는 일이었다. 개혁은 '야만적인 순수함'이 '개혁의 정신'을 만날 때 변화에 가속도가 붙는다. 야만적인 군주 구천과 거침없는 개혁가 범려·문종이 만나자 월나라는 일약 중원과 대등한 국가로 성장한다.

4. 구천, 패자의 뒤를 치다•

쓸개를 핥으며 기회를 노리던 구천에게 10년이 넘어서야 첫 번째 기회가 찾아왔다. 오자서가 죽은 후 부차의 욕망은 도를 넘어, 기어이 허명뿐인 패자霸者를 칭하겠다고 진晉나라에 도전했기 때문이다.

오자서를 죽인 후 부차는 진나라를 대신해서 주 왕실을 보전하는 패자가 되겠다는 야심을 실천에 옮긴다. 그는 한성을 개척하여 장강과 회하를 연결시키더니, 이제는 연이어 사수를 따라 도랑을 파서 송나라와 노나라 사이로 배가 쉽게 드나들 수 있게 했다. 그러고는 보병 갑사를 무려 3만 명이나 동원하여 제수 가의 황지에 도달했다. 갑사 3만 명이면 이를 따르는 보급병과 관리들, 그리고 보급품과 가축이 얼마나 동원되었을지 쉽사리 짐작이 된다. 일찍이 어떤 나라도 회맹의 장소에 이런 대규모의 군대를 동원한 적이 없었다. 부차는 여차하면 진나라와 일전을 불사하겠다는 태도였다.

회맹 장소에서는 누구를 맹주로 할 것인가를 두고 처음부터 긴장감이 감돌았다.

• 오-월의 싸움을 다룬 《국어》의 기록은 사실적이다. 그러나 '다시 1년이 지나고'라는 표현이 빈발하는 등 구체적인 연도를 모호하게 처리하여, 연도 기록을 중시한 《좌전》과 대비된다. 이는 《국어》의 편찬자가 중원의 역법이 자세히 기록되어 있지 않은 오-월의 사건들을 다루면서 이를 깊이 고려하지 않았기 때문으로 짐작된다. 반면 중원의 핵심 국가를 다룬 〈진어晉語〉는 연도는 물론 날짜까지 정확하게 기록하고 있으며, 《좌전》과 거의 일치하는 것으로 보아 사정을 충분히 짐작할 수 있다. 필자는 기본적으로 《좌전》의 서술을 따르면서 《국어》에 기록된 내용의 연도를 추측했다. 《사기》의 기사도 연도가 부정확한 것은 마찬가지다. 이로 인해 필자의 서술에는 필연적으로 오류가 있을 것이나 다른 방법이 없다. 잠시 독자는 정확한 연도보다는 활극의 내용을 즐기기 바란다.

진나라 측에서는 "우리가 원래 맹주였다"고 나섰고, 오나라 측에서는 "주나라 왕실의 후손 중 오태백의 항렬이 제일 높다"고 맞섰다. 부차는 야망을 품고 온 사람이다. 조앙은 지모와 무위로 진나라의 우두머리에 오른 사람이다. 양자는 서로 기세등등하게 맞섰다. 오나라가 군대로 시위하며 거세게 도전하자, 조앙은 자기 진영에서 사마 인寅(동갈董褐)을 불러 큰소리를 쳤다.

"아직 맹주를 정하지 못한 것은 우리 두 사람의 죄요. 북을 준비하고 전열을 가다듬어 우리 두 사람이 싸워서 죽는다면, 누가 어른이고 아이인지 가릴 수 있을 것이오."

《좌전》은 위와 같이 그날 벌어진 일을 진나라 입장에서 소략하게 기술했지만, 이 간략한 문장만으로도 당시의 살벌한 기운이 전해진다. 다시《국어》를 통해 그날 오나라 진영에서 일어났던 일을 재구성해보자.

이렇게 진나라와의 기세 싸움이 한창일 때 오나라 진영에 하늘이 무너지는 소식이 들려왔다. 월나라 군이 쳐들어와 오나라 군이 대패했다는 소식이었다. 왕과 주력군이 국도를 비웠으니, 국도의 병력을 맞서기는 중과부적이었을 것이다. 부차는 잔혹하게도 이 소식이 밖으로 새어나갈까 저어해 소식을 전하러 온 사자 일곱 명의 목을 베어버렸다.

오나라 진영에서는 긴급회의가 열렸다. 부차가 물었다.

"월나라가 무도하게도 맹서를 배반하고 쳐들어왔다고 하오. 우리는 너무 멀리 떨어져 있소. 지금 회맹을 성사시키지 않고 바로 돌아가는 것이 낫겠소, 아니면 진나라에게 삽혈을 양보하고 빨리 돌아가는 것이 낫겠소?"

왕손 낙雒이 나섰다.

"일이 급하여 저 어린 낙이 감히 먼저 말씀드립니다. 두 방안 다 이익이 없습니다. 맹서 없이 돌아가면 월나라 사람들이 이 소식을 듣고 더 기세를 올려 우리 백성이 두려워 이산할 것이고, 제·송·서·이夷가 '오나라가 패했다'고 말하면서 바로 돌아가는 물길 양쪽에서 우리를 끼고 친다면 우리는 살아날 길이 없습니다. 진나라에게 먼저 삽혈하게 한다면 진나라는 제후들을 소집하여 우리를 압박해서 자기들의 뜻을 이루고 천자를 알현할 것인즉, 우리는 그것을 따를 수도 없고 차마 거절할 수도 없는 처지가 됩니다. 월나라가 이를 듣고 더욱 기세를 올리면 우리 백성이 두려워 배반할 것입니다. 그러니 반드시 먼저 삽혈해야 합니다."

부차가 앞으로 나서며 물었다.

"그럼 장차 어찌하면 좋겠는가?"

"왕께서는 의심하지 마소서. 우리의 돌아갈 길은 머니 절대로 두 개의 명령이 있어서는 안 됩니다. 일은 성공할 것입니다."

그러고는 제장들을 둘러보고 절하며 당부했다.

"위급한 일을 안정시키지 못하고 사지에 빠져서 살 길을 찾지 못한다면 이는 좋은 지혜가 아니오. 대저 사람이란 죽는 것을 싫어하고 부귀와 장수를 원하니, 이는 다 한가지요. 그러나 저들은 본국이 가까우니 돌아갈 마음이 있고 우리는 퇴로가 없으니 죽기 살기요. 저들이 어찌 우리와 위급한 일을 다툴 수 있겠소? 군주를 섬길 때는 용감히 대책을 내라 했으니 이제 그걸 쓸 때요. 오늘 저녁에 반드시 도전하여 우리 군대의 마음을 진정시킵시다. 왕께 청하노니, 투지를 불태워 사졸들에게 용기를 주시고, 높은 관직과 후한 재물로 그들을 분발시키고, 엄정한 형벌로 투지가 없는 자들을 벌하여 모두 죽음을 두려워하지 않게 하소서. 그러면 저들은 싸우지 못하고 우리에게 양보할 것입니다. 제후들이 다 돌아가면 왕께서는 마음을 가다듬고, 하루 달리고 하루 쉬면서 돌아가며 뜻을 안정시킬 수 있을 것입니다. 이때 장병들에게 강회江淮 사이의 땅에 봉하겠노라고 위로하면 우리는 무사히 본국으로 돌아갈 수 있을 것이옵니다."

부차는 이 계책을 채택했다.

그날 저녁 100명씩 100개의 열로 이루어진 오나라의 보병 군단 셋이 강궁을 쏘면 닿을 거리에서 돌격대형을 갖췄다. 우군은 전군이 백색 전포를 입고, 좌군은 전군이 붉은 전포를 입었으며, 중군의 부차는 도끼를 들고 전투태세를 갖추고는 북소리를 천둥처럼 울렸다. 날이 밝자 이들은 앞으로 행군하기 시작했다.

이 기세에 진나라 병사들이 두려워했다. 하지만 그렇다고 밀릴 조앙이 아니다. 여차하면 목숨을 걸고 일전불사도 마다하지 않을 작정이었다. 그때 사마 인이 나섰다. 그는 급히 오나라 군 진영으로 가서 물었다.

"양쪽 군주께서 군대를 쉬게 하고 우호관계를 확인하는 회맹의 자리입니다. 오늘 중에 맹서를 하기로 했는데, 큰 나라가 어찌하여 약속을 어기고 저희 보루에 육박하여 사달을 일으키려는 것입니까?"

부차가 대답했다.

"오늘 귀국의 군주께서는 왕실(주 왕실)의 평안하지 못함을 걱정하지 않고, 귀국의 군사가 많음에도 융·적狄·초·진陳을 평정하지 않고, 또 장유의 도리를 생각하지 않고 오히려 여러 형제 나라들을 정벌하고 있소. 과인은 우리 선군의 작위를 지키고자 하니, 감히 더 나아가지는 않겠으나 차마 물러나지는 못하겠소."

터무니없는 협박이었지만 어쩔 수가 없었다. 오나라가 무리수를 두는 것은 분명 이유가 있을 것이다. 그는 돌아와서 이렇게 고했다.

"오나라 왕의 기색을 보니 분명히 큰 걱정이 있습니다. 태자가 죽었거나 아니면 나라가 공격을 당하고 있을 것입니다. 조건을 들어 저들에게 먼저 삽혈하게 하시지요."•

그러고는 다시 회맹의 장소로 가서 만약 부차가 오나라 왕의 칭호를 버리고 오공을 칭한다면 패주로 인정하겠다고 전했다. 이렇게 부차는 이 조건을 받아들임으로써 상처뿐인 '패자'가 되었다.

그렇다면 당시 오나라의 정황은 어땠을까?

오나라 군이 황지에서 지체하는 사이 구천은 가차 없이 얼굴을 바꾸었다. 범려에게 이 기회를 타는 것이 어떠냐고 하니 그도 찬성했다. 복수의 순간이 점점 더 가까이 다가왔다.

당시 오나라의 수도는 태자가 지키고 있었다. 월나라 군은 오나라 수도로 통하는 길 두 개를 뚫었다. 육상으로 군대를 옮기기 위해 소택

• 《좌전》에는 결국 진나라가 먼저 삽혈했다고 되어 있다. 분명 착오일 것이다.

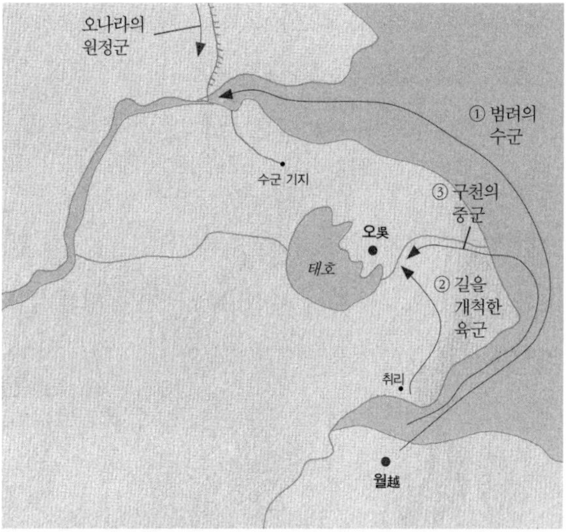

월왕 구천의 1차 북벌 시의도. ① 범려의 수군이 오나라 군의 귀환을 막고 ② 월나라의 육군이 길을 개척하고 ③ 구천의 중군이 배로 강을 따라 이동한다.

지를 메우는 공사였을 것이다. 또 범려는 수군을 이끌고 해안을 따라 올라가 회하를 거슬러 가서 오나라 군의 귀환로를 막았다. 구천 자신은 오강을 거슬러 오나라의 수로를 습격하기 위해 올라갔다.

강을 사이에 두고 양측의 육군이 대치했다. 그때 월나라 측 고멸姑蔑 사람들의 깃발 중에 오나라 왕손 미용彌庸의 아버지 깃발이 보였다. 오-월의 상쟁은 역사가 오래니 아마도 미용의 아버지가 고멸 사람들에게 잡혀서 기를 빼앗긴 것이리라. 미용은 이 장면을 보고 분을 참지 못했다.

"원수를 보고도 어찌 죽이지 않을 수 있으랴!"

그는 바로 월나라 군에게 도전하려 했다. 태자가 말렸다.

"맞서 싸우다 이기지 못하면 나라가 망할 것이오. 기다리시오."

그러나 미용은 기어이 싸우겠다고 고집을 부려 자기 휘하 5000명을 데리고 도전했다. 태자는 어쩔 수 없이 그를 도왔는데, 초전에서는 오나라 군이 이겨 월나라 선봉대의 장수들이 일부 잡혔다. 그때 구천이 전장에 도착해서 다시 접전이 벌어졌다. 이번에는 월나라 군의 승리였다. 구천은 태자와 미용을 다 잡고 오나라 수도까지 쳐들어갔다. 《사기》에 의하면, 이때 월나라 군은 친병 6000명을 포함하여 무려 4만 7000명에 달했고, 오나라 도성에 남아 있는 사람들은 거의가 노약자였다고 한다.

구천은 이제 돌아온 부차와 다시 일전을 벌일 것인가? 그러나 월나라에는 범려가 있었다. 그는 오나라의 정예병과 정면 대결할 마음은 전혀 없었다. 그는 재빨리 군대를 물리고, 오나라에게서 막대한 재화를 받는 조건으로 강화를 받아들였다. 이제 오-월의 관계는 완전히 역전되었다. 부차는 외국에서 부질없이 전쟁을 벌이다 본국을 내주는 수모를 겪었다. 군왕의 권위가 떨어지니 오나라 군의 사기도 따라 떨어졌다. 이제 부차는 힘이 없었다. 그러자 서쪽에서 초나라 군이 또 쳐내려왔다.

5. 범려, 천시를 기다리다

구천은 자신감을 얻었다. 정말 대망을 실현할 날이 오는 것 같았다. 오나라는 삼면에서 포위되었고, 오자서는 죽었다. 이제부터는 범려가 오자서의 책략을 그대로 답습하여 오나라를 괴롭히면 된다. 들어가서 이기고 또 빠지고, 또 들어가는데 부차는 견딜 수가 없었다. 구천과 범려의 전략으로 볼 때 월나라의 목적은 오-월의 중간지대에 있는 백성들을 월나라 쪽으로 옮겨 인구를 늘리려는 것이었다. 오나라는 서쪽으로 초나라를 막아야 하므로 전군을 동원하여 결전을 벌일 처지도 아니었다. 또한 싸움에서 지니 전사의 수가 부족해서 적의 도하를 저지할 능력도 없어졌다.

얼마 지나지 않아(기원전 478년) 구천이 이끄는 월나라 군이 다시 오나라 남쪽에 나타났다. 부차는 태호로 연결된 강물을 사이에 두고 마주했다. 부족한 병력으로 넓은 전선을 막겠다는 터무니없는 대책이었다. 부차는 이렇게 아집을 버리지 못했다. 구천의 작전은 사실 단순했다. 밤에 좌우에서 요란하게 소리를 내게 한 후 중군이 소리 없이 도강하는 것이었다. 이 방법으로 3군이 모두 건너가 오나라 중군을 들이치니, 중군은 중과부적으로 패하고 말았다. 문제는 높은 보루와 달리 긴 강은 낮에는 방어막이지만 짙은 밤에는 적으로 돌변한다는 데 있었다. 그래서 수전에서 기습은 거의 밤에 이루어진다. 기습 군단을 막으려면 훨씬 많은 병력이 필요하지만 오나라의 사정은 여의치 않았다. 이 두 번의 대패로 부차는 사실상 태호와 송강에 갇힌 형국이 되어버렸다.

구천은 이제 안달이 났다. 그동안 그는 수도 없이 공벌攻伐의 시기를 물었다.

문종을 등용하여 나라가 안정되었을 때 구천은 물었다.

"이제 그대와 함께 오나라를 칠 수 있겠소?"

"아직 불가능합니다[未可也]. 강제로 얻으려고 하면 상서롭지 못합니다."

오나라의 군신들이 불화할 때 또 물었다.

"상하가 서로 다투고 있소이다. 칠 수 있소?"

"인사의 틈은 보입니다. 그러나 하늘이 아직 응하지 않습니다. 잠시 기다리시지요."

오나라의 주인 오자서가 죽었을 때 또 물었다

"오자서가 간하다가 죽었소. 지금 가능하오?"

"거꾸러질 징조가 보입니다. 허나 천지가 명백한 신호를 보내지 않고 있으니, 먼저 움직였다가 일이 성공하지 못하면 자잘한 손해만 봅니다. 잠시 기다리시지요."

오나라에 큰 재해가 들었을 때 또 물었다.

"지금 벼게[稻蟹](벼를 먹는 해충)가 오나라의 곡식을 씨도 남기지 않고 먹었소. 지금 칠 수 있소?"

"하늘이 감응했습니다. 허나 인사가 아직 완전히 준비되지 않았습니다. 잠시만 기다리시지요."

"그대가 말한 도리라는 것이 정말 이런 것이오? 망령되이 과인을 속이는 것은 아니오? 인사를 말하면 천시가 안 되었다 하고, 천시를 말하면 왜 인사를 들어 안 된다고 하시오?"

"군왕께서는 잠시만 기다려주십시오. 반드시 인사와 하늘과 땅의 징조 셋이 합쳐져야 일을 이룰 수 있습니다[夫人事必將與天地相參, 然後乃可以成功]."

이렇게 말하지만 범려도 이제 마지막 기회를 기다리고 있었다. 그리고 이들은 대단히 기발한 속임수를 개발했다. 사서에는 이렇게 기록되어 있다.

> 월나라 사람이 초나라를 침공해서 오나라를 속였다[越人侵楚而誤吳也]!

무슨 소리인가? 월나라와 초나라는 맹방이다. 그런데 초나라는 한술 더 떠서 월나라 군을 추격하는 모양새를 냈다. 오나라로서는 희소식이었다. 그러나 그때 초나라의 사자가 월나라를 끊임없이 드나들었다. 오나라의 시선을 돌리려는 속임수였다. 부차, 이 사나이는 그 음모를 눈치 채지 못했다.

6. 구천의 검이 춘추를 베다

기원전 475년 9월, 월나라 왕은 더 이상 참지 못했다. 군대의 사기는 오를 대로 오르고 나라 사람들은 그를 성군이라 칭송했다. 출정할 때마다 승리했고 양식은 넘쳤다. 백성은 뭉쳐 있고, 군대는 강하고, 외교는 안정적이라고 스스로 자부했다. 그리고 내정을 담당하는 대부 문종은 전황을 이렇게 분석했다.

"제가 점을 쳐보니 지금 오나라는 극도로 피로해 있습니다. 거대한 기황이 들어 시장에는 껍질 안 깐 쌀도 없는 지경이고 창고는 텅텅 비어 있어, 백성들은 바닷가로 가서 해물로 연명하고 있습니다. 하늘이 이미 징조를 내려주시고 인사도 무르익었습니다. 지금 우리가 군사를 일으켜서 기회를 빼앗아야지, 저들이 잘못을 고칠 틈을 줘서는 안 됩니다. 대저 오나라의 변경을 지키는 군사들은 피로하여 도달하지 못할 것이고, 오나라 왕은 맞아 싸우지 않는 것을 치욕으로 여겨 반드시 그들이 도착하는 것을 기다리지 않고[吳王將恥不戰, 必不須至之會也] 국중의 병력으로 우리와 겨루려 할 것입니다. 다행히 일이 이렇게 되어 우리가 저들의 땅으로 쳐들어간다면 변경의 구원병이 와도 합류하지 못할 것이니, 우리는 어아禦兒에서 그들을 맞으면 됩니다."

부차는 그 성격까지 이렇게 포착되고 있었다. 오자서의 말대로 문종의 손바닥 위에서 노는 꼴이었다. 오나라는 이미 강해졌고 적이 많아서 변방에 주둔하는 군사가 많았다. 오자서는 초나라를 치고 또 방어하기 위해서 태호 북쪽의 요지마다 성을 쌓아놓았다. 만약 월나라가 단독으로 작전을 벌인다면 이 주둔군이 태호를 건너 도성의 군대와 합류하고, 또 일부는 태호 남쪽에 상륙하여 월나라 군의 측면을 칠 수도 있었다. 그러나 부차는 체면 때문에 그때까지 기다릴 리가 없다는 것이다.

구천도 이제 마지막 싸움을 예감하고 있었다. 그는 다시 범려를 불러 물었다.

"배고플 때는 진수성찬을 기다리는 것보다 물에 말아 먹는 밥 한 술이 낫다[觥飯不及壺飧]고 하지 않소. 올해도 다 가고 있소이다. 그대는 장차 어쩔 생각이오?"

범려는 지금까지와는 어투를 완전히 바꾸어 이렇게 대답했다.

"왕께서 말씀하시지 않더라도 제가 곧 말씀드리려 했습니다. 신이 듣기로 시기를 놓치지 않는 자는 불을 끌 때나 사람을 쫓을 때처럼 한다 합니다. 뛰어가도 모자랄 판입니다."

구천은 뛸 듯이 기뻤다. 그는 출병 의지를 은근히 흘렸다. 그러자 백성들이 모두 나와서 복수를 해야 한다고 아우성이었다.

"옛날에 부차는 우리 군주를 제후국들 앞에 욕보였습니다. 지금 우리나라 역시 절도가 있사오니 복수를 하고자 합니다."

구천은 넌지시 발을 뺐다.

"옛날 싸움에서 진 것은 여러분의 죄가 아니라 바로 과인의 죄요. 나와 같은 이가 치욕이 무언지나 알겠소? 잠시 싸움 생각은 하지 맙시다."

부형들은 확고했다.

"월나라 땅 안의 모든 이들은 군왕을 친하게 여기길 부모나 형처럼 합니다. 아들 된 자로서 부모의 복수를 하려 하고, 신하 된 이로서 군주의 원수를 갚으려는데 어찌 감히 온 힘을 다하지 않겠사옵니까? 다시 청하노니 싸우게 해주시옵소서."

이제 다 갖추어졌다. 국중에 출정의 포고령이 내려지고 조정에서는 전략회의가 열렸다. 이 회의에서 구천은 확고한 자신감으로 좌중을 압도했다.

"말하고 싶은 것은 아무것도 꺼리지 않고 다 하시오."

설용이 말했다.

"용감한 행동에 포상을 확실히 하면 이길 수 있습니다."

"성스러움을 말하는구려."

고성苦成이 말했다.

"비겁한 행동에 벌을 확실히 주면 이길 수 있습니다."

"맹렬함을 말하는구려."

문종이 말했다.

"기물을 잘 살피면 승리할 수 있습니다."

"판단력을 말하는구려."

범려가 말했다.

"준비를 알뜰하게 하면 승리할 수 있습니다."

"세심함을 말하는구려."

그러고는 안으로 들어가 부인을 보고 다짐을 두었다.

"오늘부로 궁의 일은 밖으로 새어나가지 않게 하고 외부의 일은 안으로 들어오지 않게 하시오. 궁 안에 잘못이 있으면 그건 임자의 책임이고, 밖의 일은 나의 책임이오."

결전에 나서는 지아비의 서슬 퍼런 다짐이었다. 구천이 나가자 부인은 아예 궁문을 봉했다.

구천은 대부들과 마주하여 다짐을 두었다.

오나라 왕 합려의 무덤 자리로 알려진 소주 호구의 검지劍池.

"금일 이후로 내정은 밖으로 새어나가지 못하게 하고, 외정은 안으로 들어오지 못하게 하시오. 그대들을 보는 것도 여기가 끝이오."

궁문을 나서자 대부들은 아예 문을 봉했다. 구천은 이리하여 나라의 사람들을 다 모아 출전을 선언했다.

"과인은 이렇게 들었다. 옛날의 현명한 장수는 병력이 부족함을 걱정하지 않고 자신의 지행志行이 형편없을까를 걱정했다고. 오늘 부차는 물소 가죽을 입은 병사가 10만 3000명이나, 자신의 지행이 못남을 걱정하기는커녕 아직도 군사가 적다고 걱정한다고 한다. 지금 과인은 하늘의 보우를 받아 오나라를 멸하려 한다. 과인은 필부의 용기를 원하지 않는다. 우리 군대가 일사불란하게 전진하고 후퇴하기를 원한다.

돌격하는 자는 상을 줄 것이요, 물러나는 자는 벌을 줄 것이다."

국인은 모두 승리를 기원하고 구천을 축원했다. 구천은 출정하여 한 번 주둔지를 옮길 때마다 죄인들을 공개적으로 주살했다.

"뇌물로 염탐한 자는 죽인다."

죄수들의 목이 떨어졌다.

"대오를 따르지 않은 자는 죽인다."

또 죄수들의 목이 떨어졌다.

"왕명을 따르지 않은 자는 죽인다."

"방탕하고 게으른 자는 죽인다."

그 후로는 주둔지를 옮겨도 죽여야 할 사람이 나오지 않았다. 그러자 이번에는 고향으로 돌아갈 사람들에게 차례로 소집 해제령을 내렸다.

"부모가 연로하나 형제가 없는 자는 고하라."

그러고는 그들을 돌려보냈다.

"형제 4~5인이 모두 종군한 자는 고하라."

그러고는 부모를 봉양할 사람을 정해 돌려보냈다.

"두통과 안질이 있는 자는 고하라."

그러고는 그들을 모두 돌려보냈다.

그 후에는 종군의 의지가 없는 이들은 스스로 알아서 돌아가게 했다. 그러자 마지막에는 오직 싸움을 원하는 이들만 남았다. 이렇게 해서 남은 구천의 중군 6000명은 천하의 정예병이었다.

이들은 초겨울에 당당하게 북진했다. 한 부대는 취리에서 북상하고 다른 한 부대는 배를 타고 바다에서 강 하구를 따라 북상했다. 월나라가 선택할 수 있는 길은 너무나 많았다. 바다와 강과 호수가 모두 그들의 이동로였다. 송강을 따라 배가 태호에 닿기만 하면 승부는 거의 결정된 것이나 다름없다. 원군이 바다로 군량을 운반하면 힘 안 들이고 오나라 도성을 고사시킬 것이다. 과연 송강의 도하는 어렵지 않았다. 강을 아래위로 오르내리다가 오나라 군이 흩어졌을 때 갑자기 중군이 물을 건너 상륙했고, 오나라 군은 제대로 싸워보지도 못하고 뒤로 물러났다. 그들은 태호에 수군을 대고 도성을 지키면서 태호 동서안의 보루들과 기각세를 이루며 원군을 기다려야 했다. 과연 문종의 예상은 빗나가지 않았다. 11월 월나라 군은 오나라 도성을 포위했다.

오나라의 결사대가 나와서 치려 할 때마다 범려는 싸움을 말렸다.

"대저 조정에서 그토록 세밀히 모의한 것을 싸움터에서 버리면 되겠습니까? 싸움을 허락하지 마소서."

외로운 도성은 서서히 고사되고 있었다. 그때 부차에게 손님이 도착했다. 한때 황지에서 자웅을 겨루던 조앙의 아들 조무휼趙無恤이 보낸 사자 초륭楚隆이었다. 그는 도성을 포위하고 있는 월나라 군의 지휘부를 찾아가 오나라 왕을 찾아보게 해달라고 부탁해서 허락을 얻었다.

부차는 그래도 회맹을 잊지 않고 찾아준 초륭이 고마웠다. 초륭은 진나라의 능력이 부족하여 과거 고락을 같이한다는 맹서를 지키지 못한다는 조무휼의 안부를 전했다. 부차는 맞절을 하고 고했다.

"과인이 불민하여 월나라를 잘 다루지 못해 대부께서 근심하도록 만드는구려."

부차는 초륭에게 가지고 갈 예물을 후하게 챙겨준 후 조무휼에게 이렇게 안부를 전하게 했다.

"구천이 나를 살려놓고 괴롭히니 과인은 죽고 싶어도 그럴 수가 없소이다."

그러고는 초륭에게 물었다.

"물에 빠진 사람이 실없이 웃는다더니, 이 처지에 뭐 하나 물어보려 하오. 귀국의 사암史黯은 어째서 군자라는 이름을 얻었소?"

초륭이 대답했다.

"암은 나아가서는 사람들의 미움을 받지 않았고, 물러나서는 비방하는 말을 듣지 않았나이다."

그러자 부차가 말했다.

"군자라 불려 마땅하오."

부차는 이 숨도 못 쉬는 순간에 군자에 대해 물어보았다. 그도 구천도 군자는 아니었다. 아마도 그는 그 순간에 오자서를 생각했을 것이다.

성이 포위된 지 만 두 해째 겨울에 백성들은 궤산했다. 아마도 양식이 바닥나서 더 이상 겨울을 날 수 없었을 것이다. 백성은 달아나고 오나라 왕은 고소대에 갇혔다. 고소대는 회계산처럼 후방이 없는 고립된 평지 위의 언덕이었다.

오나라 왕의 사절 왕손 낙이 구천을 찾아왔다.

"하늘이 우리 오나라에 화를 내려 회계에서 왕께 죄를 지었습니다. 예전의 우호를 회복하고 싶습니다."

그러나 범려는 구천에게 매몰차게 진언했다.

"우리가 무엇 때문에 아침부터 밤까지 일하며 고생했습니까? 다 오나라에 복수하려는 것이었습니다. 우리와 삼강과 오호의 이익을 다툰 이, 바로 오나라가 아닙니까? 10년을 벼린 계획을 하루아침에 버리다니, 될 일입니까?"

범려는 왕손 낙에게 가서 말했다.

"옛날에 오나라는 하늘이 월나라를 주었을 때 받지 않았소이다. 우리는 그 반대로 하여 예전의 화를 되갚을까 하오. 우리 군왕이 어찌 감히 하늘의 명을 받지 않고 귀국 군왕의 명을 받겠소?"

왕손 낙이 대답했다.

"범자여, 선인의 말씀에 '하늘이 가혹한 일을 하는 것을 돕지 마라. 가혹한 짓을 도우면 상서롭지 못하다' 하였소. 우리 오나라는 벼게의 해를 입어 씨앗도 없는 형편이오. 그대는 하늘의 가혹함을 돕고 있으니 과히 불길함을 꺼리지 않으신단 말이오?"

범려가 대답했다.

"왕손자여, 우리 선군께서는 주 왕실의 자작도 되지 못하여 이렇게 바닷가에 거처하며 물고기와 자라, 악어와 함께 살고 개구리, 맹꽁이와 함께 강가에 거했던 것이오. 우리가 지금 사람의 얼굴을 하고 있으나 사실은 금수나 마찬가지요. 우리가 어찌 중원의 그런 교묘한 말씀을 알아듣겠소?"

왕손 낙의 정성은 아무 소용이 없었다. 사자가 가지고 온 월나라 왕의 대답은 이런 것이었다.

"하늘이 오나라를 내려주셨기에 과인이 받지 않을래야 않을 수가 없습니다. 사람이 되어 생명이란 길지가 않으니 왕께서는 죽음을 택하지 마소서. 사람이 땅 위에서 사는 것은 잠시 스쳐 가는 것과 같으니 길면 얼마나 되겠습니까? 과인이 왕을 용구동甬句東으로 모시고 남녀 300쌍을 보내 여생 동안 모시게 하겠습니다."

그러자 부차는 사양했다.

"하늘이 이미 오나라에 재앙을 내렸습니다. 앞도 아니고 뒤도 아니라 바로 과인의 몸에 재앙을 내렸으니, 실로 종묘와 사직을 잃은 이는 바로 나입니다. 대저 오나라 땅의 인민은 이미 월나라가 다 차지했는데, 과인이 무슨 낯으로 천하를 대하겠습니까?"

그러고는 사람을 시켜 오자서의 사당에 고하게 하고는 얼굴을 가리고 목을 맸다. 부차가 오자서에게 고한 말은 이랬다.

"죽은 사람이 지각이 없다면 그만 되었소. 허나 지각이 있다면 나는 무슨 낯으로 그대 원(오자서)을 볼 것이오?"

이렇게 오나라와 월나라의 지리한 복수전은 마무리되었다. 당시 부차는 비록 명목만 남았지만 오태백의 자손임을 자부하고 주 왕실이 인정한 춘추의 패자였다. 그런 패자를 벤 것은 춘주의 체제가 이미 무너졌음을 의미했다.

앞으로 우리는 전국시대를 살피면서 장기전, 전면전, 농민 동원, 속임수, 첩자 등등의 어구들을 수없이 보게 될 것이다. 하지만 구천은 이미 이 모든 것을 갖추고 실행했다. 범려의 말은 그것을 대변하고 있었다.

"우리는 금수나 마찬가지요. 어찌 중원의 예교로 우리를 묶으려 하시오?"

나가며

오-월 쟁패, 그 뒷이야기

• • •

이제 기원전 6세기 말에서 시작하여 기원전 5세기 초까지 이어진 거대한 싸움 이야기를 마무리할 때가 됐다. 다시 긴 안목에서 이 시절을 조망할 시간이다. 이 시기에는 온갖 은원이 얽히고설켜 삶과 죽음이 찰나의 순간에 갈리고, 선의와 악의가 소용돌이에 휘말려 제자리를 찾지 못했다. 그러나 역시 역사의 8할은 정직했던 것 같다. 이제 그 지난한 투쟁의 뒷이야기와 그 속에서 명멸한 군신들을 역사와 현실의 각도에서 조명하면서 이야기를 마치려고 한다.

1. 범려 vs 문종 vs 초 자서

월나라의 일등공신 범려는 어떻게 되었을까? 지금까지 중국에서 이 인물을 주제로 한 소설만 해도 수백 권이 될 정도로 범려는 기인으로 통한다.

싸움이 끝나자 그는 공을 버리고 사퇴를 청했다.

"왕께서는 노력하소서. 신은 이제 다시 월나라로 들어오지 않을 것이옵니다."

"과인은 그대가 무슨 말씀을 하는지 모르겠소."

"신은 이렇게 들었습니다. '남의 신하 된 사람은 군주가 걱정하면 그보다 노심초사하고 군주가 욕을 당하면 죽음으로 갚는다'라고요. 예전에 군왕께서 회계에서 치욕을 당했을 때 신이 차마 죽지 않은 것은 오늘을 위해서였습니다. 그리고 이제 일이 이루어졌으니 군주에게 치욕을 당하게 한 죄를 받고자 합니다."

구천이 말렸다.

"누구라도 그대의 허물을 덮지 않고 그대의 미덕을 칭찬하지 않는 자는 과인이 월나라 땅에서 명을 마치지 못하게 할 것이오. 그대는 내 말을 들으시오. 내가 나라를 나누어 그대에게 드릴 테니 그대는 함께 돌아갑시다. 내 말을 듣지 않는다면 그대는 물론 처자까지 죽이겠소."

"신은 군주의 명을 잘 들었사옵니다. 군주께서는 그리하셔도 되옵니다. 저는 제 뜻대로 하겠습니다."

구천은 범려의 뜻을 도저히 꺾을 수 없었다.

범려는 바로 오호에 작은 배를 띄웠는데, 그 후로 아무도 그의 종적을 모르게 되었다고 한다. 호사가들은 그가 서시라는 여인과 나머지 생을 함께했다고도 하나 진위는 알 수 없다. 범려를 떠나보낸 구천은 구리로 범려의 상을 만들어 대신들에게 열흘마다 인사하게 했으며, 회계를 둘러싼 300리 땅을 범려에게 봉하고 그 누구도 영원히 이 땅을 침범하지 말라고 엄명을 내렸다고 한다. 범려는 이렇게 떠났다.

위의 이야기는《국어》를 따른 것이고,《사기》는 그 이야기를 이어 범려가 제나라에 가서 장사로 엄청난 재부를 모았다고 전한다. 그는 제나라 도陶 땅에서 모은 돈을 사람들에게 나누어주어 사람들이 도주공陶朱公이라 불렀는데, 장사를 하는 사람들은 모두 그를 숭배했다고 한다.

그럼 문종은 어떻게 되었을까? 역시《사기》에 이런 이야기가 남아

와룡산에 있는 월나라 대부 문종의 묘.

있다. 월나라 땅을 떠난 범려는 문종에게 편지를 보냈다.

> 나는 새를 잡으면 활을 거두고 교활한 토끼를 잡으면 사냥개를 삶는 법입니다. 구천은 목이 길고 입이 새 부리처럼 튀어나왔으니 같이 환난을 견딜 수는 있으나 함께 즐거움을 누릴 수는 없는 사람입니다. 그대는 어찌 떠나지 않습니까?

편지를 본 문종이 병을 핑계 대고 조정에 나가지 않자 어떤 사람이 구천에게 문종이 난리를 일으키려 한다고 참소했다. 그러자 구천은 문종에게 칼 한 자루를 내리며 이렇게 말했다.

"그대는 나에게 오나라를 칠 일곱 가지 방법을 알려주었소. 나는 그

중 세 가지를 써서 오나라를 패배시켰으니, 나머지 네 가지는 그대에게 있소이다. 그대는 선왕을 따라가서 그 방법을 시험해보오."

죽어서 나에게 한번 써보라는 이야기였다. 문종은 이렇게 허무하게 죽었다.《오월춘추》의 저자는 그가 못내 가여웠는지 마지막 유언을 만들어주었다.

> 남양南陽에서 온 재상이 월나라 왕에게 잡혔구나. 앞으로 백세의 끝까지 충신들은 모두 나를 이야기할 것이다.

그럼 초나라를 다시 부활시킨 영윤 자서는 지금 어디에 있을까? 그도 이미 이 세상 사람이 아니었다. 그는 오-월의 싸움이 막 벌어지는 찰나에 어이없이 살해되고 말았다. 일전에 그는 오나라로 망명 가 있던 승勝을 불러 백공으로 삼았다. 승은 비명에 죽은 태자 건의 아들이다. 태자 건이 정나라에서 진晉나라와 결탁하여 모종의 음모를 꾸미다 죽임을 당하는 바람에 아들 승은 오나라로 망명했다. 자서가 그 처지를 안타깝게 여겨 부른 것이다. 이에 섭공 심제량이 걱정했다.

"승은 속이는 데 능하고 분란을 일으키는 자라고 들었습니다. 불러들이면 해가 되지 않겠습니까?"

자서는 태연했다.

"승은 신의가 있고 용감하다 하니 불리한 짓을 하지는 않을 겁니다. 변경에 주둔하여 나라를 지키게 하지요."

섭공이 다시 간했다.

"착함을 동반해야 참된 신의라 할 수 있고 의리를 갖추어야 참된 용기입니다. 듣기로 승은 무슨 약속이든 꼭 지키는데, (대가를 약속하여) 죽음을 감수할 용사들을 찾는다고 합니다. 가까이 두기 위험하지 않겠습니까?"

그러나 자서는 기어이 승을 불렀다. 승은 오자마자 자서에게 아버지의 원수를 갚겠다며 정나라를 치게 군사를 내달라고 졸랐다. 그러나 자서는 아직은 때가 아니라고 계속 거절했다. 그러자 그는 원한을 품고 자서를 죽이겠다며 손수 칼을 갈았다. 그때 자기子期의 아들 평平이 그 모습을 보고 물었다.

"왕손께서는 어찌 몸소 칼을 갈고 계시는지요?"

승이 대답했다.

"그렇게 묻는데 바로 대답해주지 않으면 정직하다 할 수 없겠지. 나는 그대의 아버지를 죽이려 하오."

승은 자서의 조카다. 평은 자서에게 가서 이 사실을 알려줬다. 그러자 자서가 이렇게 대답했다.

"승은 알과 같아서 내가 품어서 키우는 것이다[勝如卵我翼而長之]. 우리 초나라의 서열에 내가 죽으면 영윤과 사마 자리는 승이 아니면 누가 차지하겠느냐?"

그 이야기를 듣고 승이 광분했다.

"영윤이 드디어 미쳤구나! 그자를 편안히 죽게 놔둔다면 나는 내가 아니다."

그럼에도 자서는 먼저 손을 쓰지 않았다. 결국 승은 반란을 일으켜

자서와 자기를 조정에서 죽이고 말았다. 그때 자서는 부끄러워 얼굴을 가리고 죽었다. 기반도 없는 망나니 같은 승의 반란은 섭공 심제량에 의해 간단하게 진압되었지만, 어린 두 왕을 보좌하여 초나라를 다시 반석에 올린 대정치가는 이렇게 허무하게 죽고 말았다.

2. 궁극의 승자는 누구인가?

세 나라의 2인자들은 이렇게 나라 안의 사람들에게 죽었다. 오자서와 문종은 자기 군주에게 죽었고, 초 자서는 아랫사람에게 죽었다. 일세를 주름잡은 2인자들의 운명치고는 너무나 무상하다. 이제 이들의 이야기를 가지고 장구한 승리의 의미를 평해보자.

오나라는 패자敗者다. 그렇다면 월나라가 승자인가? 물론 월나라는 잠시 동안 승자였다. 그러나 재미있는 기록이 있다.

오나라를 결딴내려고 월나라 군이 출전하기 직전, 월나라의 조정에는 신포서가 와 있었다. 신포서가 누구인가? 그는 일전에 초나라를 살리기 위해 진秦나라에 가서 일곱 날이나 울어서 결국 진나라 군사를 이끌고 오나라를 물리치는 데 큰 공을 세운 사람이다. 그런 그가 왜 월나라에 왔을까? 그는 초나라를 살리는 것을 넘어 오나라를 죽이려고 온 것이다. 단순한 사신이 아니라 그는 전황을 점검하고 조언을 하려고 온 것이었다. 물론 오나라의 수비대를 서쪽 변경에 묶어둔다는 선물보따리를 가지고 왔을 것이다. 그는 전황을 꼬치꼬치 물으며 구천의 답을 하나씩 받았다. 마지막으로 구천이 말했다.

"오나라는 남쪽으로 초나라를 면하고 서로 진晉나라가 있으며 북으로 제나라와 대치하고 있습니다. 우리는 한 번도 빠짐없이 봄가을로 재화와 우리 자녀들을 데리고 찾아뵙고 오나라에 보복할 것을 요청했습니다. 저는 이에 기대어 오나라와 싸우려 합니다."

신포서가 대답한다.

"좋습니다. 이제 더 보탤 것이 없습니다. 그러나 아직도 싸울 수 없습니다. 대저 싸움을 하려면 지모가 첫 번째요, 인의가 두 번째요, 용감함이 그 마지막입니다."

그러고는 다시 전투태세를 점검하게 했다. 구천은 그 말을 받아들여 대신들에게 하달했다. 초나라의 입장에서 보면 월나라를 통해 오나라와 대리전을 치르게 하는 셈이었다.

과연 구천이 오나라를 쳐서 이겼지만 장강 이북의 땅을 다스릴 능력은 없었다. 월나라가 물러나니 초나라가 슬금슬금 서쪽을 치고 나왔다. 그러더니 구천의 후계자들과 싸움을 벌여 대개는 이기고, 이길 때마다 땅을 넓혔다. 월나라가 초나라를 대적하는 데 오나라를 상대할 때와 같은 수법은 먹히지 않았다. 초나라는 경험이 많았다. 결국 전국시대가 본격적으로 전개될 즈음에는 강회江淮 일대가 다 초나라의 땅이 되고 말았다. 그렇다면 오나라와 월나라는 누구를 위해 그렇게 싸웠던가?

이렇게 오-월 쟁패의 어부지리는 모두 초나라가 가져갔다. 그렇다면 사실상 초나라의 동진을 도운 범려와 문종의 정체는 무엇이었을까? 필자는 범려와 문종이 원래 초나라의 국제무역을 담당하던 관방 상인이었다고 본다. 그들은 초-월의 동맹관계가 깊어질 때 초나라와 월나라를 오가며 물건을 중계하거나 통역을 담당했을 것이다. 그러다가 결국 재정 전문가로 구천에게 임용되어 오나라를 치게 된 것이다.

지나친 상상일까? 필자는 충분히 개연성이 있다고 본다. 범려의 출생지를 두고 갑론을박이 있지만, 대체로 초나라 완碗(남양) 사람으로 정리된 듯하다.《여씨춘추》에 "범려는 초나라 삼호三戶 사람으로 자는 소백少伯이다"라고 되어 있고, 이후의《오월춘추》나《월절서》《사기정의史記正義》등 거의 모든 서적이 비슷한 의견을 제시하고 있다. 학자들은 삼호를 남양의 어떤 지명으로 보고 있다.

《오월춘추》에는 대부 문종 또한 초나라 수도인 영 사람이었다고 한다. 기록만으로 본다면 범려나 문종은 모두 초나라 도시 사람들이었다. 그렇다면 그들은 왜 이곳으로 왔으며, 또 무엇을 하던 사람인가?《사기》〈화식열전貨殖列傳〉에 실마리가 있다.

> 옛날 구천이 회계에서 곤란을 겪었을 때 범려와 계연計然을 등용하였다. 계연이 말하길, "가물 때 배를 준비하고, 질척할 때 수레를 준비하는 것〔旱則資舟水則資車〕이 사물의 이치입니다."

어디서 본 구절이다.《국어》〈월어〉에 구천이 회계산에 갇혀 있을 때 문종이 "신이 듣기로, '상인은 여름에는 겨울을 대비하여 가죽을 사 모으고 겨울에는 여름에 팔 삼베를 모으며, 가물 때 배를 준비하고 질척할 때 수레를 준비하여 부족하여 값이 오를 때를 대비한다' 합니다"라고 하지 않았나? 이로 보아 〈화식열전〉과 〈월어〉는 같은 사료를 참고한 것으로 보인다.

다시 〈화식열전〉으로 가면, 공을 이룬 후 떠나려는 범려의 독백이 나온다.

> 계연의 일곱 가지 방법〔計然之七策〕 중에 월나라가 다섯 가지를 써서 뜻을 이루었다. 이미 나라에서 시험해보았으니, 나는 내 가정에 한번 써보리라.

범려는 이리하여 제나라로 가서 거대한 재부를 쌓았다고 한다. 이 계연의 '7책七策'과 구천이 말한 문종의 '7책'이 다른 것일까? 그럴 가능성은 희박해 보인다. 추론하자면, 사마천이 말하는 문종과 계연은 문맥상 동일인이다. 그리고 그는 상인이다.

《오월춘추》나 《월절서》 등에 문종과 계연이 다른 사람으로 나오는 것은 모두 《사기》에 나오는 계연의 '7책'을 소설적으로 부풀린 것으로 보인다. 《오월춘추》에서 그 흔적을 쉽게 찾을 수 있다. 예컨대 '7책'을 '9책'으로 바꾸어놓는 식이다. 결론적으로 문종을 계연이라고 해도 이상할 것은 없다. 고대에 호명법은 무수히 많아서 작위, 봉지, 직책 등에 따라 다 다르게 부른다. '문文'은 '문백文伯' 등의 말처럼 어두사이고, 종은 본명일 것이다. 아마 계연은 봉지나 직책 혹은 능력과 관련한 이름일 것이다.

이들이 국제무역을 담당하는 관상이었을 것이라고 추정할 만한 기록이 또 있다.《사기》〈월왕구천세가〉에 범려가 은퇴한 후 그 아들이 초나라에서 살인을 했다는 기록이 나온다. 그 시절 관직이 없는 이가 외국에 나가는 이유는 거의 상업 때문이다. 그런데 범려는 장선생이라는 친구에게 돈을 주고 아들의 구명을 부탁했는데, 이로 보아 범려는 오래전부터 초나라에 상당한 인맥을 가지고 있었다고 볼 수 있다. 그러니 필자는 범려가 관상이 아니었을까 짐작하는 것이다.

아마도 범려와 문종은 월나라에 와서도 초나라라는 조국에 여전히 충성심을 가지고 있었을 것이다. 물론 그들은 신포서와 같은 초나라 사신들을 상대했을 것이다. 목적을 이룬 후 범려는 월나라에 기반이 없는 것을 염려하여 본업을 찾아 떠났고, 문종은 미처 손을 쓰기 전에 당했던 것이다.

그렇다면 또 한 명의 초나라 사람 백비는 어떻게 되었을까?《사기》와 여타 야사류는 모두 구천이 그를 죽였다고 적고 있다. 그러나 그것은 후대 사람들의 희망사항에 불과했던 듯하다. 이 시절 사료 중 가장 권위 있는《좌전》에 의하면, 오나라가 망한 지 2년 뒤인 기원전 471년에도 백비는 여전히 월나라에서 태재 자리를 차지하고 노나라의 뇌물을 받고 있었다. 노나라의 사서에 기록된 것이니 틀림이 없다. 테크노크라트technocrat는 쉽게 죽지 않는다!

오자서, 백비, 범려, 문종. 오-월의 싸움은 모두 이들 초나라 사람들이 주도했고, 오-월의 싸움이 끝나자 초나라 본토인이 슬그머니 서쪽으로 나오며 그 땅을 차지하기 시작한다. 그렇다면 최후의 승자는 과연 누구인가?

3. 숨은 검은 어디에?

서문에서 필자는 숨어 있는 검을 이야기했다.

월나라는 오나라를 쳤으나 오나라가 차지하고 있던 회하 일대의 땅을 모두 잃었다. 왜 그런가? 다스릴 사람이 없었기 때문이다. 문종과 같은 내정의 전문가가 없는데 어떻게 이민족의 땅을 다스릴 수 있겠는가? 북방 사람들이 보기에 월나라 사람들은 여전히 자라나 악어와 같이 사는 오랑캐다. 문종을 죽이면서 월나라는 신의를 잃었다. 그 후 월나라는 무려 몇 대 동안이나 궁중의 암투로 인해 군주가 암살되는 바람에 서로 군주 자리를 맡지 않으려는 기이한 현상까지 벌어졌다. 왜 그런가? 문종을 벤 칼이 숨어 있다가 되돌아온 것이다.

구천은 뛰어난 군주였다. 하지만 그는 생존의 법칙을 알았지만 공존共存의 법칙은 몰랐다. 그는 공신과 같이 가지 못했기에 그의 후손들이 신하들에게 줄줄이 죽었다. 승리를 지키려면 공존의 기술을 이해해야 한다.

부차는 왜 비참한 죽음을 맞이했는가? 물론 오자서를 죽인 검이 숨어 있다가 다시 그를 죽인 것이다. 그러나 부차를 노리는 검은 무수히 많았다. 애릉에서 소득 없이 죽은 수천의 장병들, 왕에게 본국의 화급을 알리러 갔다가 억울하게 죽은 일곱 사신, 먹을 것이 없는데도 운하를 파다 죽은 농부들. 그는 아버지 합려와 달리 아군을 죽이는 데 능했다. 그 모든 것이 모여 결국 국인들로 하여금 싸우지도 않고 그를 버리고 달아나게 만든 것이다.

그렇다면 초나라가 다시 강국으로 부활한 까닭은 무엇인가? 숨어 있는 칼을 만들지 않았기 때문이다. 소왕은 죽으면서도 영윤과 사마를 액막이로 쓰지 않았다. 그 아들 혜왕도 아비 못지않았다. 《신서新序》에는 이런 일화가 전한다.

초 혜왕이 생채 요리를 먹다가 거머리를 보고도 그냥 삼켰다. 그 때문에 배탈이 나서 음식을 먹을 수 없었다. 그러자 영윤이 물었다.

"어찌 병이 나셨는지요?"

왕이 대답했다.

"요리를 먹다가 거머리를 보았습니다. 생각해보니 드러내놓고 꾸짖은 후 처벌하지 않으면 이는 법을 폐하고 권위를 무너뜨리는 일이 아닙니까? 또 꾸짖고 벌을 주자면 주방장과 음식 감독관을 다 죽여야 하니, 차마 그럴 수가 없었소이다. 그래서 남들이 거머리를 볼까 삼켜버렸습니다."

이것이 바로 초나라 왕이 거머리를 삼켰다는 고사다. 은혜는 적을 줄인다. 그러나 은혜로운 영윤 자서는 승 같은 자에게 죽지 않았는가? 자서는 죽었으나 초나라는 왕손을 불러서 자리를 주는 신의 있는 나라가 되었다. 그리고 결국 초나라는 오-월 쟁패의 과실을 다 가져갔다. 그래서 필자는 길게 보면 역사의 8할은 정도를 간다고 했다.

마지막으로 덧붙인다. 합려, 오자서, 구천, 문종, 범려 등은 하나같이 뛰어난 사람들이었다.

합려는 강퍅하면서도 넓고, 잔인했으나 신의가 있는 사람이었다. 형제가 왕이 되는 것을 용납하지 못했으나 왕이 된 후 사해의 인재를 받아들였고, 사람을 희생시켰으나 죽은 사람을 잊지는 않았다.

오자서는 겉으로 강인해 보이나 사실은 눈물이 많은 사람이었다. 그의 원수가 되면 죽음을 각오해야 했지만, 아랫사람이 되면 보살핌을 받고, 윗사람이 되면 충고를 들을 수 있었다.

부차는 전형적인 사이비였다. 강한 듯하나 약하고, 아는 듯하나 무지하고, 인자한 척하나 잔인하고, 면밀한 듯하나 허술했다. 왜 그런가? 허명을 위해 아비의 복수를 포기하고, 패자를 꿈꾸면서 삼면에 적을 만들었고, 은혜를 베푸는 척하면서 종으로 쓰고, 아군을 서슴없이 죽이며, 백성을 굶기면서 높은 대를 지었고, 갑옷과 창은 열심히 준비하면서 군대의 사기는 돌보지 않았기 때문이다.

구천은 겉으로 부드러우나 속으로는 사랑이 없는 사람이었다. 문종만 구천에게 이용당한 것이 아니었다. 전사들도 모두 구천에게 이용당했다. 한비자는 단적으로 "옛날 왕량은 말을 사랑하고, 월나라 왕 구천은 사람을 사랑했다. 그것은 백성은 데리고 싸우고, 말은 타기 위해서였다[故王朗愛馬, 越王句踐愛人, 爲戰與馳]"고 정곡을 찔렀다.

범려는 살았고 문종은 죽었다. 함께 고향을 떠나 함께 공을 이루었지만, 한 명은 떠나서 살고 한 명은 남아서 죽었다. 범려는 지혜롭고 문종은 아둔한가? 억측이지만 회계산에서 문종이 "이제 간혀서야 모신을 구하고 있으니 너무 늦은 것 아닙니까?" 하고 쏘아붙일 때 운명이 정해진 것은 아닐까? 구천이 그 말을 잊을 리는 없었으니.

독자들도 한번 판단해보기를. 위로 누구를 따르고 아래로 누구를 거느리고 싶은가? 그리고 스스로 어떤 사람이 되고 싶은가?

답사기

오광월영

: 장부들의 야망과 복수,
그 빛과 그림자

• • •

오자서가 아비를 따라 죽었더라면 그저 땅강아지, 개미 따위와 무엇이 다르겠는가? 작은 의를 버리고 커다란 치욕을 갚아 이름을 후세에 날렸으니 슬프도다. 자서가 바야흐로 강 위에서 군색한 처지가 되고 길에서 걸식할 때, 그 마음이야 어찌 한시라도 초나라 영도를 잊었을쏜가? 갖은 고초를 참아내고 공명을 이루었으니 열렬한 장부[烈丈夫]가 아니면 어찌 그럴 수 있었으랴.

-〈오자서열전〉

처음 오자서를 대했을 때 사마천의 평은 좀 과한 것이라 생각했다. 그가 강단 있는 사내인 것은 맞지만, 개인의 복수를 위해 한 나라의 군대를 끌고 어찌 자신의 옛 조국으로 들어갈 수 있었단 말인가? 그 와중에 죽는 수많은 무명씨들은 어떡하란 말인가? 아마도 오자서에게 사마천 자신의 불우한 처지를 투영해서 과도하게 평가한 것이리라 생각했다.

그러다《초사楚辭》를 읽고, 그의 병법과 여러 사서들을 읽고, 또 책을 쓰고자 그가 활약했던 곳의 답사를 마친 지금, 이 사나이에 대한 생각은 많이 변했다. 친구에게 "길은 멀고 날은 저물어 거꾸로 갈 수밖에 없었네"라고 했던 고백이 조금은 이해가 된다. 애초에 열렬한 장부는 꺾일지언정 굽히지 못하는 것일지도 모르겠다.

역사에 가정은 없다지만 잠시 신랄한 고증은 제쳐두고, 오나라 땅에서 오자서의 꿈을 두고 상상의 날개를 펴고 싶어진다. 그리고 월나라 땅에서 야사에 절세 미녀이자 요녀로 등장하는 한 여인을 애도하고자 한다.

1. 합려성에서 장부를 추억하다

여름 강남 땅을 걷는 것은 못 할 짓이다. 무석無錫역에서 지도를 꺼내어 역무원들에게 합려성을 찾으니 아무도 모른다.

"합려성 아세요?"

"합려?"

"춘추전국시대에 구천하고 원수처럼 싸운 사람 있잖아요. 와신상담……."

지도를 꺼내 보이니 '합려闔閭'라는 글자를 본 적도 없는 듯하다. 어떻게 읽는 것인지 의견이 분분하더니 대학 나온 후배를 찾는다.

"어이, 이거 어떻게 읽나? 이 사람 누구야?"

"허뤼(합려). 오왕 합려 있잖아요."

검광이 하늘을 찔렀다는 일세의 영웅도 이제는 그저 옛날 사람이 되었다. 그 역무원의 도움을 받아서 합려성의 위치를 확인하고 장거리 택시를 탔다.

이리저리 물어가며 태호를 에둘러 택시는 달린다. 속이 어떻게 병들었는진 몰라도 적어도 겉으로 보기에 태호의 물은 점점 깨끗해지고 있어 다행이다. 한참을 달리니 강으로 툭 튀어나온 멋들어진 언덕 하나가 눈에 들어온다. 군사 전문가가 아니더라도 범상치 않은 곳이라는 생각이 드는 찰나, 눈앞에 합려성이 보였다.

가까이 가니 복원공사 자재들이 어지러이 널려 있다. 9월 한여름에 이 유적을 찾은 이는 필자 하나뿐이다. 오늘 저 언덕에 올라 태호를 굽어보리라. 그러나 오나라 땅의 여름은 덥기도 하지만 습하기가 끔찍하다. 한 걸음씩 옮길 때마다 땀이 비 오듯 한다. 태호에서 올라온 수증기들이 뿌옇게 대기를 가리고 숨통을 틀어막는다. 반 시간 만에 꼭대기에 오르니 온몸이 다 땀이다. 이름은 합려성이지만, 이곳 역시 오자서가 초나라를 견제하고 수도를 방위하기 위해 설계한 곳이다.

'기이한 사나이다. 과연 멀리 보는 인간이다.'

그는 왜 여기다 성을 쌓았을까? 오나라 도읍이었던 소주는 동쪽으로는 평원이 열려 있고 서쪽으로는 태호와 연결된다. 서쪽에서 초나라가 오도를 공격하려면 육군은 태호를 에둘러 이 언덕을 지날 것이고, 수군은 장강에서 태호로 이어진 작은 물길을 따라 들어갈 것이다. 오도와 합려성이 기각지세掎角之勢를 이루고 태호의 입구를 닫아 잠그면 적이 어찌 함부로 움직일 수 있겠는가. 아래로 태호를 내려다보고 뒤로 야트막한 구릉들을 거느리고 있는 곳에 오자서는 군대를 두고 양식을 쌓았다. 출정할 때도 이곳에서 장정들을 사열했을 것이다. 그러나 막상 위협은 서쪽에서 오지 않고 동쪽에서 왔다.

적이 동남쪽에서 와도 상관이 없다. 백성들이 흩어지지 않는다면 월나라 사람들이 무슨 수로 오도를 함락시키겠는가? 태호에 배를 띄우고 도성의 서쪽으로 양도를 만들어 끊임없이 쌀을 대면 천하대국도 아닌 월나라가 무슨 재주로 오도를 함락시킬 수 있겠는가? 적의 힘이 빠지면 오강과 송강의 동쪽 입구를 막고, 수륙으로 동쪽으로 치고 나가고, 도읍의 군대가 나와 정면을 치면, 소택지로 난 좁은 길을 따라온 월나라 사람들은 모두 진창에 빠져 오도 가도 못 했을 것이다. 그러기에 오자서는 부차에게 수도 없이 말했다.

"사람들이 흩어지면 손을 쓸 수가 없습니다."

백성은 먹는 것을 하늘로 아는데 배고픈 이들이 무엇을 지킬 것인가? 그래서 오자서는 병법서의 첫머리를 먹는 이야기로 시작했던 것이다.

> 백성을 다스리는 도리는 그들을 먹이는 것이 근본이며 형벌은 말단이니, 덕정德政이 최고입니다. 백성을 부리는 방도로는 그들을 편안하게 하면 창성할 것이요, 위태롭게 하면 망할 것입니다.
>
> -《개려》

오도가 함락된 것은 성벽이 낮아서도 아니고, 병력이 적어서도 아니고, 바로 사람들이 흩어졌기 때문이다. 합려성에서 도읍을 구원하러 오는 병사들은 없었다. 황해에서 태호까지 월나라 배들이 이어질 때도, 수천 리 서쪽에서도 명성을 떨치며 물살을 헤치던 '오나라 노[吳榜]'는 보이지 않았다. 굶주린 백성들이 모두 바닷가로 가서 물고기나 게를 잡아먹고 있었던 것이다. 오자서는 오도를 설계할 때 남쪽과 서쪽의 양도糧道에 특히 공을 들였고, 합려성을 후방으로 두어 최후의 순간에는 태호와 언덕에 기대어 마지막 싸움을 벌일 곳으로 점찍어 두었다. 허나 어찌하랴. 오도가 함락될 때 사람들은 흩어졌고, 오자서는 이미 가죽부대에 꽁꽁 묶인 채 강물에 가라앉아 있었으니. 굴원의 노래가 헛헛하다.

> 충신이 꼭 등용되는 것도 아니요, 현인이 꼭 드러나는 것도 아니더라. 오자서가 재난을 당했고 성인 비간이 소금에 절여졌더라.
>
> —〈섭강涉江〉

굴원 스스로 오자서와 비간을 들었으니, 그의 시 〈이소離騷〉에서 먼저 간 '성현'들이란 멀리는 비간이요, 가까이는 오자서이리라. 한치 앞을 모르는 무리들이 법도를 어긴다고 열사가 그들과 영합할 수 있는가?

> 법도를 구부리는 자들이 구차하게 영합하나, 나 홀로 곤궁하여 이 지경에 이르렀도다. 차라리 죽어져 버려지리니, 나는 그런 짓은 하지 못하겠노라. 맹금[鷙鳥]은 무리를 짓지 않나니, 옛날부터 원래 그랬던

것이다. 어찌 모난 것과 둥근 것을 다 갖출 수 있으리오? 도가 다른 자들과 어울려 어찌 안일할 수 있으리오? 마음을 굽히고 뜻을 억누르며 치욕을 참아내누나. 희고 푸른 절개를 지니고 죽음으로써 바름을 지키나니, 이는 진실로 먼저 간 성현들이 귀중하게 여긴 바로세[伏淸白以死直兮, 固前聖之所厚].

-〈이소〉

굴원은 자신의 죽음에 앞서 오자서를 조문하고 있다. '구멍을 보지 않고 도끼자루를 넣었을' 뿐이다. 충신이 어찌 살 구멍을 먼저 볼 것인가? 그러니 "선이 아닌데 어찌 복종할 수 있겠는가[孰非善而可服]?" 사실이 그렇다. "부차는 참언을 믿어 시비를 혼동했고, 오자서가 죽은 후에야 잘못을 알았도다(〈사미인思美人〉)."

부질없어라, 성만 남았구나. 용렬한 군주를 지키려 늙은 신하는 흙부대를 날랐으나 군주는 사람들을 다 흩어버렸다. 그렇다면 어쩔 수 있는가, 죽음을 받아들일 수밖에. 순자는, 자신은 죽고 군주에게 오명을 던진 오자서는 진정한 충신이 아니라고 했다. 하지만 일곱 살 아이의 고집도 꺾기 어려운데 아둔한 군주를 누가 이길 수 있으리오.

《오월춘추》에서 오자서가 '동병상련'의 마음으로 백비를 감싸는 모습을 보고, 《월절서》에서 그가 침식을 잊고 자책하며 죽은 병사들의 복수를 다짐하는 장면들을 보고, 마지막으로 굴원의 울분을 느껴보니 이제야 태사공의 평가가 이해가 된다.

다시 오자서의 모습을 그려본다. 그는 운명에 이끌려 복수의 화신이 되었으되 속마음은 여린 사람이었던 것이다. 오자서는 훗날 초나라를 포기하고 제나라와 동맹하고 월나라를 쳐서 강남에 웅거하여 전국시대를 맞을 생각을 했는데, 이는 바로 후배 손권이 취했던 정책이 아닌가? 도읍을 견실하게 하고 장기적으로 월나라와 서로 백성 빼앗기 경쟁을 했다면, 궁벽한 곳에 있는 월나라가 강대한 오나라에 무슨 위협이 될 것인가?

합려도 뜨겁고 오자서도 뜨겁다. 성 꼭대기에서 흙 한 줌을 뿌리며 오나라 땅의 뜨거운 여름만큼 열렬했던 사나이를 애도한다.

2. 물길을 보며 공수의 균형을 생각하다

땅이 평평한 중국 동부 지역에서 운하는 실로 동맥이었다. 합려와 부차가 시작한 그 과실은 후손이 차지하고 있으니, 비록 욕심을 이기지 못했지만 부차의 운하 발상은 기발한 점이 있다.

양주 시내 옛 한성 옛터에는 지금 우악스러운 콘크리트 탑이 들어서 있다. 높은 건물을 만드는 데는 이골이 난 사람들인지라 뭐라 할 말은 없으나, 고색창연한 건물 안으로 들어가면 콘크리트와 페인트 냄새가 진동한다. 하지만 탑 꼭대기에서 시내를 바라보면 옛날 장강이 범람하면 닿았을 성 남쪽의 지형이 한눈에 들어온다. 북쪽으로는 회하로 연결되는 저지대가 펼쳐져 있다.

이 물길을 뚫고 부차는 그 얼마나 기세등등했던가. 그러나 이 물길을 타고 올라가 막상 패자가 된 후에는 이 물길 때문에 벌써 후회하고

오나라의 수군 기지였던 연릉 엄성.

하늘에서 내려다본 연릉 엄성의 모습. 3중의 호성하가 중심의 좁은 터를 감싸고 있다. 가장 바깥쪽 호성하는 길이가 3킬로미터에 달한다.

범려호에 있는 서시 석상. 범려호는 서시와 범려의 사랑의 도피처로 알려져 있다.

있었던 것이다. 이 좁은 물길을 막고 양쪽에서 위협하면 어떻게 되겠는가? 창성할 때 운하는 공격의 길이었으나 움츠러들 때는 수비하기 너무나 허약한 애물단지가 되었다. 그렇기에 전략가들은 항상 공격 시에 수비를 생각하고 창성할 때 후퇴를 염두에 두라고 했던 것이다. 수양제도, 부차도 운하에서 균형을 잃었다.

상주常州에 가면 엄성淹城이라는 특이한 요새가 있다. 무려 3중의 호성하가 중심의 좁은 터를 감싸고 있다. 성으로 들어가는 긴 수로를 보아 분명히 이는 배를 활용하여 공격과 방어를 하는 요새다. 3중의 호성하를 건너 동심원의 중심에 가면 허무하게도 아담한 공터 외에는 아무

것도 없다. 이 공터는 무엇을 하는 공간인가? 하늘에 제사를 지내는 곳이었을까? 수군의 기지였을까? 작은 나라의 도성이었을까? 아니면 감옥이었을까? 어쩌면 양식 창고였을까? 혹자들의 주장처럼 연릉의 현자 계찰의 봉읍이었을까? 도무지 용도를 명확하게 알 길이 없으나, 물로 안과 밖을 완전히 차단하고 오직 한 군데만 통하게 했다는 것은 누가 봐도 알 수 있다.

다른 것은 몰라도 필자가 계찰이라면 이런 곳에 살지 않았을 것이다. 가장 바깥쪽 호성하는 길이가 3킬로미터에 달한다. 충분히 방어 기능이 있다. 그러나 두 번째, 세 번째 웅덩이는 오히려 내부의 통일성을 해치는 역할밖에 하지 못한다. 필자가 보기에 엄성은 지나치게 단단하여 균형을 잃었다. 오나라의 균형자인 계찰이 저런 요새를 만들지는 않았을 것이다. 대저 작전에서 수비가 끝나면 반격의 시기를 노려야 한다. 엄성은 나가는 수로가 하나인지라 배로 반격하기도 어렵고, 물이 방해가 되어 보병으로 반격하기도 어려운, 그야말로 반격이 불가능한 요새다. 성벽을 높이다가 군심이 흩어진다는 말이 있듯이 3중의 호성하는 내부의 단결력을 줄인다. 물은 언제나 이렇게 양날의 칼이다. 균형은 잡는 것은 오직 사람의 몫일 뿐.

3. 서호에서 서시를 떠올리다

옛 월나라 땅은 산과 물이 고르게 섞여 있어서 오나라 땅보다 아기자

서호에서 건너편의
뇌봉탑을 바라보는 필자(오른쪽).

기하다. 월왕 윤상의 묘를 보니 무덤의 곽으로 쓴 나무조각 하나하나가 여러 사람이 들어야 옮길 수 있는 것이라, 비록 투박하되 규모는 오히려 중원을 능가한다. 겨우 회계의 작은 분지에 의지해서 일어선 권력이 저토록 커지기까지 얼마나 많은 사연이 있었을 것인가?

옛 월나라의 수도였던 소흥에는 야트막한 산이 많다. 구천의 매몰찬 기세는 소흥의 남쪽을 둘러싸고 있는 산맥에서 온 것일까? 싸움에서 후방이 있다는 것은 좋은 일이다. 부차는 평지에서 일어나 길게 이어지지 못하는 태호 동쪽의 언덕에 갇혀서 최후를 맞이했지만, 구천은 비록 높지는 않지만 뒤로 끝없이 이어지는 녹음 덮인 산들 덕분에 최후의 결전을 카드로 내놓을 수 있었다. 항복을 구하면서도, 숲으로 들어와서 진흙탕 싸움을 할 자신이 있으면 들어오라고 앙칼진 말을 하는 것을 잊지 않았다.

소흥은 문호 루쉰의 고향이다. 그의 붓은 구천의 칼처럼 날카롭지만 심장은 구천보다 따듯하다. 월나라 땅 구석구석마다 그의 붓 흔적이

서호 풍경. 저 멀리 보이는 뇌봉탑에 오르면 서호 주변 경치를 한눈에 볼 수 있다.

남아 있다. 서호는 10년 전이나 지금이나 유유하고 멀리 뇌봉탑雷峰塔도 변함이 없다. 하지만 이번에는 한 여인의 운명을 생각하며 서호를 거닐었다.

야사에는 구천이 부차에게 바친 여인의 이름이 서시西施라고 한다. 그럴 리 없겠지만, 호사가들은 서호의 이름도 아름다운 서시에서 따왔다고 한다. 과연 그녀는 어떤 여인이었을까? 서시를 보고 부차는 그만 정사를 돌볼 생각을 하지 못했다고 하니 얼마나 아름다운 여인이었을까? 필자는 호사가들의 말을 별로 믿지 않기에 그녀의 요염함에 대해서 할 말은 없다. 하지만 나라가 망할 때마다 미인을 희생양으로 들고 나오는 중국 글쟁이들의 집요함이 못내 불편하다. 실제로 그녀가 부차를 홀려서 정사를 돌보지 못하게 만들었다면 그녀는 월나라 입장에서는 애국지사이리라. 허나 그녀가 어떤 마음을 먹었던들 그런 애국을 강요하는 사람들의 마음이 누추하다.

서호 변에는 "호로들에게서 나라를 되찾자"는 살벌한 구호를 외치며 반청 공화의 깃발을 올린 여성 혁명가 추근秋瑾의 상像이 있다. 반청의 공안정국 아래서 그녀만 한 결기를 보여준 사내들은 또 얼마나 많았을까? 추근을 보면서 서시를 떠올린다. 그녀 또한 추근처럼 결기 있는 여자였을까? 아니면 그저 아름답기만 한 약한 여자였을까? 이제 와서 알 길이 없지만 그녀가 희생양이었다는 것은 확실하다. 루쉰이 "뇌봉탑아 무너져라!" 하고 기원했을 때 그 또한 서시를 생각하지 않았을 리가 없을 것이다. 필자는 이런 글을 읽었다. 루쉰은 자기 할머니에게서 들은 이야기 하나를 들려준다.

> 허선이라는 사람이 흰 뱀 한 마리와 푸른 뱀 한 마리를 구해주었더니, 후에 흰 뱀이 여자로 변하여 은혜를 갚으려고 그에게 시집을 갔고, 푸른 뱀은 하녀로 변하여 그들과 함께 살았다. 법해선사라고 하는 도를 닦는 중이 허선의 얼굴에 요사한 빛이 돌고 있는 것을 보고, 허선을 금산사 불상 뒤에 숨겨놓고 있다가 흰 뱀 아가씨가 남편을 찾아오자 '금산사를 물바다로 만들었다'는 것이다. 어쨌든 흰 뱀 아가씨는 법해의 계책에 걸려들어 자그마한 바리 속에 갇혔다. 법해는 바리를 땅속에 묻고 그 위에 눌러놓기 위해 탑을 쌓았는데 그것이 바로 뇌봉탑이다. (중략) 그때 나의 유일한 희망은 뇌봉탑이 무너져버렸으면 하는 것이었다.
>
> -〈뇌봉탑이 무너진 데 대하여〉

루쉰이 뇌봉탑이 무너졌다는 소리를 듣고 쓴 글이다. 백사라는 마음씨 착한 뱀이 뇌봉탑 아래에 갇혔다는 슬픈 이야기는 강남의 유명한 전설이다. 이야기를 듣고 그예 그 탑이 무너져서 백사가 다시 나왔으면 좋겠다고 하는 소년 루쉰의 마음이 대견하다.

추근이 서호 변에 서 있다. 그녀도 서시도 월나라 사람이다. 필자에게 기회가 주어진다면 옛 글들이 말희, 포사, 서시, 초선 등 수많은 여인들의 어깨에 올려놓은 턱없이 무거운 짐을 글로써나마 좀 덜어주고 싶다. 필자는 이렇게 상상한다. 서시도 아마 백사 아가씨 같은 여자였으리라.

부록

- 춘추시대 주요국 제후 재위 연표
- 춘추시대 주요 사건
- 찾아보기

춘추시대 주요국 제후 재위 연표

연도 (기원전)	동주 東周	노 魯	제 齊	진 晉	진 秦	초 楚	정 鄭	연 燕	오 吳	월 越
770		효공孝公								
769										
768					양공襄公			경후頃侯		
767						약오若敖				
766										
765								애후哀侯		
764										
763										
762										
761										
760						소오霄敖				
759										
758				문후文侯						
757							무공武公			
756										
755										
754										
753										
752										
751										
750			장공莊公							
749						분모蚡冒				
748										
747	평왕平王									
746		혜공惠公						정후鄭侯		
745										
744					문공文公					
743										
742				소후昭侯						
741										
740										
739										
738										
737										
736										
735										
734										
733							장공莊公			
732						무왕武王				
731				효후孝侯						
730										
729										
728										
727										
726			리공釐公							
725								목후穆侯		
724										

연도 (기원전)	동주 東周	노 魯	제 齊	진 晉	진 秦	초 楚	정 鄭	연 燕	오 吳	월 越
723		혜공惠公								
722										
721	평왕平王									
720				악후鄂侯						
719					문공文公					
718										
717		은공隱公						목후穆侯		
716										
715										
714										
713				애후哀侯						
712							장공莊公			
711										
710			리공釐公							
709					영공寧公					
708	환왕桓王			소자小子						
707										
706						무왕武王				
705										
704								선후宣侯		
703		환공桓公								
702										
701										
700					출공出公					
699										
698							여공厲公			
697										
696										
695							소공昭公			
694							자민子閔	환공桓公		
693										
692			양공襄公	진후晉侯						
691										
690										
689	장왕莊王									
688										
687					무공武公		자영子嬰			
686										
685		장공莊公								
684										
683						문왕文王		장공莊公		
682										
681										
680			환공桓公							
679	리왕釐王									
678				무공武公•			여공 복위			
677					덕공德公					
676	혜왕惠王			헌공獻公		도오堵敖				

• 주나라 천자가 진晉나라의 공으로 승인함.

연도 (기원전)	동주 東周	노 魯	제 齊	진 晉	진 秦	초 楚	정 鄭	연 燕	오 吳	월 越
675										
674							여공 복위			
673						도오堵敖				
672										
671										
670										
669					선공宣公					
668		장공莊公								
667										
666								장공莊公		
665										
664										
663	혜왕惠王			헌공獻公						
662										
661					성공成公					
660		희공禧公								
659			환공桓公							
658										
657										
656										
655										
654										
653										
652										
651										
650							문공文公			
649						성왕成王				
648										
647										
646										
645										
644										
643		리공釐公		혜공惠公	목공穆公					
642								양공襄公		
641										
640										
639	양왕襄王									
638										
637			효공孝公							
636										
635										
634										
633										
632				문공文公						
631										
630			소공昭公							
629										
628										

연도 (기원전)	동주 東周	노 魯	제 齊	진 晉	진 秦	초 楚	정 鄭	연 燕	오 吳	월 越
627	양왕襄王	리공釐公	소공昭公	양공襄公	목공穆公	성왕成王	목공穆公	양공襄公		
626		문공文公								
625						목왕穆王				
624										
623										
622										
621										
620				영공靈公	강공康公					
619										
618	경왕頃王									
617								환공桓公		
616										
615										
614										
613						장왕莊王				
612	광왕匡王		의공懿公							
611										
610										
609										
608		선공宣公	혜공惠公		공공共公					
607										
606	정왕定王			성공成公						
605							영공靈公			
604							양공襄公			
603					환공桓公					
602										
601								선공宣公		
600										
599				경공景公						
598			경공頃公							
597										
596										
595										
594										
593										
592										
591										
590		성공成公				공왕共王				
589										
588										
587							도공悼公	소공昭公		
586									수몽壽夢	
585	간왕簡王						성공成公			
584										
583										
582										
581			영공靈公							
580				여공厲公						

연도 (기원전)	동주 東周	노 魯	제 齊	진 晉	진 秦	초 楚	정 鄭	연 燕	오 吳	월 越
579										
578					환공桓公					
577										
576		성공成公		여공厲公				소공昭公		
575	간왕簡王						성공成公			
574										
573										
572										
571										
570									수몽壽夢	
569						공왕共王				
568							리공釐公			
567										
566			영공靈公							
565				도공悼公						
564								무공武公		
563										
562										
561										
560										
559										
558	영왕靈王									
557		양공襄公								
556					경공景公					
555										
554									제번諸樊	
553										
552						강왕康王				
551								문공文公		
550			장공庄公							
549										
548							간공簡公			
547										
546								의공懿公		
545										
544				평공平公						
543										
542						겹오郟敖				
541										
540								혜공惠公		
539			경공景公						여제餘祭	
538	경왕景王									
537										
536		소공昭公				영왕靈王				
535										
534					애공哀公					
533								도공悼公		
532										

연도 (기원전)	동주 東周	노 魯	제 齊	진 晉	진 秦	초 楚	정 鄭	연 燕	오 吳	월 越
531									여제餘祭	
530						영왕靈王	간공簡公	도공悼公		
529										
528				소공昭公					여매餘昧	
527										
526								공공共公		
525	경왕景王									
524										
523										
522						평왕平王				
521							정공定公			
520		소공昭公							요僚	
519										
518				경공頃公						
517										
516					애공哀公					
515										
514								평공平公		
513										
512										
511										
510			경공景公							
509										
508										
507							헌공獻公			
506										
505									합려闔閭	
504										
503										윤상允常
502		정공定公				소왕昭王				
501	경왕敬王									
500										
499								간공簡公		
498										
497				정공定公						
496										
495					혜공惠公					
494										
493										
492							성공聲公			
491										
490										구천句踐
489		애공哀公	안유자 晏孺子					헌공獻公	부차夫差	
488										
487					도공悼公					
486			도공悼公			혜왕惠王				
485										
484			간공簡公							

연도 (기원전)	동주 東周	노 魯	제 齊	진 晉	진 秦	초 楚	정 鄭	연 燕	오 吳	월 越
483										
482			간공簡公							
481										
480					도공悼公					
479	경왕敬王			정공定公						
478									부차夫差	
477										
476										
475		애공哀公								
474								헌공獻公		
473							성공聲公			구천句踐
472	원왕元王									
471										
470										
469										
468			평공平公							
467						혜왕惠王				
466										
465										
464					여공공 厲共公					
463				출공出公						
462										
461										
460										녹영鹿郢
459	정정왕 貞定王	도공悼公								
458							애공哀公			
457								효공孝公		
456										
455										
454										불수不壽
453			선공宣公							
452							공공共公			
451				경공敬公						

춘추시대 주요 사건

연도(기원전)	주요 사건
571	진晉이 제후군을 이끌고 정을 침(정은 항복함).
566	정 자사가 군주 리공을 시해하고 간공을 세움.
565	정이 채蔡를 치고 초의 원망을 삼(정은 초에 항복함).
564	진과 초가 정나라를 어지럽게 드나듦.
563	정 자산이 자공의 반란을 반격하여 진압함.
559	진晉이 제후연합군을 이끌고 진秦을 공략하나 중도에 회군함.
555	진晉이 노魯를 지원하기 위해 제후군을 이끌고 제齊의 도읍을 포위함.
550	제가 망명한 난영을 이용하여 진晉을 공격함.
548	정 자산이 군대를 이끌고 진을 쳐서 수도를 함락시킴. 제 최저가 장공을 시해함. 오吳왕 제번이 초를 공격하다 불의의 일격을 받아 죽음.
546	진晉을 비롯한 북방제후국과 초를 위시한 남방제후국들에 진秦과 제가 가세하여 춘추시대 최대의 외교적 성과인 미병弭兵(휴전)을 이끌어냄.
543	정 자산이 집정이 됨.
541	초 영윤 위가 왕(겹오)을 죽이고 스스로 즉위함(영왕).
538	초 영왕이 제후군을 이끌고 오吳를 침.
536	정 자산이 형법서를 만들어 공포함.
534	초 영왕이 진陳을 멸망시킴.
531	초 영왕이 채蔡를 멸망시킴.
529	초에 쿠데타가 발생하여 영왕이 피살됨.
525	진晉순오가 육혼의 융을 멸망시킴.
524	정에 큰 화재가 나고 자산이 수습함.
522	정 자산 사망.
521	송나라의 화씨가 난을 일으키자 여러 나라가 개입하다.
519	오나라 공자 광(합려)이 종리에서 초나라 연합군을 대파하다.
515	합려가 쿠데타로 오나라 왕에 등극하다.
506	합려가 초나라 수도를 함락시키다.
496	월나라 왕 구천이 오나라 군을 대파하고 합려를 죽이다.
494	오나라 왕 부차가 월나라 왕 구천에게 복수하다.
484	오나라와 제나라가 애릉에서 싸워 제나라가 대패하다.
482	부차가 황지의 맹약으로 패자가 되지만, 월나라가 후방을 쳐서 황급히 귀국하다.
475	월나라 왕 구천이 오나라에 대공세를 개시하다.
473	월나라 왕 구천이 오나라를 멸망시키다.

찾아보기

ㅈ

춘추전국이야기 3

합본 개정2판 1쇄 인쇄 2023년 11월 30일
합본 개정2판 1쇄 발행 2023년 12월 28일

4권 초판 1쇄 발행 2011년 11월 30일
4권 개정판 1쇄 발행 2017년 10월 20일
5권 초판 1쇄 발행 2012년 8월 24일
5권 개정판 1쇄 발행 2017년 10월 20일

지은이 공원국
펴낸이 이승현
기획 H2 기획연대, 박찬철

출판2 본부장 박태근
지적인 독자 팀장 송두나
교정교열 문용우
디자인 김태수

펴낸곳 ㈜위즈덤하우스 **출판등록** 2000년 5월 23일 제13-1071호
주소 서울특별시 마포구 양화로 19 합정오피스빌딩 17층
전화 02) 2179-5600 **홈페이지** www.wisdomhouse.co.kr

ISBN 979-11-7171-071-3 04900
979-11-7171-075-1 (세트)

- 이 책은 《춘추전국이야기4》(2011), 《춘추전국이야기5》(2012)의 합본 및 개정2판입니다.